· 国家自然科学基金重点课题支持项目 ·

· 高级宏观经济学丛书：DSGE模型系列 ·

Anatomic Analysis and Formulation of DSGE Framework

系统性解剖与构建DSGE框架

刘　斌　蒋贤锋 ◎ 著

中国金融出版社

责任编辑：张菊香
责任校对：张志文
责任印制：张也男

图书在版编目（CIP）数据

系统性解剖与构建 DSGE 框架/刘斌，蒋贤锋著. —北京：中国金融出版社，2018.12
（高级宏观经济学丛书：DSGE 模型系列）
ISBN 978 – 7 – 5049 – 9841 – 5

Ⅰ. ①系⋯　Ⅱ. ①刘⋯②蒋⋯　Ⅲ. ①金融—经济模型—研究　Ⅳ. ①F830. 49

中国版本图书馆 CIP 数据核字（2018）第 247931 号

系统性解剖与构建 DSGE 框架
Xitongxing Jiepou yu Goujian DSGE Kuangjia

出版
发行　　**中国金融出版社**

社址　　北京市丰台区益泽路 2 号
市场开发部　（010）63266347，63805472，63439533（传真）
网 上 书 店　http://www.chinafph.com
　　　　　　（010）63286832，63365686（传真）
读者服务部　（010）66070833，62568380
邮编　　100071
经销　　新华书店
印刷　　北京市松源印刷有限公司
尺寸　　169 毫米 × 239 毫米
印张　　28.5
字数　　512 千
版次　　2018 年 12 月第 1 版
印次　　2018 年 12 月第 1 次印刷
定价　　78.00 元
ISBN 978 – 7 – 5049 – 9841 – 5
如出现印装错误本社负责调换　联系电话（010）63263947

前　　言

在不确定性环境下运用一般均衡框架分析各种经济问题是目前宏观经济学的一个主要研究方向，目前我们所称的动态随机一般均衡（DSGE）模型就是该框架下的典型代表。但需要明确的是，DSGE模型绝不是指一成不变的一个模型或者一类模型，而是一种针对不同具体问题的分析框架或者思路。尽管所有经济模型的最后数学展现方式都是一些方程式，但每个或每类模型依赖的经济理论基础、经济主体的行为方式及其相互作用和联系机制、市场是否出清、构建框架或思路构建等方面未必相同。DSGE模型框架因其显性、理论一致性、微观和宏观的完美结合、长短期分析的有机整合等独特优势而日益受到人们的青睐，近二十年来以此为工具的研究涉及经济波动、经济增长、经济政策的评估与协调、国际贸易、汇率改革、收入分配、金融危机的起源与传播及金融稳定等众多领域，涌现出大量的研究成果，并且研究内容也更加细致和深入。

在广泛使用DSGE模型为宏观政策决策提供参考的同时，这一模型也对从事宏观决策的人员素质提出了更高的要求。作为一种新型的分析框架和思路，如何理解和使用包括DSGE模型在内的各种模型以帮助决策将非常关键。但无论如何，大规模使用包括DSGE在内的各种模型，提高决策的模型化和科学化水平似乎是一个不可阻挡的趋势和方向。

为了更好地运用DSGE框架分析经济问题，本书的出发点是对DSGE框架进行解剖并将其分解成最基本的构件（最基本和最简单的模型），在详细探讨每个构件功能和特性的基础上，针对具体实际问题将这些构件进行有机整合从而集合成新的分析框架，最终为解决问题提供有针对性的建议。这是本书与其他关于DSGE的著作截然不同之处。

本书第一章首先从一个纯禀赋经济模型（书中称为最简单的DSGE模型）出发，分析居民的消费与储蓄选择问题。虽然这个模型严格来说并不是真正的一般均衡模型，但其仍然可以用来分析很多问题。这一章利用和拓展该模型讨论了消费平滑与永久性收入的关系、收入增长趋势变化对消费的影响、消费习惯（包括内在与外在消费习惯）与偏好冲击的引入对消费的影响、居民对多种产品的需求选择、居民的资产选择以及以消费为基础的资产定价核确定等问题，这些讨论为后面章节的进一步研究奠定了基础。

仅有需求方而没有供给方并不能确定市场的均衡以及均衡价格，为此在第一章的基础上，第二章引入生产部门，从而构建包含居民和厂商两类经济主体在内的 DSGE 模型。在此框架下这一章详细讨论了以下几个方面的问题：分散经济均衡与中央计划经济均衡两种均衡的关系以及福利定理；引入投资调整成本以及资本利用率后对经济产生的影响；多种产品生产的引入及其影响；垄断竞争（包括产品生产垄断和劳动力供给垄断）对经济的影响；消费品和投资品的生产技术不同对均衡增长路径和波动产生的影响；投资不可回撤这种偶然性约束对经济产生的影响等。

经济资源的利用和配置并不局限于居民和厂商这些私人部门，政府作为公共部门也在经济资源的配置中发挥重要作用，第三章在前两章的基础上引入政府并构建包含居民、厂商和政府三类经济主体在内的 DSGE 模型。这一章针对扭曲性和非扭曲性税收对经济的影响进行了讨论，对政府消费和政府投资两种公共支出形式产生的不同效应进行了模拟，对政府债务可持续性问题进行了详细分析，就李嘉图和非李嘉图两种体制下的财政政策（财政政策规则和相机抉择的财政政策）对经济产生的影响进行了比较，最后对政府发债的期限问题及其对债券价格、金融市场收益率和经济的影响进行了探讨。

经济的变化总体上反映两方面的变化，一是反映实物的变化，二是反映价值的变化，这两方面分别通过实际变量和名义变量来刻画。在一般均衡的框架下，确定经济的均衡状态包括对实际变量和名义变量这两类变量均衡状态的确定。实际变量的均衡状态通常与相对价格有关，而名义变量的均衡状态除了与相对价格有关外，还与绝对价格水平有关。前三章的所有模型均是关于实体经济的模型，模型中的所有变量均是剔除了价格因素的实际变量，第四章在前三章的基础上再引进金融部门这个新的经济主体，从而使 DSGE 模型能够同时反映实体经济变化和名义价值变化。另外，通过引入金融部门，可以充分了解金融与实体经济的相互关系，分析金融摩擦对经济产生的影响，这一点在 2008 年国际金融危机爆发后的 DSGE 研究中尤为重要。这一章首先探讨了货币引入的三种方式并进行了比较分析，然后探讨了金融部门的引入方式，主要针对流动资金的融资、金融市场的有限参与行为与流动性效应、长期融资中状态识别和执行成本两种构建方式以及同时考虑长短期融资、利率的期限结构和资产定价等问题进行了深入讨论，接着进一步对传统的货币政策传导机制以及近年来的非传统货币政策进行了比较研究,非传统货币政策涉及财政政策方面的内容,为此本章最后在广义政府框架下对货币政策和财政政策的协调与配合进行了讨论。

前四章虽然引入了诸如消费习惯、投资调整成本、资本利用率、垄断竞争、金融市场的有限参与行为、融资中存在状态识别或执行成本等摩擦,但始终没有放弃新古典经济学中价格(包括名义工资)是完全弹性这个关键假设,从而构建的 DSGE 框架体现出新古典经济学的特征,在理性预期条件下,只有非预期的名义冲击(如货币冲击)才会对经济产生影响,且影响的持续性非常短,这与实际情况不太吻合。为进一步拓展,第五章着重讨论各种名义粘性的引入,从而这一章的 DSGE 框架体现出新凯恩斯经济学的特征。这一章首先讨论了产品价格或工资的定价方式,包括 Taylor 和 Fuhrer – Moore、Rotemberg、Calvo 和 Fischer 等四种定价方式以及定价中采用的指数化盯住策略,然后在包含居民、厂商、政府和金融部门四类经济主体的 DSGE 模型中,针对具体问题分别引入价格粘性、工资粘性、利率粘性(包括存贷款利率粘性)和信息粘性,并对这四种粘性产生的影响效果进行比较。然后将以上分析框架应用于商业银行的期限转换问题,详细分析商业银行如何将短期债务转换成长期资产的期限转换机制以及该机制对信贷利差、杠杆率、投资和产出的影响。最后本章就耐用消费品和非耐用消费品两部门价格粘性对总体经济价格粘性的影响进行了比较,从而对稳定物价水平的政策设计提出建议。

在前五章基础上,第六章在新凯恩斯 DSGE 框架下针对经济波动中的一些问题进一步探讨,这些问题包括以下几个方面:存货的决策选择以及存货的变化与经济波动的关系;非市场经济行为的家庭生产活动对经济波动产生的影响;传统的失业率引入方式与以搜寻匹配为基础的失业率引入方式的比较,自然失业率、自然利率和潜在产出的确定;具有非基本面特征的消息冲击对经济波动影响的特性;以投入产出为基础的各部门经济波动与总体经济波动的关系;房地产部门的产业链结构特征、该部门的波动对资产价格的影响和对其他部门的溢出效应以及货币政策的选择;内生经济增长的引入与经济波动的关系;基于递归效用函数的资产定价核特性、实际刚性和名义粘性对资产价格的影响、风险溢价的变化与经济波动的关系以及货币政策是否要盯住资产价格;石油价格变化对经济波动的影响等。每个问题都是理论和实证研究长期关注的方向,在不同的经济时期问题体现出不同的特性(如近年来石油价格的大幅变化并没有导致如历史上的两次石油危机),不同时期各种研究方法得出的结论也不完全一致。这一章的目的是在新凯恩斯 DSGE 框架下进行模拟并与其他结果进行比较，从而进一步挖掘该框架的潜力和优势。

和已有著作相比，本书在解剖和构建框架方面的特征更加明显。本书的关注点是如何针对具体问题构建相应的 DSGE 分析框架，并充分展现该框架分析问题的优势，而不是一味地构建大而全、结构调整非常困难的黑箱或者灰箱模型。有关模型的求解方法和技术细节以及模型参数的估计不是本书的关注点，读者可参考有关这些方面的著作。

本书的另一个显著特征是对每个问题所涉及的 DSGE 框架给出了图表性的实现思路，以准 Dynare 代码的形式写出，读者可以很方便地通过 Dynare 或其他软件实现。熟悉 Dynare 软件的读者可以比较轻松地运用书中的各种 DSGE 框架，对于没有接触或不了解 Dyanre 软件的读者，这些图表也会有很大启发。据我们了解，还没有著作（中文或英文）能提供像本书这样丰富的 DSGE 在 Dynare 下实现的清晰思路。Dynare 软件是一个前处理程序，该软件的最大优势是可以直接写代数式，而不是写相关的矩阵或者编程程序，因此容易受到学者和应用者的欢迎，而且这个免费软件可在 Matlab、Octave 以及 Julia 等环境下运行，使用起来非常方便。本书的所有模拟结果均是通过 Dynare 软件实现的。

本书面向广泛的阅读对象，包括高校学生、青年教师、科研人员、政府部门和金融机构的研究和决策人员等，特别是可供从事经济分析和预测的人员参考。欢迎读者就本书中存在的问题向我们反馈，改进我们的理解，也帮助别的读者减少学习成本。

限于篇幅，本书没有涉及开放经济，我们将在未来向读者展示这方面的研究成果。

最后感谢国家自然科学基金重点课题（71633003）和应急课题（71850008）对本书的支持。

目　　录

第一章 仅含有消费者的最简单 DSGE 模型

近二十年来，综合微观与宏观经济理论的动态随机一般均衡模型（Dynamic Stochastic General Equilibrium Model，DSGE）逐渐成为经济分析工具中一颗耀眼的明星，已经是宏观经济研究和政策分析领域发展速度最快、技术化程度最高、应用范围最广的主流研究方法和分析平台。DSGE 模型研究不确定环境下经济的一般均衡问题，它严格依据一般均衡理论，利用动态优化方法对各经济主体（居民、厂商、政府等）在不确定环境下的行为决策进行详细刻画，得到经济主体在资源约束、技术约束及信息约束等条件下的最优行为方程，再加上市场出清条件，并考虑加总（Aggregation）方法，最终导出不确定环境下总体经济满足的方程。

DSGE 模型不仅吸收了理性预期、动态优化以及一般均衡分析这些近代经济学的革命性发展成果，而且试图将对经济增长、经济波动、货币与财政政策等宏观经济现象的分析建立在微观经济行为的基础之上，从而紧密地将宏观经济学与微观经济学联系起来，同时在严谨数理逻辑的帮助下，将整个宏观经济的研究和讨论纳入一个统一的平台，这为未来宏观经济学的科学应用和规范性发展奠定了重要的方法论基础。

DSGE 模型的形成和发展是与经济学的发展紧密相连的。自 20 世纪七八十年代至今，宏观经济学分别经历了以 Lucas 批判（1976）为代表的对传统结构经济模型分析的反思、融入理性预期以及一般均衡框架下进行动态递归分析三次重大的变革。为迎接这些新的挑战，宏观经济学在建模方法上也发生了较大的转变，表现在逐步由过去的静态分析转变为更加强调系统动态特性的分析，由过去确定性环境下的分析转变为不确定性环境下的分析，由过去的总量分析转变为更加注重微观基础刻画以及长期和短期分析的一致性等方面。人们在经济建模方面不再仅仅停留于模型给出的数量结果，而是更加关注这些数量结果所隐含的幕后故事及其理论上的依据和解释，这其实对经济建模提出了更高的要求。DSGE 模型的显性建模框架、理论一致性、微观和宏观的完美结合、长短期分析的有机整合等独特性日益受到人们的青睐，同时，算法与计算

1

机技术的快速发展使得宏观模型的规模与功能得到了不断提升。因此，与其说 DSGE 是一种新的经济模型，还不如说其是对原有宏观经济模型、研究方法及模式的一次升级换代。

DSGE 模型非常重视其建立的理论基础以及由微观到宏观的机制刻画。经济主体的增加不是随意而为的而是需要微观经济理论支撑的。在一般均衡的框架下，DSGE 模型采用动态优化的方法，自下向上考察经济系统中行为主体的决策，这样能够很好地刻画经济系统中的个体行为以及由相互联系的个体构成的经济系统所体现的整体特性。

由于 DSGE 模型长于刻画经济系统的具体结构，便于进行各种类型的冲击模拟，而自下而上的建模原则又赋予其逻辑清晰的解释能力，因此其非常适合于结构分析、冲击传导机制研究和政策模拟。另外，DSGE 模型与传统实证方法也实现了较好的结合，特别是在与传统的时间序列分析方法（包括向量自回归（VAR）模型及宏观计量模型）结合方面也展现出较好的性质，并且，随着 Bayes 估计技术的使用，DSGE 模型在稳定性以及对数据的解释能力等方面都得到了较大幅度的提升。

目前许多国家的中央银行、财政部门和其他经济部门，以及欧洲中央银行、国际货币基金组织、世界银行、OECD 等国际组织已经和正在开发不同复杂程度的 DSGE 模型，利用该模型研究的问题涉及经济景气分析、货币政策和财政政策、国际贸易、汇率改革、收入分配及金融稳定等众多相关领域，基于这些 DSGE 模型进行货币、财政、贸易、汇率、宏观审慎等政策变化对经济的冲击的分析和预测，并作为政策制定的重要决策依据。

DSGE 模型的广泛使用，为宏观政策决策提供了非常重要的保障，同时也对从事宏观决策的人员素质提出了更高的要求。作为一种新型的分析工具和方式，如何正确看待和使用包括 DSGE 模型在内的各种模型以帮助决策将非常关键。无论如何，大规模使用包括 DSGE 在内的各种模型，提高宏观决策的模型化和科学化水平已经是一个不可阻挡的趋势和方向。

与其他模型一样，DSGE 模型的分析方法也同样面临许多挑战，需要根据新的具体问题进行拓展和创新。2008 年国际金融危机后，如何对异质性经济主体行为进行刻画，如何描述金融部门作用、市场结构差异、宏观政策的协调以及非常规政策的影响和宏观审慎政策的作用等问题均是 DSGE 模型探讨的方向和遇到的挑战，已经取得了一些非常好的成果。展望未来，无论是理论研究还是政策实践，DSGE 模型都将在精准度、及时性、针对性等方面面临更高的要求，这也必将为我们学习、研究和使用 DSGE 模型提供更多机会和更加宽广的舞台。

第一节　基本模型

我们先从一个最基本的模型出发，然后逐渐扩展。这个模型仅包含一类经济主体，即消费者。在禀赋给定的情况下，消费者在跨期预算约束下进行最优消费选择。严格来说，这个模型并不是真正意义上的 DSGE 模型，因为模型中只有需求方没有供给方或者供给方是外生给定的，但该模型的建模步骤与后面所有模型的建模步骤类似，也具有很好的启发作用。

一、单个消费者的行为刻画

假设消费者连续分布于区间 $[0,1]$，对于某个消费者 $j \in [0,1]$，其在预算约束下使其预期的效用贴现和最大化，即考虑下面的优化问题：

$$\begin{cases} \max_{\{c_{j,t+i}, A_{j,t+1+i}\}} E_t \Big[\sum_{i=0}^{\infty} \beta^i U(c_{j,t+i}) \Big] \\ s.t. \quad A_{j,t+1+i} = (1 + r_{t+i})A_{j,t+i} + y_{j,t+i} - c_{j,t+i} \end{cases}$$

其中，E 表示预期，U 表示效用函数，β 表示贴现率，$c_{j,t}$、$y_{j,t}$ 和 $A_{j,t}$ 分别表示经济主体 j 在第 t 期的消费、收入和期初拥有的财富，r_t 表示财富的收益率。在此简单模型中，我们不考虑生产从而假设收入 $y_{j,t}$ 是外生给定的，即此经济是一个没有生产的禀赋经济。另外，消费者可以确定对资产的需求，但资产的收益率 r_t 并不是仅仅通过需求可以确定，因而这里也假设收益率 r_t 是外生给定的。

采用 Lagrange 乘子方法，上面的优化问题可写成：

$$\max_{\{c_{j,t+i}, A_{j,t+1+i}\}} E_t \sum_{i=0}^{\infty} \beta^i \big[U(c_{j,t+i}) + \lambda_{j,t+i}((1 + r_{t+i})A_{j,t+i} + y_{j,t+i} - c_{j,t+i} - A_{j,t+1+i}) \big]$$

其中，$\lambda_{j,t}$ 是第 j 个消费者在第 t 期的预算约束条件所对应的 Lagrange 乘子。该优化问题的一阶条件是

$$\lambda_{j,t} = U'(c_{j,t})$$
$$\lambda_{j,t} = E_t[\beta(1 + r_{t+1})\lambda_{j,t+1}]$$

可以看出，$\lambda_{j,t}$ 实际上是财富的边际效用，将第一个式子代入第二个式子可得到下面的欧拉方程：

$$U'(c_{j,t}) = E_t[\beta(1 + r_{t+1})U'(c_{j,t+1})]$$

即当期放弃消费损失的边际效用等于下一期储蓄得到的边际效用的贴现值。这个条件与预算约束

$$A_{j,t+1} = (1 + r_t)A_{j,t} + y_{j,t} - c_{j,t}$$

一起可以确定消费 $c_{j,t}$ 以及财富 $A_{j,t}$。

上面的欧拉方程也可以从另外一个角度来得到。定义累计贴现因子 $D_{t,k} = \prod_{s=0}^{k-1} \frac{1}{1 + r_{t+s}}$，$D_{t,0} = 1$，预算约束可写成：

$$A_{j,t+1+k} = (1 + r_{t+k})A_{j,t+k} + y_{j,t+k} - c_{j,t+k} = (D_{t,k}/D_{t,k+1})A_{j,t+k} + y_{j,t+k} - c_{j,t+k}$$

或

$$D_{t,k+1}A_{j,t+1+k} = D_{t,k}A_{j,t+k} + D_{t,k+1}(y_{j,t+k} - c_{j,t+k})$$

向前迭代可得到

$$\sum_{k=0}^{\infty} D_{t,k+1}c_{j,t+k} + \lim_{k \to \infty}(D_{t,k+1}A_{t+1+k}) = A_{j,t} + \sum_{k=0}^{\infty} D_{t,k+1}y_{j,t+k}$$

为避免 Ponzi 策略，须满足以下横截条件：

$$\lim_{k \to \infty}(D_{t,k}A_{j,t+k}) = 0$$

这样可得到

$$\sum_{k=0}^{\infty} D_{t,k+1}c_{j,t+k} = A_{j,t} + \sum_{k=0}^{\infty} D_{t,k+1}y_{j,t+k}$$

原先的优化问题可转换为下面的优化问题：

$$\begin{cases} \max_{\{c_{j,t+i}\}} E_t \left[\sum_{i=0}^{\infty} \beta^i U(c_{j,t+i}) \right] \\ s.t. \quad \sum_{k=0}^{\infty} D_{t,k+1}c_{j,t+k} = A_{j,t} + \sum_{k=0}^{\infty} D_{t,k+1}y_{j,t+k} \end{cases}$$

依然采用 Lagrange 乘子方法，该优化问题可写成：

$$\max_{\{c_{j,t+i}\}} E_t \sum_{i=0}^{\infty} \beta^i U(c_{j,t+i}) + \lambda_j \left[A_{j,t} + \sum_{i=0}^{\infty} D_{t,i+1}(y_{j,t+i} - c_{j,t+i}) \right]$$

其中，λ_j 是约束条件对应的 Lagrange 乘子，注意与上面不同的是，这里只有一个约束条件，乘子与时间无关。该问题的一阶条件为

$$\beta^i U'(c_{j,t+i}) = \lambda_j E_t D_{t,i+1}$$

利用 $(1 + r_{t+i}) = (D_{t,i}/D_{t,i+1})$，上式可写为

$$U'(c_{j,t}) = \lambda_j E_t [(1 + r_{t+1})D_{t,2}] = E_t [\beta(1 + r_{t+1})U'(c_{j,t+1})]$$

同样可得到前面的欧拉方程，无论采用哪种方式，最后得到的欧拉方程是相同的。

消费的确定可通过如下两种方式来进行：

①采用递归的形式

$$U'(c_{j,t}) = E_t [\beta(1 + r_{t+1})U'(c_{j,t+1})]$$

$$A_{j,t+1} = (1 + r_t)A_{j,t} + y_{j,t} - c_{j,t}$$

②采用跨期贴现和的形式

$$U'(c_{j,t}) = E_t[\beta(1 + r_{t+1})U'(c_{j,t+1})]$$

$$\sum_{k=0}^{\infty} D_{t,k+1}c_{j,t+k} = A_{j,t} + \sum_{k=0}^{\infty} D_{t,k+1}y_{j,t+k}$$

另外，采用这两种方式均需要满足横截条件 $\lim_{k \to \infty}(D_{t,k}A_{j,t+k}) = 0$。

假设效用函数采用下面的函数形式：

$$U(c_{j,t}) = \begin{cases} \dfrac{c_{j,t}^{1-\gamma} - 1}{1 - \gamma}, \gamma \neq 1 \\ \ln(c_{j,t}), \gamma = 1 \end{cases}$$

上面优化问题的一阶条件可写为

$$c_{j,t}^{-\gamma} = E_t[\beta(1 + r_{t+1})c_{j,t+1}^{-\gamma}]$$

二、从微观行为方程到宏观行为方程

上面得到了某个消费者 j 的行为决策方程，由于模型中假设消费者连续分布于区间 $[0,1]$，因而直接对每个消费者的行为特征进行研究将会非常复杂，为此我们期望从总量上研究整个经济的规律，这就需要考虑变量的加总（Aggregation）。加总时一个关键问题是，经济主体是同质的（Homogeneous）还是异质的（Heterogeneous），这将会对加总结果产生影响。

定义以下总量变量

$$c_t = \int_0^1 c_{j,t}\mathrm{d}j, y_t = \int_0^1 y_{j,t}\mathrm{d}j, A_t = \int_0^1 A_{j,t}\mathrm{d}j$$

其中，c_t、y_t 和 A_t 分别代表加总后的消费、收入和财富。

假设所有消费者初始财富以及所采用的效用函数是一样的。从一阶条件 $\lambda_{j,t} = E_t[\beta(1 + r_{t+1})\lambda_{j,t+1}]$ 可得到，对于任何消费者 j，Lagrange 乘子 $\lambda_{j,t}$ 都是一样的，$\lambda_{j,t} = \lambda_t$，即 $\lambda_{j,t}$ 不依赖于指标 j，这样，由 $\lambda_t = U'(c_{j,t})$ 可知，$c_{j,t}$ 不依赖于指标 j，对其他变量可经过类似上面的处理得到，这些变量不依赖于指标 j。假设每期的消费者数量保持不变，从而在总量上前面的方程可改写为

$$\lambda_t = c_t^{-\gamma}$$

$$\lambda_t = E_t[\beta(1 + r_{t+1})\lambda_{t+1}]$$

$$A_{t+1} = (1 + r_t)A_t + y_t - c_t$$

$$\sum_{k=0}^{\infty} D_{t,k+1}c_{t+k} = A_t + \sum_{k=0}^{\infty} D_{t,k+1}y_{t+k}$$

$$\lim_{k \to \infty}(D_{t,k}A_{t+k}) = 0$$

可以看出，对于同质的经济主体，上面得到的总量行为方程与单个经济主体的行为方程在形式上是一致的。基于这一点，可以某个经济主体的行为刻画作为总体经济的行为刻画，从而在表示方法上如无特殊说明，可以忽略表示经济主体的下标 j，我们也称该模型为典型经济人（Representative Agent）模型。

若要完全刻画消费行为，还需要给定外生变量 y_t 和 r_t 的变化规律。假设外生变量 y_t 和 r_t 的变化由下面的一阶自回归随机过程描述：

$$\ln(y_t/\bar{y}) = \rho_y\ln(y_{t-1}/\bar{y}) + u_{y,t}, 0 \le \rho_y < 1, u_{y,t} \sim N(0, \sigma_y^2)$$

$$\ln[(1 + r_t)/(1 + \bar{r})] = \rho_r\ln[(1 + r_{t-1})/(1 + \bar{r})] + u_{r,t},$$

$$0 \le \rho_r < 1, u_{r,t} \sim N(0, \sigma_r^2)$$

其中，$\bar{y}$ 和 $\bar{r}$ 分别表示 y_t 和 r_t 的稳态值（后文将介绍稳态概念），随机项 $u_{y,t}$ 和 $u_{r,t}$ 代表均值为零的白噪声。

至此，我们基本上完成了对上面整个模型的描述。这个模型基本上包括两部分，一是外生变量的变化规律，二是内生变量的行为方程，而且，不确定性主要来源于收入 y_t 和财富收益率 r_t 的不确定性。

三、模型的稳态与某些参数的确定

在求解上面的模型之前，先来看经济达到长期均衡时的状态，即稳态（Steady – State）。以 $\bar{x}$ 表示变量 x_t 的稳态值，上面模型的稳态可表示为

$$\bar{\lambda} = (\bar{c})^{-\gamma}, 1 = \beta(1 + \bar{r}), \bar{A} = (1 + \bar{r})\bar{A} + \bar{y} - \bar{c}$$

或

$$\bar{r} = 1/\beta - 1, \bar{c} = \bar{r}\bar{A} + \bar{y} = (1/\beta - 1)\bar{A} + \bar{y}, \bar{\lambda} = (\bar{c})^{-\gamma}$$

可以看出，稳态时的消费等于收入与财富的利息之和。如果财富为正，那么稳态时的消费大于稳态时的收入；如果财富为负（此时实际上是债务），那么稳态时的消费小于稳态时的收入。

利用上面的稳态关系式可以很方便地确定模型中的某些参数。具体来说，可将实际中利率的长期均衡值作为模型中利率的稳态值 $\bar{r}$，利用上面的第一个式子可以确定贴现率 β。虽然这个模型比较简单，但要完全确定模型中的参数，仅靠稳态条件是不够的。如模型中的参数 γ，仅靠上面的稳态条件是不能确定的。实际上这个参数对应着消费的跨期替代弹性，因此需要根据实际数据研究消费的动态变化并通过估计来确定该参数。另外，描述外生变量动态变化的 ρ_y、σ_y、ρ_r 和 σ_r 等参数的确定也是需要根据实际数据来确定的，这些将在后文介绍。

四、预期的刻画及模型的求解

如果要进一步求解模型，需要考虑的一个问题是预期采用什么样的形式，是采用自适应预期、理性预期、还是其他预期，不同的预期形式也将会影响求解的结果。假设采用理性预期，即

$$x_{t+k} = E_t x_{t+k} + \eta_{t+k}, \quad E_t(\eta_{t+k}) = 0, k \geq 1$$

其中，$E_t x_{t+k}$ 表示在第 t 期对变量 x_{t+k} 在第 $t+k$ 期的预期，η_t 代表预期误差。

在给出参数 γ、β、ρ_y，σ_y，ρ_r 和 σ_r 的数值后，我们可以对上面的模型进行求解。一般来讲，模型的解析解只有在极个别的情况下才能得到，通常我们只能对模型进行数值求解。上面模型的求解方法很多，这里仅给出求解的概览。总的来说，模型的求解分为线性求解方法和非线性求解方法。对于非线性求解方法，模型的稳态值是非常重要的，其也给出了非线性求解的初始值。若按非线性方法进行求解，模型可写成表 1.1 的形式。

表 1.1 　　　　　　　　　　基本模型 Cha1an （非线性形式）

外生变量：y_t，r_t；

　　$\ln(y_t/\bar{y}) = \rho_y \ln(y_{t-1}/\bar{y}) + u_{y,t}, 0 \leq \rho_y < 1$

　　$\ln[(1+r_t)/(1+\bar{r})] = \rho_r \ln[(1+r_{t-1})/(1+\bar{r})] + u_{r,t}, 0 \leq \rho_r < 1$

内生变量：c_t，A_t，λ_t；

　　$\lambda_t = c_t^{-\gamma}$

　　$\lambda_t = E_t[\beta(1+r_{t+1})\lambda_{t+1}]$

　　$A_{t+1} = (1+r_t)A_t + y_t - c_t$

随机冲击：$u_{y,t}$，$u_{r,t}$；

　　$u_{y,t} \sim N(0, \sigma_y^2)$，$u_{r,t} \sim N(0, \sigma_r^2)$

稳态条件：

　　$\bar{r} = 1/\beta - 1$，$\bar{c} = \bar{r}\bar{A} + \bar{y} = (1/\beta - 1)\bar{A} + \bar{y}$，$\bar{\lambda} = (\bar{c})^{-\gamma}$

对模型求解的另外一种方法是采用对数线性化方法。以 $\hat{x}_t = \ln(x_t/\bar{x})$ 表示对数线性化的变量，对上面的非线性模型进行对数线性化处理后，可以将模型变成线性模型，再采用线性求解方法进行求解。进行对数线性化处理后，上面模型可写成表 1.2 的形式。

表 1.2   基本模型 Cha1al（线性形式）

外生变量：$\hat{y}_t$，$\hat{r}_t$；

$$\hat{y}_t = \rho_y \hat{y}_{t-1} + u_{y,t}, 0 \leq \rho_y < 1$$

$$\hat{r}_t = \rho_r \hat{r}_{t-1} + u_{r,t}, 0 \leq \rho_r < 1$$

内生变量：$\hat{c}_t$，$\hat{A}_t$，$\hat{\lambda}_t$；

$$\hat{\lambda}_t = -\gamma \hat{c}_t$$

$$\hat{\lambda}_t = E_t(\hat{\lambda}_{t+1} + \hat{r}_{t+1})$$

$$\hat{A}_{t+1} = (1 + \bar{r})(\hat{A}_t + \hat{r}_t) + \frac{\bar{y}}{\bar{A}}\hat{y}_t - \frac{\bar{c}}{\bar{A}}\hat{c}_t$$

随机冲击：$u_{y,t}$，$u_{r,t}$；

$$u_{y,t} \sim N(0, \sigma_y^2)，u_{r,t} \sim N(0, \sigma_r^2)$$

式中，$\bar{r} = 1/\beta - 1$，$\frac{\bar{c}}{\bar{A}} - \frac{\bar{y}}{\bar{A}} = \frac{1}{\beta} - 1$

综上所述，DSGE 模型的建立首先从单个经济主体的行为决策出发，在得到单个经济主体的行为方程后，采用适当的加总技术得到经济总量满足的行为方程，最后在考虑预期的形成机制后采用一定的技术手段对模型进行求解。基于前面的分析，我们对基本模型的参数及有关变量的稳态值设定如表 1.3 所示。

表 1.3   基本模型的校准

参数或稳态值	取值	参数或稳态值	取值
β	0.99	σ_r	0.01
γ	2	$\bar{y}$	1
ρ_y	0.9	$\bar{A}$	10
σ_y	0.01	$\bar{r}$	$\bar{r} = 1/\beta - 1$
ρ_r	0.9		

假设收入受到一个随机冲击，使其在当期增加 1%，按照上面的方法对模型进行求解可得到消费和财富对此冲击的响应曲线，见图 1.1。可以看出，消费对当期收入增加的反应并不是很敏感，因为消费的决策是在考虑所有未来收入的贴现和以及现有财富状况下进行的，即消费者考虑的是 Friedman 提出的永久性收入，因此，当期收入变化只是影响永久性收入的一个因素，未来各期

收入的变化也是影响永久性收入的因素，且在模型中收入的持续性是通过参数 ρ_y 来反映的。由于参数 ρ_y 并不小（等于 0.9），从而消费的变化体现出比较平滑的特征。由于消费的变化比较平滑，而下一期财富决定于当期财富（包括利息）、当期收入和当期消费三者的变化，从而财富的变化是一个缓慢的过程，没有消费的变化那么平滑。

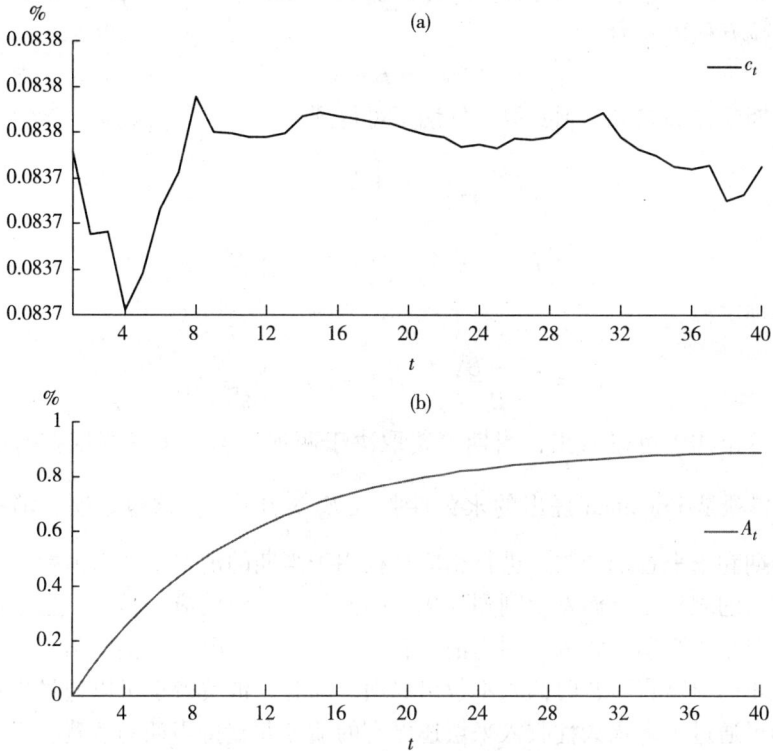

图 1.1　消费和财富的冲击响应曲线

五、消费平滑与永久性收入

上文得到下面的跨期预算等式：

$$\sum_{k=0}^{\infty}\Big(\prod_{s=0}^{k}\frac{1}{1+r_{t+s}}\Big)c_{t+k} = A_t + \sum_{k=0}^{\infty}\Big(\prod_{s=0}^{k}\frac{1}{1+r_{t+s}}\Big)y_{t+k}$$

这个式子表明，当期及未来各期消费的贴现和等于当期财富加上当期及未来收入的贴现和，即等于当期财富加上 Friedman 提出的永久性收入。由此，消费者可根据一生中可获得的收入及初始已有的财富来综合安排当期及未来各期的消费，消费并不仅仅决定于某期的收入。另外，只要初始财富和永久性收入之和大于零，就能保证消费为正，这意味着消费者初始可以借债，也可以理解为消费者可以未来的永久性收入作为抵押来借债，只要永久性收入能够偿还已有的债务，就能保证消费为正。

为清楚地看出该等式的含义，假设模型中的参数 $\gamma = 1$，即效用函数采用对数函数形式。另外，财富收益率假设取成稳态值 $r_t = \bar{r} = 1/\beta - 1$。这样，前面的欧拉方程可写为

$$c_t = E_t c_{t+1}$$

代入跨期预算等式可得到并取条件期望可得到

$$\sum_{k=0}^{\infty} \beta^{k+1} c_t = A_t + E_t \sum_{k=0}^{\infty} \beta^{k+1} y_{t+k}$$

$$(\sum_{k=0}^{\infty} \beta^k) c_t = (1/\beta) A_t + E_t \sum_{k=0}^{\infty} \beta^k y_{t+k}$$

经过整理可得到

$$c_t = \left(\frac{1-\beta}{\beta}\right) A_t + (1-\beta) E_t \sum_{k=0}^{\infty} \beta^k y_{t+k}$$

从这个式子可以看出，当期消费取决于两项，第一项是当期拥有的财富 A_t，第二项是 Friedman 提出的永久性收入 $E_t \sum_{k=0}^{\infty} \beta^k y_{t+k}$。这也表明，消费者可以将当期和未来各期的收入进行相应加权用于当期的消费，从而消费不会因为某期收入的剧烈变化而发生剧烈变化，因而具有平滑效应。另外，当期的消费不一定要小于当期的收入，因为消费者可以将已有的财富转换为消费，即通过已经积累的财富克服暂时的入不敷出局面。同时，消费者也可以通过借债来消费，即可通过未来永久性收入来偿还已有的债务并支持当期的消费。

以上是在参数 $\gamma = 1$ 的情况下得到的解析解，假设 $\gamma \neq 1$，那么可能没有这么简单，这里不详细讨论解析解的求解，而考虑一般情况下的数值解。仍然将财富收益率取成稳态值，欧拉方程此时为

$$c_t^{-\gamma} = E_t(c_{t+1}^{-\gamma})$$

由此，参数 γ 对当期消费与未来消费之间的跨期替代率产生了影响，图 1.2 表示在参数 $\gamma = 1$ 和 $\gamma = 10$ 两种情况下收入受到冲击后的消费响应曲线，这里，模型中的其他参数和有关变量的稳态值取为表 1.1 中的数值。

可以看出，该参数的变化对消费的动态特征影响是有差异的，实际上 $(1/\gamma)$ 是当期和下一期消费的替代弹性（后文章节将详细介绍），参数 γ 越大（越小），当期和下一期消费的跨期替代弹性越小（越大），从而消费的波动也

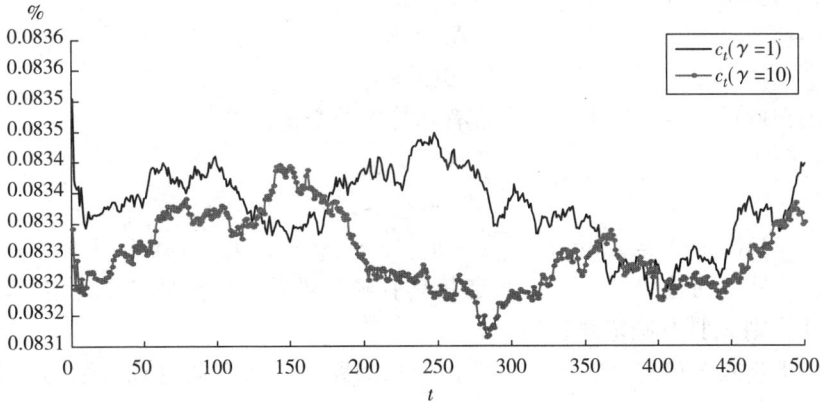

图 1.2　消费的平滑

越大（越小）。但是，怎样才能将未来的收入转变为当期的一部分消费呢？显然这和金融市场的完全性及消费者是否还受到其他约束密切相关，后文将讨论这些问题。

第二节　在基本模型中考虑趋势项

新古典经济学的一个特点是，经济最终趋向一条均衡的增长路径而不是一个点，为体现这一点，模型中的变量将会含有趋势项（可能包括确定性趋势项和随机性趋势项）。关于带有趋势项的模型，我们在求解时通常采用适当的方法去掉经济变量的共同趋势项，将模型变换成平稳的形式，然后再对模型进行求解。虽然计量经济学在处理趋势项方面已有很多较成熟的方法，但在 DSGE 建模过程中，通常在对产生趋势项的根源进行深入分析后，再采用适当的方法处理趋势项。

仍以上面的典型消费者为例（这里以大写字母表示相应的带有趋势项的变量），消费者在预算约束下使其预期效用贴现和最大化，

$$\begin{cases} \max\limits_{\{C_{t+i}, A_{t+1+i}\}} E_t \left[\sum_{i=0}^{\infty} \beta^i U(C_{t+i}) \right] \\ s.t. \quad A_{t+1+i} = (1 + r_{t+i})A_{t+i} + Y_{t+i} - C_{t+i} \end{cases}$$

$$U(C_t) = \begin{cases} \dfrac{C_t^{1-\gamma} - 1}{1 - \gamma}, \gamma \neq 1 \\ \ln(C_t), \gamma = 1 \end{cases}$$

11

该优化问题的一阶条件可写为

$$\Lambda_t = C_t^{-\gamma}$$

$$\Lambda_t = E_t(\beta(1 + r_{t+1})\Lambda_{t+1})$$

现在假设外生变量 Y_t 是一个带有趋势项的变量，则

$$Y_t = Z_t y_t$$

$$Z_t = Z_{t-1} g_t$$

$$\ln(g_t/\bar{g}) = \rho_g \ln(g_{t-1}/\bar{g}) + u_{g,t}, 0 \leq \rho_g < 1, u_{g,t} \sim N(0, \sigma_g^2)$$

其中，Z_t 是 Y_t 的趋势项，这里假定其具有随机性趋势，g_t 是 Z_t 的增长率，若 $\sigma_g = 0$，则 Z_t 具有确定性趋势。

由于收入 Y_t 最终趋向于一条平稳增长的路径，从而消费 C_t 及财富 A_t 最终也将趋向于一条平稳增长的路径。这实际上意味着上述的一阶条件及预算约束等式均含有一个趋势项，从而直接根据这两个方程讨论模型的稳态是有问题的，因为按照前面关于稳态的定义，稳态是模型解长期达到的一个状态，其是模型的一个不动点，而此时模型长期达到的状态是一条增长的路径。因此，若要应用前面的分析方法，则需要对模型进行适当的处理。通常有两种方法，方法一是对已得到的模型方程进行变换，将其转换成平稳的形式；方法二是直接从经济主体的行为决策入手，经过处理得到模型的平稳形式。

首先来看方法一的处理方式。定义以下变量：

$$c_t = \frac{C_t}{Z_t}, a_t = \frac{A_t}{Z_{t-1}}, \lambda_t = \frac{\Lambda_t}{Z_t^{-\gamma}}$$

即对消费、财富和边际消费倾向去掉趋势项，这样一阶条件及预算约束变换为

$$\lambda_t = c_t^{-\gamma}$$

$$\lambda_t = E_t(\beta(1 + r_{t+1}) g_{t+1}^{-\gamma} \lambda_{t+1})$$

$$a_{t+1} = (1 + r_t) a_t / g_t + y_t - c_t$$

其次来看方法二的处理方式。该方法的特点是直接从经济主体的行为决策入手，即直接考虑下面的优化问题：

$$\begin{cases} \max_{\{c_{t+i}, a_{t+1+i}\}} E_t \left[\sum_{i=0}^{\infty} \beta^i Z_{t+i}^{1-\gamma} c_{t+i}^{1-\gamma} \right] \\ s.t. \quad a_{t+1+i} = (1 + r_{t+i}) a_{t+i} / g_{t+i} + y_{t+i} - c_{t+i} \end{cases}$$

由此，去掉趋势项后的贴现因子与原来的优化问题不同。该问题的一阶条件为

$$\widetilde{\Lambda}_t = Z_t^{1-\gamma} c_t^{-\gamma}$$

$$\widetilde{\Lambda}_t = E_t \left[\beta(1 + r_{t+1}) \widetilde{\Lambda}_{t+1} / g_{t+1} \right]$$

将第一个式子代入到第二个式子可得到

$$(Z_t)^{1-\gamma}c_t^{-\gamma} = E_t(\beta(1 + r_{t+1})(Z_{t+1})^{1-\gamma}c_{t+1}^{-\gamma}/g_{t+1})$$

经过整理可得到

$$c_t^{-\gamma} = E_t(\beta(1 + r_{t+1})(g_{t+1}c_{t+1})^{-\gamma})$$

显然，两种方法得到的结果是一样的。两种方法各有其特点，应用者可根据其偏好选择其中一种，但无论采取哪种方法，最终得到的结果是相同的。

此时模型的稳态可写为

$$1 = \beta(1 + \bar{r})(\bar{g})^{-\gamma}, \bar{g}\bar{a} = (1 + \bar{r})\bar{a} + \bar{g}(\bar{y} - \bar{c}), \bar{\lambda} = (\bar{c})^{-\gamma}$$

随着非线性求解方法的迅速发展，对模型进行非线性求解已经比较容易，为节省空间，下面所有章节将仅列出模型的非线性形式，上面模型总结如表 1.4 所示。

表 1.4　　　　　　　　　　模型 Cha1bn（非线性形式）

外生变量：y_t，r_t，g_t；

$\ln(y_t/\bar{y}) = \rho_y\ln(y_{t-1}/\bar{y}) + u_{y,t}, 0 \le \rho_y < 1$

$\ln[(1 + r_t)/(1 + \bar{r})] = \rho_r\ln[(1 + r_{t-1})/(1 + \bar{r})] + u_{r,t}, 0 \le \rho_r < 1$

$\ln(g_t/\bar{g}) = \rho_g\ln(g_{t-1}/\bar{g}) + u_{g,t}, 0 \le \rho_g < 1$

内生变量：c_t，a_t，λ_t；

$\lambda_t = c_t^{-\gamma}$

$\lambda_t = E_t[\beta(1 + r_{t+1})g_{t+1}^{-\gamma}\lambda_{t+1}]$

$a_{t+1} = (1 + r_t)a_t/g_t + y_t - c_t$

随机冲击：$u_{y,t}$，$u_{r,t}$，$u_{g,t}$；

$u_{y,t} \sim N(0,\sigma_y^2)$，$u_{r,t} \sim N(0,\sigma_r^2)$，$u_{g,t} \sim N(0,\sigma_g^2)$

稳态条件：

$1 = \beta(1 + \bar{r})(\bar{g})^{-\gamma}$，$\bar{g}\bar{a} = (1 + \bar{r})\bar{a} + \bar{g}(\bar{y} - \bar{c})$，$\bar{\lambda} = (\bar{c})^{-\gamma}$

与基本模型比较，模型中的参数增加了 ρ_g 和 σ_g，变量稳态值中增加了趋势增长率的稳态值 $\bar{g}$。此处三个数值取为 $\rho_g = 0.8$，$\sigma_g = 0.01$，$\bar{g} = 1.005$，模型中的其他参数取为表 1.3 中的数值。基于此模型，假设收入的趋势增长率受到一个冲击，使其在当期增加 1%，消费和财富的冲击响应曲线如图 1.3 所示。

与没有趋势的基本模型比较，由于趋势增长率进入欧拉方程，因而消费和财富的动态特征与基本模型不尽相同。在知道收入会有一个趋势增长的情况下，人们会充分考虑未来收入趋势性增加所带来的永久性收入增加，因而在当

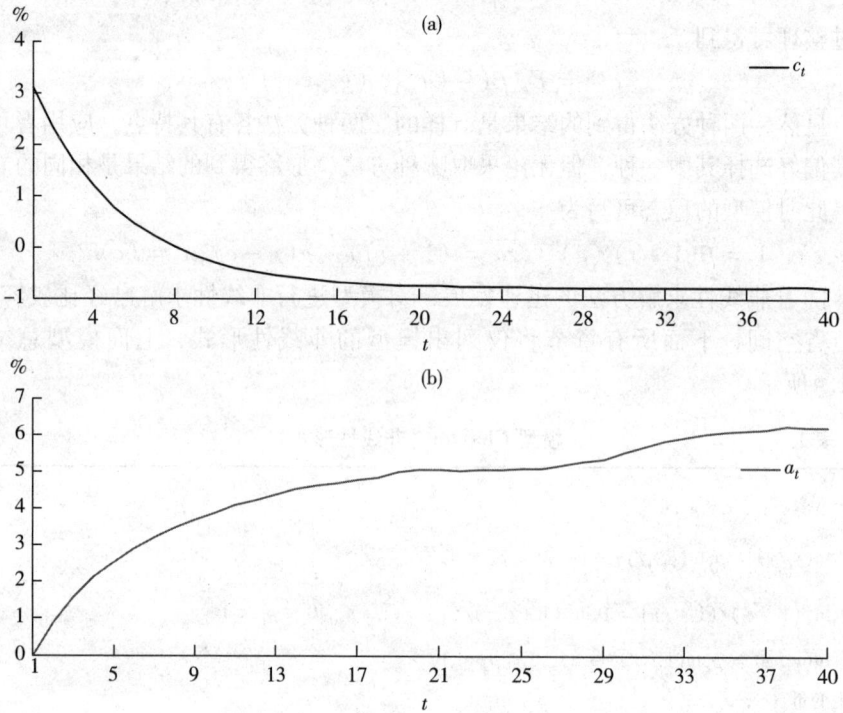

图 1.3　消费和财富的冲击响应曲线

期会明显增加消费，尽管财富在短期增加得很慢，但未来收入的趋势性增加会迫使财富也朝着这个趋势项靠近。

第三节　在基本模型中考虑消费习惯和偏好冲击

现实中消费者在进行消费决策时会受到消费习惯的影响。习惯是和过去因素相联系的，因此，加入消费习惯将对消费的动态特征产生影响。消费习惯的形成可能受消费者自身过去消费的影响，也可能受同辈消费者过去消费的影响，这两种消费习惯分别称为内在（Internal）和外在（External）的消费习惯。引入消费习惯将会使消费者的效用函数在时间上不再是相加可分离的，因为过去的消费决策会影响当期效用，当期消费的增加会减少当期的边际效用，但却会增加未来的边际效用，从而消费者的效用最大化问题在技术上处理将会相对复杂。

首先来看外在消费习惯的引入方式。考虑带有消费习惯的基本模型：

$$\begin{cases} \max\limits_{\{c_{j,t+i},A_{j,t+1+i}\}} E_t \left[\sum\limits_{i=0}^{\infty} \beta^i U(c_{j,t+i}, H_{t+i-1}) \right] \\ s.t. \quad A_{j,t+1+i} = (1 + r_{t+i})A_{j,t+i} + y_{j,t+i} - c_{j,t+i} \end{cases}$$

其中，E 表示预期，U 是效用函数，β 是贴现率，$c_{j,t}$、$y_{j,t}$ 和 $A_{j,t}$ 分别是消费者 j 在第 t 期的消费、收入和期初拥有的财富，r_t 是财富的收益率，效用函数中引入了消费习惯 H_t，但该变量是一个总体变量，反映了总体消费的习惯特性。每个消费者 j 在决策时受到该变量的影响。令 $\lambda_{j,t}$ 是约束条件对应的 Lagrange 乘子，上面的优化问题可写成：

$$\max\limits_{\{c_{j,t+i},A_{j,t+1+i}\}} E_t \sum\limits_{i=0}^{\infty} \beta^i \left[U(c_{j,t+i}, H_{t-1}) + \lambda_{j,t+i}((1 + r_{t+i})A_{j,t+i} + y_{j,t+i} - c_{j,t+i} - A_{j,t+1+i}) \right]$$

该问题的一阶条件是

$$\lambda_{j,t} = \frac{\partial U'(c_{j,t}, H_{t-1})}{\partial c_{j,t}}$$

$$\lambda_{j,t} = E_t \left[\beta(1 + r_{t+1})\lambda_{j,t+1} \right]$$

由于该经济是同质的，从而总体消费方程为

$$\lambda_t = \frac{\partial U'(c_t, H_{t-1})}{\partial c_t}$$

$$\lambda_t = E_t \left[\beta(1 + r_{t+1})\lambda_{t+1} \right]$$

假设效用函数和消费习惯采用下面的形式：

$$U(c_{j,t}, H_{t-1}) = \begin{cases} \dfrac{(c_{j,t} - H_{t-1})^{1-\gamma} - 1}{1 - \gamma}, \gamma \neq 1 \\ \ln(c_{j,t} - H_{t-1}), \gamma = 1 \end{cases}, H_t = \varphi c_t = \varphi \int_0^1 c_{j,t} dj$$

其中，$\phi > 0$ 是反映习惯持续性的系数，表示消费习惯的强度，它的引入使得偏好在时间上不再是可分离的。上面的一阶条件可写成：

$$(c_t - \varphi c_{t-1})^{-\gamma} = E_t \left[\beta(1 + r_{t+1})(c_{t+1} - \varphi c_t)^{-\gamma} \right]$$

但是，如果我们引入内在的消费习惯，那么上面的问题可表示为

$$\begin{cases} \max\limits_{\{c_{j,t+i},A_{j,t+1+i}\}} E_t \left[\sum\limits_{i=0}^{\infty} \beta^i U(c_{j,t+i}, H_{j,t+i-1}) \right] \\ s.t. \quad A_{j,t+1+i} = (1 + r_{t+i})A_{j,t+i} + y_{j,t+i} - c_{j,t+i} \end{cases}$$

此时，消费习惯 $H_{j,t}$ 与消费者 j 本身有关。令 $\lambda_{j,t}$ 是约束条件对应的 Lagrange 乘子，上面的优化问题可写成：

$$\max\limits_{\{c_{j,t+i},A_{j,t+1+i}\}} E_t \sum\limits_{i=0}^{\infty} \beta^i \left[U(c_{j,t+i}, H_{j,t-1}) + \lambda_{j,t+i}((1 + r_{t+i})A_{j,t+i} + y_{j,t+i} - c_{j,t+i} - A_{j,t+1+i}) \right]$$

该优化问题的一阶条件是

$$\lambda_{j,t} = \frac{\partial U'(c_{j,t}, H_{j,t-1})}{\partial c_{j,t}} + \beta \frac{\partial U'(c_{j,t+1}, H_{j,t})}{\partial H_{j,t}} \frac{\partial H_{j,t}}{c_{j,t}}$$

$$\lambda_{j,t} = E_t[\beta(1 + r_{t+1})\lambda_{j,t+1}]$$

总体消费方程为

$$\lambda_t = \frac{\partial U'(c_t, H_{t-1})}{\partial c_t} + \beta \frac{\partial U'(c_{t+1}, H_t)}{\partial H_t} \frac{\partial H_t}{c_t}$$

$$\lambda_t = E_t[\beta(1 + r_{t+1})\lambda_{t+1}]$$

假设效用函数和消费习惯采用下面的形式：

$$U(c_{j,t}, H_{j,t-1}) = \begin{cases} \dfrac{(c_{j,t} - H_{j,t-1})^{1-\gamma} - 1}{1 - \gamma}, \gamma \neq 1 \\ \ln(c_{j,t} - H_{j,t-1}), \gamma = 1 \end{cases}, H_{j,t} = \varphi c_{j,t}, \varphi > 0$$

上面的一阶条件可写成：

$$(c_t - \varphi c_{t-1})^{-\gamma} - \beta\varphi(c_{t+1} - \varphi c_t)^{-\gamma}$$
$$= E_t(\beta(1 + r_{t+1})[(c_{t+1} - \varphi c_t)^{-\gamma} - \beta\varphi(c_{t+2} - \varphi c_{t+1})^{-\gamma}])$$

Abel（1990）采用了一个较一般的效用函数，该效用函数能够将内在和外在消费习惯写成统一的形式：

$$H_{j,t} = [c_{j,t-1}^{\lambda} c_{t-1}^{1-\lambda}]^{\phi}, c_t = \int_0^1 c_{j,t} \mathrm{d}j$$

可以看出，若 $\phi = 0$，则 $H_{j,t} = 1$，效用函数在时间上是相加可分离的，因为效用函数在 t 期仅仅依赖于 t 期的消费，此时没有消费习惯；若 $\phi > 0$ 且 $\lambda = 0$，则 $H_{j,t}$ 依赖于前一期的总体消费水平，即效用函数是具有外在消费习惯的效用函数；若 $\phi > 0$ 且 $\lambda = 1$，则是具有内在消费习惯的效用函数，其中 $H_{j,t}$ 依赖于前一期消费者自身的消费水平。利用该效用函数得到的一阶条件更复杂，这里不再列出。

总之，消费习惯引入的方式不同，方程的复杂程度也不同，但无论采用哪种方式，消费习惯的引入将会使方程的动态特性改变。

除了引入消费习惯外，人们的偏好也不是一成不变的，考虑到此因素，可以在模型中加入偏好冲击，此时效用函数可写为 $U(c_{j,t}, V_t)$，V_t 是反映消费者偏好的冲击，该优化问题的欧拉方程可写成：

$$\frac{\partial U'(c_t, V_t)}{\partial c_t} = E_t\left[\beta(1 + r_{t+1})\frac{\partial U'(c_{t+1}, V_{t+1})}{\partial c_{t+1}}\right]$$

假设效用函数采用下面的形式：

$$U(c_t, V_t) = \begin{cases} \dfrac{V_t c_t^{1-\gamma} - 1}{1 - \gamma}, \gamma \neq 1 \\[3mm] V_t \ln(c_t), \gamma = 1 \end{cases}$$

该优化问题的欧拉方程可写为

$$V_t c_t^{-\gamma} = E_t(\beta(1 + r_{t+1}) V_{t+1} c_{t+1}^{-\gamma})$$

若将消费偏好冲击和消费习惯同时引入基本模型中，则模型总结于表 1.5。

表 1.5　　　　　　　　　　　模型 Cha1cn（非线性形式）

外生变量：y_t，r_t，V_t； 　$\ln(y_t/\bar{y}) = \rho_y \ln(y_{t-1}/\bar{y}) + u_{y,t}$，$0 \leqslant \rho_y < 1$ 　$\ln[(1 + r_t)/(1 + \bar{r})] = \rho_r \ln[(1 + r_{t-1})/(1 + \bar{r})] + u_{r,t}$，$0 \leqslant \rho_r < 1$ 　$\ln(V_t/\bar{V}) = \rho_V \ln(V_{t-1}/\bar{V}) + u_{V,t}$，$0 \leqslant \rho_V < 1$ 内生变量：c_t，A_t，λ_t； 　$\lambda_t = V_t (c_t - \varphi c_{t-1})^{-\gamma}$（外在习惯） 或 　$\lambda_t = V_t (c_t - \varphi c_{t-1})^{-\gamma} - \beta\varphi V_{t+1} (c_{t+1} - \varphi c_t)^{-\gamma}$（内在习惯） 　$\lambda_t = E_t[\beta(1 + r_{t+1})\lambda_{t+1}]$ 　$A_{t+1} = (1 + r_t)A_t + y_t - c_t$ 随机冲击：$u_{y,t}$，$u_{r,t}$，$u_{V,t}$； 　$u_{y,t} \sim N(0, \sigma_y^2)$，$u_{r,t} \sim N(0, \sigma_r^2)$，$u_{V,t} \sim N(0, \sigma_V^2)$ 稳态条件： 　$\bar{r} = 1/\beta - 1$，$\bar{c} = \bar{r}\bar{A} + \bar{y} = (1/\beta - 1)\bar{A} + \bar{y}$， 　$\bar{\lambda} = \bar{V}[(1 - \varphi)\bar{c}]^{-\gamma}$（外在习惯）或 $\bar{\lambda} = (1 - \beta\varphi)\bar{V}[(1 - \varphi)\bar{c}]^{-\gamma}$（内在习惯）

与基本模型相比，模型的参数中增加了 φ、ρ_V 和 σ_V，变量稳态值中增加了 $\bar{V}$。此处四个数值取为：$\varphi = 0.8$，$\rho_V = 0.9$，$\sigma_V = 0.01$，$\bar{V} = 1$，模型中的其他参数取为表 1.3 中的数值。仍然考察收入变化对消费的影响，假设收入受到一个随机冲击，使其在当期增加 1%，在不存在消费习惯、存在外在消费习惯和内在消费习惯等三种情况下，消费对收入变化的冲击响应曲线如图 1.4 所示。可以看出，在消费习惯存在的情况下，消费对收入的反应曲线是一种缓慢变化的过程，这与人们的消费改变有一个过程的现象是一致的。另外，在这个简单模型中，存在外在和内在消费习惯情况下的模拟结果相差不显著。

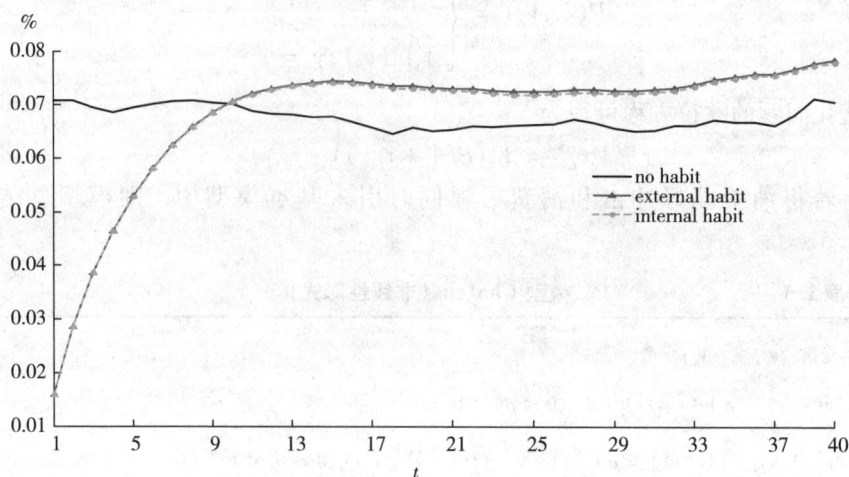

图 1.4　消费的冲击响应曲线

第四节　在基本模型中考虑多种产品的需求选择

在前面模型中，消费是一个总体概念或者是最终消费的概念，实际上可以对消费作进一步细分，即考虑消费多种产品的问题。仍以典型经济人模型为例，假定消费连续分布于区间 $[0, 1]$，对每种消费品的消费以 $c_t(s)$，$s \in [0, 1]$ 表示，总消费与每种消费品的关系以下式表示：

$$c_t = \Big[\int_0^1 c_t(s)^{(\theta_t - 1)/\theta_t} \mathrm{d}s \Big]^{\theta_t/(\theta_t - 1)}, \theta_t > 1$$

其中，θ_t 是不同产品之间的相互替代弹性。

典型消费者的优化问题可表示为

$$\begin{cases} \max\limits_{\{c_{t+i}(s), A_{t+1+i}\}} E_t \Big[\sum_{i=0}^{\infty} \beta^i U\big(\big[\int_0^1 c_{t+i}(s)^{(\theta_{t+i} - 1)/\theta_{t+i}} \mathrm{d}s \big]^{\theta_{t+i}/(\theta_{t+i} - 1)} \big) \Big] \\ s.\,t. \quad A_{t+1+i} = (1 + r_{t+i})A_{t+i} + y_{t+i} - \int_0^1 c_{t+i}(s)p_{t+i}(s)\mathrm{d}s \end{cases}$$

其中，$p_t(s)$ 是第 s 种消费品 $c_t(s)$ 相对于总消费 c_t 的相对价格（以总消费的价格为基准）。上面优化问题可分为两步来求解：

第一步，求解下面的优化问题：

$$\begin{cases} \max\limits_{\{c_{t+i}, A_{t+1+i}\}} E_t \Big[\sum\limits_{i=0}^{\infty} \beta^i U(c_{t+i}) \Big] \\ s.\,t. \quad A_{t+1+i} = (1 + r_{t+i})A_{t+i} + y_{t+i} - c_{t+i} \end{cases}$$

即针对总消费求解优化问题，前面各节已经对此进行了求解。

第二步，在总支出一定的情况下，求解各种消费品的最优消费，此时，可求解下面的静态优化问题：

$$\begin{cases} \max\limits_{\{c_t(s)\}} \Big[\int_0^1 c_t(s)^{(\theta_t-1)/\theta_t} \mathrm{d}s \Big]^{\theta_t/(\theta_t-1)} \\ s.\,t. \quad c_t = \int_0^1 c_t(s) p_t(s) \mathrm{d}s \end{cases}$$

令静态优化问题约束条件对应的 Lagrange 乘子为 $1/m_t$，该优化问题可写成：

$$\max\limits_{\{c_t(s)\}} \Big[\int_0^1 c_t(s)^{(\theta_t-1)/\theta_t} \mathrm{d}s \Big]^{\theta_t/(\theta_t-1)} - (1/m_t) \Big[\int_0^1 c_t(s) p_t(s) \mathrm{d}s - c_t \Big]$$

一阶条件为

$$\Big[\int_0^1 c_t(s)^{(\theta_t-1)/\theta_t} \mathrm{d}s \Big]^{1/(\theta_t-1)} c_t(s)^{-1/\theta_t} = (1/m_t) p_t(s)$$

根据定义，$c_t = \Big[\int_0^1 c_t(s)^{(\theta_t-1)/\theta_t} \mathrm{d}s \Big]^{\theta_t/(\theta_t-1)}$，上式可写为

$$c_t^{1/\theta_t} c_t(s)^{-1/\theta_t} = p_t(s)/m_t$$

再代入 c_t 的定义式可得到

$$(m_t)^{1-\theta_t} = \Big[\int_0^1 p_t(s)^{(1-\theta_t)} \mathrm{d}s \Big]$$

从而得到

$$c_t(s) = (p_t(s)/m_t)^{-\theta_t} c_t$$

代入方程 $c_t = \int_0^1 c_t(s) p_t(s) \mathrm{d}s$ 可得到

$$c_t = c_t(m_t)^{\theta_t} \int_0^1 p_t(s)^{1-\theta_t} \mathrm{d}s = c_t m_t，即 m_t = 1,$$

最终得到

$$c_t(s) = p_t(s)^{-\theta_t} c_t$$

上面这种引入多种消费品的做法也可以从另外一个角度来解释。我们可以将总消费 c_t 看成是最终产品的消费，将 $c_t(s)$ 看成是对第 s 种中间产品的消费，因而，对中间产品的需求决定于最终消费及中间产品的相对价格，这种引入是后面引入中间产品市场均衡的一个需求环节。

虽然上面假设消费品连续分布于区间 $[0,1]$，但这种方法对于有限数量

消费品的情况也适用。以两种情况为例，假设将总消费 c_t 分为贸易品 $c_{T,t}$ 和非贸易品 $c_{N,t}$，这两种产品相对于总消费的相对价格分别为 $p_{T,t}$ 和 $p_{N,t}$，总消费和两种产品的关系为

$$c_t = \left[v^{1/\theta_t} \left(c_{N,t} \right)^{(\theta_t-1)/\theta_t} + (1-v)^{1/\theta_t} \left(c_{T,t} \right)^{(\theta_t-1)/\theta_t} \right]^{\theta_t/(\theta_t-1)}, \theta_t > 1, 0 \leqslant v \leqslant 1$$

支出约束为

$$c_t = p_{N,t} c_{N,t} + p_{T,t} c_{T,t}$$

按照上面的做法可得到对贸易品和非贸易品的需求分别为

$$c_{N,t} = v p_{N,t}^{-\theta_t} c_t$$
$$c_{T,t} = (1-v) p_{T,t}^{-\theta_t} c_t$$

可以看出，当 $p_{N,t} = p_{T,t} = 1$ 时，即贸易品和非贸易品的价格与总消费的价格一样时，参数 v 反映了非贸易品占总消费的比重。

总之，按照上面的方法可以刻画出对不同种产品的需求情况，但要完全确定这些不同种产品的数量和价格，仅有需求刻画不够，还需有供给方面的刻画，这是后文要讨论的问题。

第五节　在基本模型中考虑资产的需求选择和资产价格

前面模型中引入了财富变量，现在的问题是，财富到底是以什么形式持有的？财富的收益率是什么收益率？下面在基本模型的框架下对此问题进行初探。

考虑完全资本市场的情况。在此情况下，模型中可引入具有随机收益率的 Arrow 证券。假设该证券支付随机收益为 z_t，该证券当期的价格为 Q_t，若财富以此证券形式持有，则居民的优化问题可表示为

$$\begin{cases} \max\limits_{\{c_{t+i}, A_{t+1+i}\}} E_t \left[\sum_{i=0}^{\infty} \beta^i U(c_{t+i}) \right] \\ s.t. \quad Q_{t+i} A_{t+1+i} = z_{t+i} A_{t+i} + y_{t+i} - c_{t+i} \end{cases}$$

令约束条件对应的 Lagrange 乘子为 λ_t，该问题的一阶条件为

$$\lambda_t = U'(c_t)$$
$$\lambda_t Q_t = E_t[\beta z_{t+1} \lambda_{t+1}]$$

由此可得到

$$Q_t = E_t \left[\beta \frac{U'(c_{t+1})}{U'(c_t)} z_{t+1} \right]$$

定义随机收益率为 $r_{t+1}^c = \dfrac{z_{t+1}}{Q_t}$ ，上式可表示为

$$E_t\left[\beta\frac{U'(c_{t+1})}{U'(c_t)}r_{t+1}^c\right] = 1$$

可见，在此典型经济人模型中，以消费为基础的随机贴现因子为

$$d_{t,t+1} = \left[\beta\frac{U'(c_{t+1})}{U'(c_t)}\right]$$

该贴现因子等于跨期替代率，以此为基础的资产定价公式可写为

$$E_t[d_{t,t+1}r_{t+1}^c] = 1$$

若财富是以无风险债券的形式持有，无风险利率为 r_t^f ，则无风险利率满足：

$$r_{t+1}^f = \frac{1}{E_t[d_{t,t+1}]}$$

对公式 $E_t[d_{t,t+1}r_{t+1}^c] = 1$ 进行变换可得到：

$$E_t[d_{t,t+1}r_{t+1}^c] = E_t[d_{t,t+1}]E_t[r_{t+1}^c] + \mathrm{cov}(d_{t,t+1},r_{t+1}^c) = 1$$

$$E_t[r_{t+1}^c] + \frac{\mathrm{cov}(d_{t,t+1},r_{t+1}^c)}{E_t[d_{t,t+1}]} = \frac{1}{E_t[d_{t,t+1}]}$$

$$E_t[r_{t+1}^c] + r_{t+1}^f\mathrm{cov}(d_{t,t+1},r_{t+1}^c) = r_{t+1}^f$$

经过简化可得到

$$E_t\left[\frac{r_{t+1}^c - r_{t+1}^f}{r_{t+1}^f}\right] = -\mathrm{cov}(d_{t,t+1},r_{t+1}^c)$$

假设效用函数采用下面的函数形式：

$$U(c_t) = \begin{cases} \dfrac{c_t^{1-\gamma} - 1}{1 - \gamma}, \gamma \neq 1 \\[2mm] \ln(c_t), \gamma = 1 \end{cases}$$

上面的资产定价公式可写成：

$$d_{t,t+1} = \beta\left(\frac{c_t}{c_{t+1}}\right)^{\gamma}$$

$$\frac{1}{r_{t+1}^f} = E_t\beta\left(\frac{c_t}{c_{t+1}}\right)^{\gamma}$$

$$E_t\left[\frac{r_{t+1}^c - r_{t+1}^f}{r_{t+1}^f}\right] = -\mathrm{cov}\left[\beta\left(\frac{c_t}{c_{t+1}}\right)^{\gamma},r_{t+1}^c\right]$$

由此可见，资产的定价与消费的跨期替代是密切相关的，资产的风险溢价

决定于资产收益率与随机贴现因子的协方差，若资产收益率与随机贴现因子成负相关关系，则风险溢价为正，若资产收益率与随机贴现因子成正相关关系，则风险溢价为负。

以上刻画了资产的需求方，要完全确定资产的收益率还需确定资产的供给方，这留在后面章节介绍。

第二章　包含居民和厂商两类经济主体的 DSGE 模型

第一章模型描述的是一个纯禀赋经济，模型中虽然假设收入带有不确定性，但收入是一个外生确定的变量，另外，消费者持有的财富及其收益率是如何确定的也没有在模型中给出。总的来看，这个禀赋经济模型仅仅确定了产品或者资产的需求方，因而要完整刻画经济的情况，还需要给出产品或者资产的供给方。只有刻画了这两方面，才能考虑经济的均衡概念，这是本章需要解决的问题。

第一节　资本固定情况下的基本模型

本节先在资本固定情况下将上一章的典型经济人模型进行推广，进一步假设收入的来源是消费者的劳动收入。这样典型居民除了消费外，还需向另一类典型经济主体提供劳动力。这个典型经济主体就是厂商，其在资本固定或者外生给定的情况下雇佣劳动力进行生产并将产品出售给居民。

一、居民的行为

与上一章模型不同，居民除了消费外，还需提供劳动力，提供劳动力会占有居民的闲暇，从而会产生负的效用。为此，典型居民的效用函数取如下形式：

$$U(c_t, l_t), U_c > 0, U_{cc} < 0, U_l > 0, U_{ll} < 0$$

其中，c_t 和 l_t 分别是居民在 t 期的消费和提供的劳动力，U_c、U_l、U_{cc} 和 U_{ll} 分别表示效用函数关于消费和劳动力的一阶和二阶偏导数，效用函数是凹函数。具有上面性质的效用函数选择形式很多，如可选为消费和劳动力不可分离的形式：

$$U(c_t, l_t) = \begin{cases} \dfrac{\left[c_t^{\omega} (1 - l_t)^{1-\omega} \right]^{1-\gamma} - 1}{1 - \gamma}, \gamma \neq 1 \\ \omega \ln c_t + (1 - \omega) \ln(1 - l_t), \gamma = 1 \end{cases}$$

也可选为消费和劳动力可分离的形式：

$$U(c_t, l_t) = \frac{c_t^{1-\gamma}}{1-\gamma} - \omega \frac{l_t^{1+\varphi}}{1+\varphi}$$

为了保持与前一章基本模型的一致以及后文拓展的方便，在考虑偏好冲击 V_t 的情况下，我们再增加劳动力供给冲击 X_t，这样效用函数选取如下形式：

$$U(c_t, l_t) = V_t \left(\frac{c_t^{1-\gamma}}{1-\gamma} - \omega X_t \frac{l_t^{1+\varphi}}{1+\varphi} \right)$$

居民受到的预算约束为

$$A_{t+1} = (1 + r_t)A_t + w_t l_t + d_t - c_t$$

其中，c_t、A_t、$w_t l_t$ 和 d_t 分别是居民在 t 期的消费、期初拥有的财富、劳动收入和从生产中得到的红利，r_t 是财富的收益率，w_t 是工资，l_t 是居民提供的劳动力，这里假设居民是厂商的股东。

居民的优化问题可描述为

$$\begin{cases} \max\limits_{\{c_{t+i}, l_{t+i}, A_{t+1+i}\}} E_t \left[\sum\limits_{i=0}^{\infty} \beta^i U(c_{t+i}, l_{t+i}) \right] \\ s.t. \quad A_{t+1+i} = (1 + r_{t+i})A_{t+i} + w_{t+i} l_{t+i} + d_{t+i} - c_{t+i} \end{cases}$$

令 λ_t 是约束条件对应的 Lagrange 乘子，上面问题的一阶条件为

$$\lambda_t = \frac{\partial U(c_t, l_t)}{\partial c_t}$$

$$-w_t \lambda_t = \frac{\partial U(c_t, l_t)}{\partial l_t}$$

$$\lambda_t = E_t[\beta(1 + r_{t+1})\lambda_{t+1}]$$

采用上面具体的效用函数形式，上面一阶条件可写成：

$$\lambda_t = V_t c_t^{-\gamma}$$

$$w_t \lambda_t = \omega V_t X_t l_t^{\varphi}$$

$$\lambda_t = E_t[\beta(1 + r_{t+1})\lambda_{t+1}]$$

由第一个和第三个式子可得到，第 t 期消费和第 $t+1$ 期消费的替代关系：

$$\Lambda_{t,t+1} = \beta \frac{\partial U(c_{t+1}, l_{t+1})/\partial c_{t+1}}{\partial U(c_t, l_t)/\partial c_t} = \beta \frac{\lambda_{t+1}}{\lambda_t}$$

这里，$\Lambda_{t,t+1}$ 是第 t 期消费和第 $t+1$ 期消费的替代率。以此类推，可得到第 t 期消费和第 $t+k$ 期消费的替代率：

$$\Lambda_{t,t+k} = \beta^k \frac{\partial U(c_{t+k}, l_{t+k})/\partial c_{t+k}}{\partial U(c_t, l_t)/\partial c_t} = \beta^k \frac{\lambda_{t+k}}{\lambda_t}$$

除了消费的跨期替代关系外，期内消费和劳动力供给也存在替代关系，

$$\frac{\partial U(c_t, l_t)/\partial l_t}{\partial U(c_t, l_t)/\partial c_t} = -\lambda_t w_t$$

对于上面具体的函数形式上式可写成：

$$w_t c_t^{-\gamma} = \omega X_t l_t^{\varphi}$$

即劳动放弃的效用等于劳动收入得到的效用，这个替代关系是静态的替代关系。

二、厂商的行为

类似前一章的做法，可假设厂商连续分布于某个区间，且厂商是同质的，因此，在不发生混淆的情况下，这里略去指标的标示，直接以典型厂商作为全体厂商的代表。在资本固定的情况下，典型厂商雇佣劳动力进行生产，生产函数为

$$y_t = Z_t F(l_t), F_l > 0, F_{ll} < 0$$

其中，y_t 是生产的商品，Z_t 是全要素生产率，F_l 和 F_{ll} 分别为生产函数关于劳动力的一阶和二阶偏导数，生产函数是关于劳动力的严格凹函数。这里假设全要素生产率 Z_t 是一个外生的随机变量，它的不确定性导致了收入的不确定性，这是前一章没有刻画的内容。

由于仅包含劳动力这个生产要素，从而厂商的当期利润为产出与劳动力成本之差，即

$$\prod\nolimits_t = y_t - w_t l_t$$

厂商代表居民进行生产，居民具有企业的所有权，从而厂商的目标是对当期及所有未来各期利润的贴现和进行最大化，即求解下面的优化问题：

$$\begin{cases} \max\limits_{\{l_{t+i}\}} E_t \sum\limits_{i=0}^{\infty} \Lambda_{t,t+i} \prod\nolimits_{t+i} = \sum\limits_{i=0}^{\infty} \beta^i (\lambda_{t+i}/\lambda_t)(y_{t+i} - w_{t+i} l_{t+i}) \\ s.t. \quad Y_{t+i} = Z_{t+i} F(l_{t+i}) \end{cases}$$

这里，由于厂商是代表居民生产，因而其采用的贴现率为前面得到的跨期替代率。该优化问题的一阶条件为

$$w_t = Z_t F'(l_t)$$

假设生产函数采用下面的形式：

$$F(l_t) = l_t^{1-\alpha}, 0 \leqslant \alpha < 1$$

上面的一阶条件可写为

$$w_t = (1-\alpha) Z_t l_t^{-\alpha} = (1-\alpha) y_t / l_t$$

假设当期利润以分红的形式全部分给所有者，那么可得到的红利为

$$d_t = \prod_t = y_t - w_t l_t = \alpha y_t$$

三、均衡的定义及模型求解

从以上描述的居民和厂商两类经济主体的行为来看，居民对消费产品的需求、劳动力供给及资产的需求作出决策，厂商对产品的供给、劳动力需求作出决策，因此，模型中对商品市场、劳动力生产要素两个市场的需求方和供给方均作了刻画。但还有一个需要解决的问题是，居民在这个经济中持有资产来做什么？或者说，居民持有的资产由谁来提供？显然对这个问题模型没有描述，从而居民的财富以及财富的收益率是不能确定的。而且，在这个没有其他经济主体的模型中，没有对资本生产要素的刻画，或者说，资本是固定不变的，那么在居民得到了生产中的红利并积累了财富后，居民拿这些财富作什么用途呢？显然，要使这个模型封闭，一个解决方法是，居民将积累的财富全部用于消费，即居民可以不积累财富，这实际上提出了如下均衡条件：

$$y_t = c_t$$

从另一个角度来看，如果在这个简单模型中能够保证商品和劳动力生产要素这两个市场的均衡，那么资产这个市场也是均衡的，这正是瓦尔拉斯一般均衡所要求的均衡条件，即在 N 个市场中，若 $N-1$ 个市场是均衡的，则剩下的市场也是均衡的。基于以上分析，可以定义下面的竞争性均衡：

竞争性均衡（资本固定情况）：在外生变量 $\{V_t, X_t, Z_t\}_{t=0}^{\infty}$ 描述的随机性环境下，给定价格序列 $\{w_t, r_t\}_{t=0}^{\infty}$，经济中的竞争性均衡涉及居民的消费需求和劳动力供给 $\{c_t, l_t\}_{t=0}^{\infty}$ 和厂商对劳动力的需求和产品的供给 $\{l_t, y_t\}_{t=0}^{\infty}$，均衡需保证：（1）居民的优化问题得到求解。（2）厂商的利润最大化问题得到求解。（3）经济中的可行性约束得到满足。

按照竞争性均衡的定义，通过消去 Lagrange 乘子 λ_t，上面模型可通过下面的方程来描述：

$$V_t c_t^{-\gamma} = E_t \left[\beta (1 + r_{t+1}) V_{t+1} c_{t+1}^{-\gamma} \right]$$
$$w_t c_t^{-\gamma} = \omega X_t l_t^{\varphi}$$
$$w_t = (1 - \alpha) y_t / l_t$$
$$c_t = y_t = Z_t l_t^{1-\alpha}$$

将第三个方程代入第二个方程并利用第四个式子可得到

$$(1 - \alpha)(y_t / l_t) y_t^{-\gamma} = \omega X_t l_t^{\varphi}, \text{或}, (1 - \alpha)(Z_t l_t^{\alpha})^{1-\gamma} = \omega X_t l_t^{1+\varphi}$$

经过简化得到

$$l_t = \left[\frac{(1-\alpha)Z_t^{1-\gamma}}{\omega X_t}\right]^{\frac{1}{1+\varphi-(1-\alpha)(1-\gamma)}} = \left[\frac{1-\alpha}{\omega}\right]^{\frac{1}{1+\varphi-(1-\alpha)(1-\gamma)}} Z_t^{\frac{1-\gamma}{1+\varphi-(1-\alpha)(1-\gamma)}} X_t^{\frac{-1}{1+\varphi-(1-\alpha)(1-\gamma)}}$$

进而可得到其他变量：

$$c_t = y_t = \left[\frac{1-\alpha}{\omega}\right]^{\frac{1-\alpha}{1+\varphi-(1-\alpha)(1-\gamma)}} Z_t^{\frac{1+\varphi}{1+\varphi-(1-\alpha)(1-\gamma)}} X_t^{\frac{\alpha-1}{1+\varphi-(1-\alpha)(1-\gamma)}}$$

$$1 + r_t = \frac{V_{t-1}c_t^\gamma}{\beta V_t c_{t-1}^\gamma} = \frac{V_{t-1}}{\beta V_t}\left(\frac{Z_t}{Z_{t-1}}\right)^{\frac{(1+\varphi)\gamma}{1+\varphi-(1-\alpha)(1-\gamma)}}\left(\frac{X_t}{X_{t-1}}\right)^{\frac{(\alpha-1)\gamma}{1+\varphi-(1-\alpha)(1-\gamma)}}$$

假设外生变量 $\{V_t, X_t, Z_t\}_{t=0}^\infty$ 由下面的随机过程确定，

$$\ln(V_t/\overline{V}) = \rho_V \ln(V_{t-1}/\overline{V}) + u_{V,t}, 0 \leq \rho_V < 1, u_{V,t} \sim N(0, \sigma_V^2)$$

$$\ln(X_t/\overline{X}) = \rho_X \ln(X_{t-1}/\overline{X}) + u_{X,t}, 0 \leq \rho_X < 1, u_{X,t} \sim N(0, \sigma_X^2)$$

$$\ln(Z_t/\overline{Z}) = \rho_Z \ln(Z_{t-1}/\overline{Z}) + u_{Z,t}, 0 \leq \rho_Z < 1, u_{Z,t} \sim N(0, \sigma_Z^2)$$

那么，按照上面的公式可得到整个模型的求解。这个模型比较简单，我们可以得到以上形式的解析解。一般而言，解析解是很难得到的，此时我们可以对模型进行数值求解。由上面可以得到模型的稳态：

$$\overline{l} = \left[\frac{1-\alpha}{\omega}\right]^{\frac{1}{1+\varphi-(1-\alpha)(1-\gamma)}}, \overline{c} = \overline{y} = \left[\frac{1-\alpha}{\omega}\right]^{\frac{1-\alpha}{1+\varphi-(1-\alpha)(1-\gamma)}}, 1 + \overline{r} = \frac{1}{\beta}$$

为保持与前一章一致，模型的参数及有关变量的稳态值设定如表 2.1 所示，其中，参数 γ 对应消费的跨期替代弹性，参数 φ 的倒数（$1/\varphi$）对应 Frisch 劳动力关于工资的弹性，参数 a 对应劳动收入占总产出的比重。按照前一章的写法，整个模型可总结为表 2.2，这里我们保留了 Lagrange 乘子 λ_t。鉴于该模型比较简单，可以得到解析解，因而我们这里不给出数值求解结果，读者可以比较这两种求解结果，二者应该是一致的。

表 2.1   **基本模型的校准**

参数或稳态值	取值	参数或稳态值	取值
β	0.99	σ_X	0.01
γ	2.0	ρ_Z	0.9
φ	1.0	σ_Z	0.01
ω	1.0	$\overline{V}$	1
a	0.6	$\overline{X}$	1
ρ_V	0.9	$\overline{Z}$	1
σ_V	0.01	$\overline{r}$	$\overline{r} = 1/\beta - 1$
ρ_X	0.9		

表 2.2   **模型 Cha2an（非线性形式）**

外生变量：V_t，X_t，Z_t；

$$\ln(V_t/\overline{V}) = \rho_V \ln(V_{t-1}/\overline{V}) + u_{V,t}, 0 \leqslant \rho_V < 1$$

$$\ln(X_t/\overline{X}) = \rho_X \ln(X_{t-1}/\overline{X}) + u_{X,t}, 0 \leqslant \rho_X < 1$$

$$\ln(Z_t/\overline{Z}) = \rho_Z \ln(Z_{t-1}/\overline{Z}) + u_{Z,t}, 0 \leqslant \rho_Z < 1$$

内生变量：c_t，l_t，λ_t，y_t，w_t，r_t；

$$\lambda_t = V_t c_t^{-\gamma}$$

$$-w_t \lambda_t = -\omega V_t X_t l_t^{\varphi}$$

$$\lambda_t = E_t[\beta(1 + r_{t+1})\lambda_{t+1}]$$

$$w_t = (1 - \alpha)y_t/l_t$$

$$y_t = Z_t l_t^{1-\alpha}$$

$$c_t = y_t$$

随机冲击：$u_{V,t}$，$u_{X,t}$，$u_{Z,t}$；

$$u_{V,t} \sim N(0, \sigma_V^2)，u_{X,t} \sim N(0, \sigma_X^2)，u_{Z,t} \sim N(0, \sigma_Z^2)$$

稳态条件：

$$\overline{r} = 1/\beta - 1 , \overline{l} = \left[\frac{1-\alpha}{\omega}\right]^{\frac{1}{1+\varphi-(1-\alpha)(1-\gamma)}} , \overline{\lambda} = \overline{V}(\overline{c})^{-\gamma} ,$$

$$\overline{c} = \overline{y} = \left[\frac{1-\alpha}{\omega}\right]^{\frac{1-\alpha}{1+\varphi-(1-\alpha)(1-\gamma)}}$$

四、两种均衡之间的关系及福利定理

以上定义的竞争性均衡是针对分散经济而言的，在此经济下，各类经济主体分别进行各自的决策，经济资源通过价格向量得到有效的配置。除了这种均衡外，还有另外一种中央计划均衡，在此经济下，有一个中央计划者，其从社会福利最大化的角度对经济资源进行配置，从而经济主体在此环境下不独自决策，经济中也不需要相应的价格调整体系。由于是从整个社会福利优化的角度进行资源配置，因而整个资源配置是帕累托均衡。

中央计划均衡：在外生变量 $\{V_t, X_t, Z_t\}_{t=0}^{\infty}$ 描述的随机性环境下，经济中的中央计划均衡涉及消费、劳动力和产出 $\{c_t, l_t, y_t\}_{t=0}^{\infty}$，该均衡保证消费和劳动力在经济中的可行性约束下得到最优的配置。

对于上面的模型，中央计划均衡需要求解下面的优化问题：

$$\begin{cases} \max\limits_{\{c_{t+i},l_{t+i}\}} E_t \left[\sum\limits_{i=0}^{\infty} \beta^i U(c_{t+i}, l_{t+i}) \right] \\ s.\,t. \quad c_{t+i} = y_{t+i} = Z_{t+i} F(l_{t+i}) \end{cases}$$

很容易得到该优化问题的一阶条件：

$$\frac{\partial U(c_t, l_t)}{\partial c_t} Z_t F'(l_t) + \frac{\partial U(c_t, l_t)}{\partial l_t} = 0$$

在前面的竞争性均衡中，我们得到了居民和厂商的一阶条件：

$$\lambda_t = \frac{\partial U(c_t, l_t)}{\partial c_t}$$

$$-w_t \lambda_t = \frac{\partial U(c_t, l_t)}{\partial l_t}$$

$$w_t = Z_t F'(l_t)$$

将竞争性均衡中的一阶条件消去 Lagrange 乘子 λ_t 和工资 w_t 同样可得到

$$\frac{\partial U(c_t, l_t)}{\partial c_t} Z_t F'(l_t) + \frac{\partial U(c_t, l_t)}{\partial l_t} = 0$$

由此可见，在这个简单的模型中，中央计划均衡与竞争性均衡均可以达到资源的最优配置，中央计划均衡是通过一个计划者来实现的，其代表典型经济主体的利益，从社会福利最大化的角度使资源达到最优配置；竞争性均衡是在分散经济的条件下，每类经济主体各自进行自己的最优决策，在价格的作用下资源达到最优配置。这两种均衡的关系可通过如下福利定理来阐述。

福利定理：如果没有诸如税收（扭曲性税收）或外部性，那么，（1）第一福利定理成立，即任何竞争性均衡都是帕累托最优的。（2）第二福利定理成立，即对每个帕累托最优解，存在一个价格体系使得该最优解是竞争性均衡。

在下面各章节中，我们一般先刻画竞争性均衡，然后再来看该均衡是否与中央计划均衡一致，在不一致的情况下，讨论怎样才能使竞争性均衡趋近中央计划均衡。

第二节　资本变化情况下的基本模型

在上面模型中，一个未解决的问题是，居民在这个经济中持有资产做什么？或者说，居民持有的资产由谁来提供？显然对这个问题模型没有描述，从而居民的财富以及财富的收益率是不能确定的。在本节，仍然采用上面的分析框架，但现在不再假设资本是固定不变的，而是假设厂商从居民那里租用资本，将资本和劳动力均作为生产要素投入到生产中，这实际上意味着厂商提供了一种实物资产并由居民持有，居民从厂商那里得到劳动收入和资本收入以及在居民拥有所有权的情况下还得到生产中的红利，居民可以通过持有实物资产的方式积累财富。显然，这个经济才是真正的动态经济。

在这个经济中，对于居民来说，居民的效用函数并没有改变，仍然采用前面的形式，但居民受到的预算约束变为

$$c_t + s_t = w_t l_t + r_{k,t} k_t + d_t$$

这里，c_t、s_t、$w_t l_t$、$r_{k,t} k_t$ 和 d_t 分别是居民在 t 期的消费、储蓄、劳动收入、资本收入和从生产中得到的红利，l_t 和 k_t 分别是居民在 t 期提供的劳动力和期初持有的资本存量，w_t 和 $r_{k,t}$ 分别是 t 期的工资和资本收益率，这里假设居民是厂商的股东。居民将储蓄全部用于投资并持有资本存量，资本存量的变化方程为

$$k_{t+1} = (1 - \delta) k_t + i_t$$
$$= (1 - \delta) k_t + s_t$$

其中，i_t 是居民在第 t 期的投资，其等于居民的储蓄（$s_t = i_t$），δ 是资本的折旧率，将上式代入居民的预算约束，可得到下面的跨期预算等式：

$$k_{t+1} = (1 + r_{k,t} - \delta) k_t + w_t l_t + d_t - c_t$$

居民的优化问题可描述为

$$\begin{cases} \max_{\{c_{t+i}, l_{t+i}, k_{t+1+i}\}} E_t \left[\sum_{i=0}^{\infty} \beta^i U(c_{t+i}, l_{t+i}) \right] \\ s.t. \ k_{t+1+i} = (1 + r_{k,t+i} - \delta) k_{t+i} + w_{t+i} l_{t+i} + d_{t+i} - c_{t+i} \end{cases}$$

令 λ_t 是约束条件对应的 Lagrange 乘子，上面优化问题的一阶条件为

$$\lambda_t = \frac{\partial U(c_t, l_t)}{\partial c_t}$$

$$- w_t \lambda_t = \frac{\partial U(c_t, l_t)}{\partial l_t}$$

$$\lambda_t = E_t [\beta (1 + r_{k,t+1} - \delta) \lambda_{t+1}]$$

另外，从上面条件可得到第 t 期消费和第 $t+k$ 期消费的替代率为

$$\Lambda_{t,t+k} = \beta \frac{\partial U(c_{t+k}, l_{t+k}) / \partial c_{t+k}}{\partial U(c_t, l_t) / \partial c_t} = \beta^k \frac{\lambda_{t+k}}{\lambda_t}$$

若采用前一节具体的效用函数形式，上面一阶条件可写成：

$$\lambda_t = V_t c_t^{-\gamma}$$

$$- w_t \lambda_t = - \omega V_t X_t l_t^{\varphi}$$

$$\lambda_t = E_t[\beta(1 + r_{k,t+1} - \delta)\lambda_{t+1}]$$

对于厂商来说,生产函数现在需要同时考虑劳动力和资本两种生产要素,生产函数可表示为

$$y_t = Z_t F(k_t, l_t), F_k > 0, F_{kk} < 0, F_l > 0, F_{ll} < 0$$

其中,y_t 是生产的商品,Z_t 是全要素生产率,F_k、F_l 和 F_{kk}、F_{ll} 分别为产出关于资本和劳动力的一阶和二阶偏导数,生产函数是关于资本和劳动力的严格凹函数。这里假设全要素生产率 Z_t 是一个外生随机变量,其是我们需要考虑的一种不确定性。假设生产函数具有不变规模收益的特性,即生产函数关于生产要素是线性齐次的:

$$F(\lambda k_t, \lambda l_t) = \lambda F(k_t, l_t), \forall \lambda$$

通常采用的生产函数有两种,一种是具有不变替代弹性的 CES 函数,其采用下面的形式:

$$F(k_t, l_t) = [\alpha k_t^\rho + (1 - \alpha) l_t^\rho]^{\frac{1}{\rho}}, 0 \leq \alpha < 1$$

其中,$\rho \in (-\infty, 1)$ 是确定两种投入替代弹性的参数,生产要素的替代弹性为 $\varepsilon = 1/(1 - \rho)$。

另一种生产函数形式是 Cobb – Douglas 生产函数,其采用如下形式:

$$F(k_t, l_t) = k_t^\alpha l_t^{1-\alpha}, 0 \leq \alpha < 1$$

可以看出,Cobb – Douglas 生产函数中生产要素之间的替代弹性为 1。若 $\rho = 0$,则 CES 形式的生产函数将变成 Cobb – Douglas 形式的生产函数。下面如无特殊说明,主要采用 Cobb – Douglas 生产函数。

厂商的当期利润定义为产出与租用资本和雇佣劳动力成本之差:

$$\prod_t = y_t - r_{k,t} k_t - w_t l_t$$

厂商代表居民进行生产,居民具有企业的所有权,从而厂商的目标是当期及所有未来各期利润的贴现和最大化,即求解下面的优化问题:

$$\begin{cases} \max_{\{k_{t+i}, l_{t+i}\}} E_t \sum_{i=0}^{\infty} \Lambda_{t,t+i} \prod_{t+i} = \sum_{i=0}^{\infty} \beta^i (\lambda_{t+i}/\lambda_t)(y_{t+i} - r_{k,t+i} k_{t+i} - w_{t+i} l_{t+i}) \\ s.t. \quad Y_{t+i} = Z_{t+i} F(k_{t+i}, l_{t+i}) \end{cases}$$

该优化问题的一阶条件为

$$r_{k,t} = Z_t F_k(k_t, l_t)$$
$$w_t = Z_t F_l(k_t, l_t)$$

在采用 Cobb – Douglas 生产函数的情况下,上面的一阶条件可写为

$$r_{k,t} = \alpha Z_t k_t^{\alpha-1} l_t^{1-\alpha} = \alpha y_t / k_t$$
$$w_t = (1 - \alpha) Z_t k_t^\alpha l_t^{-\alpha} = (1 - \alpha) y_t / l_t$$

由于假设生产函数具有不变规模收益的特性，因而可得到

$$F(k_t, l_t) = k_t F_k(k_t, l_t) + l_t F_l(k_t, l_t)$$

这也说明，居民得到的红利为零，

$$d_t = \prod_t = y_t - r_{k,t} k_t - w_t l_t = 0$$

至此，我们对含有资本变化的模型刻画完毕。可以看出，与前一节资本固定的模型不同，居民持有财富是以实物资本的形式持有，实物资本又作为生产要素进入厂商的生产函数中，这实际上刻画了资本市场的需求和供给关系，因此，根据瓦尔拉斯一般均衡原理，在该模型包含的三个市场中（一个商品市场和两个生产要素市场），如果能保证两个市场均衡，那么另一个市场也会达到均衡。事实上，不妨假设两个生产要素市场达到均衡，那么将厂商行为决策的两个一阶条件代入居民的跨期预算等式中可得到

$$y_t = c_t + i_t$$

可见，商品市场也是均衡的，该条件也是经济中的可行性约束。

采用类似于前一节的均衡定义，那么以上经济中的竞争性均衡定义如下。

竞争性均衡（资本变化情况）：在外生变量 $\{V_t, X_t, Z_t\}_{t=0}^{\infty}$ 描述的随机性环境下，给定价格序列 $\{w_t, r_{k,t}\}_{t=0}^{\infty}$，经济中的竞争性均衡涉及居民的消费需求、投资需求、资本和劳动力供给 $\{c_t, i_t, k_t, l_t\}_{t=0}^{\infty}$ 和厂商对劳动力和资本的需求及产品的供给 $\{k_t, l_t, y_t\}_{t=0}^{\infty}$，均衡需保证：（1）居民的优化问题得到求解。（2）厂商的利润最大化问题得到求解。（3）经济中的可行性约束得到满足。

同样对于上面的模型，中央计划均衡的定义如下。

中央计划均衡（资本变化情况）：在外生变量 $\{V_t, X_t, Z_t\}_{t=0}^{\infty}$ 描述的随机性环境下，经济的中央计划均衡涉及消费、劳动力、资本和产出 $\{c_t, k_t, l_t, y_t\}_{t=0}^{\infty}$，该均衡保证消费、资本和劳动力在经济的可行性约束下得到最优配置。

中央计划均衡需要求解下面的优化问题：

$$\begin{cases} \max\limits_{\{c_{t+i}, l_{t+i}, k_{t+1+i}\}} E_t \left[\sum_{i=0}^{\infty} \beta^i U(c_{t+i}, l_{t+i}) \right] \\ s.t. \quad k_{t+1+i} - (1-\delta) k_{t+i} + c_{t+i} = y_{t+i} = Z_{t+i} F(k_{t+i}, l_{t+i}) \end{cases}$$

令资源约束方程对应的 Lagrange 乘子为 μ_t，该优化问题的一阶条件为

$$\mu_t = \frac{\partial U(c_t, l_t)}{\partial c_t}$$

$$- Z_t F_l(k_t, l_t) \mu_t = \frac{\partial U(c_t, l_t)}{\partial l_t}$$

$$\mu_t = E_t\big[\beta(1 + Z_{t+1}F_k(k_{t+1}, l_{t+1}) - \delta)\mu_{t+1}\big]$$

消去 Lagrange 乘子 μ_t 可得到

$$-Z_t F_l(k_t, l_t)\frac{\partial U(c_t, l_t)}{\partial c_t} = \frac{\partial U(c_t, l_t)}{\partial l_t}$$

$$\frac{\partial U(c_t, l_t)}{\partial c_t} = E_t\Big[\beta(1 + Z_{t+1}F_k(k_{t+1}, l_{t+1}) - \delta)\frac{\partial U(c_{t+1}, l_{t+1})}{\partial c_{t+1}}\Big]$$

前面得到的竞争性均衡一阶条件可总结为

$$\lambda_t = \frac{\partial U(c_t, l_t)}{\partial c_t}$$

$$-w_t\lambda_t = \frac{\partial U(c_t, l_t)}{\partial l_t}$$

$$\lambda_t = E_t\big[\beta(1 + r_{k,t+1} - \delta)\lambda_{t+1}\big]$$

$$r_{k,t} = Z_t F_k(k_t, l_t)$$

$$w_t = Z_t F_l(k_t, l_t)$$

如果从上面的方程中消去 Lagrange 乘子 λ_t、资本收益率 $r_{k,t}$ 和工资 w_t，那么同样可得到与上面中央计划均衡一样的两个条件。由此可见，在这个经济中，福利第一、第二定理是成立的，资源的配置是帕累托最优的。

我们来看竞争性均衡的求解。首先模型的稳态由下面的方程来刻画：

$$\bar{\lambda} = \bar{V}(\bar{c})^{-\gamma}, \bar{w}\bar{\lambda} = \omega \bar{X}\bar{V}\bar{l}^{\varphi}, \beta(1 + \bar{r}_k - \delta) = 1,$$

$$\bar{r}_k = \alpha\bar{y}/\bar{k}, \bar{w} = (1 - \alpha)\bar{y}/\bar{l}, \bar{y} = \bar{c} + \bar{i} = \bar{c} + \delta\bar{k}, \bar{y} = \bar{Z}\bar{k}^{\alpha}\bar{l}^{1-\alpha}$$

进一步整理可得到

$$\bar{r}_k = 1/\beta + \delta - 1, 1 = (\bar{r}_k)^{\alpha}\bar{w}^{1-\alpha}/[\bar{Z}\alpha^{\alpha}(1 - \alpha)^{1-\alpha}],$$

$$\bar{k}/\bar{y} = \alpha/\bar{r}_k, \bar{l}/\bar{y} = (1 - \alpha)/\bar{w}, \bar{c}/\bar{y} = 1 - \delta\bar{k}/\bar{y},$$

$$(\bar{y})^{\varphi+\gamma} = (1 - \alpha)(\bar{l}/\bar{y})^{-1}(\bar{c}/\bar{y})^{-\gamma}/[\omega\bar{X}(\bar{l}/\bar{y})^{\varphi}]$$

据以上方程可解出 $\bar{y}$，并由以下方程可解出相应的变量：

$$\bar{k} = (\bar{k}/\bar{y})\bar{y}, \bar{l} = (\bar{l}/\bar{y})\bar{y}, \bar{c} = (\bar{c}/\bar{y})\bar{y}, \bar{\lambda} = \bar{V}(\bar{c})^{-\gamma}$$

以上模型中的参数比上一节模型中的参数多了折旧率 δ，由此，为保持一致，除了折旧率外，其余参数采用表 2.1 中的参数及有关变量的稳态值。对于该模型，理论和实证表明，只有在极个别的情况下具有解析解，这里不详细探讨解析解是否存在的细节。我们在一般情况下对该模型进行数值求解，求解中折旧率选为 $\delta = 0.025$，模型的非线性形式总结于表 2.3。

表 2.3 　　　　　　　　　　**模型 Cha2bn（非线性形式）**

外生变量：V_t，X_t，Z_t；

$$\ln(V_t/\overline{V}) = \rho_V \ln(V_{t-1}/\overline{V}) + u_{V,t}，0 \leqslant \rho_V < 1$$

$$\ln(X_t/\overline{X}) = \rho_X \ln(X_{t-1}/\overline{X}) + u_{X,t}，0 \leqslant \rho_X < 1$$

$$\ln(Z_t/\overline{Z}) = \rho_Z \ln(Z_{t-1}/\overline{Z}) + u_{Z,t}，0 \leqslant \rho_Z < 1$$

内生变量：c_t，l_t，λ_t，y_t，w_t，$r_{k,t}$，i_t，k_t；

$$\lambda_t = V_t c_t^{-\gamma}$$

$$w_t \lambda_t = \omega V_t X_t l_t^{\varphi}$$

$$\lambda_t = E_t[\beta(1 + r_{k,t+1} - \delta)\lambda_{t+1}]$$

$$r_{k,t} = \alpha y_t/k_t$$

$$w_t = (1-\alpha)y_t/l_t$$

$$k_{t+1} = (1-\delta)k_t + i_t$$

$$y_t = c_t + i_t$$

$$y_t = Z_t k_t^{\alpha} l_t^{1-\alpha}$$

随机冲击：$u_{V,t}$，$u_{X,t}$，$u_{Z,t}$；

$$u_{V,t} \sim N(0,\sigma_V^2)，u_{X,t} \sim N(0,\sigma_X^2)，u_{Z,t} \sim N(0,\sigma_Z^2)$$

稳态条件：

$$\overline{r}_k = 1/\beta + \delta - 1，1 = (\overline{r}_k)^{\alpha}\overline{w}^{1-\alpha}/[\overline{Z}\alpha^{\alpha}(1-\alpha)^{1-\alpha}]，\overline{k}/\overline{y} = \alpha/\overline{r}_k，$$

$$\overline{l}/\overline{y} = (1-\alpha)/\overline{w}，\overline{c}/\overline{y} = 1 - \delta\overline{k}/\overline{y}，$$

$$(\overline{y})^{\varphi+\gamma} = (1-\alpha)(\overline{l}/\overline{y})^{-1}(\overline{c}/\overline{y})^{-\gamma}/[\omega\overline{X}(\overline{l}/\overline{y})^{\varphi}]，\overline{\lambda} = \overline{V}(\overline{c})^{-\gamma}$$

以上模型中受到的随机冲击包括全要素生产率冲击、劳动力供给冲击和偏好冲击，假设模型在稳态时分别受到这些冲击的影响，这些冲击使得全要素生产率、劳动力供给和消费相对于稳态值分别上升、下降和上升1%，经济中的变量对这三个随机冲击的冲击响应曲线分别如图2.1至图2.3所示。

在图2.1中，随着全要素生产率的上升，产出将增加，产出的增加将对资本和劳动力两个生产要素需求增加，这刺激了投资的需求增加，投资需求的增加将进一步带动了总需求的增加，资本和劳动力需求的增加也导致资本收益率和工资的增加，这进一步导致了资本收入和劳动收入的增加，从而带动了消费的增加。图2.1显示，除了消费和资本存量这两个变量外，其余变量的变化均表现为先增后降的单调动态特性，而消费和资本存量表现为缓慢增加后达到峰顶、再从峰顶逐步下降的动态特性。这不难理解，因为消费的变化既有跨期替代效应，也有期内消费与休闲的相互替代带来的收入效应，两种效应分别与资本收益率和工资紧密联系，但影响方向不同，从而表现出图中的动态特性。这也表明，模型中的消费和资本变化有其自身内在的动态特征，而不仅仅由外生变量的动态特性来决定。

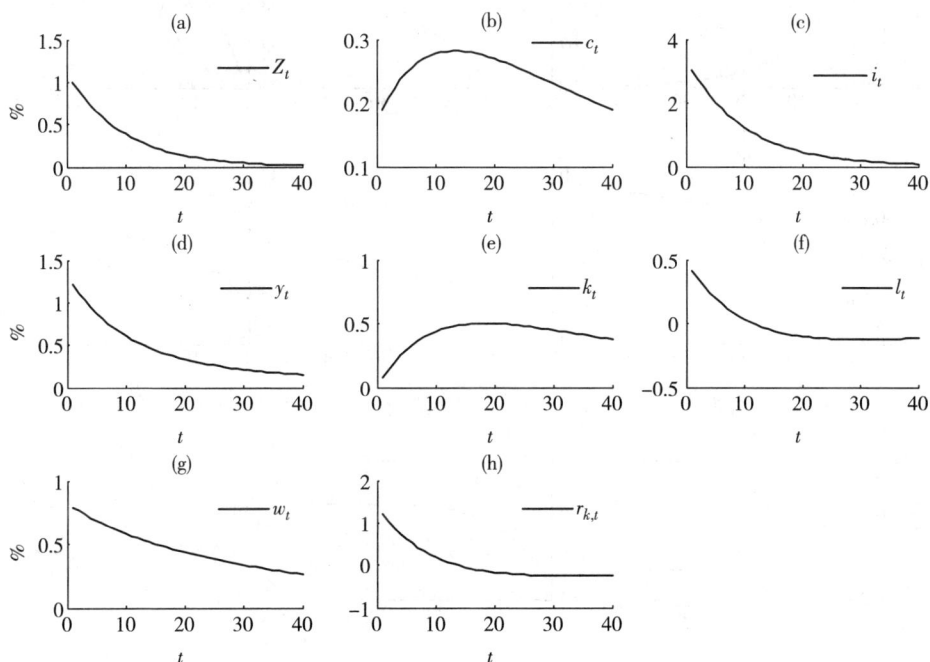

图 2.1　关于全要素生产率冲击的冲击响应曲线

图 2.2 是针对负向劳动力供给冲击所得到的冲击响应曲线，可以看出，该冲击使劳动力供给减少，劳动力供给的减少将会使产出减少，虽然劳动力供给的减少可使工资上涨，但劳动收入依然是下降的，从而消费短期内也出现了下降的态势。另外，产出的下降也会使资本的需求下降，这样投资需求也呈现下降的态势。资本需求的下降将会导致资本收益率的下降，从而会导致资本收入的下降，资本收入的下降也会进一步导致消费的下降和总需求的下降。与前面的模拟类似，消费和资本存量的动态特性也表现出非单调的特征，这是与其他变量动态特性不一致的地方。

图 2.3 是针对正向偏好冲击得到的冲击响应曲线，正向偏好冲击类似于对消费的一个正向需求冲击，短期内会导致消费的上升，要维持消费的短期上升

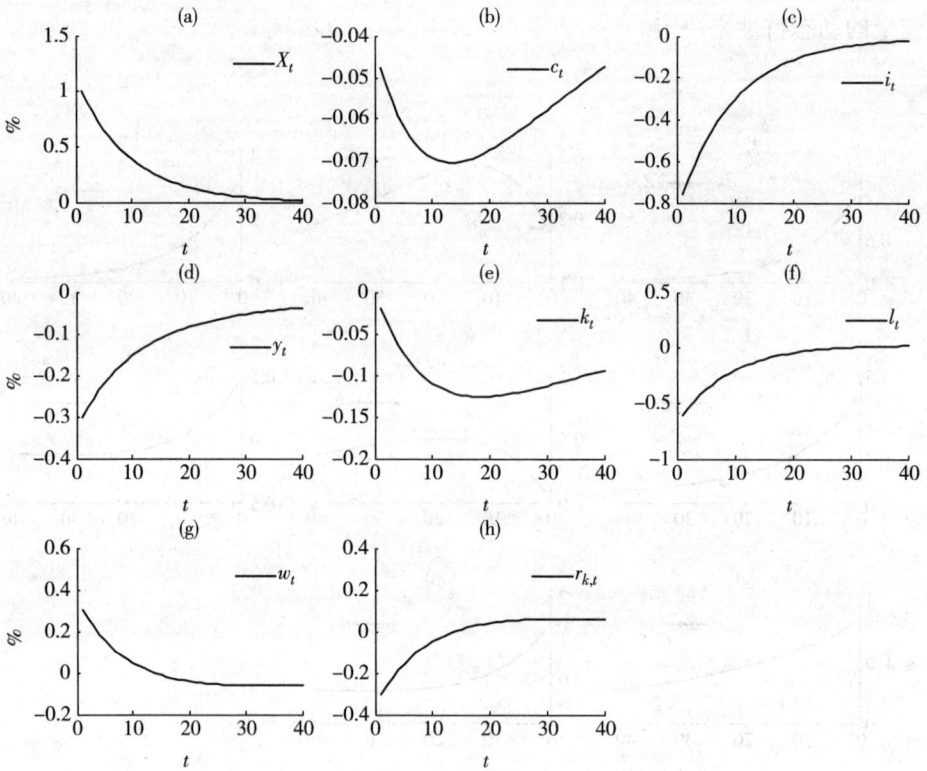

图 2.2　关于劳动力供给冲击的冲击响应曲线

态势，一个立竿见影的方式是在短期内增加工资，从模拟中也可以看出，工资在短期内是上升的。在资源还未变化的条件下，显然消费的突然上升会使储蓄下降，而在这个简单模型中，由于储蓄可以无摩擦地转换成投资，因而投资出现了下降的态势，且投资下降的幅度大于消费上升的幅度，从而产出呈现出下降的态势，同时，投资的下降也会导致资本和劳动力需求的下降，资本需求的下降也会导致资本收益率的下降。但是在此模拟中，只有资本的动态特性呈现出非单调的特征，而其他变量均呈现出单调变化的动态特性，这一点与前面的两个模拟不完全相同。

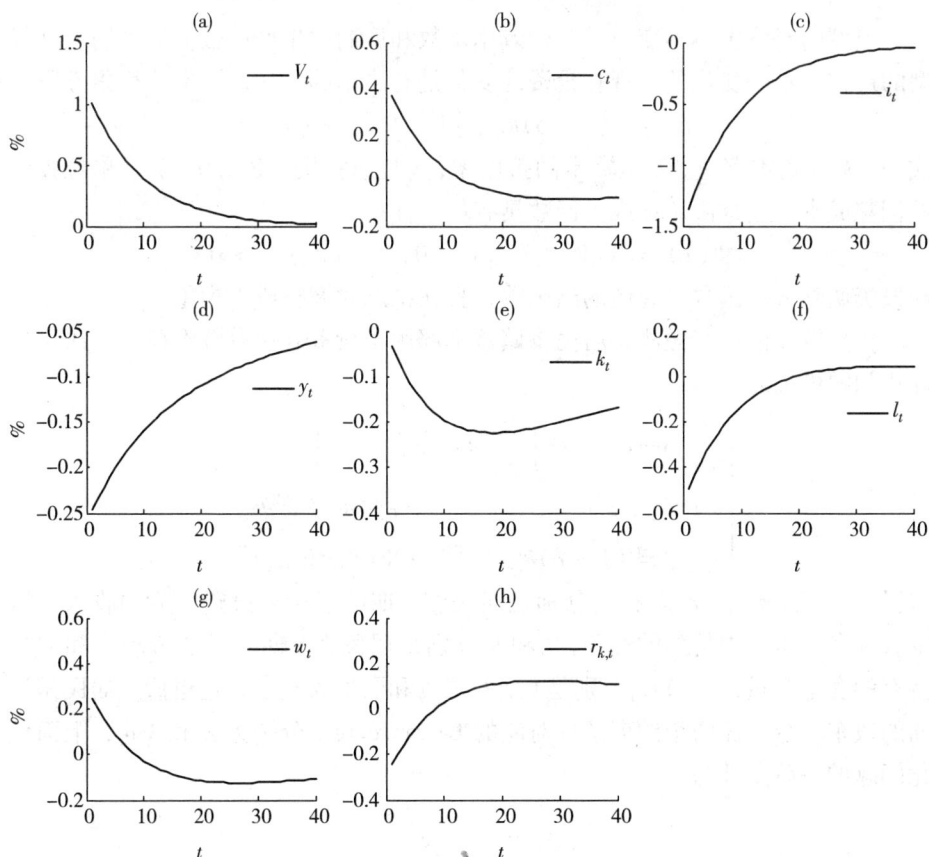

图 2.3　关于偏好冲击的冲击响应曲线

第三节　在基本模型中考虑投资的调整成本

上一节模型的模拟结果有一个特点，即投资的变化是没有摩擦的，投资能够随着经济环境的变化而完全弹性地变化，因此，模拟结果显示出投资都是单调变化的，但这与实际情况是不相符的。实际中投资的变化是有一定周期的，即使不考虑投资决策的滞后问题，投资也不能立刻变成新的资本并被投入生产中。这说明投资的变化是有刚性的，且这个刚性是实际刚性，实际刚性的存在为投资在经济周期和波动中的重要作用提供了一种很好的解释。本节将在上一节基本模型的基础上，考虑投资的调整成本并考察投资的动态特征及投资对经济的影响。

模型的经济主体不变，居民的效用函数和厂商的生产函数依然采用上文模型的形式，唯一变化的是现在投资的变化是有成本的，从而资本的积累方程为

$$k_{t+1} = (1 - \delta)k_t + [1 - \Psi(i_t/i_{t-1})]i_t$$

式中，k_t 是资本存量，δ 是资本的折旧率，i_t 是总投资，$\Psi(i_t/i_{t-1})$ 是单位投资的调整成本，通常假定该成本函数具有如下性质：

$$\Psi(1) = 0, \Psi'(i_t/i_{t-1}) > 0, \Psi''(i_t/i_{t-1}) > 0$$

即投资调整成本函数是递增的凸函数，且在稳态时调整成本为零。

仍然按照前一节做法，居民将储蓄全部用于投资并持有资本存量，居民的优化问题可描述为

$$\begin{cases} \max_{\{c_{t+i}, l_{t+i}, i_{t+i}, k_{t+1+i}\}} E_t \left[\sum_{i=0}^{\infty} \beta^i U(c_{t+i}, l_{t+i}) \right] \\ s.t. \quad c_{t+i} + i_{t+i} = w_{t+i} l_{t+i} + r_{k,t+i} k_{t+i} + d_{t+i} \\ k_{t+1+i} = (1 - \delta)k_{t+i} + [1 - \Psi(i_{t+i}/i_{t-1+i})]i_{t+i} \end{cases}$$

这里，c_t、i_t、$w_t l_t$、$r_{k,t} k_t$ 和 d_t 分别是居民在 t 期的消费、投资、劳动收入、资本收入和从生产中得到的红利，l_t 和 k_t 分别是居民在 t 期提供的劳动力和期初持有的资本存量，w_t 和 $r_{k,t}$ 分别是 t 期的工资和资本收益率，这里假设居民是厂商的股东。令上面两个约束条件对应的 Lagrange 乘子分别为 λ_t 和 $\lambda_t q_t$，上面优化问题的一阶条件为

$$\lambda_t = \frac{\partial U(c_t, l_t)}{\partial c_t}$$

$$-w_t \lambda_t = \frac{\partial U(c_t, l_t)}{\partial l_t}$$

$$\lambda_t q_t[1 - \Psi(i_t/i_{t-1})] - \lambda_t - \lambda_t q_t (i_t/i_{t-1})\Psi'(i_t/i_{t-1}) +$$
$$\beta E_t \lambda_{t+1} q_{t+1} (i_{t+1}/i_t)^2 \Psi'(i_{t+1}/i_t) = 0$$

$$\lambda_t q_t = E_t\{\beta \lambda_{t+1}[r_{k,t+1} + (1 - \delta)q_{t+1}]\}$$

上面条件中的前两个与前面基本模型得到的条件一样，第三个条件用来确定投资，投资决定于投资资本以及资本的影子价格 q_t（资本的市场价值与资本重置成本的比例），资本的影子价格 q_t 由第四个条件来描述，即当期的影子价格 q_t 决定于未来预期的资本收益率 $r_{k,t+1}$ 和影子价格 q_{t+1}。可以看出，如果没有投资的调整成本，即 $\Psi(i_t/i_{t-1}) = 0$，那么，$q_t = 1$，这就回到了上一节基本模型的结果，在此基本模型中没有单独对投资的决策刻画，因为投资没有调整成本，从而若确定了资本的供给（由第四个条件给出），也就确定了投资。因

此，在存在投资调整成本的情况下，关于投资的决策和资本供给的决策需要由两个条件来刻画，这是与前面基本模型截然不同的地方。

若采用前一节具体的效用函数形式，且投资调整成本函数假设采用下面的函数形式：

$$\Psi(i_t/i_{t-1}) = 0.5h(i_t/i_{t-1} - 1)^2, h \geq 0,$$

则上面一阶条件可写成

$$\lambda_t = V_t c_t^{-\gamma}$$

$$w_t \lambda_t = \omega V_t X_t l_t^{\varphi}$$

$$\frac{1}{q_t} = 1 - 0.5h(i_t/i_{t-1} - 1)^2 - h(i_t/i_{t-1})(i_t/i_{t-1} - 1)$$

$$+ \beta h E_t(\lambda_{t+1}/\lambda_t)(q_{t+1}/q_t)(i_{t+1}/i_t)^2(i_{t+1}/i_t - 1)$$

$$q_t = E_t\{\beta(\lambda_{t+1}/\lambda_t)[r_{k,t+1} + (1-\delta)q_{t+1}]\}$$

模型中的厂商与上一节模型相同，这里仅重复写出其一阶条件：

$$r_{k,t} = Z_t F_k(k_t, l_t)$$

$$w_t = Z_t F_l(k_t, l_t)$$

在采用 Cobb – Douglas 生产函数的情况下，上面的一阶条件可写为

$$r_{k,t} = \alpha Z_t k_t^{\alpha-1} l_t^{1-\alpha} = \alpha y_t/k_t$$

$$w_t = (1-\alpha)Z_t k_t^{\alpha} l_t^{-\alpha} = (1-\alpha)y_t/l_t$$

模型中的资源约束条件为

$$y_t = c_t + i_t$$

类似于前面的做法，可定义以上经济中的竞争性均衡。

竞争性均衡（投资存在调整成本）：在外生变量 $\{V_t, X_t, Z_t\}_{t=0}^{\infty}$ 描述的随机性环境下，给定价格序列 $\{w_t, r_{k,t}, q_t\}_{t=0}^{\infty}$，经济中的竞争性均衡涉及居民的消费需求、投资需求、资本与劳动力供给 $\{c_t, i_t, k_t, l_t\}_{t=0}^{\infty}$ 及厂商对劳动力和资本的需求以及产品的供给 $\{k_t, l_t, y_t\}_{t=0}^{\infty}$。均衡需保证：（1）居民的优化问题得到求解。（2）厂商的利润最大化问题得到求解。（3）经济中的可行性约束得到满足。

由于这个模型没有扭曲性税收和外部性，因此，竞争性均衡与中央计划均衡刻画的最优资源配置是相同的。为节省篇幅，以下主要讨论竞争性均衡。

模型的稳态由下面的方程来刻画：

$$\bar{\lambda} = \bar{V}(\bar{c})^{-\gamma}, \bar{w}\bar{\lambda} = \omega \bar{V}\bar{X}\bar{l}^{\varphi}, \bar{q} = 1, \beta(1 + \bar{r}_k - \delta) = 1,$$

$$\bar{r}_k = \alpha\bar{y}/\bar{k}, \bar{w} = (1-\alpha)\bar{y}/\bar{l}, \bar{y} = \bar{c} + \bar{i} = \bar{c} + \delta\bar{k}, \bar{y} = \bar{Z}\bar{k}^{\alpha}\bar{l}^{1-\alpha}$$

由于稳态时投资的调整成本为零，因此上面得到的稳态与前一节基本模型

得到的稳态相同，仅增加了资本影子价格的稳态值 $\bar{q} = 1$。上面模型中的参数比上一节模型中的参数仅增加了反映调整成本函数的参数 h，这里将其设定为 $h = 5$，模型中的其余参数采用上一节模型中的参数，模型的非线性形式总结为表 2.4。

表 2.4　　　　　　　　　　　　模型 Cha2cn（非线性形式）

外生变量：V_t，X_t，Z_t；

$\ln(V_t/\overline{V}) = \rho_V \ln(V_{t-1}/\overline{V}) + u_{V,t}$　$0 \leqslant \rho_V < 1$

$\ln(X_t/\overline{X}) = \rho_X \ln(X_{t-1}/\overline{X}) + u_{X,t}$　$0 \leqslant \rho_X < 1$

$\ln(Z_t/\overline{Z}) = \rho_Z \ln(Z_{t-1}/\overline{Z}) + u_{Z,t}$　$0 \leqslant \rho_Z < 1$

内生变量：c_t，l_t，λ_t，q_t，y_t，w_t，$r_{k,t}$，i_t，k_t；

$\lambda_t = V_t c_t^{-\gamma}$

$w_t \lambda_t = \omega V_t X_t l_t^{\varphi}$

$\dfrac{1}{q_t} = 1 - 0.5h(i_t/i_{t-1} - 1)^2 - h(i_t/i_{t-1})(i_t/i_{t-1} - 1)$

$\qquad + \beta h E_t(\lambda_{t+1}/\lambda_t)(q_{t+1}/q_t)(i_{t+1}/i_t)^2(i_{t+1}/i_t - 1)$

$q_t = E_t\{\beta(\lambda_{t+1}/\lambda_t)[r_{k,t+1} + (1-\delta)q_{t+1}]\}$

$r_{k,t} = \alpha y_t/k_t$

$w_t = (1-\alpha)y_t/l_t$

$k_{t+1} = (1-\delta)k_t + [1 - 0.5h(i_t/i_{t-1} - 1)^2]i_t$

$y_t = c_t + i_t$

$y_t = Z_t k_t^{\alpha} l_t^{1-\alpha}$

随机冲击：$u_{V,t}$，$u_{X,t}$，$u_{Z,t}$；

$u_{V,t} \sim N(0,\sigma_V^2)$，$u_{X,t} \sim N(0,\sigma_X^2)$，$u_{Z,t} \sim N(0,\sigma_Z^2)$

稳态条件：

$\bar{q} = 1$，$\bar{r}_k = 1/\beta + \delta - 1$，$1 = (\bar{r}_k)^{\alpha} \overline{w}^{1-\alpha}/[\overline{Z}\alpha^{\alpha}(1-\alpha)^{1-\alpha}]$，

$\bar{k}/\bar{y} = \alpha/\bar{r}_k$，$\bar{l}/\bar{y} = (1-\alpha)/\overline{w}$，$\bar{c}/\bar{y} = 1 - \delta\bar{k}/\bar{y}$，

$(\bar{y})^{\varphi+\gamma} = (1-\alpha)(\bar{l}/\bar{y})^{-1}(\bar{c}/\bar{y})^{-\gamma}/[\omega\overline{X}(\bar{l}/\bar{y})^{\varphi}]$，$\bar{\lambda} = \overline{V}(\bar{c})^{-\gamma}$

　　基于以上模型，下面以全要素生产率冲击为例进行分析，对其他冲击的分析类似于此。假设模型在稳态时受到全要素生产率冲击的影响，该冲击使全要素生产率相对于其稳态值上升 1%，经济中的变量对这个随机冲击的冲击响应曲线分别如图 2.4 所示。与前面模型结果最大的不同之处是，在存在投资调整成本的情况下，随着全要素生产率的提高，资本影子价格的上升带动了投资的上升，但投资是逐步上升的并达到峰值，然后再逐步回落到初始状态，资本存

量和劳动力也体现出类似的动态特性，产出对此特性略有体现。总的来看，加入投资调整成本使经济的动态特性更加丰富，并且这种动态特性是经济系统内在的特性。

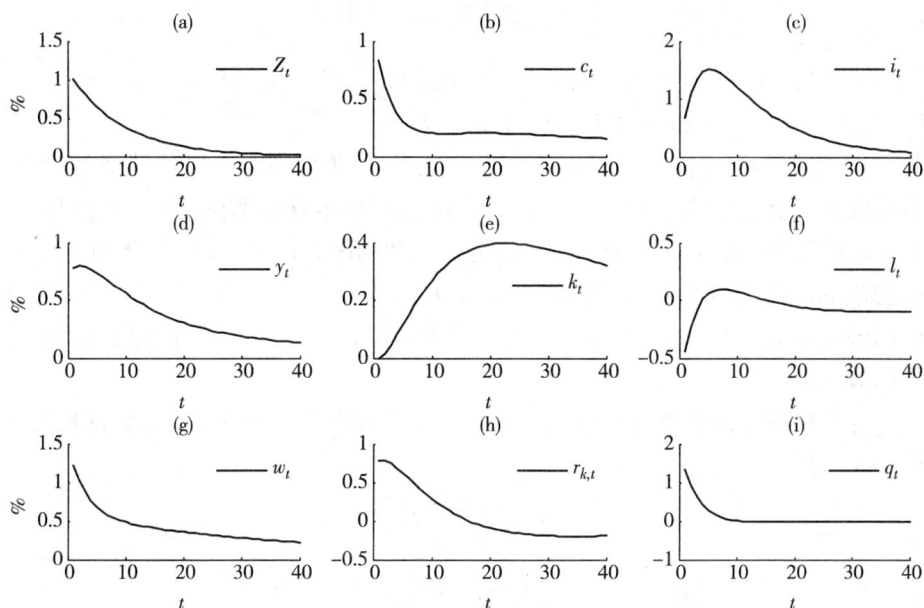

图 2.4　关于全要素生产率冲击的冲击响应曲线

第四节　在基本模型中考虑资本利用率

在前面模型中，即使投资没有调整成本，资本的积累也是非常缓慢的，这对经济波动分析提出了一个问题，即如果资本这个生产要素的变化非常缓慢，那么产出的变化是否也表现出该特征呢？显然，实际观测中，产出的变化是非常迅速的，当然产出的变化也有其他因素造成的原因，但若撇开这些因素，是否能够仅从资本存量这方面对此问题进行改善呢？实际情况表明，即使资本存量短期内难以变化，人们也可以对其利用率进行调整。在经济繁荣期，资本的利用往往是超负荷的，而在经济衰退期，资本的利用又往往表现出不足。针对这一情况，我们可以对前面的模型作进一步改进，即考虑资本的利用率问题。

仍然以上文带有投资调整成本的基本模型为例（若将投资调整成本设为

零，模型就退化为前文的基本模型），由于考虑了资本的利用率，居民和厂商的行为要进行适当的调整。

对居民而言，其优化问题可描述为

$$\begin{cases} \max\limits_{\{c_{t+i},\,l_{t+i},\,i_{t+i},\,k_{t+1+i},\,u_{t+i}\}} E_t \left[\sum_{i=0}^{\infty} \beta^i U(c_{t+i}, l_{t+i}) \right] \\ s.\,t. \quad c_{t+i} + i_{t+i} = w_{t+i} l_{t+i} + [r_{k,t+i} u_{t+i} - \Phi(u_{t+i})] k_{t+i} + d_{t+i} \\ k_{t+1+i} = (1-\delta) k_{t+i} + [1 - \Psi(i_{t+i}/i_{t-1+i})] i_{t+i} \end{cases}$$

其中，c_t、i_t、$w_t l_t$、$[r_{k,t} u_t - \Phi(u_t)] k_t$、$l_t$、$k_t$ 和 d_t 分别是居民的消费、投资、劳动收入、资本收入、提供的劳动力，持有的资本存量和从生产中得到的红利，w_t 是工资，$r_{k,t}$ 是资本收益率，u_t 是资本利用率，$\Phi(u_t)$ 是对资本利用率付出的成本，在资本正常利用情况下，$u_t = 1$，$\Phi(u_t) = 0$。第二个约束是带有投资调整成本的资本积累方程，δ 是资本的折旧率，$\Psi(i_t/i_{t-1})$ 是单位投资调整成本函数。

令上面两个约束条件对应的 Lagrange 乘子分别为 λ_t 和 $\lambda_t q_t$，上面优化问题的一阶条件为

$$\lambda_t = \frac{\partial U(c_t, l_t)}{\partial c_t}$$

$$-w_t \lambda_t = \frac{\partial U(c_t, l_t)}{\partial l_t}$$

$$\lambda_t q_t [1 - \Psi(i_t/i_{t-1})] - \lambda_t - \lambda_t q_t (i_t/i_{t-1}) \Psi'(i_t/i_{t-1}) + \beta E_t \lambda_{t+1} q_{t+1} (i_{t+1}/i_t)^2 \Psi'(i_{t+1}/i_t) = 0$$

$$\lambda_t q_t = E_t \{\beta \lambda_{t+1} [(r_{k,t+1} u_{t+1} - \Phi(u_{t+1})) + (1-\delta) q_{t+1}]\}$$

$$r_{k,t} = \Phi'(u_t)$$

可以看出，如果资本总是在正常利用状态，那么上面的模型就退化为上一节的模型。若采用前一节具体的效用函数和投资调整成本函数形式，且假设资本利用率成本函数采用如下形式：

$$\Phi(u_t) = g_1(u_t - 1) + 0.5 g_2 (u_t - 1)^2$$

那么，居民优化问题的一阶条件可进一步写成

$$\lambda_t = V_t c_t^{-\gamma}$$

$$w_t \lambda_t = \omega V_t X_t l_t^{\varphi}$$

$$\frac{1}{q_t} = 1 - 0.5 h (i_t/i_{t-1} - 1)^2 - h(i_t/i_{t-1})(i_t/i_{t-1} - 1)$$

$$+ \beta h E_t (\lambda_{t+1}/\lambda_t)(q_{t+1}/q_t)(i_{t+1}/i_t)^2 (i_{t+1}/i_t - 1)$$

$$q_t = E_t\{\beta(\lambda_{t+1}/\lambda_t)[r_{k,t+1}u_{t+1} - (g_1(u_{t+1} - 1) + 0.5g_2(u_{t+1} - 1)^2) + (1 - \delta)q_{t+1}]\}$$

$$r_{k,t} = g_1 + g_2(u_t - 1)$$

对厂商而言，在考虑资本利用率的情况下，生产函数变为

$$y_t = Z_t F(u_t k_t, l_t)$$

厂商的当期利润定义为产出与租用资本和雇佣劳动力成本之差：

$$\prod_t = y_t - r_{k,t}u_t k_t - w_t l_t$$

厂商代表居民进行生产，居民具有企业的所有权，厂商的优化问题为

$$\begin{cases} \max_{\{k_{t+i},l_{t+i}\}} E_t \sum_{i=0}^{\infty} \Lambda_{t,t+i} \prod_{t+i} = \sum_{i=0}^{\infty} \beta^i(\lambda_{t+i}/\lambda_t)(y_{t+i} - r_{k,t+i}u_{t+i}k_{t+i} - w_{t+i}l_{t+i}) \\ s.t. \quad y_{t+i} = Z_{t+i}F(u_{t+i}k_{t+i}, l_{t+i}) \end{cases}$$

该优化问题的一阶条件为

$$r_{k,t}u_t = Z_t F_k(u_t k_t, l_t)u_t$$

$$w_t = Z_t F_l(k_t, l_t)$$

在采用 Cobb – Douglas 生产函数的情况下，上面的一阶条件可写为

$$r_{k,t} = \alpha y_t/k_t$$

$$w_t = (1 - \alpha)y_t/l_t$$

模型中的资源约束条件为

$$y_t = c_t + i_t$$

类似于前面的做法，可定义以上经济中的竞争性均衡。

竞争性均衡（考虑资本利用率）：在外生变量 $\{V_t, X_t, Z_t\}_{t=0}^{\infty}$ 描述的随机性环境下，给定价格序列 $\{w_t, r_{k,t}, q_t\}_{t=0}^{\infty}$，经济中的竞争性均衡涉及居民的消费需求、投资需求、资本和劳动力供给以及资本利用率 $\{c_t, i_t, k_t, l_t, u_t\}_{t=0}^{\infty}$ 及厂商对劳动力和资本的需求及产品的供给 $\{k_t, l_t, y_t\}_{t=0}^{\infty}$。均衡需保证：（1）居民的优化问题得到求解。（2）厂商的利润最大化问题得到求解。（3）经济中的可行性约束得到满足。

可以看出，该模型竞争性均衡与中央计划均衡所刻画的最优资源配置是相同的，为节省篇幅，以下主要讨论竞争性均衡。

模型的稳态由下面的方程来刻画：

$$\bar{\lambda} = \bar{V}(\bar{c})^{-\gamma}, \bar{w}\bar{\lambda} = \omega \bar{V}\bar{X}\bar{l}^{\varphi}, \bar{q} = 1, \bar{u} = 1, \beta(1 + \bar{r}_k - \delta) = 1, \bar{r}_k = g_1,$$

$$\bar{r}_k = \alpha \bar{y}/\bar{k}, \bar{w} = (1 - \alpha)\bar{y}/\bar{l}, \bar{y} = \bar{c} + \bar{i} = \bar{c} + \delta\bar{k}, \bar{y} = \bar{Z}\bar{k}^{\alpha}\bar{l}^{1-\alpha}$$

上面模型中的参数比上一节模型中的参数仅增加了反映资本利用率成本函

数的参数 g_1 和 g_2，且 $g_1 = \bar{r}_k$，因此，增加的参数仅为 g_2，这里将其设定为 $g_2 = 0.01$，模型中的其余参数采用上一节模型中的参数，模型的非线性形式总结为表 2.5。

表 2.5 模型 Cha2dn（非线性形式）

外生变量：V_t，X_t，Z_t；

$\quad \ln(V_t/\bar{V}) = \rho_V \ln(V_{t-1}/\bar{V}) + u_{V,t}\ 0 \leqslant \rho_V < 1$

$\quad \ln(X_t/\bar{X}) = \rho_X \ln(X_{t-1}/\bar{X}) + u_{X,t}\ 0 \leqslant \rho_X < 1$

$\quad \ln(Z_t/\bar{Z}) = \rho_Z \ln(Z_{t-1}/\bar{Z}) + u_{Z,t}\ 0 \leqslant \rho_Z < 1$

内生变量：c_t，l_t，λ_t，q_t，y_t，w_t，$r_{k,t}$，i_t，k_t，u_t；

$\quad \lambda_t = V_t c_t^{-\gamma}$

$\quad w_t \lambda_t = \omega V_t X_t l_t^{\varphi}$

$\quad \dfrac{1}{q_t} = 1 - 0.5h(i_t/i_{t-1} - 1)^2 - h(i_t/i_{t-1})(i_t/i_{t-1} - 1)$

$\qquad\qquad + \beta h E_t(\lambda_{t+1}/\lambda_t)(q_{t+1}/q_t)(i_{t+1}/i_t)^2(i_{t+1}/i_t - 1)$

$\quad q_t = E_t\{\beta(\lambda_{t+1}/\lambda_t)[r_{k,t+1}u_{t+1} - (g_1(u_{t+1} - 1) + 0.5g_2(u_{t+1} - 1)^2) + (1 - \delta)q_{t+1}]\}$

$\quad r_{k,t} = g_1 + g_2(u_t - 1)$

$\quad r_{k,t} = \alpha y_t/k_t$

$\quad w_t = (1 - \alpha)y_t/l_t$

$\quad k_{t+1} = (1 - \delta)k_t + [1 - 0.5h(i_t/i_{t-1} - 1)^2]i_t$

$\quad y_t = c_t + i_t$

$\quad y_t = Z_t(u_t k_t)^{\alpha} l_t^{1-\alpha}$

随机冲击：$u_{V,t}$，$u_{X,t}$，$u_{Z,t}$；

$\quad u_{V,t} \sim N(0, \sigma_V^2)$，$u_{X,t} \sim N(0, \sigma_X^2)$，$u_{Z,t} \sim N(0, \sigma_Z^2)$

稳态条件：

$\quad \bar{q} = 1$，$\bar{u} = 1$，$\bar{r}_k = 1/\beta + \delta - 1$，$1 = (\bar{r}_k)^{\alpha}\bar{w}^{1-\alpha}/[\bar{Z}\alpha^{\alpha}(1-\alpha)^{1-\alpha}]$，

$\quad \bar{k}/\bar{y} = \alpha/\bar{r}_k$，$\bar{l}/\bar{y} = (1 - \alpha)/\bar{w}$，$\bar{c}/\bar{y} = 1 - \delta\bar{k}/\bar{y}$，

$\quad (\bar{y})^{\varphi+\gamma} = (1 - \alpha)(\bar{l}/\bar{y})^{-1}(\bar{c}/\bar{y})^{-\gamma}/[\omega\bar{X}(\bar{l}/\bar{y})^{\varphi}]$，$\bar{\lambda} = \bar{V}(\bar{c})^{-\gamma}$

基于以上模型，下面仍以全要素生产率冲击为例进行分析，对其他冲击的分析类似于此。假设模型在稳态时受到全要素生产率冲击的影响，该冲击使全要素生产率相对于其稳态值上升 1%，经济中的变量对这个随机冲击的冲击响应曲线分别如图 2.5 所示。

可以看出，模拟结果与上一节结果不尽相同，特别是随着全要素生产率的提高，即使资本变化很缓慢，但通过提高资本利用率，仍然可以达到促进生产

的目的。在上一节图 2.4 中可以看出，如果资本调整很缓慢，那么资本收益率变化幅度很大，但从本节图 2.5 中可以看出，加入资本利用率这个变量后，资本收益率的变化幅度明显缩小。因此，资本收益率的波动部分由资本利用率的波动来分享，这也说明，通过加入资本收益率变量，可以减缓资产收益率的过度变化，这对研究资产价格的变化有启示意义。

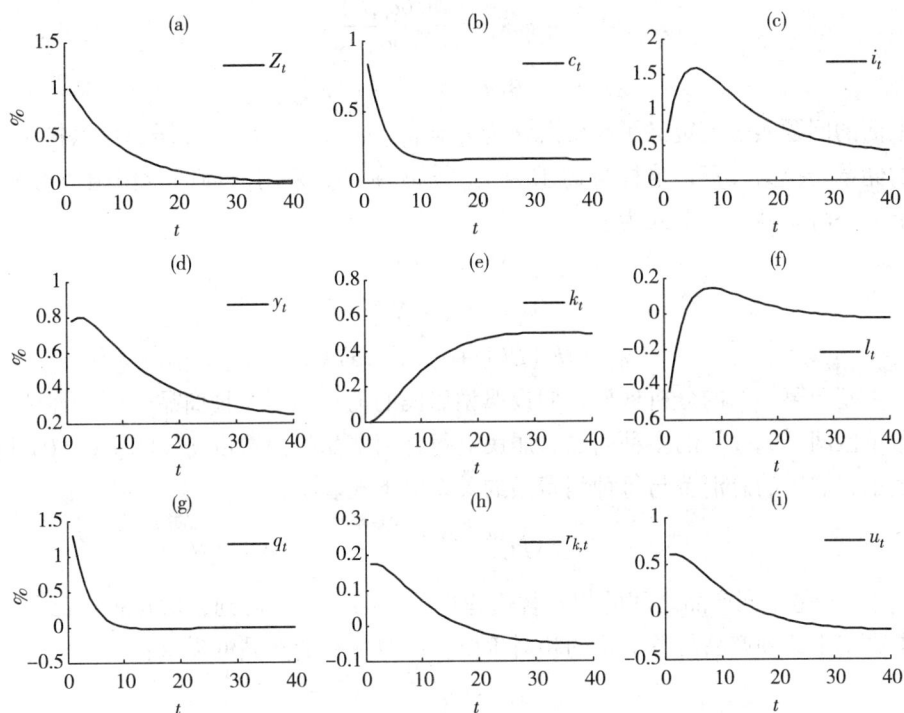

图 2.5　关于全要素生产率冲击的冲击响应曲线

第五节　在基本模型中考虑多种产品的生产

在上一章我们谈到了对多种产品的消费需求问题，本节将此框架引入前面的基本模型中，但此时须考虑对这些多种产品的供给问题。

对于典型居民，其首先确定下面的总量问题：

$$\begin{cases} \max\limits_{\{c_{t+i}, l_{t+i}, k_{t+1+i}\}} E_t \left[\sum_{i=0}^{\infty} \beta^i U(c_{t+i}, l_{t+i}) \right] \\ s.\,t. \quad k_{t+1+i} = (1 + r_{k,t+i} - \delta) k_{t+i} + w_{t+i} l_{t+i} + d_{t+i} - c_{t+i} \end{cases}$$

其中，c_t、k_t、l_t 和 d_t 分别是居民的总消费、提供的资本总量、提供的劳动力总量和得到的红利，w_t 是工资，$r_{k,t}$ 是资本收益率，δ 是资本的折旧率。令 λ_t 为约束条件对应的 Lagrange 乘子，前面已经得到了上面优化问题的一阶条件，即

$$\lambda_t = \frac{\partial U(c_t, l_t)}{\partial c_t}$$

$$-w_t\lambda_t = \frac{\partial U(c_t, l_t)}{\partial l_t}$$

$$\lambda_t = E_t[\beta(1 + r_{k,t+1} - \delta)\lambda_{t+1}]$$

上面的问题实际上定义了投资总量为 $i_t = k_{t+1} - (1 - \delta)k_t$，即居民可以将所有的储蓄转换为投资，这样总需求为 $y_{d,t} = c_t + i_t$。采用前面的效用函数形式，上面一阶条件具体形式为

$$\lambda_t = V_t c_t^{-\gamma}$$

$$w_t\lambda_t = \omega V_t X_t l_t^{\varphi}$$

$$\lambda_t = E_t[\beta(1 + r_{k,t+1} - \delta)\lambda_{t+1}]$$

基于第一章的分析框架，假设典型居民的消费不是一种商品，而是连续分布于区间 $[0, 1]$ 的多种商品，居民对每种消费品的消费以 $c_t(j)$，$j \in [0, 1]$ 表示，居民的总消费与每种消费品的关系以下式表示：

$$c_t = \left[\int_0^1 c_t(j)^{(\theta_t-1)/\theta_t} dj\right]^{\theta_t/(\theta_t-1)}, \theta_t > 1$$

式中，θ_t 是不同产品之间的相互替代弹性。由第一章可得到，对每种产品的需求决定于每种产品与总消费的相对价格，即对每种消费品的需求：

$$c_t(j) = p_t(j)^{-\theta_t} c_t$$

式中，$p_t(j)$ 是第 j 种消费品 $c_t(j)$ 相对于总消费 c_t 的相对价格（以总消费的价格为基准）。

类似以上做法，也可将总投资进行分解并得到每种投资品的需求：

$$i_t(j) = p_t(j)^{-\theta_t} i_t$$

这样，可得到对第 j 种产品的总需求：

$$y_{d,t}(j) = c_t(j) + i_t(j) = p_t(j)^{-\theta_t}(c_t + i_t) = p_t(j)^{-\theta_t} y_{d,t}$$

现在假设经济中的厂商分为两类，一类是生产最终产品的厂商，另一类是生产不同中间产品的厂商，中间产品的种类连续分布于区间 $[0, 1]$，并且两类产品市场处于完全竞争状态。

对于生产最终产品的典型厂商来说，其利用中间产品作为生产投入，其行为决策由下面的优化问题来描述：

$$\begin{cases} \max\left\{ \left[\int_0^1 y_t(j)^{(\theta_t-1)/\theta_t} \mathrm{d}j \right]^{\theta_t/(\theta_t-1)} - \int_0^1 p_t(j) y_t(j) \mathrm{d}j \right\} \\ s.\,t. \quad y_t = \left[\int_0^1 y_t(j)^{(\theta_t-1)/\theta_t} \mathrm{d}j \right]^{\theta_t/(\theta_t-1)}, \theta_t > 1 \end{cases}$$

其中，y_t 是最终产品，$y_t(j)$ 是生产最终产品所使用的第 j 类中间产品，$p_t(j)$ 是第 j 类中间产品相对于最终产品的价格。求解该优化问题可得到中间产品的需求：

$$y_t(j) = p_t(j)^{-\theta_t} y_t$$

对于生产中间产品的厂商，假设生产第 j 类中间产品的厂商采用 Cobb-Douglas 生产函数形式：

$$y_t(j) = Z_t(k_t(j))^\alpha (l_t(j))^{1-\alpha}, 0 \leq \alpha \leq 1$$

其中，$y_t(j)$ 是第 j 类中间产品的产出，Z_t 是全要素生产率，$k_t(j)$ 和 $l_t(j)$ 分别是生产中间产品使用的资本和劳动力。

中间产品的生产可通过下面的优化问题来刻画：

$$\begin{cases} \min_{\{k_t(j), l_t(j)\}} (w_t l_t(j) + r_{k,t} k_t(j)) \\ s.\,t. \quad y_t(j) = Z_t(k_t(j))^\alpha (l_t(j))^{1-\alpha} \end{cases}$$

其中，w_t 是工资，$r_{k,t}$ 是资本收益率。令约束条件对应的 Lagrange 乘子为 m_t，求解上面优化问题可得到下面的条件：

$$r_{k,t} = \alpha m_t [y_t(j)/k_t(j)]$$
$$w_t = (1-\alpha) m_t [y_t(j)/l_t(j)]$$
$$m_t = \frac{(r_{k,t})^\alpha w_t^{1-\alpha}}{(a)^\alpha (1-\alpha)^{1-\alpha} Z_t}$$

由此可见，m_t 是生产单位产品的边际成本。在完全竞争的情况下，产品的价格等于生产的边际成本，从而可得到中间产品的价格为

$$p_t(j) = m_t$$

由于生产中间产品的厂商使用的技术是一样的，且其租用资本和劳动力的价格也是一样的，因而在完全竞争的条件下，其价格也是一样的。

定义劳动力总量和资本总量分别为

$$l_t = \left[\int_0^1 l_t(j)^{(\theta_t-1)/\theta_t} \mathrm{d}j \right]^{\theta_t/(\theta_t-1)}, \; k_t = \left[\int_0^1 k_t(j)^{(\theta_t-1)/\theta_t} \mathrm{d}j \right]^{\theta_t/(\theta_t-1)}$$

利用 $r_{k,t} k_t(j) = \frac{\alpha}{1-\alpha} w_t l_t(j)$，可得到

$$r_{k,t} k_t = \frac{\alpha}{1-\alpha} w_t l_t \text{ 或 } \frac{k_t}{l_t} = \frac{\alpha}{1-\alpha} \frac{w_t}{r_{k,t}}$$

代入 $y_t = \left[\int_0^1 y_t(j)^{(\theta_t-1)/\theta_t} \mathrm{d}j \right]^{\theta_t/(\theta_t-1)}$ 可得到

$$y_t = \left[\int_0^1 \left(Z_t \left(\frac{\alpha}{1-\alpha} \frac{w_t}{r_{k,t}} \right)^\alpha l_t(j) \right)^{(\theta_t-1)/\theta_t} \mathrm{d}j \right]^{\theta_t/(\theta_t-1)}$$

$$= Z_t \left(\frac{\alpha}{1-\alpha} \frac{w_t}{r_{k,t}} \right)^\alpha \left[\int_0^1 l_t(j)^{(\theta_t-1)/\theta_t} \mathrm{d}j \right]^{\theta_t/(\theta_t-1)}$$

$$= Z_t \left(\frac{\alpha}{1-\alpha} \frac{w_t}{r_{k,t}} \right)^\alpha l_t = Z_t \left(\frac{k_t}{l_t} \right)^\alpha l_t = Z_t k_t^\alpha l_t^{1-\alpha}$$

因此，可对最终产品采用与中间产品相同形式的生产函数。

中间产品的种类连续分布于区间 $[0, 1]$，由上面条件可得到厂商对资本和劳动力的总需求：

$$k_t^d = \int_0^1 k_t(j) \mathrm{d}j = (\alpha m_t/r_{k,t}) \tilde{y}_t$$

$$l_t^d = \int_0^1 l_t(j) \mathrm{d}j = [(1-\alpha) m_t/w_t] \tilde{y}_t$$

其中，$\tilde{y}_t = \int_0^1 y_t(j) \mathrm{d}j$。

中间产品市场的均衡条件为

$$y_t(j) = y_{d,t}(j) = c_t(j) + i_t(j)$$

由此可得到

$$\tilde{y}_t = \int_0^1 y_t(j) \mathrm{d}j = \int_0^1 [p_t(j)]^{-\theta_t} y_{d,t} \mathrm{d}j = y_{d,t} s_t = (c_t + i_t) s_t$$

其中，$s_t = \int_0^1 [p_t(j)]^{-\theta_t} \mathrm{d}j$。

根据前面资本总量的定义可得到

$$k_t = \left[\int_0^1 k_t(j)^{(\theta_t-1)/\theta_t} \mathrm{d}j \right]^{\theta_t/(\theta_t-1)} = \left[\int_0^1 [\alpha m_t y_t(j)/r_{k,t}]^{(\theta_t-1)/\theta_t} \mathrm{d}j \right]^{\theta_t/(\theta_t-1)}$$

$$= (\alpha m_t/r_{k,t}) y_t$$

考虑资本市场的均衡条件 $k_t = k_t^d$，可得到

$$y_t = \tilde{y}_t = (c_t + i_t) s_t$$

或者，

$$Z_t k_t^\alpha l_t^{1-\alpha} = s_t(c_t + i_t)$$

这实际上是最终产品市场的均衡条件（这个方程也可以从劳动力市场的均衡条件 $l_t = l_t^d$ 得到）。不过与前面基本模型不同的是，由于价格分散，总供给与总需求之间存在一个差异，该差异由变量 $s_t = \int_0^1 [p_t(j)]^{-\theta_t} \mathrm{d}j$ 来刻画，其反映

了价格分散对资源配置效率的影响。将总价格水平 $p_t = \int_0^1 [p_t(j)]^{1-\theta_t} \mathrm{d}j$ 设定为基准，即 $p_t = 1$，利用前面得到的 $p_t(j) = m_t$，代入总价格水平可得到：

$$1 = \int_0^1 (m_t)^{1-\theta_t} \mathrm{d}j = (m_t)^{1-\theta_t}, \text{即 } m_t = 1$$

由此，

$$s_t = \int_0^1 [p_t(j)]^{-\theta_t} \mathrm{d}j = \int_0^1 (m_t)^{-\theta_t} \mathrm{d}j = 1$$

从以上分析可以看出，虽然在基本模型中加入了多种产品或者多部门的考虑，但由于这些部门采用同样的技术，并且这些部门均处于完全竞争状态，因此在资本和劳动力价格相同的情况下，这些部门生产的边际成本和价格均是相同的，从而价格分散对资源配置效率产生的影响也没有显现出来，最终我们得到的模型与前面得到的基本模型结果相同。但如果我们放弃上文的模型假设，采用垄断竞争假设，那么结果将是什么样的呢？这留在下一节讨论。

类似于前面的做法，可定义以上经济中的竞争性均衡。

竞争性均衡（多种产品情况）：在外生变量 $\{V_t, X_t, Z_t\}_{t=0}^{\infty}$ 描述的随机性环境下，给定价格序列 $\{w_t, r_{k,t}, p_t(j), j \in [0,1]\}_{t=0}^{\infty}$，经济中的竞争性均衡涉及居民对最终产品和中间产品的消费和投资需求、对最终产品和中间产品生产的资本和劳动力供给 $\{c_t, i_t, c_t(j), i_t(j), k_t, l_t, k_t(j), l_t(j), j \in [0,1]\}_{t=0}^{\infty}$ 以及生产最终产品和中间产品的厂商对劳动力和资本的需求、最终产品和中间产品的供给 $\{k_t^d, l_t^d, k_t(j), l_t(j), y_t, y_t(j), j \in [0,1]\}_{t=0}^{\infty}$。均衡需保证：（1）居民的优化问题得到求解。（2）厂商的优化问题得到求解。（3）商品市场、资本和劳动力市场达到均衡。

第六节　在基本模型中考虑垄断竞争

本节在第五节的基础上考虑两种垄断竞争的情形，即中间产品和劳动力市场存在垄断竞争的情形。前一节假设这两个市场处于完全竞争，现在我们放弃这两个中的某一个假设，来研究垄断竞争产生的影响。

在垄断竞争经济中，经济主体在进行行为决策时，不再假设价格是给定的，它有自己的定价方式，无疑定价方式将对资源的配置及经济的均衡状态产生影响。垄断竞争主要体现为两种形式：一是由于生产产品的差异，厂商对产品的价格有自己的定价策略；二是由于劳动力的本质差异，居民在提供劳动力时，对工资有自己的定价策略。虽然在垄断竞争经济条件下经济主体有自己的定价方式，但这些定价方式不是单独实施的，经济主体在定价时需要考虑市场需求的约束限制及不同经济主体定价策略的相互影响。在本节中虽然我们引入两种形式的垄断，但假设每个经济主体在调整价格时仅考虑市场需求的约束而不考虑其他经济主体的定价策略，并且他们调整价格是同时进行的，从而我们仍然没有放弃价格是弹性的假设。

一、产品生产垄断

仍然采用上一节的分析框架，但现在假设中间产品市场处于垄断竞争的状态，在这种状态下，生产中间产品的厂商在需求约束下，对中间产品有一定的定价权。前面得到的关于边际成本、资本和劳动力需求的条件没有变化，即

$$m_t = \frac{(r_{k,t})^{\alpha} w_t^{1-\alpha}}{(a)^{\alpha}(1-\alpha)^{1-\alpha}Z_t}, r_{k,t} = \alpha m_t [y_t(j)/k_t(j)],$$

$$w_t = (1-\alpha)m_t[y_t(j)/l_t(j)]$$

由于处于垄断竞争状态，生产中间产品的厂商将会在需求约束下确定中间产品的价格，即求解如下优化问题：

$$\begin{cases} \max_{\{p_{t+i}(j)\}} E_t \sum_{i=0}^{\infty} \Lambda_{t,t+i} \prod_{t+i}(j) = \sum_{i=0}^{\infty} \beta^i (\lambda_{t+i}/\lambda_t)[p_{t+i}(j)y_{t+i}(j) - m_{t+i}y_{t+i}(j)] \\ s.t. \quad y_t(j) = p_t(j)^{-\theta_t} y_t \end{cases}$$

其中，$\Lambda_{t,t+k} = \beta^k \lambda_{t+k}/\lambda_t$ 为第 t 期消费和第 $t+k$ 期消费的替代率，$\prod_t(j)$ 是第 t 期生产第 j 类中间产品的利润，$y_t(j)$ 是第 j 类中间产品的产出，y_t 是最终产品，$p_t(j)$ 是第 j 类中间产品的价格，m_t 是生产中间产品边际成本。上面优化问题的一阶条件为

$$(1-\theta_t)p_t(j)^{-\theta_t}y_t = -\theta_t m_t p_t(j)^{-\theta_t-1}y_t$$

或者，

$$p_t(j) = \frac{\theta_t}{\theta_t - 1}m_t$$

由于 $\theta_t > 1$，从而 $p_t(j) > m_t$，即在垄断竞争条件下，厂商的定价高于生产的边际成本，通常称 $\frac{1}{\theta_t - 1}$ 为垄断定价的加成率（Mark-up）。模型中假设中间产品的替代率 θ_t 是一个随时间变化的参数，可以将其视为一个外生变量，可以看出，该变量的变化将影响垄断定价的加成率，从而可以将其认为是一个影响中间产品价格的因素。后面章节将可以看到，在存在名义粘性的模型中，

该变量为边际生产成本提供了一个微观解释，这里将其视为一个外生随机变量。

由以上条件可得到，当期垄断利润为

$$\prod{}_t(j) = (p_t(j) - m_t)y_t(j) = \frac{1}{\theta_t - 1}m_t y_t(j)$$

模型中假设居民是股东，从而生产中间产品的厂商以红利的形式将垄断利润支付给居民，居民得到的总红利为

$$d_t = \int_0^1 \prod{}_t(j)\mathrm{d}j = \frac{1}{\theta_t - 1}m_t \int_0^1 y_t(j)\mathrm{d}j = \frac{1}{\theta_t - 1}m_t \tilde{y}_t$$

其中，$\tilde{y}_t = \int_0^1 y_t(j)\mathrm{d}j$。

将总价格水平 $p_t = \int_0^1 \left[p_t(j)\right]^{1-\theta_t}\mathrm{d}j$ 设定为基准，即 $p_t = 1$，由上面结果可得到

$$1 = \int_0^1 \left(\frac{\theta_t}{\theta_t - 1}m_t\right)^{1-\theta_t}\mathrm{d}j = \left(\frac{\theta_t}{\theta_t - 1}m_t\right)^{1-\theta_t}$$

或者，

$$m_t = \frac{\theta_t - 1}{\theta_t} < 1$$

即垄断竞争条件下的边际成本小于完全竞争条件下的边际成本。据此也可得到

$$s_t = \int_0^1 \left[p_t(j)\right]^{-\theta_t}\mathrm{d}j = \int_0^1 \left(\frac{\theta_t}{\theta_t - 1}m_t\right)^{-\theta_t}\mathrm{d}j = 1$$

可以看出，即使我们在中间产品市场采用垄断竞争的假设，价格分散对资源配置效率产生的影响也没有显现出来，因为模型自始至终采用了价格完全弹性的假设，后面章节将讨论放弃这一假设所产生的影响。

垄断竞争的存在使得收入分配中多了一项，即垄断利润，从而有以下关系式：

$$p_t(j)y_t(j) = r_{k,t}k_t(j) + w_t l_t(j) + \prod{}_t(j)$$

由于最终产品的生产处于完全竞争状态，从而得到

$$y_t = \int_0^1 p_t(j)y_t(j)\mathrm{d}j = r_{k,t}\int_0^1 k_t(j)\mathrm{d}j + w_t \int_0^1 l_t(j)\mathrm{d}j + \int_0^1 \prod{}_t(j)\mathrm{d}j$$

$$= \left(m_t + \frac{1}{\theta_t - 1}m_t\right)\tilde{y}_t = \frac{\theta_t}{\theta_t - 1}m_t \tilde{y}_t = \tilde{y}_t$$

上一节我们已经得到

$$\tilde{y}_t = \int_0^1 y_t(j)\,\mathrm{d}j = \int_0^1 \left[\,p_t(j)\,\right]^{-\theta_t} y_{d,t}\,\mathrm{d}j = y_{d,t}s_t = (c_t + i_t)$$

从而可得到

$$y_t = (c_t + i_t)$$

至此，我们将中间产品市场存在垄断竞争的经济刻画完毕。类似于前面的做法，可定义以上经济中的竞争性均衡。

竞争性均衡（产品生产存在垄断竞争）：在外生变量 $\{V_t, X_t, Z_t, \theta_t\}_{t=0}^{\infty}$ 描述的随机性环境下，给定价格序列 $\{w_t, r_{k,t}\}_{t=0}^{\infty}$，经济中的竞争性均衡涉及居民对最终产品和中间产品的消费和投资需求、对最终产品和中间产品生产的资本和劳动力供给以及生产最终产品和中间产品的厂商对劳动力和资本的需求、最终产品和中间产品的供给和生产中间产品的厂商对产品的定价 $\{k_t^d, l_t^d, k_t(j), l_t(j), y_t, y_t(j), p_t(j), j \in [0,1]\}_{t=0}^{\infty}$。均衡需保证：（1）居民的优化问题得到求解。（2）厂商的优化问题得到求解。（3）商品市场、资本和劳动力市场达到均衡。

产品生产的垄断竞争改变了资源的配置情况。事实上，从前面的一阶条件可得到

$$m_t = -\left[\frac{\partial U(c_t, l_t)/\partial l_t}{\partial U(c_t, l_t)/\partial c_t}\right]\Big/ \frac{\partial y(k_t, l_t)}{\partial l_t}$$

根据效用函数和生产函数的性质可知，上式右边是关于劳动力的增函数。另外，由于垄断竞争条件下的边际成本小于完全竞争条件下的边际成本，即 $m_t = \dfrac{\theta_t - 1}{\theta_t} < 1$，从而根据上式可得，垄断竞争情况下雇佣的劳动力小于完全竞争情况下雇佣的劳动力，进而对产出也可以得到同样的结论。

依然采用前面基本模型中的函数形式和参数。与前面基本模型相比，模型中增加的变量包括边际成本 m_t，另外模型假设不同中间产品的替代率 θ_t 是一个随时间变化的参数，可以将其视为一个外生变量，且这个变量实际上与后面章节的价格粘性有关，我们假设其变化方程如表2.6所示，这样模型中增加的参数包括 ρ_θ 和 σ_θ，将其设定为 $\rho_\theta = 0.9$，$\sigma_\theta = 0.01$，另外，我们将垄断定价的加成率的稳态值设为 20%，这意味着 $\bar{\theta} = 6$。模型的非线性形式总结为表2.6。

表 2.6　　　　　　　　　　**模型 Cha2en（非线性形式）**

外生变量：V_t，X_t，Z_t，θ_t；
$\ln(V_t/\bar{V}) = \rho_V \ln(V_{t-1}/\bar{V}) + u_{V,t}, 0 \leq \rho_V < 1$

续表

$$\ln(X_t/\overline{X}) = \rho_X \ln(X_{t-1}/\overline{X}) + u_{X,t}, 0 \leq \rho_X < 1$$

$$\ln(Z_t/\overline{Z}) = \rho_Z \ln(Z_{t-1}/\overline{Z}) + u_{Z,t}, 0 \leq \rho_Z < 1$$

$$\ln(\theta_t/\overline{\theta}) = \rho_\theta \ln(\theta_{t-1}/\overline{\theta}) + u_{\theta,t}, 0 \leq \rho_\theta < 1$$

内生变量：c_t，l_t，λ_t，y_t，w_t，$r_{k,t}$，i_t，k_t，m_t；

$$\lambda_t = V_t c_t^{-\gamma}$$

$$w_t \lambda_t = \omega V_t X_t l_t^\varphi$$

$$\lambda_t = E_t \left[\beta(1 + r_{k,t+1} - \delta) \lambda_{t+1} \right]$$

$$m_t = \frac{\theta_t - 1}{\theta_t}$$

$$r_{k,t} = \alpha m_t y_t / k_t$$

$$w_t = (1 - \alpha) m_t y_t / l_t$$

$$k_{t+1} = (1 - \delta) k_t + i_t$$

$$y_t = c_t + i_t$$

$$y_t = Z_t k_t^\alpha l_t^{1-\alpha}$$

随机冲击：$u_{V,t}$，$u_{X,t}$，$u_{Z,t}$，$u_{\theta,t}$；

$$u_{V,t} \sim N(0, \sigma_V^2)，u_{X,t} \sim N(0, \sigma_X^2)，u_{Z,t} \sim N(0, \sigma_Z^2)，u_{\theta,t} \sim N(0, \sigma_\theta^2)$$

稳态条件：

$$\overline{\theta} = 6，\overline{r_k} = 1/\beta + \delta - 1，\overline{m} = (\overline{\theta} - 1)/\overline{\theta}，$$

$$\overline{m} = (\overline{r_k})^\alpha \overline{w}^{1-\alpha} / \left[\overline{Z} \alpha^\alpha (1 - \alpha)^{1-\alpha} \right]，$$

$$\overline{k}/\overline{y} = \alpha \overline{m}/\overline{r_k}，\overline{l}/\overline{y} = (1 - \alpha) \overline{m}/\overline{w}，\overline{c}/\overline{y} = 1 - \delta \overline{k}/\overline{y}，$$

$$(\overline{y})^{\varphi+\gamma} = (1 - \alpha) \overline{m} (\overline{l}/\overline{y})^{-1} (\overline{c}/\overline{y})^{-\gamma} / \left[\omega \overline{X} (\overline{l}/\overline{y})^\varphi \right]，\overline{\lambda} = \overline{V} (\overline{c})^{-\gamma}$$

　　根据以上设定的参数，以全要素生产率冲击为例进行分析，对其他冲击的分析类似于此。假设模型在稳态时受到全要素生产率冲击的影响，该冲击使全要素生产率相对于其稳态值上升 1%，经济中的变量对这个随机冲击的冲击响应曲线分别如图 2.6 所示。可以看出，在模型中加入垄断竞争因素后，变量对全要素生产率冲击的反应在方向上和动态特性上与完全竞争模型结果是一致的，因为二者均是在价格完全弹性的假设下得到的结果。但在垄断竞争模型中，变量对冲击的反应程度显然减缓，并且稳态值比完全竞争模型的稳态值要低。这是因为垄断竞争所制定的扭曲价格影响了经济资源的配置，从而对生产和消费产生了影响。收入分配中的垄断利润虽然最终转移支付给居民，但价格的扭曲并没有得到校正，从而产生了图中的结果。

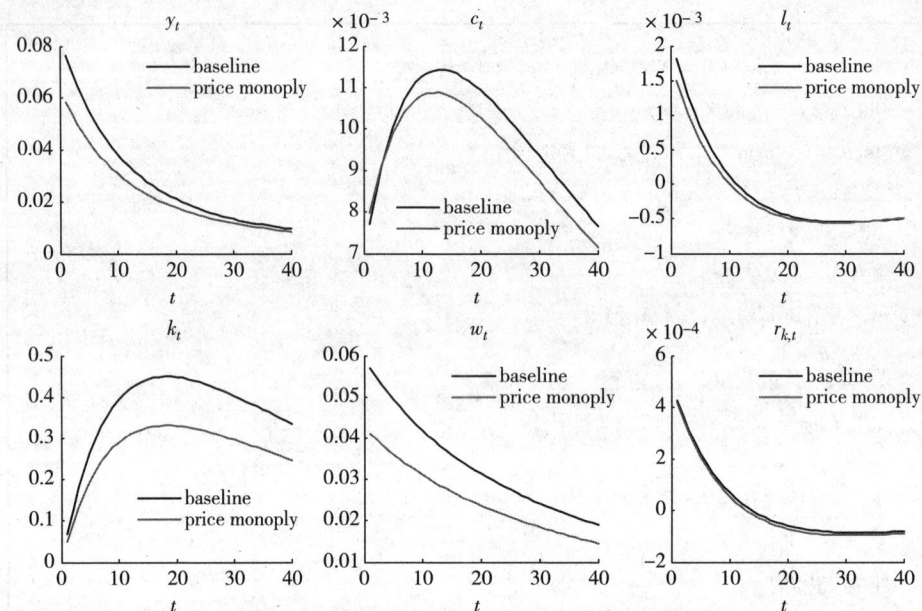

图2.6　关于全要素生产率冲击的冲击响应曲线

二、劳动力供给垄断

在垄断竞争条件下，生产中间产品的厂商在需求约束下可以对其产品定价，从而产生垄断利润。同理，如果劳动力市场也处于垄断竞争状态，那么居民在劳动力需求约束下对劳动力的价格也有定价权，下面将讨论劳动力供给垄断会产生什么影响。

在前面模型的基础上，现在假设典型居民提供的劳动力并不是被一个厂商使用，而是被连续分布于 [0，1] 的厂商使用，并且，典型厂商使用的劳动力是由连续分布于 [0，1] 的居民提供。居民和厂商分别以 $h \in [0，1]$ 和 $j \in [0，1]$ 来表示。

前面已经得到第 $j \in [0，1]$ 个厂商对劳动力的需求为

$$l_t(j) = (1 - \alpha) m_t [y_t(j)/w_t]$$

类似于前面多产品的处理方法，假设劳动力由分布于 [0，1] 的居民提供，即

$$l_t(j) = \left[\int_0^1 l_t(j,h)^{(\theta_{w,t}-1)/\theta_{w,t}} \mathrm{d}h \right]^{\theta_{w,t}/(\theta_{w,t}-1)}, \theta_{w,t} > 1$$

其中，$l_t(j，h)$ 是由第 h 个居民向第 j 个厂商提供的劳动力，$\theta_{w,t}$ 是不同劳动力之间的相互替代弹性。类似于多产品的做法，可得到下面的劳动力需求方程：

$$l_t(j,h) = [w_t(h)/w_t]^{-\theta_{w,t}} l_t(j)$$

$$w_t = \left[\int_0^1 w_t(h)^{1-\theta_{w,t}} \mathrm{d}h\right]^{1/(1-\theta_{w,t})}$$

其中，$w_t(h)$ 是第 h 个居民在劳动力需求约束下要求的工资，w_t 是总工资水平，对第 h 个居民的劳动力总需求为

$$l_{h,t} = \int_0^1 l_t(j,h) \mathrm{d}j = [w_t(h)/w_t]^{-\theta_{w,t}} \int_0^1 l_t(j) \mathrm{d}j = [w_t(h)/w_t]^{-\theta_{w,t}} l_t^d$$

前一节已经得到

$$l_t^d = \int_0^1 l_t(j) \mathrm{d}j = [(1-\alpha)m_t/w_t]\tilde{y}_t$$

其中，$\tilde{y}_t = \int_0^1 y_t(j) \mathrm{d}j$。

对于居民 $h \in [0,1]$ 来说，其求解以下优化问题：

$$\begin{cases} \max\limits_{\{c_{t+i}, k_{t+1+i}, w_{t+i}(h)\}} E_t\left[\sum\limits_{i=0}^{\infty} \beta^i U(c_{t+i}, l_{h,t+i})\right] \\ s.t. \quad k_{t+1+i} = (1 + r_{k,t+i} - \delta)k_{t+i} + w_{t+i}(h)l_{h,t+i} + d_{t+i} - c_{t+i} \\ l_{h,t} = [w_t(h)/w_t]^{-\theta_{w,t}} l_t^d \end{cases}$$

其中，c_t、k_t、d_t 和 $r_{k,t}$ 与上面模型的含义相同，$l_{h,t}$ 是对第 h 个居民的劳动力总需求，$w_t(h)$ 是第 h 个居民在需求约束下要求的工资。令 λ_t 是约束条件对应的 Lagrange 乘子，上面问题的一阶条件为

$$\lambda_t = \frac{\partial U(c_t, l_{h,t})}{\partial c_t}$$

$$\lambda_t = E_t[\beta(1 + r_{k,t+1} - \delta)\lambda_{t+1}]$$

$$(1 - \theta_{w,t})[w_t(h)/w_t]^{-\theta_{w,t}} l_t^d \lambda_t = \frac{\partial U(c_t, l_{h,t})}{\partial l_{h,t}} \theta_{w,t} [w_t(h)/w_t]^{-\theta_{w,t}-1} l_t^d/w_t$$

前两个条件与前面模型得到的条件相同，第三个条件经过整理可写为

$$-w_t(h)\lambda_t = \frac{\theta_{w,t}}{(\theta_{w,t} - 1)} \frac{\partial U(c_t, l_{h,t})}{\partial l_{h,t}}$$

仍采用前面的效用函数，上式可写成

$$w_t(h)\lambda_t = \frac{\theta_{w,t}}{(\theta_{w,t} - 1)}\omega V_t X_t l_{h,t}^{\varphi} = \frac{\theta_{w,t}}{(\theta_{w,t} - 1)}\omega V_t X_t [w_t(h)/w_t]^{-\varphi\theta_{w,t}} (l_t^d)^{\varphi}$$

从而可得到垄断竞争下的工资为

$$w_t(h) = \left(\frac{\theta_{w,t}}{(\theta_{w,t} - 1)}(\omega V_t X_t/\lambda_t)\right)^{\frac{1}{1+\varphi\theta_{w,t}}} (w_t)^{\frac{\varphi\theta_{w,t}}{1+\varphi\theta_{w,t}}} (l_t^d)^{\frac{\varphi}{1+\varphi\theta_{w,t}}}$$

可以看出，任何居民制定的工资均是一样的，因为这里假设工资是完全弹性

的，从而 $w_t(h) = w_t$，代入上式可得到

$$w_t \lambda_t = \frac{\theta_{w,t}}{(\theta_{w,t} - 1)} \omega V_t X_t (l_t^d)^{\varphi}$$

模型中假设劳动力的替代率 $\theta_{w,t}$ 是一个随时间变化的参数，可将其视为一个外生变量。可以看出，该变量的变化将影响垄断定价的加成率，从而可以将其认为是一个影响工资的因素。后面章节将可以看到，在存在工资粘性的模型中，该变量为工资成本提供了一个微观解释，这里将其视为一个外生随机变量。

劳动力总量均衡条件需满足：

$$l_t = \int_0^1 l_{h,t} \mathrm{d}h = \int_0^1 \int_0^1 l_t(j,h) \mathrm{d}j \mathrm{d}h = \int_0^1 [w_t(h)/w_t]^{-\theta_{w,t}} \mathrm{d}h \int_0^1 l_t(j) \mathrm{d}j = l_t^d s_{w,t}$$

其中，l_t 是劳动力的总供给，$s_{w,t} = \int_0^1 [w_t(h)/w_t]^{-\theta_{w,t}} \mathrm{d}h$ 反映了工资分散对劳动力市场的影响。将前面得到的工资代入经过化简可得到

$$s_{w,t} = 1$$

从而

$$l_t = l_t^d$$

因此，在工资完全弹性的情况下，即使存在垄断竞争，工资分散对劳动力市场的影响也没有显现出来。后面章节将看到，在工资存在粘性的情况下，该结论将有所改变。

至此，我们对劳动力市场带有垄断竞争的模型完成了描述，而且上面的模型同时也考虑了中间产品市场带有垄断竞争的情况。类似于前面，我们也可以定义如下的竞争性均衡。

竞争性均衡（产品生产和劳动力供给均存在垄断竞争）：在外生变量 $\{V_t, X_t, Z_t, \theta_t, \theta_{w,t}\}_{t=0}^{\infty}$ 描述的随机性环境下，给定价格序列 $\{w_t, r_{k,t}\}_{t=0}^{\infty}$，经济中的竞争性均衡涉及居民对最终产品和中间产品的消费和投资需求、对最终产品和中间产品生产的资本和劳动力供给、不同居民对工资的垄断定价 $\{c_t, i_t, c_t(j), i_t(j), k_t, l_{h,t}, k_t(j), l_t(j,h), w_t(h), j, h \in [0,1]\}_{t=0}^{\infty}$ 以及生产最终产品和中间产品的厂商对劳动力和资本的需求、最终产品和中间产品的供给，生产中间产品的厂商对产品的定价 $\{k_t^d, l_t^d, k_t(j), l_t(j,h), y_t, y_t(j), p_t(j), j, h \in [0,1]\}_{t=0}^{\infty}$。均衡需保证：（1）居民的优化问题得到求解。（2）厂商的优化问题得到求解。（3）商品市场、资本和劳动力市场达到均衡。

类似于产品生产的垄断竞争，劳动力供给的垄断竞争也会改变资源的配置情况，如果仅考虑劳动力供给垄断情况，那么从前面的一阶条件可得到

$$1 > \frac{\theta_{w,t} - 1}{\theta_{w,t}} = -\left[\frac{\partial U(c_t, l_t)/\partial l_t}{\partial U(c_t, l_t)/\partial c_t}\right]\Big/\frac{\partial y(k_t, l_t)}{\partial l_t}$$

上式右边是关于劳动力的增函数，从而根据上式可得到，垄断竞争情况下雇佣的劳动力小于完全竞争情况下雇佣的劳动力，进而对产出也可以得到同样的结论。

如果同时考虑产品生产垄断和劳动力供给垄断情况，那么上式可调整为

$$1 > m_t\left(\frac{\theta_{w,t} - 1}{\theta_{w,t}}\right) = -\left[\frac{\partial U(c_t, l_t)/\partial l_t}{\partial U(c_t, l_t)/\partial c_t}\right]\Big/\frac{\partial y(k_t, l_t)}{\partial l_t}$$

同样会得到，垄断竞争情况下的产出低于完全竞争情况下的产出。

总体来看，无论是产品生产还是劳动力供给，只要存在垄断竞争，即使在价格或工资完全弹性的情况下，垄断竞争也将会使经济资源配置效率降低，生产要素的边际产出低于完全竞争情况下的边际产出，从而产出低于完全竞争情况下的产出。

与前面基本模型相比，模型中假设不同劳动力的替代率 $\theta_{w,t}$ 是一个随时间变化的参数，可以将其视为一个外生变量，且这个变量实际上与后面章节的工资粘性有关，我们假设其变化方程如表 2.7 所示。这样模型中增加的参数包括 $\rho_{\theta w}$ 和 $\sigma_{\theta w}$，将其设定为 $\rho_{\theta w} = 0.9$，$\sigma_{\theta w} = 0.01$。另外，我们将垄断定价的加成率的稳态值设为 20%，这意味着 $\bar{\theta}_w = 6$。模型的非线性形式总结为表 2.7。

表 2.7　　　　　　　　**模型 Cha2fn（非线性形式）**

外生变量：V_t，X_t，Z_t，θ_t，$\theta_{w,t}$；

$\ln(V_t/\bar{V}) = \rho_V \ln(V_{t-1}/\bar{V}) + u_{V,t}\ 0 \leq \rho_V < 1$

$\ln(X_t/\bar{X}) = \rho_X \ln(X_{t-1}/\bar{X}) + u_{X,t}\ 0 \leq \rho_X < 1$

$\ln(Z_t/\bar{Z}) = \rho_Z \ln(Z_{t-1}/\bar{Z}) + u_{Z,t}\ 0 \leq \rho_Z < 1$

$\ln(\theta_t/\bar{\theta}) = \rho_\theta \ln(\theta_{t-1}/\bar{\theta}) + u_{\theta,t}\ 0 \leq \rho_\theta < 1$

$\ln(\theta_{w,t}/\bar{\theta}_w) = \rho_{\theta w} \ln(\theta_{w,t-1}/\bar{\theta}_w) + u_{\theta w,t}\ 0 \leq \rho_{\theta w} < 1$

内生变量：c_t，l_t，λ_t，y_t，w_t，$r_{k,t}$，i_t，k_t，m_t；

$\lambda_t = V_t c_t^{-\gamma}$

$w_t \lambda_t = \dfrac{\theta_{w,t}}{(\theta_{w,t} - 1)} \omega V_t X_t (l_t)^\varphi$

$\lambda_t = E_t[\beta(1 + r_{k,t+1} - \delta)\lambda_{t+1}]$

$m_t = \dfrac{\theta_t - 1}{\theta_t}$

$r_{k,t} = \alpha m_t y_t/k_t$

$$w_t = (1 - \alpha) m_t y_t / l_t$$

$$k_{t+1} = (1 - \delta) k_t + i_t$$

$$y_t = c_t + i_t$$

$$y_t = Z_t k_t^\alpha l_t^{1-\alpha}$$

随机冲击：$u_{V,t},\ u_{X,t},\ u_{Z,t},\ u_{\theta,t},\ u_{\theta w,t}$；

$$u_{V,t} \sim N(0, \sigma_V^2),\ u_{X,t} \sim N(0, \sigma_X^2),\ u_{Z,t} \sim N(0, \sigma_Z^2)$$

$$u_{\theta,t} \sim N(0, \sigma_\theta^2),\ u_{\theta w,t} \sim N(0, \sigma_{\theta w}^2)$$

稳态条件：

$$\bar\theta = 6,\ \bar\theta_w = 6,\ \bar{r}_k = 1/\beta + \delta - 1,\ \bar{m} = (\bar\theta - 1)/\bar\theta,$$

$$\bar{m} = (\bar{r}_k)^\alpha \bar{w}^{1-\alpha} / [\bar{Z} \alpha^\alpha (1 - \alpha)^{1-\alpha}],$$

$$\bar{k}/\bar{y} = \alpha \bar{m}/\bar{r}_k,\ \bar{l}/\bar{y} = (1 - \alpha)\bar{m}/\bar{w},\ \bar{c}/\bar{y} = 1 - \delta \bar{k}/\bar{y},$$

$$(\bar{y})^{\varphi+\gamma} = (1 - \alpha)\bar{m}\,(\bar{l}/\bar{y})^{-1}\,(\bar{c}/\bar{y})^{-\gamma}\,[(\bar\theta_w - 1)/\bar\theta_w] / [\omega \bar{X} (\bar{l}/\bar{y})^\varphi],$$

$$\bar\lambda = \bar{V}(\bar{c})^{-\gamma}$$

根据以上设定的参数，以全要素生产率冲击为例进行分析，对其他冲击的分析类似于此。假设模型在稳态时受到全要素生产率冲击的影响，该冲击使全要素生产率相对于其稳态值上升 1%，图 2.7 是在劳动力市场存在垄断竞争而

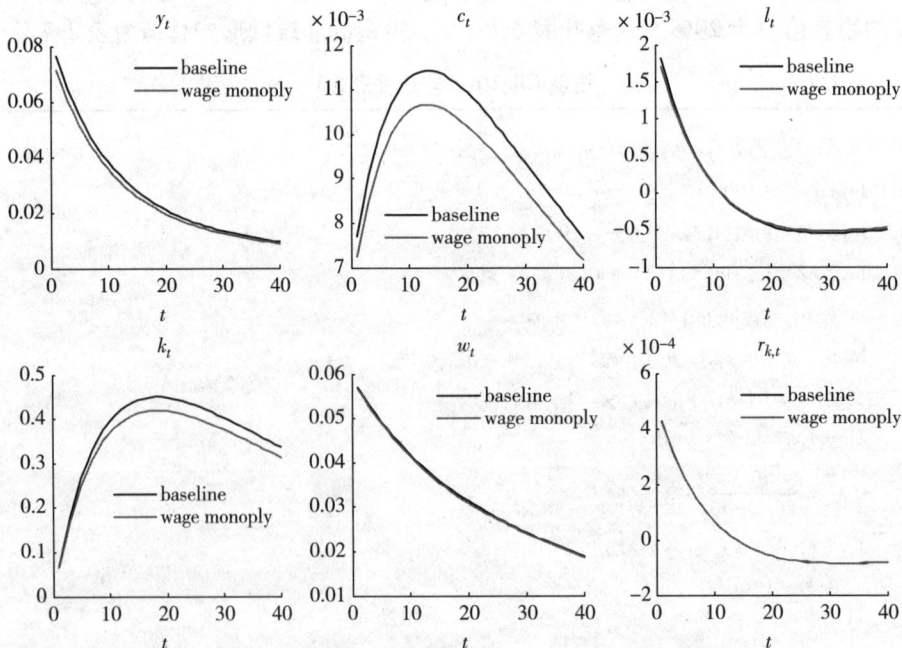

图 2.7　关于全要素生产率冲击的冲击响应曲线

中间产品处于完全竞争的情况下得到的冲击响应曲线。图 2.7 与图 2.6 的结果基本类似，只是影响程度略微小一些。

　　为进一步比较，我们将中间产品和劳动力市场均处于完全竞争、只有中间产品市场处于垄断竞争、只有劳动力市场处于垄断竞争以及中间产品和劳动力市场均处于垄断竞争四种情况下的模拟绘制在图 2.8 中。

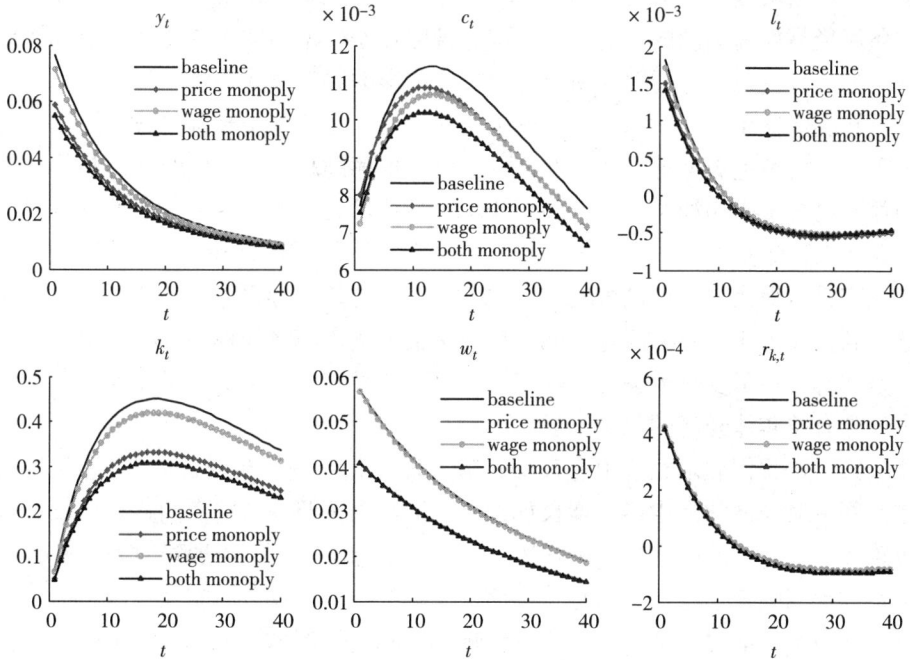

图 2.8　关于全要素生产率冲击的冲击响应曲线

　　可以看出，只要某个市场存在垄断竞争，经济中的资源就不能得到有效配置，垄断竞争将会导致经济变量的稳态水平低于完全竞争下的稳态水平，并且各变量对全要素生产率冲击的动态反应程度也低于完全竞争下的反应程度。在中间产品市场已经处于垄断竞争的情况下，若进一步使劳动力市场也处于垄断竞争的状态，那么经济资源的配置效率会进一步降低。无论是稳态水平还是动态反应程度，各经济变量对全要素生产率冲击的反应将会减弱。可是，尽管上面模型假设存在垄断竞争，但只要价格或者工资仍是完全弹性的，那么垄断竞争的存在并不会改变经济变量对全要素生产率反应的方向和动态特征，仅仅是程度上的改变。因此，若要进一步研究垄断竞争对经济变量动态特性或方向上的影响，则需要增加别的假设条件，如下面章节中将要讨论的价格或工资粘性的假设。

第七节　在基本模型中同时考虑两种技术进步

在第一章我们谈到了在模型中考虑趋势项的问题，在加入趋势项后，经济将趋于一条均衡的路径而不是一个均衡点（模型的稳态）。现在一个问题是，这条路径是如何刻画的？是不是仅有一条路径？模型中的所有变量是否都按照同样的趋势变化？怎样保证所有变量按照同样的趋势变化呢？

在实际应用中，对趋势项的刻画非常重要。在模型中刻画趋势最显然而又最重要的两种趋势考虑是实体经济的趋势和价值的趋势，实体经济的趋势与刻画经济的技术密切相关，价值的趋势除了与技术有关外，还与价值的测度基准有关。在瓦尔拉斯一般均衡经济中，如果所有的名义变量与价格水平按照同一比例变化，那么名义价值虽然在变化，但实际价值或者实体经济并不会发生变化。到目前为止，我们所建立的模型均是关于实体经济的模型，模型中的变量均是与价格水平变化无关的实际变量，模型还没有涉及名义变量。为此，本节先讨论有关实体经济的趋势问题。

第一章我们假定经济中有某种趋势，现在我们进一步对此趋势进行讨论。按照新古典经济学外生经济增长理论，经济可以按照一条均衡的路径增长，这条路径可由外生的技术进步来描述。基于这个想法，我们可通过对外生的技术进步详细刻画来描述经济的趋势特征。技术进步不仅可以影响经济的长期变化路径，而且可能对经济的波动产生影响。实际经济周期（Real Busyness Cycle，RBC）学派甚至认为，技术进步是造成经济波动的一个最重要因素。为此，本节不仅针对技术进步对趋势的影响进行讨论，而且也针对技术进步对经济波动的影响进行讨论。

模型中通常考虑技术进步的方式是假设存在一个影响生产函数的技术进步，这就是前面各章节所采用的全要素生产率。全要素生产率变化也称为中性技术变化，外生经济增长理论通常采用全要素生产率变化来刻画技术进步对经济增长的影响。除了中性技术进步外，另一种技术进步逐渐引起了人们的注意，这种技术进步基于实际中观察到的一个现象，即生产中所使用的资本要素在质量或者性能方面并不是随时间保持不变的，通常资本随着时间变化将会融入更好的技术和性能特性，这表明描述资本的技术进步存在不同的性质，这种技术进步与中性技术进步的不同之处在于，中性技术进步是与多要素生产率相关的，而该技术进步仅与刻画资本的生产率相关，通常称为投资专有技术进步

（Investment – Specific Technoledge）。

Greenwood – Hercowitz – Huffman （1988） 是第一个开发具有投资专有技术进步 DSGE 模型的学者，其在资本积累函数中引入了投资专有技术进步，这是一个与投资相关的外生随机过程。Greenwood—Hercowitz—Krusell （2000）、Kiley （2001）、Cummins—Violante （2002）、Carlaw—Kosempel （2004）、Bakhshi—Larsen （2005）、Martínez—Rodríguez—Torres （2008，2010） 和 Rodríguez—Torres （2012） 等利用带有投资专有技术变化的 DSGE 模型研究了不同技术进步对长期经济增长的贡献。除此之外，Greenwood—Hercowitz—Krusell （2000）、Cummins—Violante （2002）、Fisher （2006）、Justiniano—Primiceri （2008） 和 Justiniano—Primiceri—Tambalotti （2011） 等利用带有投资专有技术变化的 DSGE 模型对经济波动的根源进行了分析，探讨了不同技术冲击对经济波动的影响。

下面仍然以前面的基本模型为基础探讨两种技术进步对经济的影响。由于需要考虑趋势项，因而为与前面基本模型区别，我们用大写字母表示的变量代表有趋势项的变量，用小写字母表示的变量代表去掉趋势的变量。

将投资专有技术引入模型的一个简单方式是将资本积累方程改成下式：

$$K_{t+1} = (1 - \delta)K_t + A_{k,t}Z_{k,t}I_t$$

其中，K_t 是资本存量，I_t 是投资，$A_{k,t}$ 和 $Z_{k,t}$ 是投资专有技术进步，$A_{k,t}$ 影响投资专有技术进步的水平值（称为暂时性技术进步），$Z_{k,t}$ 影响投资专有技术进步的趋势项（称为永久性技术进步），δ 是资本的折旧率。$A_{k,t}Z_{k,t}$ 确定了每单位生产购买的资本数量。在标准模型中，对于所有的 t，$A_{k,t} \equiv 1$，$Z_{k,t} \equiv 1$，即每单位最终产出购买的资本数量随时间保持不变。$A_{k,t}Z_{k,t}$ 越高，每单位投资融入经济中资本的数量也越多，即资本质量得到了提高。这说明 $A_{k,t}Z_{k,t}$ 的增加降低了单位投资品转换成单位消费品的比例，亦即降低了资本品相对于消费品的价格。由此，上面的资本积累方程解释了投资过程中新的优质资本所产生的资本质量变化。这里之所以区分暂时性和永久性技术进步，因为它们影响的特征不同，从而可以探讨资本积累过程中趋势项和波动项的动态特性。

仍然假设储蓄转换成投资不存在成本，此时居民的预算约束需调整为

$$C_t + I_t = C_t + \frac{K_{t+1} - (1 - \delta)K_t}{A_{k,t}Z_{k,t}} = W_tL_t + R_{k,t}K_t$$

其中，C_t 是消费，I_t 是投资，K_t 是资本存量，L_t 是劳动力，W_t 是工资，$R_{k,t}$ 是资本收益率。

居民求解的优化问题是：

$$\begin{cases} \max_{\{C_{t+i},L_{t+i},K_{t+1+i}\}} E_t \left[\sum_{i=0}^{\infty} \beta^i U(C_{t+i},L_{t+i}) \right] \\ s.t. \quad C_{t+i} + \dfrac{K_{t+1+i} - (1-\delta)K_{t+i}}{A_{k,t+i}Z_{k,t+i}} = W_{t+i}L_{t+i} + R_{k,t+i}K_{t+i} \end{cases}$$

令 Λ_t 是约束条件对应的 Lagrange 乘子，上面优化问题的一阶条件为

$$\Lambda_t = \frac{\partial U(C_t,L_t)}{\partial C_t}$$

$$-W_t\Lambda_t = \frac{\partial U(C_t,L_t)}{\partial L_t}$$

$$\Lambda_t = E_t\left[(A_{k,t}Z_{k,t}/(A_{k,t+1}Z_{k,t+1}))\beta(R_{k,t+1}A_{k,t+1}Z_{k,t+1} + 1 - \delta)\Lambda_{t+1} \right]$$

在采用前面基本模型的函数形式下，上述一阶条件可写为

$$\Lambda_t = V_t C_t^{-\gamma}$$

$$W_t\Lambda_t = \omega V_t X_t L_t^{\varphi}$$

$$\Lambda_t = E_t\left[(A_{k,t}Z_{k,t}/(A_{k,t+1}Z_{k,t+1}))\beta(R_{k,t+1}A_{k,t+1}Z_{k,t+1} + 1 - \delta)\Lambda_{t+1} \right]$$

厂商的优化问题与前面基本模型的优化问题相同，这里仅重新写出相关的一阶条件：

$$Y_t = A_t Z_t F(K_t,L_t)$$

$$R_{k,t} = A_t Z_t F_k(K_t,L_t)$$

$$W_{k,t} = A_t Z_t F_l(K_t,L_t)$$

类似上面的处理方法，将全要素生产率 $A_t Z_t$ 分成两部分，一部分影响中性技术进步的水平值 A_t，另一部分影响中性技术进步的趋势值 Z_t。在采用 Cobb - Douglas 生产函数的情况下，上面一阶条件可写为

$$Y_t = A_t Z_t K_t^{\alpha} L_t^{1-\alpha}$$

$$R_{k,t} = \alpha Y_t / K_t$$

$$W_t = (1-\alpha)Y_t / L_t$$

商品市场的均衡条件为

$$Y_t = C_t + I_t$$

上面经济的竞争性均衡定义如下。

竞争性均衡（包括两种技术进步）：在外生变量 $\{V_t, X_t, Z_t, Z_{k,t}, A_t, A_{k,t}\}_{t=0}^{\infty}$ 描述的随机性环境下，给定价格序列 $\{W_t, R_{k,t}\}_{t=0}^{\infty}$，经济中的竞争性均衡涉及居民的消费需求、资本和劳动力供给 $\{C_t, K_t, L_t\}_{t=0}^{\infty}$ 和厂商对劳动力和资本的需求及产品的供给 $\{K_t, L_t, Y_t\}_{t=0}^{\infty}$。均衡需保证：（1）居民的优化问题得到求解。（2）厂商的利润最大化问题得到求解。（3）经济中的可行性约束得到

满足。

由于技术进步是带有趋势项的随机变量，并且两种技术进步的趋势可能不同，因此，在求解上面模型之前，我们要考虑对趋势项的刻画及如何将模型变为去趋势项的模型，这样就可以利用前面的求解技巧对模型进行求解。

定义中性技术进步和投资专有技术进步趋势项的增长率分别为

$$g_t = Z_t/Z_{t-1}$$

$$g_{k,t} = Z_{k,t}/Z_{k,t-1}$$

这两种技术进步的趋势项增长率由下面的随机过程来刻画：

$$\ln(g_t/\overline{g}) = \rho_g \ln(g_{t-1}/\overline{g}) + u_{g,t}, 0 \leq \rho_g < 1, u_{g,t} \sim N(0, \sigma_g^2)$$

$$\ln(g_{k,t}/\overline{g_k}) = \rho_{gk} \ln(g_{k,t-1}/\overline{g_k}) + u_{gk,t}, 0 \leq \rho_{gk} < 1, u_{gk,t} \sim N(0, \sigma_{gk}^2)$$

其中，$\overline{g}$ 和 $\overline{g}_k$ 分别为两种技术进步增长率的稳态值。另外，两种技术进步的水平项由下面的随机过程来刻画：

$$\ln(A_t/\overline{A}) = \rho_A \ln(A_{t-1}/\overline{A}) + u_{A,t}, 0 \leq \rho_A < 1 \ u_{A,t} \sim N(0, \sigma_A^2)$$

$$\ln(A_{k,t}/\overline{A_k}) = \rho_{Ak} \ln(A_{k,t-1}/\overline{A_k}) + u_{Ak,t}, 0 \leq \rho_{Ak} < 1 \ u_{Ak,t} \sim N(0, \sigma_{Ak}^2)$$

从均衡条件 $Y_t = C_t + I_t$ 可以看出，左右两边的趋势变化应保持一致，从而可将产出、消费和投资按照同一种趋势项进行处理。假设它们均按照产出的趋势项 $Z_{y,t}$ 来变化，那么采用下面的方式得到去趋势后的变量：

$$y_t = Y_t/Z_{y,t}, c_t = C_t/Z_{y,t}, i_t = I_t/Z_{y,t}$$

其中，y_t、c_t 和 i_t 分别为去趋势后的产出、消费和投资，原来的均衡条件变为

$$y_t = c_t + i_t$$

从资本积累方程 $K_{t+1} = (1-\delta)K_t + A_{k,t}Z_{k,t}I_t$ 可以看出，资本存量的趋势项可以与投资的趋势项完全不同，因为方程右边第二项同时受到中性技术进步和投资专有技术的影响，从而资本存量的趋势项也受到这两种技术进步的影响。为此，可采用下面的方式得到去趋势后的变量：

$$k_t = K_t/(Z_{k,t}Z_{y,t})$$

其中，k_t 为去趋势后的资本存量，这样资本积累方程变为

$$g_{y,t+1}g_{k,t+1}k_{t+1} = (1-\delta)k_t + A_k i_t$$

这里，$g_{y,t} = Y_t/Y_{t-1}$ 为产出的趋势增长率。

假设劳动力的变化没有趋势项，定义 $l_t = L_t$，利用前面定义的资本存量和产出，代入生产函数可得到

$$Z_{y,t}y_t = A_t Z_t (Z_{y,t}Z_{k,t}k_t)^{\alpha}(l_t)^{1-\alpha}$$

或者，

$$y_t = A_t Z_t (Z_{y,t})^{\alpha-1}(Z_{k,t})^{\alpha}k_t^{\alpha}(l_t)^{1-\alpha}$$

这样要使去趋势的生产函数满足下式：

$$y_t = A_t k_t{}^\alpha (l_t)^{1-\alpha}$$

则趋势项须满足关系式：

$$Z_{y,t} = (Z_t)^{\frac{1}{1-\alpha}} (Z_{k,t})^{\frac{\alpha}{1-\alpha}}$$

这也说明，产出的趋势项增长率满足下式：

$$g_{y,t} = (g_t)^{\frac{1}{1-\alpha}} (g_{k,t})^{\frac{\alpha}{1-\alpha}}$$

即产出的趋势增长率由中性技术进步和投资专有技术进步的趋势增长率来确定。沿着均衡增长路径，每种资本资产的增长率可以是不同的，这依赖于新资本相对于产出的相对价格。相对价格下降的某些资本资产（专有技术进步）将会呈现出比产出增长率更高的增长率。相反，相对价格上升的某些资本资产将会以低于产出增长率的增长率增长。

定义去趋势后的资本收益率和工资为

$$R_{k,t} = r_{k,t}/Z_{k,t}, W_t = w_t Z_{y,t}$$

则厂商的一阶条件可写为

$$r_{k,t} = \alpha y_t/k_t$$
$$w_t = (1 - \alpha) y_t/l_t$$

定义去趋势后的 Lagrange 乘子：

$$\Lambda_t = (Z_{y,t})^{-\gamma} \lambda_t$$

并利用前面的结果，此时居民的一阶条件变为

$$\lambda_t = V_t c_t^{-\gamma}$$
$$w_t \lambda_t (Z_{y,t})^{1-\gamma} = \omega V_t X_t l_t^\varphi$$
$$\lambda_t = E_t \big[(A_{k,t}/A_{k,t+1}) (g_{k,t+1})^{-1} (g_{y,t+1})^{-\gamma} \beta (A_{k,t+1} r_{k,t+1} + 1 - \delta) \lambda_{t+1} \big]$$

上面第二个条件的右边没有趋势项，但左边却含有趋势项，要使两边保持一致，可采用两种做法：一是使左边没有趋势项，这要求 $\gamma = 1$，即效用函数关于消费的部分是对数函数形式。二是使右边包含与左边同样的趋势项，由于上面基本模型中采用了可分离的效用函数，这一点很难做到。若采用下面消费和劳动力不可分离的形式：

$$U(C_t, L_t) = \begin{cases} \dfrac{[C_t^\omega (1 - L_t)^{1-\omega}]^{1-\gamma} - 1}{1 - \gamma} & \gamma \neq 1 \\ \omega \ln C_t + (1 - \omega) \ln(1 - L_t) & \gamma = 1 \end{cases}$$

那么，上面的问题也能够得到解决。这里，我们采用第一种做法，这样上面的一阶条件可重新改写为

$$\lambda_t = V_t c_t^{-1}$$

$$w_t \lambda_t = \omega V_t X_t l_t^{\varphi}$$

$$\lambda_t = E_t \big[(A_{k,t}/A_{k,t+1})(g_{k,t+1}g_{y,t+1})^{-1}\beta(A_{k,t+1}r_{k,t+1}+1-\delta)\lambda_{t+1} \big]$$

$$= E_t \big[(A_{k,t}/A_{k,t+1})(g_{k+1,t}g_{t+1})^{-\frac{1}{1-\alpha}}\beta(A_{k,t+1}r_{k,t+1}+1-\delta)\lambda_{t+1} \big]$$

至此，我们对模型描述完毕。在求解该模型之前，先来看模型的稳态，经过去趋势后，模型的稳态由下述方程刻画：

$$\bar{\lambda} = \bar{V}\bar{c}^{-1}, \bar{w}\bar{\lambda} = \omega \bar{V}\bar{X}\bar{l}^{\varphi}, 1 = (\bar{g}_{k+1}\bar{g})^{-\frac{1}{1-\alpha}}\beta(\bar{A}_k\bar{r}_k+1-\delta),$$

$$\bar{r}_k = \alpha\bar{y}/\bar{k}, \bar{w} = (1-\alpha)\bar{y}/\bar{l}, (\overline{gg_k})^{\frac{1}{1-\alpha}}\bar{k} = (1-\delta)\bar{k} + \bar{A}_k\bar{i},$$

$$\bar{y} = \bar{A}\bar{k}^{\alpha}\bar{l}^{1-\alpha}, \bar{y} = \bar{c} + \bar{i}$$

按照下面的步骤，最终可求得产出的稳态值：

$$\bar{A} = \bar{A}_k = 1$$

$$\bar{r}_k = \big[(\overline{gg_k})^{\frac{1}{1-\alpha}}/\beta + \delta - 1 \big]/\bar{A}_k$$

$$1 = (\bar{r}_k)^{\alpha}\bar{w}^{1-\alpha}/\big[\bar{A}\alpha^{\alpha}(1-\alpha)^{1-\alpha} \big]$$

$$\bar{k}/\bar{y} = \alpha/\bar{r}_k$$

$$\bar{l}/\bar{y} = (1-\alpha)/\bar{w}$$

$$\bar{c}/\bar{y} = 1 - \big[(\overline{gg_k})^{\frac{1}{1-\alpha}} + \delta - 1 \big](\bar{k}/\bar{y})/\bar{A}_k$$

$$(\bar{y})^{\varphi+1} = (1-\alpha)(\bar{l}/\bar{y})^{-1}(\bar{c}/\bar{y})^{-1}/\big[\omega\bar{X}(\bar{l}/\bar{y})^{\varphi} \big]$$

在得到产出的稳态值后，由上面确定的相应变量与产出的比例可求得模型中其他变量的稳态值。

与基本模型比较，模型中少了水平变量 Z_t，多了水平变量 A_t 和 $A_{k,t}$，多了增长率变量 g_t，$g_{k,t}$ 和 $g_{y,t}$，但 $g_{y,t}$ 不是独立的变量，其依赖于 g_t 和 g_k。模型中的参数少了 ρ_z 和 σ_z，且参数 $\gamma = 1$，但多了 ρ_g，σ_g，ρ_{gk}，σ_{gk}，ρ_A，σ_A，ρ_{Ak} 和 σ_{Ak}，这些参数分别设定为 $\rho_g = 0.9$，$\sigma_g = 0.01$，$\rho_{gk} = 0.9$，$\sigma_{gk} = 0.01$，$\rho_A = 0.9$，$\sigma_A = 0.01$，$\rho_{Ak} = 0.9$，$\sigma_{Ak} = 0.01$。模型的非线性形式总结为表2.8。

表2.8 **模型 Cha2gn（非线性形式）**

外生变量：V_t，X_t，g_t，$g_{k,t}$，A_t，$A_{k,t}$；

$\ln(V_t/\bar{V}) = \rho_V \ln(V_{t-1}/\bar{V}) + u_{V,t}, 0 \le \rho_V < 1$

$\ln(X_t/\bar{X}) = \rho_X \ln(X_{t-1}/\bar{X}) + u_{X,t}, 0 \le \rho_X < 1$

$\ln(g_t/\bar{g}) = \rho_g \ln(g_{t-1}/\bar{g}) + u_{g,t}, 0 \le \rho_g < 1$

$\ln(g_{k,t}/\bar{g}_k) = \rho_{gk} \ln(g_{k,t-1}/\bar{g}_k) + u_{gk,t}, 0 \le \rho_{gk} < 1$

$$\ln(A_t/\overline{A}) = \rho_A\ln(A_{t-1}/\overline{A}) + u_{A,t}, 0 \leq \rho_A < 1$$

$$\ln(A_{k,t}/\overline{A_k}) = \rho_{Ak}\ln(A_{k,t-1}/\overline{A_k}) + u_{Ak,t}, 0 \leq \rho_{Ak} < 1$$

内生变量：c_t，l_t，λ_t，y_t，w_t，$r_{k,t}$，i_t，k_t，$g_{y,t}$；

$$g_{y,t} = (g_t)^{\frac{1}{1-\alpha}}(g_{k,t})^{\frac{\alpha}{1-\alpha}}$$

$$\lambda_t = V_t c_t^{-1}$$

$$w_t\lambda_t = \omega V_t X_t l_t^{\varphi}$$

$$\lambda_t = E_t\big[(A_{k,t}/A_{k,t+1})(g_{k,t+1}g_{y,t+1})^{-1}\beta(A_{k,t+1}r_{k,t+1} + 1 - \delta)\lambda_{t+1}\big]$$

$$r_{k,t} = \alpha y_t/k_t$$

$$w_t = (1 - \alpha)y_t/l_t$$

$$g_{y,t+1}g_{k,t+1}k_{t+1} = (1 - \delta)k_t + A_{k,t}i_t$$

$$y_t = c_t + i_t$$

$$y_t = A_t k_t^{\alpha} l_t^{1-\alpha}$$

随机冲击：$u_{V,t}$，$u_{X,t}$，$u_{g,t}$，$u_{gk,t}$，$u_{A,t}$，$u_{Ak,t}$；

$$u_{V,t} \sim N(0,\sigma_V^2)，u_{X,t} \sim N(0,\sigma_X^2)，u_{g,t} \sim N(0,\sigma_g^2)$$

$$u_{gk,t} \sim N(0,\sigma_{gk}^2)，u_{A,t} \sim N(0,\sigma_A^2)，u_{Ak,t} \sim N(0,\sigma_{Ak}^2)$$

稳态条件：

$$\overline{A} = 1，\overline{A_k} = 1，\overline{g} = 1.005，\overline{g_k} = 1.005，\overline{g_y} = (\overline{g})^{\frac{1}{1-\alpha}}(\overline{g_k})^{\frac{\alpha}{1-\alpha}}，$$

$$\overline{r_k} = \big[(\overline{g}\overline{g_k})^{\frac{1}{1-\alpha}}/\beta + \delta - 1\big]/\overline{A_k}，1 = (\overline{r_k})^{\alpha}\overline{w}^{1-\alpha}/[\overline{A}\alpha^{\alpha}(1 - \alpha)^{1-\alpha}]，$$

$$\overline{k}/\overline{y} = \alpha/\overline{r_k}，\overline{l}/\overline{y} = (1 - \alpha)/\overline{w}，$$

$$\overline{c}/\overline{y} = 1 - \big[(\overline{g}\overline{g_k})^{\frac{1}{1-\alpha}} + \delta - 1\big](\overline{k}/\overline{y})/\overline{A_k}$$

$$(\overline{y})^{\varphi+1} = (1 - \alpha)(\overline{l}/\overline{y})^{-1}(\overline{c}/\overline{y})^{-1}/[\omega\overline{X}(\overline{l}/\overline{y})^{\varphi}]，\quad \overline{\lambda} = \overline{V}(\overline{c})^{-1}$$

根据以上设定的参数，下面以中性技术进步和投资专有技术进步变化为例进行分析。为节省篇幅，这里仅给出水平项变化（暂时性技术进步变化）的模拟结果。假设模型在稳态时分别受到两种技术进步的影响，该冲击使技术进步相对于其稳态值上升 1%，两种情形的模拟结果见图 2.9，为了比较，我们将两种模拟结果绘制在同一张图上。

从图 2.9 中可以看出，中性技术进步和投资专有技术进步变化对经济的影响不完全相同，中性技术进步的增加将会导致产出、消费、投资、资本、劳动力、资本收益率和工资等变量均朝着上升的方向变化，但投资专有技术进步的增加仅会导致产出、投资、资本、劳动力和资本收益率等变量的增加，消费和工资却出现了下降的趋势，并且，资本收益率也表现出不同的动态特性。中性技术进步的变化不影响经济结构，但投资专有技术进步的变化对经济结构会产生影响，因为新资本的生产率高于已有资本存量的生产率，从而投资于新资本有更多利润，这导致投资增加并积累到资本存量中，因此，投资专有技术进步的增加将使得单位投资相对于单位消费更加便宜，从而在经济结构中投资的占比将会增加，消费的占比将会下降。

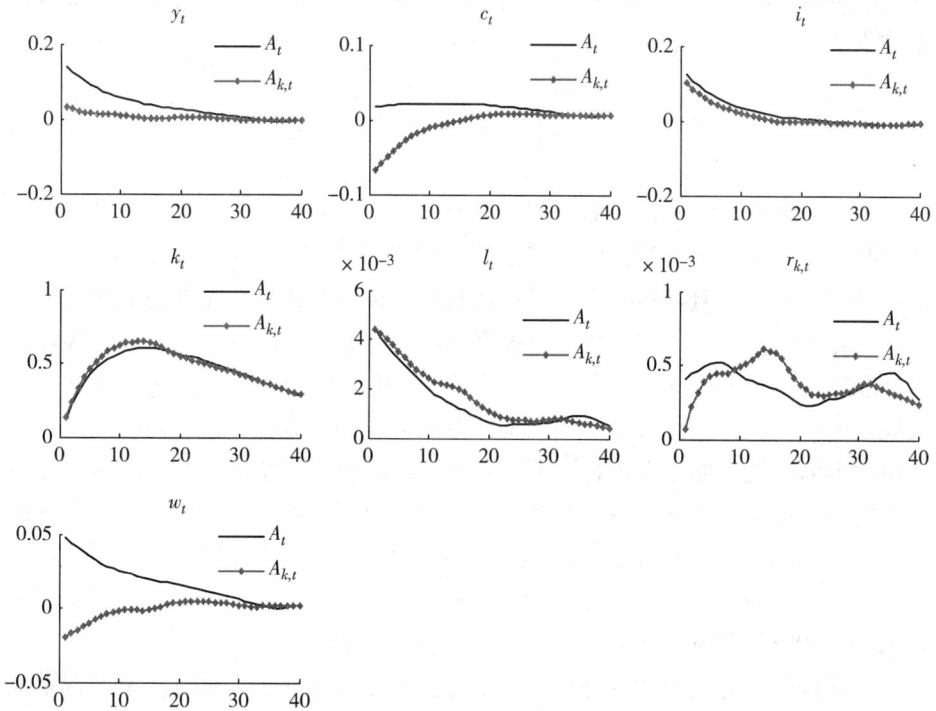

图 2.9　两种技术进步变化的冲击响应曲线比较

从消费与闲暇的期内替代效应来看，要保持总效用不变，那么消费下降导致的边际效用增加需要通过闲暇增加导致的边际效用减少来替代，闲暇的增加显然意味着劳动力供给的减少，这与中性技术进步增加的模拟结果正好相反。中性技术进步的增加会导致劳动力供给的减少。劳动力的增加将会使劳动力的边际产出下降，即工资将会下降。

从消费与储蓄（投资）的跨期替代效应来看，投资专有技术进步的增加导致的投资相对于消费的价格下降，将会使人们更愿意投资以获得更高的利润，这样消费和投资将会朝着不同的方向变化。另外，投资专有技术进步的增加虽然使资本存量上升了，但其带来的收益仅仅与新投资的资本有关，而这一部分资本仅占总资本存量的一部分，因此，资本的租金率呈现出先升后降的反应曲线，并且开始上升的部分大大低于中性技术进步变化得到的结果。

总的来看，投资专有技术变化产生了投资与消费的跨期替代效应以及消费与闲暇的期内替代效应，这些因素推动了产出的向上反应。仅仅观察产出的反应方向不能识别出中性技术进步变化和投资专有技术进步变化，还需要观察工资和消费的反应方向，工资在中性技术进步增加时是增加的，而在投资专有技术进步增加时短期内是下降的。

第八节　投资的不可回撤性

为了解释投资的变化特征，前面引入了投资的调整成本，并且调整成本函数是凸函数形式（通常选用的是二次调整成本函数），虽然这对解释投资和经济波动很有帮助，但与实际中从微观观测到的投资变化特征还有一定的差距。

实际中厂商投资的一个特性是投资的非经常性（Infrequency）和一次性的大幅变化（Lumpiness）。厂商要么很长时间不进行新的投资，要么一次性进行大规模的投资，这意味着投资的调整并不是每期都在进行，这与前面假设具有调整成本的投资每期都在进行是不一致的，同时投资调整成本的大小与实际中投资的一次性大幅变化也是不吻合的。针对微观层面观测到的非凸性调整成本、一次性的大幅变化以及由此对总体投资和经济波动产生的影响，Caballero - Engel（1999）从部分均衡框架以及 Thomas（2002）和 Khan - Thomas（2003）等从一般均衡框架进行了探讨和研究。

厂商投资的另一个特性是投资的不可回撤性（Irreversibility）。由于资本变化的缓慢特性以及厂商扩大生产的周期性，厂商一旦进行投资后，投资通常是不可回撤的，这意味着投资不可能为负，从而投资规模的扩大与缩小具有很强的非对称性，这一点在前面对称的凸性投资调整成本函数中并没有得到反映。针对投资的不可回撤性对总体投资以及经济波动的影响，Khan - Thomas（2003）和 Cooper - Haltiwanger（2006）等进行了深入研究。另外，投资不能为负这个约束条件并不总是成立的，即投资变化具有偶然约束（Occasionary Binding）的性质。偶然约束与永久约束具有完全不同的性质，因为我们并不知道约束在什么时候起作用以及约束会持续多长时间，这使得投资的变化呈现出更为复杂的非线性特征。偶然约束产生的非线性特征对理论和实证两方面刻画投资均提出了很大的挑战，而且，处理偶然约束的方法在名义利率不能为负

（即名义利率受到向下的零约束）等方面也得到了应用和推广。

总的来看，刻画投资需要关注非凸性调整资本以及偶然约束这两个方面的特征，本节着重探讨此问题。为讨论方便，仍然采用第二节没有投资调整成本的基本模型，模型中的经济主体不变，居民的效用函数和厂商的生产函数依然采用前面模型的形式，唯一变化的是现在投资不能为负，此时居民的优化问题可描述为

$$\begin{cases} \max\limits_{\{c_{t+i},l_{t+i},i_{t+i},k_{t+1+i}\}} E_t\left[\sum_{i=0}^{\infty}\beta^i U(c_{t+i},l_{t+i})\right] \\ s.t. \quad c_{t+i} + i_{t+i} = w_{t+i}l_{t+i} + r_{k,t+i}k_{t+i} + d_{t+i} \\ k_{t+1+i} = (1-\delta)k_{t+i} + i_{t+i}, i_{t+i} \geq 0 \end{cases}$$

这里，c_t 是消费，$w_t l_t$ 和 $r_{k,t}k_t$ 分别是居民的劳动收入和资本收入，w_t 是工资，$r_{k,t}$ 是资本收益率，d_t 是居民从生产中得到的红利，l_t 和 k_t 分别是提供的劳动力和资本，δ 是资本的折旧率，i_t 是投资。

投资不能为负这个不等式约束对求解上面的优化问题造成了一定的麻烦，这是一个偶然约束。为了仍然采用前面章节的局部求解方法，这里采用罚函数（Penalty Function）方法。该方法是解决带有偶然约束的优化问题的一类方法，有关该方法的详细介绍参见 Judd（1998）所著的书籍。加入罚函数的目的是对受到不等式约束的行为进行惩罚，对于上面的优化问题，采用罚函数后可改写为

$$\begin{cases} \max\limits_{\{c_{t+i},l_{t+i},,k_{t+1+i}\}} E_t\left[\sum_{i=0}^{\infty}\beta^i\left[U(c_{t+i},l_{t+i}) - p_0 P(k_{t+i+1} - (1-\delta)k_{t+i})\right]\right] \\ s.t. \quad k_{t+1+i} = (1 + r_{k,t+i} - \delta)k_{t+i} + w_{t+i}l_{h,t+i} + d_{t+i} - c_{t+i} \end{cases}$$

其中，$P(i_t) = P(k_{t+1} - (1-\delta)k_t)$ 是罚函数，p_0 是反映约束作用强度的控制参数。若 p_0 为零，则回到没有约束的优化问题。令上面约束条件对应的 Lagrange 乘子为 λ_t，上面优化问题的一阶条件为

$$\lambda_t = \frac{\partial U(c_t,l_t)}{\partial c_t}$$

$$-w_t\lambda_t = \frac{\partial U(c_t,l_t)}{\partial l_t}$$

$$\lambda_t + p_0 P'(i_t) = \beta E_t\left[(1 + r_{k,t+1} - \delta)\lambda_{t+1} + (1-\delta)p_0 P'(i_{t+1})\right]$$

假设罚函数采用下面的函数形式：

$$P(i_t) = (\eta_0/\eta_1)e^{-\eta_1(i_t-pb)} + \eta_2(i_t - pb), \eta_0,\eta_1,\eta_2 \geq 0$$

式中，参数 pb 是投资受到向下约束的边界，这里 $pb = 0$。这样可得到罚函数的一阶导数为

$$P'(i_t) = -\eta_0 e^{-\eta_1(i_t - pb)} + \eta_2$$

可以看出，参数 η_0 和 η_2 主要控制罚函数一阶导数的水平值，参数 η_1 主要控制罚函数一阶导数的变化率。通过调整罚函数的一阶导数，可以看出约束对边际消费倾向 λ_t 的影响，进而可以看出对消费和其他变量的影响。

模型中的效用函数和生产函数仍然选择与第二节基本模型相同的形式，从而模型中大部分方程与基本模型相同，唯一不同的是上面的欧拉方程。为了与基本模型比较，这里选择参数 $\eta_0 = \eta_1 = 0.1$，同时选择参数 η_2 使得稳态时罚函数一阶导数为零，即 $P'(\bar{i}) = -\eta_0 e^{-\eta_1(\bar{i} - pb)} + \eta_2 = 0$。这样处理后可以保证受约束的模型与不受约束的模型在稳态时是一样的，同时可以看到，当 $i_t > \bar{i}(<\bar{i})$ 时，$P'(i_t) > 0(<0)$。这表明，当投资大于（小于）稳态时，罚函数的一阶导数是递增（递减）的，如果投资小于其稳态值，那么投资越小，罚函数的一阶导数越大。在达到其下边界时，罚函数的一阶导数达到最大值，此时也将使边际效用 λ_t 达到最大值。模型的其他参数选择与前面基本模型相同，为完整起见，整个模型总结于表 2.9。

表 2.9   模型 Cha2hn（非线性形式）

外生变量：V_t，X_t，Z_t；

$\ln(V_t/\overline{V}) = \rho_V \ln(V_{t-1}/\overline{V}) + u_{V,t}, 0 \leq \rho_V < 1$

$\ln(X_t/\overline{X}) = \rho_X \ln(X_{t-1}/\overline{X}) + u_{X,t}, 0 \leq \rho_X < 1$

$\ln(Z_t/\overline{Z}) = \rho_Z \ln(Z_{t-1}/\overline{Z}) + u_{Z,t}, 0 \leq \rho_Z < 1$

内生变量：c_t，l_t，λ_t，y_t，w_t，$r_{k,t}$，i_t，k_t；

$\lambda_t = V_t c_t^{-\gamma}$

$w_t \lambda_t = \omega V_t X_t l_t^{\varphi}$

$\lambda_t + p_0(-\eta_0 e^{-\eta_1(i_t - pb)} + \eta_2)$

$= \beta E_t [(1 + r_{k,t+1} - \delta)\lambda_{t+1} + (1 - \delta) p_0(-\eta_0 e^{-\eta_1(i_{t+1} - pb)} + \eta_2)]$

$r_{k,t} = \alpha y_t / k_t$

$w_t = (1 - \alpha) y_t / l_t$

$k_{t+1} = (1 - \delta) k_t + i_t$

$y_t = c_t + i_t$

$y_t = Z_t k_t^{\alpha} l_t^{1-\alpha}$

随机冲击：$u_{V,t}$，$u_{X,t}$，$u_{Z,t}$；

　$u_{V,t} \sim N(0,\sigma_V^2)$，$u_{X,t} \sim N(0,\sigma_X^2)$，$u_{Z,t} \sim N(0,\sigma_Z^2)$

稳态条件：

　$\bar{r}_k = 1/\beta + \delta - 1$，$1 = (\bar{r}_k)^\alpha \bar{w}^{1-\alpha}/[\bar{Z}\alpha^\alpha(1-\alpha)^{1-\alpha}]$，

　$P'(\bar{i}) = -\eta_0 e^{-\eta_1(\bar{i}-pb)} + \eta_2 = 0$，

　$\bar{k}/\bar{y} = \alpha/\bar{r}_k$，$\bar{l}/\bar{y} = (1-\alpha)/\bar{w}$，$\bar{c}/\bar{y} = 1 - \delta\bar{k}/\bar{y}$，

　$(\bar{y})^{\varphi+\gamma} = (1-\alpha)(\bar{l}/\bar{y})^{-1}(\bar{c}/\bar{y})^{-\gamma}/[\omega\bar{X}(\bar{l}/\bar{y})^\varphi]$，$\bar{\lambda} = \bar{V}(\bar{c})^{-\gamma}$

为分析投资不能为负这个约束对经济的影响，假设模型在稳态时受到全要素生产率冲击的影响，该冲击使全要素生产率相对于其稳态值下降30%，该负向冲击对经济的冲击响应曲线如图 2.10 所示，图中分别绘制了 $p_0 = 0,1,5$ 三种情形。

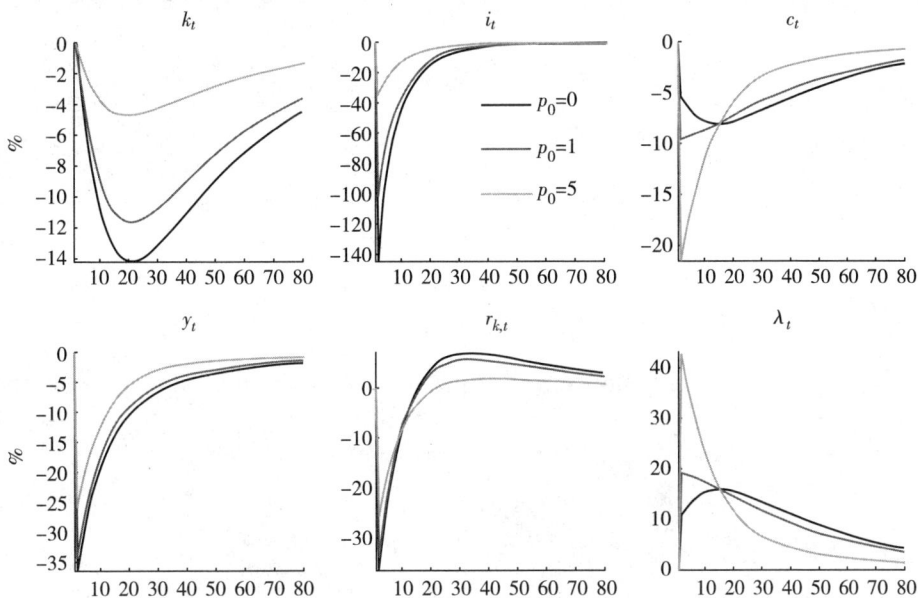

图 2.10　投资不能为负约束对经济影响的比较

$p_0 = 0$ 对应没有约束的情形，这是前面第二节得到的结果，即随着生产率的下降，产出、资本收入和劳动收入均会下降，从而消费和投资需求将会下降，这进一步会导致资本和劳动力的需求以及资本收益率和工资的下降，资本

收益率下降产生的跨期替代效应会使人们增加当期的消费需求，从而在一定程度上减弱负向的收入效应，但不会改变整个经济变化的方向。但是，一个不容忽视的问题是，在投资没有约束的情况下，投资可能下降的幅度很大，超过100%，这意味着投资此时已经变成了负值。当投资不能为负时，根据前面的分析，边际效用此时会迅速增加并达到最大值，这将导致消费下降得更厉害，因此，投资不能为负的约束虽然阻止了投资的进一步下降，但对跨期替代效应产生的负面影响阻碍了消费的恢复，从而对消费的影响是非常严重的。而且 p_0 越大，投资不能为负的约束越强，对消费的影响越大。从图 2.10 中也可以看出，加入投资不能为负的约束后，消费的变化途径与无约束情况不完全相同，这是该不等式约束产生的非线性效应的体现。这也说明，要完全了解消费的动态特征，忽略该约束是不合适的。这里仅仅对一种确定性的负向冲击进行了分析，如果拓展到更为复杂的随机环境中，那么经济的非线性动态特征更复杂，上面模型的分析将会更加丰富，而这正是实际中时刻会碰到的情况。限于篇幅，这里不再详述。

第三章　包含居民、厂商和政府三类经济主体的 DSGE 模型

上一章的模型引入了居民和厂商两类经济主体，从而在一般均衡的框架下讨论了居民和厂商的行为决策及其相互影响，这两类经济主体均属私人部门，在实际生活中，除了私人部门外还有公共部门，公共部门对经济资源的配置同样起着重要作用，而且公共部门与私人部门也是相互影响的。因此本章在前两章的基础上再将政府引入模型中，从而构建包含居民、厂商和政府三类经济主体的 DSGE 模型，并以此为基础进一步研究相关问题。

第一节　基本模型

政府可以通过征税或者发债获得收入并将这些收入用于购买商品、转移支付或者公共投资等方面，政府的收支决策行为显然会影响居民和厂商的行为决策，从而对经济中的资源配置产生作用。这里不打算详细介绍政府收支的各个细节，也不考虑价格的因素（到目前为止，我们仍然没有涉及价格总水平问题，因而讨论的仍是排除价格因素的实际变量），以一种最为简单的方式将政府引入前面的基本模型中。

一、政府及其跨期预算约束

政府可以对居民进行征税，也可以对厂商进行征税。征税的方式可以采用一次性税收形式（称为非扭曲性税收），也可以采用按税率税收方式（称为扭曲性税收）。为简单起见，在下面的基本模型中假设政府以一次性税收形式向居民征税，同时假设政府的支出主要用于购买商品。另外，政府未必能够在每期做到收支平衡，为此，可进一步假设政府可通过发行期限为一期的债券来弥补每期的收支缺口，但政府为发债需要支付利息。政府的预算等式约束可表示为

$$b_{t+1} = (1 + r_t)b_t + g_t - \tau_t$$

其中，τ_t 和 g_t 分别是政府的实际税收和实际支出，b_t 是政府发行的债券（期初实际余额），r_t 是债券的实际利率。上式也可写成

$$\Delta b_{t+1} + \tau_t = r_t b_t + g_t$$

其中，$\Delta b_{t+1} = b_{t+1} - b_t$，即政府每期通过发新债或者征税来支付政府购买的商品及偿还到期的债务利息。可以看出，税收 τ_t、政府支出 g_t 和政府债务 b_t 并不是完全独立的，三者受到政府跨期预算的约束，政府最多能够任意设定三者中的两者，剩下的一者则需通过该预算约束来确定。如果政府硬是要任意设定三者，那么要维持上面的跨期预算平衡，显然只能通过利率 r_t 来实现，也就是说，此时政府的任意行为将会影响债券的价格。

定义累计贴现因子，$D_{t,k} = \prod_{s=0}^{k-1} \frac{1}{1+r_{t+s}}$，$D_{t,0} = 1$，跨期预算约束可写成：

$$b_{t+1+k} = (1 + r_{t+k}) b_{t+k} + g_{t+k} - \tau_{t+k} = (D_{t,k}/D_{t,k+1}) b_{t+k} + g_{t+k} - \tau_{t+k}$$

或

$$D_{t,k+1} b_{t+1+k} = D_{t,k} b_{t+k} + D_{t,k+1} (g_{t+k} - \tau_{t+k})$$

向前迭代可得到

$$-\sum_{k=0}^{\infty} D_{t,k+1} g_{t+k} + \lim_{k \to \infty} (D_{t,k+1} b_{t+1+k}) = b_t - \sum_{k=0}^{\infty} D_{t,k+1} \tau_{t+k}$$

为避免 Ponzi 策略，须满足横截条件 $\lim_{k \to \infty} (D_{t,k} b_{t+k}) = 0$，这样可得到：

$$\sum_{k=0}^{\infty} D_{t,k+1} g_{t+k} + b_t = \sum_{k=0}^{\infty} D_{t,k+1} \tau_{t+k}$$

上式表明，当期和未来各期政府支出的贴现和加上当期债务将由当期和未来各期政府税收的贴现和来支持。这个等式实际上是对政府支出、债务和税收三个变量路径的一个约束。保证这个等式成立有不同的选择路径，通常有：

（1）政府保证每期收支平衡：

$$\tau_{t+k} = g_{t+k}, k \geq 0$$

此时，政府只要保证对其任意设定的支出征收等额的税收，则不需要发行债务。

（2）政府任意设定支出的路径，政府只要保证税收的路径满足下式：

$$\sum_{k=0}^{\infty} D_{t,k+1} g_{t+k} = \sum_{k=0}^{\infty} D_{t,k+1} \tau_{t+k}$$

此时，政府也不需要发行债务。

（3）政府可以任意设定支出和发行的债务，但需保证税收的路径满足：

$$\sum_{k=0}^{\infty} D_{t,k+1} g_{t+k} + b_t = \sum_{k=0}^{\infty} D_{t,k+1} \tau_{t+k}$$

此时，政府支出的贴现和与现有的债务水平必须通过税收的贴现和来支持。这就是李嘉图等价（Ricardian Equivalence）定理的体现，即在政府支出给定的情况下，发债和征税（非扭曲性税收）产生的结果是等价的。这也说明，人们以持有政府债券作为财富的愿望将会破灭，因为政府迟早会通过征税来偿还已发行的债务。既然发债和征税的效果是一样的，那么为什么政府还要采用不同的方式呢？因为这两种方式的操作不完全一样。征税是强制性的，任何经济主体必须依法纳税，而发债是非强制性的，经济主体在购买政府发行的债务时有选择权，可以购买也可以不购买。而且政府发债对不理性的经济主体来说具有幻觉，其以为是持有了财富，孰不知早晚其将会被征以更高的税赋从而失去这部分财富。但发债确实向经济中提供了一种新的资产，且若该市场有供给和需求双方，那么该资产的收益率与经济中其他资产的收益率是相互联系的，从而政府可以通过发行该资产与征税结合起来影响经济中的资产价格，从而影响经济资源的配置。

　　在下面的基本模型中，我们假设政府采用第三种路径方式。这里假定政府支出是政府可以任意调控的变量，其服从下面的变化规律：

$$\ln(g_t/\bar{g}) = \rho_g \ln(g_{t-1}/\bar{g}) + u_{g,t}, 0 \leq \rho_g < 1, u_{g,t} \sim N(0, \sigma_g^2)$$

如果政府债务按照上面的跨期预算约束变化，那么，为了保证债务的可持续性，模型将采用如下的税收变化规律：

$$\tau_t = \bar{\tau} + \phi(b_t - \bar{b}), \phi \geq 0$$

即税收需要对债务水平反应。ϕ 是反应系数，后面将讨论该参数的范围。

二、居民的行为

　　采用第二章的基本模型。对于居民来说，居民的效用函数并没有改变，仍然采用前面的形式，但居民由于持有政府债券，其受到的预算约束变为

$$b_{t+1} + c_t + i_t = (1 + r_t)b_t + w_t l_t + r_{k,t} k_t + d_t - \tau_t$$

这里，b_t 是居民持有的政府债券，r_t 是债券的利率，c_t 是消费，i_t 是投资，$w_t l_t$ 和 $r_{k,t} k_t$ 分别是居民得到的劳动收入和资本收入，w_t 是工资，$r_{k,t}$ 是出租资本得到的收益率，k_t 是居民持有的资本存量，l_t 是居民提供的劳动力，d_t 是居民从生产中得到的红利，τ_t 是居民上缴的税收。这里假设居民是厂商的股东，居民将储蓄部分用于投资并持有资本存量，资本存量的变化方程为

$$k_{t+1} = (1 - \delta)k_t + i_t$$

其中，δ 是资本的折旧率。将上式代入居民的预算约束，可得到跨期预算等式：

$$b_{t+1} + k_{t+1} = (1 + r_t)b_t + (1 + r_{k,t} - \delta)k_t + w_t l_t + d_t - c_t - \tau_t$$

居民的优化问题可描述为

$$
\begin{cases}
\max\limits_{\{c_{t+i}, l_{t+i}, b_{t+1+i}, k_{t+1+i}\}} E_t \left[\sum\limits_{i=0}^{\infty} \beta^i U(c_{t+i}, l_{t+i}) \right] \\
s.t. \quad b_{t+1+i} + k_{t+1+i} = (1 + r_{t+i})b_{t+i} + (1 + r_{k,t+i} - \delta)k_{t+i} + w_{t+i}l_{t+i} + d_{t+i} \\
\qquad\qquad - c_{t+i} - \tau_{t+i}
\end{cases}
$$

令 λ_t 是约束条件对应的 Lagrange 乘子，上面优化问题的一阶条件为

$$\lambda_t = \frac{\partial U(c_t, l_t)}{\partial c_t}$$

$$- w_t \lambda_t = \frac{\partial U(c_t, l_t)}{\partial l_t}$$

$$\lambda_t = E_t [\beta(1 + r_{t+1})\lambda_{t+1}]$$

$$\lambda_t = E_t [\beta(1 + r_{k,t+1} - \delta)\lambda_{t+1}]$$

如果资本存量与政府债券完全可替代，那么下面的无套利条件成立：

$$r_t = r_{k,t} - \delta$$

考虑到这个关系，那么上面的一阶条件实际上与上一章的一阶条件相同，只不过增加了一个资产收益率之间的无套利关系式。若采用上一章具体的效用函数形式，上面一阶条件可写成：

$$\lambda_t = V_t c_t^{-\gamma}$$

$$w_t \lambda_t = \omega V_t X_t l_t^{\varphi}$$

$$\lambda_t = E_t [\beta(1 + r_{k,t+1} - \delta)\lambda_{t+1}]$$

$$r_t = r_{k,t} - \delta$$

三、厂商的行为

模型中的厂商与上一章模型相同，在采用 Cobb – Douglas 生产函数的情况下，厂商的一阶条件可写为

$$r_{k,t} = \alpha Z_t k_t^{\alpha-1} l_t^{1-\alpha} = \alpha y_t / k_t$$

$$w_t = (1 - \alpha) Z_t k_t^{\alpha} l_t^{-\alpha} = (1 - \alpha) y_t / l_t$$

四、均衡条件及模拟结果

与上一章模型比较，模型中由于多了政府这个经济主体，那么需对上一章的模型均衡条件进行调整。

首先，商品市场中，除了居民的消费和投资需求外，增加了政府部门的消

费需求。到目前为止，模型假设政府支出全部用于购买商品，因此，商品市场的均衡条件需调整为

$$y_t = c_t + i_t + g_t$$

这个均衡条件也可以以另外一种方式得到。如果将居民的预算约束 $b_{t+1} + c_t + i_t = (1 + r_t)b_t + w_t l_t + r_{k,t}k_t + d_t - \tau_t$ 和政府的预算约束 $b_{t+1} = (1 + r_t)b_t + g_t - \tau_t$ 进行合并，并考虑厂商处于完全竞争的状态，那么合并后的关系式就是上面的均衡条件。其次，由于假设政府不参与生产要素市场，因而该市场的均衡条件与上一章相同。另外，除了以上这几个方面外，模型中多了一个债券市场，这个市场的供给方是政府，需求方模型中假设是居民。由于假设资本存量与政府债券是完全可替代的，该市场的均衡条件就是上面的无套利关系式。

基于以上分析，类似于上一章的做法，模型中的竞争性均衡定义如下。

竞争性均衡（非扭曲性税收情况）：在外生变量 $\{V_t, X_t, Z_t, g_t\}_{t=0}^{\infty}$ 描述的随机性环境下，给定价格序列 $\{w_t, r_{k,t}, r_t\}_{t=0}^{\infty}$ ，经济中的竞争性均衡涉及居民的消费和投资需求、资本和劳动力供给、债券需求 $\{c_t, i_t, k_t, l_t, b_t\}_{t=0}^{\infty}$ ，厂商对劳动力和资本的需求及产品的供给 $\{k_t, l_t, y_t\}_{t=0}^{\infty}$ 以及政府征收的税收和债券的供给 $\{\tau_t, b_t\}_{t=0}^{\infty}$ 。均衡需保证：（1）居民的优化问题得到求解。（2）厂商的利润最大化问题得到求解。（3）政府跨期预算约束得到保证。（4）经济中的商品市场、债券市场和生产要素市场达到均衡。

上面模型基本上可以分为两部分：第一部分与前一章的模型几乎相同，只是商品市场均衡条件调整为 $y_t = c_t + i_t + g_t$ ，模型假定政府支出是外生变量，因此该部分的求解几乎与前一章类似；第二部分是关于政府跨期预算的部分，前面已经给出了债券利率与资本收益率的无套利条件以及税收变化的规律，那么要使政府债务可持续，则需要满足条件 $1 + r_t - \phi < 1$ ，或者 $\phi > r_t$ ，此时实施的财政政策也称李嘉图体制的财政政策。

根据上面的分析，给出比例 $\bar{g}/\bar{y}$ 和 $\bar{b}/\bar{y}$ 后，模型的稳态按照下面的步骤来求解，首先按照下面方程依次解出 $\bar{y}$ ：

$$\bar{r} = 1/\beta$$

$$\bar{r}_k = \bar{r} + \delta$$

$$1 = (\bar{r}_k)^{\alpha} \bar{w}^{1-\alpha} / [\bar{Z}\alpha^{\alpha}(1-\alpha)^{1-\alpha}]$$

$$\bar{k}/\bar{y} = \alpha/\bar{r}_k$$

$$\bar{l}/\bar{y} = (1-\alpha)/\bar{w}$$

$$\bar{c}/\bar{y} = 1 - \delta\bar{k}/\bar{y} - \bar{g}/\bar{y}$$

$$(\bar{y})^{\varphi+\gamma} = (1-\alpha)(\bar{l}/\bar{y})^{-1}(\bar{c}/\bar{y})^{-\gamma}/[\omega\bar{X}(\bar{l}/\bar{y})^{\varphi}]$$

在解出 $\bar{y}$ 后，再由以下方程解出相应的变量：

$$\bar{k} = (\bar{k}/\bar{y})\bar{y}, \bar{l} = (\bar{l}/\bar{y})\bar{y}, \bar{c} = (\bar{c}/\bar{y})\bar{y}, \bar{\lambda} = \bar{V}(\bar{c})^{-\gamma}$$
$$\bar{g} = (\bar{g}/\bar{y})\bar{y}, \bar{b} = (\bar{b}/\bar{y})\bar{y}, \bar{\tau} = \bar{g} + \bar{r}\bar{b}$$

模型参数和相关变量稳态值的校准与上一章模型几乎相同，为清楚起见，具体列于表 3.1，模型的非线性形式总结为表 3.2。

表 3.1　　　　　　　　　　　　　基本模型的校准

参数或稳态值	取值	参数或稳态值	取值
β	0.99	σ_X	0.01
γ	2.0	ρ_Z	0.9
φ	1.0	σ_Z	0.01
ω	1.0	ρ_g	0.9
a	0.6	σ_g	0.01
δ	0.025	$\bar{V}$	1
ϕ	0.1	$\bar{X}$	1
ρ_V	0.9	$\bar{Z}$	1
σ_V	0.01	$\bar{g}/\bar{y}$	0.2
ρ_X	0.9	$\bar{b}/\bar{y}$	5

表 3.2　　　　　　　　　　模型 Cha3an（非线性形式）

外生变量：V_t，X_t，Z_t，g_t；

$$\ln(V_t/\bar{V}) = \rho_V\ln(V_{t-1}/\bar{V}) + u_{V,t}, 0 \leq \rho_V < 1$$

$$\ln(X_t/\bar{X}) = \rho_X\ln(X_{t-1}/\bar{X}) + u_{X,t}, 0 \leq \rho_X < 1$$

$$\ln(Z_t/\bar{Z}) = \rho_Z\ln(Z_{t-1}/\bar{Z}) + u_{Z,t}, 0 \leq \rho_Z < 1$$

$$\ln(g_t/\bar{g}) = \rho_g\ln(g_{t-1}/\bar{g}) + u_{g,t}, 0 \leq \rho_g < 1$$

内生变量：c_t，l_t，λ_t，y_t，w_t，$r_{k,t}$，i_t，k_t，r_t，τ_t，b_t；

$$\lambda_t = V_t c_t^{-\gamma}$$

$$w_t\lambda_t = \omega V_t X_t l_t^{\phi}$$

$$\lambda_t = E_t[\beta(1 + r_{k,t+1} - \delta)\lambda_{t+1}]$$

$$r_t = r_{k,t} - \delta$$

$$r_{k,t} = \alpha y_t/k_t$$

$$w_t = (1 - \alpha)y_t/l_t$$

$$k_{t+1} = (1 - \delta)k_t + i_t$$

$y_t = c_t + i_t + g_t$

$y_t = Z_t k_t^\alpha l_t^{1-\alpha}$

$b_{t+1} = (1 + r_t) b_t + g_t - \tau_t$

$\tau_t = \bar{\tau} + \phi(b_t - \bar{b})$

随机冲击：$u_{V,t}$，$u_{X,t}$，$u_{Z,t}$，$u_{g,t}$；

$u_{V,t} \sim N(0, \sigma_V^2)$，$u_{X,t} \sim N(0, \sigma_X^2)$，$u_{Z,t} \sim N(0, \sigma_Z^2)$，$u_{g,t} \sim N(0, \sigma_g^2)$

稳态条件：

$\bar{r} = 1/\beta - 1$，$\bar{r}_k = \bar{r} + \delta$，$1 = (\bar{r}_k)^\alpha \bar{w}^{1-\alpha}/[\bar{Z}\alpha^\alpha(1-\alpha)^{1-\alpha}]$，

$\bar{k}/\bar{y} = \alpha/\bar{r}_k$，$\bar{l}/\bar{y} = (1-\alpha)/\bar{w}$，$\bar{c}/\bar{y} = 1 - \delta\bar{k}/\bar{y} - \bar{g}/\bar{y}$，

$(\bar{y})^{\varphi+\gamma} = (1-\alpha)(\bar{l}/\bar{y})^{-1}(\bar{c}/\bar{y})^{-\gamma}/[\omega\bar{X}(\bar{l}/\bar{y})^\varphi]$，$\bar{\lambda} = \bar{V}(\bar{c})^{-\gamma}$，$\bar{\tau} = \bar{g} + \bar{r}\bar{b}$

基于以上校准的基本模型，下面以政府支出变化为例进行冲击响应分析。假设政府支出受到一个冲击使其相对稳态值增加一个百分点，该冲击对经济的影响见图 3.1。

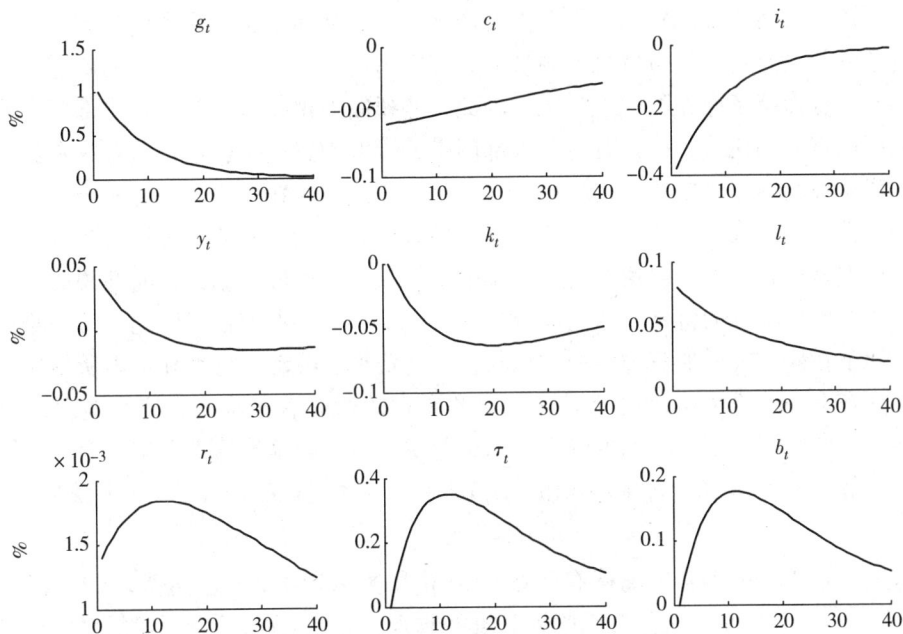

图 3.1　关于政府支出变化的冲击响应曲线

可以看出，政府支出增加导致了总需求增加，但与此同时，消费和投资却

出现下降，因此，公共需求的增加挤出了私人部门的需求，产生了挤出效应。的确，政府收支平衡的打破导致了利率的上升，利率的上升对投资和消费均产生了向下的推动力。尤其是，投资下降非常明显，这是因为模型中假设投资不存在调整成本，且资本和债券是完全可替代的，从而债券利率的变化立刻传递到资本价格的变化，从而对投资的挤出反应非常明显。消费虽然出现了下降的态势，但劳动力却出现了增加的态势，这一点从消费与闲暇的期内替代效应可以得到解释，要保持总效用不变，那么消费下降导致的边际效用增加需要通过闲暇增加导致的边际效用减少来替代，闲暇的增加显然意味着劳动力供给的增加。随着政府支出和债券利率的增加，政府不得不通过发债来缓解收不抵支的现象，而发债将会进一步导致利率的上升。为维持政府债务的可持续性，税收必须对已有的债务水平有所反应，从而税收出现了缓慢上升的趋势。

第二节　扭曲性税收及其影响

上一节模型虽然引入税收，但税收是一次性税收。这种税收是非扭曲性税收，该税收对资源配置的价格并没有产生影响，从而居民和厂商优化问题的一阶条件并没有变化。虽然总资源被公共部门占用了一部分，但剩下的资源因价格不变也保持了原先的配置状况。因此，非扭曲性税收只改变了公共部门与私人部门资源的比重，并没有对私人部门中的资源配置产生影响，这意味着经济的竞争性均衡也是中央计划均衡，即资源配置是帕累托最优的。现实中，除了一次性税收形式外，还存在其他的征税形式。其中最典型的一种形式是按价值的比例来征收，如所得税按所得税税率来征收。这种税收称为扭曲性税收，其会改变资源配置的价格，从而对资源配置产生影响。本节在保留上一节模型的框架下在模型中增加三种类型的税收，即消费税、劳动所得税和资本所得税。

在上一节模型中，由于居民是生产要素的所有者，从而在完全竞争环境下，厂商利润为零，因此可以不考虑企业税。居民的预算约束需调整为

$$b_{t+1} + (1 + \tau_{c,t})c_t + i_t = (1 + r_t)b_t + (1 - \tau_{l,t})w_t l_t + (1 - \tau_{k,t})r_{k,t}k_t$$
$$- \tau_t + \delta\tau_{k,t}k_t$$

这里，b_t 和 k_t 分别是居民持有的政府债券和实物资本，c_t 是消费，i_t 是投资，$w_t l_t$ 和 $r_{k,t}k_t$ 分别是居民的劳动收入和资本收入，w_t 是工资，l_t 是居民提供的劳动力，r_t 是债券的利率，$r_{k,t}$ 是资本收益率，$\tau_{c,t}$ 是消费税税率，$\tau_{l,t}$ 是劳动所得税税率，$\tau_{k,t}$ 是资本所得税税率，τ_t 是一次性税收。由于资本有折旧，因此实际中政府对此有税收减免，减免额为 $\delta\tau_{k,t}k_t$，δ 是资本的折旧率。仍假设居民是厂

商的股东，居民将储蓄部分用于投资并持有资本存量，资本存量的变化方程为

$$k_{t+1} = (1 - \delta)k_t + i_t$$

代入上式可将居民的预算约束方程调整为

$$b_{t+1} + k_{t+1} = (1 + r_t)b_t + [1 + (1 - \tau_{k,t})(r_{k,t} - \delta)]k_t + (1 - \tau_{l,t})w_t l_t$$
$$- (1 + \tau_{c,t})c_t - \tau_t$$

居民的优化问题可描述为

$$\begin{cases} \max\limits_{|c_{t+i}, l_{t+i}, b_{t+1+i}, k_{t+1+i}|} E_t \left[\sum_{i=0}^{\infty} \beta^i U(c_{t+i}, l_{t+i}) \right] \\ b_{t+1+i} + k_{t+1+i} = (1 + r_{t+i})b_{t+i} + [1 + (1 - \tau_{k,t+i})(r_{k,t+i} - \delta)]k_{t+i} \\ s.t. \qquad\qquad + (1 - \tau_{l,t+i})w_{t+i}l_{t+i} - (1 + \tau_{c,t+i})c_{t+i} - \tau_{t+i} \end{cases}$$

令 λ_t 是约束条件对应的 Lagrange 乘子，上面优化问题的一阶条件为

$$(1 + \tau_{c,t})\lambda_t = \frac{\partial U(c_t, l_t)}{\partial c_t}$$

$$- (1 - \tau_{l,t})w_t\lambda_t = \frac{\partial U(c_t, l_t)}{\partial l_t}$$

$$\lambda_t = E_t[\beta(1 + r_{t+1})\lambda_{t+1}]$$

$$\lambda_t = E_t\{\beta[1 + (1 - \tau_{k,t})(r_{k,t+1} - \delta)]\lambda_{t+1}\}$$

如果资本存量与政府债券完全可替代，那么以下无套利条件成立：

$$r_t = (r_{k,t} - \delta)(1 - \tau_{k,t})$$

若采用上一章具体的效用函数形式，上面一阶条件可写为

$$(1 + \tau_{c,t})\lambda_t = V_t c_t^{-\gamma}$$

$$(1 - \tau_{l,t})w_t\lambda_t = \omega V_t X_t l_t^{\varphi}$$

$$\lambda_t = E_t\{\beta[1 + (1 - \tau_{k,t})(r_{k,t+1} - \delta)]\lambda_{t+1}\}$$

$$r_t = (r_{k,t} - \delta)(1 - \tau_{k,t})$$

模型中的厂商与上一节模型相同，在采用 Cobb – Douglas 生产函数的情况下，厂商的一阶条件为

$$r_{k,t} = \alpha Z_t k_t^{\alpha-1} l_t^{1-\alpha} = \alpha y_t / k_t$$

$$w_t = (1 - \alpha)Z_t k_t^{\alpha} l_t^{-\alpha} = (1 - \alpha)y_t / l_t$$

政府的跨期预算约束调整为

$$b_{t+1} = (1 + r_t)b_t + g_t - \tau_{c,t}c_t - \tau_{k,t}(r_{k,t} - \delta)k_t - \tau_{l,t}w_t l_t - \tau_t$$

仍然假定政府支出是政府可以任意调控的变量，其服从下面的变化规律：

$$\ln(g_t/\bar{g}) = \rho_g \ln(g_{t-1}/\bar{g}) + u_{g,t}, 0 \leq \rho_g < 1, u_{g,t} \sim N(0, \sigma_g^2)$$

现在假设三种扭曲性税收的税率也是可由政府任意调控的变量，其服从下面的

变化规律：

$$\tau_{c,t} - \overline{\tau}_c = \rho_{\tau c}(\tau_{c,t-1} - \overline{\tau}_c) + u_{\tau c,t}, 0 \leq \rho_{\tau c} < 1, u_{\tau c,t} \sim N(0, \sigma_{\tau c}^2)$$

$$\tau_{k,t} - \overline{\tau}_k = \rho_{\tau k}(\tau_{k,t-1} - \overline{\tau}_k) + u_{\tau k,t}, 0 \leq \rho_{\tau k} < 1, u_{\tau k,t} \sim N(0, \sigma_{\tau k}^2)$$

$$\tau_{l,t} - \overline{\tau}_l = \rho_{\tau l}(\tau_{l,t-1} - \overline{\tau}_l) + u_{\tau l,t}, 0 \leq \rho_{\tau l} < 1, u_{\tau l,t} \sim N(0, \sigma_{\tau l}^2)$$

为了保证债务的可持续性，非扭曲性税收按照上一节的规律变化：

$$\tau_t = \overline{\tau} + \phi(b_t - \overline{b}), \phi \geq 0$$

其中，ϕ 是反应系数。

模型中的竞争性均衡定义如下。

竞争性均衡（扭曲性税收情况）：在外生变量 $\{V_t, X_t, Z_t, g_t, \tau_{c,t}, \tau_{k,t}, \tau_{l,t}\}_{t=0}^{\infty}$ 描述的随机性环境下，给定价格序列 $\{w_t, r_{k,t}, r_t\}_{t=0}^{\infty}$，经济中的竞争性均衡涉及居民的消费和投资需求、资本和劳动力供给、债券需求 $\{c_t, i_t, k_t, l_t, b_t\}_{t=0}^{\infty}$，厂商对劳动力和资本的需求及产品的供给 $\{k_t, l_t, y_t\}_{t=0}^{\infty}$ 以及政府征收的税收和债券的供给 $\{\tau_t, b_t\}_{t=0}^{\infty}$。均衡需保证：（1）居民的优化问题得到求解。（2）厂商的利润最大化问题得到求解。（3）政府跨期预算约束得到保证。（4）经济中的商品市场、债券市场和生产要素市场达到均衡。

由于模型中存在扭曲性税收，因此，模型的竞争性均衡和中央计划均衡得到的资源配置效果不同，即竞争性均衡未必是帕累托最优的。

在将稳态方程调整为下列方程后，仍按照上节的求解步骤可得到模型的稳态。

$$\overline{r} = 1/\beta - 1, \quad \overline{r}_k = \overline{r}/(1 - \overline{\tau}_k) + \delta, \quad 1 = (\overline{r}_k)^{\alpha} \overline{w}^{1-\alpha}/[\overline{Z}\alpha^{\alpha}(1-\alpha)^{1-\alpha}],$$

$$\overline{k}/\overline{y} = \alpha/\overline{r}_k, \quad \overline{l}/\overline{y} = (1-\alpha)/\overline{w}, \quad \overline{c}/\overline{y} = 1 - \delta\overline{k}/\overline{y} - \overline{g}/\overline{y},$$

$$(\overline{y})^{\varphi+\gamma} = [(1-\overline{\tau}_l)/(1+\overline{\tau}_c)](1-\alpha)(\overline{l}/\overline{y})^{-1}(\overline{c}/\overline{y})^{-\gamma}/[\omega\overline{X}(\overline{l}/\overline{y})^{\varphi}],$$

$$(1+\overline{\tau}_c)\overline{\lambda} = \overline{V}\overline{c}^{-\gamma}, \quad \overline{\tau} = \overline{r}\overline{b} + \overline{g} - \overline{\tau}_c\overline{c} - \overline{\tau}_k(\overline{r}_k - \delta)\overline{k} - \overline{\tau}_l\overline{w}\overline{l}$$

现在的模型比上一节多了三个变量，即消费税税率 $\tau_{c,t}$、劳动所得税税率 $\tau_{l,t}$ 和资本所得税税率 $\tau_{k,t}$，三个变量的稳态值分别取为 $\overline{\tau}_c = 0.1$，$\overline{\tau}_l = 0.2$，$\overline{\tau}_k = 0.25$。模型中增加的参数有 $\rho_{\tau c}$、$\sigma_{\tau c}$、$\rho_{\tau k}$、$\sigma_{\tau k}$、$\rho_{\tau l}$ 及 $\sigma_{\tau l}$，将它们设定为 $\rho_{\tau c} = \rho_{\tau k} = \rho_{\tau l} = 0.9$，$\sigma_{\tau c} = \sigma_{\tau k} = \sigma_{\tau l} = 0.01$，其余的参数和相关变量稳态值按照表 3.1 来取值，模型的非线性形式见表 3.3。

表 3.3　　　　　　　　　　　模型 Cha3bn（非线性形式）

外生变量：V_t, X_t, Z_t, g_t, $\tau_{c,t}$, $\tau_{l,t}$, $\tau_{k,t}$;
$\ln(V_t/\overline{V}) = \rho_V \ln(V_{t-1}/\overline{V}) + u_{V,t}, 0 \leq \rho_V < 1$

$$\ln(X_t/\overline{X}) = \rho_X\ln(X_{t-1}/\overline{X}) + u_{X,t}, 0 \leqslant \rho_X < 1$$

$$\ln(Z_t/\overline{Z}) = \rho_Z\ln(Z_{t-1}/\overline{Z}) + u_{Z,t}, 0 \leqslant \rho_Z < 1$$

$$\ln(g_t/\overline{g}) = \rho_g\ln(g_{t-1}/\overline{g}) + u_{g,t}, 0 \leqslant \rho_g < 1$$

$$\tau_{c,t} - \overline{\tau}_c = \rho_{\tau c}(\tau_{c,t-1} - \overline{\tau}_c) + u_{\tau c,t}, 0 \leqslant \rho_{\tau c} < 1$$

$$\tau_{k,t} - \overline{\tau}_k = \rho_{\tau k}(\tau_{k,t-1} - \overline{\tau}_k) + u_{\tau k,t}, 0 \leqslant \rho_{\tau k} < 1$$

$$\tau_{l,t} - \overline{\tau}_l = \rho_{\tau l}(\tau_{l,t-1} - \overline{\tau}_l) + u_{\tau l,t}, 0 \leqslant \rho_{\tau l} < 1$$

内生变量：c_t, l_t, λ_t, y_t, w_t, $r_{k,t}$, i_t, k_t, r_t, τ_t, b_t;

$$(1 + \tau_{c,t})\lambda_t = V_t c_t^{-\gamma}$$

$$(1 - \tau_{l,t})w_t\lambda_t = \omega V_t X_t l_t^{\varphi}$$

$$\lambda_t = E_t\{\beta[1 + (1 - \tau_{k,t})(r_{k,t+1} - \delta)]\lambda_{t+1}\}$$

$$r_t = (r_{k,t} - \delta)(1 - \tau_{k,t})$$

$$r_{k,t} = \alpha y_t/k_t$$

$$w_t = (1 - \alpha)y_t/l_t$$

$$k_{t+1} = (1 - \delta)k_t + i_t$$

$$y_t = c_t + i_t + g_t$$

$$y_t = Z_t k_t^{\alpha} l_t^{1-\alpha}$$

$$b_{t+1} = (1 + r_t)b_t + g_t - \tau_{c,t}c_t - \tau_{k,t}(r_{k,t} - \delta)k_t - \tau_{l,t}w_t l_t - \tau_t$$

$$\tau_t = \overline{\tau} + \phi(b_t - \overline{b})$$

随机冲击：$u_{V,t}$, $u_{X,t}$, $u_{Z,t}$, $u_{g,t}$, $u_{\tau c,t}$, $u_{\tau k,t}$, $u_{\tau l,t}$;

$$u_{V,t} \sim N(0, \sigma_V^2), u_{X,t} \sim N(0, \sigma_X^2), u_{Z,t} \sim N(0, \sigma_Z^2), u_{g,t} \sim N(0, \sigma_g^2)$$

$$u_{\tau c,t} \sim N(0, \sigma_{\tau c}^2), u_{\tau k,t} \sim N(0, \sigma_{\tau k}^2), u_{\tau l,t} \sim N(0, \sigma_{\tau l}^2)$$

稳态条件：

$$\overline{r} = 1/\beta - 1, \overline{r}_k = \overline{r}/(1 - \overline{\tau}_k) + \delta, 1 = (\overline{r}_k)^{\alpha}\overline{w}^{1-\alpha}/[\overline{Z}\alpha^{\alpha}(1 - \alpha)^{1-\alpha}],$$

$$\overline{k}/\overline{y} = \alpha/\overline{r}_k, \overline{l}/\overline{y} = (1 - \alpha)/\overline{w}, \overline{c}/\overline{y} = 1 - \delta\overline{k}/\overline{y} - \overline{g}/\overline{y},$$

$$(\overline{y})^{\varphi+\gamma} = [(1 - \overline{\tau}_l)/(1 + \overline{\tau}_c)](1 - \alpha)(\overline{l}/\overline{y})^{-1}(\overline{c}/\overline{y})^{-\gamma}/[\omega\overline{X}(\overline{l}/\overline{y})^{\varphi}]$$

$$(1 + \overline{\tau}_c)\overline{\lambda} = \overline{V}\overline{c}^{-\gamma}, \overline{\tau} = \overline{r}\overline{b} + \overline{g} - \overline{\tau}_c\overline{c} - \overline{\tau}_k(\overline{r}_k - \delta)\overline{k} - \overline{\tau}_l\overline{w}\overline{l}$$

根据以上校准的模型，下面假设分别提高消费税税率、资本所得税税率和劳动所得税税率一个百分点，对这三种情况进行的冲击响应分析见图 3.2。可以看出，三种税税率的变化对经济的影响规律不完全相同。提高税率对产出均产生了负面影响，但消费税和资本所得税产生的影响非常小，而劳动所得税产生的影响较大。对消费来说，资本所得税和劳动所得税的变化对消费影响较小，而消费税的变化影响较大，这是因为消费税是一种从价税，其影响的是消费品的价格，因而消费会因价格的变化而变化。在提高消费税税率的情况下，从图 3.2 中可以发现投资和资本存量出现了上升的趋势，这与提高资本所得税和劳动所得税税率得到的结果相反。这一点不难理解，原因是在目前的模型中，投资的调整没有成本，因而针对消费税税率提高导致的消费品价格上升，投资品的相对价格将下降，从而在总需求一定的情况下，人们会发现投资更有吸引力，最终投资和资本存量产生上升趋势。对生产要素价格的影响，劳动所得税税率的变化影响更为明显，而其他两种税率的变化影响不大。对债券利率的影响，消费税税率的变化影响不大，而其他两种税率的变化影响非常显著。从降低政府债务水平的角度来看，三种税率的提高均起到了明显的作用，但消费税变化产生的影响更大，另外，消费税所固有的从价税中性特点可能更具吸引力，因为其对资源配置价格产生的扭曲性程度最小，效果与非扭曲性税收产生的效果接近。

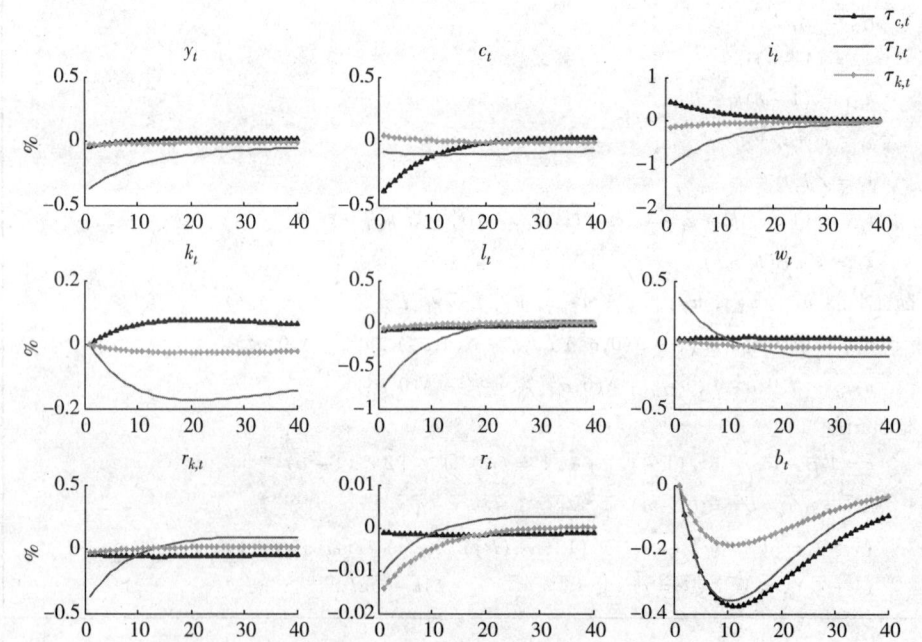

图 3.2　关于政府支出变化的冲击响应曲线

第三节　政府消费的影响

凯恩斯指出，通过扩大政府支出（包括政府消费和政府投资）可以刺激有效需求，从而带动整个经济的扩张。但是，政府支出的扩张也会导致利率的上升，从而对总需求产生挤出效应。第一节的基本模型对政府支出扩张的模拟结果显示出，政府支出的扩张导致了私人消费和私人投资的萎缩，从而扩张的财政政策挤出了私人部门的需求。实践中很多传统的计量模型和向量自回归（VAR）模型的实证结果表明，政府支出的扩张虽然有挤出效应，但确实能带动总需求和私人部门需求的上升，如 Fatás - Mihov（2001）、Blanchard - Perotti（2002）和 Perotti（2007）等的模拟结果表明，私人消费对正的政府消费冲击的反应是增加的。因此，为克服第一节基本模型模拟出现的问题，本节从消费这个角度着重考察政府消费产生的影响。

政府消费不仅包括政府自己对商品和服务的消费，而且也包括政府为居民提供的公共或私人商品和服务。诚然，在经济总资源中，政府消费增加会占用私人部门的资源，但政府提供公共物品也会对私人部门产生外部性。因此，在建模中需要同时考虑这两方面。分析的出发点是搞清楚政府消费如何影响居民的效用。政府消费不仅会影响居民的效用水平，而且会影响居民的边际效用，这是建模中需要考虑的关键因素。

总体来说，将政府消费引入 DSGE 模型的方式有两种。第一种方式是 Christiano - Eichenbaum（1992）采用的方式，他们认为政府消费是经济资源分配的一个方面，但政府消费不影响居民的效用。第二种方式是 Barro（1981，1989）、Aschauer（1985，1989）、Baxter - King（1993）和 McGrattan（1994）等学者采用的方式，他们认为，政府消费不仅仅是经济资源分配的一个方面，也会影响居民的效用。这里采用 Barro（1981）、Aschauer（1985）、Baxter - King（1993）和 McGrattan（1994）等采用的方式，此时，居民的效用函数采用下面的形式：

$$U(c_t + \eta g_t, l_t)$$

其中，c_t 是居民消费，g_t 是政府消费，l_t 是劳动力供给。

可以看出，政府消费对居民效用的影响可用参数 η 来反映，当 η 不为零时，政府消费会影响居民的效用。当 $\eta > 0$ 时，虽然政府消费的增加会增加居民的效用水平，但居民的边际效用会随着政府消费的增加而减少。当 $\eta < 0$ 时，虽然政府消费的增加会减少居民的效用水平，但居民的边际效用会随着政府消费的增加而增加。

基于第一节的基本模型，下面对此模型进行如下改进。改进后模型中厂商和政府的行为方程与前面模型相同，这里为方便起见，将其方程重复列在下面：

$$y_t = Z_t k_t^\alpha l_t^{1-\alpha}$$

$$r_{k,t} = \alpha Z_t k_t^{\alpha-1} l_t^{1-\alpha} = \alpha y_t / k_t$$

$$w_t = (1-\alpha) Z_t k_t^\alpha l_t^{-\alpha} = (1-\alpha) y_t / l_t$$

$$b_{t+1} = (1+r_t) b_t + g_t - \tau_t$$

$$\ln(g_t/\overline{g}) = \rho_g \ln(g_{t-1}/\overline{g}) + u_{g,t}, 0 \leqslant \rho_g < 1, u_{g,t} \sim N(0, \sigma_g^2)$$

$$\tau_t = \overline{\tau} + \phi(b_t - \overline{b}), \phi \geqslant 0$$

对于居民而言，在采用上面的效用函数形式后，其优化问题可描述为

$$\begin{cases} \max\limits_{\{c_{t+i}, l_{t+i}, b_{t+1+i}, k_{t+1+i}\}} E_t \left[\sum_{i=0}^{\infty} \beta^i U(c_{t+i} + \eta g_{t+i}, l_{t+i}) \right] \\ s.t. \quad b_{t+1+i} + k_{t+1+i} = (1+r_{t+i}) b_{t+i} + (1+r_{k,t+i} - \delta) k_{t+i} + w_{t+i} l_{t+i} \\ \qquad\qquad + d_{t+i} - c_{t+i} - \tau_{t+i} \end{cases}$$

虽然政府消费进入居民的效用函数中，但政府消费是由政府确定的，居民在求解上面优化问题时不能对该变量的选择进行确定，令 λ_t 是约束条件对应的 Lagrange 乘子，上面优化问题的一阶条件为

$$\lambda_t = \frac{\partial U(c_t + \eta g_t, l_t)}{\partial c_t}$$

$$-w_t \lambda_t = \frac{\partial U(c_t + \eta g_t, l_t)}{\partial l_t}$$

$$\lambda_t = E_t [\beta(1+r_{t+1})\lambda_{t+1}]$$

$$\lambda_t = E_t [\beta(1+r_{k,t+1} - \delta)\lambda_{t+1}]$$

如果资本存量与政府债券完全可替代，那么以下无套利条件成立：

$$r_t = r_{k,t} - \delta$$

若采用基本模型中具体的效用函数形式，上面一阶条件可写成

$$\lambda_t = V_t (c_t + \eta g_t)^{-\gamma}$$

$$-w_t \lambda_t = -\omega V_t X_t l_t^\varphi$$

$$\lambda_t = E_t [\beta(1+r_{t+1})\lambda_{t+1}]$$

$$r_t = r_{k,t} - \delta$$

最后，经济中的资源约束为

$$y_t = c_t + i_t + g_t$$

上面经济的竞争性均衡定义如下。

竞争性均衡（政府消费影响居民的效用）：在外生变量 $\{V_t, X_t, Z_t, g_t\}_{t=0}^{\infty}$ 描述的随机性环境下，给定价格序列 $\{w_t, r_{k,t}, r_t\}_{t=0}^{\infty}$，经济中的竞争性均衡涉

及居民的消费和投资需求、资本和劳动力供给、债券需求 $\{c_t, i_t, k_t, l_t, b_t\}_{t=0}^{\infty}$，厂商对劳动力和资本的需求及产品的供给 $\{k_t, l_t, y_t\}_{t=0}^{\infty}$ 以及政府征收的税收和债券的供给 $\{\tau_t, b_t\}_{t=0}^{\infty}$。均衡需保证：（1）居民的优化问题得到求解。（2）厂商的利润最大化问题得到求解。（3）政府跨期预算约束得到保证。（4）经济中的商品市场、债券市场和生产要素市场达到均衡。

除了下面的两个方程外，模型的稳态与第一节基本模型的稳态其余方程完全相同：

$$(\bar{y})^{\varphi+\gamma} = (1-\alpha)(\bar{l}/\bar{y})^{-1}(\bar{c}/\bar{y} + \eta\bar{g}/\bar{y})^{-\gamma} / [\omega\bar{X}(\bar{l}/\bar{y})^{\varphi}]$$
$$\bar{\lambda} = \bar{V}(\bar{c} + \eta\bar{g})^{-\gamma}$$

模型中仅增加了一个参数 η，下面模拟中分别将此参数设定为 0、0.2 和 -0.2 三种情况，模型除了下面的方程外，其他方程与表 3.2 中的方程相同，

$$\lambda_t = V_t(c_t + \eta g_t)^{-\gamma}$$

仍以政府支出变化为例进行冲击响应分析，假设政府消费受到一个冲击使其相对稳态值增加一个百分点，该冲击在参数 η 分别为 0、0.2 和 -0.2 的情形下对经济的影响见图 3.3。

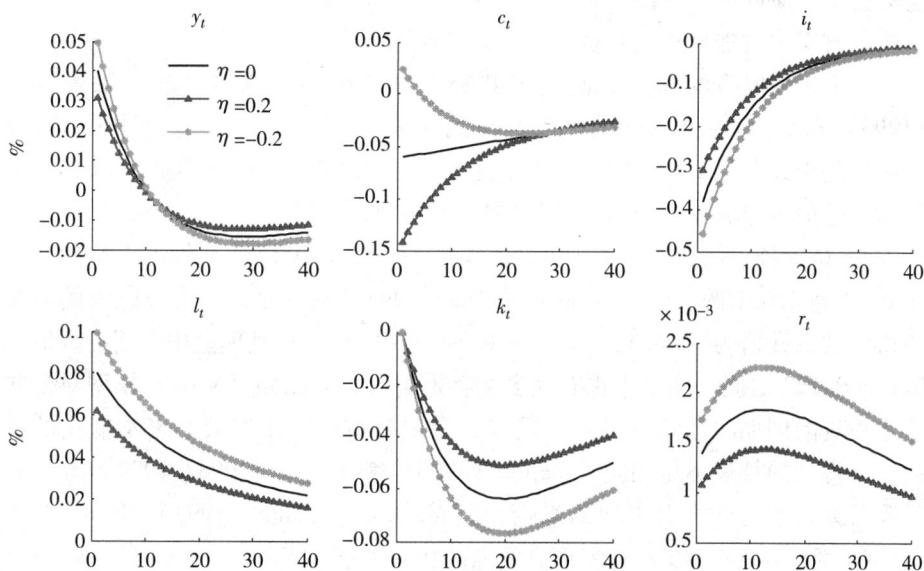

图 3.3 关于政府支出变化的冲击响应曲线

可以看出，在三种情况下政府消费的增加均使利率上升并进一步使投资下降，从而政府消费的增加对投资的挤出效应在此模型中改善不大。这一点不难

理解，因为，该模型并没有考虑政府支出增加对私人投资产生的外部性，仅考虑了由利率上升产生的挤出效应，下一节将考虑关于政府支出变化对投资的影响。这里重点强调的是，三种情形下政府消费的增加对居民消费的影响表现出不同的特征，在政府消费不影响居民的边际效用（$\eta = 0$）、政府消费对居民的边际效用产生负的影响（$\eta > 0$）和政府消费对居民的边际效用产生正的影响（$\eta < 0$）等三种情况下，政府消费的增加产生的挤出效应在前两种情况能够显现出来，其中第二种情况最明显，但在第三种情况下政府支出的增加对消费没有挤出效应。第三种情况短期内体现了实证中得到的政府支出增加带动总需求上升的结果，为此通过这种方式引进政府消费可对第一节基本模型得到的结果进一步改善，使其更加符合实际情况并与其他实证研究结果保持一致。

第四节 政府投资的影响

政府支出不仅包括消费，也包括投资。上一节通过考虑政府消费变化对居民效用产生影响的方式对基本模型进行了改进，解决了政府消费增加对居民消费的挤出效应问题。这一节从政府投资的角度对第一节的基本模型继续改进，解决政府支出增加对私人投资的挤出效应问题。

在 DSGE 模型的框架下研究公共资本对经济的影响最早的成果是 Finn（1993）和 Cassou - Lansing（1998）得到的结果。Finn（1993）估计了带有公共运输基础设施的 DSGE 模型，并研究了美国 20 世纪 70 年代生产率增长的停滞是否是由 Aschauer（1989）所称的缺少公共投资造成的问题。Finn 采用广义矩方法（GMM）估计产出关于公共资本的弹性值为 0.16（尽管不太精确，位于 0.32 到 0.001 的区间）。Guo - Lansing（1997）在一个最优财政政策的模型中得到的估计值为 0.0525，Cassou - Lansing（1998）在其模型中采用的数值在 0.1 至 0.123 之间。实证中也有很多学者采用向量自回归（VAR）模型对公共资本投资的周期波动特性进行了研究，定量分析了产出对公共资本变化的反应，但得到的结果不尽相同。Clarida（1993）和 Batina（1998，1999）等学者发现公共资本对产出有正向的影响，但 McMillin - Smith（1994）、Otto - Voss（1996）和 Voss（2002）却发现有负向的相关关系。

将政府投资引入 DSGE 模型中的一个常用方式是将公共资本引入生产函数中，为此，我们可以考虑一个包括劳动、私人资本和公共资本三种生产要素的生产函数。政府可通过征税或者发债为公共投资进行融资。现在的关键问题是，在公共资本作为另一个生产要素的情况下规模收益是如何变化的。

常用的一种方式是采用由标准的 Cobb – Douglas 生产函数与公共资本嵌套在一起的 CES 生产函数：

$$y_t = Z_t \left[\kappa k_{g,t}^\rho + (1 - \kappa)(k_t^\alpha l_t^{1-\alpha})^\rho \right]^{1/\rho}$$

其中，最终产出 y_t 的生产需要劳动力 l_t 和两种类型的资本，即私人资本 k_t 和公共资本 $k_{g,t}$，Z_t 是全要素生产率，参数 α 是私人资本占其产出的份额，参数 κ 用来衡量公共资本相对于私人生产要素的权重，$1/(1-\rho)$ 衡量公共投入与私人投入的替代弹性。对于公共投入与私人投入的替代弹性为 1 这种特殊情况（$\rho = 0$），上面的生产函数变为

$$y_t = Z_t k_{g,t}^\kappa k_t^{\alpha(1-\kappa)} l_t^{(1-\alpha)(1-\kappa)}$$

但须注意，这种生产函数意味着经济受到规模收益不变的约束，即 $\kappa + \alpha(1 - \kappa) + (1 - \alpha)(1 - \kappa) = 1$。

另一种常用的方式是考虑规模收益不变仅对私人生产要素成立，生产函数采用的形式是 Cobb – Douglas 生产函数的扩展形式：

$$y_t = Z_t k_{g,t}^\kappa k_t^\alpha l_t^{(1-\alpha)}$$

这种形式的生产函数意味着整个经济存在规模收益递增的性质。

现在以第一节的基本模型为框架，政府的行为方程与基本模型相同，为方便起见，重复写在下面：

$$b_{t+1} = (1 + r_t)b_t + g_t - \tau_t$$

$$\ln(g_t/\bar{g}) = \rho_g \ln(g_{t-1}/\bar{g}) + u_{g,t}, 0 \leq \rho_g < 1, u_{g,t} \sim N(0, \sigma_g^2)$$

$$\tau_t = \bar{\tau} + \phi(b_t - \bar{b}), \phi \geq 0$$

现在假设政府支出全是政府投资，公共资本的积累方程类似于私人资本的积累方程，即

$$k_{g,t+1} = (1 - \delta_g)k_{g,t} + g_t$$

其中，g_t 是公共投资，$k_{g,t}$ 是公共资本，δ_g 是公共资本的折旧率。

政府投资形成的公共资本作为除私人生产要素之外的另一种生产要素用于厂商的生产过程中，能够被厂商免费使用。厂商采用的生产函数形式为

$$y_t = Z_t k_{g,t}^{\alpha_1} k_t^{\alpha_2} l_t^{\alpha_3}$$

其中，Z_t 用来衡量全要素生产率，$\alpha_j, j = \{1, 2, 3\}$ 是每个生产要素对应的参数，假设存在规模收益不变，从而要求 $\alpha_1 + \alpha_2 + \alpha_3 = 1$。

厂商在公共资本以及要素价格给定的情况下，租用私人资本和雇佣劳动力对当期及所有未来各期利润的贴现和进行最大化，即求解下面的优化问题：

$$\begin{cases} \max\limits_{\{k_{t+i}, l_{t+i}\}} E_t \sum\limits_{i=0}^{\infty} \Lambda_{t,t+i} \prod\limits_{t+i} = \sum\limits_{i=0}^{\infty} \beta^i (\lambda_{t+i}/\lambda_t)(y_{t+i} - r_{k,t+i} k_{t+i} - w_{t+i} l_{t+i}) \\ s.t. \quad y_{t+i} = Z_{t+i} k_{g,t+i}^{\alpha_1} k_{t+i}^{\alpha_2} l_{t+i}^{\alpha_3} \end{cases}$$

上面优化问题的一阶条件为

$$r_{k,t} = \alpha_2 Z_t k_{g,t}^{\alpha_1} k_t^{\alpha_2-1} l_t^{\alpha_3} = \alpha_2 y_t / k_t$$

$$w_t = \alpha_3 Z_t k_{g,t}^{\alpha_1} k_t^{\alpha_2} l_t^{\alpha_3-1} = \alpha_3 y_t / l_t$$

由于公共资本是无偿使用的，从而厂商会得到超额利润，其等于产出价值与私人生产要素租金成本之差，该利润为

$$\prod\nolimits_t = y_t - r_{k,t} k_t - w_t l_t = \alpha_1 y_t$$

模型中假设居民是股东，从而居民得到该利润，按照 Feehan – Batina（2007）的做法，假设这些利润按照私人投入的生产要素占产出的份额以租金的形式分配给私人生产要素，即资本收益率和工资调整为

$$r_{ak,t} k_t = \alpha_2 y_t + \frac{\alpha_2}{\alpha_2 + \alpha_3} \prod\nolimits_t = (1 + \frac{\alpha_1}{\alpha_2 + \alpha_3}) \alpha_2 y_t = \frac{\alpha_2}{\alpha_2 + \alpha_3} y_t$$

$$w_{a,t} l_t = \alpha_3 y_t + \frac{\alpha_3}{\alpha_2 + \alpha_3} \prod\nolimits_t = (1 + \frac{\alpha_1}{\alpha_2 + \alpha_3}) \alpha_3 y_t = \frac{\alpha_3}{\alpha_2 + \alpha_3} y_t$$

其中，$r_{ak,t}$ 和 $w_{a,t}$ 分别是经过以上方式调整后得到的资本收益率和工资。

由此，第一节基本模型中居民的约束方程可改写为

$$b_{t+1} + k_{t+1} = (1 + r_t) b_t + (1 + r_{ak,t} - \delta) k_t + w_{a,t} l_t - c_t - \tau_t$$

同样采用第一节基本模型中的效用函数形式，居民的一阶条件可改写为

$$\lambda_t = V_t (c_t)^{-\gamma}$$

$$w_{a,t} \lambda_t = \omega V_t X_t l_t^{\varphi}$$

$$\lambda_t = E_t [\beta(1 + r_{t+1}) \lambda_{t+1}]$$

$$r_t = r_{ak,t} - \delta$$

上面经济的资源约束条件为

$$i_t + g_t + c_t = y_t$$

至此，我们完成了对上述改进模型的表述，上面经济的竞争性均衡定义如下。

竞争性均衡（含有政府投资情况）：在外生变量 $\{V_t, X_t, Z_t, g_t\}_{t=0}^{\infty}$ 描述的随机性环境下，给定价格序列 $\{w_{a,t}, r_{ak,t}, r_t\}_{t=0}^{\infty}$，经济中的竞争性均衡涉及居民的消费和投资需求、资本和劳动力供给、债券需求 $\{c_t, i_t, k_t, l_t, b_t\}_{t=0}^{\infty}$，厂商对劳动力和资本的需求及产品的供给 $\{k_t, l_t, y_t\}_{t=0}^{\infty}$ 以及政府对公共资本的供给、征收的税收和债券的供给 $\{k_{g,t}, \tau_t, b_t\}_{t=0}^{\infty}$。均衡需保证：（1）居民的优化

问题得到求解。（2）厂商的利润最大化问题得到求解。（3）政府跨期预算约束得到保证。（4）经济中的商品市场、债券市场和生产要素市场达到均衡。

与第一节基本模型比较，上面模型仅仅增加了公共资本的积累方程，基本模型中的资本收益率和工资需要进行调整。模型的稳态求解需要调整的方程为

$$\bar{r}_{ak} = \bar{r} + \delta$$

$$1 = \frac{(\bar{r}_{ak})^{\alpha_2} (\bar{w}_a)^{\alpha_3}}{Z\alpha^{\alpha_2} (1-\alpha)^{\alpha_3} [(\bar{g}/\bar{y})/\delta_g]^{\alpha_1}}$$

$$\bar{k}/\bar{y} = \alpha/\bar{r}_{ak}$$

$$\bar{l}/\bar{y} = (1-\alpha)/\bar{w}_a$$

其中，$\alpha = \dfrac{\alpha_2}{\alpha_2 + \alpha_3}$。其他方程与基本模型相同，按照第一节的方式可对模型的稳态求解。

上面模型中的总资本收入占比为 a，为了与第一节基本模型进行比较，假设总资本收入占比选用第一节表 3.1 中的总资本收入占比数值 a。这样若给定参数 a_1，那么可按照 $\alpha_2 = (1-\alpha_1)\alpha$，$\alpha_3 = (1-\alpha_1)(1-\alpha)$ 得到 α_2 和 α_3，这里选定 $a_1 = 0.05$。另外，公共资本的折旧率假设与私人资本一样的折旧率，即 $\delta_g = \delta$。

模型除了下面的方程外，其他方程与表 3.2 的方程相同：

$$w_{a,t}\lambda_t = \omega V_t X_t l_t^\varphi, r_t = r_{ak,t} - \delta, r_{ak,t}k_t = \alpha y_t, w_{a,t}l_t = (1-\alpha)y_t,$$

$$y_t = Z_t k_{g,t}^{\alpha_1} k_t^{\alpha_2} l_t^{\alpha_3}, k_{g,t+1} = (1-\delta_g)k_{g,t} + g_t, k_{t+1} = (1-\delta)k_t + y_t - c_t$$

基于以上模型，仍以政府支出变化为例进行冲击响应分析，假设政府投资受到一个冲击使其相对稳态值增加一个百分点，该冲击对经济的影响见图 3.4 中的冲击响应曲线。可以看出，如果政府支出均用于投资，且将公共投资带来的收益按生产要素的份额以租金的形式进行分配，那么政府投资增加虽然在短期会挤出私人投资，但长期将会使产出、消费、和私人资本存量呈现出增加的趋势。这一点与基本模型得到的结果完全不同，并且私人资本存量的增加使得利率上升的幅度明显比基本模型要弱，从而减弱了挤出效应。为此，如果将增加的政府支出用于能够带来正的外部性的公共资本投资方面，那么，公共部门的扩张并不一定对私人部门产生挤出效应，而且这种正的外部性将会对经济的长期增长产生积极影响。

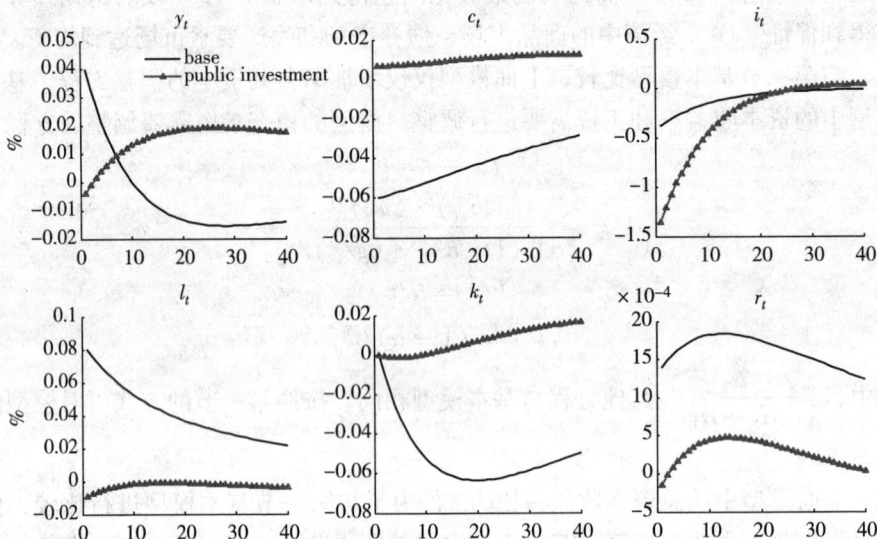

图 3.4　关于政府支出变化的冲击响应曲线

第五节　财政政策规则与相机抉择对债务可持续的影响

在第一节的基本模型中，政府的跨期预算约束等式为

$$b_{t+1} = (1 + r_t)b_t + g_t - \tau_t$$

其中，τ_t 和 g_t 分别是政府的实际税收和实际支出，b_t 是政府发行的债券（实际期初余额），r_t 是债券的实际利率。模型假设 g_t 是可以由政府任意选择的外生变量，为了保证债务的可持续性，我们采用了如下的税收规则：

$$\tau_t = \bar{\tau} + \phi(b_t - \bar{b}), \phi \geq 0$$

即税收需要对债务水平反应，ϕ 是反应系数。而且，在基本模型中，我们选用的参数 $\phi > r_t$，此时实施的财政政策也称李嘉图体制的财政政策。实际上，当 $\phi > r_t$ 时，跨期约束是一个关于债务水平的后顾型（Backward - Looking）方程，且该方程是稳定的。此时的税收规则也是 Leeper（1991，1993）所称的被动性规则，这个规则不仅保证债务水平是稳定的，而且是有界的。如果 $\phi < r_t$，或者 $\phi \leq 0$，那么会出现什么结果呢？

若 $0 < \phi < r_t$，则跨期预算约束可写成：

$$b_{t+1} = (1 + r_t - \phi)b_t + g_t - \bar{\tau} + \phi\bar{b}$$

$$b_t = \frac{b_{t+1}}{1 + r_t - \phi} + \frac{1}{1 + r_t - \phi}(\bar{\tau} - \phi\bar{b} - g_t)$$

此时方程是一个关于债务水平的前瞻型（Forward – Looking）方程，并且若给定的财政支出序列能够保证右边向前迭代收敛的话，那么上面的方程也是稳定的。

若 $\phi \leqslant 0$，此时意味着税收的调整对债务的变化不反应，或者，税收也是政府可任意选择的一个变量。前面第一节已经得到，要保证债务的可持续性，需要满足下面的约束：

$$\sum_{k=0}^{\infty} D_{t,k+1}g_{t+k} + b_t = \sum_{k=0}^{\infty} D_{t,k+1}\tau_{t+k}$$

其中，$D_{t,k} = \prod_{s=0}^{k-1} \dfrac{1}{1 + r_{t+s}}$，$D_{t,0} = 1$ 是累计贴现因子。满足该约束的选择有很多方式，第一节已经给出了一些选择。

Bohn（1998）指出，如果财政政策是李嘉图体制下的财政政策，那么政府通过协调财政税收、支出及债务水平三者的关系，能够使政府的跨期预算等式得到满足。为此，若政府已有的实际债务水平上升，那么政府未来的财政盈余必须对此作相应的反应，即未来财政盈余将会上升，也就是说，李嘉图体制下的财政政策表明 $\phi > 0$。而在非李嘉图体制下，政府在财政税收、支出及债务水平的选择方面均具有相对的任意性，因而非李嘉图体制下的财政政策表明 $\phi \leqslant 0$。Bohn（1998）的研究和 Leeper（1991，1993）的研究有联系，但不完全相同。Bohn 的研究重点是财政政策到底符合什么样的体制，或者财政政策能否保证跨期预算等式得到满足，政府债务水平虽然稳定但未必是有界的。而 Leeper 的研究表明，仅仅采用李嘉图体制下的财政政策（$\phi > 0$）不够，还需要财政盈余对债务规模的弹性足够大（ϕ 必须大于某个正数，即被动的财政政策），政府债务水平不仅要求是稳定的，而且是有界的。

下面基于第一节的基本模型，我们考虑两种税收的选择，一种是第一节基本模型采用的李嘉图税收规则：

$$\tau_t = \bar{\tau} + \phi(b_t - \bar{b}), \phi \geqslant r_t > 0$$

另一种选择是由政府任意设定税收方式，如相机抉择（Discretion）的税收政策，不妨采用下面的形式：

$$\tau_t = \bar{\tau}$$

也就是说，政府将税收任意设定为一个不变的常数。

基于第一节的基本模型，仍以政府支出变化为例进行冲击响应分析，假设政府投资受到一个冲击使其相对稳态值增加一个百分点，针对这两种形式的税收政策，该冲击对经济的影响见图3.5中的冲击响应曲线。

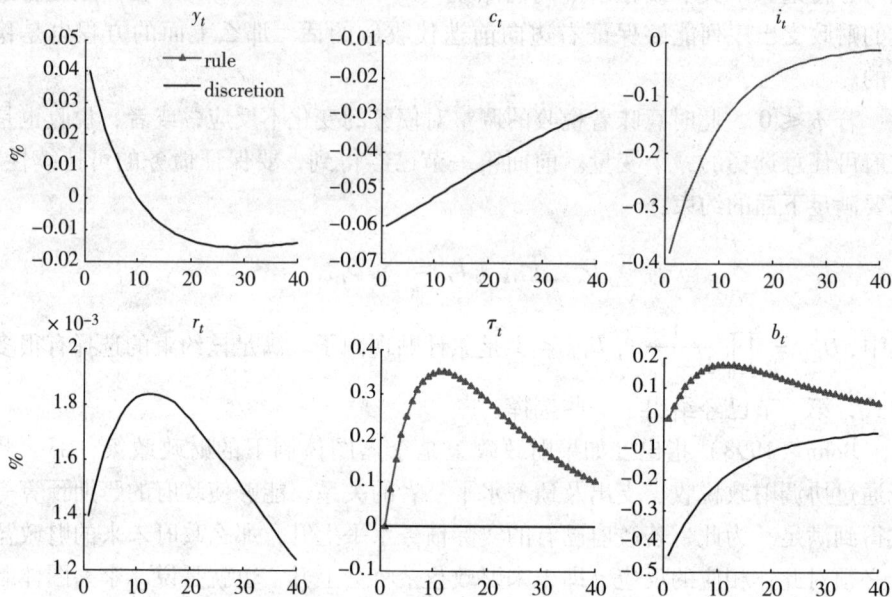

图3.5 关于政府支出变化的冲击响应曲线

到目前为止，前面介绍的所有模型都是关于实体经济的模型，这个模型也不例外，从而模型中的利率是实际利率。基本模型中有两个利率，即政府债券利率和资本收益率，由于模型中假设这两种资产可以完全替代，因而政府债券利率和资本收益率存在着无套利约束条件。第一节分析指出，基本模型可以分为两部分，第一部分与前一章没有政府的模型几乎相同，只是将商品市场均衡条件调整为 $y_t = c_t + i_t + g_t$，模型假定政府支出是外生变量，因此该部分的求解结果几乎与前一章类似。从图3.5中也可以看出，在两种税收政策情境下，实体经济中的产出、消费、投资和实际利率等实际变量对财政支出的冲击响应曲线是一样的。第二部分是关于政府跨期预算的部分，在两种税收政策情境下，税收和债务水平对政府支出变化的反应完全不同。在李嘉图的税收政策规则下，针对由政府支出导致的政府债务水平上升，只要税收对债务水平的反应有充分的弹性，那么通过税收调节可以稳定债务水平。在相机抉择的税收政策情境下，由于这里政府支出和税收均为政府任意确定的外生变量，因此当税收不足以支持由政府支出扩张导致的跨期预算约束时，那么政府只能选择降低目前的债务水平，图 3.5 中可清楚地看到这一点。在后面的章节中将会看到，随着模型的拓展，政府还有别的选择。

第六节　在基本模型中引入不同期限的债券

在本章模型中，我们引入了政府债券这个金融资产，这个金融资产的供给方是政府，需求方是居民。居民除了持有政府债券外，还可以进行实物投资，确切地说，模型中居民持有的私人资本实际上是股权类资产，而持有的政府债券是固定收益类资产。由于模型中假设政府债券和私人资本两种资产是完全可替代的，从而在无套利条件约束下债券利率和资本收益率变化是一致的。实际上只要保持资产完全可替代的假设，那么在无摩擦的模型中引入多种资产和引入一种资产并不会本质性地改变模型的结构和运行结果。但为了给后面章节讨论金融资产之间的关系打下基础，本节先考虑从一种简单情况着手，即将不同期限的政府债券引入基本模型中。

前面模型中引入的政府债券可以视为期限为一期的债券或者可视为纯贴现类的债券，这里采用 Woodford（2001）的处理方式，引入一种期限为多期的债券。假设政府发行的债券自发行起每期按照 r_c、$\rho_c r_c$、$(\rho_c)^2 r_c$、$(\rho_c)^3 r_c$、……的递减方式支付利息，r_c 是息票的票面值利率，$0 \leqslant \rho_c \leqslant 1$ 是反映息票利率递减率的常数。该债券的价格为 $q_{b,t}$，收益率为 $r_{b,t}$，收益率与价格之间的关系为

$$1 + r_{b,t} = \frac{r_c + \rho_c q_{b,t}}{q_{b,t-1}}$$

该债券的久期（Duration）为 $1/(1-\beta\rho_c)$，其中 β 为贴现率。可以看出，通过调整参数 ρ_c，可以控制债券的久期。当 $\rho_c = 0$ 时，债券是一期债券，前面模型中引入的债券就是这类债券，只不过前面我们假设息票利率为一个单位。当 $\rho_c = \beta = 1$ 时，债券的期限变成无穷期，此时债券类似于英国的永久性公债，即债券永久性地每期只支付利息，不支付本金。

在引入上面的政府债券后，政府的跨期预算约束可写成

$$q_{b,t} b_{t+1} + \tau_t = g_t + (r_c + \rho_c q_{b,t}) b_t$$

其中，g_t 是政府支出，τ_t 是税收，b_t 是政府债券的数量（期初余额）。为了与前面讨论一致，利用债券收益率与价格之间的关系，可以将该跨期预算约束改写为

$$q_{b,t} b_{t+1} + \tau_t = g_t + (1 + r_{b,t}) q_{b,t-1} b_t$$

或者

$$B_{t+1} + \tau_t = g_t + (1 + r_{b,t})B_t, B_t = q_{b,t-1}b_t$$

由此可见，可以按照前面的处理方式先确定 B_t 的选择，然后再结合收益率与价格的关系以及该债券与其他资产收益率之间的关系，最终可确定债券的价格和数量。故此，这种引入方式可使我们分别清楚地看到债券收益率与价格的变动情况，从而为分析资产的特性提供过多的信息，而且实际中市场也非常关注这些信息。

假设政府支出和税收仍然采用第一节基本模型的变化规律，这里重复写在下面：

$$\ln(g_t/\overline{g}) = \rho_g \ln(g_{t-1}/\overline{g}) + u_{g,t}, 0 \leq \rho_g < 1, u_{g,t} \sim N(0, \sigma_g^2)$$

$$\tau_t = \overline{\tau} + \phi(b_t - \overline{b}), \phi \geq 0$$

模型中的居民和厂商均与第一节相同，只不过居民优化问题一阶条件中关于政府债券的方程调整为

$$\lambda_t = E_t[\beta(1 + r_{b,t+1})\lambda_{t+1}]$$

前面已经刻画了债券收益率与债券价格的关系，因此再加上该关系式以及第一节基本模型中没有变化的其他方程，我们就完成了模型的描述。

与第一节基本模型比较，以上扩展模型增加了一个变量，即债券价格 $q_{b,t}$，增加的两个参数包括息票票面利率 r_c 和反映息票利率递减率的参数 ρ_c。在下面的模拟中，除了以上两个参数外，模型中的其他参数值仍然采用基本模型的值。关于息票票面利率，模拟中将其设定为一个百分点，即 $r_c = 0.01$。关于参数 ρ_c，将其设定为不同的值来控制债券的久期，具体来说，模拟过程中选定三种情况，即 $\rho_c = 0$，$\rho_c = 0.76$，$\rho_c = 0.96$，这三种情况分别对应的久期为 1 期、4 期和 20 期（模型以季度为单位，从而对应的分别是 1 个季度、1 年和 5 年）。仍以政府支出变化为例进行冲击响应分析，假设政府投资受到一个冲击使其相对稳态值增加一个百分点，针对这三种不同久期的政府债券，该冲击对经济的影响见图 3.6 中的冲击响应曲线。

可以看出，对于三种不同期限的债券，模型中的产出、资本收益率和债券收益率等变量的变化是一样的，因为模型中的实体经济部分是一样的。三种情况的差别主要在于债券价格、债券数量和税收的反应不同。久期越长，那么由财政支出扩张导致的政府债务规模扩张越会对债券的价格产生向下的压力，这样政府发债更加困难，发行的债券数量也更多，从而对政府债务可持续性的影响更大，因此，久期的变化将会使债券价格变化更加敏感，由此将会带来更多的风险。政府总债务的变化由债券数量和债券价格的变化来决定，如果价格变

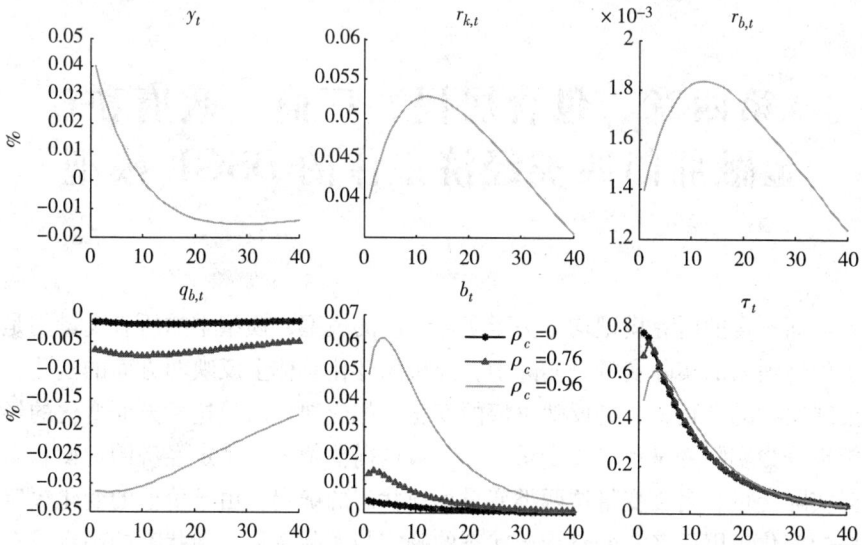

图 3.6　关于政府支出变化的冲击响应曲线

化越敏感，那么盯住债券数量的税收调整幅度会越小，因为税收调整的任务部分由价格来承担了，这就是税收平滑的体现，从而会出现图中三种情况的模拟结果。总的来看，在模型中引入不同期限的债券，可以更清楚地得到关于债券数量及债券价格的信息，从而对进一步分析资产价格的变化提供更多的帮助。上面的模型比较简单，没有金融摩擦，因此更多的模拟结果将会在后面章节中的复杂模型中体现。

第四章　包含居民、厂商、政府和
金融部门四类经济主体的 DSGE 模型

　　前面三章的所有模型均是关于实体经济的模型，模型中的所有变量均是剔除了价格因素的实际变量。实际中，经济的变化总体上反映两方面的变化，一是反映实物的变化，二是反映价值的变化。相应地，反映这两方面变化的经济指标也分为实际变量和名义变量。在一般均衡框架下，确定经济的均衡状态包括对实际变量和名义变量这两类变量均衡状态的确定。由于价值的变化决定于价格的变化，因而名义变量均衡状态的确定与实际变量均衡状态的确定虽有密切的联系，但也有不同之处。一个最明显的不同之处是实际变量的均衡状态通常与相对价格有关，而名义变量的均衡状态除了与相对价格有关外，还与绝对价格水平有关。因此，要确定经济的一般均衡状态就需要寻找一个名义锚，使其能够确定物价总水平并进而确定所有名义变量的均衡值，从而使我们不仅能够把握实物的变化，而且还能够把握价值的变化。现在的问题是，如何选择和确定名义锚呢？

　　作为名义锚的变量，显然要能够作为衡量名义价值的一个测度，从而能够作为一个衡量价值的基准，因此这个变量不仅要和总物价水平及所有名义变量密切相关，而且要能够可控。理论上讲，任何一个名义变量都可作为名义锚的一个选择变量，只要其能够可控，但这一点实践中很难做到。实践中，货币自然是可作为名义锚的一个选择变量。Friedman 曾经说过，通货膨胀几乎处处表现为一种货币现象，这表明物价变化的确和货币变化（包括数量和价格变化）息息相关，而且历史和实践也表明货币当局或中央银行尝试了各种货币政策体制（如盯住货币供应量、盯住通胀率等体制）来达到保持物价稳定的目的，物价稳定至今仍然是货币政策的首要最终目标。除了货币外，实践中名义汇率、通胀率等与名义价值变化相关的其他名义变量也常用来作为名义锚的选择变量。无论选择哪个变量作为名义锚，一个关键问题是对该变量反应的市场需求和供给因素进行刻画，这样才能达到调控的目的，而要刻画该市场的需求和供给情况，显然需要对参与该市场的经济主体进行刻画。因此，本章的目的在于，在前面几章 DSGE 模型的基础上再引进金融部门这个新的经济主体，从而使 DSGE 模型能够同时反映实体经济变化和名义价值变化，使其进一步贴近现实经济情况。

第一节　货币的引入方式

本节首先将货币引入第三章的基本模型中。引入货币的关键问题是，谁来提供货币？谁需要货币？货币是什么？等等。货币经济与物物交换经济的一个不同之处是，货币充当一般等价物能够极大地方便交易，虽然货币的历史远远长于中央银行的历史，但真正实施货币政策并以物价稳定为中央银行的首要最终目标的历史并不长。为此，本节通过引入中央银行这个经济主体来对第三章的基本模型进行拓展。

现在的模型包括四类经济主体，其中，居民、厂商和政府这三类经济主体与第三章的行为决策基本相同，唯一不同的是现在需要考虑总价格水平的影响，即把实际变量进一步分解为名义变量与总价格水平。在此基础上，引入中央银行第四类经济主体，中央银行的角色是通过调控货币来稳定物价水平。为讨论方便，我们暂时假设只有居民是货币的需求方（后面章节将进一步拓展分析），中央银行是货币的供给方。下面先将第三章的模型转换为区分实际变量和价格水平的模型，然后再讨论引入货币的方式。

一、将基本模型转换为包括名义变量和价格水平的模型

模型中的厂商决策问题与第三章相同，唯一区别在于需要将实际变量进一步分解为名义变量和价格水平两方面。在第三章的基本模型中，厂商生产产品的实际成本是：

$$j_t = \frac{(r_{k,t})^\alpha w_t^{1-\alpha}}{(a)^\alpha (1-\alpha)^{1-\alpha} Z_t}$$

其中，j_t 是实际成本（为避免标记的混淆，这里以 j_t 代替原先的 m_t），w_t 是实际工资，$r_{k,t}$ 是资本的实际租金率，Z_t 是全要素生产率，a 是 $Cobb-Douglas$ 生产函数中产出关于资本的弹性。在完全竞争条件下，产品价格等于成本，由于以产品的价格为基准，从而实际成本等于 1，即 $j_t = 1$；在垄断竞争条件下，第二章推导出 $j_t < 1$，即边际成本小于产品价格。定义以下名义变量：

$$J_t = j_t P_t, W_t = w_t P_t, R_{k,t} = r_{k,t} P_t$$

即 J_t、W_t 和 $R_{k,t}$ 分别是名义成本、名义工资和名义租金率，P_t 是产品的货币价

格。生产成本可写成：

$$J_t = \frac{(R_{k,t})^\alpha W_t^{1-\alpha}}{(a)^\alpha (1-\alpha)^{1-\alpha} Z_t}$$

在完全竞争条件下，$P_t = J_t$；在垄断竞争条件下，$P_t = (1+\xi_t)J_t$，这里 ξ_t 是垄断定价的加成率。厂商的一阶条件仍写成实际变量的形式：

$$r_{k,t} = \alpha j_t [y_t/k_t]$$
$$w_t = (1-\alpha)j_t [y_t/l_t]$$

模型中的政府决策与第三章相同。按照类似的处理方法，定义 $B_{t+1} = b_{t+1}P_t$ 为政府的名义债务余额（期初余额），那么政府的预算约束可写成下面的形式：

$$B_{t+1} = (1+R_t)B_t + P_t g_t - P_t \tau_t$$

其中，$R_t = (1+r_t)(1+\pi_t) - 1$ 是债券的名义利率，$\pi_t = P_t/P_{t-1} - 1$ 是通胀率，r_t 是债券的实际利率，$P_t\tau_t$ 和 $P_t g_t$ 分别是政府的名义税收和名义支出。

模型中的居民决策下面再讨论，现在讨论新引入的中央银行这个经济主体。中央银行通过调控货币来影响经济，其可以采用两种方式来调控货币，一种方式是中央银行直接控制货币数量的供给，即采用下面的方式：

$$M_{t+1} = (1+\mu_{t+1})M_t$$

其中，M_t 是名义货币供应量（期初余额），μ_t 是名义货币供应量的增长率，在这种方式下，名义利率是内生的。另一种方式是中央银行可以直接调控名义利率，如采用 Taylor 规则，那么此时货币供应量是内生的。两种方式各有其优缺点，下面将详细讨论。

二、货币引入的几种方式

将货币引入一般均衡模型中并不是一件容易的事情。作为价值储藏，货币并不比政府债券、股票等付息资产占优势，另外在前三章的模型中，也没有将货币作为交换媒介，那么，怎样才能保证纯外生的法定货币在均衡模型中具有正的价值呢？

将货币引入模型中通常有以下几种方式：一是假设货币直接或间接地会产生效用，从而直接在效用函数中引入货币；二是假设某些商品交易中存在着只能用货币的约束；三是假设货币能够降低交易成本；四是赋予货币作为价值储藏的独特职能。五是按照 King – Plosser（1984）的处理方法，将持有货币给人们带来的服务流作为生产的一个重要中间投入品。下面对三种较为典型的方式进行介绍。

第四章　包含居民、厂商、政府和金融部门四类经济主体的 DSGE 模型

（一）将货币直接引入效用函数的 MIU 引入方式

将货币直接引入效用函数的模型亦称 MIU（Money in the Utility）模型，最早由 Sidrauski（1967）提出。对于直接将货币引入效用函数的假设，有三种解释：一是货币作为交易媒介能减少交易费用，为人们提供更多的服务流（Service Flow），从而提高人们的效用水平。二是实际货币余额可以看成是一种耐用消费品，既然是消费品，那么引入效用函数也就很自然。三是 Brock（1975）给出的一种解释。Brock 指出，交易费用的存在使人们消耗了工作时间，而货币的存在能节省人们的交易时间，即 Brock 假设的购买时间（Shopping Time），从而提高人们的效用水平。Brock 提出的模型实际上是购买时间模型（Shopping Time Model）的雏形，该模型为将货币直接引入效用函数提供了一种更为直观的解释。McCallum—Goodfriend（1987）和 Croushore（1993）进一步拓展和完善了购买时间模型，特别是 Croushore 证明，购买时间模型与 MIU 模型是等价的，从而为这两种模型在今后货币经济学的广泛使用奠定了理论基础。另外，利用 MIU 模型的另一个好处是，利用该模型能对通胀率对社会福利水平的影响进行理论上的分析。Woodford（2003）指出，若效用函数忽略货币，则模型可以看成是一种无货币的极限情况，此时可以针对是否加入货币对福利进行分析和对货币政策选择产生影响进行对比分析。

仍以第三章基本模型为基础，引入货币后，居民的决策问题现在可表示为

$$\begin{cases} \max\limits_{\{c_{t+i},l_{t+1+i},b_{t+1+i},m_{t+1+i},k_{t+1+i}\}} E_t \left[\sum_{i=0}^{\infty} \beta^i U(c_{t+i},m_{t+1+i},l_{t+i}) \right] \\ s.t. \quad b_{t+1+i} + m_{t+1+i} + k_{t+1+i} = (1+r_{t+i})b_{t+i} + m_{t+i}/(1+\pi_{t+i}) \\ \qquad\quad + (1+r_{k,t+i}-\delta)k_{t+i} + w_{t+i}l_{t+i} + d_{t+i} + tr_{t+i} - c_{t+i} - \tau_{t+i} \end{cases}$$

其中，效用函数满足 $U_c>0$，$U_{cc}<0$，$U_l>0$，$U_{ll}<0$，$U_m>0$，$U_{mm}<0$，c_t 是实际消费，l_t 是居民提供的劳动力，$m_{t+1}=M_{t+1}/P_t$ 和 $b_{t+1}=B_{t+1}/P_t$ 分别是居民持有的货币和政府债券的实际余额（期初余额），M_{t+1} 和 B_{t+1} 分别是居民持有的货币和政府债券的名义余额（期初余额），P_t 是价格水平，k_{t+1} 是居民持有的资本存量（期初存量），$r_t=(1+R_t)/(1+\pi_t)-1$ 是政府债券的实际利率，R_t 是政府债券的名义利率，$\pi_t=P_t/P_{t-1}-1$ 是通胀率，$w_t l_t$ 和 $r_{k,t}k_t$ 分别是居民得到的实际劳动收入和实际资本收入，w_t 是实际工资，$r_{k,t}$ 是出租资本得到的实际收益率，δ 是资本的折旧率，d_t 是居民从生产中得到的红利（在完全竞争情形下为零，在不完全竞争情况下为垄断利润），τ_t 是居民上缴的实际税收，$tr_t=[M_{t+1}-M_t]/P_t$ 是中央银行发行货币得到的铸币税，这里假设中央银行转移支付给居民。

令 λ_t 是约束条件对应的 Lagrange 乘子，上面优化问题的一阶条件为

$$\lambda_t = \frac{\partial U(c_t, m_{t+1}, l_t)}{\partial c_t}$$

$$- w_t \lambda_t = \frac{\partial U(c_t, m_{t+1}, l_t)}{\partial l_t}$$

$$\lambda_t = E_t\big[\beta(1 + r_{t+1})\lambda_{t+1}\big]$$

$$\lambda_t = E_t\big[\beta(1 + r_{k,t+1} - \delta)\lambda_{t+1}\big]$$

$$\lambda_t = \frac{\partial U(c_t, m_{t+1}, l_t)}{\partial m_{t+1}} + \beta E_t\Big[\frac{\lambda_{t+1}}{1 + \pi_{t+1}}\Big]$$

如果资本存量、政府债券与货币完全可替代，那么以下无套利条件成立：

$$r_t = r_{k,t} - \delta$$

$$\frac{\partial U(c_t, m_{t+1}, l_t)}{\partial m_{t+1}} = \frac{R_{t+1}\lambda_t}{1 + R_{t+1}}$$

考虑到这些关系，上面的一阶条件实际上与第三章基本模型的一阶条件相同，只不过增加了两个无套利关系式。

在上一章具体的效用函数中加入货币，即采用下面函数形式：

$$U(c_t, m_{t+1}, l_t) = V_t\Big(\frac{c_t^{1-\gamma}}{1-\gamma} + \omega_1 S_t \frac{m_{t+1}^{1-v}}{1-v} - \omega_2 X_t \frac{l_t^{1+\varphi}}{1+\varphi}\Big)$$

其中，V_t 是偏好冲击，可视为总需求冲击，S_t 可视为货币需求冲击，X_t 是劳动力供给冲击，参数 v 是决定货币需求有关弹性的参数，ω_1 和 ω_2 分别是影响基准水平的参数。基于以上具体的效用函数，上面一阶条件可写成：

$$\lambda_t = V_t c_t^{-\gamma}$$

$$w_t \lambda_t = \omega_2 V_t X_t l_t^{\varphi}$$

$$\lambda_t = E_t\big[\beta(1 + r_{t+1})\lambda_{t+1}\big]$$

$$\omega_1 V_t S_t m_{t+1}^{-v} = \frac{R_{t+1}\lambda_t}{1 + R_{t+1}}$$

$$r_t = r_{k,t} - \delta$$

上面倒数第二个方程实际上是确定货币需求的方程。

以上完成了关于居民决策的刻画，考虑到前面已经刻画了厂商、政府和中央银行决策，至此我们对整个模型中的经济主体行为刻画完毕，模型中包含了商品市场、生产要素市场（包括劳动力和资本市场）、债券市场以及货币市场，模型中的资源约束与第三章基本模型相同。假设模型中的外生变量 $\{V_t, X_t, S_t, Z_t\}_{t=0}^{\infty}$ 由下面的随机过程确定：

$$\ln(V_t/\overline{V}) = \rho_V\ln(V_{t-1}/\overline{V}) + u_{V,t}, 0 \leqslant \rho_V < 1, u_{V,t} \sim N(0,\sigma_V^2)$$

$$\ln(X_t/\overline{X}) = \rho_X\ln(X_{t-1}/\overline{X}) + u_{X,t}, 0 \leqslant \rho_X < 1, u_{X,t} \sim N(0,\sigma_X^2)$$

$$\ln(S_t/\overline{S}) = \rho_S\ln(S_{t-1}/\overline{S}) + u_{S,t}, 0 \leqslant \rho_S < 1, u_{S,t} \sim N(0,\sigma_S^2)$$

$$\ln(Z_t/\overline{Z}) = \rho_Z\ln(Z_{t-1}/\overline{Z}) + u_{Z,t}, 0 \leqslant \rho_Z < 1, u_{Z,t} \sim N(0,\sigma_Z^2)$$

另外，采用中央银行直接控制货币供应量增长率的调控方式，即

$$M_{t+1} = (1 + \mu_{t+1})M_t$$

$$(\mu_t - \overline{\mu}) = \rho_\mu(\mu_{t-1} - \overline{\mu}) + u_{\mu,t}, 0 \leqslant \rho_\mu \leqslant 1, u_{\mu,t} \sim N(0,\sigma_\mu^2)$$

其中，$\overline{\mu}$ 是货币供应量增长率 μ_t 的稳态值，$u_{\mu,t}$ 是对货币供应量增长率的随机冲击，是白噪声。由上可以看出，货币供应量实际余额满足下面的规律：

$$m_{t+1} = [(1 + \mu_{t+1})/(1 + \pi_t)]m_t$$

基于以上分析，类似于前几章的做法，在完全竞争情况下，模型中的竞争性均衡定义如下。

竞争性均衡（完全竞争的 MIU 货币经济）：在外生变量 $\{V_t, X_t, S_t, Z_t, g_t, \mu_t\}_{t=0}^{\infty}$ 描述的随机性环境下，给定价格序列 $\{w_t, r_{k,t}, R_t, P_t\}_{t=0}^{\infty}$，经济中的竞争性均衡涉及居民的消费和投资需求、资本和劳动力供给、债券和货币需求 $\{c_t, i_t, k_t, l_t, B_t, M_t\}_{t=0}^{\infty}$，厂商对劳动力和资本的需求及产品的供给 $\{k_t, l_t, y_t\}_{t=0}^{\infty}$，政府征收的税收和债券的供给 $\{P_t, \tau_t, B_t\}_{t=0}^{\infty}$ 以及中央银行对货币的供给 $\{M_t\}_{t=0}^{\infty}$。均衡需保证：（1）居民的优化问题得到求解。（2）厂商的利润最大化问题得到求解。（3）政府跨期预算约束得到保证。（4）经济中的商品市场、债券市场、货币市场和生产要素市场达到均衡。

将上面货币经济竞争性均衡与第三章基本模型竞争性均衡比较，可以看出最大的不同之处就是需要对物价水平进行确定，这样才能将实际变量分解为名义变量和物价水平两部分，这也是前面花很多工夫引入中央银行及货币市场的缘由。另外，由于采用了可分离的效用函数形式，从而上面的货币经济模型比第三章基本模型仅仅多了关于货币需求和货币供给这两个关键方程，其他方程与第三章基本模型相同。如果去掉这两个方程，那么依然可得到第三章模型的结果，即除了货币外，所有关于其他实际变量的求解结果可以独立得到，增加这两个货币方程只是为了进一步得到价格水平及所有名义变量的求解结果。因此，在上面假设的可分离的效用函数形式下，这个货币经济模型呈现出古典经济学中所说的二分法（Dichotomy）结构，即经济系统能够清楚地划分为两个

模块，一个模块是由实际变量组成的模块，另一个模块是由名义变量（包括货币）组成的模块，并且前一个模块均衡状态的确定不依赖于后一个模块。在这种经济结构下，货币的变化在长期不会对实体经济产生影响，货币仅仅表现为通常所说的"面纱"（Veil）特征。

下面具体来看模型的求解。上面已经得到模型具有二分法结构，因此除了货币变量外，模型中的其他所有实际变量均采用第三章基本模型的解法，这里不再讨论，现在主要来看价格水平和名义变量的确定。

由上面方程 $\omega_1 V_t S_t m_{t+1}^{-v} = \dfrac{R_{t+1}\lambda_t}{1+R_{t+1}}$，$\lambda_t = V_t c_t^{-\gamma}$ 和 $1+R_t = (1+r_t)(1+\pi_t)$，可得到

$$\omega_1 S_t m_{t+1}^{-v} = c_t^{-\gamma}\frac{(1+r_{t+1})(1+\pi_{t+1})-1}{(1+r_{t+1})(1+\pi_{t+1})}$$

结合方程 $m_{t+1} = [(1+\mu_{t+1})/(1+\pi_t)]m_t$，由于除货币外的实际变量均已得到求解，货币供应量名义增长率 μ_t 也已经给定，因此通过这两个方程可求解出通胀率以及实际货币余额，在给出货币供应量的初始值后，就可以得到物价水平的求解结果。在得到价格水平后，所有的实际变量乘以价格水平就可以得到相应的名义变量。

上面模型的稳态除了下面方程外，其他方程与第三章基本模型相同，

$$\overline{\pi} = \overline{\mu},\overline{R} = (1+\overline{\mu})/\beta - 1,\omega_1 \overline{S}\,\overline{m}^{-v} = \overline{c}^{-\gamma}\frac{(1+\overline{\mu})-\beta}{(1+\overline{\mu})}$$

为完整起见和后面比较方便，将上面 MIU 模型的非线性形式总结于表 4.1。

表 4.1　　　　　　　　　　　　模型 Cha4an（非线性形式）

外生变量：V_t, X_t, Z_t, g_t, S_t, μ_t;
$\ln(V_t/\overline{V}) = \rho_V\ln(V_{t-1}/\overline{V}) + u_{V,t}, 0 \leqslant \rho_V < 1$
$\ln(X_t/\overline{X}) = \rho_X\ln(X_{t-1}/\overline{X}) + u_{X,t}, 0 \leqslant \rho_X < 1$
$\ln(Z_t/\overline{Z}) = \rho_Z\ln(Z_{t-1}/\overline{Z}) + u_{Z,t}, 0 \leqslant \rho_Z < 1$
$\ln(g_t/\overline{g}) = \rho_g\ln(g_{t-1}/\overline{g}) + u_{g,t}, 0 \leqslant \rho_g < 1$
$\ln(S_t/\overline{S}) = \rho_S\ln(S_{t-1}/\overline{S}) + u_{S,t}, 0 \leqslant \rho_S < 1$
$(\mu_t - \overline{\mu}) = \rho_\mu(\mu_{t-1} - \overline{\mu}) + u_{\mu,t}, 0 \leqslant \rho_\mu \leqslant 1$
内生变量：c_t, l_t, λ_t, y_t, w_t, $r_{k,t}$, i_t, k_t, r_t, τ_t, b_t, m_t, π_t, R_t;
$\lambda_t = V_t c_t^{-\gamma}$

续表

$$w_t \lambda_t = \omega_2 V_t X_t l_t^\varphi$$

$$\lambda_t = E_t[\beta(1 + r_{t+1})\lambda_{t+1}]$$

$$r_t = r_{k,t} - \delta$$

$$\omega_1 V_t S_t m_{t+1}^{-\upsilon} = \frac{R_{t+1}\lambda_t}{1 + R_{t+1}}$$

$$1 + R_t = (1 + r_t)(1 + \pi_t)$$

$$r_{k,t} = \alpha y_t / k_t$$

$$w_t = (1 - \alpha) y_t / l_t$$

$$k_{t+1} = (1 - \delta)k_t + i_t$$

$$y_t = c_t + i_t + g_t$$

$$y_t = Z_t k_t^\alpha l_t^{1-\alpha}$$

$$b_{t+1} = (1 + r_t)b_t + g_t - \tau_t$$

$$\tau_t = \bar{\tau} + \phi(b_t - \bar{b})$$

$$m_{t+1} = [(1 + \mu_{t+1})/(1 + \pi_t)]m_t$$

随机冲击：$u_{V,t}$，$u_{X,t}$，$u_{Z,t}$，$u_{g,t}$，$u_{S,t}$，$u_{\mu,t}$；

$$u_{V,t} \sim N(0, \sigma_V^2)，u_{X,t} \sim N(0, \sigma_X^2)，u_{Z,t} \sim N(0, \sigma_Z^2)，$$

$$u_{g,t} \sim N(0, \sigma_g^2)，u_{S,t} \sim N(0, \sigma_S^2)，u_{\mu,t} \sim N(0, \sigma_\mu^2)$$

稳态条件：

$$\bar{r} = 1/\beta - 1，\bar{r}_k = \bar{r} + \delta，1 = (\bar{r}_k)^\alpha \bar{w}^{1-\alpha}/[\bar{Z}\alpha^\alpha (1-\alpha)^{1-\alpha}]，$$

$$\bar{k}/\bar{y} = \alpha/\bar{r}_k，\bar{l}/\bar{y} = (1-\alpha)/\bar{w}，\bar{c}/\bar{y} = 1 - \delta\bar{k}/\bar{y} - \bar{g}/\bar{y}，$$

$$(\bar{y})^{\varphi+\gamma} = (1-\alpha)(\bar{l}/\bar{y})^{-1}(\bar{c}/\bar{y})^{-\gamma}/[\omega_2 \bar{X}(\bar{l}/\bar{y})^\varphi]，\bar{\lambda} = \bar{V}(\bar{c})^{-\gamma}，$$

$$\bar{\tau} = \bar{g} + \bar{r}\bar{b}，\bar{\pi} = \bar{\mu}，\bar{R} = (1+\bar{\mu})(1+\bar{r}) - 1，\omega_1 \bar{S}\bar{m}^{-\upsilon} = \bar{c}^{-\gamma}\frac{1+\bar{r}}{1+\bar{R}}$$

（二）存在交易成本的引入方式

在物物交换（Barter）经济中，交易方的双重巧合（Coincidence）约束降低了交易效率，因此，从降低交易成本的角度可以将货币引入经济中。在 Brock（1975）、McCallum - Goodfriend（1987）和 Croushore（1993）等提出的购买时间模型（Shopping Time Model）中，将时间分为休闲、用于生产产品的时间以及用于商品交易的时间三部分，将货币引入能节省人们的商品交易时间，从而减少了交易费用。Kiyotaki - Wright（1989，1993）、Shi（1997，1999）、Cavalcanti - Wallace（1999）、Rupert - Schindler - Wright（2001）及 Wallace（2001）等学者采用搜寻（Search）及随机匹配（Random - Match）理论对货币的引入也提出了一种解释。他们指出，在不确定环境下，货币的引入能够使交易方的搜寻及随机匹配成本降低，从而使交易的机会及效率得到提高。无论采用哪种方式，最后一个关键结论是，相对于商品交易量持有的货币越多，交易的成本越低。基于此结论，下面采用 Leeper – Sims（1994）的方式，直接从降低交易成本的角度来引入货币。

不像上面的 MIU 模型将货币引入效用函数会改变第三章基本模型中的效用函数形式，下面的模型仍采用第三章基本模型的效用函数，即

$$U(c_t, l_t) = V_t \left(\frac{c_t^{1-\gamma}}{1-\gamma} - \omega_2 X_t \frac{l_t^{1+\varphi}}{1+\varphi} \right)$$

居民在进行商品交易时需要支付交易成本，假设交易单位商品需要支付的成本为

$$tc_t = b_1 \left(\frac{c_t}{m_{t+1}} \right)^{b_2} S_t = b_1 \left(\frac{c_t}{M_{t+1}/P_t} \right)^{b_2} S_t, b_1, b_2 > 0$$

其中，tc_t 是单位交易成本，c_t 是实际消费，$m_{t+1} = M_{t+1}/P_t$ 是居民持有货币的实际余额（期初余额），M_{t+1} 是居民持有货币的名义余额（期初余额），P_t 是价格水平，S_t 可视为类似于 MIU 模型中的货币需求冲击。该成本函数表明，持有的实际货币余额相对交易量越高，越能降低单位交易成本。

在上面的设定下，居民的决策问题可表示为

$$\begin{cases} \max\limits_{\{c_{t+i}, l_{t+i}, b_{t+1+i}, k_{t+1+i}, m_{t+1+i}\}} E_t \left[\sum_{i=0}^{\infty} \beta^i U(c_{t+i}, l_{t+i}) \right] \\ s.t. \quad b_{t+1+i} + m_{t+1+i} + k_{t+1+i} = (1+r_{t+i})b_{t+i} + m_{t+i}/(1+\pi_{t+i}) \\ \qquad + (1+r_{k,t+i} - \delta)k_{t+i} + w_{t+i}l_{t+i} + d_{t+i} + tr_{t+i} - c_{t+i} - \tau_{t+i} - tc_{t+i}c_{t+i} \end{cases}$$

其中，变量的表示和解释与上面的 MIU 模型相同。令 λ_t 是约束条件对应的 Lagrange 乘子，上面优化问题的一阶条件为

$$\frac{\partial U(c_t, l_t)}{\partial c_t} = \lambda_t \left[1 + (1+b_2)b_1 \left(\frac{c_t}{m_{t+1}} \right)^{b_2} S_t \right]$$

$$-w_t \lambda_t = \frac{\partial U(c_t, l_t)}{\partial l_t}$$

$$\lambda_t = E_t[\beta(1+r_{t+1})\lambda_{t+1}]$$

$$\lambda_t = E_t[\beta(1+r_{k,t+1} - \delta)\lambda_{t+1}]$$

$$\lambda_t \left[1 - b_2 b_1 \left(\frac{c_t}{m_{t+1}} \right)^{1+b_2} S_t \right] = \beta E_t \left[\frac{\lambda_{t+1}}{1+\pi_{t+1}} \right]$$

上面方程除了第一个和最后一个方程外，其余方程与第三章基本模型相同，利用第三个方程和最后一个方程可得到

$$\left[1 - b_2 b_1 \left(\frac{c_t}{m_{t+1}} \right)^{1+b_2} S_t \right] = \left[\frac{1}{(1+r_{t+1})(1+\pi_{t+1})} \right] = \frac{1}{(1+R_{t+1})}$$

或者

$$b_2 b_1 \left(\frac{c_t}{m_{t+1}} \right)^{1+b_2} S_t = \frac{R_{t+1}}{1+R_{t+1}}$$

这实际上就是货币需求函数，不过形式上比 MIU 模型中的货币需求函数简单，特别是，货币需求关于消费（或者产出）的弹性为 1。

为避免重复，下面仅写出与 MIU 模型不同的两个方程，仍采用第三章基本模型的效用函数（注意参数 ω 换成了 ω_2），这两个方程可写成：

$$V_t c_t^{-\gamma} = \lambda_t \left[1 + (1+b_2) b_1 \left(\frac{c_t}{m_{t+1}} \right)^{b_2} S_t \right]$$

$$b_2 b_1 \left(\frac{c_t}{m_{t+1}} \right)^{1+b_2} S_t = \frac{R_{t+1}}{1+R_{t+1}}$$

模型的厂商、政府和中央银行的行为方程采用与 MIU 一样的形式，这样就得到了整个模型，这个货币经济的竞争性均衡定义与上面 MIU 模型的定义类似，这里不再重复。只是由于存在实际交易成本，从而资源约束需要调整为下式：

$$y_t = c_t (1 + tc_t) + i_t + g_t$$

上面模型由于涉及实际交易成本，因而模型的稳态与前面模型不同，稳态求解按照下列步骤先求出 $\bar{y}$：

$$\bar{r} = 1/\beta - 1$$

$$\bar{r}_k = \bar{r} + \delta$$

$$\bar{\pi} = \bar{\mu}$$

$$\bar{R} = (1+\bar{\mu})(1+\bar{r}) - 1$$

$$1 = (\bar{r}_k)^\alpha \bar{w}^{1-\alpha} / [\bar{Z} \alpha^\alpha (1-\alpha)^{1-\alpha}]$$

$$\bar{k}/\bar{y} = \alpha/\bar{r}_k$$

$$\bar{l}/\bar{y} = (1-\alpha)/\bar{w}$$

$$\left(\frac{\bar{c}}{\bar{m}} \right) = \left(\frac{\bar{R}}{(1+\bar{R}) b_1 b_2 \bar{S}} \right)^{\frac{1}{1+b_2}}$$

$$\bar{tc} = b_1 \left(\frac{\bar{c}}{\bar{m}} \right)^{b_2} \bar{S}$$

$$\bar{c}/\bar{y} = (1 - \delta \bar{k}/\bar{y} - \bar{g}/\bar{y})/(1+\bar{tc})$$

$$(\bar{y})^{\varphi+\gamma} = \frac{(1-\alpha)(\bar{l}/\bar{y})^{-1}(\bar{c}/\bar{y})^{-\gamma}}{\omega_2 X (\bar{l}/\bar{y})^\varphi [1 + (1+b_2) \bar{tc}]}$$

然后再按照已经算出的比例求解 $\bar{c}$，$\bar{k}$，$\bar{l}$，最后求解下面几个变量：

$$\bar{\lambda} = \frac{\bar{V}\bar{c}^{-\gamma}}{1 + (1 + b_2)\,\bar{tc}}, \bar{\tau} = \bar{g} + r\bar{b}$$

可以看出，上面这个货币经济模型不会呈现出古典经济学中的二分法结构，货币供应量的变化即使在长期也会对实体经济的稳态产生影响，因此，货币呈现出非中性的特点。

（三）交易需通过货币先行的 CIA 引入方式

针对 MIU 模型的非直观性，现金先行（Cash in Advance，CIA）模型为货币的引入也提供了一种解释，该模型最早由 Grandmont - Younes（1972）和 Lucas（1980）提出。在 CIA 模型中，货币可以不直接放入效应函数中，但在实际经济中某些交易的进行必须受到以现金作为交易媒介的约束，因而 CIA 模型为货币直接引入经济提出了一种较为直观的理论解释。CIA 模型的主要倡导者有 Lucas - Stokey（1983，1987）、Abel（1985）、Svensson（1985）、Hartley（1988）、Cooley - Hansen（1989，1991）、McCallum（1990）、Salyer（1991）、Cooley（1995）及 Boianovsky（2002）等。他们对 CIA 模型进行了拓展，对原来 CIA 模型中的约束条件（消费品的交易须以现金作为交易媒介）进一步放宽，指出并不仅仅是消费品交易须以现金作为交易媒介，而且某些投资品也存在着以现金作为交易媒介的约束条件，从而对货币的存在及其作用进行了较好的解释。这些模型还对不确定经济环境下该约束条件的影响进行了深入分析，使 CIA 模型更能解释实际观察到的现象。另外，CIA 模型也为福利分析提供了一个良好的平台。

下面介绍的 CIA 模型中的厂商、政府和中央银行等经济主体的行为与前面的模型相同，这里不再重复。居民的效用函数也采用第三章基本模型的效用函数形式，居民的决策问题可描述为

$$
\begin{cases}
\max\limits_{\{c_{t+i}, l_{t+i}, b_{t+1+i}, k_{t+1+i}, m_{t+1+i}\}} E_t \left[\sum_{i=0}^{\infty} \beta^i U(c_{t+i}, l_{t+i}) \right] \\
s.t. \quad b_{t+1+i} + m_{t+1+i} + k_{t+1+i} = (1 + r_{t+i})b_{t+i} + m_{t+i}/(1 + \pi_{t+i}) \\
\qquad + (1 + r_{k,t+i} - \delta)k_{t+i} + w_{t+i}l_{t+i} + d_{t+i} + tr_{t+i} - c_{t+i} - \tau_{t+i} \\
c_{t+i} \leqslant \dfrac{m_{t+i}}{1 + \pi_{t+i}} + tr_{t+i}
\end{cases}
$$

其中，变量的表示和解释与上面的 MIU 模型相同。从上面可以看出，CIA 模型增加了另一个约束条件（此称为 CIA 约束条件），即在每期进行消费时必须使用当期可得到的资金，其等于货币余额加转移支付，而且该约束条件在各期必

须满足。

令 λ_t 和 η_t 分别是上面两个约束条件对应的 Lagrange 乘子，上面优化问题的一阶条件为

$$\frac{\partial U(c_t, l_t)}{\partial c_t} = \lambda_t + \eta_t$$

$$- w_t \lambda_t = \frac{\partial U(c_t, l_t)}{\partial l_t}$$

$$\lambda_t = E_t [\beta(1 + r_{t+1})\lambda_{t+1}]$$

$$\lambda_t = E_t [\beta(1 + r_{k,t+1} - \delta)\lambda_{t+1}]$$

$$\lambda_t = E_t [\beta(\lambda_{t+1} + \eta_{t+1})/(1 + \pi_{t+1})]$$

进一步对以上方程进行处理可得到

$$r_t = r_{k,t} - \delta$$

$$\lambda_t = \beta E_t \left[\frac{\frac{\partial U(c_{t+1}, l_{t+1})}{\partial c_{t+1}}}{1 + \pi_{t+1}} \right]$$

$$\eta_t = \frac{\partial U(c_t, l_t)}{\partial c_t} - \beta E_t \left[\frac{\frac{\partial U(c_{t+1}, l_{t+1})}{\partial c_{t+1}}}{1 + \pi_{t+1}} \right]$$

另外，利用居民、厂商和政府的预算约束等式，上面的 CIA 约束实际上为

$$c_t = m_{t+1}$$

仍采用第三章基本模型的效用函数，下面只列出与 MIU 模型不同的方程：

$$\lambda_t = \beta E_t \left[\frac{V_{t+1} c_{t+1}^{-\gamma}}{1 + \pi_{t+1}} \right]$$

$$\eta_t = V_t c_t^{-\gamma} - \beta E_t \left[\frac{V_{t+1} c_{t+1}^{-\gamma}}{1 + \pi_{t+1}} \right]$$

$$c_t = m_{t+1}$$

这个 CIA 货币经济的竞争性均衡定义与上面 MIU 模型的定义类似，这里不再重复。由于 CIA 约束条件始终成立，从而 Lagrange 乘子 η_t 不为零，这将对经济产生影响，先来看 CIA 约束条件对稳态的影响。模型的稳态求解按照下列步骤先求出 $\bar{y}$，

$$\bar{r} = 1/\beta - 1$$

$$\bar{r}_k = \bar{r} + \delta$$

$$\bar{\pi} = \bar{\mu}$$

$$\bar{R} = (1 + \bar{\mu})(1 + \bar{r}) - 1$$

$$1 = (\bar{r_k})^\alpha \bar{w}^{1-\alpha} / [\bar{Z}\alpha^\alpha (1-\alpha)^{1-\alpha}]$$

$$\bar{k}/\bar{y} = \alpha/\bar{r_k}$$

$$\bar{l}/\bar{y} = (1-\alpha)/\bar{w}$$

$$\bar{c}/\bar{y} = 1 - \delta\bar{k}/\bar{y} - \bar{g}/\bar{y}$$

$$(\bar{y})^{\varphi+\gamma} = \frac{(1-\alpha)(\bar{l}/\bar{y})^{-1}(\bar{c}/\bar{y})^{-\gamma}\beta}{\omega_2 \bar{X}(\bar{l}/\bar{y})^\varphi[1+\bar{\pi}]}$$

然后再按照已经算出的比例求解 $\bar{c}$，$\bar{k}$，$\bar{l}$，最后求解下面几个变量：

$$\bar{m} = \bar{c}, \bar{\lambda} = \beta\left[\frac{\bar{V}c^{-\gamma}}{1+\bar{\pi}}\right], \bar{\eta} = \bar{V}c^{-\gamma}[1-\beta/(1+\bar{\pi})], \bar{\tau} = \bar{g} + \bar{r}\bar{b}$$

可以看出，CIA 模型也不会呈现出古典经济学中所说的二分法结构，货币供应量的变化即使在长期也会对实体经济的稳态产生影响，因此，货币呈现出非中性的特点。

三、模拟结果比较

类似于第三章基本模型做法，下面把 MIU 模型中的参数和有关变量的稳态值列于表 4.2。为与 MIU 模型对比，带有交易成本的模型和 CIA 模型中的参数选为表 4.2 中的参数，模型中增加的参数 b_1 和 b_2 设定为 $b_1 = b_2 = 1$。

表 4.2   MIU 模型的校准

参数或稳态值	取值	参数或稳态值	取值
β	0.99	σ_S	0.01
γ	2.0	ρ_Z	0.9
φ	1.0	σ_Z	0.01
v	2.0	ρ_g	0.9
ω_1	1.0	σ_g	0.01
ω_2	1.0	ρ_μ	0.9
a	0.6	σ_μ	0.01
δ	0.025	$\bar{V}$	1
ϕ	0.1	$\bar{X}$	1
ρ_V	0.9	$\bar{S}$	1
σ_V	0.01	$\bar{Z}$	1
ρ_X	0.9	$\bar{g}/\bar{y}$	0.2
σ_X	0.01	$\bar{b}/\bar{y}$	5
ρ_S	0.9	$\bar{\mu}$	0.02

　　根据以上校准的模型，下面着重来看货币供给冲击对经济的影响。假设货币供给受到一个冲击使其相对稳态值增加一个百分点，三种模型中货币供给冲击对经济的影响见图4.1。

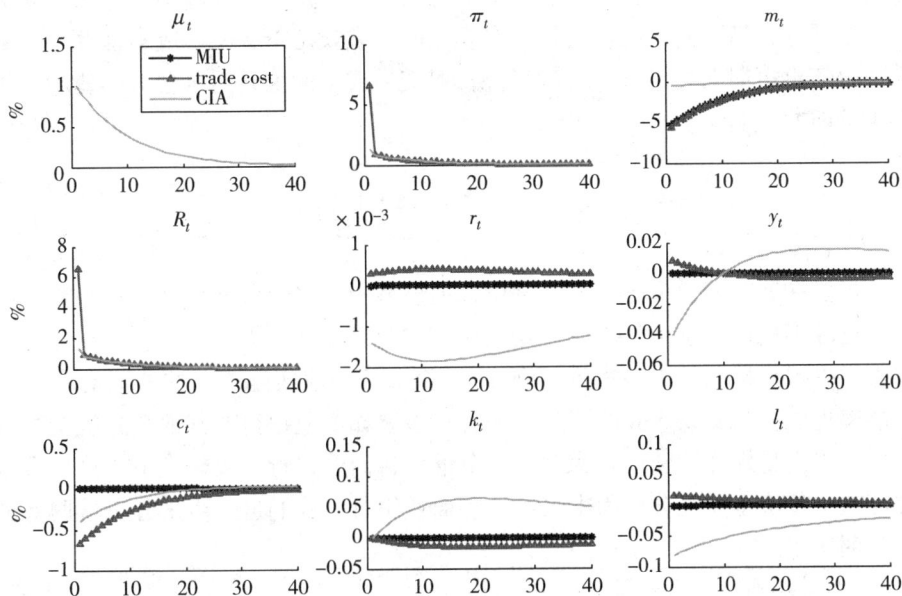

图4.1　关于货币供给冲击的响应曲线

　　可以看出，正如前面分析的那样，由于 MIU 模型采用了可分离的效用函数形式，从而这个模型呈现出古典经济学中所说的二分法结构：货币供给变化对除货币外的实体经济中的产出、消费、资本、劳动力和实际利率等实际变量没有影响，货币呈现出中性的特点；货币供给变化主要影响价格和名义利率等名义变量，而且对货币供给增加的预期使得通胀率产生短暂的超调，通胀率短期高于货币供应量的增长率，这使得名义利率也出现了短暂的大幅上升，这均会导致实际货币余额出现下降的趋势。但在含有交易成本的模型和 CIA 模型中，货币是非中性的，货币供应量的变化将对实体经济产生影响。在这两个模型中，货币供给增加导致的通胀率和名义利率的短期上升均使消费出现下降的趋势，但两种模型中作用的机制是不同的。在含有交易成本的模型中，消费下降主要是由于名义利率上升导致交易成本上升，从而使消费价格上升并影响了消费；而在 CIA 模型中，消费的变化主要受货币实际余额变化的影响，实际货币余额下降使得消费产生了下降的趋势。虽然在两个模型中，名义利率均出现了上升趋势，但在 CIA 模型中实际利率是下降的，而在含有交易成本的模型中实际利率却是上升的，从而在 CIA 模型中投资和资本积累是上升的，而在含有交易成本的模型中投资和资本积累是下降的。在 CIA 模型中虽然投资是上升的，但消费下降得更厉害，从而使产出呈现出先降后升的特点。在含有交易成本的模型中，消费和投资均出现了下降的趋势，可是产出核算中还包括交易成本，这部分相当于支出的消费税。在模型的参数设定下，交易成本这部分的上升使得产出短期内还略有上升的趋势，但交易成本的上升迟早会对消费和产出产生负面的影响。

第二节　金融部门的引入

虽然在前一节模型中引入了货币，但模型中提供货币的只有中央银行，因此，更准确地讲，这个货币应该是仅仅充当交易媒介、类似于现金、且完全能够由中央银行控制的外在货币（Outside Money）。但实际中，并非只有中央银行能够提供充当交易媒介的资产，还有很多诸如商业银行的其他金融机构能够提供充当交易媒介的资产。为此，本节继续将商业银行引入模型中，这样金融部门这个经济主体又分解为中央银行和商业银行，我们进一步来分析这两部分所起的作用。

一、流动资金的融资

在前一节模型的基础上，现在增加一个经济主体，即商业银行。商业银行可以向居民和厂商提供金融产品，假设其从居民那里吸收除交易外的存款，并向厂商提供用作生产需要的流动资金贷款。这样在原来的模型中又增加了存款和贷款两种金融产品，且这两种金融产品均由商业银行来提供，而居民和厂商分别是这两种金融产品的需求方。

（一）居民的行为决策

对于居民来说，其现在的预算约束变成：

$$\frac{B_{t+1}}{P_t} + \frac{M_{t+1}}{P_t} + \frac{D_{t+1}}{P_t} + k_{t+1} = (1 + R_{b,t})\frac{B_t}{P_t} + \frac{M_t}{P_t} + (1 + R_{d,t})\frac{D_t}{P_t}$$
$$+ (1 + r_{k,t} - \delta)k_t + w_t l_t + o_t + tr_t - c_t - \tau_t$$

其中，B_{t+1}、D_{t+1}、M_{t+1} 和 k_{t+1} 分别是居民持有的政府债券、商业银行的存款、现金的名义余额和实物资本存量（期初余额），$R_{b,t}$ 和 $R_{d,t}$ 分别是债券和存款的名义利率，P_t 是价格水平，$w_t l_t$ 和 $r_{k,t} k_t$ 分别是居民得到的实际劳动收入和资本收入，w_t 是实际工资，l_t 是居民提供的劳动力，$r_{k,t}$ 是资本的实际收益率，δ 是资本的折旧率，c_t 是实际消费，τ_t 是居民上缴的实际税收，o_t 是居民作为股东从厂商生产和商业银行经营中得到的红利之和（在完全竞争情况下为零，在不完全竞争情况下为垄断利润），$tr_t = [M_{t+1} - M_t] / P_t$ 是中央银行发行货币得到的铸币税，这里假设中央银行转移支付给居民。定义 $m_{t+1} = M_{t+1}/P_t$、$b_{t+1} = B_{t+1}/P_t$ 和 $d_{t+1} = D_{t+1}/P_t$ 分别是居民持有的现金、政府债券和存款的实际余额（期初余额），$r_{b,t} = (1 + R_{b,t}) / (1 + \pi_t) - 1$ 和 $r_{d,t} = (1 + R_{d,t})/(1 + \pi_t) - 1$ 分别是政府债券和存款的实际利率，$\pi_t = P_t/P_{t-1} - 1$ 是通胀率，那么，上式可写成实际余额形式：

$$b_{t+1} + m_{t+1} + d_{t+1} + k_{t+1} = (1 + r_{b,t})b_t + m_t/(1 + \pi_t) + (1 + r_{d,t})d_t$$
$$+ (1 + r_{k,t} - \delta)k_t + w_t l_t + o_t + tr_t - c_t - \tau_t$$

采用 MIU 模型的框架，居民的决策问题可表示为

$$\max_{|c_{t+i}, l_{t+i}, b_{t+1+i}, k_{t+1+i}, m_{t+1+i}, d_{t+1+i}|} E_t \left[\sum_{i=0}^{\infty} \beta^i U(c_{t+i}, m_{t+1+i}, l_{t+i}) \right]$$

$$s.t. \quad \begin{aligned} b_{t+1+i} + m_{t+1+i} + d_{t+1+i} + k_{t+1+i} &= (1 + r_{b,t+i})b_{t+i} + m_{t+i}/(1 + \pi_{t+i}) \\ &+ (1 + r_{d,t+i})d_{t+i} + (1 + r_{k,t+i} - \delta)k_{t+i} \\ &+ w_{t+i}l_{t+i} + o_{t+i} + tr_{t+i} - c_{t+i} - \tau_{t+i} \end{aligned}$$

令 λ_t 为约束条件对应的 Lagrange 乘子，上面优化问题的一阶条件为

$$\lambda_t = \frac{\partial U(c_t, m_{t+1}, l_t)}{\partial c_t}$$

$$-w_t \lambda_t = \frac{\partial U(c_t, m_{t+1}, l_t)}{\partial l_t}$$

$$\lambda_t = E_t[\beta(1 + r_{b,t+1})\lambda_{t+1}]$$

$$\lambda_t = E_t[\beta(1 + r_{k,t+1} - \delta)\lambda_{t+1}]$$

$$\lambda_t = \frac{\partial U(c_t, m_{t+1}, l_t)}{\partial m_{t+1}} + \beta E_t \left[\frac{\lambda_{t+1}}{1 + \pi_{t+1}} \right]$$

$$\lambda_t = E_t[\beta(1 + r_{d,t+1})\lambda_{t+1}]$$

如果资本存量、政府债券、存款与货币完全可替代，那么以下无套利条件成立：

$$r_{b,t} = r_{k,t} - \delta$$

$$r_{b,t} = r_{d,t}$$

$$\frac{\partial U(c_t, m_{t+1}, l_t)}{\partial m_{t+1}} = \frac{R_{b,t+1}\lambda_t}{1 + R_{b,t+1}}$$

采用前面 MIU 模型中的效用函数，上面一阶条件可写成：

$$\lambda_t = V_t c_t^{-\gamma}$$

$$w_t \lambda_t = \omega_2 V_t X_t l_t^{\varphi}$$

$$\lambda_t = E_t[\beta(1 + r_{b,t+1})\lambda_{t+1}]$$

$$r_{b,t} = r_{k,t} - \delta$$

$$r_{d,t} = r_{b,t}$$

$$\omega_1 V_t S_t m_{t+1}^{-v} = \frac{R_{b,t+1}\lambda_t}{1 + R_{b,t+1}}$$

（二）厂商的行为决策

厂商通过雇用劳动力和租用资本进行生产，不过这里与前面模型不同的是，厂商需要先支付一部分租金（租金包括劳动力和资本的租金）。厂商通过商业银行贷款预先支付租金，待生产结束后，厂商归还商业银行的贷款。假设厂商预先支付的资本和劳动力租金比例分别为 f_1 和 f_2，厂商需要预先支付的名义总租金为 $f_1 P_t r_{k,t} k_t + f_2 W_t l_t$，其中，$P_t$ 是价格水平，$r_{k,t}$ 是资本的实际租金率，k_t 是资本，W_t 是名义工资，l_t 是劳动力。厂商从商业银行申请与预先支付的名义租金相等的贷款 N_t，$N_t = (f_1 P_t r_{k,t} k_t + f_2 W_t l_t)$，贷款的名义利率为 $R_{l,t}$。这样，生产的名义总成本为 $[(1 + f_1 R_{l,t}) P_t r_{k,t} k_t + (1 + f_2 R_{l,t}) W_t l_t]$，实际总成本为 $[(1 + f_1 R_{l,t}) r_{k,t} k_t + (1 + f_2 R_{l,t}) w_t l_t]$，其中，$w_t = W_t/P_t$ 是实际工资。厂商生产产品可通过下面的优化问题来刻画：

$$\min_{\{k_t, l_t\}} [(1 + f_1 R_{l,t}) r_{k,t} k_t + (1 + f_2 R_{l,t}) w_t l_t]$$

$$s.\,t. \quad y_t = Z_t (k_t)^{\alpha} (l_t)^{1-\alpha}$$

其中，生产函数采用 Cobb – Douglas 生产函数。令约束条件对应的 Lagrange 乘子为 j_t，求解上面优化问题可得到下面的条件：

$$(1 + f_1 R_{l,t}) r_{k,t} = \alpha j_t [y_t/k_t]$$

$$(1 + f_2 R_{l,t}) w_t = (1 - \alpha) j_t [y_t/l_t]$$

$$j_t = \frac{[(1 + f_1 R_{l,t}) r_{k,t}]^{\alpha} [(1 + f_2 R_{l,t}) w_t]^{1-\alpha}}{(a)^{\alpha} (1 - \alpha)^{1-\alpha} Z_t}$$

由此可见，生产单位产品的实际边际成本 j_t 高于没有贷款的情况，单位产品的名义边际成本为

$$J_t = \frac{[(1 + f_1 R_{l,t}) r_{k,t} P_t]^{\alpha} [(1 + f_2 R_{l,t}) W_t]^{1-\alpha}}{(a)^{\alpha} (1 - \alpha)^{1-\alpha} Z_t}$$

在完全竞争的情况下，产品的价格等于生产的边际成本，从而产品的价格为

$$P_t = J_t$$

在垄断竞争条件下，厂商具有产品的定价权，从而价格为

$$P_t = (1 + \xi_t)J_t$$

这里，ξ_t 是垄断定价的加成率。

（三）商业银行的行为决策

商业银行的资金来源是居民的存款 D_t，资金运用包括其对厂商的贷款 $N_t = (f_1 P_t r_{k,t} k_t + f_2 W_t l_t)$ 和其存放在中央银行的存款准备金 $\zeta_t D_t$，其中，ζ_t 是存款准备金率，假设准备金不支付利息。在完全竞争状态下，商业银行的行为决策通过下面的优化问题来刻画：

$$\max_{\{N_{t+i}, D_{t+i}\}} E_t \sum_{i=0}^{\infty} \beta^i (\lambda_{t+i}/\lambda_t) \left[(1 + R_{l,t+i})N_{t+i} - (1 + R_{d,t+i})D_{t+i} \right]$$

$$s.t. \quad N_{t+i} = (1 - \zeta_{t+i})D_{t+i}$$

这里，由于居民是商业银行的股东，因而采用的贴现率为前面得到的跨期替代率。该优化问题的一阶条件为

$$1 + R_{l,t} = \frac{1 + R_{d,t}}{1 - \zeta_t}$$

由于是完全竞争，从而商业银行的垄断利润为零。

（四）政府和中央银行的行为决策

政府决策与 MIU 模型相同，政府预算约束现在以名义变量的形式写成：

$$B_{t+1} = (1 + R_{b,t})B_t + P_t g_t - P_t \tau_t$$

其中，B_t 是居民持有的政府债券的名义余额（期初余额），$R_{b,t}$ 是债券的名义利率，$P_t \tau_t$ 和 $P_t g_t$ 分别是政府的名义税收和名义支出。定义 $b_{t+1} = B_{t+1}/P_t$ 是居民持有的政府债券实际余额，$r_{b,t} = (1 + R_{b,t}) / (1 + \pi_t) - 1$ 是政府债券的实际利率，$\pi_t = P_t/P_{t-1} - 1$ 是通胀率，上式可以写成第三章的实际变量形式：

$$b_{t+1} = (1 + r_{b,t})b_t + g_t - \tau_t$$

政府支出和税收仍然采用前面模型的变化规律，这里重复写在下面：

$$\ln(g_t/\bar{g}) = \rho_g \ln(g_{t-1}/\bar{g}) + u_{g,t}, 0 \leqslant \rho_g < 1, u_{g,t} \sim N(0, \sigma_g^2)$$

$$\tau_t = \bar{\tau} + \phi(b_t - \bar{b}), \phi \geqslant 0$$

中央银行具有发行货币的垄断权。可以看出，中央银行的净负债为 $M_t + \zeta_t D_t$，即现金和准备金之和，这也称基础货币或高能货币，现代银行体系的一个特点是中央银行对基础货币具有调控能力，即中央银行通过控制发行现金及设定法定准备金率可以达到调控基础货币的目的。中央银行这两部分负债具有不同的性质，现金是中央银行对居民的负债，而准备金是中央银行对商业银行的负债，如果由中央银行垄断发行货币造成物价上升，那么现金购买力的损失

是由居民承担的。基于此考虑，前面我们假设中央银行铸币税收入 $tr_t = [M_{t+1} - M_t]/P_t$ 转移支付给居民。准备金购买力的损失虽然由商业银行来承担，但中央银行可以通过向商业银行提供贷款便利等优惠措施来将这一部分垄断利润转移支付给商业银行。总的来看，作为一个非营利的公共部门，中央银行必须将垄断货币发行得到的垄断利润转移支付给私人部门，这样才能保证市场的均衡。

假设中央银行按照下面方式来控制基础货币：

$$M_{t+1} = (1 + \mu_{t+1})M_t$$

$$(\mu_t - \overline{\mu}) = \rho_\mu(\mu_t - \overline{\mu}) + u_{\mu,t}, 0 \le \rho_\mu \le 1, u_{\mu,t} \sim N(0, \sigma_\mu^2)$$

$$(\zeta_t - \overline{\zeta}) = \rho_\zeta(\zeta_{t-1} - \overline{\zeta}) + u_{\zeta,t}, 0 \le \rho_\zeta \le 1, u_{\zeta,t} \sim N(0, \sigma_\zeta^2)$$

其中，μ_t 是现金余额的增长率，$\overline{\mu}$ 是现金余额增长率 μ_t 的稳态值，ζ_t 是准备金率，$\overline{\zeta}$ 是准备金率的稳态值，$u_{\mu,t}$ 和 $u_{\zeta,t}$ 分别是对现金增长率和准备金率的随机冲击，它们是白噪声。可以看出，货币供应量实际余额满足下面的规律：

$$m_{t+1} = [(1 + \mu_{t+1})/(1 + \pi_t)]m_t$$

（五）模型的均衡及模拟结果

与前面的 MIU 模型比较，模型增加的部分主要是将金融部门进一步分解为中央银行和商业银行。中央银行提供的金融产品是现金和准备金，这两种产品的需求方分别是居民和商业银行。商业银行提供的金融产品是存款和贷款，这两种金融产品的需求方分别是居民和厂商。商品市场、生产要素市场和债券市场的均衡在前面模型中已经介绍，这里不再重复。这里着重来看金融市场的均衡。

如果将中央银行和商业银行合并，那么就得到整个金融体系（通常称为货币概览）的资产负债结构。在这个简单模型中，金融体系的资产是对厂商的贷款 $N_t = (f_1 P_t r_{k,t} k_t + f_2 W_t l_t)$，金融体系的负债是现金和存款 $M_t + D_t$，这就是通常所称的狭义或广义货币供应量（若存款为活期存款，则称为狭义货币，若存款还包括定期存款，则称为广义货币），资产负债平衡要求这两部分相等，即

$$f_1 P_t r_{k,t} k_t + f_2 W_t l_t = N_t = M_t + D_t$$

或者

$$f_1 r_{k,t} k_t + f_2 w_t l_t = (m_t + d_t)/(1 + \pi_t)$$

类似于前几章的做法，在完全竞争情况下，模型中的竞争性均衡定义如下。

竞争性均衡（完全竞争情况下包括中央银行和商业银行的货币经济）：在外生变量 $\{V_t, X_t, S_t, Z_t, g_t, \mu_t, \zeta_t\}_{t=0}^{\infty}$ 描述的随机性环境下，给定价格序列 $\{w_t, r_{k,t}, R_{b,t}, R_{d,t}, R_{l,t}, P_t\}_{t=0}^{\infty}$，经济中的竞争性均衡涉及居民的消费和投资需求、资本和劳动力供给、债券、现金和存款需求 $\{c_t, i_t, k_t, l_t, B_t, M_t, D_t\}_{t=0}^{\infty}$，厂商对劳动力和资本的需求、产品的供给以及对贷款的需求 $\{k_t, l_t, y_t, N_t\}_{t=0}^{\infty}$，商业银行对存款和贷款的供给以及对准备金的需求 $\{D_t, N_t, \zeta_t D_t\}_{t=0}^{\infty}$，中央银行对现金和准备金的供给 $\{M_t, \zeta_t D_t\}_{t=0}^{\infty}$ 以及政府征收的税收和债券的供给 $\{P_t \tau_t, B_t\}_{t=0}^{\infty}$。均衡需保证：（1）居民的优化问题得到求解。（2）厂商的利润最大化问题得到求解。（3）商业银行的利润最大化问题得到求解。（4）政府跨期预算约束得到保证。（5）经济中的商品市场、债券市场、货币市场、信贷市场和生产要素市场达到均衡。

可以看出，上面模型中的贷款主要是为厂商租用生产要素提供流动资金，因此，下面将该模型简称为流动资金融资模型。为完整起见，将模型总结于表4.3。

表4. 3　　　　　　　　　　模型 Cha4dn（非线性形式）

外生变量：V_t，X_t，Z_t，g_t，S_t，μ_t，ζ_t；

$$\ln(V_t/\overline{V}) = \rho_V \ln(V_{t-1}/\overline{V}) + u_{V,t}, 0 \leq \rho_V < 1$$

$$\ln(X_t/\overline{X}) = \rho_X \ln(X_{t-1}/\overline{X}) + u_{X,t}, 0 \leq \rho_X < 1$$

$$\ln(Z_t/\overline{Z}) = \rho_Z \ln(Z_{t-1}/\overline{Z}) + u_{Z,t}, 0 \leq \rho_Z < 1$$

$$\ln(g_t/\overline{g}) = \rho_g \ln(g_{t-1}/\overline{g}) + u_{g,t}, 0 \leq \rho_g < 1$$

$$\ln(S_t/\overline{S}) = \rho_S \ln(S_{t-1}/\overline{S}) + u_{S,t}, 0 \leq \rho_S < 1$$

$$(\mu_t - \overline{\mu}) = \rho_\mu (\mu_{t-1} - \overline{\mu}) + u_{\mu,t}, 0 \leq \rho_\mu \leq 1$$

$$(\zeta_t - \overline{\zeta}) = \rho_\zeta (\zeta_{t-1} - \overline{\zeta}) + u_{\zeta,t}, 0 \leq \rho_\zeta \leq 1$$

内生变量：c_t，l_t，λ_t，y_t，w_t，$r_{k,t}$，i_t，k_t，τ_t，b_t，m_t，π_t，$R_{b,t}$，$r_{b,t}$，$R_{d,t}$，$R_{l,t}$，d_t；

$$\lambda_t = V_t c_t^{-\gamma}$$

$$w_t \lambda_t = \omega_2 V_t X_t l_t^{\varphi}$$

$$\lambda_t = E_t [\beta (1 + r_{b,t+1}) \lambda_{t+1}]$$

$$r_{b,t} = r_{k,t} - \delta$$

$$1 + R_{b,t} = (1 + r_{b,t})(1 + \pi_t)$$

$$R_{d,t} = R_{b,t}$$

$$\omega_1 V_t S_t m_{t+1}^{-v} = \frac{R_{b,t+1}\lambda_t}{1 + R_{b,t+1}}$$

$$(1 + f_1 R_{l,t})r_{k,t} = \alpha[y_t/k_t]$$

$$(1 + f_2 R_{l,t})w_t = (1 - \alpha)[y_t/l_t]$$

$$y_t = Z_t k_t^{\alpha} l_t^{1-\alpha}$$

$$k_{t+1} = (1 - \delta)k_t + i_t$$

$$y_t = c_t + i_t + g_t$$

$$b_{t+1} = (1 + r_{b,t})b_t + g_t - \tau_t$$

$$\tau_t = \bar{\tau} + \phi(b_t - \bar{b})$$

$$m_{t+1} = [(1 + \mu_{t+1})/(1 + \pi_t)]m_t$$

$$1 + R_{l,t} = \frac{1 + R_{d,t}}{1 - \zeta_t}$$

$$f_1 r_{k,t} k_t + f_2 w_t l_t = (m_t + d_t)/(1 + \pi_t)$$

随机冲击：$u_{V,t}$, $u_{X,t}$, $u_{Z,t}$, $u_{g,t}$, $u_{S,t}$, $u_{\mu,t}$, $u_{\zeta,t}$;

$u_{V,t} \sim N(0,\sigma_V^2)$, $u_{X,t} \sim N(0,\sigma_X^2)$, $u_{Z,t} \sim N(0,\sigma_Z^2)$, $u_{g,t} \sim N(0,\sigma_g^2)$,

$u_{S,t} \sim N(0,\sigma_S^2)$, $u_{\mu,t} \sim N(0,\sigma_\mu^2)$, $u_{\zeta,t} \sim N(0,\sigma_\zeta^2)$

稳态条件：

$\bar{r}_b = 1/\beta - 1$, $\bar{r}_k = \bar{r}_b + \delta$, $\bar{\pi} = \bar{\mu}$, $\bar{R}_b = (1 + \bar{\pi})(1 + \bar{r}_b) - 1$,

$$\bar{R}_d = \bar{R}_b, \quad 1 + \bar{R}_l = \frac{1 + \bar{R}_d}{1 - \zeta}, \quad 1 = \frac{[(1 + f_1 \bar{R}_l)\bar{r}_k]^{\alpha}[(1 + f_2 \bar{R}_l)\bar{w}]^{1-\alpha}}{(a)^{\alpha}(1 - \alpha)^{1-\alpha}Z},$$

$$\bar{k}/\bar{y} = \alpha/[(1 + f_1\bar{r}_l)\bar{r}_k], \quad \bar{l}/\bar{y} = (1 - \alpha)/[(1 + f_2\bar{r}_l)\bar{w}],$$

$$\bar{c}/\bar{y} = 1 - \delta\bar{k}/\bar{y} - \bar{g}/\bar{y},$$

$$(\bar{y})^{\varphi+\gamma} = [(1 - \alpha)/(1 + f_2\bar{r}_l)](\bar{l}/\bar{y})^{-1}(\bar{c}/\bar{y})^{-\gamma}/[\omega_2\bar{X}(\bar{l}/\bar{y})^{\varphi}]$$

$$\bar{\lambda} = \bar{V}(\bar{c})^{-\gamma}, \quad \bar{\tau} = \bar{g} + \bar{r}_b\bar{b}, \quad \omega_1\bar{S}\bar{m}^{-v} = \bar{c}^{-\gamma}\frac{\bar{r}_b}{1 + \bar{r}_b},$$

$$f_1\bar{r}_k\bar{k} + f_2\bar{w}\bar{l} = (\bar{m} + \bar{d})/(1 + \bar{\pi})$$

与前面的 MIU 模型比较，流动资金融资模型中增加的参数有 $\{\rho_\zeta, \sigma_\zeta, f_1,$ $f_2\}$，模拟中将这些参数设定为 $\rho_\zeta = 0.9, \sigma_\zeta = 0.01$，$f_1 = f_2 = 0.3$。另外，将准备金率的稳态值设定为 $\bar{\zeta} = 0.1$，模型中的其他参数和有关变量的稳态值与表 4.2 中的取值相同。根据以上校准的模型，下面仍着重来看货币供给冲击对经济的影响。假设货币供给受到一个冲击使其相对稳态值增加一个百分点，上面模型和前面 MIU 模型中货币供给冲击对经济的影响见图 4.2。可以看出，两个模型中的名义货币增长率、通胀率和名义利率等名义变量的变化基本相同，这是由于两个模型中的价格均是弹性的，从而在理性预期假设下，增加货币供应量引起的预期效应会立刻体现在通胀率和名义利率的变化上，而且会产生短暂的超调。但是，两个模型中实际变量的变化却是不同的。在前面校准的 MIU 模型中，货币变化对实际变量基本不产生影响，货币是中性的。在流动资金融资模型中，由于厂商需要从商业银行贷款预先支付一部分工资和资本的租金，从而名义利率上升会直接导致生产成本上升，在其他条件不变的情况下，生产成本上升会导致厂商减少生产。从图 4.2 中可以看到产出、资本和劳动力等变量均出现了下降的趋势，收入的下降也会导致消费的下降，消费和总需求的下降又会进一步导致实际工资和资本实际租金的下降，为此，货币变化在该模型中的作用是非中性的。在第一节的交易成本模型中，交易成本主要以消费的交易成本体现，而在上面的流动资金融资模型中，生产中通过借贷预先支付租金造成的成本实际上类似于交易成本，无论是哪种成本，都会导致资源的占用，从而对经济产生影响。另外，从前面所有模型的模拟可以看出，货币供给的增加不仅没有降低名义利率反而使其上升，这是与传统经济模型和实际情况不太一致的地方，这种预期效应主导对名义利率产生的结果是导致模拟中观察到的实体经济不扩张反而萎缩的关键原因，下面章节将继续探讨该问题。

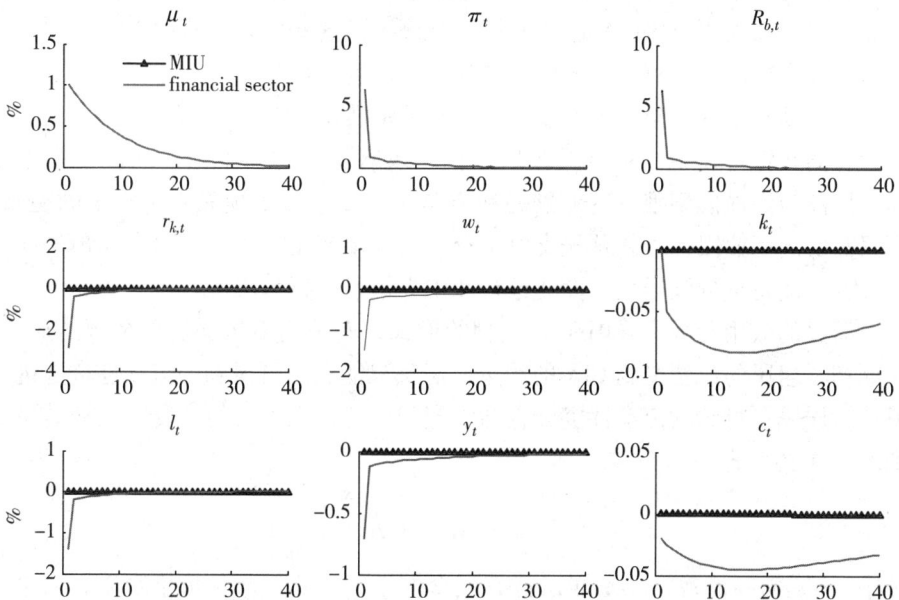

图 4.2 关于货币供给冲击的响应曲线

二、有限参与与流动性效应

传统的凯恩斯模型告诉我们，若中央银行增加货币供应量，则短期名义利率在短期内将下降，即在短期货币供应量与短期名义利率呈现负相关的关系，凯恩斯称此现象为流动性效应（Liquidity Effect），实际中我们也经常观察到这种流动性效应。从前面几个模型的模拟结果来看，随着货币供应量的增加，名义利率在短期内并不是下降，而是上升。因为在这些模型中，理性预期假设意味着信息是完全的，从而中央银行增加货币供应量的举措，将通过预期的通胀率立刻反映出来，这样使名义利率呈现出上升的趋势。为此，如何刻画流动性效应，人们提出了一类不完全信息模型，即有限参与（Limited Participation Models，LPM）模型。该模型最早由 Lucas（1990）提出，随后在 Fuerst（1992）、Christiano – Eichenbaum（1992，1995）、King – Watson（1996）、Carlstrom – Fuerst（1997）、Hamilton（1997）、Nam – Cooley（1998）、Christiano – Eichenbaum – Evans（1997，1998，2001）及 Dhar – Millard（2000a，b）等学者的推动下得到广泛的运用。

LPM 模型着重从不同经济主体所获取的信息特征来研究货币与经济的关系。特别是，居民和商业银行获得的信息是不对称的，在居民做出金融资产配置的决策后，商业银行可以通过中央银行获得更多的流动性并降低名义利率，从而可对厂商提供更多的贷款，而居民观测不到这些信息，从而不能立刻对以前的决策进行调整，故此，该模型被称为有限参与模型。

与流动资金融资模型相同，下面的 LPM 模型中包含的经济主体有居民、厂商、商业银行、中央银行及政府部门。政府的行为决策与前面模型基本相同。厂商与前面模型唯一有差别的地方是，厂商不需要预先支付资本的租金，而只需要向商业银行借款预先支付工资。为简单起见，假设厂商全部预先支付工资。下面着重刻画居民、商业银行和中央银行的行为决策。

居民的效用函数不采用 MIU 模型的形式，而采用不包含货币余额的形式。在期初，居民的消费受到 CIA 的约束，居民只能利用可得到的流动性资金进行消费，居民可得到的流动性资金包括现金和厂商预先支付的工资，这样居民受到的 CIA 约束为

$$c_t \leqslant \frac{M_t}{P_t} + w_t l_t$$

其中，c_t 是实际消费，M_t 是居民持有现金的期初余额，P_t 是价格水平，w_t 是实际工资，l_t 是劳动力。居民在进行消费决策后再进行其他方面的决策，居民受

到的预算约束为

$$\frac{B_{t+1}}{P_t} + \frac{M_{t+1}}{P_t} + \frac{D_{t+1}}{P_t} = (1 + R_{b,t})\frac{B_t}{P_t} + \frac{M_t}{P_t} + (1 + R_{d,t})\frac{D_t}{P_t} + r_{k,t}k_t + w_t l_t$$

$$+ o_t + tr_t - c_t - \tau_t - i_t$$

$$k_{t+1} = (1 - \delta)k_t + [1 - \Psi(i_t/i_{t-1})]i_t$$

其中，B_{t+1}、D_{t+1}、M_{t+1} 和 k_{t+1} 分别是居民持有的政府债券、商业银行的存款、现金的名义余额和实物资本（期初存量），$R_{b,t}$ 和 $R_{d,t}$ 分别是债券和存款的名义利率，P_t 是价格水平，$w_t l_t$ 和 $r_{k,t}k_t$ 分别为居民得到的实际劳动收入和实际资本收入，w_t 是实际工资，l_t 是居民提供的劳动力，$r_{k,t}$ 是资本的实际收益率，δ 是资本的折旧率，c_t 是实际消费，i_t 是实际投资，τ_t 是居民上缴的实际税收，o_t 是居民作为股东从厂商生产和商业银行经营中得到的红利之和，tr_t 是中央银行对居民的转移支付。这里为能清楚地看到流动性效应，模型中加入了投资调整成本，成本函数取第二章的形式。定义 $m_{t+1} = M_{t+1}/P_t$、$b_{t+1} = B_{t+1}/P_t$ 和 $d_{t+1} = D_{t+1}/P_t$ 分别为居民持有的现金、政府债券和存款的实际余额，$r_{b,t} = (1 + R_{b,t})/(1 + \pi_t) - 1$ 和 $r_{d,t} = (1 + R_{d,t})/(1 + \pi_t) - 1$ 分别为政府债券和存款的实际利率，$\pi_t = P_t/P_{t-1} - 1$ 是通胀率，居民的决策问题可表示为

$$\max_{\{c_{t+i}, l_{t+i}, i_{t+i}, b_{t+1+i}, k_{t+1+i}, m_{t+1+i}, d_{t+1+i}\}} E_t\Big[\sum_{i=0}^{\infty}\beta^i U(c_{t+i}, l_{t+i})\Big]$$

$$s.t. \quad b_{t+1+i} + m_{t+1+i} + d_{t+1+i} = (1 + r_{b,t+i})b_{t+i} + m_{t+i}/(1 + \pi_{t+i})$$

$$+ (1 + r_{d,t+i})d_{t+i} + r_{k,t+i}k_{t+i} + w_{t+i}l_{t+i} + o_{t+i} + tr_{t+i} - c_{t+i} - \tau_{t+i} - i_{t+i}$$

$$c_t \leqslant \frac{m_t}{1 + \pi_t} + w_t l_t$$

$$k_{t+1+i} = (1 - \delta)k_{t+i} + [1 - \Psi(i_{t+i}/i_{t-1+i})]i_{t+i}$$

令三个约束条件对应的 Lagrange 乘子分别为 λ_t、η_t 和 $\lambda_t q_t$，该问题的一阶条件为

$$\frac{\partial U(c_t, l_t)}{\partial c_t} = \lambda_t + \eta_t$$

$$-w_t(\lambda_t + \eta_t) = \frac{\partial U(c_t, l_t)}{\partial l_t}$$

$$\lambda_t = E_t[\beta(1 + r_{b,t+1})\lambda_{t+1}]$$

$$r_{b,t} = r_{d,t}$$

$$\lambda_t = E_t[\beta(\lambda_{t+1} + \eta_{t+1})/(1 + \pi_{t+1})]$$

$$\lambda_t q_t[1 - \Psi(i_t/i_{t-1})] - \lambda_t - \lambda_t q_t(i_t/i_{t-1})\Psi'(i_t/i_{t-1})$$

$$+ \beta E_t \lambda_{t+1} q_{t+1}(i_{t+1}/i_t)^2\Psi'(i_{t+1}/i_t) = 0$$

$$\lambda_t q_t = E_t\{\beta\lambda_{t+1}[r_{k,t+1} + (1-\delta)q_{t+1}]\}$$

进一步整理可得到

$$\lambda_t = \beta E_t\left[\frac{\dfrac{\partial U(c_{t+1}, l_{t+1})}{\partial c_{t+1}}}{1 + \pi_{t+1}}\right]$$

$$\eta_t = \frac{\partial U(c_t, l_t)}{\partial c_t} - \beta E_t\left[\frac{\dfrac{\partial U(c_{t+1}, l_{t+1})}{\partial c_{t+1}}}{1 + \pi_{t+1}}\right]$$

$$-w_t(\lambda_t + \eta_t) = \frac{\partial U(c_t, l_t)}{\partial l_t}$$

$$\lambda_t = E_t[\beta(1 + r_{b,t+1})\lambda_{t+1}]$$

$$r_{b,t} = r_{d,t}$$

$$1 + r_{b,t+1} = [r_{k,t+1} + (1-\delta)q_{t+1}]/q_t$$

$$\lambda_t q_t[1 - \Psi(i_t/i_{t-1})] - \lambda_t - \lambda_t q_t(i_t/i_{t-1})\Psi'(i_t/i_{t-1})$$
$$+ \beta E_t\lambda_{t+1}q_{t+1}(i_{t+1}/i_t)^2\Psi'(i_{t+1}/i_t) = 0$$

为讨论方便，假设没有准备金率的约束限制，商业银行的资金来源由两部分组成：一是居民的存款 D_t，二是商业银行通过再贴现、回购等方式从中央银行获取的流动性 X_t。商业银行的资金运用主要表现为对厂商的流动资金贷款N_t。

由于假设厂商向商业银行借款并全部用于预先支付工资，从而利用厂商的一阶条件可知，厂商的贷款需求：

$$N_t = W_t l_t = \frac{(1-\alpha)J_t y_t}{1 + R_{l,t}}, \quad J_t = Pj_t = \frac{[r_{k,t}P_t]^\alpha [(1 + R_{l,t})W_t]^{1-\alpha}}{(a)^\alpha (1-\alpha)^{1-\alpha}Z_t}$$

其中，W_t是名义工资，l_t是劳动力，$R_{l,t}$是贷款的名义利率，J_t和j_t分别是单位生产的名义和实际边际成本。

商业银行的资产负债表为

$$N_t = D_t + X_t$$

为着重讨论流动性效应，假设商业银行从中央银行借款不支付利息，但商业银行通过这部分流动性增加的贷款本金和利息必须最终偿还给中央银行。现在的一个问题是，商业银行需要向中央银行获得多少流动性呢？假设商业银行向中央银行的借款为

$$X_t = N_{t+1} - N_t$$

前面谈到，中央银行和商业银行合并后得到的货币概览为

$$N_t = D_t + M_t$$

代入可得到

$$X_t = (D_{t+1} + M_{t+1}) - (D_t + M_t)$$

因此，商业银行对厂商的流动资金贷款为

$$N_t = D_{t+1} + (M_{t+1} - M_t)$$

由于没有准备金率的约束，因此按照前面的做法可得到，贷款利率 $R_{l,t}$ 等于存款利率 $R_{d,t}$。在期末，商业银行必须将从中央银行借入的流动性归还本息 $X_t(1 + R_{d,t})$，中央银行作为非营利部门，将从商业银行获得的利息收入 $X_t R_{d,t}$ 转移支付给居民，这样前面居民预算约束中的转移支付为

$$tr_t = R_{d,t} X_t / P_t$$

从而可将 CIA 约束改写为

$$c_t \leqslant m_{t+1} + d_{t+1}$$

仍采用前面的效用函数和投资调整成本函数，即

$$U(c_t, l_t) = V_t \left(\frac{c_t^{1-\gamma}}{1 - \gamma} - \omega_2 X_t \frac{l_t^{1+\varphi}}{1 + \varphi} \right)$$

$$\Psi(i_t / i_{t-1}) = 0.5h(i_t / i_{t-1} - 1)^2, h \geqslant 0,$$

另外，假设中央银行控制名义货币供应量的增长率，货币供应量实际余额满足下面的规律：

$$m_{t+1} + d_{t+1} = [(1 + \mu_{t+1}) / (1 + \pi_t)](m_t + d_t)$$

这里，μ_t 是名义货币供应量的增长率，整个 LPM 模型的非线性形式总结于表 4.4。

表 4.4   **模型 Cha4en（非线性形式）**

外生变量：V_t, X_t, Z_t, g_t, μ_t;

$\ln(V_t / \bar{V}) = \rho_V \ln(V_{t-1} / \bar{V}) + u_{V,t}, 0 \leqslant \rho_V < 1$

$\ln(X_t / \bar{X}) = \rho_X \ln(X_{t-1} / \bar{X}) + u_{X,t}, 0 \leqslant \rho_X < 1$

$\ln(Z_t / \bar{Z}) = \rho_Z \ln(Z_{t-1} / \bar{Z}) + u_{Z,t}, 0 \leqslant \rho_Z < 1$

$\ln(g_t / \bar{g}) = \rho_g \ln(g_{t-1} / \bar{g}) + u_{g,t}, 0 \leqslant \rho_g < 1$

$(\mu_t - \bar{\mu}) = \rho_\mu (\mu_{t-1} - \bar{\mu}) + u_{\mu,t}, 0 \leqslant \rho_\mu \leqslant 1$

内生变量：$c_t, l_t, \lambda_t, y_t, w_t, r_{k,t}, i_t, q_t, k_t, \tau_t, b_t, m_{t+1}, \pi_t, R_{b,t}, r_{b,t}, R_{d,t}, R_{l,t}, d_t, \eta_t$;

$\lambda_t = \beta E_t \left[\frac{V_{t+1} c_{t+1}^{-\gamma}}{1 + \pi_{t+1}} \right]$

$$\eta_t = V_t c_t^{-\gamma} - \beta E_t \left[\frac{V_{t+1} c_{t+1}^{-\gamma}}{1 + \pi_{t+1}} \right]$$

$$w_t(\lambda_t + \eta_t) = \omega_2 V_t X_t l_t^{\varphi}$$

$$\lambda_t = E_t[\beta(1 + r_{b,t+1})\lambda_{t+1}]$$

$$1 + r_{b,t+1} = [r_{k,t+1} + (1 - \delta)q_{t+1}]/q_t$$

$$\frac{1}{q_t} = 1 - 0.5h(i_t/i_{t-1} - 1)^2 - h(i_t/i_{t-1})(i_t/i_{t-1} - 1)$$

$$\qquad + \beta h E_t(\lambda_{t+1}/\lambda_t)(q_{t+1}/q_t)(i_{t+1}/i_t)^2(i_{t+1}/i_t - 1)$$

$$1 + R_{b,t} = (1 + r_{b,t})(1 + \pi_t)$$

$$R_{d,t} = R_{b,t}$$

$$R_{l,t} = R_{d,t}$$

$$c_t = m_{t+1} + d_{t+1}$$

$$r_{k,t} = \alpha[y_t/k_t]$$

$$(1 + R_{l,t})w_t = (1 - \alpha)[y_t/l_t]$$

$$y_t = Z_t k_t^{\alpha} l_t^{1-\alpha}$$

$$k_{t+1} = (1 - \delta)k_t + [1 - 0.5h(i_t/i_{t-1} - 1)^2]i_t$$

$$y_t = c_t + i_t + g_t$$

$$b_{t+1} = (1 + r_{b,t})b_t + g_t - \tau_t$$

$$\tau_t = \bar{\tau} + \phi(b_t - \bar{b})$$

$$m_{t+1} + d_{t+1} = [(1 + \mu_{t+1})/(1 + \pi_t)](m_t + d_t)$$

$$w_t l_t = d_{t+1} + m_{t+1} - m_t/(1 + \pi_t)$$

随机冲击：$u_{V,t}$, $u_{X,t}$, $u_{Z,t}$, $u_{g,t}$, $u_{\mu,t}$；

$$u_{V,t} \sim N(0,\sigma_V^2),\ u_{X,t} \sim N(0,\sigma_X^2),\ u_{Z,t} \sim N(0,\sigma_Z^2),$$

$$u_{g,t} \sim N(0,\sigma_g^2),\ u_{\mu,t} \sim N(0,\sigma_\mu^2)$$

稳态条件：

$$\bar{q} = 1,\ \bar{r}_b = 1/\beta - 1,\ \bar{r}_k = \bar{r}_b + \delta,\ \bar{\pi} = \bar{\mu},\ \bar{R}_b = (1 + \bar{\pi})(1 + \bar{r}_b) - 1,$$

$$\bar{R}_d = \bar{R}_b,\ \bar{R}_l = \bar{R}_d,\ 1 = \frac{[\bar{r}_k]^{\alpha}[(1 + \bar{R}_l)\bar{w}]^{1-\alpha}}{(a)^{\alpha}(1 - \alpha)^{1-\alpha}\bar{Z}},\ \bar{k}/\bar{y} = \alpha/\bar{r}_k,$$

$$\bar{l}/\bar{y} = (1 - \alpha)/[(1 + \bar{r}_l)\bar{w}],\ \bar{c}/\bar{y} = 1 - \delta\bar{k}/\bar{y} - \bar{g}/\bar{y},$$

$$(\bar{y})^{\varphi+\gamma} = \frac{(1 - \alpha)(\bar{l}/\bar{y})^{-1}(\bar{c}/\bar{y})^{-\gamma}}{(1 + \bar{r}_l)\omega_2\bar{X}(\bar{l}/\bar{y})^{\varphi}},\ \bar{\lambda} = \beta\left[\frac{\bar{V}\bar{c}^{-\gamma}}{1 + \bar{\pi}}\right],$$

$$\bar{\eta} = \bar{V}\bar{c}^{-\gamma}[1 - \beta/(1 + \bar{\pi})],\ \bar{\tau} = \bar{g} + \bar{r}_b\bar{b},\ \bar{w}\bar{l} = \bar{c} - \bar{m}/(1 + \bar{\pi})$$

基于表 4.2 和第二章关于投资调整成本的参数校准值，针对 $\rho_\mu = 0$、$\rho_\mu = 0.5$ 和 $\rho_\mu = 0.9$ 三种情况进行模拟，仍然着重来看货币供给冲击对经济的影响。假设货币供给受到一个冲击使其相对稳态值增加一个百分点，三种情况下货币供给冲击对经济的影响见图 4.3。

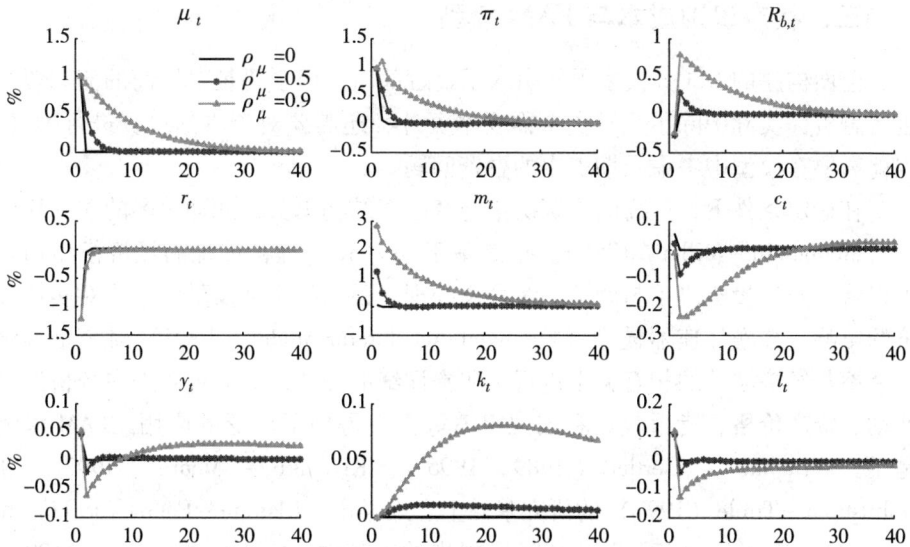

图 4.3　关于货币供给冲击的流动性效应

可以看出，短期内随着货币供应量的增加，名义利率下降，这说明 LPM 模型能够反映出凯恩斯指出的流动性效应。LPM 模型对流动性效应的解释主要缘于各经济主体的信息不对称。居民在当期不能获取金融市场的信息，从而在当期进行消费及资产组合决策时不能充分考虑当期金融市场的变化，而银行（中央银行和商业银行）及厂商由于具有信息方面的优势，在获取当期金融市场的信息情况下，能够对金融市场的流动性进行充分调节，这将对名义利率产生影响。

具体来说，当中央银行在短期通过对商业银行注入流动性而使货币供应量增加时，短期内货币市场中的资金供给增加，但是居民由于缺乏当期的金融市场信息，其对资金的需求保持在原来的状态，因此，短期内货币市场有过多的流动性，这对名义利率产生向下压力。随着名义利率下降，消费、投资、产出也将上升。另外，货币供应量增长率的持续性越弱，流动性显现越突出，但随着货币供应量持续性的增强，在理性预期环境下，名义利率的预期效应也逐渐显现出来。特别是，当持续性增强到一定程度时，预期效应将逐渐发挥主导作用，从而名义利率将会上升，这正是前面几章模型得到的结论。尽管 LPM 模型能够解释流动性效应，但在价格完全弹性的假设下流动性效应的持续性还很弱，与实际情况并不太吻合，因此，进一步提高模型的性能还需考虑价格粘性等其他方面的因素，这留在后面章节讨论。

三、状态识别成本与 FAM 模型

前面构建的 DSGE 模型虽然引入了金融部门，但主要是对厂商的流动资金进行融资，实际中除了流动资金需要融资外，还需要对资本的投资进行融资，因此需要在模型中考虑长期资本的融资问题。

在一定条件下，厂商的投资决策与其融资结构无关，此即著名的 M – M 定理（Modigliani – Miller，1958）。正是基于 M – M 定理，传统的经济模型通常可以将厂商的投资决策与融资决策分离处理，因而很少涉及融资结构对实体经济的影响。金融加速器模型（Financial Accelerator Models，FAM）对金融系统的摩擦与经济波动的相互关系进行了非常详细的描述，因而近年来在分析经济波动、资产价格、货币政策和宏观审慎等方面得到了广泛的应用。FAM 模型是在 Bernanke – Gertler（1989，1995）、Kiyotaki – Moore（1997）和 Holmstrom – Tirole（1997）的研究基础上，最早由 Carlstrom – Fuerst（1997）和 Bernanke – Gertler – Gilchrist（1998）提出的。其中，Carlstrom – Fuerst（1997）模型只对投资建立了金融加速机制，而 Bernanke – Gertler – Gilchrist（1998）对整个生产建立了金融加速机制。随后，Bernanke – Gertler（2000）、Hall（2001）、Ichiro（2002）、Christiano – Motto – Rostagno（2002，2007，2010）、House（2006）、De Graeve（2007）、Dib（2010）、Meh – Moran（2010）、Del Negro – Eggertsson – Kiyotaki（2010）、Christiano – Trabandt – Walentin（2011）和 Ikeda（2011a，b）等对其进行了拓展和实证检验。

FAM 模型采用了 Townsend（1979）的分析方法，将不完全信息下的债务契约安排引入动态宏观经济模型中，从而详细地分析了借款者的财务状况对其融资成本以及对投资和实体经济的影响。FAM 模型的基本框架是，在信息不对称的情况下，金融资产的不完全可替代性将会导致：一方面由于银行贷款与其他金融资产（如债券）不完全可替代，一些经济主体（如中小企业）的融资需求必须依赖银行的贷款而得到满足；另一方面银行对于不同的借款者，将会视其资信状况、抵押担保情况等进行选择并制定出不同的贷款利率水平。这样，借款者在财务状况不佳的情况下，内部融资和外部融资成本的差异将增大。如果金融市场不完善，这将使其借贷受到限制，从而银行贷款的供给直接影响借款者可利用的信贷资金。当采取紧的货币政策时，银行的贷款供给相应减少，结果导致在利率升高而抑制投资的同时，进一步使某些靠银行贷款融资

的借款者减少投资，最终使总需求降低的幅度更大。而且，紧的货币政策进一步对借款者资产负债状况产生了影响，使借款者的净现金流减少，担保、抵押品的价值下降，资产状况恶化。结果部分资信状况欠佳的借款者既无法进行直接融资，又无法得到银行贷款而进行间接融资，使得投资受到抑制，从而影响产出水平。因此，借款者的财务状况使得信贷途径对货币政策的传导具有加速作用。

　　为讨论方便，在下面的 FAM 模型中，我们不再将金融机构细分为中央银行和商业银行，仅考虑全部金融机构这个经济主体，模型中包含的其他经济主体有政府、居民和厂商。政府的行为决策与前面模型相同，这里不再重复。在居民的行为决策中，假设采用标准的包含消费和劳动力的效用函数，且投资存在调整成本，居民持有的资产包括政府债券、在金融机构的存款和实物资本，居民的行为刻画与上一节类似，唯一不同的是居民进行资本交易的收益率需要调整，这里不再重复。下面着重讨论厂商和金融机构的行为决策。

　　模型中居民持有实物资本，那么居民是如何进行实物资本的交易呢？实际上前面所有模型中居民持有的实物资本是一种与具体厂商无关的标准合约，而实际中的实物资本决定于每个厂商的行为，因为投资于每个厂商的资本显然是有差异的。为详细刻画这一点，我们在模型中将厂商从内部细分为企业家和从事生产的厂商。从事生产的厂商与前面的厂商一样，企业家充当的角色相当于厂商的融资经理，其将不同类型的资本需求变成标准合约并与居民进行交易，同时，将从居民购买的资本租给不同的企业。显然企业家在购买资本时需要资金，资金的来源一部分是内部资金（内部融资），另一部分是来源于金融机构的贷款（外部融资）。金融机构吸收居民的存款，并向需要融资的厂商提供贷款。

　　假设厂商连续分布于区间 $[0,1]$，第 $j \in [0,1]$ 个厂商生产中所需要的实物资本为 $k_{j,t}$，资本的名义价格为 Q_t（相对于消费品的价格为 $q_t = Q_t / P_t$，P_t 是消费品的价格），企业家与居民进行资本交易的名义毛收益率为 F_t。由于每个厂商经营和财务状况不同，企业家与厂商进行资本交易的名义毛收益率为 $\omega_{j,t} F_t$，它包括两方面因素：一是反映资本的平均毛收益率情况 F_t，二是反映不同厂商的资本毛收益率情况，以 $\omega_{j,t}$ 表示，这两方面因素分别反映了资本收益率的总体风险和个体风险状况。假设 $\omega_{j,t}$ 是符合独立同分布（i.i.d）的随机变量，其累计概率分布函数和概率密度函数分别为 $F(\omega_{j,t})$ 和 $f(\omega_{j,t})$，均值为 $E(\omega_{j,t}) = 1$。因此，在没有个体风险的情况下，资本的名义毛收益率为 F_t。在 t 期初，企业家购买资本所需要的资金为 $Q_{t-1} k_{j,t}$，企业家自己所拥有的净

财富为 $N_{j,t}$（这里净财富定义为厂商的流动资产加上不动资产的抵押价值减去所有负债），从而企业家需要从金融机构的借款为

$$E_{j,t} = Q_{t-1}k_{j,t} - N_{j,t}$$

在信息不对称情况下，企业家非常了解厂商的经营状况，但金融机构对厂商经营的真实状态并不完全了解，因而企业家代表厂商进行借款时，金融机构事前识别厂商的状态是有成本的（Costly State Verification，CSV）。若假设金融机构需要支付的监管成本（Monitoring Cost）与资本收益成正比，即 $\mu_t\omega_{j,t}F_t Q_{t-1}k_{j,t}$，则金融机构和企业家签订的债务契约安排如下：企业家借款 $E_{j,t}$ 的非违约名义毛利率为 $Z_{j,t}$，它依赖于随机变量 $\omega_{j,t}$ 的临界值 $\overline{\omega}_{j,t}$，即

$$\overline{\omega}_{j,t}F_t Q_{t-1}k_{j,t} = Z_{j,t}E_{j,t}$$

当 $\omega_{j,t} \geq \overline{\omega}_{j,t}$ 时，企业家支付贷款本息 $Z_{j,t}E_{j,t}$，同时取得收入 $\omega_{j,t}F_t Q_{t-1}k_{j,t} - Z_{j,t}E_{j,t}$；当 $\omega_{j,t} < \overline{\omega}_{j,t}$ 时，企业家不能支付利息，企业处于破产状态，此时金融机构保留处置厂商财产的权力，金融机构的净收入为 $(1-\mu_t)\omega_{j,t}F_t Q_{t-1}k_{j,t}$。

在以上债务契约条件下，金融机构的预期收入将决定于非违约利率 $Z_{j,t}$ 和临界值 $\overline{\omega}_{j,t}$，其预期收入为

$$[1 - F(\overline{\omega}_{j,t})]Z_{j,t}E_{j,t} + (1-\mu_t)\int_0^{\overline{\omega}_{j,t}}\omega_{j,t}F_t Q_{t-1}k_{j,t}\mathrm{d}F(\omega_{j,t})$$

这里 $F(\overline{\omega}_{j,t})$ 描述了违约概率。假设金融机构能够完全分散贷款风险，且金融市场处于完全竞争的状态，那么在无套利的条件下，上述收入应等于贷款的机会成本，即满足下面的约束：

$$[1 - F(\overline{\omega}_{j,t})]Z_{j,t}E_{j,t} + (1-\mu_t)\int_0^{\overline{\omega}_{j,t}}\omega_{j,t}F_t Q_{t-1}k_{j,t}\mathrm{d}F(\omega_{j,t}) = (1+R_{d,t})E_{j,t}$$

或

$$\{(1 - F(\overline{\omega}_{j,t}))\overline{\omega}_{j,t} + (1-\mu_t)\int_0^{\overline{\omega}_{j,t}}\omega_{j,t}\mathrm{d}F(\omega_{j,t})\}F_t Q_{t-1}k_{j,t}$$
$$= (1+R_{d,t})(Q_{t-1}k_{j,t} - N_{j,t})$$

其中，$R_{d,t}$ 是无风险名义利率，这里以存款利率（或者政府债券利率）作为代表。

定义杠杆率为

$$\rho_{j,t} = \frac{E_{j,t}}{N_{j,t}}$$

另外，定义以下函数：

$$G(\overline{\omega}_{j,t}) = \int_0^{\overline{\omega}_{j,t}}\omega_{j,t}\mathrm{d}F(\omega_{j,t}), \Gamma(\overline{\omega}_{j,t}) = \overline{\omega}_{j,t}[1 - F(\overline{\omega}_{j,t})] + G(\overline{\omega}_{j,t})$$

上面的约束条件可重写为

$$\left[\Gamma(\overline{\omega}_{j,t}) - \mu_t G(\overline{\omega}_{j,t})\right] \frac{F_t}{1 + R_{d,t}}(1 + \rho_{j,t}) = \rho_{j,t}$$

企业家的预期利润为

$$\int_{\overline{\omega}_{j,t}}^{\infty}\left[\omega_{j,t}F_t Q_{t-1}k_{j,t} - Z_{j,t}E_{j,t}\right]\mathrm{d}F(\omega_{j,t})$$

$$= \left[\int_{\overline{\omega}_{j,t}}^{\infty}\omega_{j,t}\mathrm{d}F(\omega_{j,t}) - \overline{\omega}_{j,t}(1 - F(\overline{\omega}_{j,t}))\right]F_t Q_{t-1}k_{j,t}$$

$$= \left[1 - \Gamma(\overline{\omega}_{j,t})\right]\frac{F_t}{1 + R_{d,t}}(1 + \rho_{j,t})(1 + R_{d,t})N_{j,t}$$

显然，要保证预期利润不为负值的条件是 $1 - \Gamma(\overline{\omega}_{j,t}) \geq 0$。企业家与金融机构的最优债务契约安排可通过求解下面的优化问题：

$$\max_{\rho_{j,t+1}, \overline{\omega}_{j,t+1}} E_t\left\{\left[1 - \Gamma(\overline{\omega}_{j,t+1})\right]\frac{F_{t+1}}{1 + R_{d,t+1}}(1 + \rho_{j,t+1})\right\}$$

$$s.\, t. \quad \left[\Gamma(\overline{\omega}_{j,t+1}) - \mu_{t+1}G(\overline{\omega}_{j,t+1})\right]\frac{F_{t+1}}{1 + R_{d,t+1}}(1 + \rho_{j,t+1}) = \rho_{j,t+1}$$

令约束对应的 Lagrange 乘子为 η_t，上面问题的一阶条件为

$$E_t\left\{\begin{array}{l}\left[1 - \Gamma(\overline{\omega}_{j,t+1})\right]\dfrac{F_{t+1}}{1 + R_{d,t+1}} \\ + \eta_t\left[(\Gamma(\overline{\omega}_{j,t+1}) - \mu_{t+1}G(\overline{\omega}_{j,t+1}))\dfrac{F_{t+1}}{1 + R_{d,t+1}} - 1\right]\end{array}\right\} = 0$$

$$\eta_t = \frac{\Gamma'(\overline{\omega}_{j,t+1})}{\Gamma'(\overline{\omega}_{j,t+1}) - \mu_{t+1}G'(\overline{\omega}_{j,t+1})}$$

将第二个式子代入第一个式子可得到

$$E_t\left\{\begin{array}{l}\left[1 - \Gamma(\overline{\omega}_{j,t+1})\right]\dfrac{F_{t+1}}{1 + R_{d,t+1}} \\ + \dfrac{\Gamma'(\overline{\omega}_{j,t+1})}{\Gamma'(\overline{\omega}_{j,t+1}) - \mu_{t+1}G'(\overline{\omega}_{j,t+1})}\left[(\Gamma(\overline{\omega}_{j,t+1}) - \mu_{t+1}G(\overline{\omega}_{j,t+1}))\dfrac{F_{t+1}}{1 + R_{d,t+1}} - 1\right]\end{array}\right\} = 0$$

可以看出，上式确定的 $\overline{\omega}_{j,t}$ 是与指标 $j \in [0, 1]$ 无关的，从而上式可以略去指标 j，进一步求解可得到

$$E_t\frac{F_{t+1}}{1 + R_{d,t+1}} = E_t\left(\frac{1}{1 - \mu_{t+1}\dfrac{G'(\overline{\omega}_{t+1})}{\Gamma'(\overline{\omega}_{t+1})}\left[1 - \Gamma(\overline{\omega}_{t+1})\right] - \mu_{t+1}G(\overline{\omega}_{t+1})}\right)$$

由此，信息不对称会导致资本的融资成本高于无风险利率。另外，进一步从上

面的约束条件可以看出，杠杆率 $\rho_{j,t}$ 也是与指标 $j \in [0, 1]$ 无关的，这样可以得到以下加总后的关系式：

$$[\Gamma(\overline{\omega}_t) - \mu_t G(\overline{\omega}_t)] \frac{F_t}{1 + R_{d,t}} = \frac{Q_{t-1}k_t - N_t}{Q_{t-1}k_t}$$

其中，$k_t = \int_0^1 k_{j,t} \mathrm{d}j$ 和 $N_t = \int_0^1 N_{j,t} \mathrm{d}j$ 分别是加总后的资本和企业家拥有的净财富。利用上面这两个关系式，经过复杂的推导可得到

$$E_t \frac{F_{t+1}}{1 + R_{d,t+1}} = S\left(\frac{N_{t+1}}{Q_t k_{t+1}}\right), \ N_{t+1} \leqslant Q_t k_{t+1}, S(1) = 1, S' < 0$$

从该公式可以看出，如果企业家购买资本所需要的资金完全从内部融资，即 $N_{t+1} = Q_t k_{t+1}$，那么风险利率 F_{t+1} 等于无风险利率 $1 + R_{d,t+1}$；如果企业家不完全从内部融资，即 $N_{t+1} < Q_t k_{t+1}$，那么随着外部融资比例的增加，风险利率 F_{t+1} 与无风险利率 $(1 + R_{d,t+1})$ 的差异将增大，亦即外部融资的风险溢价（External Finance Premium）将增加，因此，融资结构将对融资成本及投资产生影响。另外，从金融机构的角度来看，金融机构在满足借款者的贷款需求时，贷款利率依赖于借款者的财务状况，借款者的财务状况越好，贷款利率越优惠，故上式又称资金的供给曲线。

企业家加总后拥有的价值为

$$V_{e,t} = \int_0^1 \left(\int_{\overline{\omega}_t}^{\infty} \omega_t F_t Q_{t-1} k_{j,t} \mathrm{d}F(\omega_t) - [1 - F(\overline{\omega}_t)] Z_{j,t} E_{j,t}\right) \mathrm{d}j$$

$$= \left\{[1 - \Gamma(\overline{\omega}_t)] \frac{F_t}{1 + R_{d,t}} (1 + \rho_t)(1 + R_{d,t}) N_t\right\}$$

$$= F_t Q_{t-1} k_t - \left[1 + R_{d,t} + \mu_t G(\overline{\omega}_t) F_t \frac{Q_{t-1} k_t}{Q_{t-1} k_t - N_t}\right](Q_{t-1} k_t - N_t)$$

$$= Q_{t-1} k_t [(1 - \mu_t G(\overline{\omega}_t)) F_t - 1 - R_{d,t}] + (1 + R_{d,t}) N_t$$

违约的存在导致每期企业家并不是始终存在。假设在每期退出的企业家与进入的企业家相等，这样企业家的总数不变，而且退出的企业家将其净财富转移支付给新进入的企业家。假设每期企业家退出和继续存在的比例分别为 $(1 - \theta_t)$ 和 θ_t，退出的企业家转移支付的净财富占上一期企业家总净财富的比例为 $\chi N_t / (1 - \theta_t)$，那么下一期企业家拥有的净财富加总为

$$N_{t+1} = \theta_t V_{e,t} + \chi N_t$$

$$= \theta_t Q_{t-1} k_t [(1 - \mu_t G(\overline{\omega}_t)) F_t - 1 - R_{d,t}] + [\theta_t(1 + R_{d,t}) + \chi] N_t$$

为下面讨论方便，我们将上面得到的几个方程以实际变量的形式写出，为此定义如下变量：

$$q_t = \frac{Q_t}{P_t}, \ n_t = \frac{N_t}{P_t}, \ \pi_t = \frac{P_t}{P_{t-1}} - 1$$

其中，q_t 是资本相对于消费品的实际价格，P_t 是消费品的价格，π_t 是通胀率，n_t 是净财富的实际值，那么上面的方程可写成：

$$\left[\Gamma(\overline{\omega}_t) - \mu_t G(\overline{\omega}_t) \right] \frac{F_t}{1 + R_{d,t}} = \frac{q_{t-1}k_t - n_t}{q_{t-1}k_t}$$

$$n_{t+1}(1 + \pi_t) = \theta_t q_{t-1}k_t \left[(1 - \mu_t G(\overline{\omega}_t))F_t - 1 - R_{d,t} \right] + \left[\theta_t(1 + R_{d,t}) + \chi \right] n_t$$

模型中厂商利用劳动力和资本进行生产，仍然采用 Cobb – Douglas 生产函数，资本的实际租金为

$$r_{k,t} = \alpha \left[y_t / k_t \right]$$

其中，y_t 是产出，k_t 是资本存量，$r_{k,t}$ 是资本的实际租金。前面我们得到了资本的事前名义毛收益率 F_{t+1}，资本的事后名义收益率与资本的实际租金和资本的价格存在下面的关系：

$$F_t = \left[\frac{P_t r_{k,t} + Q_t(1 - \delta)}{Q_{t-1}} \right]$$

或者写成实际变量的形式：

$$F_t = \left[\frac{r_{k,t} + q_t(1 - \delta)}{q_{t-1}} \right] (1 + \pi_t)$$

其中，δ 为资本的折旧率。在前面章节的模型中，由于不存在上面的金融摩擦，从而无套利条件要求收益率 F_t 等于无风险利率 $(1 + R_{d,t})$。但在本节的模型中，信息不对称造成的状态识别成本会使收益率 F_t 与无风险利率 $(1 + R_{d,t})$ 产生风险溢价，这将对资本的价格、投资和生产产生影响。

由于模型中将中央银行和商业银行合并为金融机构，因此，忽略从中央银行到商业银行的传导细节，假设中央银行直接调控的是名义存款利率，中央银行采用下面的 Taylor 规则形式：

$$R_{d,t+1} = \rho_R R_{d,t} + (1 - \rho_R) \left[\overline{R}_d + \kappa_y \ln(y_t / \overline{y}) + \kappa_\pi(\pi_t - \overline{\pi}) \right] + u_{R,t},$$

$$0 \leq \rho_R \leq 1, \kappa_y > 0, \kappa_\pi > 1, u_{R,t} \sim N(0, \sigma_R^2)$$

其中，$R_{d,t}$ 是名义存款利率，y_t 是产出，π_t 是通胀率，$u_{R,t}$ 是对利率的随机冲击，变量上面加横线表示该变量的稳态值，参数 κ_y 和 κ_π 分别是利率关于产出和通胀的反应系数。名义利率和实际利率之间的关系式为

$$1 + r_{d,t} = (1 + R_{d,t}) / (1 + \pi_t)$$

另外，由于状态识别需要付出监管成本，从而经济资源的约束方程需要将这一因素考虑进去，从而资源约束方程调整为

$$y_t = c_t + i_t + g_t + \mu_t G(\overline{\omega}_t)\left[F_t/(1 + \pi_t)\right]q_{t-1}k_t$$

基于以上分析，类似于前几章的做法，模型中的竞争性均衡定义如下。

竞争性均衡（包含状态识别机制的经济）：在外生变量 $\{V_t, X_t, Z_t, g_t, \omega_t, u_{R,t}\}_{t=0}^{\infty}$ 描述的随机性环境下，给定价格序列 $\{w_t, r_{k,t}, Q_t, R_{b,t}, R_{d,t}, F_t, P_t\}_{t=0}^{\infty}$，经济中的竞争性均衡涉及居民的消费和投资需求、资本和劳动力供给、债券和存款需求 $\{c_t, i_t, k_t, l_t, B_t, D_t\}_{t=0}^{\infty}$，厂商对劳动力和资本的需求、产品的供给以及对贷款的需求 $\{k_t, l_t, y_t, Q_t k_{t+1} - N_{t+1}\}_{t=0}^{\infty}$，企业家对融资进行管理并积累净财富 $\{N_t\}_{t=0}^{\infty}$，金融机构对存款和贷款的供给 $\{D_{t+1}, Q_t k_{t+1} - N_{t+1}\}_{t=0}^{\infty}$ 以及政府征收的税收和债券的供给 $\{P_t \tau_t, B_t\}_{t=0}^{\infty}$。均衡需保证：（1）居民的优化问题得到求解。（2）厂商的利润最大化问题得到求解。（3）企业家在与金融机构签订最优债务合约条件下优化问题得到求解。（4）政府跨期预算约束得到保证。（5）经济中的商品市场、债券市场、信贷市场和生产要素市场达到均衡。

仍然采用前面不包含货币的效用函数形式：

$$U(c_t, l_t) = V_t\left(\frac{c_t^{1-\gamma}}{1 - \gamma} - \omega_2 X_t \frac{l_t^{1+\varphi}}{1 + \varphi}\right)$$

其中，V_t 是偏好冲击，可视为总需求冲击，X_t 是劳动力供给冲击。

为进一步讨论模型的求解过程，假设随机变量 ω_t 服从对数正态分布：

$$\ln\omega_t \sim N\left(-\frac{1}{2}\sigma_{\omega,t}^2, \sigma_{\omega,t}^2\right)$$

这样才能满足均值 $E(\omega_t) = 1$。ω_t 的概率密度函数 $f(\omega_t)$ 和累计分布函数具体形式可表示为

$$f(\omega_t) = \frac{1}{\sqrt{2\pi}\omega_t\sigma_{\omega,t}}e^{-\frac{1}{2}\left(\frac{\ln\omega_t + \frac{1}{2}\sigma_{\omega,t}^2}{\sigma_{\omega,t}}\right)^2} = \phi\left(\frac{\ln\omega_t + \frac{1}{2}\sigma_{\omega,t}^2}{\sigma_{\omega,t}}\right)$$

$$F(\omega_t) = \int_{-\infty}^{\omega_t}f(\omega_t)\,\mathrm{d}\omega_t = \Phi\left(\frac{\ln\omega_t + \frac{1}{2}\sigma_{\omega,t}^2}{\sigma_{\omega,t}}\right)$$

其中，$\phi(z) = \dfrac{1}{\sqrt{2\pi}}e^{-\frac{1}{2}z^2}$ 和 $\Phi(z) = \displaystyle\int_{-\infty}^{z}\dfrac{1}{\sqrt{2\pi}}e^{-\frac{1}{2}x^2}\mathrm{d}x$ 分别为标准正态分布的密度函数和累计分布函数。基于以上具体函数形式可得到下面的结果：

$$E[\omega_t \mid \omega_t > \overline{\omega}_t] = \Phi\left(\frac{-\ln\overline{\omega}_t + \frac{1}{2}\sigma_{\omega,t}^2}{\sigma_{\omega,t}}\right) = 1 - \Phi\left(\frac{\ln\overline{\omega}_t - \frac{1}{2}\sigma_{\omega,t}^2}{\sigma_{\omega,t}}\right)$$

$$G(\overline{\omega}_t) = \int_0^{\overline{\omega}_t} \omega_t f(\omega_t) \mathrm{d}\omega_t = \int_0^{\infty} \omega_t f(\omega_t) \mathrm{d}\omega_t - \int_{\overline{\omega}_t}^0 \omega_t f(\omega_t) \mathrm{d}\omega_t$$

$$= \Phi\left(\frac{\ln\overline{\omega}_t - \dfrac{1}{2}\sigma_{\omega,t}^2}{\sigma_{\omega,t}}\right)$$

$$\Gamma(\overline{\omega}_t) = G(\overline{\omega}_t) + \overline{\omega}_t[1 - F(\overline{\omega}_t)]$$

$$= \int_0^{\overline{\omega}_t} \omega_t f(\omega_t) \mathrm{d}\omega_t + \overline{\omega}_t \int_{\overline{\omega}_t}^{\infty} f(\omega_t) \mathrm{d}\omega_t$$

$$= G(\overline{\omega}_t) + \overline{\omega}_t\left[1 - \Phi\left(\frac{\ln\overline{\omega}_t + \dfrac{1}{2}\sigma_{\omega,t}^2}{\sigma_{\omega,t}}\right)\right]$$

$$G'(\overline{\omega}_t) = \frac{1}{\sigma_{\omega,t}}\phi\left(\frac{\ln\overline{\omega}_t + \dfrac{1}{2}\sigma_{\omega,t}^2}{\sigma_{\omega,t}}\right)$$

$$\Gamma'(\overline{\omega}_t) = \frac{\Gamma(\overline{\omega}_t) - G(\overline{\omega}_t)}{\overline{\omega}_t} = 1 - \Phi\left(\frac{\ln\overline{\omega}_t + \dfrac{1}{2}\sigma_{\omega,t}^2}{\sigma_{\omega,t}}\right)$$

上面假设参数 $\sigma_{\omega,t}$、μ_t 和 θ_t 都是随时间变化的，适用于更一般的情况。下面以简单情况为例，假设它们都是不依赖时间的参数，整个模型总结于表 4.5。由于模型较复杂，为此在求解之前，先来看模型的稳态。下面仅列出模型稳态方程与前面章节模型不同的地方，即

$$\frac{1 + \overline{R}_d}{\overline{F}} = 1 - \mu\frac{G'(\overline{\omega})}{\Gamma'(\overline{\omega})}[1 - \Gamma(\overline{\omega})] - \mu G(\overline{\omega}),$$

$$[\Gamma(\overline{\omega}) - \mu G(\overline{\omega})]\frac{\overline{F}}{1 + \overline{R}_d} = 1 - \frac{\overline{n}}{q\,\overline{k}}$$

$$\frac{\overline{n}}{q\,\overline{k}} = \frac{\theta[(1 - \mu G(\overline{\omega}))\overline{F} - 1 - \overline{R}_d]}{1 + \overline{\pi} - \theta(1 + \overline{R}_d) - \chi}, \quad \overline{R}_k = \overline{F}/(1 + \overline{\pi}) + \delta - 1$$

模型中违约风险的存在使得通过金融机构外部融资定价存在风险溢价，这将对资本的实际收益率产生影响，也将对模型的稳态产生影响。模型的稳态可以按照下面的顺序来求解。首先，若知道风险收益率与无风险利率的溢价，则通过上面的第一个方程可求解出违约的临界值。一旦确定了违约的临界值，那么通过第二个和第三个方程可确定风险收益率和杠杆率。最后通过第四个方程可解出资本的实际收益率。确定了该变量之后，稳态的求解与前面章节的求解步骤相同，模型的稳态总结于表 4.5。

表 4.5   **模型 Cha4fn（非线性形式）**

外生变量：V_t，X_t，Z_t，g_t；

$$\ln(V_t/\overline{V}) = \rho_V \ln(V_{t-1}/\overline{V}) + u_{V,t}, 0 \leq \rho_V < 1$$

$$\ln(X_t/\overline{X}) = \rho_X \ln(X_{t-1}/\overline{X}) + u_{X,t}, 0 \leq \rho_X < 1$$

$$\ln(Z_t/\overline{Z}) = \rho_Z \ln(Z_{t-1}/\overline{Z}) + u_{Z,t}, 0 \leq \rho_Z < 1$$

$$\ln(g_t/\overline{g}) = \rho_g \ln(g_{t-1}/\overline{g}) + u_{g,t}, 0 \leq \rho_g < 1$$

内生变量：c_t，l_t，λ_t，$r_{d,t}$，$r_{b,t}$，q_t，i_t，$r_{k,t}$，w_t，y_t，k_t，τ_t，b_t，F_t，n_t，$\overline{\omega}_t$，$R_{d,t}$，π_t；

$$\lambda_t = V_t c_t^{-\gamma}$$

$$\lambda_t = E_t[\beta(1+r_{b,t+1})\lambda_{t+1}]$$

$$w_t \lambda_t = \omega_2 V_t X_t l_t^{\varphi}$$

$$r_{b,t} = r_{d,t}$$

$$F_t = \left[\frac{r_{k,t} + q_t(1-\delta)}{q_{t-1}}\right](1+\pi_t)$$

$$\frac{1}{q_t} = 1 - 0.5h(i_t/i_{t-1}-1)^2 - h(i_t/i_{t-1})(i_t/i_{t-1}-1)$$
$$+ \beta h E_t(\lambda_{t+1}/\lambda_t)(q_{t+1}/q_t)(i_{t+1}/i_t)^2(i_{t+1}/i_t-1)$$

$$w_t = (1-\alpha)[y_t/l_t]$$

$$r_{k,t} = \alpha[y_t/k_t]$$

$$y_t = Z_t k_t^{\alpha} l_t^{1-\alpha}$$

$$k_{t+1} = (1-\delta)k_t + [1 - 0.5h(i_t/i_{t-1}-1)^2]i_t$$

$$y_t = c_t + i_t + g_t + \mu_t G(\overline{\omega}_t)[F_t/(1+\pi_t)]q_{t-1}k_t$$

$$b_{t+1} = (1+r_{b,t})b_t + g_t - \tau_t$$

$$\tau_t = \overline{\tau} + \phi(b_t - \overline{b})$$

$$[\Gamma(\overline{\omega}_{t+1}) - \mu G(\overline{\omega}_{t+1})]\frac{F_{t+1}}{1+R_{d,t+1}} = \frac{q_t k_{t+1} - n_{t+1}}{q_t k_{t+1}}$$

$$n_{t+1}(1+\pi_t) = \theta_t q_{t-1}k_t[(1-\mu_t G(\overline{\omega}_t))F_t - 1 - R_{d,t}] + [\theta_t(1+R_{d,t}) + \chi]n_t$$

$$E_t \frac{F_{t+1}}{1+R_{d,t+1}} = E_t\left(\frac{1}{1 - \mu \frac{G'(\overline{\omega}_{t+1})}{\Gamma'(\overline{\omega}_{t+1})}[1 - \Gamma(\overline{\omega}_{t+1})] - \mu G(\overline{\omega}_{t+1})}\right)$$

$$R_{d,t+1} = \rho_R R_{d,t} + (1-\rho_R)[\overline{R}_d + \kappa_y \ln(y_t/\overline{y}) + \kappa_{\pi}(\pi_t - \overline{\pi})] + u_{R,t},$$
$$0 \leq \rho_R \leq 1, \kappa_y > 0, \kappa_{\pi} > 1$$

$$1 + R_{d,t} = (1+r_{d,t})(1+\pi_t)$$

随机冲击：$u_{V,t}$，$u_{X,t}$，$u_{Z,t}$，$u_{g,t}$，$u_{R,t}$；

$u_{V,t} \sim N(0,\sigma_V^2)$，$u_{X,t} \sim N(0,\sigma_X^2)$，$u_{Z,t} \sim N(0,\sigma_Z^2)$，

$u_{g,t} \sim N(0,\sigma_g^2)$，$u_{R,t} \sim N(0,\sigma_R^2)$

稳态条件：

$\bar{q} = 1$，$\bar{r}_b = \bar{r}_d = 1/\beta - 1$，$\bar{\pi} = 0.005$，$1 + \bar{R}_d = (1 + \bar{r}_d)(1 + \bar{\pi})$，

$$\frac{1 + \bar{R}_d}{\bar{F}} = 1 - \mu \frac{G'(\bar{\omega})}{\Gamma'(\bar{\omega})}[1 - \Gamma(\bar{\omega})] - \mu G(\bar{\omega})，$$

$$[\Gamma(\bar{\omega}) - \mu G(\bar{\omega})]\frac{\bar{F}}{1 + \bar{R}_d} = 1 - \frac{\bar{n}}{q\bar{k}}，\quad \frac{\bar{n}}{q\bar{k}} = \frac{\theta[(1 - \mu G(\bar{\omega}))\bar{F} - 1 - \bar{R}_d]}{1 + \bar{\pi} - \theta(1 + \bar{R}_d) - \chi}，$$

$$\bar{r}_k = \bar{F}/(1 + \bar{\pi}) + \delta - 1，\quad 1 = \frac{[\bar{r}_k]^\alpha [\bar{w}]^{1-\alpha}}{(a)^\alpha (1 - \alpha)^{1-\alpha}\bar{Z}}，\quad \bar{k}/\bar{y} = \alpha/\bar{r}_k，$$

$$\bar{l}/\bar{y} = (1 - \alpha)/\bar{w}，\quad \bar{c}/\bar{y} = 1 - \delta\bar{k}/\bar{y} - \bar{g}/\bar{y} - \mu G(\bar{\omega})[\bar{F}/(1 + \bar{\pi})]\bar{k}/\bar{y}，$$

$$(\bar{y})^{\varphi + \gamma} = \frac{(1 - \alpha)(\bar{l}/\bar{y})^{-1}(\bar{c}/\bar{y})^{-\gamma}}{\omega_2 \bar{X}(\bar{l}/\bar{y})^\varphi}，\quad \bar{\lambda} = \bar{V}\bar{c}^{-\gamma}，\quad \bar{\tau} = \bar{g} + \bar{r}_b\bar{b}$$

　　除了基于表 4.2 和第二章关于投资调整成本的参数校准值外，上面模型增加的参数有 $\{\rho_R, \sigma_R, \kappa_\pi, \kappa_y, \mu, \sigma_\omega, \theta, \chi\}$。模拟中采用通常的 Taylor 规则系数，同时考虑惯性项，设定 $\rho_R = 0.8$，$\sigma_R = 0.01$，$\kappa_\pi = 1.5$，$\kappa_y = 0.5$。模型假设企业继续存在的期限为 10 年，从而设定参数 $\theta = 0.975$。模拟中波动率参数设定为 $\sigma_\omega = 0.1$。稳态时通胀率设定为年率 2%，风险溢价设定为年率 200 个基本点，同时将违约概率设定为 5%，由下面两式

$$\frac{1 + \bar{R}_d}{\bar{F}} = 1 - \mu \frac{G'(\bar{\omega})}{\Gamma'(\bar{\omega})}[1 - \Gamma(\bar{\omega})] - \mu G(\bar{\omega})$$

$$[\Gamma(\bar{\omega}) - \mu G(\bar{\omega})]\frac{\bar{F}}{1 + \bar{R}_d} = 1 - \frac{\theta[(1 - \mu G(\bar{\omega}))\bar{F} - 1 - \bar{R}_d]}{1 + \bar{\pi} - \theta(1 + \bar{r}_d) - \chi}$$

可确定参数 μ 和 χ。

　　根据以上模型，下面假设经济受到一个负的全要素生产率冲击使其相对稳态值减少一个百分点，针对三种波动性参数的生产率冲击对经济的影响见图 4.4。

　　可以看出，负的全要素生产率冲击使产出产生了下降的趋势，但使通胀率产生了上升的趋势。在模型中由于价格是完全弹性的，因而通胀率和名义利率短期内上升的现象马上体现出来。随着全要素生产率的下降，资本存量和资本的相对价格均产生了下降的趋势，企业的净值（模型中对应企业家的净财富）也产生了下降的趋势，并且随着不确定性的增加，这三者下降得越快。由于净

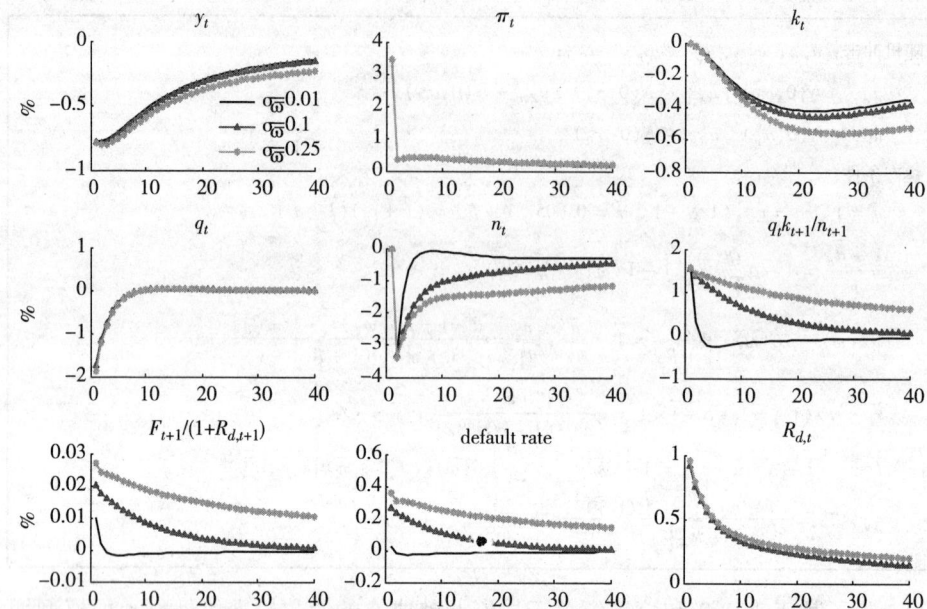

图 4.4　关于负的全要素生产率冲击的金融加速效应

财富下降得更快，从而导致企业的杠杆率上升，并且风险越大，杠杆率上升得越高。杠杆率上升得越高，企业外部融资需求越大，针对不确定性增加和外部融资需求增加的情况，金融机构的贷款利率相对于无风险利率的溢价越高，会进一步对投资、资本存量和产出等变量产生负的影响。同时，企业的违约率也在上升，而违约率的上升反过来又会使风险溢价增加，从而在厂商不完全从内部融资的情况下，随着外部融资的增加，风险利率与无风险利率的差异将增大，从而厂商的融资结构对融资成本产生了显著的影响。在金融市场不完善的情况下，这将对厂商投资所需要的资金来源产生影响。利率上升时，银行的贷款供给相应减少，结果导致利率升高而抑制投资的同时，进一步使某些靠银行贷款融资的借款者减少投资，最终使投资和产出降低的幅度更大。而且，利率的上升进一步对借款者资产负债状况产生了影响，使借款者的净现金流减少，担保、抵押品的价值下降，资产状况恶化，可以看出资本品的价格也出现了下降的趋势。结果部分资信状况欠佳的借款者既无法进行直接融资，又无法得到银行贷款而进行间接融资，使得投资受到抑制，从而影响产出水平。因此，在负的全要素生产率冲击影响下，外部融资风险溢价的扩大使已经衰退的经济进一步恶化，从而产生金融加速效应。

四、执行成本与长期资本的融资

在 FAM 模型中，信息不对称使得贷款者需要对借款者的真实状态进行识别，从而最优债务安排确定的贷款利率是事前利率，这种利率的确定方式有一个不足之处是容易产生逆向选择（Adverse Selection）问题，即当利率定得很高时，最终选择的对象反而是风险很大的借款者。除了通过状态识别成本引入金融摩擦外，还有另外一种金融摩擦的引入方式，即执行成本方式（Costly Enforcement，下面简称采用这种方式的模型为 CE 模型）。Gertler - Karadi（2011，2013）、Gertler - Kiyotaki（2010，2015）和 Gertler - Kiyotaki - Queralto（2012）等学者采用这种机制研究了非常规的货币政策问题。这种机制的引入非常直接，从微观到宏观的加总计算也非常方便，而且容易应用到宏观经济的分析中，但其也有不足之处，即没有状态识别成本机制中的违约率计算、不能对个体风险的变化情况进行细致的分析、不能解决道德风险（Moral Hazard）问题。

仍以上面的模型为例。在没有违约的情况下，金融机构针对企业家的融资决策可视为一个项目经营决策。假设企业家向金融机构的借款需求为（$Q_t k_{j,t+1} - N_{j,t+1}$），金融机构以无风险利率（$1 + R_{d,t+1}$）筹集到资金，然后按照资本的平均毛收益率 F_{t+1} 进行贷款，那么该项目的价值为

$$V_{j,t+1} = F_{t+1} Q_t k_{j,t+1} - (1 + R_{d,t+1})(Q_t k_{j,t+1} - N_{j,t+1})$$
$$= [F_{t+1} - (1 + R_{d,t+1})] Q_t k_{j,t+1} + (1 + R_{d,t+1}) N_{j,t+1}$$

若借款者违约，其得到该项目的价值为 $\lambda F_{t+1} Q_t k_{j,t+1}(0 < \lambda < 1)$，而贷款者得到的该项目的价值为 $(1 - \lambda) F_{t+1} Q_t k_{j,t+1}$。为了保证这笔贷款不被借款者挪作他用，金融机构对企业家施加的激励约束为

$$V_{j,t+1} \geq \lambda F_{t+1} Q_t k_{j,t+1}$$

因此最优贷款合约安排是求解下面的优化问题：

$$\max_{\{k_{t+1}\}} E_t V_{j,t+1} = [F_{t+1} - (1 + R_{d,t+1})] Q_t k_{j,t+1} + (1 + R_{d,t+1}) N_{j,t+1}$$

$$s.t. \quad V_{j,t+1} \geq \lambda F_{t+1} Q_t k_{j,t+1}$$

假设约束对应的 Lagrange 乘子为 $\eta_{j,t}$，上面问题可写成

$$\max_{\{k_{t+1}\}} E_t [V_{j,t+1} + \eta_{j,t}(V_{j,t+1} - \lambda F_{t+1} Q_t k_{j,t+1})]$$

其一阶条件为

$$[F_{t+1} - (1 + R_{d,t+1})](1 + \eta_{j,t}) = \eta_{j,t} \lambda F_{t+1}$$

可以看出，乘子 $\eta_{j,t}$ 是与指标 $j \in [0, 1]$ 无关的，因此可略去该指标。改写上式为

$$[F_{t+1} - (1 + R_{d,t+1})](1 + \eta_t) = \eta_t \lambda F_{t+1}$$

或者

$$\frac{1 + R_{d,t+1}}{F_{t+1}} = 1 - \frac{\lambda \eta_t}{1 + \eta_t}$$

若约束不起作用，即 $\eta_t = 0$，那么就回到了没有金融摩擦的经济，此时风险利率 F_{t+1} 等于无风险利率 $1 + R_{d,t+1}$；若约束起作用，即 $\eta_t > 0$，那么金融摩擦的存在将会使风险利率 F_{t+1} 大于无风险利率 $1 + R_{d,t+1}$。另外，由激励约束可得到

$$[(1 + R_{d,t+1}) - (1 - \lambda)F_{t+1}]Q_t k_{j,t+1} \leqslant (1 + R_{d,t+1})N_{j,t+1}$$

或者

$$Q_t k_{j,t+1} \leqslant \phi_{t+1} N_{j,t+1}, \phi_{t+1} = \frac{1}{[1 - (1 - \lambda)F_{t+1}/(1 + R_{d,t+1})]}$$

这里，ϕ_{t+1} 是杠杆率。在激励约束起作用时，杠杆率达到最大值，即资产最大规模等于自有资金乘以最大杠杆率。显然每个企业家都力争使资产规模达到最大值，由于最大杠杆率与指标 $j \in [0, 1]$ 无关，从而进行加总可得到最大的资产规模：

$$Q_t k_{t+1} = \phi_{t+1} N_{t+1}$$

其中，$k_t = \int_0^1 k_{j,t} \mathrm{d}j$ 和 $N_t = \int_0^1 N_{j,t} \mathrm{d}j$，或写成实际变量的形式：

$$q_t k_{t+1} = \phi_{t+1} n_{t+1}$$

与上面状态识别成本机制一样，假设在每期退出的企业家与进入的企业家相等，退出的企业家将其净财富转移支付给新进入的企业家，每期企业家退出和继续存在的比例分别为 $(1 - \theta_t)$ 和 θ_t，退出的企业家转移支付的净财富占上一期企业家总净财富的比例为 $\chi N_t / (1 - \theta_t)$，那么下一期企业家拥有的净财富加总为

$$N_{t+1} = \{\theta_t[\phi_t(F_t - 1 - R_{d,t}) + (1 + R_{d,t})] + \chi\}N_t$$

或写成实际变量的形式：

$$n_{t+1}(1 + \pi_t) = \{\theta_t[\phi_t(F_t - 1 - R_{d,t}) + 1 + R_{d,t}] + \chi\}n_t$$

模型的其他部分与 FAM 模型相同。由于不考虑违约，因此，与 FAM 模型相比，模型形式相对简单，但只能得到宏观经济结果，对个体风险以及违约率等反映个体特性的考虑没有 FAM 模型细致。类似于前面，模型中的竞争性均衡定义如下。

竞争性均衡（包含执行成本机制的经济）：在外生变量 $\{V_t, X_t, Z_t, g_t, u_{R,t}\}_{t=0}^{\infty}$ 描述的随机性环境下，给定价格序列 $\{w_t, r_{k,t}, Q_t, R_{b,t}, R_{d,t}, F_t, P_t\}_{t=0}^{\infty}$，经济中的竞

争性均衡涉及居民的消费和投资需求、资本和劳动力供给、债券和存款需求 $\{c_t, i_t, k_t, l_t, B_t, D_t\}_{t=0}^{\infty}$，厂商对劳动力和资本的需求、产品的供给以及对贷款的需求 $\{k_t, l_t, y_t, Q_t k_{t+1} - N_{t+1}\}_{t=0}^{\infty}$，企业家对融资进行管理并积累净财富 $\{N_t\}_{t=0}^{\infty}$，金融机构对存款和贷款的供给 $\{D_{t+1}, Q_t k_{t+1} - N_{t+1}\}_{t=0}^{\infty}$ 以及政府征收的税收和债券的供给 $\{P_t \tau_t, B_t\}_{t=0}^{\infty}$，均衡需保证：（1）居民的优化问题得到求解。（2）厂商的利润最大化问题得到求解。（3）企业家在与金融机构签订最优债务合约条件下的优化问题得到求解。（4）政府跨期预算约束得到保证。（5）经济中的商品市场、债券市场、信贷市场和生产要素市场达到均衡。

采用与 FAM 模型相同的效用函数、生产函数及投资调整成本函数形式，并且假设参数 θ_t 是不依赖时间的参数，整个模型总结于表 4.6。模型的稳态与前面 FAM 模型不同的地方主要体现在下面几个方程：

$$\overline{F}/(1 + \overline{R}_d) = (1 - 1/\overline{\phi})/(1 - \lambda), \qquad \overline{q}\,\overline{k} = \overline{\phi}\,\overline{n}$$
$$1 + \overline{\pi} = \theta[\overline{\phi}(\overline{F} - 1 - \overline{R}_d) + 1 + \overline{R}_d] + \chi$$

在求解稳态时，可通过第二个方程确定杠杆率。确定了杠杆率后，通过第一个方程可确定风险收益率和无风险利率的风险溢价（若给定参数 λ），或者校准参数 λ（若给定风险溢价）。最后通过第三个方程可校准参数 χ。这些变量或参数确定后，稳态的求解与前面章节的求解步骤相同，模型的稳态总结于表 4.6。

表 4.6　　　　　　　　　　　　模型 Cha4gn（非线性形式）

外生变量：V_t，X_t，Z_t，g_t；

$\ln(V_t/\overline{V}) = \rho_V \ln(V_{t-1}/\overline{V}) + u_{V,t}, 0 \leqslant \rho_V < 1$

$\ln(X_t/\overline{X}) = \rho_X \ln(X_{t-1}/\overline{X}) + u_{X,t}, 0 \leqslant \rho_X < 1$

$\ln(Z_t/\overline{Z}) = \rho_Z \ln(Z_{t-1}/\overline{Z}) + u_{Z,t}, 0 \leqslant \rho_Z < 1$

$\ln(g_t/\overline{g}) = \rho_g \ln(g_{t-1}/\overline{g}) + u_{g,t}, 0 \leqslant \rho_g < 1$

内生变量：c_t，l_t，λ_t，$r_{d,t}$，$r_{b,t}$，q_t，i_t，$r_{k,t}$，w_t，y_t，k_t，τ_t，b_t，F_t，n_t，ϕ_t，$R_{d,t}$，π_t；

$\lambda_t = V_t c_t^{-\gamma}$

$\lambda_t = E_t[\beta(1 + r_{b,t+1})\lambda_{t+1}]$

$w_t \lambda_t = \omega_2 V_t X_t l_t^{\varphi}$

$r_{b,t} = r_{d,t}$

$F_t = \left[\dfrac{r_{k,t} + q_t(1 - \delta)}{q_{t-1}}\right](1 + \pi_t)$

$$\frac{1}{q_t} = 1 - 0.5h(i_t/i_{t-1} - 1)^2 - h(i_t/i_{t-1})(i_t/i_{t-1} - 1)$$

$$+ \beta h E_t(\lambda_{t+1}/\lambda_t)(q_{t+1}/q_t)(i_{t+1}/i_t)^2(i_{t+1}/i_t - 1)$$

$$w_t = (1 - \alpha)[y_t/l_t]$$

$$r_{k,t} = \alpha[y_t/k_t]$$

$$y_t = Z_t k_t^\alpha l_t^{1-\alpha}$$

$$k_{t+1} = (1 - \delta)k_t + [1 - 0.5h(i_t/i_{t-1} - 1)^2]i_t$$

$$y_t = c_t + i_t + g_t$$

$$b_{t+1} = (1 + r_{b,t})b_t + g_t - \tau_t$$

$$\tau_t = \bar{\tau} + \phi(b_t - \bar{b})$$

$$\phi_{t+1} = \frac{1}{[1 - (1 - \lambda)F_{t+1}/(1 + R_{d,t+1})]}$$

$$q_t k_{t+1} = \phi_{t+1} n_{t+1}$$

$$n_{t+1}(1 + \pi_t) = \{\theta[\phi_t(F_t - 1 - R_{d,t}) + 1 + R_{d,t}] + \chi\}n_t$$

$$R_{d,t+1} = \rho_R R_{d,t} + (1 - \rho_R)[\bar{R}_d + \kappa_y \ln(y_t/\bar{y}) + \kappa_\pi(\pi_t - \bar{\pi})] + u_{R,t},$$

$$0 \le \rho_R \le 1, \kappa_y > 0, \kappa_\pi > 1$$

$$1 + R_{d,t} = (1 + r_{d,t})(1 + \pi_t)$$

随机冲击：$u_{V,t}$，$u_{X,t}$，$u_{Z,t}$，$u_{g,t}$，$u_{R,t}$；

$$u_{V,t} \sim N(0, \sigma_V^2)，u_{X,t} \sim N(0, \sigma_X^2)，u_{Z,t} \sim N(0, \sigma_Z^2)，$$

$$u_{g,t} \sim N(0, \sigma_g^2)，u_{R,t} \sim N(0, \sigma_R^2)$$

稳态条件：

$$\bar{q} = 1，\bar{r}_b = \bar{r}_d = 1/\beta - 1，\bar{\pi} = 0.005，1 + \bar{R}_d = (1 + \bar{r}_d)(1 + \bar{\pi})，$$

$$\bar{F}/(1 + \bar{R}_d) = (1 - 1/\bar{\phi})/(1 - \lambda)，\bar{qk} = \bar{\phi}\bar{n}，$$

$$1 + \bar{\pi} = \theta[\bar{\phi}(\bar{F} - 1 - \bar{R}_d) + 1 + \bar{R}_d] + \chi，\bar{r}_k = \bar{F}/(1 + \bar{\pi}) + \delta - 1，$$

$$1 = \frac{[\bar{r}_k]^\alpha[\bar{w}]^{1-\alpha}}{(a)^\alpha(1 - \alpha)^{1-\alpha}\bar{Z}}，\bar{k}/\bar{y} = \alpha/\bar{r}_k，\bar{l}/\bar{y} = (1 - \alpha)/\bar{w}，$$

$$\bar{c}/\bar{y} = 1 - \delta\bar{k}/\bar{y} - \bar{g}/\bar{y}，(\bar{y})^{\varphi+\gamma} = \frac{(1 - \alpha)(\bar{l}/\bar{y})^{-1}(\bar{c}/\bar{y})^{-\gamma}}{\omega_2 \bar{X}(\bar{l}/\bar{y})^\varphi}，$$

$$\bar{\lambda} = \bar{V}\bar{c}^{-\gamma}，\bar{\tau} = \bar{g} + \bar{r}_b\bar{b}$$

在对上面的 CE 模型进行校准时，为了便于与 FAM 模型进行比较，我们选择参数 λ 和 χ 使稳态时的杠杆率和风险收益率与无风险利率的风险溢价相同。基于校准后的模型，下面假设经济受到一个负的全要素生产率冲击使其相对稳态值减少一个百分点，CE 模型和 FAM 模型中负的全要素生产率冲击对经济的影响见图 4.5。可以看出，状态识别机制下的金融加速效应更强并且持续更久，特别是从对杠杆率和风险溢价的影响来看，两者的动态特性表现出较大的差异。在 CE 模型中，杠杆率和风险溢价只在初期发生显著大幅变化，随后马上恢复到原来的状态，而在 FAM 模型中，杠杆率和风险溢价是逐步发生变化的，持续性很强。这是因为，FAM 模型中引入了违约率，违约率的变化特征是通过正态分布的累计概率分布函数来刻画的，该函数的非线性动态特征在违约率的变化上体现出来，从而对经济的影响体现出上面的动态特性。在两个模型中，价格均是完全弹性的，从而经济的动态特征没有反映出价格粘性所产生的效果，但即使在这样情况下，模型中的金融加速效应仍然非常显著，如果再加入价格粘性（下一章将考虑这种机制），那么效果更能反映现实。

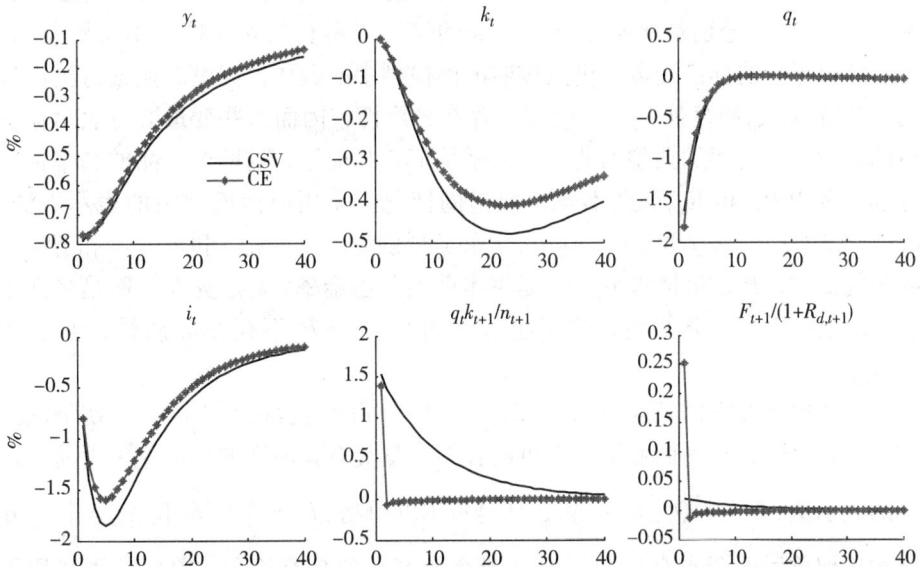

图 4.5　两种机制下的金融加速效应比较

五、将长短期融资结合在一起

实际中金融机构不仅能够提供短期融资，也能够提供长期融资。相应地，金融机构为获得资金来源提供了各种不同期限和用途的存款产品。同时，为了交易的需要，金融机构也提供现金使经济主体便于交易。前面章节从不同方面介绍了货币或金融部门的引入方式，下面将这些方面结合在一起来描述上面谈到的现实情况。为做到这一点，可将前面模型中商业银行在短期和长期融资的行为结合起来，现在商业银行对厂商同时提供短期流动资金和长期资本融资贷款，并且，商业银行通过提供存款产品、相互之间进行拆借资金或者向中央银行借入资金等方式获得资金来源。

具体来讲，商业银行的资金来源于居民的存款及商业银行通过中央银行或者其他商业银行拆借。商业银行的资金运用包括三个方面：一是商业银行对厂商的短期贷款，二是商业银行对厂商的长期贷款，三是商业银行受到法定存款准备金率的约束及流动性需求的约束，在中央银行的账户上保留的准备金（即法定准备金和超额准备金之和）。对于典型商业银行，其资产负债结构可通过下面的恒等式表示：

$$\zeta_t D_t + L_{S,t} + L_{L,t} = D_t + H_t$$

这里，D_t 是居民的存款，$\zeta_t D_t$ 是存放在中央银行的存款准备金（ζ_t 是准备金率），$L_{S,t}$ 和 $L_{L,t}$ 分别是商业银行对厂商的流动资金贷款和长期资本融资贷款，H_t 是商业银行的拆借资金。仍然按照前面模型中的做法，假设商业银行提供流动资金贷款 $L_{S,t}$ 和存款 D_t 产品时都不存在异质性，因而这些变量既可表示加总后的总量，也可表示典型商业银行的平均值，相应地，这两个产品的利率也可分别表示为 $R_{S,t}$ 和 $R_{d,t}$。在不发生混淆的情况下采用前面模型中的表示方法，$L_{S,t} = (f_1 P_t r_{k,t} k_t + f_2 W_t l_t)$，其中，$f_1$ 和 f_2 分别为厂商预先支付的资本和劳动力租金的比例，P_t 是价格水平，$r_{k,t}$ 是资本的实际租金率，k_t 是资本，W_t 是名义工资，l_t 是劳动力。类似地，这里也假设拆借资金 H_t 不存在异质性，其利率为 $R_{h,t}$。

商业银行在提供长期贷款 $L_{L,t}$ 时，由于厂商的经营状况不同，长期贷款的收益具有风险，从而商业银行提供的长期贷款具有异质性的特征。采用前面模型的表示法，$L_{L,t} = Q_{t-1} k_t - N_t$，$Q_t$ 是资本的价格，$k_t = \int_0^1 k_{j,t} dj$ 和 $N_t = \int_0^1 N_{j,t} dj$ 分别是加总后的资本存量和厂商（或企业家）的自有资金。前面分别采用了状态识别和执行成本两种方式对贷款进行了定价，这里采用状态识别方式对长期贷款进行定价，从前面的分析结果可得到，长期贷款的总收益为

$$\prod (L_{L,t}) = [\Gamma(\overline{\omega}_t) - \mu_t G(\overline{\omega}_t)] F_t q_{t-1} k_t = L_{L,t}(1 + R_{d,t})$$

其中，F_t 是资本的总体名义毛收益率，μ_t 是监管成本，有关函数见前面的介绍。假设准备金不支付利息，那么商业银行的总利润可表示为

$$\prod_t = \prod (L_{L,t}) + (1 + R_{S,t+i}) L_{S,t+i} - (1 + R_{d,t+i}) D_{t+i} - (1 + R_{h,t}) H_t$$

$$= (1 + R_{d,t+i}) L_{L,t+i} + (1 + R_{S,t+i}) L_{S,t+i} - (1 + R_{d,t+i}) D_{t+i} - (1 + R_{h,t}) H_t$$

将 $H_t = L_{L,t} + L_{S,t} - (1 - \zeta_t) D_t$ 代入上式可得到

$$\prod_t = (R_{d,t+i} - R_{h,t+i})L_{L,t+i} + (R_{S,t+i} - R_{h,t+i})L_{S,t+i}$$
$$- \left[(1 + R_{d,t+i}) - (1 - \zeta_{t+i})(1 + R_{h,t+i})\right]D_{t+i}$$

在利润函数中，由于长期贷款的规模 $L_{L,t}$ 已经确定，因此商业银行的决策可由下面的优化问题来刻画：

$$\max_{\{L_{S,t+i}, D_{t+i}\}} E_t \sum_{i=0}^{\infty} \beta^i (\lambda_{t+i}/\lambda_t) \left\{ \begin{array}{l} (R_{d,t+i} - R_{h,t+i})L_{L,t+i} + (R_{S,t+i} - R_{h,t+i})L_{S,t+i} \\ - \left[(1 + R_{d,t+i}) - (1 - \zeta_{t+i})(1 + R_{h,t+i})\right]D_{t+i} \end{array} \right\}$$

这里，居民是商业银行的股东，从而采用的贴现率为前面得到的跨期替代率，该优化问题的一阶条件为

$$1 + R_{h,t} = \frac{1 + R_{d,t}}{1 - \zeta_t}$$

$$R_{S,t} = R_{h,t}$$

上面条件表明，在短期资金市场没有摩擦的情况下，商业银行向厂商提供短期贷款或者在资金市场上进行拆借资金的收益率是相同的。但由于受到准备金率的约束，而模型中又假设准备金不支付利息，从而二者的利率与存款的利率存在一定的关系。显然，若准备金率为零，那么三者是相同的。如果 H_t 只是商业银行相互之间的拆借资金，那么在均衡条件下 $H_t = 0$；如果 H_t 是从中央银行借入的资金，那么中央银行的资产方就会增加这一项资产，从而中央银行的资产负债表可表示为：

$$H_t = \zeta_t D_t + M_t$$

其中，M_t 是居民持有的现金（期初余额）。在这种情况下，中央银行控制基础货币又增加了一个渠道，即通过控制中央银行的资产方，这是与前面仅控制负债方不完全相同的地方。如果将中央银行和商业银行的资产负债表进行合并，那么可就得到货币概览，即

$$L_{S,t} + L_{L,t} = D_t + M_t$$

假设中央银行控制商业银行向中央银行的借款，采用下面的规则：

$$H_{t+1} = (1 + \mu_{h,t+1})H_t$$

其中，H_t 是商业银行向中央银行的借款（期初余额），$\mu_{h,t}$ 是借款的增长率。在这种方式下，中央银行也是通过控制商业银行的借款数量来间接调控借款利率 $R_{h,t}$。随着该利率的变化，存款及贷款利率也将发生变化，这会进一步对经济产生影响。无论采用直接方式还是间接方式，从上面可以看出，只要基准利率变化，那么整个利率体系将发生变化，从而利率传导途径就建立起来。同时，在状态识别或者执行成本的作用机制下，信贷的传导途径也将建立起来，在后面章节中将进一步讨论具体的传导细节。

模型中居民、厂商和政府的行为描述和第一节的流动资金模型相同，只不过在厂商的投资融资决策方面采用状态识别方式进行处理，这里不再重复。

六、利率的期限结构

融资方式总体可分为债务融资和股权融资两种类型，在存在金融摩擦的情况下，不同的融资方式将对经济产生不同影响，前面讨论的基本上都是债务融资方式。可以看出，流动资金的短期融资和资本的长期融资显示出不同的特性，且融资成本差异也很大。那么，不同期限债务的融资利率之间存在什么关系呢？前面模型隐约有不同利率之间的关系问题描述，但下面将详细讨论利率期限结构问题。利率的期限结构是货币政策关注的一个重要方面，当中央银行直接调控基准利率或者通过基础货币间接调控基准利率时，基准利率的变化如何影响不同期限的利率以及不同期限的利率变化如何影响经济中的不同部门是货币政策必须考虑的一个关键问题。另外，利率的期限结构也是资产定价研究的一个重要方面，而资产定价显然与资产价格和经济变化存在着密切关系。基于这些考虑，下面着重在 DSGE 模型框架下讨论利率的期限结构问题。

仍采用前面的 MIU 模型框架。模型中各类经济主体的行为基本上与前面的模型类似，唯一不同的是，我们现在以政府债券为例，考虑债券的利率期限结构问题（利用相同的方法也可以对其他债券的期限结构进行研究）。假设发行的债券是纯贴现性债券，债券的期限包括 $1, 2, \cdots, N$ 期，债券到期时支付一个单位的货币，期限为 $j(j = 1, \cdots, N)$ 的债券价格为 $Q_{j,t}$，债券的发行量为 $B_{j,t+1}$（期初余额）。

对于居民来说，其现在的预算约束等式变成：

$$\sum_{j=1}^{N} \frac{Q_{j,t}B_{j,t+1}}{P_t} + \frac{M_{t+1}}{P_t} + \frac{D_{t+1}}{P_t} + k_{t+1} = \sum_{j=1}^{N} \frac{Q_{j-1,t}B_{j,t}}{P_t} + \frac{M_t}{P_t} + (1 + R_{d,t}) \frac{D_t}{P_t}$$
$$+ (1 + r_{k,t} - \delta)k_t + w_t l_t + o_t + tr_t - c_t - \tau_t$$

其中，$B_{j,t+1}(j = 1, \cdots, N)$、$D_{t+1}$ 和 M_{t+1} 分别是居民持有的期限为 j 的政府债券、商业银行存款和现金的名义余额（期初余额），$Q_{j,t}$ 是期限为 j 的债券价格，$R_{d,t}$ 是存款的名义利率，P_t 是价格水平，k_{t+1} 是居民持有的资本存量（期初存量），$w_t l_t$ 和 $r_{k,t} k_t$ 分别为居民得到的实际劳动收入和实际资本收入，w_t 是实际工资，l_t 是居民提供的劳动力，$r_{k,t}$ 是出租资本得到的实际收益率，δ 是资本的折旧率，c_t 是实际消费，τ_t 是居民上缴的实际税收，o_t 是居民作为股东从厂商生产和商业银行经营中得到的红利之和，$tr_t = [M_{t+1} - M_t]/P_t$ 是中央银行发行货币得到的铸币税，这里假设中央银行转移支付给居民。定义 $m_{t+1} =$

M_{t+1}/P_t、$b_{j,t+1} = B_{j,t+1}/P_t$ 和 $d_{t+1} = D_{t+1}/P_t$ 分别是居民持有的现金、债券和存款的实际余额（期初余额），$r_{d,t} = (1 + R_{d,t})/(1 + \pi_t) - 1$ 是存款的实际利率，$\pi_t = P_t/P_{t-1} - 1$ 是通胀率，那么，上式可写成实际余额形式：

$$\sum_{j=1}^{N} Q_{j,t}b_{j,t+1} + m_{t+1} + d_{t+1} + k_{t+1} = \sum_{j=1}^{N} \frac{Q_{j-1,t}b_{j,t}}{1 + \pi_t} + \frac{m_t}{1 + \pi_t} + (1 + r_{d,t})d_t$$
$$+ (1 + r_{k,t} - \delta)k_t + w_t l_t + o_t + tr_t - c_t - \tau_t$$

居民的决策问题可表示为

$$\max_{\{c_{t+i}, l_{t+i}, b_{j,t+1+i}, k_{t+1+i}, m_{t+1+i}, d_{t+1+i}\}} E_t \left[\sum_{i=0}^{\infty} \beta^i U(c_{t+i}, m_{t+i}, l_{t+i}) \right]$$
$$s.t.$$

$$\sum_{j=1}^{N} Q_{j,t}b_{j,t+1+i} + m_{t+1+i} + d_{t+1+i} + k_{t+1+i} = \sum_{j=1}^{N} \frac{Q_{j-1,t+i}b_{j,t+i}}{1 + \pi_{t+i}} + \frac{m_{t+i}}{1 + \pi_{t+i}} + (1 + r_{d,t+i})d_{t+i}$$
$$+ (1 + r_{k,t+i} - \delta)k_{t+i} + w_{t+i}l_{t+i} + o_{t+i}$$
$$+ tr_{t+i} - c_{t+i} - \tau_{t+i}$$

令 λ_t 是约束条件对应的 Lagrange 乘子，上面优化问题的一阶条件为

$$\lambda_t = \frac{\partial U(c_t, m_{t+1}, l_t)}{\partial c_t}$$

$$-w_t \lambda_t = \frac{\partial U(c_t, m_{t+1}, l_t)}{\partial l_t}$$

$$\lambda_t = E_t[\beta(1 + r_{k,t+1} - \delta)\lambda_{t+1}]$$

$$\lambda_t = \frac{\partial U(c_t, m_{t+1}, l_t)}{\partial m_{t+1}} + \beta E_t\left[\frac{\lambda_{t+1}}{1 + \pi_{t+1}}\right]$$

$$\lambda_t = E_t[\beta(1 + r_{d,t+1})\lambda_{t+1}]$$

$$\lambda_t Q_{j,t} = E_t[\beta\lambda_{t+1}Q_{j-1,t+1}/(1 + \pi_{t+1})], j = 1, \cdots, N, Q_{0,t} = 1$$

上面几个方程除了最后一个方程外，其他方程与前面的 MIU 模型相同，这里着重考虑最后一个方程，该方程用来确定债券的价格。类似于第一章的分析，模型中的随机贴现因子 SDF_t 为

$$SDF_{t+1} = \beta\lambda_{t+1}/\lambda_t$$

这样债券的价格方程可改写为

$$Q_{j,t} = E_t\left[SDF_{t+1}\frac{Q_{j-1,t+1}}{(1 + \pi_{t+1})}\right], j = 1, \cdots, N, Q_{0,t} = 1$$

向前递推可得到

$$Q_{j,t} = E_t\left[\frac{\prod_{i=1}^{j} SDF_{t+i}}{\prod_{i=1}^{j}(1 + \pi_{t+i})}\right], j = 1, \cdots, N$$

由于是纯贴现债券，从而期限为 j 的债券收益率 $R_{j,t+1}$ 为

$$1 + R_{j,t+1} = (Q_{j,t})^{-\frac{1}{j}}, j = 1, \cdots, N$$

代入上面的债券价格方程可得到下面的收益率表达式：

$$(1 + R_{j,t+1})^{-j} = E_t \left[\frac{\prod_{i=1}^{j} SDF_{t+i}}{\prod_{i=1}^{j} (1 + \pi_{t+i})} \right], j = 1, \cdots, N$$

或者写成递归的形式：

$$(1 + R_{j,t+1})^{-j} = E_t \left[\frac{SDF_{t+1}}{(1 + \pi_{t+1})} (1 + R_{j-1,t+2})^{-(j-1)} \right], j = 1, \cdots, N$$

当 $j = 1$ 时，$(1 + R_{1,t+1})^{-1} = E_t \left(\frac{\beta \lambda_{t+1}}{\lambda_t (1 + \pi_{t+1})} \right)$。若定义实际利率为 $1 + r_{1,t+1} = (1 + R_{1,t+1})/(1 + \pi_{t+1})$，则可写成 $1 = E_t [\beta (1 + r_{1,t+1}) \lambda_{t+1}/\lambda_t]$，这就是前面各章节模型中得到的欧拉方程，上面方程只不过以名义利率的形式写出。基于该结果，上面的期限结构可写成：

$$(1 + R_{j,t+1})^{-j} = E_t [(1 + R_{1,t+1})^{-1} (1 + R_{j-1,t+2})^{-(j-1)}]$$
$$= \cdots$$
$$= E_t [(1 + R_{1,t+1})^{-1} (1 + R_{1,t+2})^{-1} \cdots (1 + R_{1,t+j})^{-1}],$$
$$j = 1, \cdots, N$$

如果仅考虑一阶近似，那么上面方程就是利率期限结构的预期理论，即期限为 j 的债券收益率 $R_{j,t+1}$ 是未来 j 期期限为 1 期的债券收益率 $R_{1,t+1}$ 的加权平均。$R_{1,t+1}$ 就是前面几章模型中所说的基准利率，这个利率可以由中央银行直接调控，也可以通过调控基础货币间接调控。但是，如果考虑高阶近似，那么上面方程可写成：

$$(1 + R_{j,t+1})^{-j} = E_t [(1 + R_{1,t+1})^{-1}] E_t [(1 + R_{1,t+2})^{-1}] \cdots$$
$$E_t [(1 + R_{1,t+j})^{-1}] + pr_{j,t}, j = 1 \cdots, N$$

其中，非线性项 $pr_{j,t}$ 是期限为 j 的债券收益率的期限溢价。因此，对于高阶近似，收益率的期限溢价是收益率定价必须考虑的一个重要因素。

另外，若定义持有 1 期的名义收益率为

$$R_{hj,t} = \frac{Q_{j-1,t}}{Q_{j,t-1}}$$

那么，代入一阶条件可得到

$$1 = E_t [SDF_{t+1} R_{hj,t+1}/(1 + \pi_{t+1})], j = 1, \cdots, N$$

进一步可得到下面的无套利条件：

$$R_{hj,t} = R_{1,t} = R_{d,t}, j = 1, \cdots, N$$

因此，无套利条件表明，各期限债券持有 1 期的收益率等于期限为 1 期的债券收益率且等于居民的存款利率，下面也将该利率选为基准利率。

采用具体的效用函数形式：

$$U(c_t, m_{t+1}, l_t) = V_t \left(\frac{c_t^{1-\gamma}}{1-\gamma} + \omega_1 S_t \frac{m_{t+1}^{1-v}}{1-v} - \omega_2 X_t \frac{l_t^{1+\varphi}}{1+\varphi} \right)$$

其中，V_t 是偏好冲击，S_t 是货币需求冲击，X_t 是劳动力供给冲击，v、ω_1 和 ω_2 是参数，上面得到的有关结果可写成：

$$SDF_{t+1} = \beta \left(\frac{c_t}{c_{t+1}} \right)^\gamma \frac{V_{t+1}}{V_t}$$

$$(1 + R_{j,t+1})^{-j} = E_t \left[\frac{\prod_{i=1}^j SDF_{t+i}}{\prod_{i=1}^j (1 + \pi_{t+i})} \right], j = 1, \cdots, N$$

$$(1 + R_{j,t+1})^{-j} = E_t \left[(1 + R_{1,t+1})^{-1} (1 + R_{1,t+2})^{-1} \cdots (1 + R_{1,t+j})^{-1} \right],$$
$$j = 1, \cdots, N$$

对于政府来说，在采用发行不同期限的债券情况下，政府预算约束调整为下面的形式：

$$\sum_{j=1}^N \frac{Q_{j,t} B_{j,t+1}}{P_t} = \sum_{j=1}^N \frac{Q_{j-1,t} B_{j,t}}{P_t} + g_t - \tau_t$$

或者，

$$\sum_{j=1}^N Q_{j,t} b_{j,t+1} = \sum_{j=1}^N \frac{Q_{j-1,t}}{(1 + \pi_t) Q_{j,t-1}} Q_{j,t-1} b_{j,t} + g_t - \tau_t$$

进一步可写成：

$$\sum_{j=1}^N Q_{j,t} b_{j,t+1} = \sum_{j=1}^N \frac{R_{hj,t}}{(1 + \pi_t)} Q_{j,t-1} b_{j,t} + g_t - \tau_t$$

定义以下变量：

$$\tilde{b}_{t+1} = \sum_{j=1}^N Q_{j,t} b_{j,t+1}, r_{hj,t} = \frac{R_{hj,t}}{1 + \pi_t}$$

其中，$\tilde{b}_t$ 是所有期限的债券发行价值之和，$R_{hj,t}$ 和 $r_{hj,t}$ 分别为持有 1 期的名义收益率和实际收益率。利用前面得到的无套利条件 $R_{1,t} = R_{hj,t}, j = 1, \cdots, N$，那么上式可写成：

$$\tilde{b}_{t+1} = r_{1,t}\tilde{b}_t + g_t - \tau_t$$

显然，该式与前面各章的政府跨期预算等式形式是相同的，但内容不完全相同。这里，$\tilde{b}_t$ 是所有期限债券发行价值之和，发行价值决定于债券的价格和发行数量，而前面各章的政府跨期预算等式涉及的只是债券发行数量。

政府支出和税收仍然采用前面模型的变化规律，这里重复写在下面：

$$\ln(g_t/\overline{g}) = \rho_g\ln(g_{t-1}/\overline{g}) + u_{g,t}, 0 \leqslant \rho_g < 1, u_{g,t} \sim N(0,\sigma_g^2)$$

$$\tau_t = \overline{\tau} + \phi(b_t - \overline{b}), \phi \geqslant 0$$

其中，$b_t = \sum_{j=1}^{N} b_{j,t}$ 是所有期限债券的发行数量，$\overline{b}$ 是其稳态值。以上可以确定总体债券的数量，但要完全确定各个期限的债券数量，还需有别的假设条件，如政府部门在发行债券时对不同期限债券的发行规模有相关的政策考虑，这里由于着重讨论利率的期限结构，因而对这一点暂不详细讨论。

模型中的厂商和中央银行与前面 MIU 模型相同，这里不再重复，但为着重考察利率的期限结构变化，货币政策规则采用下面的 Taylor 规则形式：

$$R_{d,t+1} = \rho_R R_{d,t} + (1 - \rho_R)\left[\overline{R}_d + \kappa_y\ln(y_t/\overline{y}) + \kappa_\pi(\pi_t - \overline{\pi})\right] + u_{R,t},$$

$$0 \leqslant \rho_R \leqslant 1, \kappa_y > 0, \kappa_\pi > 1\ u_{R,t} \sim N(0,\sigma_R^2)$$

由于中央银行采用利率规则，因此模型中的货币数量将是内生确定的，这一点与前面中央银行采用货币供应量规则不完全相同。

整个模型除了上面的利率期限结构方程和货币政策规则方程外，其他方程与前面 MIU 模型相同，而且模型中实体经济的特征基本没有改变，只是对债券的价格按期限进行了详细刻画，因此，将这几个方程替换后就可以很容易对模型进行求解。在求解稳态时，不同利率的稳态值采用下面的方程来计算：

$$\overline{r}_1 = \overline{r}_d = 1/\beta - 1, 1 + \overline{R}_d = (1 + \overline{r}_d)(1 + \overline{\pi})$$

$$\overline{R}_j = \overline{R}_1 = \overline{R}_d, \quad \overline{Q}_j = (1 + \overline{R}_j)^{-j}, j = 1, \cdots, N$$

采用表 4.2 中参数和有关变量稳态的校准值可以求出模型的稳态。从前面的分析可以看出，利率的期限溢价只有通过高阶近似才能显示出来，因此下面采用二阶近似来求解（要考察期限溢价的动态变化则需要至少三阶以上的近似方法来模拟，这里不详细讨论）。另外，模型中虽然有六个随机冲击，但从上面各方程可以看出，直接影响利率期限结构的只有四个随机冲击。基于以上校准的模型，下面针对偏好冲击、生产率冲击、货币冲击（利率冲击）以及政府支出冲击等四个随机冲击进行模拟分析，这四个冲击对不同期限的利率产生的影响见图 4.6，这里选择的期限为一个季度、一年、三年、五年以及十年。

可以看出，不同冲击对利率的期限结构影响是不同的。前面分析得到，利率的期限结构决定于随机贴现率和通胀率的累计变化，因此，随机贴现率和通胀率变化的持续性越强，其对利率的期限结构影响越显著。由于模型中没有投资调整成本，价格也是完全弹性的，从而在理性预期的假设下，名义利率对冲击的反应是非常迅速的，总的来看，货币冲击对利率的期限结构影响不大，几乎可以忽略。

偏好冲击类似于总需求冲击。随着总需求的上升，通胀率上升马上体现出来，中央银行对这二者的反应均是提高基准利率，基准利率的上升也迅速在收益率曲线中体现出来，从而不同期限的利率也将上升，该冲击的持续性越强，不同期限利率对此反应的差异越强烈。

生产率冲击虽然使产出出现了上升趋势，但却使通胀率出现了下降趋势，基准利率的变化要看该冲击对产出和通胀率的影响程度，从以上校准的模型模拟结果来看，这二者的综合反应使基准利率短期内产生了下降的趋势，这种短期内下降的趋势也在其他不同期限的利率上反映出来。

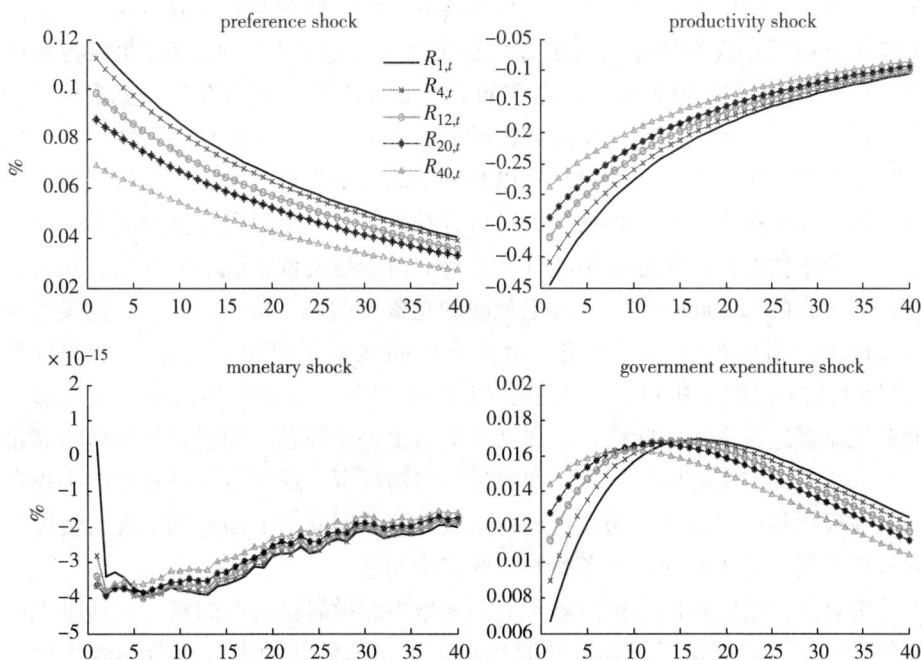

图 4.6　不同冲击对利率期限结构的影响

政府支出冲击对利率的期限结构影响表现出与前面几个冲击不同的动态特征。一方面，虽然政府政策冲击是一个需求冲击，但该需求冲击与偏好冲击不同的是，它会对私人消费和投资产生挤出效应。因此，在上面这个没有摩擦的经济中，政府支出扩张是否会导致总需求上升以及对通胀率产生向上的压力要看挤出效应的程度。另一方面，随着政府支出的扩张，政府债务规模将逐渐扩大，这样政府债券供给的增加势必对债券的价格形成向下的压力或者对债券的收益率造成上升的压力，因此，政府支出冲击会直接从债券市场的供给角度来影响收益率曲线。特别的，从冲击响应曲线的左半部分来看，由于挤出效应的存在和政府债务扩大对债券供给的影响，随机贴现率和通胀率的累计变化表现出与偏好冲击完全不同的特征：收益率曲线中长期利率的上升幅度高于短期利率的上升幅度，而且收益率曲线在方向上也是上升的，这一点与前面的偏好冲击的模拟结果完全不同。

七、资产价格

前面各章节介绍的模型中包含的资产有实物资产和金融资产。对于金融资产的需求和供给双方前面模型已经介绍得很清楚，按照模型中已经出现的金融工具，可对金融资产的供需双方进行简单的小结：现金的需求方是居民，供给方是中央银行；政府债券的需求方是居民或者金融机构（包括商业银行和中央银行），供给方是财政部门；存款的需求方是居民，供给方是商业银行；贷款的需求方是厂商，供给方是商业银行。关于前面模型中出现的实物资产，模型均假设为居民持有，居民对投资以及资本的供给进行决策，如果投资没有调整成本，那么投资和资本供给的决策可分开进行；如果投资有调整成本，那么投资和资本供给的决策通常不能分开进行。由于投资调整成本的存在，从而资本积累方程的 Lagrange 乘子实际上反映的是资本的影子价格，我们在建模时默认该影子价格就是资本的价格，但没有说明该影子价格是否是资本的价格（实际上从下面的分析可以看出是一回事）。另外，这些模型假设居民能够将储蓄无摩擦地转变为实际投资，那么这就引出一个问题，即居民是如何将储蓄转变为投资的。实际中，居民即使想进行实物投资，通常也不是直接购买投资品。在现代货币经济中，居民可进行股权投资，因此，下面将基于现实情况将股权资产引入到模型中，并考察股权的定价问题。

为着重考察股权的定价问题，下面模型中假设居民持有的资产包括没有风险的政府短期债券和厂商发行的股权，居民在提供劳动力获得劳动收入的同时，也得到股权红利及债券利息。假设居民是同质的且连续分布于区间

$[0,1]$，对于某个典型居民 $j \in [0,1]$，其预算约束现在可写为

$$c_{j,t} + \frac{B_{j,t+1}}{P_t} + \frac{Q_t^e S_{j,t+1}}{P_t} = \frac{B_{j,t}(1 + R_{b,t})}{P_t} + \frac{(Q_t^e + D_t)S_{j,t}}{P_t} + w_t l_{j,t} - \tau_{j,t}$$

其中，$c_{j,t}$ 是实际消费，$B_{j,t+1}$ 是居民持有的政府债券名义余额（期初余额），$S_{j,t+1}$ 是居民持有的股权数量（期初存量），Q_t^e 是股权的名义价格，$R_{b,t}$ 是政府债券的名义利率，D_t 是每股股权得到的名义红利，P_t 是价格水平，w_t 是实际工资，$l_{j,t}$ 是劳动力，$\tau_{j,t}$ 是居民上缴的税收。定义 $b_{j,t+1} = B_{j,t+1}/P_t$ 是居民持有的政府债券的实际余额（期初余额），$q_t^e = Q_t^e/P_t$ 是股权的实际价格，$d_t = D_t/P_t$ 是股权红利的实际值，$r_{b,t} = (1 + R_{b,t})/(1 + \pi_t) - 1$ 是政府债券的实际利率，$\pi_t = P_t/P_{t-1} - 1$ 是通胀率，居民的预算约束可以实际变量的形式写出：

$$c_{j,t} + b_{j,t+1} + q_t^e S_{j,t+1} = (1 + r_{b,t})b_{j,t} + (q_t^e + d_t)S_{j,t} + w_t l_{j,t} - \tau_{j,t}$$

典型居民的决策问题可表示为

$$\max_{\{c_{j,t+i}, l_{j,t+i}, b_{j,t+1+i}, S_{j,t+1+i}\}} E_t \Big[\sum_{i=0}^{\infty} \beta^i U(c_{j,t+i}, l_{j,t+i}) \Big]$$

$$s.t. \quad c_{j,t+i} + b_{j,t+1+i} + q_{t+i}^e S_{j,t+1+i} = (1 + r_{b,t+i})b_{j,t+i} + (q_{t+i}^e + d_{t+i})S_{j,t+i}$$
$$+ w_{t+i}l_{j,t+i} - \tau_{j,t+i}$$

令上面约束条件对应的 Lagrange 乘子为 $\lambda_{j,t}$，该优化问题的一阶条件为

$$\frac{\partial U(c_{j,t}, l_{j,t})}{\partial c_{j,t}} = \lambda_{j,t}$$

$$-w_t \lambda_{j,t} = \frac{\partial U(c_{j,t}, l_{j,t})}{\partial l_{j,t}}$$

$$\lambda_{j,t} = E_t[\beta(1 + r_{b,t+1})\lambda_{j,t+1}]$$

$$\lambda_{j,t} q_t^e = E_t[\beta \lambda_{j,t+1}(d_{t+1} + q_{t+1}^e)]$$

由于居民是同质的，从而上面的一阶条件与指标 $j \in [0,1]$ 无关，即

$$\frac{\partial U(c_t, l_t)}{\partial c_t} = \lambda_t$$

$$-w_t \lambda_t = \frac{\partial U(c_t, l_t)}{\partial l_t}$$

$$\lambda_t = E_t[\beta(1 + r_{b,t+1})\lambda_{t+1}]$$

$$\lambda_t q_t^e = E_t[\beta \lambda_{t+1}(d_{t+1} + q_{t+1}^e)]$$

前三个方程与前面章节模型的对应方程相同，第四个方程可以改写为

$$q_t^e = E_t[(\beta \lambda_{t+1}/\lambda_t)(d_{t+1} + q_{t+1}^e)]$$

类似于第一章的分析，模型中的随机贴现因子 SDF_t 为

$$SDF_{t+1} = \beta\lambda_{t+1}/\lambda_t = \beta\frac{\partial U(c_{t+1}, l_{t+1})}{\partial(c_{t+1})} \Big/ \frac{\partial U(c_t, l_t)}{\partial(c_t)}$$

这样，股权的价格为

$$q_t^e = E_t[SDF_{t+1}(d_{t+1} + q_{t+1}^e)]$$

另外，定义以下加总后的变量：

$$c_t = \int_0^1 c_{j,t}\mathrm{d}j, l_t = \int_0^1 l_{j,t}\mathrm{d}j, b_t = \int_0^1 b_{j,t}\mathrm{d}j, S_t = \int_0^1 S_{j,t}\mathrm{d}j, \tau_t = \int_0^1 \tau_{j,t}\mathrm{d}j$$

上面的预算约束条件经过加总后可得

$$c_t + b_{t+1} + q_t^e S_{t+1} = (1 + r_{b,t})b_t + (q_t^e + d_t)S_t + w_t l_t - \tau_t$$

假设股权总数量经过标准化处理后为单位值，即 $S_t = \int_0^1 S_{j,t}\mathrm{d}j = 1$，那么代入上式可得到

$$c_t + b_{t+1} = (1 + r_{b,t})b_t + d_t + w_t l_t - \tau_t$$

与前面模型不同的是，现在假设厂商负责投资，并且投资具有调整成本，资本的积累方程为

$$k_{t+1} = (1 - \delta)k_t + [1 - \Psi(i_t/i_{t-1})]i_t$$

其中，k_{t+1} 是资本存量（期初存量），i_t 是实际总投资，$\Psi(i_t/i_{t-1})$ 是单位投资的调整成本，δ 是资本的折旧率。厂商仍然采用 Cobb-Douglas 形式的生产函数：

$$y_t = Z_t k_t^\alpha l_t^{1-\alpha}, 0 \leqslant \alpha < 1$$

这里，y_t 是产出，l_t 是雇佣的劳动力，Z_t 是全要素生产率。厂商每期支付的股权红利 d_t 为

$$d_t = y_t - w_t l_t - i_t$$

假设资本存量的价格为 q_t^k，厂商每期的净现金流 N_t 为

$$N_t = y_t - w_t l_t - i_t + q_t^k[(1-\delta)k_t + (1 - \Psi(i_t/i_{t-1}))i_t - k_{t+1}]$$

厂商代表居民进行生产，居民具有企业的所有权，厂商求解下面的最大化问题：

$$\max_{\{l_{t+i}, k_{t+i+1}, i_{t+i}\}} E_t \sum_{i=0}^\infty \beta^i(\lambda_{t+i}/\lambda_t)N_{t+i}$$

该优化问题的一阶条件为

$$w_t = (1 - \alpha)y_t/l_t$$

$$q_t^k = E_t[\beta(\lambda_{t+1}/\lambda_t)(\alpha y_{t+1}/k_{t+1} + (1-\delta)q_{t+1}^k)]$$

$$\lambda_t q_t^k[1 - \Psi(i_t/i_{t-1})] - \lambda_t - \lambda_t q_t^k(i_t/i_{t-1})\Psi'(i_t/i_{t-1})$$

$$+ \beta E_t \lambda_{t+1}q_{t+1}^k(i_{t+1}/i_t)^2\Psi'(i_{t+1}/i_t) = 0$$

若将上面的三个方程与前面章节模型中对应的方程进行比较，则可以看出，它们是相同的。因此，无论是采用前面章节中居民对投资进行决策的方式，还是这里采用厂商对投资进行决策的方式，二者得到的结果相同。

假设模型中的政府和金融机构与前面章节模型相同，那么模型中的对应方程与前面模型没有区别。这里模型与前面模型唯一不同的地方就是关于股权的定价方程，即

$$q_t^e = E_t \big[SDF_{t+1} (d_{t+1} + q_{t+1}^e) \big]$$

如果定义股权的实际收益率为 $r_{t+1}^e = \dfrac{d_{t+1} + q_{t+1}^e}{q_t^e}$，那么上式可表示为

$$E_t(SDF_{t+1} r_{t+1}^e) = 1$$

如果针对名义价格和名义收益率进行定价，上面的式子可相应地调整为

$$Q_t^e = E_t \Big[\frac{SDF_{t+1}(D_{t+1} + Q_{t+1}^e)}{1 + \pi_{t+1}} \Big]$$

$$R_{t+1}^e = \frac{D_{t+1} + Q_{t+1}^e}{Q_t^e}$$

$$1 = E_t \Big[\frac{SDF_{t+1} R_{t+1}^e}{1 + \pi_{t+1}} \Big]$$

类似地，我们也可以对其他资产组合进行定价，最终也会得到与上面类似的形式。虽然上面公式在形式上与第一章得到的资产定价方式相同，但内容上不完全相同，因为上面的资产定价方式是在带有生产的经济中得到的，模型对资产的供需双方均进行了详细地刻画，并在一般均衡的约束下得到了资产的价格。

第三节　货币政策的传导机制

货币政策的几个鲜明特点是：（1）货币政策是偏重于总量调控的政策。与财政政策等其他可以直接调控经济结构的政策不同，货币政策偏重于总量调控，总量调控政策显然对经济不同部门的影响不完全相同，也许对某些部门有影响，也许对某些部门没有影响。因此，在实施货币政策时，需要了解其对经济中不同部门的影响方向及影响程度，这需要详细了解货币政策的传导机制。（2）货币政策是偏重于间接调控的政策。财政政策可以通过直接控制政府支出或调整税收来直接影响总需求，货币政策对经济的调控则是以间接方式，其主要是通过对货币的数量或者资金的价格进行调控，这种调控方式是通过影响

市场中的供求关系而间接地对经济产生影响。（3）货币政策是一种通过控制名义锚来调控经济的政策。货币政策的变化首先对名义锚产生影响，名义锚的变化将会导致经济中的价值以及不同部门的相对价格发生变化，然后才会对经济产生进一步的影响。基于以上分析，可以看出，在模型中考虑货币政策对经济的影响必须考虑货币政策的传导机制。

关于货币政策的传导机制，理论和实证结果已经非常丰富，下面主要在DSGE 模型框架下进行讨论。从前面章节已经介绍的封闭 DSGE 模型可以看出，货币政策的变化对经济产生影响主要通过以下途径实现。

一、利率途径

无论是中央银行直接调控基准利率还是通过控制基础货币间接调控基准利率，货币政策变化的一个重要体现是基准利率的变化。在中央银行调整基准利率后，货币市场、资本市场和信贷市场的收益率将发生变化，这将导致居民、厂商及商业银行的行为决策发生变化。

对居民来说，居民将在新的环境下对消费、劳动力供给及资产的选择进行决策和调整。消费的变化将导致总需求变化，劳动力供给的变化将对工资产生影响，资产组合的调整一方面将导致居民的净财富发生变化，从而对总需求产生影响，另一方面将对商业银行的资金来源产生影响。

对厂商来说，货币市场、资本市场和信贷市场收益率的变化将对其行为决策产生四个方面的影响：其一，如果厂商需要从商业银行进行流动资金贷款，那么流动资金贷款利率的变化将会对厂商的生产要素（劳动力和资本）需求产生影响，劳动力需求的变化将对工资产生影响，资本需求的变化将对投资产生影响。同时，工资和资本收益率的变化将对生产成本产生影响，而生产成本的变化一方面会对厂商的产品定价产生影响，从而会进一步对物价产生影响，另一方面会对产品的生产产生影响，从而也会对总供给产生影响。其二，资本的调整需要付出调整成本，在资本相对缓慢变化的过程中，厂商首先调整的是资本利用率，而资本利用率的变化将对资本收益率产生影响。其三，在存在调整成本的情况下，资本品的价格将发生变化，这也将对资本收益率产生影响。其四，面对货币市场、资本市场和信贷市场的变化，厂商的财务结构将发生变化，这将对其融资结构产生影响，而这将会进一步影响金融机构或金融市场对其融资的定价。

对商业银行来说，货币市场、资本市场和信贷市场收益率的变化将会对商业银行对其提供的金融产品定价产生影响。同时，商业银行资金来源的变化将使其调整资金的运用。除了一般的流动资金贷款外，商业银行将会针对厂商融资结构的变化，对投资资金的供给及贷款定价进行调整，这将对最终的投资形成产生影响，进而对总需求产生影响。

此外，在理性预期环境下，中央银行调整基准利率将会影响人们的预期，这也会对政策的实施产生影响。

可以看出，货币政策通过利率传导需要几个前提：一是总需求中的组成部分如投资、消费等的变化对利率的变化具有弹性。如果投资、消费等的变化对利率的变化没有弹性或者弹性降低，货币政策的传导将会受阻。二是利率必须市场化，金融市场以利率出清。若利率没有市场化，金融市场不能以利率出清，货币政策的变化就不能立即通过利率来反映，从而使货币政策的传导受阻。三是金融资产可完全替代及金融市场是完全的。投资、消费决策最重要的是关注长期利率的变化，而货币政策的变化首先反映在货币市场上，影响的是短期利率。如果金融资产不完全可替代、金融市场处于分割的状态，那么短期利率的变化对长期利率的变化影响将会很弱，从而货币政策的传导将会受阻。

二、资产组合调整途径或财富途径

所谓资产结构是指一系列具有不同收益率和不同风险的资产的组合。这里资产不仅包括金融资产，还包括实物资产。金融资产包括货币资产及股票、债券等非货币资产。实物资产包括耐用消费品、资本品、房地产等资产。在前面介绍的 DSGE 模型中，居民通过效用最大化、厂商通过利润最大化或者商业银行通过最优的债务合约安排来选择其资产组合。这样，当货币政策发生变化时，将会使经济主体调整他们的资产结构而选择新的资产组合。经济主体这种资产结构的调整，在不同程度上影响到各种资产的价格，从而影响投资、消费等因素的变化，进而影响总需求的变化，最终影响到经济活动。另外，实际财富是决定总需求的一个重要因素，实际财富的变化影响实际消费和实际投资的变化。实际财富是由名义财富和价格水平决定的，而货币供应量是名义财富的重要组成部分。因此，当货币政策发生变化而导致货币供应量发生变化时，名义财富发生变化，当名义财富与价格水平不成同比例变化时，实际财富发生变化，从而使实际消费和实际投资发生变化，进而使总需求发生变化。此外，货币政策的变化也影响了利率及其他资产价格的变化，这也会对财富水平产生影响，从而对总需求产生影响。

三、信贷途径

无摩擦（Frictionless）的经济是一种理想状况，实际上经济中时刻存在着各种摩擦。对于经济中的摩擦，大致可以分为两类：一类是实体经济中存在的摩擦，另一类是金融领域中存在的摩擦。近年来关于货币政策传导机制研究最具有特色的是人们对货币政策信贷传导机制的突破性研究。在含有金融摩擦的经济中，通过对货币政策信贷传导机制的深入研究，使人们进一步重新认识了金融机构在货币政策传导中的重要作用。由于不同金融机构在金融体系中具有特殊的地位和作用，它们所占有的信息量及克服金融摩擦所具有的优势也不尽相同，因而它们的行为决策将对货币政策是否能够顺利传导产生一定的影响。如果能对不同金融机构的行为决策进行细致刻画，并将之融于宏观经济模型中，那么我们就可以清楚地了解货币政策传导的每个环节，从而为解决货币政策传导中存在的障碍提供合理的解决方案。

前面介绍的货币政策传导机制是从借款人的角度进行分析，而信用传导途径是从贷款人的角度进行分析，在借款人的信用受到制约的情况下，货币政策对经济的影响可以得到强化。实际上，早在 20 世纪初出现的信用可获得性（Credit Availability）理论就已勾画出信用传导途径的轮廓。然而直到 70 年代中期以前，信用可获得性理论并没有得到广泛的支持，根本原因在于信用可获得性理论依赖信用配给（Credit Ration）假说，而这一假说的合理性一直缺乏令人信服的论证。直到 70 年代中后期，信息经济学的发展为信用配给假说提供了新的理论支持，信贷传导途径开始受到广泛的重视。在信息不对称及金融市场不完全的情况下，金融资产不完全可替代，金融资产的供给与需求不能以市场价格（市场利率）为信号而变动。这样将会导致：一方面由于银行贷款与其他金融资产（如债券）不完全可替代，一些经济主体（如中小企业）的融资需求必须依赖银行贷款而得到满足；另一方面银行不但要根据利率的高低对借款者进行选择，而且还要根据利率以外的其他标准（如借款者的资信状况、抵押担保情况等）对借款者进行选择。因而货币政策的传导除经上面几种途径对经济活动产生影响外，还可能通过银行贷款的变化进一步加强对经济活动的影响。基于此，近年来货币政策的信贷传导机制日益受到学者和实际决策者的重视。信贷传导途径可以分为狭义和广义两方面。狭义的信贷传导途径又称为银行借贷途径（Bank Lending Channel），广义的信贷传导途径又称为资产负债表途径（Balance – Sheet Channel）。

银行借贷途径主要从银行贷款供给的角度来考虑信用对经济活动的影响。

银行在金融体系中具有特殊的作用，它在解决信贷市场的信息不对称和其他摩擦方面存在优势。在金融市场不完善和信息不对称的情况下，由于银行贷款与其他金融资产不完全可替代，一些经济主体只能靠银行贷款来进行融资，而利率水平并不能完全反映信贷资金的供求情况。这样使得一些借款者在关注利率变化的同时，更加关注的是能否得到信贷资金，从而银行贷款的供给直接影响借款者可利用的信贷资金。当采取紧的货币政策时，货币供应量减少，银行的贷款供给也相应减少，结果导致在利率升高而抑制投资的同时，进一步使某些靠银行贷款融资的借款者减少投资，最终使总需求降低。如果银行借贷途径存在，那么货币政策将发挥利率途径下不存在的分配性影响，即对不同类型的经济主体影响力度不同。如当货币偏紧时，中小型企业的投资和生产状况恶化程度远远高于总体平均水平。

资产负债表途径又称净财富途径，主要从货币政策发生变化对借款者资产负债状况的影响来考虑信用对实际经济活动的影响。如果借款者资产负债状况恶化使得其净财富减少，那么贷款的抵押价值将减少，从而逆向选择（Adverse Selection）和道德风险（Moral Hazard）问题趋向严重。从金融机构的角度来看，金融机构在满足借款者的贷款需求时，贷款利率依赖于借款者的财务状况，借款者的财务状况越好，贷款利率越优惠，借款者外部融资的风险溢价（External Finance Premium）将减少。当采取紧的货币政策时，市场利率不仅上扬，而且借款者的资产负债状况也受到直接和间接两方面的影响。从直接影响来看，利率的上扬一方面导致借款者利息等费用支出增加，使借款者的净现金流减少；另一方面利率的上扬导致资产价格降低，使借款者担保、抵押品的价值下降，资产状况恶化。从间接影响来看，利率的上扬导致一些企业减少了对某些商品的支出，从而使生产这些商品的企业销售收入下降，净现金流减少。由于借款者资产负债状况恶化，结果部分资信状况欠佳的借款者既无法进行直接融资，又无法得到银行贷款而进行间接融资，使得投资受到抑制，从而影响产出水平，因此，借款者的净财富状况使得信贷途径对货币政策的传导具有加速作用。

以上介绍了货币政策传导的几种基本途径，实际中货币政策的传导往往是几种途径相互作用、相互补充、相互加强的结果。另外，若在开放经济下研究货币政策的传导机制，还会有汇率传导途径。

第四节　常规和非常规的货币政策

在正常情况下，中央银行通过采用公开市场操作、再贴现、准备金率等常规货币政策工具来调整市场流动性或者调整基准利率，从而实现货币政策调控目标（包括中介目标和最终目标）。但是在 2008 年国际金融危机爆发后，美联储、欧央行和其他国家的中央银行采用了一些非常规的货币政策，这些非常规的货币政策以前中央银行没有使用过，虽然至今仍有争议并仍在探索改进，但不可否认的是采用这些非常规的措施确实阻止了金融危机的进一步蔓延和恶化。非常规的货币政策最具争议的是，中央银行大量购买私人机构证券、票据和政府债券，这被称为量化宽松（Quantity Ease）货币政策或者信贷政策。在常规的货币政策操作中，中央银行也可以买卖政府债券或者采用再贴现手段来完成货币政策的目标，但这些操作是针对无风险或者几乎没有风险的证券来进行的，而且是通过金融机构间接向市场注入或者回收流动性，规模也不大。而在金融危机期间，中央银行在实施量化宽松政策的第一阶段大量购买了具有一定风险的私人机构证券或高级别的商业票据，在第二阶段中央银行大量购买了政府长期债券，在第三阶段中央银行在大量买入政府长期债券的同时大量卖出政府短期债券。中央银行所有这些操作的一个现实情况是，在危机时期金融机构已经很难提供流动性或者不再具备提供流动性的能力，此时中央银行可以凭借自己的声誉和提供流动性的优势和便利（暂且忽略效率问题）来向社会提供流动性，从而解决信贷收缩问题。并且在危机期间，信贷收缩会导致长期利率与基准利率的利差剧增，收益率曲线更加陡峭，而利差增大将会对经济产生严重的向下压力，此时中央银行购买政府长期债券可以改变利差剧增的现象，使收益率曲线趋于平缓，从而对经济的复苏产生积极作用。

Adrian – Colla – Shin（2012）指出，宏观经济模型刻画金融危机是否成功需要对以下四个事实进行解释：一是危机期间银行的信贷供应收缩或者损失，二是信贷利差急剧扩大，三是通过公开市场操作注入的信贷相对于银行提供的信贷增加（即债券融资规模相对于商业银行贷款规模增加），四是商业银行的杠杆率具有顺周期性。在 DSGE 模型框架下对量化宽松货币政策开展定量分析的代表性成果有：Gertler – Kiyotaki（2010，2015）、Gertler – Karadi（2011，2013）、Curdia – Woodford（2011）、Del Negro – Eggertsson – Ferrero – Kiyotaki（2011）、Chen – Curdia – Ferrero（2011）、Williamson（2012）、Gertler – Kiyotaki – Queralto（2012）和 Gilchrist – Zakrajsek（2012）等。Gertler – Kiyotaki（2010，2015）在无限生命期限模型的框架下考虑了经济波动中金融中介的流动性、违约率以及危机中信贷政策的选择等问题。Gertler – Karadi（2011）在类似的框架下着重考虑了美联储大量购买私人机构证券的第一阶段量化宽松货币政策问题，并对危机情况下采取的货币政策的实施效果进行了模拟。

Curdia – Woodford（2011）从扩大中央银行资产负债表规模的角度研究了非常规的货币政策问题，其主要从中央银行间接调控流动性方面探讨了第一阶段量化宽松货币政策问题。Del Negro – Eggertsson – Ferrero – Kiyotaki（2011）和 Williamson（2012）从政府对流动性影响的角度分析了第一阶段量化宽松货币政策问题。Chen – Curdia – Ferrero（2011）在 DSGE 的框架下进一步分析了美联储购买政府债券的第二阶段量化宽松货币政策问题。Gertler – Kiyotaki – Queralto（2012）考虑了经济危机中采取的信贷政策对银行的道德风险所产生的负面影响，并提出了改进银行风险承担激励机制的相关宏观审慎措施。Gilchrist – Zakrajsek（2012）分析了量化宽松货币政策对信贷利差和风险溢价以及随之产生的经济波动的影响，这也是第三阶段量化宽松货币政策所考虑的问题。Gertler – Karadi（2013）在一个统一的框架下对三个阶段的量化宽松政策进行分析，他们通过计算模拟发现，不同阶段的量化宽松货币政策所产生的效应不完全相同，第一阶段量化宽松货币政策在总体上最有效，另外他们也对量化宽松货币政策的局限性进行了剖析。下面沿着 Gertler – Karadi（2011，2013）和 Gertler – Kiyotaki（2010，2015）的思路，利用执行成本模型分析非常规货币政策在某些方面的应用。

一、商业银行的行为决策

先来看商业银行的决策行为。模型中商业银行连续分布于区间 [0, 1]，每个商业银行 $j \in [0,1]$ 所持有的资产包括政府债券及厂商发行的股权，商业银行的资金来源包括从居民吸收的存款以及其自有资金。每个商业银行的决策包括两方面，其一是根据自身的融资状况确定资产规模水平，其二是在已确定的资产规模水平下，选择合适的资产组合。为简化起见，下面模型中的方程均以实际变量的形式写出，并在变量取名和表示方式上尽量与前面的模型保持一致。

商业银行 $j \in [0,1]$ 在 t 期初持有的总资产规模为 $p_{j,t}$，其吸收的存款为 $d_{j,t}$，自有资金为 $n_{j,t}$，这三者满足下面的资产负债约束：

$$p_{j,t} = d_{j,t} + n_{j,t}$$

商业银行自有资金的变化依赖于其经营收益的现金流变化，在 t 期末自有资金为

$$n_{j,t+1} = (1 + r_{p,t})p_{j,t} - (1 + r_{d,t})d_{j,t} = (r_{p,t} - r_{d,t})p_{j,t} + (1 + r_{d,t})n_{j,t}$$

式中，$r_{p,t}$ 是资产的收益率，$r_{d,t}$ 是存款的利率。商业银行 $j \in [0,1]$ 持有的资产包括厂商发行的股权 $q_{t-1}^k s_{j,t}^k$ 及政府债券 $q_{t-1}^b s_{j,t}^b$，即

$$p_{j,t} = q_{t-1}^k s_{j,t}^k + q_{t-1}^b s_{j,t}^b$$

其中，q_t^k 和 q_t^b 分别是股权和债券的价格，$s_{j,t}^k$ 和 $s_{j,t}^b$ 分别是股权和债券的数量（期初存量），若股权和债券的收益率分别为 $r_{k,t}$ 和 $r_{b,t}$，则商业银行资产的总收益率 $r_{p,t}$ 满足下式：

$$(1 + r_{p,t})p_{j,t} = (1 + r_{k,t})q_{t-1}^k s_{j,t}^k + (1 + r_{b,t})q_{t-1}^b s_{j,t}^b$$

商业银行的生命周期是有限的，在每期的期初继续存在的商业银行和退出经营的商业银行所占的比例分别为 θ 和 $1 - \theta$。商业银行的目标是最大化自有资金流的预期贴现和，即

$$V_{j,t+1} = E_t \sum_{i=1}^{\infty} (1 - \theta)\theta^{i-1}\beta^i (\lambda_{t+i}/\lambda_t) n_{j,t+1+i}$$

$$= E_t \{\beta(\lambda_{t+1}/\lambda_t)[(1 - \theta)n_{j,t+2} + \theta V_{j,t+2}]\}$$

其中，β 是贴现率，λ_t 是居民预算约束对应的 Lagrange 乘子，前面已经有所介绍。

考虑到企业股权和政府债券两类资产的差异性，采用前面的执行成本模型做法，储户与商业银行的债务合约安排对商业银行施加下面的激励约束条件：

$$V_{j,t+1} \geq \lambda(p_{j,t+1} - eq_t^b s_{j,t+1}^b), 0 \leq e \leq 1$$

其中，参数 λ 反映了商业银行偏离储户利益擅用资金的情况，对于同样的经营收益，商业银行显然更容易挪用从股权上得到的收益，因此，参数 e 考虑了这方面的因素。可以看出，当 $e = 0$ 时，政府债券和厂商股权的经营收益在被商业银行挪用时所处的地位一样的；当 $e = 1$ 时，政府债券的经营收益不能被挪用，此时只有股权收益能被挪用。

假设上面优化问题的解可表示成下式：

$$V_{j,t+1} = v_t^k q_t^k s_{j,t+1}^k + v_t^b q_t^b s_{j,t+1}^b + \rho_t n_{j,t+1}$$

其中，变量 v_t^k、v_t^b 和 ρ_t 将在下文来确定，可以看出，v_t^k 表示增加单位股权资产带来的边际收益的预期贴现值，v_t^b 表示增加单位债券资产带来的边际收益的预期贴现值，ρ_t 表示增加单位自有资金带来的无风险边际收益的预期贴现值。令激励约束条件对应的拉格朗日乘子为 μ_t，商业银行的行为通过下面的优化问题描述：

$$\max_{\{s_{j,t+1}^k, s_{j,t+1}^b\}} E_t[V_{j,t+1} + \mu_t(V_{j,t+1} - \lambda(p_{j,t+1} - eq_t^b s_{j,t+1}^b))]$$

该优化问题的一阶条件为

$$(1 + \mu_t)v_t^k - \lambda\mu_t = 0$$

$$(1 + \mu_t)v_t^b - \lambda(1 - e)\mu_t = 0$$

经过变换可得到

$$v_t^b = (1 - e)v_t^k$$

这样激励约束条件可写成

$$v_t^k[q_t^k s_{j,t+1}^k + (1 - e)q_t^b s_{j,t+1}^b] + \rho_t n_{j,t+1} \geqslant \lambda[q_t^k s_{j,t+1}^k + (1 - e)q_t^b s_{j,t+1}^b]$$

或者

$$[q_t^k s_{j,t+1}^k + (1 - e)q_t^b s_{j,t+1}^b] \leqslant \phi_t n_{j,t+1}, \phi_t = \frac{\rho_t}{\lambda - v_t^k}$$

进一步得到

$$V_{j,t+1} \leqslant (v_t^k \phi_t + \rho_t)n_{j,t+1}$$

将上面的最大值代入前面的动态规划问题可得到

$$V_{j,t+1} = E_t\{\beta(\lambda_{t+1}/\lambda_t)[(1 - \theta)n_{j,t+2} + \theta V_{j,t+2}]\} = E_t[\Omega_{t+1} n_{j,t+2}]$$

$$\Omega_{t+1} = \beta(\lambda_{t+1}/\lambda_t)[(1 - \theta) + \theta(v_{t+1}^k \phi_{t+1} + \rho_{t+1})]$$

将上式进一步展开:

$$V_{j,t+1} = E_t[\Omega_{t+1} n_{j,t+2}]$$
$$= E_t\{\Omega_{t+1}[(r_{k,t+1} - r_{d,t+1})q_t^k s_{j,t+1}^k + (r_{b,t+1} - r_{d,t+1})q_t^b s_{j,t+1}^b$$
$$+ (1 + r_{d,t+1})n_{j,t+1}]\}$$

对比两边可得到下面的递推关系:

$$v_t^k = E_t[\Omega_{t+1}(r_{k,t+1} - r_{d,t+1})]$$
$$v_t^b = E_t[\Omega_{t+1}(r_{b,t+1} - r_{d,t+1})]$$
$$\rho_t = E_t[\Omega_{t+1}(1 + r_{d,t+1})]$$

利用前面得到的 $v_t^b = (1 - e)v_t^k$,从而可得出

$$E_t[\Omega_{t+1}(r_{b,t+1} - r_{d,t+1})] = (1 - e)E_t[\Omega_{t+1}(r_{k,t+1} - r_{d,t+1})]$$

$$\Omega_{t+1} = \beta(\lambda_{t+1}/\lambda_t)[(1 - \theta) + \theta(v_{t+1}^k \phi_{t+1} + \rho_{t+1})]$$
$$= \beta(\lambda_{t+1}/\lambda_t)\{(1 - \theta) + \theta E_t[\Omega_{t+2}(r_{k,t+2} - r_{d,t+2})]\phi_{t+1}$$
$$+ \theta E_t[\Omega_{t+2}(1 + r_{d,t+2})]\}$$

$$\phi_t = \frac{\rho_t}{\lambda - v_t^k} = \frac{E_t[\Omega_{t+1}(1 + r_{d,t+1})]}{\lambda - E_t[\Omega_{t+1}(r_{k,t+1} - r_{d,t+1})]}$$

可以看出,若资本收益率与无风险利率的利差越大,或者无风险利率越高,则杠杆率越大。另外,商业银行最大的资产规模满足:

$$[q_t^k s_{j,t+1}^k + (1 - e)q_t^b s_{j,t+1}^b] = \phi_t n_{j,t+1}$$

对上式进行加总可得到

$$[q_t^k s_{p,t+1}^k + (1 - e)q_t^b s_{p,t+1}^b] = \phi_t n_{t+1}$$

其中，$s_{p,t}^k = \int_0^1 s_{j,t}^k \mathrm{d}j$，$s_{p,t}^b = \int_0^1 s_{j,t}^b \mathrm{d}j$，$n_{t+1} = \int_0^1 n_{j,t+1} \mathrm{d}j$，为了下面不发生标记上的混淆，这里以 $s_{p,t}^k$ 和 $s_{p,t}^b$ 表示整个商业银行持有的股权和债券。

由于在每期继续存在的商业银行和退出经营的商业银行所占的比例分别为 θ 和 $1-\theta$，因此，整个银行体系的自有资金变化包括两部分，即继续经营的商业银行的自有资金 $n_{c,t}$ 和新进入的商业银行的自有资金 $n_{e,t}$。其中，新进入的商业银行的自有资金通过居民的转移支付提供，其在前一期总资金中所占的比例为 $\chi/(1-\theta)$，这样 $n_{c,t}$ 和 $n_{e,t}$ 的表达式分别为

$$n_{c,t+1} = \theta\big[(r_{k,t} - r_{d,t})q_{t-1}^k s_{p,t}^k + (r_{b,t} - r_{d,t})q_{t-1}^b s_{p,t}^b + (1 + r_{d,t})n_t\big]$$

$$n_{e,t+1} = \big[\chi/(1-\theta)\big]^* \big[(1-\theta)n_t\big] = \chi n_t$$

最后可得到整个银行体系的自有资金变化情况，

$$n_{t+1} = \theta\big[(r_{k,t} - r_{d,t})q_{t-1}^k s_{p,t}^k + (r_{b,t} - r_{d,t})q_{t-1}^b s_{p,t}^b\big] + \big[\theta(1 + r_{d,t}) + \chi\big]n_t$$

二、厂商、居民和政府的行为决策

到目前为止，前面章节采用的模型都假设居民来作出投资和资本供给的决策，这里我们把投资和资本供给的决策拿出去，居民只是通过提供劳动力得到劳动收入并作为股东得到分红。这样模型中厂商有两类，即生产资本品的厂商和生产一般产品的厂商。

生产资本品的厂商在 t 期期初以价格 q_{t-1}^k 购买资本存量 $(1-\delta)\xi_t k_t$，再与投资品结合在一起生产出新的资本存量，最后于期末再把资本存量卖给生产一般产品的厂商，其同时将得到的利润返还给居民。资本存量的变化由下式给出：

$$k_{t+1} = (1-\delta)\xi_t k_t + \big[1 - \Psi(i_t/i_{t-1})\big]i_t, 0 \leqslant \delta \leqslant 1$$

$$\Psi(i_t/i_{t-1}) = 0.5h\,(i_t/i_{t-1} - 1)^2\ h \geqslant 0,$$

式中，i_t 是实际总投资，$\Psi(.)$ 是投资的调整成本，ξ_t 是反映资本质量变化的随机冲击，其由下面的方程刻画：

$$\ln(\xi_t/\bar{\xi}) = \rho_\xi \ln(\xi_{t-1}/\bar{\xi}) + u_{\xi,t}, 0 \leqslant \rho_\xi < 1, u_{\xi,t} \sim N(0, \sigma_\xi^2)$$

生产资本品的厂商求解下面的优化问题：

$$\max_{\{i_{t+s}\}} E_t \sum_{s=0}^\infty \beta^s (\lambda_{t+s}/\lambda_t)\{q_{t+s}^k[1 - \Psi(i_{t+s}/i_{t-1+s})] - 1\}i_{t+s}$$

可得到如下的一阶条件：

$$q_t^k[1 - \Psi(i_t/i_{t-1})] - 1 - q_t^k(i_t/i_{t-1})\Psi'(i_t/i_{t-1}) + \beta E_t[(\lambda_{t+1}/\lambda_t)q_{t+1}^k(i_{t+1}/i_t)]$$

$$\Psi'(i_{t+1}/i_t)] = 0$$

将具体的函数形式代入上式可得到

$$\frac{1}{q_t^k} = 1 - 0.5h(i_t/i_{t-1} - 1)^2 - h(i_t/i_{t-1})(i_t/i_{t-1} - 1)$$

$$+ \beta h E_t(\lambda_{t+1}/\lambda_t)(q_{t+1}^k/q_t^k)(i_{t+1}/i_t)^2(i_{t+1}/i_t - 1)$$

生产一般产品的厂商处于完全竞争的状态，厂商采用下面的生产技术：

$$y_t = Z_t(\xi_t k_t)^\alpha l_t^{1-\alpha}$$

$$\ln(Z_t/\overline{Z}) = \rho_z \ln(Z_{t-1}/\overline{Z}) + u_{Z,t}, 0 \le \rho_Z < 1, u_{Z,t} \sim N(0, \sigma_Z^2)$$

其中，Z_t 表示全要素生产率，l_t 表示劳动力，$\xi_t k_t$ 表示 t 期的有效资本存量。前面已经指出，ξ_t 反映了资本质量的变化。每期厂商以工资 w_t 向居民租用劳动力 l_t，并且通过商业银行获得资金来购买资本。厂商为了购买用于 t 期生产的资本 k_t，可以发行 s_t^k 股股权，每股股权相对于资本存量的价格为 q_{t-1}^k，每股股权在 t 期获得随机性实际收益率 $r_{k,t}$，在 t 期生产结束后厂商以价格 q_t^k 卖掉折旧后的有效资本存量 $(1-\delta)\xi_t k_t$。由此，厂商在 t 期的实际利润为

$$\prod_t = Z_t(\xi_t k_t)^\alpha l_t^{1-\alpha} + q_t^k(1-\delta)\xi_t k_t - (1+r_{k,t})q_{t-1}^k k_t - w_t l_t$$

厂商的决策由下面的优化问题描述：

$$\max_{\{l_{t+s}, k_{t+s}\}} E_t \sum_{s=0}^{\infty} \beta^s(\lambda_{t+s}/\lambda_t) \prod_{t+s}$$

该问题的一阶条件为

$$w_t = (1-\alpha)y_t/l_t$$

$$1 + r_{k,t} = (q_{t-1}^k)^{-1}[\alpha y_t/k_t + q_t^k(1-\delta)\xi_t]$$

可以看出，由于受到资本质量冲击和其他不确定性的影响，厂商实际上发售了一个带有随机性收益的股权，上面的第二个式子实际上刻画了该股权的事后收益率。厂商发行的股权数量为

$$s_t^k = k_t$$

按照 Gertler - Karadi（2011）的处理方式，模型中的居民由连续分布于某个区间且具有无限生命期限和相同偏好的典型家庭构成。每个典型家庭中一部分成员是工人，另一部分成员是银行家，其中，工人向厂商提供劳动力，银行家来经营商业银行。家庭成员中工人和银行家的身份可以随机互换，但工人和银行家在每个家庭中所占的比例分别为 $1-\zeta$ 和 ζ。典型家庭将储蓄以存款的形式存在其没有所有权的商业银行。商业银行的生命期限是有限的，在每期期初继续存在的商业银行和退出经营的商业银行所占的比例分别为 θ 和 $1-\theta$。商业银行将所有利润不分红并都用作资本积累。如果某家商业银行退出经营，那么

经营该银行的银行家将转变为工人，并将所拥有的剩余资本存量转移给拥有该银行的家庭，这样每期共有 $(1-\theta)\zeta$ 比例的银行家转变成工人。为保证工人和银行家的比例不变，相应的每期也有 $(1-\theta)\zeta$ 比例的工人转变成银行家。新转变的银行家从其所属的家庭中得到转移支付并作为经营银行的启动资金。

典型家庭的决策行为由下面的优化问题描述：

$$\max_{\{c_{t+i},l_{t+i},d_{t+1+i}\}} E_t\Big[\sum_{i=0}^{\infty}\beta^i U(c_{t+i},l_{t+i})\Big]$$

$$s.\,t.\quad c_{t+i}+d_{t+1+i}+\tau_{t+i}=w_{t+i}l_{t+i}+(1+r_{d,t+i})d_{t+i}+\sum\nolimits_{t+i}$$

式中，c_t 表示消费，l_t 表示劳动力，w_t 是工资，d_t 是存款的期初实际余额，$r_{d,t}$ 是存款的实际利率，τ_t 是税收，$\sum_t$ 是由家庭持有非金融企业和金融企业得到的支付减去为其家庭成员中新银行家提供的启动资金，β 是贴现率。令 λ_t 是预算约束对应的 Lagrange 乘子，且仍采用前面不包含货币的效用函数形式：

$$U(c_t,l_t)=V_t\Big(\frac{c_t^{1-\gamma}}{1-\gamma}-\omega_2 X_t\frac{l_t^{1+\varphi}}{1+\varphi}\Big)$$

其中，V_t 是偏好冲击，X_t 是劳动力供给冲击。上面优化问题的一阶条件为

$$\lambda_t=V_t c_t^{-\gamma}$$

$$\lambda_t=E_t\big[\beta(1+r_{d,t+1})\lambda_{t+1}\big]$$

$$w_t\lambda_t=\omega_2 V_t X_t l_t^{\varphi}$$

按照 Woodford（2001）的处理方式，引入一种期限为多期的债券。假设政府发行的债券自发行起每期按照 r_c、$\rho_c r_c$、$(\rho_c)^2 r_c$、$(\rho_c)^3 r_c$、……的递减方式支付利息，r_c 是息票的票面值利率，$0\leqslant\rho_c\leqslant1$ 是反映息票利率递减率的常数。该债券的价格为 q_t^b，收益率为 $r_{b,t}$，收益率与价格之间的关系为

$$1+r_{b,t}=\frac{r_c+\rho_c q_t^b}{q_{t-1}^b}$$

政府预算约束为

$$q_t^b b_{t+1}+\tau_t=g_t+(1+r_{b,t})q_{t-1}^b b_t$$

假设政府支出和税收仍然采用前面模型的变化规律：

$$\ln(g_t/\overline{g})=\rho_g\ln(g_{t-1}/\overline{g})+u_{g,t},0\leqslant\rho_g<1,u_{g,t}\sim N(0,\sigma_g^2)$$

$$\tau_t=\overline{\tau}+\phi(b_t-\overline{b}),\phi\geqslant0$$

三、中央银行及非常规的货币政策主要操作方式

中央银行在正常情况下调控名义利率仍然采用 Taylor 规则形式，

$$R_{d,t+1} = \rho_R R_{d,t} + (1 - \rho_R) \left[\overline{R}_d + \kappa_y \ln(y_t / \overline{y}) + \kappa_\pi (\pi_t - \overline{\pi}) \right] + u_{R,t},$$

$$0 \leqslant \rho_R \leqslant 1, \kappa_y > 0, \kappa_\pi > 1, u_{R,t} \sim N(0, \sigma_R^2)$$

这里将中央银行基本利率调整到存款利率传导中的摩擦忽略，即假设中央银行直接调控的是名义存款利率。在模型中我们假设价格是完全弹性的，从而通胀率通过 Fisher 方程来确定：

$$1 + R_{d,t} = (1 + r_{d,t})(1 + \pi_t)$$

上面的模型方程均以实际变量的形式写出，故此下面中央银行的决策也以实际变量的形式写出。中央银行除了采用常规的货币政策外，在危急时刻还可以采用非常规的货币政策。根据前面的介绍，假设中央银行可以持有厂商发行的股权（或者中央银行从商业银行购买此股权），也可以持有或者从商业银行购买政府债券，中央银行持有的私人股权和政府债券数量分别为 $s_{g,t}^k$ 和 $s_{g,t}^b$。中央银行为了筹集购买的资金，目前有两种做法，一是将中央银行作为财政部门中的一部分，通过发行短期债券来筹集资金，同时将中央银行和财政部门合并为广义政府部门，并按照广义政府进行跨期预算管理，这是欧元区某些国家主要采取的做法；二是类似于美国或英国的做法，发行稳定基金并按照基金运作方式来管理。这里采用第二种方式，假设为了购买上述证券，中央银行可以凭借自己的声誉以及作为最后贷款人对货币发行拥有的独特优势以无风险的利率筹集到资金，即

$$q_t^k s_{g,t+1}^k + q_t^b s_{g,t+1}^b = d_{g,t+1}$$

这里，$d_{g,t+1}$ 是中央银行以无风险利率（模型中的存款利率）筹集到的资金数量，可以认为是一种短期债务。虽然中央银行可以筹集到这些资金，但其管理资金的效率未必比商业银行有效，只是在危急时刻商业银行资金来源不足从而限制了其管理资金的效率。为此假设中央银行在管理这两类证券时单位成本分别增加 τ_s 和 τ_b，将上面的基金管理与前面政府部门合并并纳入同一预算管理可得到

$$q_t^b b_{t+1} + \tau_t + (r_{k,t} - r_{d,t} - \tau_s) q_{t-1}^k s_{g,t}^k + (r_{b,t} - r_{d,t} - \tau_b) q_{t-1}^b s_{g,t}^b = g_t + (1 + r_{b,t}) q_{t-1}^b b_t$$

假设中央银行购买两类证券的数量按照下面的规则来进行：

$$s_{g,t}^k = \phi_{k,t} s_t^k$$

$$s_{g,t}^b = \phi_{b,t} b_t$$

$$\phi_{k,t} - \overline{\phi}_k = v_k \left[(r_{k,t} - r_{d,t}) - (\overline{r}_k - \overline{r}_d) \right], v_k > 0$$

$$\phi_{b,t} - \overline{\phi}_b = v_b \left[(r_{b,t} - r_{d,t}) - (\overline{r}_b - \overline{r}_d) \right], v_b > 0$$

可以看出，这两个规则分别是通过购买股权和债券数量来控制信贷利差和期限利差。若股权和政府债券的总供给分别为 s_t^k 和 b_t，则有

$$s_t^k = s_{p,t}^k + s_{g,t}^k$$
$$b_t = s_{p,t}^b + s_{g,t}^b$$

如果将上面方程代入 $\left[q_t^k s_{p,t+1}^k + (1-e) q_t^b s_{p,t+1}^b \right] = \phi_t n_{t+1}$，那么可得到

$$q_t^k s_{t+1}^k + (1-e) q_t^b b_{t+1} = \phi_t n_{t+1} + q_t^k s_{g,t+1}^k + (1-e) q_t^b s_{g,t+1}^b$$

显然，在股权数量 s_t^k 和政府债券数量 b_t 总供给不变的情况下，中央银行购买股权和政府债券将会导致股权价格和债券价格上升，这会导致股权收益率和债券收益率下降，从而导致信贷利差和期限利差下降。这正是量化宽松货币政策所要达到的目的，即在危急时刻利差大幅上扬的时候，通过非常规货币政策操作，可将私人金融部门收缩的流动性补充上来，并抑制利差进一步上扬对经济融资所带来的负面影响。

四、均衡条件及模拟结果

考虑到中央银行非常规货币政策操作的效率损失情况，模型中的商品市场出清条件为

$$y_t = c_t + i_t + g_t + \tau_s q_{t-1}^k s_{g,t}^k + \tau_b q_{t-1}^b s_{g,t}^b$$

信贷市场和债券市场分别满足下面的出清条件：

$$k_t = s_t^k = s_{p,t}^k + s_{g,t}^k$$
$$b_t = s_t^b = s_{p,t}^b + s_{g,t}^b$$

类似于前面，模型中的竞争性均衡定义如下。

竞争性均衡（包括非常规货币政策操作的经济）：在外生变量 $\{V_t, X_t, Z_t, g_t, \xi_t, u_{R,t}\}_{t=0}^{\infty}$ 描述的随机性环境下，给定价格序列 $\{w_t, r_{k,t}, q_t^k, q_t^b, r_{b,t}, r_{d,t}\}_{t=0}^{\infty}$，经济中的竞争性均衡涉及居民的消费需求、劳动力供给和存款需求 $\{c_t, l_t, d_t\}_{t=0}^{\infty}$，生产资本品的厂商对投资的需求和资本的供给 $\{i_t, k_t\}_{t=0}^{\infty}$，生产一般产品的厂商对劳动力和资本的需求、一般产品的供给以及购买资本的融资需求 $\{l_t, k_t, y_t, q_t^k s_{t+1}^k\}_{t=0}^{\infty}$，商业银行对存款和股权融资贷款的供给、对政府债券的需求以及自有资金的积累 $\{d_t, q_t^k s_{p,t+1}^k, q_t^b s_{p,t+1}^b, n_{t+1}\}_{t=0}^{\infty}$，中央银行对股权融资贷款的供给、对政府债券的需求以及短期债务的供给 $\{q_t^k s_{g,t+1}^k, q_t^b s_{g,t+1}^b, d_{g,t+1}\}_{t=0}^{\infty}$ 以及政府征收的税收和债券的供给 $\{\tau_t, b_t\}_{t=0}^{\infty}$。均衡需保证：（1）居民的优化问题得到求解。（2）厂商的利润最大化问题得到求解。（3）商业银行的优化问题得到求解。（4）包括中央银行的广义政府部门跨期预算约束得到保证。（5）经济中的商品市场、债券市场、信贷市场和生

产要素市场达到均衡。

为讨论方便，现将整个模型总结于表4.7。该模型与前面模型最大的不同之处是利差的影响，模型中有信贷利差和期限利差，这两个利差都与商业银行的杠杆率有关，因此在求解上面模型时，需要关注这一方面。

表 4.7 模型 Cha4in（非线性形式）

外生变量：V_t，X_t，Z_t，g_t，ξ_t；

$$\ln(V_t/\overline{V}) = \rho_V \ln(V_{t-1}/\overline{V}) + u_{V,t}, 0 \leq \rho_V < 1$$

$$\ln(X_t/\overline{X}) = \rho_X \ln(X_{t-1}/\overline{X}) + u_{X,t}, 0 \leq \rho_X < 1$$

$$\ln(Z_t/\overline{Z}) = \rho_Z \ln(Z_{t-1}/\overline{Z}) + u_{Z,t}, 0 \leq \rho_Z < 1$$

$$\ln(g_t/\overline{g}) = \rho_g \ln(g_{t-1}/\overline{g}) + u_{g,t}, 0 \leq \rho_g < 1$$

$$\ln(\xi_t/\overline{\xi}) = \rho_\xi \ln(\xi_{t-1}/\overline{\xi}) + u_{\xi,t}, 0 \leq \rho_\xi < 1$$

内生变量：c_t，l_t，λ_t，$r_{d,t}$，i_t，q_t^k，$r_{k,t}$，y_t，k_t，w_t，Ω_t，ϕ_t，ρ_t，v_t^k，$r_{b,t}$，q_t^b，$s_{p,t}^k$，$s_{p,t}^b$，n_t，$s_{g,t}^k$，$\phi_{k,t}$，$s_{g,t}^b$，$\phi_{b,t}$，τ_t，b_t，$R_{d,t}$，π_t；

$$\lambda_t = V_t c_t^{-\gamma}$$

$$\lambda_t = E_t[\beta(1 + r_{d,t+1})\lambda_{t+1}]$$

$$w_t\lambda_t = \omega_2 V_t X_t l_t^\varphi$$

$$\frac{1}{q_t^k} = 1 - 0.5h(i_t/i_{t-1} - 1)^2 - h(i_t/i_{t-1})(i_t/i_{t-1} - 1)$$
$$+ \beta h E_t(\lambda_{t+1}/\lambda_t)(q_{t+1}^k/q_t^k)(i_{t+1}/i_t)^2(i_{t+1}/i_t - 1)$$

$$1 + r_{k,t} = (q_{t-1}^k)^{-1}[\alpha y_t/k_t + q_t^k(1 - \delta)\xi_t]$$

$$k_{t+1} = (1 - \delta)\xi_t k_t + [1 - 0.5h(i_t/i_{t-1} - 1)^2]i_t$$

$$w_t = (1 - \alpha)[y_t/l_t]$$

$$y_t = Z_t(\xi_t k_t)^\alpha l_t^{1-\alpha}$$

$$\Omega_{t+1} = \beta(\lambda_{t+1}/\lambda_t)[(1 - \theta) + \theta(v_{t+1}^k \phi_{t+1} + \rho_{t+1})]$$

$$v_t^k = E_t[\Omega_{t+1}(r_{k,t+1} - r_{d,t+1})]$$

$$\phi_t = \frac{\rho_t}{\lambda - v_t^k}$$

$$\rho_t = E_t[\Omega_{t+1}(1 + r_{d,t+1})]$$

$$E_t[\Omega_{t+1}(r_{b,t+1} - r_{d,t+1})] = (1 - e)E_t[\Omega_{t+1}(r_{k,t+1} - r_{d,t+1})]$$

$$[q_t^k s_{p,t+1}^k + (1 - e)q_t^b s_{p,t+1}^b] = \phi_t n_{t+1}$$

$$1 + r_{b,t} = \frac{r_c + \rho_c q_t^b}{q_{t-1}^b}$$

$$n_{t+1} = \theta[(r_{k,t} - r_{d,t})q_{t-1}^k s_{p,t}^k + (r_{b,t} - r_{d,t})q_{t-1}^b s_{p,t}^b] + [\theta(1 + r_{d,t}) + \chi]n_t$$

$$k_t = s_{p,t}^k + s_{g,t}^k$$

$$s_{g,t}^k = \phi_{k,t}k_t$$

$$\phi_{k,t} - \overline{\phi_k} = v_k[(r_{k,t} - r_{d,t}) - (\bar{r}_k - \bar{r}_d)], v_k > 0$$

$$b_t = s_{p,t}^b + s_{g,t}^b$$

$$s_{g,t}^b = \phi_{b,t}b_t$$

$$\phi_{b,t} - \overline{\phi_b} = v_b[(r_{b,t} - r_{d,t}) - (\overline{R}_b - \bar{r}_d)], v_b > 0$$

$$R_{d,t+1} = \rho_R R_{d,t} + (1 - \rho_R)[\overline{R}_d + \kappa_y \ln(y_t/\bar{y}) + \kappa_\pi(\pi_t - \overline{\pi})] + u_{R,t},$$
$$0 \leq \rho_R \leq 1, \kappa_y > 0, \kappa_\pi > 1$$

$$1 + R_{d,t} = (1 + r_{d,t})(1 + \pi_t)$$

$$q_t^b b_{t+1} + \tau_t + (r_{k,t} - r_{d,t} - \tau_s)q_{t-1}^k s_{g,t}^k + (r_{b,t} - r_{d,t} - \tau_b)q_{t-1}^b s_{g,t}^b$$
$$= g_t + (1 + r_{b,t})q_{t-1}^b b_t$$

$$\tau_t = \bar{\tau} + \phi(b_t - \bar{b})$$

$$y_t = c_t + i_t + g_t + \tau_s q_{t-1}^k s_{g,t}^k + \tau_b q_{t-1}^b s_{g,t}^b$$

随机冲击: $u_{V,t}, u_{X,t}, u_{Z,t}, u_{g,t}, u_{R,t}, u_{\xi,t};$

$$u_{V,t} \sim N(0, \sigma_V^2), u_{X,t} \sim N(0, \sigma_X^2), u_{Z,t} \sim N(0, \sigma_Z^2),$$
$$u_{g,t} \sim N(0, \sigma_g^2), u_{R,t} \sim N(0, \sigma_R^2), u_{\xi,t} \sim N(0, \sigma_\xi^2)$$

稳态条件:

$$\bar{q}^k = 1, \bar{r}_d = 1/\beta - 1, \overline{\pi} = 0.005, 1 + \overline{R}_d = (1 + \bar{r}_d)(1 + \overline{\pi}), \bar{r}_k = \bar{r}_d + \Gamma,$$

$$\frac{1}{\bar{\phi}} = \frac{\lambda}{(1 + \bar{r}_d)\beta[(1 - \theta) + \theta\lambda\bar{\phi}]} - \frac{(\bar{r}_k - \bar{r}_d)}{(1 + \bar{r}_d)}, \overline{\Omega} = \beta[(1 - \theta) + \theta\lambda\bar{\phi}],$$

$$\bar{v}^k = \overline{\Omega}(\bar{r}_k - \bar{r}_d), \bar{\rho} = \overline{\Omega}(1 + \bar{r}_d), \bar{r}_b - \bar{r}_d = (1 - e)(\bar{r}_k - \bar{r}_d),$$

$$\bar{q}^b = \frac{r^c}{1 + \bar{r}^b - \rho^c}, \bar{k}/\bar{y} = \alpha/(\bar{r}_k + \delta), \frac{\bar{s}_g^k}{\bar{y}} = \frac{\overline{\phi}_k\bar{k}}{\bar{y}}, \frac{\bar{s}_g^b}{\bar{y}} = \frac{\overline{\phi}_b\bar{b}}{\bar{y}},$$

$$\frac{\bar{c}}{\bar{y}} = 1 - \delta\frac{\bar{k}}{\bar{y}} - \frac{\bar{g}}{\bar{y}} - \frac{\tau_s\bar{q}^k\bar{s}_g^k}{\bar{y}} - \frac{\tau_b\bar{q}^b\bar{s}_g^b}{\bar{y}}, 1 = \frac{[\bar{r}_k + \delta]^\alpha[\overline{w}]^{1-\alpha}}{(a)^\alpha(1 - \alpha)^{1-\alpha}\overline{Z}},$$

$$\bar{l}/\bar{y} = (1 - \alpha)/\overline{w}, (\bar{y})^{\varphi+\gamma} = \frac{(1 - \alpha)(\bar{l}/\bar{y})^{-1}(\bar{c}/\bar{y})^{-\gamma}}{\omega_2\overline{X}(\bar{l}/\bar{y})^\varphi},$$

$$\bar{s}_p^k = \bar{k} - \bar{s}_g^k, \bar{s}_p^b = \bar{b} - \bar{s}_g^b, \bar{n} = [\bar{q}^k\bar{s}_p^k + (1 - e)\bar{q}^b\bar{s}_p^b]/\bar{\phi},$$

$$\bar{n} = \theta[(\bar{r}_k - \bar{r}_d)\bar{q}^k\bar{s}_p^k + (\bar{r}_b - \bar{r}_d)\bar{q}^b\bar{s}_p^b] + [\theta(1 + \bar{r}_d) + \chi]\bar{n},$$

$$\overline{\lambda} = \overline{V}\bar{c}^{-\gamma}, \bar{\tau} = \bar{g} + \bar{r}_b\bar{q}^b\bar{b} - (\bar{r}_k - \bar{r}_d - \tau_s)\bar{q}^k\bar{s}_g^k - (\bar{r}_b - \bar{r}_d - \tau_b)\bar{q}^b\bar{s}_g^b$$

先来看模型的稳态,下面仅讨论与前面模型不同的地方。模型稳态中的以下四个方程：

$$\overline{\Omega} = \beta[(1-\theta)+\theta(\vec{v}^k\overline{\phi}+\overline{\rho})], \vec{v}^k = \overline{\Omega}(\bar{r}_k-\bar{r}_d), \overline{\phi} = \frac{\overline{\rho}}{\lambda-\vec{v}^k}, \overline{\rho} = \overline{\Omega}(1+\bar{r}_d)$$

经过整理可得到

$$\overline{\Omega} = \beta[(1-\theta)+\theta\lambda\overline{\phi}], \quad \overline{\phi} = \frac{\overline{\Omega}(1+\bar{r}_d)}{\lambda-\overline{\Omega}(\bar{r}_k-\bar{r}_d)}$$

或者

$$\frac{1}{\overline{\phi}} = \frac{\lambda}{\overline{\Omega}(1+\bar{r}_d)} - \frac{(\bar{r}_k-\bar{r}_d)}{(1+\bar{r}_d)} = \frac{\lambda}{(1+\bar{r}_d)\beta[(1-\theta)+\theta\lambda\overline{\phi}]} - \frac{(\bar{r}_k-\bar{r}_d)}{(1+\bar{r}_d)}$$

因此，若给定稳态时的信贷利差 $\Gamma = \bar{r}_k-\bar{r}_d$ 及杠杆率 $\overline{\phi}$，则通过上式可校准参数 λ。得到该参数后，通过下式

$$\overline{\Omega} = \beta[(1-\theta)+\theta\lambda\overline{\phi}]$$

可得到稳态时的 $\overline{\Omega}$，进一步通过前面的式子可得到稳态时的 $\vec{v}^k$ 和 $\overline{\rho}$。另外，给定参数 e，通过下式

$$\bar{r}_b - \bar{r}_d = (1-e)(\bar{r}_k-\bar{r}_d)$$

可确定稳态时的债券期限利差 $\bar{r}_b-\bar{r}_d$，或者给定债券期限利差，通过上式可校准参数 e。无论通过哪种方式，进一步可得到稳态时的债券利率，再通过下式

$$1+\bar{r}_b = \frac{r_c+\rho_c\vec{q}^b}{\vec{q}^b}, \quad 或 \vec{q}^b = \frac{r_c}{1+\overline{R}^b-\rho^c}$$

可得到稳态时的债券价格。

给出中央银行购买股权和债券的比例 $\overline{\phi}_k$ 和 $\overline{\phi}_b$，可得到下面两式：

$$\frac{\vec{s}_g^k}{\bar{y}} = \frac{\overline{\phi}_k\bar{k}}{\bar{y}}, \quad \frac{\vec{s}_g^b}{\bar{y}} = \frac{\overline{\phi}_b\bar{b}}{\bar{y}}$$

代入资源约束方程可得到

$$\frac{\bar{c}}{\bar{y}} = 1 - \delta\frac{\bar{k}}{\bar{y}} - \frac{\bar{g}}{\bar{y}} - \frac{\tau_s\vec{q}^k\vec{s}_g^k}{\bar{y}} - \frac{\tau_b\vec{q}^b\vec{s}_g^b}{\bar{y}}$$

资本存量与产出的比例为

$$\bar{k}/\bar{y} = \alpha/(\bar{r}_k+\delta)$$

按照前面章节的解法步骤可得到稳态时的产出如下：

$$(\bar{y})^{\varphi+\gamma} = \frac{(1-\alpha)(\bar{l}/\bar{y})^{-1}(\bar{c}/\bar{y})^{-\gamma}}{\omega_2\overline{X}(\bar{l}/\bar{y})^{\varphi}}$$

一旦得到产出后，按照前面章节的解法就可得到其他实际变量。

将 $\vec{s}_p^k = \bar{k} - \vec{s}_g^k$ 和 $\vec{s}_p^b = \bar{b} - \vec{s}_g^b$ 代入下面的方程：

$$\bar{n} = [\bar{q}^k \bar{s}_p^k + (1 - e)\bar{q}^b \bar{s}_p^b]/\bar{\phi}$$

可得到商业银行自有资金的稳态值，再通过下式

$$\bar{n} = \theta[(\bar{r}_k - \bar{r}_d)\bar{q}^k \bar{s}_p^k + (\bar{r}_b - \bar{r}_d)\bar{q}^b \bar{s}_p^b] + [\theta(1 + \bar{r}_d) + \chi]\bar{n}$$

可校准参数 χ。给出稳态时的 $\bar{q}^b \bar{b}/\bar{y}$，通过政府的跨期预算等式：

$$\bar{q}^b \bar{b} + \tau + (\bar{r}_k - \bar{r}_d - \tau_s)\bar{q}^k \bar{s}_g^k + (\bar{r}_b - \bar{r}_d - \tau_b)\bar{q}^b \bar{s}_g^b = \bar{g} + (1 + \bar{r}_b)\bar{q}^b \bar{b}$$

可得到稳态时的税收：

$$\bar{\tau} = \bar{g} + \bar{r}_b \bar{q}^b \bar{b} - (\bar{r}_k - \bar{r}_d - \tau_s)\bar{q}^k \bar{s}_g^k - (\bar{r}_b - \bar{r}_d - \tau_b)\bar{q}^b \bar{s}_g^b$$

模型中的大部分参数取自表 4.2 中的数值，其中一个需要调整的地方是债务与产出的比例。在表 4.2 中债券是一期的短期债券，从而不涉及债券的价格，稳态时直接设定为 $\bar{b}/\bar{y}$，这里由于采用的是长期债券，为便于比较，将 $\bar{q}^b \bar{b}/\bar{y}$ 设定为表 4.2 中的数值。上面已经介绍了债券价格的计算方法，按照该方法在得到债券价格后可计算出债券数量与产出的比例 $\bar{b}/\bar{y}$。模型中长期债券的久期取为 5 年（对应模型的 20 期），按照第三章的参数选择，选取 $r_c = 0.01$，$\rho_c = 0.96$。按照折年率 100 个基本点选定稳态时的信贷利差 $\Gamma = \bar{r}_k - \bar{r}_d$，选取 $e = 0.5$ 使稳态时的期限利差 $\bar{r}_b - \bar{r}_d$ 为信贷利差的一半，稳态时的杠杆率选为 $\bar{\phi} = 5$。模型中商业银行继续存在的概率为 10 年，这样设定参数为 $\theta = 0.975$。为着重刻画非常规货币政策操作有效性，资本质量冲击的有关参数选为 $\rho_\xi = 0.66$，$\sigma_\xi = 0.05$，即资本质量遭受一个波动性五倍于一般随机冲击的随机冲击，但随机冲击的持续性比较短暂。商业银行资产中股权和债券持有比例在稳态时分别设定为 90% 和 80%，即设定变量稳态值 $\bar{\phi}_k = 0.1$ 和 $\bar{\phi}_b = 0.2$。另外，中央银行股权和债券的单位成本分别增加 $\tau_s = 0.001$ 和 $\tau_b = 0.001$。在下面模拟非常规货币政策时，中央银行购买股权和债券时采用的参数设定为 $v_k = 50$，$v_b = 50$。

基于以上校准的模型，假设经济遭受一个负的资本质量冲击，该冲击使资本存量相对其稳态值在当期下降 5%，下面选择三种情形进行模拟和比较：第一种情形是在遭受负的资本质量冲击后，中央银行不采取非常规货币政策；第二种情形是在遭受负的资本质量冲击后，中央银行采用购买股权的非常规货币政策，即类似于实际中美联储采用的第一阶段量化宽松政策；第三种情形是在遭受负的资本质量冲击后，中央银行采用购买政府长期债券的非常规货币政策，即类似于实际中美联储采用的第二阶段量化宽松政策，三种模拟结果如图 4.7 所示。

从图 4.7 中可以看出，在遭受大幅度的负向冲击后，产出、投资和资本存量都遭受了较大的损失，相应地，商业银行持有的股权资产也遭受了巨大损

失，股权价格出现下跌的趋势，从而商业银行的自有资金损失也非常大。在自有资金减少的情况下，商业银行要维持原有的贷款规模势必会扩大杠杆率，这样信贷利差在增大，信贷利差增大也带动了期限利差增大。比较两种非常规货币政策，显然第一阶段的量化宽松货币政策效果更明显。由于中央银行直接从商业银行购买厂商的股权，这其实相当于通过中央银行向非金融企业注入了流动性，这种操作不仅使股权价格得到了恢复，而且流动性的注入使信贷利差扩大的局面迅速恢复到正常水平，在商业银行自有资金损失得到有效控制的情况下，商业银行的杠杆率也恢复到正常水平。

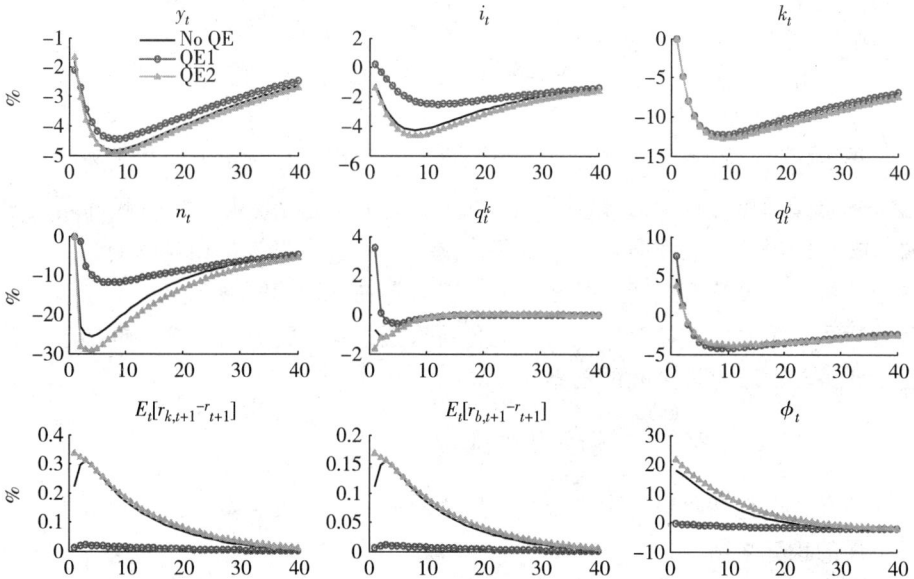

图 4.7　非常规货币政策对经济影响的比较

　　另外，尽管第一阶段的量化宽松货币政策不涉及债券的操作，但信贷利差的缩小会传递到债券市场，无套利条件会使商业银行通过资产组合渠道拉近二者利差的差距，从而期限利差也恢复到正常水平，对利差扩大的控制使得投资和产出的损失得到了有效的控制。与第一阶段的量化宽松货币政策相比，中央银行购买政府长期债券的效果并不明显，这主要归结于两个原因：一是在负向冲击下，产出的减少会使税收减少，在政府依然维持原先支出水平或者期望扩大支出刺激经济复苏的情况下，势必会导致债务发行规模扩大。模型中只有一种长期债券，从而中央银行购买政府债券未必会拉动债券价格的上升，由此期限利差扩大的趋势不会扭转过来。二是商业银行在管理股权和债券两种资产时

受到套利条件 $E_t[\Omega_{t+1}(r_{b,t+1} - r_{d,t+1})] = (1 - e)E_t[\Omega_{t+1}(r_{k,t+1} - r_{d,t+1})]$ 的约束，这意味着信贷利差和期限利差是相互影响的，且期限利差影响信贷利差的程度是有限的，负向冲击造成的信贷利差已经对期限利差产生了扩大影响，从而要通过期限利差对信贷利差产生影响必须使该效应足够强，但从模拟结果来看，该效应并不占优势，从而第二阶段的非常规货币政策不是很有效。

以上结论是在价格完全弹性及实体经济仅有投资调整成本的情况下得到的，如果取消这些假设，加入诸如实际刚性或者价格粘性等假设，那么不同阶段的非常规货币政策将会对经济产生不同的影响，这是后面章节要讨论的问题。

第五节　货币政策与财政政策之间的关系

中央银行与财政部门的行为决策不同，二者各有其侧重点，货币政策通常偏重于总量调控，财政政策通常则偏重于结构调控。但从公共财政的角度来看，二者同属于广义政府部门，实际中这二者的行为决策是相互影响的，因此货币政策和财政政策之间不是孤立的，二者存在一定的联系。上一节在讨论非常规货币政策时已经涉及广义政府的分析框架，本节将继续在这一框架下讨论货币政策和财政政策之间的关系。

一、广义政府的跨期预算约束

广义政府包括政府和中央银行，广义政府通过收税、发行债券及货币来保持下面的预算平衡：

$$B_{t+1} + M_{t+1} = (1 + i_t)B_t + P_t(g_t - \tau_t) + M_t$$

其中，M_t 和 B_t 分别是中央银行和政府发行的货币和政府债券（期初余额），i_t 是名义利率，P_t 是物价水平，τ_t 和 g_t 分别是政府的实际税收和实际支出。定义货币和政府债券的实际余额分别为 $b_{t+1} = B_{t+1}/P_t$ 和 $m_{t+1} = M_{t+1}/P_t$，实际利率为 $r_t = (1 + i_t)/(1 + \pi_t) - 1$，通胀率为 $\pi_t = P_t/P_{t-1} - 1$，则上式可写成实际变量的形式：

$$b_{t+1} = (1 + r_t)b_t + g_t - \tau_t - [m_{t+1} - m_t/(1 + \pi_t)]$$

或者

$$\Delta b_{t+1} + \tau_t + \tau_t^\pi = r_t b_t + g_t$$

其中，$\Delta b_{t+1} = b_{t+1} - b_t$，$\tau_t^\pi = [m_{t+1} - m_t/(1 + \pi_t)]$。与第三章纯政府部门的跨期预算约束相比，上式多了一项 τ_t^π，这一项称为铸币税。这表明中央银行的货

币创造可能成为税收的一个来源，因此，中央银行和财政部门的行为决策本质上是相互联系的。

定义累计贴现因子 $D_{t,k} = \prod_{s=0}^{k-1} \dfrac{1}{1 + r_{t+s}}$，$D_{t,0} = 1$，跨期预算约束可写成

$$b_{t+1+k} = (1 + r_{t+k})b_{t+k} + g_{t+k} - \tau_{t+k} - \tau_{t+k}^{\pi} = (D_{t,k}/D_{t,k+1})b_{t+k} + g_{t+k} - \tau_{t+k} - \tau_{t+k}^{\pi}$$

或

$$D_{t,k+1}b_{t+1+k} = D_{t,k}b_{t+k} + D_{t,k+1}(g_{t+k} - \tau_{t+k} - \tau_{t+k}^{\pi})$$

向前迭代可得到

$$\lim_{k \to \infty}(D_{t,k+1}b_{t+1+k}) = b_t + \sum_{k=0}^{\infty} D_{t,k+1}(g_{t+k} - \tau_{t+k} - \tau_{t+k}^{\pi})$$

为避免 Ponzi 策略，须满足横截条件 $\lim_{k \to \infty}(D_{t,k}b_{t+k}) = 0$，这样可得到

$$b_t = \sum_{k=0}^{\infty} D_{t,k+1}(\tau_{t+k} + \tau_{t+k}^{\pi} - g_{t+k})$$

这个跨期约束条件表明，政府当前的债务水平等于当前和未来各期财政盈余的贴现值，其中税收不仅包括一般性税收，而且包括由铸币税带来的税收。因此，当政府的债务水平不能由通常意义下财政盈余的贴现值完全支持时，铸币税将作为一种手段来支持政府的债务水平。特别是，在给定债务水平的情况下，财政赤字的增加将会造成铸币税的增加，从而对物价产生向上压力，并对货币政策稳定物价的效果产生影响。因此，财政政策和货币政策的决策和操作是相互影响的，任何一方的实施都会对另一方的实施效果产生影响，从而在稳定物价方面这二者需要协调操作。

上面我们从广义政府部门的预算约束出发最终得到了广义政府的跨期预算等式，这个等式形式上仍然与通常的政府部门跨期预算等式基本一致，只不过在税收的来源中增加了铸币税这一项，而这一项将对货币政策和财政政策的决策和协调产生影响。现在我们从另外一个角度来看广义政府部门的跨期预算等式。定义广义政府部门的名义总债务水平（D_t）为

$$D_t = B_t + M_t$$

这里，广义政府部门的总债务水平除了包括通常政府部门的债务水平（B_t）外，还包括中央银行发行的货币（M_t），这两项都是广义政府部门对公众的负债，只不过是一个付利息，一个不付利息。定义广义政府部门的实际总债务水平（d_t）为

$$d_t = D_t/P_{t-1} = (B_t + M_t)/P_{t-1} = b_t + m_t$$

经过简单变换，前面的跨期预算等式可表示为

$$d_{t+1} = (1 + r_t)d_t + g_t - \tau_t - \tau_t^{\pi}$$

其中，$\tau^{\pi} = i_t m_t / (1 + \pi_t)$ 是铸币税的另一种度量方法，由于定义的债务水平不一致，因而度量铸币税的口径也有差别。向前迭代可得到

$$d_t = \sum_{k=0}^{\infty} D_{t,k+1} (\tau_{t+k} + \tau_{t+k}^{\pi} - g_{t+k})$$

上式的含义与前面的相似，即广义政府当前的债务水平等于当前和未来各期广义政府盈余的贴现值，其中广义政府的税收不仅包括一般性税收，而且包括由铸币税带来的税收。采用广义政府债务总水平（D_t）这一口径有其特别之处，如假设中央银行采取公开市场操作购买政府债券，这时通常意义下的政府债务水平 B_t 减少了，而中央银行投放的货币 M_t 增加了，但广义政府的债务总水平（D_t）并没有变化。

无论采用哪种跨期预算等式形式，广义政府部门的跨期预算对货币政策和财政政策会产生约束，从而二者的决策和实施并不是孤立的，而是相互影响的。

二、政策的占优性

在广义政府跨期预算约束下，定义变量 $d_t^g = \sum_{k=0}^{\infty} D_{t,k+1}(\tau_{t+k} - g_{t+k})$ 和 $d_t^{\pi} = \sum_{k=0}^{\infty} D_{t,k+1} \tau_{t+k}^{\pi}$，分别表示基本财政盈余和铸币税的贴现和，广义政府的跨期预算等式可改写为

$$b_t = d_t^g + d_t^{\pi}$$

同时，变量 d_t^g 和 d_t^{π} 可表示成递归的形式：

$$d_t^g = D_{t,1}(\tau_t - g_t + d_{t+1}^g), \quad d_t^{\pi} = D_{t,1}(\tau_t^{\pi} + d_{t+1}^{\pi})$$

假设由一般财政盈余的贴现值支持的债务水平占其总债务水平的比例为 k

$$d_t^g = k b_t$$

那么，由铸币税的贴现值支持的债务水平占其总债务水平的比例为 $(1 - k)$，

$$d_t^{\pi} = (1 - k) b_t$$

以上两个方程也可以改写为

$$(\tau_t - g_t) = k[(1 + r_t) b_t - b_{t+1}]$$

$$\tau_t^{\pi} = (1 - k)[(1 + r_t) b_t - b_{t+1}]$$

这两个方程实际上分别反映了财政政策和货币政策的决策规则。实际中政府对财政税收、财政支出和政府债务这三种工具的决策和调整有一定的相机抉择性，但规定一般财政盈余支持政府债务的比例 k 实际上是对财政政策任意性

的一种限制。当然这种限制并不能完全保证广义政府的跨期预算平衡成立，当一般财政盈余不能完全支持全部政府债务时，其势必会通过铸币税来支持政府债务规模的缺口，而铸币税的变化将会影响中央银行的货币供应情况，如果中央银行采用盯住货币供应量的规则，那么上面的方程显然隐含了对利率的刻画；如果中央银行采用利率规则，那么上面的方程和前面的货币需求方程实际上是货币市场均衡条件的反映。

从另一个角度来看，广义政府的总债务水平为 $D_t = B_t + M_t$，这实际上是总债务的供给。考虑资产市场的均衡条件，居民持有的财富水平也为 D_t，但这需要有一个条件，即广义政府发行的债务都是一种纯外部债务（Outside Debt），通常中央银行发行的货币是一种纯外部债务（我们称外部货币，Outside Money），但财政部门发行的债券未必是一种纯外部债务。Barro（1974，1979）曾经指出，在给定政府支出的情况下，政府发债和征税对经济的影响效果是一样的，即李嘉图等价定理是成立的。因此，如果政府债务是由财政盈余的贴现值支持的话，那么这部分债务并不是纯外部债务，也不能算作居民的财富，因为政府的这部分债务将会以居民赋税形式来偿还。在上面假设一般财政盈余的贴现值支持的债务水平占政府总债务水平的比例为 k 的情况下，居民的财富水平实际为 $D_t = (1-k)B_t + M_t$。如果政府债务完全不能由财政盈余的贴现值支持（即 $k=0$），那么此时财政部门发行的债券和中央银行发行的货币作用是一样的，只不过一个付息，一个不付息，因而影响居民的变量将是广义政府的总债务水平，而不仅仅是中央银行的债务水平。即使在广义政府总债务水平保持不变的情况下，若财政部门过度依赖铸币税手段来弥补一般税收的不足（即改变 k），也将会改变广义政府债务的构成，从而也将会影响居民的财富构成，这无疑会对经济产生影响。

可以看出，参数 k 越大，货币政策越占优，参数 k 越小，财政政策越占优。当 $k = 1$ 时，政府债务完全由一般财政盈余的贴现值支持，此时的财政政策就是第三章介绍的李嘉图体制下的财政政策，财政政策不能企图通过对货币政策施加压力来维持政府部门的跨期预算平衡，政府部门只能依靠自己来保证跨期预算平衡，从这个角度来讲，货币政策可以不受财政政策的影响来发挥自己的作用。当 $k = 0$ 时，此时政府部门已经不能依靠一般财政盈余来保持预算平衡，政府债务完全由铸币税来支持，这意味着财政部门迫使中央银行来履行财政部门的义务，从而货币政策的作用受到了财政政策的最大干扰。只要政府债务不能完全由一般财政盈余的贴现值支持（$k \neq 1$），那么财政政策就会对货币政策产生影响。另外，实际中货币政策和财政政策的主导性并不是一成不变的，可能在某个时期货币政策占优，也可能在另一个时期财政政策占优，因此，参数 k 的变化不仅可以反映某个时期货币政策和财政政策的主导性，而且也可以反映政策体制转变的断点和规律。

依然采用第一节的 MIU 模型，此时居民和厂商两类经济主体的行为方程不变，广义政府采用上面介绍的第一种跨期预算形式，财政支出仍然采用前面的外生变化规律，税收采用上面介绍的规则，即由一般财政盈余的贴现值支持的债务水平占其总债务水平的比例为 k，

$$(\tau_t - g_t) = k [(1 + r_t) b_t - b_{t+1}]$$

如果中央银行采用控制货币供应量的规则：

$$M_{t+1} = (1 + \mu_{t+1}) M_t$$

$$(\mu_t - \overline{\mu}) = \rho_\mu (\mu_{t-1} - \overline{\mu}) + u_{\mu,t}, 0 \leq \rho_\mu \leq 1, u_{\mu,t} \sim N(0, \sigma_\mu^2)$$

其中，$\overline{\mu}$ 是货币供应量增长率 μ_t 的稳态值，$u_{\mu,t}$ 是对货币供应量增长率的随机冲击，它是白噪声，由此可得到，货币供应量实际余额满足下面的规律：

$$m_{t+1} = [(1 + \mu_{t+1}) / (1 + \pi_t)] m_t$$

模型中所有经济主体的行为描述前面已经介绍。可以看出该模型与前面 MIU 模型最大的不同是财政政策的主导性对货币政策的影响，此时要求：

$$[m_{t+1} - m_t / (1 + \pi_t)] = (1 - k) [(1 + r_t) b_t - b_{t+1}]$$

或者

$$[\mu_{t+1} m_t / (1 + \pi_t)] = (1 - k) [(1 + R_t) b_t / (1 + \pi_t) - b_{t+1}]$$

就是说，财政政策的主导性内生地决定了铸币税，从而影响了货币供给、通胀率及名义利率，进而对货币政策调控经济的效果产生了影响。

如果中央银行采用 Taylor 形式的利率规则：

$$R_{t+1} = \rho_R R_t + (1 - \rho_R) [\overline{R} + \kappa_y \ln(y_t / \overline{y}) + \kappa_\pi (\pi_t - \overline{\pi})] + u_{R,t},$$

$$0 \leq \rho_R \leq 1, \kappa_y > 0, \kappa_\pi > 1, u_{R,t} \sim N(0, \sigma_R^2)$$

前面章节已经得到货币需求方程：

$$\omega_1 V_t S_t m_{t+1}^{-v} = \frac{R_{t+1} \lambda_t}{1 + R_{t+1}}$$

将上面两式代入税收规则可得到

$$[m_{t+1} - m_t / (1 + \pi_t)] = (1 - k) [(1 + R_t) b_t / (1 + \pi_t) - b_{t+1}]$$

显然，中央银行通过利率规则调控经济的效果会受到财政政策的影响。

在下面模拟中，若财政政策完全没有主导性（$k = 1$），则利率规则采用参数设定为 $\rho_R = 0.9, \kappa_\pi = 1.02, \kappa_y = 0.05$。若财政政策有一定的主导性

$(k \neq 1)$，则利率规则采用参数设定为 $\rho_R = 0.9$，$\kappa_\pi = 1$，$\kappa_y = 0.05$。模型中其他参数采用表 4.2 中的数值。下面以政府支出变化为例进行冲击响应分析，假设政府投资受到一个冲击使其相对稳态值增加一个百分点，对财政政策的主导性程度 $k = 1$、$k = 0$ 和 $k = 0.5$ 三种情形进行模拟，该冲击对经济的影响见图 4.8 中的冲击响应曲线。

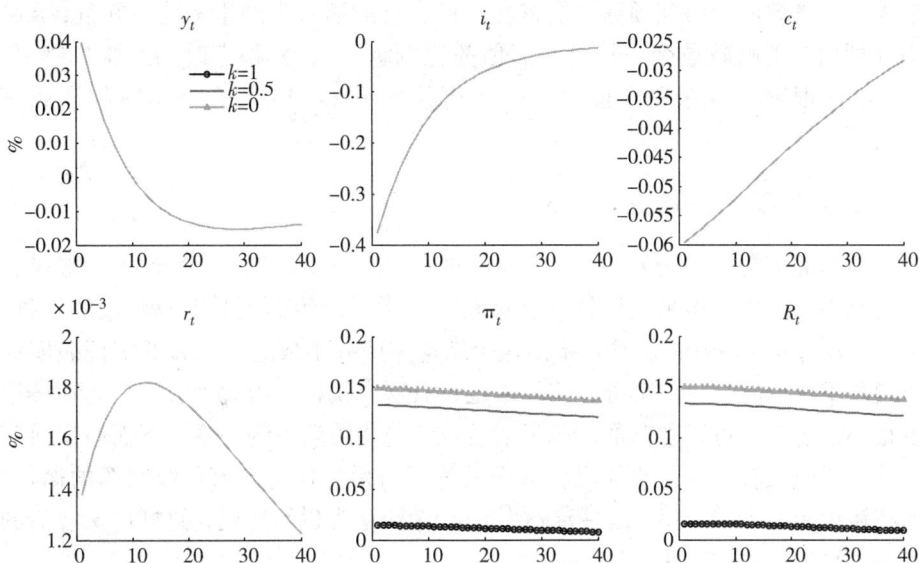

图 4.8　政策的主导性对经济的影响

从模拟结果可以看出，政府支出冲击对实体经济部门的影响在三种情形下没有差异，且政府支出冲击有一定的挤出效应，这一点也与前面章节模型的结果类似。三种情形下模拟结果的差异主要体现在通胀率和名义利率方面，由于模型中的价格是完全弹性的，这一点体现得非常明显。如果财政政策完全没有主导性，即没有铸币税，那么政府支出冲击对通胀率和名义利率的影响很小，但只要财政政策有一定的主导性，那么财政部门就会依靠铸币税来支持其债务，从而对通胀率和名义利率产生较大的影响，也干扰了货币政策的调控作用。从前面的分析可以看出，铸币税的税率是和通胀率和名义利率密切相关的，因此，若不能完全杜绝财政部门依靠这条渠道来补充其税收盈余，那么就会对货币政策通过利率调控通胀率的效果产生影响。从图 4.8 中可以看出，随着财政政策的主导性增加（即 k 逐渐下降），政府支出冲击对通胀率和名义利率的影响增大，并且二者回不到原来的稳态，这一点不难理解。实际上，由上面模型的稳态方程经过变换可得到稳态时的通胀率：

$$\overline{\pi} = \frac{\dfrac{(1-k)}{k}\dfrac{(\overline{\tau}-\overline{g})}{m}}{1-\dfrac{(1-k)}{k}\dfrac{(\overline{\tau}-\overline{g})}{m}}$$

从而在一般财政盈余不能支持政府全部债务的情况下，以铸币税作为补充手段来维持广义政府的跨期预算平衡将会对稳态时的通胀率产生影响，并且，k 越小（即由一般财政盈余支持的政府债务比例越小），其稳态时的通胀率越大。只有当一般财政盈余完全能够支持政府债务（$k = 1$）时，稳态时的通胀率才为零。

三、政策的主动性

前面的分析似乎给人们一个启示，即只要政府不依靠铸币税作为一般税收的补充手段，那么中央银行就能够顺利实施货币政策而不受财政政策的干扰。但是，Leeper（1991，1993）指出这个结论一般并不成立。已有的实证表明铸币税并不是税收的主要部分，实际中也没有这个税种，因此为着重考虑在铸币税很小或者几乎可以忽略的情况下财政政策与货币政策的关系，下面假定政府将铸币税收入转移支付给居民，从而杜绝了铸币税作为政府税收来源的途径，即将铸币税收入 $\tau_t^\pi = [m_{t+1} - m_t/(1+\pi_t)]$ 转移支付给居民，这样广义政府的跨期预算等式可改写为

$$b_{t+1} = (1+r_t)b_t + g_t - \tau_t$$

其中，$1 + r_t = (1+R_t)/(1+\pi_t)$。

仍然采用前面的 MIU 模型，同时假设政府税收采用第三章中的规则，中央银行采用 Taylor 形式的利率规则，即

$$\tau_t = \overline{\tau} + \phi(b_t - \overline{b}), \phi \geq 0$$

$$R_{t+1} = \rho_R R_t + (1-\rho_R)[\overline{R} + \kappa_y \ln(y_t/\overline{y}) + \kappa_\pi(\pi_t - \overline{\pi})], \kappa_\pi > 1, \kappa_y \geq 0$$

第三章研究指出，当 $\phi > r_t$ 时，此时实施的财政政策也称李嘉图体制的财政政策，上面的跨期约束是一个关于债务水平的后顾型方程，且该方程是稳定的。此时的税收规则也是 Leeper（1991，1993）所称的被动性规则，这个规则不仅保证债务水平是稳定的，而且是有界的。当 $0 < \phi < r_t$ 时，跨期预算约束可写成：

$$b_t = \frac{b_{t+1}}{1+r_t-\phi} + \frac{1}{1+r_t-\phi}(\overline{\tau} - \phi\overline{b} - g_t)$$

此时方程是一个关于债务水平的前瞻性方程，并且若给定的财政支出序列能够保证右边向前迭代是收敛的话，那么上面的方程也是稳定的。当 $\phi \leqslant 0$ 时，此时意味着税收的调整对债务的变化不反应，或者，税收也是政府可任意选择的一个变量，Bohn（1998）指出，这是典型的非李嘉图体制下的财政政策。Leeper 的研究表明，仅仅采用李嘉图体制下的财政政策（$\phi > 0$）不够，还需要财政盈余对债务规模的弹性足够大（ϕ 必须大于某个正数，即被动的财政政策），政府债务水平不仅要求是稳定的，而且是有界的。如果我们在有界约束下讨论债务的稳定问题，那么采用上面的税收规则就提出了一个问题，即当税收对债务的反应不敏感时，那么会出现什么结果？

Taylor（1993，1999）在研究货币政策规则时指出，货币政策规则中名义利率关于通胀率的弹性是反映货币政策在稳定物价方面的一个关键因素。其在对美国 1979 年之前及之后两个时期进行分段估计后发现，名义利率关于通胀率的弹性在 Volcker－Greenspan（沃尔克－格林斯潘）时代大于 1，而在此之前小于 1，这反映了美联储的利率调整在两个时期对物价稳定具有不同的效应在 Volcker－Greenspan 时期，当通胀率上升 1 个百分点时，名义利率的提高将大于 1 个百分点，从而使实际利率上升，并进而对物价起到了稳定的效果；而在 Volcker－Greenspan 时期之前，当通胀率上升时，名义利率提高的幅度不足导致了实际利率的下降，实际上没对物价起到了稳定效果。继此之后，许多学者和实际工作者在对其他国家的实证研究中也发现，只有当货币政策规则中名义利率关于通胀率的弹性大于 1 时，货币政策才能对物价的稳定起到积极作用。这些研究向我们提出了一个重要问题，即如果货币政策规则中名义利率关于通胀率的弹性小于 1，那么稳定物价的任务由谁来承担？此时的货币政策又起到什么样的作用？

上面将税收规则和货币政策规则同时引入 MIU 模型中，这就对货币政策和财政政策之间的关系提出了要求：二者如何协调才能使经济达到稳定？由于下面在有界约束条件下进行讨论，因此按照 Leeper（1991，1993）的做法，将货币政策和财政政策的政策组合分为四种情形：（1）主动的货币政策和被动的财政政策组合（Mix of Active Monetary Policy and Passive Fiscal Policy，AM－PF Mix），此时要求 $\phi > r_t$，$\kappa_\pi > 1$。（2）主动的财政政策和被动的货币政策组合（Mix of Active Fiscal Policy and Passive Monetary Policy，AF－PM Mix），此时要求 $\phi < r_t$，$\kappa_\pi < 1$。（3）主动的货币政策和主动的财政政策组合（Mix of Active Monetary Policy and Active Fiscal Policy，AM－AF Mix），此时要求 $\phi < r_t$，$\kappa_\pi > 1$。（4）被动的财政政策和被动的货币政策组合（Mix of Passive Fiscal Policy and Passive Monetary Policy, PF – PM Mix), 此时要求 $\phi > r_t$, $\kappa_\pi < 1$。对于上面四种情形, Leeper (1991, 1993) 指出, 只有两种政策组合能够起到稳定经济的作用, 一是主动的货币政策和被动的财政政策组合, 二是主动的财政政策和被动的货币政策组合。在主动的货币政策和被动的财政政策组合下, 货币政策充当稳定物价的角色, 而财政政策充当稳定政府债务水平的角色。在主动的财政政策和被动的货币政策组合下, 货币政策在保证名义利率稳定的同时, 保证了政府债务水平的稳定, 而财政政策在通过相对任意的税收和支出手段调控经济的同时, 由于货币政策的支持, 债务水平得以控制, 从而充当稳定物价的角色。

在下面模拟中, 主动的货币政策和被动的财政政策组合（AM – PF Mix）采用下面的参数 $\rho_R = 0$, $\kappa_\pi = 1.5$, $\kappa_y = 0.5$, $\phi = 0.1$, 主动的财政政策和被动的货币政策组合（AF – P M Mix）采用下面的参数 $\rho_R = 0$, $\kappa_\pi = 0.5$, $\kappa_y = 0.5$, $\phi = 0.001$, 模型中的其他参数设定与前面 MIU 模型相同。仍以政府支出变化为例进行冲击响应分析, 假设政府投资受到一个冲击使其相对稳态值增加一个百分点, 我们针对上面两种政策组合进行模拟, 该冲击对经济的影响见图 4.9 中的冲击响应曲线。

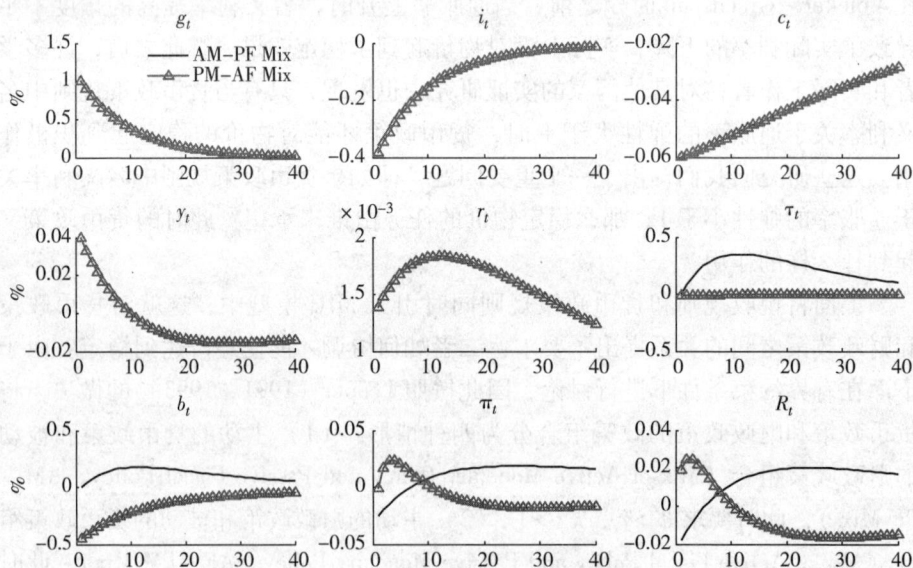

图 4.9　政策的主动性对经济的影响

可以看出，除了税收、债务、通胀率和名义利率这些变量外，政府支出冲击对实体经济部门的影响在两种政策组合下没有差异，且政府支出冲击有一定的挤出效应，这一点也与前面章节模型的结果类似。但对于政府支出冲击，在两种政策组合下，维持政府债务稳定和物价稳定的机制完全不同。

在主动的货币政策和被动的财政政策组合（AM－PF Mix）下，由于税收对债务水平有足够的弹性，因而随着政府支出增加造成政府债务规模上升，未来税收将会上升，这样政府最终就可以通过足够的税收稳定其债务规模，使其恢复到原先水平。政府债务的稳定实际上对货币政策稳定物价起到了积极的作用，货币政策此时完全可以通过采用 Taylor 规则来稳定通胀率而不受到财政政策的干扰，只要利率规则中名义利率关于通胀率的弹性大于 1，货币政策就能完全稳定通胀率。图 4.9 也表明，虽然政府支出冲击所造成的总需求扩张使通胀率呈现逐步上升趋势，但名义利率上升的幅度更大，从而保证了实际利率为正，这样最终使通胀率稳定。

但在主动的财政政策和被动的货币政策组合（AF－PM Mix）下，由于税收对债务水平的变化缺乏弹性，从而当税收不足以支持由政府支出扩张所导致的跨期预算约束时，那么政府只能选择降低目前的实际债务水平。注意图 4.9 中的政府债务变量是实际变量，这意味着名义债务规模的增长率慢于通胀率，从而在价格完全弹性的情况下，政府支出冲击对通胀率造成的上升影响马上会体现出来。相应地，名义利率也呈现上升趋势，但是，名义利率不能上升得太多，即利率规则中名义利率关于通胀率的弹性小于 1，这样才不会对政府债务的稳定造成进一步的压力，被动的货币政策对债务规模的利息负担便起到了稳定作用，进而对债务的稳定起到了积极的作用。在货币经济中，只要选择和稳定一个名义锚，那么名义变量就能稳定。在主动的货币政策和被动的财政政策组合（AM－PF Mix）中，货币政策主动选择物价或通胀率作为名义锚，而在主动的财政政策和被动的货币政策组合（AF－PM Mix）中，货币政策是被动地以政府债务规模为名义锚，政府债务规模的稳定是稳定通胀率的一个关键因素。尽管主动的财政政策对政府债务规模的稳定起到了不利作用，但被动的货币政策实际上在起着稳定政府债务规模的作用，从而政府债务规模就类似于货币供应量充当了名义锚。

第五章　粘性的引入

到目前为止，前面介绍的模型虽然引入了各种摩擦（如消费习惯、投资调整成本、有限参与、垄断竞争、状态识别或执行成本等机制），但始终没有放弃新古典经济学中价格（包括名义工资）是完全弹性的这个关键假设。前面我们讨论货币政策（包括常规和非常规的货币政策）时可以看到，在价格完全弹性的情况下，货币变化之所以在短期对实体经济产生影响，主要源于经济主体关于货币的预期误差，即货币的非预期变化。并且模拟结果表明，货币的非预期变化对经济的影响主要体现在当期，作用的持续性非常短，这与实际现象不太吻合。而且模型中货币变化对价格或通胀率的影响会立刻体现出来，这与实际中所观察到的货币政策对价格的影响通常比较滞后的现象也不吻合。与新古典经济学中价格完全弹性相反的一个极端情况是凯恩斯的价格刚性假设。在价格刚性的情况下，价格或名义工资是不变的，从而货币供应量或名义利率等名义变量的变化会立刻体现为实际变量的变化，从而在短期内对经济产生影响，但随着经济的变化，价格在长期是不可能保持不变的，因此，价格刚性的假设至少在长期也是与实际情况不相吻合的。在价格完全弹性和价格刚性两个极端情况之间的情形称为价格粘性。针对价格粘性，近三十年来新凯恩斯经济学派进行了深入地探索，与传统的凯恩斯模型不同，新凯恩斯模型着重从价格或工资粘性的微观基础方面进行研究，其在垄断竞争的经济环境下依据交错定价（Staggered Price - Setting）、工资或价格存在调整成本等理论假设，对价格和工资粘性进行了进一步分析，从而对传统的菲利浦斯（Phillips）曲线进行了重大改进。由于生产的边际实际成本是关于实际工资和资本使用成本的函数，因此当货币的变化导致价格水平变化时，若名义价格或工资是粘性的，那么这将会导致实际工资或资本使用成本变化，从而对实际边际生产成本产生影响，并进而对价格及实体经济产生影响。为此，粘性为货币的变化对价格和实体经济的影响提供了一个解释途径。

除了价格和工资粘性外，人们还提出了信息粘性、利率粘性等粘性，本章着重在 DSGE 框架下讨论这些粘性的引入对模型性能的改进和提高。

第一节 粘性的引入方式

第二章分析已经表明，即使将完全竞争假设改成垄断竞争假设，但只要价格是弹性的，或者说，每个厂商都能同时灵活地根据市场需求情况来调整价格，那么所有的厂商将最终选择同样的均衡价格。因此，要改变价格是完全弹性的假设，一个出发点就是假设厂商并不是同时调整价格，厂商可以采用交错定价的方式来调整价格，这样就会产生价格非完全弹性的现象。根据厂商调整价格的策略方式，可以以下几个方式来引入粘性。

为不发生混淆，下面无特殊说明的话，在本节通常以小写字母表示变量经过取对数变换。

一、Taylor 和 Fuhrer – Moore 定价方式

Taylor（1980）从交错合同工资（Staggered Contract Wage）的角度对名义工资粘性进行了详细解释。Taylor 假设名义合同工资的期限为 N 期，每期重新设定名义合同工资的概率为（$1/N$）。每期名义工资的分布结构由设定名义合同工资的初始期来刻画，每期的名义工资总水平是不同设置初始期的名义合同工资的加权平均值。为讨论方便，考虑两期（$N = 2$）名义合同工资的情况。以 x_t 表示在 t 期设定的名义合同工资，其期限为两期。在 t 期，既有 $t-1$ 期设定的名义合同工资 x_{t-1}，又有 t 期设定的名义合同工资 x_t。若以 w_t 表示 t 期名义工资总水平，则它是这二者的加权平均值，假设二者所占的权重均为 0.5，即

$$w_t = 0.5(x_t + x_{t-1})$$

第二章已经得到，在垄断竞争条件下，厂商设定的产品价格是在生产的边际成本上加上一定的加成，

$$p_t = \xi_t + m_t$$

其中，p_t 是厂商制定的价格，m_t 是厂商的边际生产成本，ξ_t 是加成率，价格和成本可以采用相对价格，也可以采用名义价格。边际生产成本是关于工资和资本使用成本的函数。现在假设生产中不考虑资本（或者资本是固定的），那么 t 期物价水平 p_t 是在名义工资水平的基础上加上一定的加成率，

$$p_t = w_t + \xi_t$$

为简单起见，下面假设 $\xi_t = 0$。

考虑到名义合同工资的期限为两期，在设定 t 期的名义合同工资时，需考

虑 t 期及 $t+1$ 期这两期的平均物价水平。由于在 t 期无法得到 $t+1$ 期的物价水平，因而以 t 期对 $t+1$ 期物价水平的预期 $E_t p_{t+1}$ 来替代 $t+1$ 期的物价水平。另外，在设定名义合同工资时，还要考虑劳动力市场的松紧情况，这里以产出缺口 y_t 来衡量劳动力市场的松紧情况，从而得到下面的方程：

$$x_t = 0.5(p_t + E_t p_{t+1}) + 0.5\gamma y_t$$

代入前面的式子可得到

$$p_t = 0.5(p_t + p_{t-1}) + 0.5(E_{t-1} p_t + E_t p_{t+1}) + 0.5\gamma(y_t + y_{t-1})$$

可以看出，这是一个关于价格水平的二阶差分方程，记通胀率 $\pi_t = p_t - p_{t-1}$，经过变换可得到下式：

$$\pi_t = E_t \pi_{t+1} + \gamma(y_t + y_{t-1}) - (p_t - E_{t-1} p_t)$$

令 $\hat{y}_t = y_t + y_{t-1}$，$\varepsilon_t = -(p_t - E_{t-1} p_t)$，则上式变换为

$$\pi_t = E_t \pi_{t+1} + \gamma \hat{y}_t + \varepsilon_t$$

上式类似于传统的 Phillips 曲线，但它具有鲜明的微观理论基础，且它是一种前瞻性方程。

Fuhrer – Moore（1995）对 Taylor 模型进行了进一步拓展，他们采用了与 Taylor 相同的分析框架，但采用了实际合同工资的假设。仍然考虑两期（$N=2$）合同的情况。以 x_t 表示 t 期的名义合同工资，以 v_t 表示 t 期的实际合同工资，这二者具有以下关系：

$$v_t = 0.5(x_t - p_t) + 0.5(x_{t-1} - p_{t-1})$$

t 期的实际工资水平由下式确定：

$$x_t - p_t = 0.5(v_t + E_t v_{t+1}) + 0.5\gamma y_t$$

依然采用 Taylor 模型中的其他假设，即

$$p_t = w_t, \qquad w_t = 0.5(x_t + x_{t-1})$$

由上面的式子可得到

$$\pi_t = 0.5(\pi_{t-1} + E_t \pi_{t+1}) + \gamma(y_t + y_{t-1}) - 0.5(p_t - E_{t-1} p_t)$$

记 $\hat{y}_t = y_t + y_{t-1}$，$\varepsilon_t = -(p_t - E_{t-1} p_t)$，则上式变换为

$$\pi_t = 0.5(\pi_{t-1} + E_t \pi_{t+1}) + \gamma \hat{y}_t + \varepsilon_t$$

从上面方程可以看出，Fuhrer—Moore 模型与 Taylor 模型的一个显著不同之处是，Phillips 曲线呈现出混合性的特性，即当期通胀率不仅决定于滞后期的通胀率，而且还决定于对通胀率的预期。

总的来看，Taylor 和 Fuhrer—Moore 的定价方式为研究工资粘性提供了一

个新思路，并且，可以将这两种定价方式用于研究价格的粘性。针对 Taylor 和 Fuhrer—Moore 定价方式的相对任意性，Chari—Kehoe—McGrattan（2000）从微观基础上对多期定价方式给予了细致的分析和严谨的证明，从而避免了这一定价方式在 DSGE 框架下应用中缺乏微观基础的不足。Dotsey—King—Wolman（1999）、Golosov—Lucas（2007）、Klenow—Kryvtsov（2008）、Gertler—Leahy（2008）、Nakamura—Steinsson（2008）和 Midrigan（2011）在一般均衡模型下研究了依赖于经济状态（State—Dependent）的定价模式，这种定价方式在某些方面与 Taylor 定价方式有共同之处，但价格的调整是依赖于经济状态的，而不是依赖于时间（Time—Dependent）的。

二、Rotemberg 定价方式

名义工资的粘性为货币变化对实体经济的影响提供了一个解释途径。同样，若名义工资是弹性的，而价格是粘性的，那么货币变化也将会导致实际工资的变化，并对边际实际成本产生影响，进而对实体经济产生影响。因此，价格的粘性也可以为货币变化对实体经济的影响提供一个解释途径。

Rotemberg（1982）在假设价格存在调整成本的理论基础上，对价格粘性进行了深入分析，Hairault—Portier（1993）采用这种框架对美国和法国关于价格调整的二阶矩预测进行了实证和比较。该定价方式基于的框架是，首先在弹性价格的假设下，厂商确定其期望的最优价格水平；其次，考虑到价格存在调整成本，厂商再确定其实际的价格水平。以 p_t^f 表示在弹性价格条件下厂商在 t 期期望的最优价格水平，考虑厂商的同质性，该最优价格对所有厂商是一样的。以 $p_{j,t}$ 表示第 j 个厂商在 t 期设定的实际价格水平，$p_{j,t}$ 的确定是通过求解下面的优化问题而得到的：

$$\min_{\{p_{j,t+s}\}} E_t \sum_{s=0}^{\infty} \beta^s \left[(p_{j,t+s} - p_{t+s}^f)^2 + c (p_{j,t+s} - p_{j,t+s-1})^2 \right]$$

上式括号中的各项反映了价格的调整成本，其中，β 是贴现率，常数 c 反映了价格跨期调整成本的程度。该优化问题的一阶条件为

$$p_{j,t} - p_t^f + c(p_{j,t} - p_{j,t-1}) - \beta c E_t (p_{j,t+1} - p_{j,t}) = 0$$

如果价格没有调整成本，即 $c = 0$，那么可得到 $p_{j,t} = p_t^f$，这时厂商确定的价格水平就是在弹性价格条件下的最优价格水平。考虑厂商的同质性和均衡的对称性，$p_{j,t} = p_t$，从而得到下式：

$$p_t - p_t^f + c(p_t - p_{t-1}) - \beta c E_t (p_{t+1} - p_t) = 0$$

记 $\pi_t = p_t - p_{t-1}$，则上式变为

$$\pi_t = \beta E_t \pi_{t+1} + \frac{1}{c}(p_t^f - p_t)$$

根据第二章分析的结果及考虑对称性可得到

$$p_t^f = \xi_t + m_t$$

其中，m_t 是厂商的名义边际生产成本，ξ_t 是加成率，代入上式可得到

$$\pi_t = \beta E_t \pi_{t+1} + \frac{1}{c}(m_t - p_t + \xi_t)$$

这里，$(m_t - p_t)$ 为实际边际生产成本。上式是对价格粘性而言的 Phillips 曲线，采用 Rotemberg 定价方式也可以对工资粘性进行研究。

在上面定价策略中，假设贴现率 β 是常数。实际应用中通常考虑贴现率不是常数，并且价格与其他变量同时出现的情况，即考虑下面更为复杂的问题：

$$\min_{\{p_{j,t+s}\}} E_t \sum_{s=0}^{\infty} \beta^{t+s} \eta_{t,t+s} \Omega_{t+s} \left[(p_{j,t+s} - p_{t+s}^f)^2 + c \, (p_{j,t+s} - p_{j,t+s-1})^2 \right]$$

其中，$\eta_{t,t+s}$ 是反映跨期累计变化的变量，且 $\eta_{t,t} = 1$，Ω_t 是其他变量。此时一阶条件为

$$\Omega_t \left[(p_{j,t} - p_t^f) + c(p_{j,t} - p_{j,t-1}) \right] - cE_t \left[\beta \eta_{t,t+1} \Omega_{t+1} (p_{j,t+1} - p_{j,t}) \right] = 0$$

考虑均衡对称性并经过变换可得到

$$\pi_t = \beta E_t (\eta_{t,t+1} \pi_{t+1} \Omega_{t+1} / \Omega_t) + \frac{1}{c}(p_t^f - p_t)$$

最终得到与上面类似的 Phillips 曲线：

$$\pi_t = \beta E_t (\eta_{t,t+1} \pi_{t+1} \Omega_{t+1} / \Omega_t) + \frac{1}{c}(m_t - p_t + \xi_t)$$

三、Calvo 定价方式

Calvo（1983）定价方式是研究工资或价格粘性的另一种方法。以价格粘性为例，Calvo 假设在每期并不是所有的厂商都调整自己的价格水平，进行价格调整的厂商所占的比例为 $(1-q)$，其他厂商继续保持原来设定的价格水平。以 p_{t+s}^f 表示在弹性价格条件下厂商在 $t+s$ 期期望的最优价格水平，以 $p_{j,t}$ 表示第 j 个厂商在 t 期设定并直到 $t+s$ 期才调整的价格水平。根据 Calvo 的定价策略，$p_{j,t}$ 的确定是通过求解下面的优化问题而得到的：

$$\min_{\{p_{j,t}\}} E_t \sum_{s=0}^{\infty} (\beta q)^s (p_{j,t} - p_{t+s}^f)^2$$

该优化问题的一阶条件为

$$\sum_{s=0}^{\infty} (\beta q)^s (p_{j,t} - E_t p_{t+s}^f) = 0$$

或

$$p_{j,t} = (1 - \beta q) \sum_{s=0}^{\infty} (\beta q)^s E_t p_{t+s}^f$$

将上式写成递归的形式：

$$p_{j,t} = (1 - \beta q) p_t^f + \beta q E_t p_{j,t+1}$$

从 Calvo 定价策略可以算出，价格调整的平均时间为 $1/(1-q)$，这为在实证中设定价格调整的概率 $(1-q)$ 提供了直观意义。如果 $q=0$，即每期所有的厂商都调整自己的价格水平，那么 $p_{j,t} = p_t^f$，这时厂商确定的价格水平就是在弹性价格条件下的最优价格水平。

记 $\pi_t = p_t - p_{t-1}$，上式经过变换可写成

$$p_{j,t} - p_t = (1 - \beta q)(p_t^f - p_t) + \beta q E_t(p_{j,t+1} - p_t)$$
$$= (1 - \beta q)(p_t^f - p_t) + \beta q E_t(p_{j,t+1} - p_{t+1} + \pi_{t+1})$$

由于 t 期进行价格调整的厂商所占的比例为 $(1-q)$，因而 t 期的总价格水平为

$$p_t = (1 - q) p_{j,t} + q p_{t-1}$$

或

$$p_{j,t} - p_t = \frac{q}{1 - q} \pi_t$$

将此代入前面的方程可得到

$$\pi_t = \beta E_t \pi_{t+1} + \frac{(1 - q)(1 - \beta q)}{q}(p_t^f - p_t)$$

类似于前面可得到

$$p_t^f = \xi_t + m_t$$

其中，m_t 是厂商的名义边际生产成本，ξ_t 是加成率。代入上式可得到

$$\pi_t = \beta E_t \pi_{t+1} + \frac{(1 - q)(1 - \beta q)}{q}(m_t - p_t + \xi_t)$$

如果将 Calvo 定价策略得到的上式与前面 Rotemberg 定价策略得到的结果

$$\pi_t = \beta E_t \pi_{t+1} + \frac{1}{c}(m_t - p_t + \xi_t)$$

进行比较可以看出，若令参数满足下式：

$$c = \frac{q}{(1 - q)(1 - \beta q)}$$

那么，两种定价方式得到的结果是一样的。需要注意的是，尽管二者最终的结果类似，但价格调整的机制不同。在 Rotemberg 定价策略下，每期所有厂商都

进行价格调整，且调整是有成本的；而在 Calvo 定价策略下，并不是所有厂商都进行价格调整，每个厂商调整价格的频率也不尽相同，可是，每期调整价格的厂商所占的比例是常数，从而厂商的平均调整频率是一个常数。

另外，假设每期调整价格的厂商所占的比例为（$1/N$），且厂商保持该价格水平的期限为 N 期，以 $p_{j,t}$ 表示第 j 个厂商在 t 期设定并直到 $t+N$ 期才调整的价格水平。类似于 Calvo 的定价做法，$p_{j,t}$ 的确定是通过求解下面的优化问题而得到的：

$$\min_{\{p_{j,t}\}} E_t \sum_{s=0}^{N-1} \beta^s (p_{j,t} - p_{t+s}^f)^2$$

该优化问题的一阶条件为

$$\sum_{s=0}^{N-1} \beta^s (p_{j,t} - E_t p_{t+s}^f) = 0$$

或

$$p_{j,t} = \left(\frac{1-\beta}{1-\beta^N}\right) \sum_{s=0}^{N-1} \beta^s E_t p_{t+s}^f$$

由于 t 期进行价格调整的厂商所占的比例为（$1/N$），因而 t 期的总价格水平为

$$p_t = \left(\frac{1}{N}\right) \sum_{s=0}^{N-1} E_t p_{j,t-s}$$

这就是 Chari – Kehoe – McGrattan（2000）在一般均衡框架下给出的 Taylor（1980）定价策略。可见，Calvo 定价策略与 Taylor 定价策略也是有联系的。Calvo 定价中厂商调整价格的频率是随机的，而 Taylor 定价中厂商调整价格的频率是确定的。由于总价格水平是所有现在和过去不同时期制定的价格的平均值，从而由上面可以看出，Calvo 定价中各期制定的价格所占的权重是变化的，而 Taylor 定价中各期制定的价格所占的权重是固定的。当 $N \to \infty$ 时，可以看出这二者最终得到的结果是等价的。

同样，也可以考虑贴现率不是常数的情况。为处理方便，将上面取对数的变量还原成原来变量，如 $P_{j,t} = e^{p_{j,t}}$，此时上面的优化问题可调整为

$$\min_{\{P_{j,t}\}} E_t \sum_{s=0}^{\infty} q^s \beta^s \eta_{t,t+s} \Omega_{t+s} [(P_{j,t}/P_{t+s}^f) - 1]^2, \eta_{t,t} = 1$$

这里，$P_t^f = e^{\xi_t} M_t$，M_t 是厂商未经过对数变换的名义边际生产成本，ξ_t 是加成率。该优化问题的一阶条件为

$$E_t \sum_{s=0}^{\infty} (\beta q)^s \eta_{t,t+s} \Omega_{t+s} [(P_{j,t}/P_{t+s}^f) - 1]/P_{t+s}^f = 0$$

定义以下两个变量，

$$G_{1,t} = \sum_{s=0}^{\infty} (\beta q)^s \eta_{t,t+s} \Omega_{t+s} (P_{t+s}^f)^{-2}, G_{2,t} = \sum_{s=0}^{\infty} (\beta q)^s \eta_{t,t+s} \Omega_{t+s} (P_{t+s}^f)^{-1}$$

这两个变量可写成递归的形式：

$$G_{1,t} = \Omega_t (P_t^f)^{-2} + \beta q \eta_{t,t+1} G_{1,t+1}, G_{2,t} = \Omega_t (P_t^f)^{-1} + \beta q \eta_{t,t+1} G_{2,t+1}$$

上面优化问题的一阶条件可写成：

$$E_t(P_{j,t} G_{1,t} - G_{2,t}) = 0$$

若 $q = 0$，则有 $P_{j,t} = P_t^f$，即厂商确定的价格水平就是在弹性价格条件下的最优价格水平，与上面得到的结论相同。

总价格水平由下式确定：

$$P_t = (P_{j,t})^{1-q} (P_{t-1})^q$$

若在稳态进行对数线性化，则可得到类似于前面的 Phillips 曲线表达式。

四、Fischer 定价方式

在 Calvo 定价策略中，第 j 个厂商在 t 期设定并直到 $t+s$ 期才调整的价格水平 $p_{j,t}$ 是与指标 s 无关的。Fischer（1977）改变了该假设，认为厂商在此区间设定的价格也是与指标 s 有关的，即以 $p_{j,t,s}$ 表示，因此 $p_{j,t,s}$ 的确定是通过求解下面的优化问题而得到的：

$$\min_{\{p_{j,t,s}\}} E_t \sum_{s=0}^{\infty} (\beta q)^s (p_{j,t,s} - p_{t+s}^f)^2$$

该优化问题的一阶条件为

$$p_{j,t,s} = E_t p_{t+s}^f$$

或者

$$p_{j,t-s,s} = E_{t-s} p_t^f$$

由于 t 期进行价格调整的厂商所占的比例为（$1-q$），因而 t 期的总价格水平为

$$p_t = (1-q)p_{j,t-1,1} + qp_{t-1} = \cdots = \sum_{s=0}^{\infty} (1-q)q^s p_{j,t-s,s} = \sum_{s=0}^{\infty} (1-q)q^s E_{t-s} p_t^f$$

类似于前面可得到

$$p_t^f = \xi_t + m_t$$

其中，m_t 是厂商的名义边际生产成本，ξ_t 是加成率，代入上式可得到

$$p_t = \sum_{s=0}^{\infty} (1-q)q^s E_{t-s}(m_t + \xi_t)$$

Bénassy（2002，2003）、Mankiw – Reis（2002，2006）和 Devereux – Yet-man（2003）均利用 Fischer 定价策略研究了价格粘性问题，Mankiw – Reis

（2002，2006）将利用此定价策略得到的模型称为粘性信息模型，该模型近年来得到较快发展，后面将介绍。

五、指数化盯住

上面定价策略主要是针对价格水平设定的，在某些厂商没有调整价格之前，其价格水平保持原来的水平，这种定价策略意味着稳态的通胀率为零。实际中我们通常遇到稳态时通胀率不为零的情况，处理这种情形可以采用指数化盯住方法，Ascari（2004）、Cogley - Sbordone（2008）和 Ascari - Ropele（2009）在这方面进行了深入研究。指数化盯住通常有以下几种方式，一是没有调整价格的厂商可以将其上一期的价格水平乘以整个经济稳态时的通胀率从而得到其当期的价格水平；二是没有调整价格的厂商可以将其上一期的价格水平乘以整个经济上一期的通胀率从而得到其当期的价格水平；三是没有调整价格的厂商可以将其上一期的价格水平乘以整个经济上一期通胀率和稳态时通胀率的加权值从而得到其当期的价格水平。下面以第三种方式为例来讨论指数化盯住时的价格设定问题。

（一）Rotemberg 方式

考虑贴现率不是常数的情况，上面的优化问题调整为

$$\min_{\{P_{j,t+s}\}} E_t \sum_{s=0}^{\infty} \beta^{t+s} \eta_{t,t+s} \Omega_{t+s} \left[\left(\frac{P_{j,t+s}}{P_{t+s}^f} - 1 \right)^2 + c \left(\frac{P_{j,t+s}}{P_{j,t+s-1} \prod^{1-\chi} \prod_{t+s-1}^{\chi}} - 1 \right)^2 \right], \eta_{t,t} = 1$$

其中，$\prod_t = (1 + \pi_t) = P_t / P_{t-1}$ 是总通胀率，$\overline{\prod}$ 是其稳态值，χ 和（$1 - \chi$）分别是盯住上期通胀率和稳态时通胀率的指数。该优化问题的一阶条件变为

$$\Omega_t \left[\left(\frac{P_{j,t}}{P_t^f} - 1 \right) \frac{1}{P_t^f} + c \left(\frac{P_{j,t}}{P_{j,t-1} \overline{\prod}^{1-\chi} \prod_{t-1}^{\chi}} - 1 \right) \frac{1}{P_{j,t-1} \overline{\prod}^{1-\chi} \prod_{t-1}^{\chi}} \right]$$

$$= c\beta E_t \left[\eta_{t,t+1} \Omega_{t+1} \left(\frac{P_{j,t+1}}{P_{j,t} \overline{\prod}^{1-\chi} \prod_t^{\chi}} - 1 \right) \left(\frac{P_{j,t+1}}{(P_{j,t})^2 \overline{\prod}^{1-\chi} \prod_t^{\chi}} \right) \right]$$

或

$$\left[\left(\frac{P_{j,t}}{P_t^f} - 1 \right) \frac{P_t}{P_t^f} + c \left(\frac{P_{j,t}}{P_{j,t-1} \overline{\prod}^{1-\chi} \prod_{t-1}^{\chi}} - 1 \right) \frac{P_t}{P_{j,t-1} \overline{\prod}^{1-\chi} \prod_{t-1}^{\chi}} \right]$$

$$= c\beta E_t \left[\eta_{t,t+1} \frac{\Omega_{t+1}}{\Omega_t} \left(\frac{P_{j,t+1}}{P_{j,t} \overline{\prod}^{1-\chi} \prod_t^{\chi}} - 1 \right) \left(\frac{P_{j,t+1} P_t}{(P_{j,t})^2 \overline{\prod}^{1-\chi} \prod_t^{\chi}} \right) \right]$$

考虑均衡的对称性 $P_{j,t} = P_t$ ，代入上式化简可得到

$$\left[\left(\frac{P_t}{P_t^f}-1\right)\frac{P_t}{P_t^f}+c\left(\frac{\prod_t}{\overline{\prod}^{1-\chi}\prod_{t-1}^\chi}-1\right)\frac{\prod_t}{\overline{\prod}^{1-\chi}\prod_{t-1}^\chi}\right]$$

$$= c\beta E_t\left[\eta_{t,t+1}\frac{\Omega_{t+1}}{\Omega_t}\left(\frac{\prod_{t+1}}{\overline{\prod}^{1-\chi}\prod_t^\chi}-1\right)\left(\frac{\prod_{t+1}}{\overline{\prod}^{1-\chi}\prod_t^\chi}\right)\right]$$

另外，价格弹性情形下有 $P_t^f = e^{\xi_t}M_t$ ，除以价格可得到

$$\frac{P_t^f}{P_t} = e^{\xi_t}\frac{M_t}{P_t} = e^{\xi_t+(m_t-p_t)}$$

代入上式即可得到关于通胀率的方程。可以看出，若稳态时通胀率为零（即 $\overline{\prod}=1$ ），且在稳态时进行对数线性化，那么可得到与前面相同的方程。

（二）Calvo 方式

利用 Calvo 定价方式也可以考虑上面的指数化问题，此时优化问题变为

$$\min_{\{P_{j,t}\}}E_t\sum_{s=0}^\infty (\beta q)^s\eta_{t,t+s}\Omega_{t+s}\left(\frac{P_{j,t}\overline{\prod}^{(1-\chi)s}\left(\prod_t\cdots\prod_{t+s-1}\right)^\chi}{P_{t+s}^f}-1\right)^2,\eta_{t,t}=1$$

其一阶条件为

$$E_t\sum_{s=0}^\infty (\beta q)^s\eta_{t,t+s}\Omega_{t+s}\left(\frac{P_{j,t}\overline{\prod}^{(1-\chi)s}\left(\prod_t\cdots\prod_{t+s-1}\right)^\chi}{P_{t+s}^f}-1\right)$$

$$\left(\frac{\overline{\prod}^{(1-\chi)s}\left(\prod_t\cdots\prod_{t+s-1}\right)^\chi}{P_{t+s}^f}\right)=0$$

经过变换可得到

$$E_t\sum_{s=0}^\infty (\beta q)^s\eta_{t,t+s}\Omega_{t+s}\left(\frac{P_{j,t}\overline{\prod}^{(1-\chi)s}\left(\prod_t\cdots\prod_{t+s-1}\right)^\chi}{P_t(P_{t+s}^f/P_{t+s})\prod_{t+1}\cdots\prod_{t+s}}-1\right)$$

$$\left(\frac{\overline{\prod}^{(1-\chi)s}\left(\prod_t\cdots\prod_{t+s-1}\right)^\chi}{P_t(P_{t+s}^f/P_{t+s})\prod_{t+1}\cdots\prod_{t+s}}\right)=0.$$

定义以下两个变量：

$$F_{1,t} = \sum_{s=0}^\infty (\beta q)^s\eta_{t,t+s}\Omega_{t+s}\left(\frac{\overline{\prod}^{(1-\chi)s}\left(\prod_t\cdots\prod_{t+s-1}\right)^\chi}{(P_{t+s}^f/P_{t+s})\prod_{t+1}\cdots\prod_{t+s}}\right)^2$$

$$F_{2,t} = \sum_{s=0}^\infty (\beta q)^s\eta_{t,t+s}\Omega_{t+s}\left(\frac{\overline{\prod}^{(1-\chi)s}\left(\prod_t\cdots\prod_{t+s-1}\right)^\chi}{(P_{t+s}^f/P_{t+s})\prod_{t+1}\cdots\prod_{t+s}}\right)$$

这两个变量可写成递归的形式：

$$F_{1,t} = \Omega_t \, (P_t^f/P_t)^{-2} + \beta q \eta_{t,t+1} \left(\frac{\overline{\prod}^{(1-\chi)} (\prod_t)^{\chi}}{\prod_{t+1}} \right)^2 F_{1,t+1}$$

$$F_{2,t} = \Omega_t \, (P_t^f/P_t)^{-1} + \beta q \eta_{t,t+1} \left(\frac{\overline{\prod}^{(1-\chi)} (\prod_t)^{\chi}}{\prod_{t+1}} \right) F_{2,t+1}$$

上面优化问题的一阶条件可写成：

$$E_t \left(\frac{P_{j,t}}{P_t} F_{1,t} - F_{2,t} \right) = 0$$

前面已经给出 $\dfrac{P_t^f}{P_t} = e^{\xi_t} \dfrac{M_t}{P_t} = e^{\xi_t + (m_t - p_t)}$，其中，$\xi_t$ 是加成率。在第二章已经推导出，若产品连续分布于区间 $[0,1]$，θ_t 是不同产品之间的相互替代弹性，那么垄断竞争条件下加成率为

$$\xi_t = \frac{\theta_t}{\theta_t - 1}, \theta_t \geqslant 1$$

同时，总价格水平为

$$P_t^{1-\theta_t} = \int_0^1 (P_{j,t})^{1-\theta_t} \mathrm{d}j$$

在 Calvo 交错定价策略下，由于每期进行价格调整的厂商所占的比例为 $(1-q)$，其他厂商采用上面第三种指数化盯住策略来设定价格，从而总价格水平由下式确定：

$$P_t^{1-\theta_t} = (1-q) P_{j,t}^{1-\theta_t} + q \left(P_{t-1} \overline{\prod}^{(1-\chi)} (\prod_{t-1})^{\chi} \right)^{1-\theta_t}$$

或

$$1 = (1-q) \left(\frac{P_{j,t}}{P_t} \right)^{1-\theta_t} + q \left(\frac{\overline{\prod}^{(1-\chi)} (\prod_{t-1})^{\chi}}{\prod_t} \right)^{1-\theta_t}$$

代入前式即可得到关于通胀率的方程。同样，若稳态时通胀率为零（即 $\overline{\prod} = 1$），且在稳态时进行对数线性化，那么可得到与前面相同的方程。

总的来看，采用 Rotemberg 方式或者 Calvo 方式研究价格或工资粘性各有其长处。相对来说，采用 Rotemberg 方式演算推导比较容易，但反映调整成本的参数区间范围较广，较难设定，不同学者采用的数值相差很大；Calvo 方式虽然演算推导比较复杂，通常需要进行无穷级数的求和运算且加总比较复杂，但其微观解释意义比较鲜明，参数校准或估计的范围也比较容易确定。

第二节　在模型中引入价格粘性和工资粘性

在模型中引入价格或工资粘性的研究很多。关于价格粘性方面的研究，Rotemberg（1982）、Calvo（1983）、Ball - Romer（1990）、Mankiw - Romer（1991）、Rotemberg - Woodford（1992, 1997）、Hairault - Portier（1993）、Yun（1996）、King - Watson（1996）、Clarida - Gali - Gertler（1998, 1999, 2001）、Galí - Gertler（1999）、McCallum - Nelson（1999）、Chari - Kehoe - McGrattan（2000）、King（2000）、Ireland（2001）、Kiley（2002）、Gali（2002）、Ascari（2004）、Cogley - Sbordone（2008）和 Ascari - Ropele（2009）等学者在 Rotemberg 或 Calvo 的定价策略下建立了存在价格粘性的一般均衡模型并进行了实证，Bils - Klenow（2004）和 Bils - Klenow - Malin（2009）对价格调整的频率进行了实证估计，Dotsey - King - Wolman（1999）、Golosov - Lucas（2007）、Klenow - Kryvtsov（2008）、Gertler - Leahy（2008）、Nakamura - Steinsson（2008）和 Midrigan（2011）在一般均衡模型下研究了依赖于经济状态的定价模式，并给出了有关微观方面的实证。关于工资粘性方面，Taylor（1980）、Ball - Mankiw - Romer（1988）、Mankiw（1988）、Benassy（1995）及 Ascari（2000）等学者对名义工资粘性进行了深入研究，特别是对存在多期名义合同工资的情况，考察了货币的变化对产出和通胀率的影响，而 Buiter - Jewitt（1981）、Fuhrer - Moore（1995）及 Roberts（1995, 1997）等学者对实际工资粘性进行了深入研究，他们在实际合同工资的情况下，研究了存在实际工资粘性的情况下货币的变化对产出和通胀率的影响。另外，同时引入价格和工资粘性并探讨两种粘性的作用也有很多成果，典型成果有 Erceg - Henderson - Levin（2000）、Huang - Liu（2002）、Altig - Christiano - Eichenbaum - Linde（2004）、Christiano - Eichenbaum - Evans（2005）、Christiano - Motto - Rostagno（2002, 2007）、Galí（2008）和 Christiano - Trabandt - Walentin（2010）等，而且近年来很多 DSGE 模型均将这二者引入其中。总之，价格和工资粘性为货币的变化对经济的影响及影响的持续性提供了一个解释途径。本节主要探讨在 DSGE 模型中如何引入价格或工资粘性问题。

一、基本框架

第二章第六节在弹性价格条件下分别讨论了产品生产垄断和劳动力供给垄断，下面将在此框架下引入价格粘性和工资粘性，并探讨粘性所产生的影响。

第二章的模型中仅含有居民和厂商两类经济主体，前面第三章和第四章已经分别引入了政府和金融部门，因此出于较全面的考虑，下面的模型中包含的经济主体有居民、厂商、政府和中央银行。

政府的行为与第四章相同，为避免重复介绍，下面仅列出基本方程：

$$b_{t+1} = (1 + r_t)b_t + g_t - \tau_t$$

$$\ln(g_t/\bar{g}) = \rho_g \ln(g_{t-1}/\bar{g}) + u_{g,t}, 0 \leqslant \rho_g < 1, u_{g,t} \sim N(0, \sigma_g^2)$$

$$\tau_t = \bar{\tau} + \phi(b_t - \bar{b}), \phi \geqslant 0$$

其中，b_t 是政府债券的实际余额（期初余额），τ_t 和 g_t 分别是政府的实际税收和支出，$r_t = (1 + R_t)/(1 + \pi_t) - 1$ 是债券的实际利率，R_t 是债券的名义利率，$\pi_t = P_t/P_{t-1} - 1$ 是通胀率，P_t 是价格水平，$u_{g,t}$ 是对政府支出的随机冲击，变量上面加横线表示该变量的稳态值，ϕ 是政府税收关于其债务的反应系数。

忽略从中央银行到商业银行的传导细节，假设中央银行可以直接或者间接调控政府债券的名义利率，中央银行采用下面的 Taylor 规则形式：

$$R_{t+1} = \rho_R R_t + (1 - \rho_R)[\bar{R} + \kappa_y \ln(y_t/\bar{y}) + \kappa_\pi(\pi_t - \bar{\pi})] + u_{R,t},$$

$$0 \leqslant \rho_R \leqslant 1, \kappa_y > 0, \kappa_\pi > 1, u_{R,t} \sim N(0, \sigma_R^2)$$

其中，y_t 是产出，π_t 是通胀率，$u_{R,t}$ 是对利率的随机冲击，参数 κ_y 和 κ_π 分别是利率关于产出和通胀的反应系数。

产品分为最终产品和中间产品，相应地，厂商分为两类，一类是生产最终产品的厂商，另一类是生产不同中间产品的厂商，中间产品的种类连续分布于区间 $[0, 1]$。最终产品以中间产品作为投入，它们之间的关系为

$$y_t = \left[\int_0^1 y_t(j)^{(\theta_t-1)/\theta_t} dj\right]^{\theta_t/(\theta_t-1)}, \theta_t > 1$$

其中，y_t 是最终产品的数量，$y_t(j)$ 是生产最终产品所使用的第 j 类中间产品。在最终产品市场处于完全竞争状态下时，生产最终产品对中间产品的需求以及最终产品的价格分别为

$$y_t(j) = [P_t(j)/P_t]^{-\theta_t} y_t$$

$$P_t = \left[\int_0^1 P_t(j)^{(1-\theta_t)} dj\right]^{1/(1-\theta_t)}$$

其中，$P_t(j)$ 是第 j 种产品的价格，P_t 是最终产品的价格。若将最终产品的需求分为消费、投资和政府支出三部分，按照上面的公式可得到相应的中间产品的需求：

$$y_{d,t} = c_t + i_t + g_t$$

$$y_{d,t}(j) = c_t(j) + i_t(j) + g_t(j) = (P_t(j)/P_t)^{-\theta_t}(c_t + i_t + g_t)$$
$$= (P_t(j)/P_t)^{-\theta_t}y_{d,t}$$

其中，$y_{d,t}$ 是总需求，c_t 是总消费，i_t 是总投资，g_t 是政府支出，$y_{d,t}(j)$、$c_t(j)$、$i_t(j)$ 和 $g_t(j)$ 分别是关于第 j 种产品的总需求、消费、投资和政府支出。

生产第 j 类中间产品的厂商采用 Cobb – Douglas 生产函数形式：

$$y_t(j) = Z_t(k_t(j))^\alpha(l_t(j))^{1-\alpha}, 0 \leqslant \alpha \leqslant 1$$

其中，$y_t(j)$ 是第 j 类中间产品的产出，Z_t 是全要素生产率，$k_t(j)$ 是生产中间产品使用的资本，$l_t(j)$ 是生产中间产品使用的劳动力。在垄断竞争条件下，如果价格是完全弹性的，则从第二章第六节的分析可得到下面的关系式：

$$m_t = \frac{(r_{k,t})^\alpha w_t^{1-\alpha}}{(a)^\alpha(1-\alpha)^{1-\alpha}Z_t}$$

$$r_{k,t} = \alpha m_t[y_t(j)/k_t(j)]$$

$$w_t = (1-\alpha)m_t[y_t(j)/l_t(j)]$$

$$\frac{P_t(j)}{P_t} = \frac{\theta_t}{\theta_t - 1}m_t$$

其中，m_t 是生产的实际边际成本，$r_{k,t}$ 是资本的实际收益率，w_t 是实际工资。

居民提供的劳动力并不是被一个厂商使用，而是被连续分布于 [0,1] 的厂商使用，并且，厂商使用的劳动力是由连续分布于 [0,1] 的居民提供。考虑到第 j 个厂商对劳动力的需求由分布于 [0,1] 的居民提供，即

$$l_t(j) = \left[\int_0^1 l_t(j,h)^{(\theta_{w,t}-1)/\theta_{w,t}}dh\right]^{\theta_{w,t}/(\theta_{w,t}-1)}, \theta_{w,t} > 1$$

式中，$l_t(j,h)$ 是由第 h 个居民向第 j 个厂商提供的劳动力，$\theta_{w,t}$ 是不同劳动力之间的相互替代弹性。类似于产品的做法，可得到下面的劳动力需求方程：

$$l_t(j,h) = [w_t(h)/w_t]^{-\theta_{w,t}}l_t(j)$$

$$w_t = \left[\int_0^1 w_t(h)^{1-\theta_{w,t}}dh\right]^{1/(1-\theta_{w,t})}$$

其中，$w_t(h)$ 是第 h 个居民在需求约束下制定的工资。对第 h 个居民的劳动力总需求为

$$l_{h,t} = \int_0^1 l_t(j,h)dj = [w_t(h)/w_t]^{-\theta_{w,t}}\int_0^1 l_t(j)dj = [w_t(h)/w_t]^{-\theta_{w,t}}l_t^d$$

式中，$l_t^d = \int_0^1 l_t(j)dj = [(1-\alpha)m_t/w_t]\tilde{y}_t$ 是对劳动力的总需求，$\tilde{y}_t = \int_0^1 y_t(j)dj = y_{d,t}\int_0^1 [P_t(j)/P_t]^{-\theta_t}dj$。

这里为了纯粹考察名义粘性的作用，假设投资没有调整成本，居民负责投资，劳动力市场处于垄断竞争状态，居民在劳动力需求约束下对工资有定价权，第二章第六节在工资完全弹性条件下已经得到下面的方程：

$$\lambda_t = \frac{\partial U(c_t, l_{h,t})}{\partial c_t}$$

$$\lambda_t = E_t[\beta(1 + r_{k,t+1} - \delta)\lambda_{t+1}]$$

$$-w_t(h)\lambda_t = \frac{\theta_{w,t}}{(\theta_{w,t} - 1)} \frac{\partial U(c_t, l_{h,t})}{\partial l_{h,t}}$$

其中，λ_t 是居民约束条件对应的 Lagrange 乘子或者财富的边际消费倾向。

商品市场均衡条件为

$$y_t = \tilde{y}_t = (c_t + i_t + g_t)s_t, \quad s_t = \int_0^1 [P_t(j)/P_t]^{-\theta_t} \mathrm{d}j$$

劳动力总量均衡条件需满足：

$$l_t = \int_0^1 l_{h,t} \mathrm{d}h = \int_0^1 \int_0^1 l_t(j,h) \mathrm{d}j\mathrm{d}h = l_t^d s_{w,t}, \quad s_{w,t} = \int_0^1 [w_t(h)/w_t]^{-\theta_{w,t}} \mathrm{d}h$$

二、在 DSGE 模型中仅引入价格粘性

从带有指数化盯住机制的 Calvo 定价策略出发，在垄断竞争环境下对中间产品定价，即采用下面的公式：

$$E_t\left(\frac{P_t(j)}{P_t}F_{1,t} - F_{2,t}\right) = 0$$

$$F_{1,t} = \Omega_t (P_t^f/P_t)^{-2} + \beta q \eta_{t,t+1}\left(\frac{\overline{\prod}^{(1-\chi)}(\prod_t)^{\chi}}{\prod_{t+1}}\right)^2 F_{1,t+1}$$

$$F_{2,t} = \Omega_t (P_t^f/P_t)^{-1} + \beta q \eta_{t,t+1}\left(\frac{\overline{\prod}^{(1-\chi)}(\prod_t)^{\chi}}{\prod_{t+1}}\right) F_{2,t+1}$$

$$1 = (1-q)\left(\frac{P_t(j)}{P_t}\right)^{1-\theta_t} + q\left(\frac{\overline{\prod}^{(1-\chi)}(\prod_{t-1})^{\chi}}{\prod_t}\right)^{1-\theta_t}$$

在应用上面公式时，我们首先确定完全弹性情况下的价格，这一点在本节第一部分已经给出，即

$$p_t^f = \frac{P_t^f}{P_t} = \frac{\theta_t}{\theta_t - 1}m_t$$

其次，需要给出定价公式中时变贴现率中的变量 $\eta_{t,t+s}$ 和变量 Ω_t，参照在第一

章第二节和第二章第七节中的分析，若采用跨期替代弹性为（$1/\gamma$）的效用函数，且经济中含有共同趋势项 Z_t：

$$Z_t = Z_{t-1} g_{z,t}$$

$$\ln(g_{z,t}/\bar{g}_z) = \rho_{g_z} \ln(g_{z,t-1}/\bar{g}_z) + u_{g_z,t}, 0 \leqslant \rho_{g_z} < 1, u_{g_z,t} \sim N(0, \sigma_{g_z}^2)$$

其中，$g_{z,t}$ 是 Z_t 的增长率，当 $\sigma_{g_z} = 0$ 时，Z_t 具有确定性趋势，那么经过演算可得到时变贴现率 $\eta_{t,t+s}$ 和变量 Ω_t 形式为

$$\eta_{t,t+s} = (g_{z,t} \cdots g_{z,t+s})^{1-\gamma}, s \geqslant 0$$

$$\Omega_t = \lambda_t y_t$$

其中，λ_t 和 y_t 分别是去掉趋势项之后的财富边际消费倾向和产出。

在引入价格和工资粘性后，第二章第六节中在完全弹性条件下得到的两个反映商品市场和劳动力市场价格调整分散程度的指标不再为单位值，这里先考虑价格粘性的影响，暂时假设工资为完全弹性的（下一部分将讨论该问题），因此下面指标需要调整为

$$s_t = \int_0^1 [P_t(j)/P_t]^{-\theta_t} \mathrm{d}j = (1-q)\left(\frac{P_t(j)}{P_t}\right)^{-\theta_t} + q\left(\frac{\bar{\prod}^{(1-\chi)}(\prod_{t-1})^{\chi}}{\prod_t}\right)^{-\theta_t} s_{t-1}$$

假设采用前面章节中具体的效用函数形式：

$$U(c_t, l_t) = V_t\left(\frac{c_t^{1-\gamma}}{1-\gamma} - \omega X_t \frac{l_t^{1+\varphi}}{1+\varphi}\right)$$

其中，V_t 是偏好冲击，X_t 是劳动力供给冲击，ω 是参数。

为简便起见，下面不考虑趋势项且采用盯住稳态时通胀率指数化方式，关于其他较一般形式的模型可调整相应的方程，这里不再详细论述。

如果 $q = 0$，即厂商每期都调整价格，那么上面的模型就变成了第二章第六节中价格完全弹性下的垄断竞争模型，在采用可分离的效用函数形式下，这个货币经济模型呈现出古典经济学中所说的二分法（Dichotomy）结构。在这种经济结构下，由于实际利率能够在实体经济中完全确定，从而价格完全可以通过中央银行设定的名义锚来确定，这意味着中央银行通过调整货币政策可对价格产生影响，但不会对实际利率产生影响，货币政策对实体经济的影响是中性的。此时对模型的求解较为简单，因为实体经济模块是相对独立的一块，在确定该模块后，通过设定的名义锚就可以确定价格及其他名义变量。

只要 $q \neq 0$，那么价格粘性不仅对总价格水平的确定产生影响，还会对资源配置产生影响。只有当所有厂商设定的最优价格相同时，描述厂商调整价格

分散程度的指标 $s_t = \int_0^1 \left[P_t(j)/P_t \right]^{-\theta_t} dj$ 才达到最大值 1，此时总产出也达到最大值。但是，厂商交错调整价格产生的价格粘性使得该指标小于 1，从而总产出不会达到最大值，这样资源的配置并没有达到最优。同时价格分散程度也会使总价格产生波动性，从而对价格的稳定产生影响。另外，在价格粘性模型中，再也不会出现古典经济学中二分法结构，此时实际利率不可能仅通过实体经济模块来确定，其会受到名义利率和通胀率的影响，而通胀率会受到名义利率的影响，但货币政策需根据通胀率和产出的变化进行调整，因此在粘性价格模型中，名义利率、通胀率和实际利率需要联立来确定。

三、在 DSGE 模型中仅引入工资粘性

由于劳动力市场处于垄断竞争的状态，从而居民在劳动力需求的约束下，对工资有一定的定价权。类似于上面粘性价格引入的方式，先求出在工资完全弹性条件下的最优工资选择，这一点第一部分已经给出，即

$$w_t^f = - \frac{\theta_{w,t}}{\lambda_t(\theta_{w,t} - 1)} \frac{\partial U(c_t, l_t^d)}{\partial l_t^d}$$

其中，财富的边际消费倾向 λ_t 和劳动力总需求 l_t^d 在第一部分已定义，采用上面具体的效用函数形式可得到

$$w_t^f = \frac{\theta_{w,t}}{\lambda_t(\theta_{w,t} - 1)} \omega X_t (l_t^d)^\varphi$$

上面是对实际工资而言的，若改成名义工资的形式，可调整为下面的形式：

$$\frac{W_t^f}{P_t} = \frac{\theta_{w,t}}{\lambda_t(\theta_{w,t} - 1)} \omega X_t (l_t^d)^\varphi$$

其中，W_t^f 是完全弹性条件下的最优名义工资，P_t 是物价水平。

在上面基础上，按照前面带有指数化盯住机制的价格定价 Calvo 策略，假设在每期调整名义工资的居民所占的比例为 $(1 - q_w)$，对于没有调整名义工资的居民，其名义工资盯住上期和稳态时名义工资的增长率，因此，居民关于工资的定价行为可通过下面的优化问题来描述：

$$\min_{\{W_t(h)\}} E_t \sum_{s=0}^\infty (\beta q_w)^s \eta_{t,t+s} \Omega_{t+s} \left(\frac{W_t(h) \prod_w^{(1-\chi_w)s} (\prod_{w,t} \cdots \prod_{w,t+s-1})^{\chi_w}}{W_{t+s}^f} - 1 \right)^2, \eta_{t,t} = 1$$

这里，$\prod_{w,t} = (1 + \pi_{w,t}) = W_t/W_{t-1}$ 是名义工资总增长率，$\overline{\prod}_w$ 是其稳态值，χ_w 和 $(1 - \chi_w)$ 分别是盯住上期和稳态时名义工资增长率的权重，$\eta_{t,t+s}$ 和 Ω_t 的定义类似于上面，该优化问题的一阶条件为

$$E_t \sum_{s=0}^{\infty} (\beta q_w)^s \eta_{t,t+s} \Omega_{t+s} \left(\frac{W_t(h) \overline{\prod}_w{}^{(1-\chi_w)s} (\prod_{w,t} \cdots \prod_{w,t+s-1})^{\chi_w}}{W_{t+s}^f} - 1 \right)$$

$$\left(\frac{\overline{\prod}_w{}^{(1-\chi_w)s} (\prod_{w,t} \cdots \prod_{w,t+s-1})^{\chi_w}}{W_{t+s}^f} \right) = 0$$

经过变换可得到

$$E_t \sum_{s=0}^{\infty} (\beta q_w)^s \eta_{t,t+s} \Omega_{t+s} \left(\frac{W_t(h) \overline{\prod}_w{}^{(1-\chi_w)s} (\prod_{w,t} \cdots \prod_{w,t+s-1})^{\chi_w}}{(W_{t+s}^f/W_{t+s}) W_t \prod_{w,t+1} \cdots \prod_{w,t+s}} - 1 \right)$$

$$\left(\frac{\overline{\prod}_w{}^{(1-\chi_w)s} (\prod_{w,t} \cdots \prod_{w,t+s-1})^{\chi_w}}{(W_{t+s}^f/W_{t+s}) W_t \prod_{w,t+1} \cdots \prod_{w,t+s}} \right) = 0$$

定义以下两个变量:

$$W_{1,t} = \sum_{s=0}^{\infty} (\beta q_w)^s \eta_{t,t+s} \Omega_{t+s} \left(\frac{\overline{\prod}_w{}^{(1-\chi_w)s} (\prod_{w,t} \cdots \prod_{w,t+s-1})^{\chi_w}}{(W_{t+s}^f/W_{t+s}) \prod_{w,t+1} \cdots \prod_{w,t+s}} \right)^2$$

$$W_{2,t} = \sum_{s=0}^{\infty} (\beta q_w)^s \eta_{t,t+s} \Omega_{t+s} \left(\frac{\overline{\prod}_w{}^{(1-\chi_w)s} (\prod_{w,t} \cdots \prod_{w,t+s-1})^{\chi_w}}{(W_{t+s}^f/W_{t+s}) \prod_{w,t+1} \cdots \prod_{w,t+s}} \right)$$

这两个变量可写成递归的形式:

$$W_{1,t} = \Omega_t (W_t^f/W_t)^{-2} + \beta q_w \eta_{t,t+1} \left(\frac{\overline{\prod}_w{}^{1-\chi_w} (\prod_{w,t})^{\chi_w}}{\prod_{w,t+1}} \right)^2 W_{1,t+1}$$

$$W_{2,t} = \Omega_t (W_t^f/W_t)^{-1} + \beta q_w \eta_{t,t+1} \left(\frac{\overline{\prod}_w{}^{1-\chi_w} (\prod_{w,t})^{\chi_w}}{\prod_{w,t+1}} \right) W_{2,t+1}$$

上面优化问题的一阶条件可写成

$$E_t \left(\frac{W_t(h)}{W_t} W_{1,t} - W_{2,t} \right) = 0, \text{或者} E_t \left(\frac{w_t(h)}{w_t} W_{1,t} - W_{2,t} \right) = 0$$

可以看出,如果 $q_w = 0$,即每期所有居民都调整工资水平,那么 $W_t(h) = W_t^f$,这时居民确定的工资水平就是在完全弹性条件下的最优工资水平,这一点在第二章第六节已经得到。

工资总水平为

$$W_t^{1-\theta_{w,t}} = (1 - q_w) W_t(h)^{1-\theta_{w,t}} + q_w \left[W_{t-1} \overline{\prod}_w{}^{1-\chi_w} (\prod_{w,t-1})^{\chi_w} \right]^{1-\theta_{w,t}}$$

或

$$1 = (1 - q_w)\left(\frac{W_t(h)}{W_t}\right)^{1-\theta_{w,t}} + q_w\left(\frac{\overline{\prod}_w^{1-\chi_w}(\prod_{w,t-1})^{\chi_w}}{\prod_{w,t}}\right)^{1-\theta_{w,t}}$$

为讨论方便，下面不考虑趋势项，此时 $\eta_{t,t+s} = 1(s \geq 0)$，$\Omega_t = \lambda_t l_t$。另外，采用盯住稳态时名义工资增长率的策略，整个模型的形式与上面仅有价格粘性的模型类似，只要把模型中的工资方程 $w_t\lambda_t = \frac{\theta_{w,t}}{(\theta_{w,t} - 1)}\omega V_t X_t(l_t)^\varphi$ 替换成上面的几个方程。如果仅考虑工资粘性而不考虑价格粘性，那么价格方程仍采用 $P_t = \frac{\theta_t}{\theta_t - 1}M_t$ 形式，若以最终产品的价格为基准，则类似于第二章第六节可得到 $m_t = \frac{M_t}{P_t} = \frac{\theta_t - 1}{\theta_t}$。但是，工资粘性使得劳动力供需关系需要调整为

$$l_t = s_{w,t}l_t^d = s_{w,t}\left[(1 - \alpha)m_t/w_t\right]y_t$$

在引入工资粘性后，第二章第六节完全弹性条件下得到的反映劳动力市场价格调整分散程度的指标不再为单位值，需要调整为

$$s_{w,t} = \int_0^1 \left[w_t(h)/w_t\right]^{-\theta_{w,t}}\mathrm{d}h = \int_0^1 \left[W_t(h)/W_t\right]^{-\theta_{w,t}}\mathrm{d}h$$

$$= (1 - q_w)\left(\frac{W_t(h)}{W_t}\right)^{-\theta_{w,t}} + q_w\left(\frac{\overline{\prod}_w^{1-\chi_w}(\prod_{w,t-1})^{\chi_w}}{\prod_{w,t}}\right)^{-\theta_{w,t}}s_{w,t-1}$$

只要 $q_w \neq 0$，那么工资粘性不仅对工资总水平的确定产生影响，还会对就业配置产生影响。只有在所有居民设定的最优工资相同时，描述居民调整工资分散程度的指标 $s_{w,t} = \int_0^1 \left[W_t(h)/W_t\right]^{-\theta_{w,t}}\mathrm{d}h$ 才达到最大值1，此时总就业也达到最大值。但是，居民交错调整工资产生的粘性使得该指标小于1，从而总就业不会达到最大值。同时，工资分散程度也会使工资总水平产生波动性，从而对工资的稳定产生影响。

四、在 DSGE 模型中同时引入价格和工资粘性

上面分别引入了价格粘性和工资粘性，现在将这二者同时引入，这实际上相当于在商品市场和劳动力市场同时存在资源配置的扭曲。为完整起见，现将两种粘性同时存在的模型总结于表 5.1 中。可以看出，若令 $q \neq 0$，$q_w = 0$，或者 $q = 0$，$q_w \neq 0$，那么模型就退化为上面所介绍的仅有价格粘性或者仅有工资粘性的模型。

表 5.1　　　　　　　　　　　**模型 Cha5an（非线性形式）**

外生变量：V_t，X_t，Z_t，g_t，θ_t，$\theta_{w,t}$；

$$\ln(V_t/\overline{V}) = \rho_V \ln(V_{t-1}/\overline{V}) + u_{V,t}, 0 \leq \rho_V < 1$$

$$\ln(X_t/\overline{X}) = \rho_X \ln(X_{t-1}/\overline{X}) + u_{X,t}, 0 \leq \rho_X < 1$$

$$\ln(Z_t/\overline{Z}) = \rho_Z \ln(Z_{t-1}/\overline{Z}) + u_{Z,t}, 0 \leq \rho_Z < 1$$

$$\ln(g_t/\overline{g}) = \rho_g \ln(g_{t-1}/\overline{g}) + u_{g,t}, 0 \leq \rho_g < 1$$

$$\ln(\theta_t/\overline{\theta}) = \rho_\theta \ln(\theta_{t-1}/\overline{\theta}) + u_{\theta,t}, 0 \leq \rho_\theta < 1$$

$$\ln(\theta_{w,t}/\overline{\theta}_w) = \rho_{\theta w} \ln(\theta_{w,t-1}/\overline{\theta}_w) + u_{\theta w,t}, 0 \leq \rho_{\theta w} < 1$$

内生变量：λ_t，c_t，r_t，$r_{k,t}$，m_t，w_t，k_t，y_t，l_t，i_t，τ_t，b_t，$F_{1,t}$，$F_{2,t}$，$\prod_t$，$p_t(j)$，p_t^f，$W_{1,t}$，$W_{2,t}$，$\prod_{w,t}$，$w_t(h)$，w_t^f，π_t，$\pi_{w,t}$，R_t，s_t，$s_{w,t}$；

$$\lambda_t = V_t c_t^{-\gamma}$$

$$\lambda_t = E_t[\beta(1 + r_{t+1})\lambda_{t+1}]$$

$$r_t = r_{k,t} - \delta$$

$$r_{k,t} = \alpha m_t y_t / k_t$$

$$m_t = \frac{(r_{k,t})^\alpha w_t^{1-\alpha}}{(a)^\alpha (1-\alpha)^{1-\alpha} Z_t}$$

$$l_t = s_{w,t}(1-\alpha)m_t y_t / w_t$$

$$k_{t+1} = (1-\delta)k_t + i_t$$

$$y_t = s_t(c_t + i_t + g_t)$$

$$F_{1,t} = \lambda_t y_t (p_t^f)^{-2} + \beta q \left(\frac{\overline{\prod}^{(1-\chi)} (\prod_t)^\chi}{\prod_{t+1}} \right)^2 F_{1,t+1}$$

$$F_{2,t} = \lambda_t y_t (p_t^f)^{-1} + \beta q \left(\frac{\overline{\prod}^{(1-\chi)} (\prod_t)^\chi}{\prod_{t+1}} \right) F_{2,t+1}$$

$$E_t(p_t(j)F_{1,t} - F_{2,t}) = 0$$

$$1 = (1-q)p_t(j)^{1-\theta_t} + q \left(\frac{\overline{\prod}^{(1-\chi)} (\prod_{t-1})^\chi}{\prod_t} \right)^{1-\theta_t}$$

$$p_t^f = \frac{\theta_t}{\theta_t - 1} m_t$$

$$\prod_t = 1 + \pi_t$$

$$w_t^f \lambda_t = \frac{\theta_{w,t}}{(\theta_{w,t} - 1)} \omega V_t X_t (l_t)^\varphi$$

$$W_{1,t} = \lambda_t l_t \, (w_t^f/w_t)^{-2} + \beta q_w \left(\frac{\overline{\prod}_w^{1-\chi_w} (\prod_{w,t})^{\chi_w}}{\prod_{w,t+1}} \right)^2 W_{1,t+1}$$

$$W_{2,t} = \lambda_t l_t \, (w_t^f/w_t)^{-1} + \beta q_w \left(\frac{\overline{\prod}_w^{1-\chi_w} (\prod_{w,t})^{\chi_w}}{\prod_{w,t+1}} \right) W_{2,t+1}$$

$$E_t \left(\frac{w_t(h)}{w_t} W_{1,t} - W_{2,t} \right) = 0$$

$$1 = (1 - q_w) \left(\frac{w_t(h)}{w_t} \right)^{1-\theta_{w,t}} + q_w \left(\frac{\overline{\prod}_w^{1-\chi_w} (\prod_{w,t-1})^{\chi_w}}{\prod_{w,t}} \right)^{1-\theta_{w,t}}$$

$$w_t = w_{t-1} \prod_{w,t} / \prod_t$$

$$\prod_{w,t} = 1 + \pi_{w,t}$$

$$s_t = (1 - q) p_t(j)^{-\theta_t} + q \left(\frac{\overline{\prod}^{(1-\chi)} (\prod_{t-1})^{\chi}}{\prod_t} \right)^{-\theta_t} s_{t-1}$$

$$s_{w,t} = (1 - q_w) \left(\frac{w_t(h)}{w_t} \right)^{-\theta_{w,t}} + q_w \left(\frac{\overline{\prod}_w^{1-\chi_w} (\prod_{w,t-1})^{\chi_w}}{\prod_{w,t}} \right)^{-\theta_{w,t}} s_{w,t-1}$$

$$1 + R_t = (1 + r_t)(1 + \pi_t)$$

$$b_{t+1} = (1 + r_t) b_t + g_t - \tau_t$$

$$\tau_t = \bar{\tau} + \phi(b_t - \bar{b})$$

$$R_{t+1} = \rho_R R_t + (1 - \rho_R) [\bar{R} + \kappa_y \ln(y_t/\bar{y}) + \kappa_\pi (\pi_t - \bar{\pi})] + u_{R,t},$$
$$0 \leqslant \rho_R \leqslant 1, \kappa_y > 0, \kappa_\pi > 1$$

随机冲击：$u_{V,t}, \ u_{X,t}, \ u_{Z,t}, \ u_{g,t}, \ u_{R,t}, \ u_{\theta,t}, \ u_{\theta w,t};$

$$u_{V,t} \sim N(0, \sigma_V^2), \ u_{X,t} \sim N(0, \sigma_X^2), \ u_{Z,t} \sim N(0, \sigma_Z^2), \ u_{g,t} \sim N(0, \sigma_g^2),$$

$$u_{R,t} \sim N(0, \sigma_R^2), \ u_{\theta,t} \sim N(0, \sigma_\theta^2), \ u_{\theta w,t} \sim N(0, \sigma_{\theta w}^2)$$

稳态条件：

$$\bar{\theta} = 6, \bar{\theta}_w = 6, \bar{s} = 1, \bar{s}_w = 1, \bar{r} = 1/\beta - 1, \bar{\pi} = 0, \bar{\pi}_w = \bar{\pi},$$

$$\overline{\prod} = 1 + \bar{\pi}, \overline{\prod}_w = 1 + \bar{\pi}_w, \bar{R} = (1 + \bar{\pi})(1 + \bar{r}) - 1, \bar{r}_k = \bar{r} + \delta,$$

$$\bar{m} = (\bar{\theta} - 1)/\bar{\theta}, \bar{m} = (\bar{r}_k)^\alpha \bar{w}^{1-\alpha} / [\bar{Z} \alpha^\alpha (1 - \alpha)^{1-\alpha}],$$

$$\bar{p}^f = 1, \bar{p}(j) = 1, \bar{w}^f = \bar{w}, \bar{w}(h) = \bar{w},$$

$$\bar{k}/\bar{y} = \alpha \bar{m}/\bar{r}_k, \bar{l}/\bar{y} = (1 - \alpha)\bar{m}/\bar{w}, \bar{c}/\bar{y} = 1 - \delta \bar{k}/\bar{y} - \bar{g}/\bar{y},$$

$$(\bar{y})^{\varphi+\gamma} = (1 - \alpha)\bar{m} \, (\bar{l}/\bar{y})^{-1} \, (\bar{c}/\bar{y})^{-\gamma} [(\bar{\theta}_w - 1)/\bar{\theta}_w] / [\omega \bar{X} \, (\bar{l}/\bar{y})^\varphi],$$

$$\bar{\lambda} = \bar{V} (\bar{c})^{-\gamma}, \bar{\tau} = \bar{g} + \bar{r}\bar{b},$$

$$\bar{F}_1 = \bar{F}_2 = \bar{\lambda} \bar{y}/(1 - \beta q), \bar{W}_1 = \bar{W}_2 = \bar{\lambda} \bar{l}/(1 - \beta q_w)$$

前面已经分别讨论了价格粘性和工资粘性对商品生产和就业的影响，将这二者同时考虑会得到下面的关系式：

$$l_t = s_{w,t}l_t^d = s_{w,t}[(1-\alpha)m_t/w_t]\tilde{y}_t = s_{w,t}s_t[(1-\alpha)m_t/w_t]y_t$$

第二章第六节已经得出，即使在价格完全弹性的情况下，垄断竞争的存在使得这两个市场的资源配置不是最有效的，那么价格粘性和工资粘性的存在使得这两个市场通过价格调整达到资源配置最优的目的更难实现，两种粘性的存在使得资源配置进一步扭曲。为清楚看到这一点，先来看模型中的稳态，从表 5.1 中可得到，稳态时的产出水平由下式确定：

$$(\bar{y})^{\varphi+\gamma} = [(\bar{\theta}-1)/\bar{\theta}][(\bar{\theta}_w-1)/\bar{\theta}_w](1-\alpha)(\bar{l}/\bar{y})^{-1}(\bar{c}/\bar{y})^{-\gamma}/[\omega\bar{X}(\bar{l}/\bar{y})^{\varphi}]$$

假设稳态时劳动力、消费与产出的比例 $\bar{l}/\bar{y}$ 和 $\bar{c}/\bar{y}$ 与完全竞争情况时的比例相同，显然，两种粘性的存在使得稳态时的产出水平达不到最优水平。粘性的存在不仅会影响经济的稳态，也会对经济的动态特征产生影响，下面通过随机模拟来考察这一点。

在进行模拟时，模型中的参数和有关变量的稳态值大部分采用上一章表 4.2 中的数值，货币政策规则也采用上一章中的数值，其他参数和有关变量的稳态值按照表 5.1 中的稳态条件来设定。具体来讲，稳态时的通胀率和名义工资增长率均为零，产品价格和工资的加成率设为 20%，这意味着 $\bar{\theta} = \bar{\theta}_w = 6$。参数 ρ_θ、σ_θ、ρ_w、σ_w 分别设定为 $\rho_\theta = 0.9$，$\sigma_\theta = 0.01$，$\rho_w = 0.9$，$\sigma_w = 0.01$，描述价格和工资分散程度的指标 s_t 和 $s_{w,t}$ 的稳态值设定为 1，厂商调整价格和居民调整工资的频率均设定为四个季度，即 $q = 0.75$，$q_w = 0.75$。稳态时的通胀率和名义工资增长率均设定为零，模型中采用盯住稳态时通胀率和盯住稳态时工资增长率的指数化盯住策略，这样参数 $\chi = 0$，$\chi_w = 0$。

为保持一致性及与前面章节模型进行对比，仍以全要素生产率冲击为例进行分析，假设模型在稳态时受到全要素生产率冲击的影响，该冲击使全要素生产率相对于其稳态值上升 1%。图 5.1 是在四种情形下的冲击响应曲线，这四种情形分别是价格和工资均为弹性、仅有价格存在粘性、仅有工资存在粘性以及价格和工资均存在粘性等情形。上面模型没有实际粘性，这是为了着重讨论名义粘性的影响。由于稳态时的通胀率和名义工资增长率设定为零，从而可以不考虑价格水平和名义工资的趋势项而直接计算价格和名义工资的水平值。

可以看出，名义粘性的存在使产出对正向的生产率冲击反应均达不到最优水平，而且产出的反应不再呈现出完全弹性情形下的单调特性，从而名义粘性改变了产出反应曲线的动态特征。由于此处假设价格和工资调整的频率为四个季度，因而该动态特性表现的持续性不是很强，若将调整的频率加长，则粘性程度的提高将会使该动态特性表现的持续性增强。

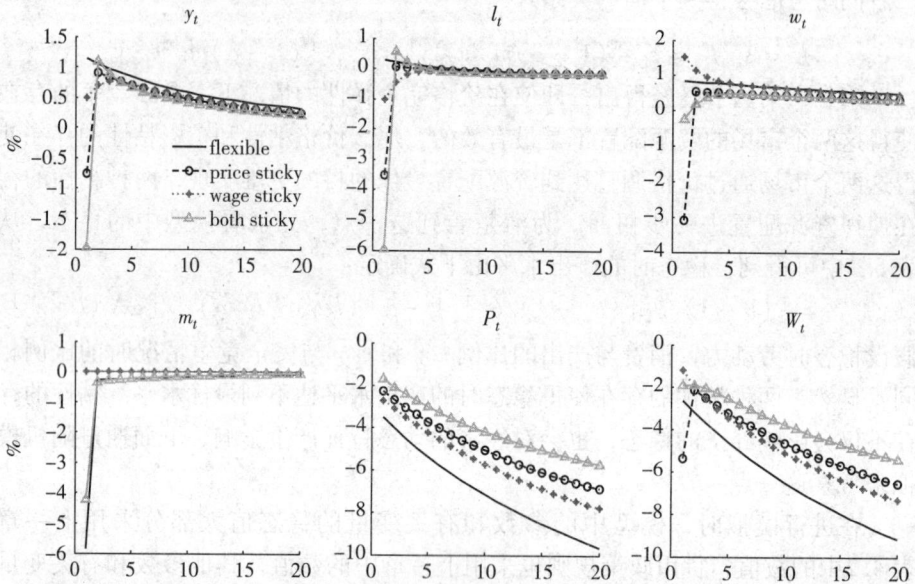

图 5.1 关于全要素生产率冲击的冲击响应曲线

劳动力对生产率冲击的反应曲线取决于闲暇与消费的期内替代效应和消费的跨期替代效应，生产率的提高会使人们推迟当期的消费从而跨期替代效应会导致劳动增加，同时也会使人们收入增加从而期内替代效应会导致劳动减少，从模拟结果来看，两种效应中后一种效应占主导作用。生产率提高会使实际边际生产成本降低，在垄断竞争情况下进一步会使生产要素的边际产出或者租金下降，若名义工资是粘性的而价格是弹性的，那么实际工资并不会下降，这样边际生产成本可能并不会出现下降趋势。若二者均是粘性的，那么实际工资和边际生产成本的变动程度比上面仅有工资粘性的情况要弱。如果工资是弹性的，那么工资变化将立刻影响到厂商生产的边际成本，从而使价格立刻发生变化。若工资是粘性的，那么，工资变化是缓慢进行的，从而对边际生产成本的影响也是缓慢的，价格的变化由此也是缓慢的。需要注意的是，所有上面变化的影响根源是全要素生产率的变化，生产率的提高会使生产要素的需求降低，从而总体上会对价格和工资水平产生下降压力，虽然交错定价产生的名义价格和工资粘性会对价格或工资的变化程度产生影响，但不会改变总体上的变化趋势。另外，模型虽然假设价格和工资均是粘性的且二者调整的频率也是一样的，但每期价格和工资的调整未必是同时进行的，从而同时引入两种粘性对价格和工资的影响并不是每种粘性产生的效应的简单迭加，这一点从图 5.1 中可以清楚地看到。

第三节 在模型中引入信息粘性

除了价格和工资粘性外，Bénassy（2002，2003）、Mankiw – Reis（2002）和 Devereux – Yetman（2003）均利用 Fischer 定价策略得到了另一种描述价格动态特性的方式，Mankiw – Reis 称为信息粘性。其中，Mankiw – Reis（2002）最初是在部分均衡框架下引入的，Bénassy（2002，2003）和 Devereux – Yetman（2003）是在一般均衡框架下引入的，随后 Mankiw – Reis（2006）也在一般均衡框架下引入了该方式，并且 Reis（2006，2009）将该方式不仅应用于厂商的定价方面，而且也应用于描述消费者的决策方面。Reis 认为，消费者在进行消费决策时，并不是时刻改变自己的消费决策，Reis 称这些消费者为非关注类消费者（Inattentive Consumer），即使在理性预期框架下，这些消费者也只在信息积累到一定程度时才改变自己的决策。由于经济主体获取的信息不完全相同或者信息获得的时间不完全相同，从而使信息体现出一定的粘性，信息更新的深度、广度和速度是影响经济主体决策的一个重要因素，这种信息的不完全性同样可以来解释经济的动态关系，本节先将信息粘性引入到厂商的定价决策中，然后再将其引入到消费者的决策中。

仍然采用第一节的模型，在垄断竞争状态下，生产中间产品的厂商在完全信息和完全价格弹性条件下确定的最优价格为

$$\frac{P_t^f}{P_t} = \frac{\theta_t}{\theta_t - 1} m_t \text{或者 } P_t^f = \frac{\theta_t}{\theta_t - 1} M_t$$

其中，P_t^f 是期望确定的中间产品价格，P_t 是最终产品价格，m_t 和 M_t 分别是生产中间产品的实际和名义边际成本，θ_t 是不同产品的替代弹性。按照前面介绍的 Fischer（1977）定价策略，以 $P_{t,s}(j)$ 表示第 j 个厂商在 t 期确定的并且直到未来 $t+s$ 期才调整的价格，根据前面的结果可得到

$$P_{t,s}(j) = E_t P_{t+s}^f$$

由于 t 期进行价格调整的厂商所占的比例为 $(1-q)$，因而 t 期的总价格水平为

$$\ln P_t = \sum_{s=0}^{\infty} (1-q) q^s E_{t-s} \ln P_t^f = \sum_{s=0}^{\infty} (1-q) q^s E_{t-s} \ln\left[\frac{\theta_t M_t}{\theta_t - 1}\right]$$

注意，上面没有考虑指数化问题，因而稳态时的通胀率为零，对于稳态时通胀

率非零的情况，可参考前面的做法进行相应处理，这里不再细述。

同样，采用类似的方法可得到关于工资的粘性信息方程：

$$W_{t,s}(h) = E_t W_{t+s}^f$$

$$\ln W_t = \sum_{s=0}^{\infty} (1-q_w) q_w^s E_{t-s} \ln W_t^f$$

其中，W_t^f 是完全信息和完全弹性条件下的最优名义工资，$W_{t,s}(h)$ 表示第 h 个居民在 t 期确定的并且直到未来 $t+s$ 期才调整的名义工资，每期进行工资调整的居民所占的比例为 $(1-q_w)$，采用前一节的效用函数形式，前面已经得到下面结果：

$$\frac{W_t^f}{P_t} = \frac{\theta_{w,t}}{\lambda_t(\theta_{w,t}-1)} \omega X_t (l_t)^{\varphi}$$

其中，P_t 是物价水平，λ_t 是居民财富的边际消费倾向，l_t 是劳动力总需求，X_t 是劳动力供给冲击。代入前面的工资方程可得到

$$\ln W_t = \sum_{s=0}^{\infty} (1-q_w) q_w^s E_{t-s} \ln\left[\frac{\theta_{w,t}}{\lambda_t(\theta_{w,t}-1)} \omega X_t (l_t)^{\varphi} P_t \right]$$

粘性信息的框架不仅可以用于研究厂商的定价行为，也可以用于研究居民的消费决策行为。Reis（2006，2009）认为居民在进行消费决策时，并不是时刻改变自己的消费决策，而是类似于厂商的定价行为，根据每期信息的变化来逐步调整自己的消费决策。仅以消费为例，仍采用前面的框架，如果消费者每期都调整自己的消费决策，Reis 称这类居民为关注类消费者（Attentive Consumer），那么，这类居民的决策就是前面模型得到的居民消费决策，即 c_t^a。对于不是每期都调整消费决策的居民，即非关注类消费者（Inattentive Consumer），按照 Fischer（1977）的定价方法，以 $c_{t,s}(h)$ 表示第 h 个居民在 t 期确定的消费决策并且遵照此消费决策直到未来 $t+s$ 期才调整，每期进行调整的居民所占的比例为 $(1-q_a)$，此时居民的消费问题可写成：

$$\min_{\{c_{t,s}(h)\}} E_t \sum_{s=0}^{\infty} (\beta q_a)^s (c_{t,s}(h) - c_{t+s}^a)^2$$

上面问题的一阶条件为

$$c_{t,s}(h) = E_t c_{t+s}^a$$

总消费为

$$c_t = \sum_{s=0}^{\infty} (1-q_a) q_a^s c_{t-s,s}(h) = \sum_{s=0}^{\infty} (1-q_a) q_a^s E_{t-s} c_t^a$$

为完整起见，整个模型总结于表 5.2 中。若将表中粘性信息模型的稳态与表 5.1 中包括粘性价格和粘性工资的模型稳态进行比较，则可以看出，在参数

取同样数值情况下，它们的稳态是相同的。为进一步比较二者的差异，下面进行随机模拟。模拟中，所有参数的设定值与上面包括粘性价格和粘性工资的模型相同，特别的，关于价格、工资和消费决策中调整的频率均设定为 1.5 个季度。假设模型在稳态时受到货币政策冲击的影响，该冲击使名义利率相对于其稳态值上升 0.1%，图 5.2 是上面两模型的冲击响应曲线。

表 5.2　　　　　　　　　　　模型 Cha5bn（非线性形式）

外生变量：V_t，X_t，Z_t，g_t，θ_t，$\theta_{w,t}$；

$$\ln(V_t/\overline{V}) = \rho_V \ln(V_{t-1}/\overline{V}) + u_{V,t}, 0 \leqslant \rho_V < 1$$

$$\ln(X_t/\overline{X}) = \rho_X \ln(X_{t-1}/\overline{X}) + u_{X,t}, 0 \leqslant \rho_X < 1$$

$$\ln(Z_t/\overline{Z}) = \rho_Z \ln(Z_{t-1}/\overline{Z}) + u_{Z,t}, 0 \leqslant \rho_Z < 1$$

$$\ln(g_t/\overline{g}) = \rho_g \ln(g_{t-1}/\overline{g}) + u_{g,t}, 0 \leqslant \rho_g < 1$$

$$\ln(\theta_t/\overline{\theta}) = \rho_\theta \ln(\theta_{t-1}/\overline{\theta}) + u_{\theta,t}, 0 \leqslant \rho_\theta < 1$$

$$\ln(\theta_{w,t}/\overline{\theta_w}) = \rho_{\theta w} \ln(\theta_{w,t-1}/\overline{\theta_w}) + u_{\theta w,t}, 0 \leqslant \rho_{\theta w} < 1$$

内生变量：λ_t，c_t^a，r_t，$r_{k,t}$，m_t，k_t，y_t，l_t，w_t，i_t，τ_t，b_t，P_t^f，P_t，W_t^f，W_t，π_t，R_t，c_t；

$$\lambda_t = V_t(c_t^a)^{-\gamma}$$

$$\lambda_t = E_t[\beta(1 + r_{t+1})\lambda_{t+1}]$$

$$r_t = r_{k,t} - \delta$$

$$r_{k,t} = \alpha m_t y_t / k_t$$

$$m_t = \frac{(r_{k,t})^\alpha w_t^{1-\alpha}}{(a)^\alpha (1-\alpha)^{1-\alpha} Z_t}$$

$$l_t = (1-\alpha)m_t y_t / w_t$$

$$k_{t+1} = (1-\delta)k_t + i_t$$

$$y_t = c_t + i_t + g_t$$

$$w_t = W_t / P_t$$

$$c_t = \sum_{s=0}^{\infty}(1-q_a)q_a^s c_{t-s,s}(h) = \sum_{s=0}^{\infty}(1-q_a)q_a^s E_{t-s} c_t^a$$

$$P_t^f / P_t = \frac{\theta_t}{\theta_t - 1} m_t$$

$$\ln P_t = \sum_{s=0}^{\infty}(1-q)q^s E_{t-s} \ln P_t^f$$

$$P_t / P_{t-1} = 1 + \pi_t$$

$$\frac{W_t^f}{P_t} = \frac{\theta_{w,t}}{\lambda_t(\theta_{w,t} - 1)} \omega X_t (l_t)^\varphi$$

$$\ln W_t = \sum_{s=0}^{\infty} (1 - q_w) q_w^s E_{t-s} \ln W_t^f$$

$$1 + R_t = (1 + r_t)(1 + \pi_t)$$

$$b_{t+1} = (1 + r_t) b_t + g_t - \tau_t$$

$$\tau_t = \bar{\tau} + \phi(b_t - \bar{b})$$

$$R_{t+1} = \rho_R R_t + (1 - \rho_R) [\bar{R} + \kappa_y \ln(y_t/\bar{y}) + \kappa_\pi(\pi_t - \bar{\pi})] + u_{R,t},$$

$$0 \le \rho_R \le 1, \kappa_y > 0, \kappa_\pi > 1$$

随机冲击：$u_{V,t}, u_{X,t}, u_{Z,t}, u_{g,t}, u_{R,t}, u_{\theta,t}, u_{\theta w,t}$；

$$u_{V,t} \sim N(0, \sigma_V^2), u_{X,t} \sim N(0, \sigma_X^2), u_{Z,t} \sim N(0, \sigma_Z^2), u_{g,t} \sim N(0, \sigma_g^2),$$

$$u_{R,t} \sim N(0, \sigma_R^2), u_{\theta,t} \sim N(0, \sigma_\theta^2), u_{\theta w,t} \sim N(0, \sigma_{\theta w}^2)$$

稳态条件：

$$\bar{\theta} = 6, \bar{\theta}_w = 6, \bar{R} = 1/\beta - 1, \bar{\pi} = 0, \bar{R} = (1 + \bar{\pi})(1 + \bar{r}) - 1,$$

$$\bar{r}_k = \bar{r} + \delta, \bar{m} = (\bar{\theta} - 1)/\bar{\theta}, \bar{m} = (\bar{r}_k)^\alpha \bar{w}^{1-\alpha} / [\bar{Z} \alpha^\alpha (1 - \alpha)^{1-\alpha}],$$

$$\bar{P}^f = \bar{P} = 1, \bar{W}^f = \bar{W} = \bar{w},$$

$$\bar{k}/\bar{y} = \alpha \bar{m}/\bar{r}_k, \bar{l}/\bar{y} = (1 - \alpha) \bar{m}/\bar{w}, \bar{c}/\bar{y} = 1 - \delta \bar{k}/\bar{y} - \bar{g}/\bar{y}$$

$$(\bar{y})^{\varphi+\gamma} = (1 - \alpha) \bar{m} (\bar{l}/\bar{y})^{-1} (\bar{c}/\bar{y})^{-\gamma} [(\bar{\theta}_w - 1)/\bar{\theta}_w] / [\omega \bar{X} (\bar{l}/\bar{y})^\varphi]$$

$$\bar{\lambda} = \bar{V} (\bar{c})^{-\gamma}, \bar{\tau} = \bar{g} + \bar{r} \bar{b}$$

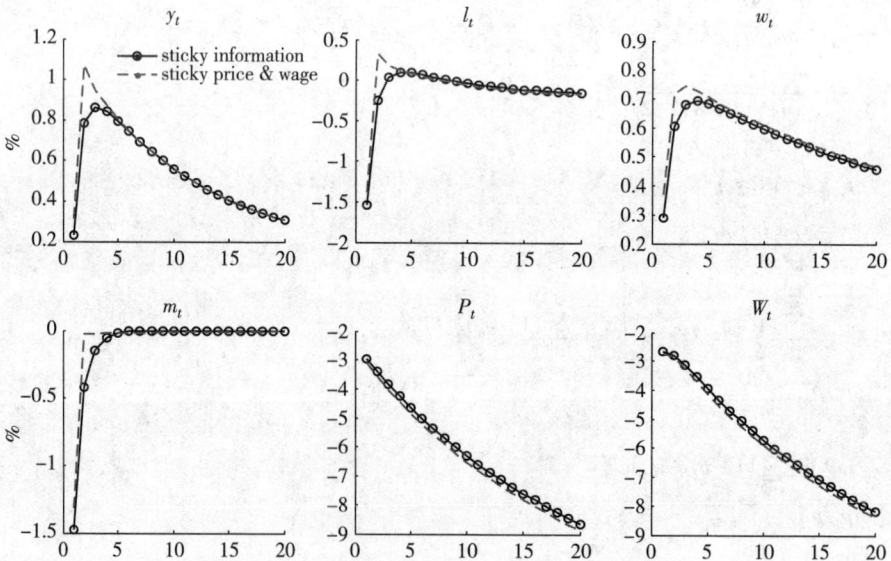

图 5.2　关于货币政策冲击的冲击响应曲线

从图中可以看出，两个模型的变化趋势是一致的，但动态特性不完全相同，粘性信息模型的动态变化过程比较缓慢。因为这两种模型的机制不同，价格或工资粘性的作用机制来自价格或工资调整的交错性，由此产生的粘性对经济的资源配置和相对价格和总价格产生影响；而信息粘性的作用机制是来自经济主体决策时对获得信息的更新以及是否对原有的决策进行更改，因此，粘性信息模型的作用根源在于预测误差。理性预期学派曾经指出，在理性预期环境下，只有非预期的冲击才会对经济产生影响，但是，如果不断更改信息集和进行决策调整的话，那么，这些预测误差产生的效果与粘性价格或工资模型产生的效果类似。

第四节　在模型中引入利率粘性

粘性不仅体现在非金融部门中，也体现在金融部门中，金融部门中的粘性早就被学者和政策决策者注意到并展开研究。货币当局时刻关注的一个问题是，当货币当局通过间接或者直接方式来调整基准利率时，基准利率的变化是否会传递到货币市场、资本市场、信贷市场及经济中，从而达到调控经济的目的，该问题也称为利率的传递（Pass – through）效应问题。在部分均衡框架下，de Bondt（2002）、de Bondt – Mojon – Valla（2005）、Kok – Werner（2006）、Kleimeier – Sander（2006）、Schwarzbauer（2006）和 Gropp – Kok – Lichtenberger（2007）等对利率的传递效应进行实证研究并指出，基准利率的变化并不是马上传递到贷款或者存款利率以及长期利率的变化上，即使能够体现出来，也不是完全的，且在某些情况下长期也不能完全体现出来。Schwarzbauer（2006）和 Gropp – Kok – Lichtenberger（2007）认为，利率的不完全传递效应是和银行体系结构以及金融部门的竞争程度密切相关的，银行之间的竞争对利率的定价会产生重要影响，从而基准利率的调整对不同银行的利率定价影响是不完全相同的，表现出异质性特征。利率的传递效应不仅体现在市场利率对基准利率的反应程度上，而且也体现在反应时间上，金融机构的异质性使得利率的调整不是同时进行的，这一点类似产品价格的调整特征。

在完整的 DSGE 框架下研究各种利率之间的相互关系较早的研究成果有 Goodfriend – McCallum（2007）和 Christiano – Motto – Rostagno（2002, 2007），随后 Markovic（2006）、de Walque – Pierrard – Rouabah（2008）、Degryse – Ongena（2008）和 Meh – Moran（2010）等学者进一步着重研究了银行资本结

构与利率之间的关系，但这些研究均是在完全竞争的银行部门条件下研究利率之间的相互关系。在垄断竞争条件下，Mandelman（2006）、Aslam – Santoro（2008）、Teranishi（2008）、Nakajima – Teranishi（2009）和 Gerali – Neri – Sessa – Signoretti（2010）等学者在 DSGE 框架下研究了银行间垄断竞争对利率定价和利差的影响机制，其中，Aslam – Santoro（2008）和 Teranishi（2008）采用 Calvo 方式研究了银行交错调整利率机制，并且 Teranishi（2008）研究了长期利率的交错定价机制，而 Gerali – Neri – Sessa – Signoretti（2010）采用 Rotemberg 调整成本方式研究了银行调整利率的行为。不管哪种方式，最终均可以得到一条类似新凯恩斯 Phillips 曲线的利率变化曲线，从而清晰地刻画了利率的粘性。

本节主要采用 Calvo 方式来考察利率的粘性对经济所产生的影响。为简单起见，假设不考虑银行的资本。商业银行分为两个层次，一个层次是从事批发业务的商业银行，另一个层次是从事零售业务的商业银行。

批发业务银行主要考虑两件事情，一是确定资产负债的总体规模及其对零售业务银行的指导利率，二是根据总体资产负债规模确定其对零售业务银行存贷款的需求。

批发业务银行的资金来源是存款 D_t 和从资金市场拆借的资金 F_t，资金运用是贷款 L_t 和其存放在中央银行的存款准备金 $\zeta_t D_t$，其中，ζ_t 是存款准备金率，这里假设准备金不支付利息。在完全竞争状态下，批发业务银行的行为决策通过下面的优化问题来刻画：

$$\max_{\{L_{t+i}, D_{t+i}, F_{t+i}\}} E_t \sum_{i=0}^{\infty} \beta^i (\lambda_{t+i}/\lambda_t) \left[(1 + R_{L,t+i}) L_{t+i} - (1 + R_{D,t+i}) D_{t+i} - (1 + R_{t+i}) F_{t+i} \right]$$

$$s.t. \qquad L_{t+i} = (1 - \zeta_{t+i}) D_{t+i} + F_{t+i}$$

这里，λ_t 是居民的财富边际消费倾向，$R_{L,t}$ 和 $R_{D,t}$ 分别是批发业务银行的贷款和存款利率，R_t 是同业拆借利率，由于居民是银行的股东，因而采用的贴现率为前面章节得到的跨期替代率。该优化问题的一阶条件为

$$1 + R_{L,t} = \frac{1 + R_{D,t}}{1 - \zeta_t}$$

$$R_{D,t} = R_t$$

由于模型假设比较简单，这里存款和拆借资金是完全替代的，从而这二者利率是相同的。正是基于此考虑，下面分析在将同业拆借利率作为中央银行的基准利率时，认为从基准利率到批发业务银行的存款利率传递是无摩擦的，在模型处理上，可将同业拆借量的均衡值设为零。

批发业务银行类似于前面介绍的最终产品生产部门，其最终提供的贷款和

存款等金融产品是由零售业务银行的贷款和存款加工构成，即

$$L_t = \left[\int_0^1 L_t(b)^{(\theta_{L,t}-1)/\theta_{L,t}} \mathrm{d}b \right]^{\theta_{L,t}/(\theta_{L,t}-1)}, \theta_{L,t} > 1$$

$$D_t = \left[\int_0^1 D_t(b)^{(\theta_{D,t}+1)/\theta_{D,t}} \mathrm{d}b \right]^{\theta_{D,t}/(\theta_{D,t}+1)}, \theta_{D,t} > 1$$

其中，L_t 和 D_t 分别是批发业务银行的贷款和存款总量，它们通过加工零售业务银行的贷款和存款来构成，零售业务银行连续分布于区间 $[0,1]$，$L_t(b)$ 和 $D_t(b)$ 分别是第 b 类零售业务银行提供的贷款和存款，$\theta_{L,t}$ 和 $\theta_{D,t}$ 分别是不同类零售业务银行贷款和存款之间的替代弹性。注意加工贷款和存款的特性不同，因为这二者一个是在资产方，一个是在负债方，从而一个是期望利润最大化，另一个是期望成本最小化。在批发业务银行处于完全竞争的状态下，贷款和存款总量对零售业务银行贷款和存款的需求以及批发业务和零售业务贷款和存款利率之间的关系为

$$L_t(b) = \left[(1 + R_{L,t}(b)) / (1 + R_{L,t}) \right]^{-\theta_{L,t}} L_t,$$

$$D_t(b) = \left[(1 + R_{D,t}(b)) / (1 + R_{D,t}) \right]^{\theta_{D,t}} D_t$$

$$1 + R_{L,t} = \left[\int_0^1 \left[1 + R_{L,t}(b) \right]^{(1-\theta_{L,t})} \mathrm{d}b \right]^{1/(1-\theta_{L,t})},$$

$$1 + R_{D,t} = \left[\int_0^1 \left[1 + R_{D,t}(b) \right]^{(1+\theta_{D,t})} \mathrm{d}b \right]^{1/(1+\theta_{D,t})}$$

其中，$R_{L,t}(b)$ 和 $R_{D,t}(b)$ 分别是第 b 类零售业务银行的贷款和存款利率，$R_{L,t}$ 和 $R_{D,t}$ 分别是银行最终提供的贷款和存款利率。可以看出，若某个零售业务银行的贷款利率越低或者存款利率越高，则该银行在贷款或者存款市场上越有竞争力。

先来看零售业务银行的贷款业务。在垄断竞争状态下，每个零售业务银行在贷款需求的约束下确定其自身的贷款利率和贷款数量，这相当于零售业务银行以批发业务银行确定的贷款利率为成本，根据自身的垄断竞争优势来确定自己的贷款利率和贷款规模。如果每个零售业务银行都调整自己的贷款利率，即贷款利率是完全弹性的，那么，类似于前面章节价格完全弹性条件下垄断竞争的产品定价机制，可得到

$$1 + R_{L,t}^f = \frac{\theta_{L,t}}{\theta_{L,t} - 1}(1 + R_{L,t})$$

其中，$R_{L,t}^f$ 是在贷款利率完全弹性下零售业务银行期望的最优贷款利率，由于每个银行是同质的，从而该贷款利率与每个零售业务银行的指标 b 无关。在得到贷款利率完全弹性下零售业务银行的贷款利率 $R_{L,t}^f$ 后，按照 Calvo 定价策略，

假设每期调整贷款利率的零售业务银行所占的比例为 $(1 - q_L)$，没有调整贷款利率的银行仍然保持原来的贷款利率水平，零售业务银行的优化问题为

$$\min_{\{R_{L,t}(b)\}} E_t \sum_{s=0}^{\infty} (\beta q_L)^s \lambda_{t+s} ll_{t+s} \left(\frac{1 + R_{L,t}(b)}{1 + R_{L,t+s}^f} - 1 \right)^2$$

其中，λ_t 是居民的财富边际消费倾向，$ll_t = L_t / P_t$ 是实际贷款余额，P_t 是总价格水平，其一阶条件为：

$$E_t \sum_{s=0}^{\infty} (\beta q_L)^s \lambda_{t+s} ll_{t+s} \left(\frac{1 + R_{L,t}(b)}{1 + R_{L,t+s}^f} - 1 \right) \frac{1}{(1 + R_{t+s}^f)} = 0$$

定义以下两个变量：

$$F_{1,t} = \sum_{s=0}^{\infty} (\beta q_L)^s \lambda_{t+s} ll_{t+s} \left(\frac{1}{1 + R_{L,t+s}^f} \right)^2, F_{2,t} = \sum_{s=0}^{\infty} (\beta q_L)^s \lambda_{t+s} ll_{t+s} \left(\frac{1}{1 + R_{L,t+s}^f} \right)$$

这两个变量可写成递归的形式：

$$F_{1,t} = \frac{\lambda_t ll_t}{(1 + R_{L,t}^f)^2} + \beta q_L F_{1,t+1}, F_{2,t} = \frac{\lambda_t ll_t}{1 + R_{L,t}^f} + \beta q_L F_{2,t+1}$$

上面优化问题的一阶条件可写成：

$$E_t([1 + R_{L,t}(b)] F_{1,t} - F_{2,t}) = 0$$

由于每期调整贷款利率的零售业务银行所占的比例为 $(1 - q_L)$，其他银行保持原来的贷款利率水平，从而贷款利率水平由下式确定：

$$(1 + R_{L,t})^{1 - \theta_{L,t}} = (1 - q_L) [1 + R_{L,t}(b)]^{1 - \theta_{L,t}} + q_L (1 + R_{L,t-1})^{1 - \theta_{L,t}}$$

如果将上面方程进行对数线性化，那么最终可以得到类似于 Phillips 曲线的贷款利率变化曲线，其用来刻画贷款利率的动态调整过程，由于我们下面直接进行非线性求解，从而这里略去此细节。

对于零售业务银行的存款业务，采用上面的方法可得到下面的结果：

$$1 + R_{D,t}^f = \frac{\theta_{D,t}}{\theta_{D,t} + 1} (1 + R_{D,t})$$

$$G_{1,t} = \frac{\lambda_t d_t}{(1 + R_{D,t}^f)^2} + \beta q_D G_{1,t+1}, G_{2,t} = \frac{\lambda_t d_t}{1 + R_{D,t}^f} + \beta q_D G_{2,t+1}$$

$$E_t([1 + R_{D,t}(b)] G_{1,t} - G_{2,t}) = 0$$

$$(1 + R_{D,t})^{1 + \theta_{D,t}} = (1 - q_D) [1 + R_{D,t}(b)]^{1 + \theta_{D,t}} + q_D (1 + R_{D,t-1})^{1 + \theta_{D,t}}$$

其中，$R_{D,t}^f$ 是在存款利率完全弹性下零售业务银行期望的最优存款利率，$(1 - q_D)$ 是每期调整存款利率的零售业务银行所占的比例，$d_t = D_t / P_t$ 是实际贷款余额。

上面刻画了贷款和存款利率的动态机制，可以看出，这种机制反映了从基

准利率到存贷款利率变化的调整过程，该过程是对利率传递效应的一种描述方式。为着重讨论利率粘性所产生的影响，假设不考虑价格和工资粘性但考虑垄断竞争，模型中的居民、政府和中央银行的行为与前几节的行为设定类似，厂商的行为设定采用第四章第二节中的流动资金模块，这样是为了确定贷款总量以及相应的其他金融变量。按照其做法，厂商在雇用劳动力和租用资本生产时需要通过商业银行贷款预先支付一部分租金，待生产结束后厂商归还商业银行的贷款。假设典型厂商预先支付的资本和劳动力租金比例分别为 f_1 和 f_2，厂商需要预先支付的名义总租金为 $f_1 P_t r_{k,t} k_t + f_2 W_t l_t$。其中，$P_t$ 是价格水平，$r_{k,t}$ 是资本的实际租金率，k_t 是资本，W_t 是名义工资，l_t 是劳动力，厂商从商业银行申请与预先支付的名义租金等额的贷款 L_t，$L_t = (f_1 P_t r_{k,t} k_t + f_2 W_t l_t)$，贷款的平均名义利率为 $R_{L,t}$，这样，生产的名义总成本为 $[(1 + f_1 R_{L,t}) P_t r_{k,t} k_t + (1 + f_2 R_{L,t}) W_t l_t]$，实际总成本为 $[(1 + f_1 R_{L,t}) r_{k,t} k_t + (1 + f_2 R_{L,t}) w_t l_t]$，其中，$w_t = W_t / P_t$ 是实际工资。典型厂商的一阶条件调整为

$$(1 + f_1 R_{L,t}) r_{k,t} = \alpha m_t [y_t / k_t], \quad (1 + f_2 R_{L,t}) w_t = (1 - \alpha) m_t [y_t / l_t],$$

$$m_t = \frac{[(1 + f_1 R_{L,t}) r_{k,t}]^\alpha [(1 + f_2 R_{L,t}) w_t]^{1-\alpha}}{(a)^\alpha (1 - \alpha)^{1-\alpha} Z_t}$$

其中，m_t 是边际生产成本。在垄断竞争条件下，如果不考虑价格粘性，那么可得到 $m_t = \dfrac{\theta_t - 1}{\theta_t}$；如果考虑价格粘性，那么可得到前几节的 Phillips 曲线。

类似于价格粘性和工资粘性，利率粘性的引入可推导出贷款和存款市场价格调整分散程度的指标，分别为

$$s_{L,t} = \int_0^1 [(1 + R_{L,t}(b)) / (1 + R_{L,t})]^{-\theta_{L,t}} db$$

$$= (1 - q_L) \left(\frac{1 + R_{L,t}(b)}{1 + R_{L,t}}\right)^{-\theta_{L,t}} + q_L \left(\frac{1 + R_{L,t-1}}{1 + R_{L,t}}\right)^{-\theta_{L,t}} s_{L,t-1}$$

$$s_{D,t} = \int_0^1 [(1 + R_{D,t}(b)) / (1 + R_{D,t})]^{\theta_{D,t}} db$$

$$= (1 - q_D) \left(\frac{1 + R_{D,t}(b)}{1 + R_{D,t}}\right)^{\theta_{D,t}} + q_D \left(\frac{1 + R_{D,t-1}}{1 + R_{D,t}}\right)^{\theta_{D,t}} s_{D,t-1}$$

相应地，贷款和存款需求方程调整为

$$ll_t = (f_1 r_{k,t} k_t + f_2 w_t l_t) s_{L,t}, \quad d_t = [(f_1 r_{k,t} k_t + f_2 w_t l_t) s_{D,t}] / (1 - \zeta_t)$$

在价格和工资完全弹性条件下，上面带有利率粘性的整个模型可总结于表 5.3。

表 5.3 模型 Cha5cn（非线性形式）

外生变量：V_t，X_t，Z_t，g_t，θ_t，$\theta_{w,t}$，$\theta_{L,t}$，$\theta_{D,t}$，ζ_t；

$$\ln(V_t/\overline{V}) = \rho_V \ln(V_{t-1}/\overline{V}) + u_{V,t}, 0 \leqslant \rho_V < 1$$

$$\ln(X_t/\overline{X}) = \rho_X \ln(X_{t-1}/\overline{X}) + u_{X,t}, 0 \leqslant \rho_X < 1$$

$$\ln(Z_t/\overline{Z}) = \rho_Z \ln(Z_{t-1}/\overline{Z}) + u_{Z,t}, 0 \leqslant \rho_Z < 1$$

$$\ln(g_t/\overline{g}) = \rho_g \ln(g_{t-1}/\overline{g}) + u_{g,t}, 0 \leqslant \rho_g < 1$$

$$\ln(\theta_t/\overline{\theta}) = \rho_\theta \ln(\theta_{t-1}/\overline{\theta}) + u_{\theta,t}, 0 \leqslant \rho_\theta < 1$$

$$\ln(\theta_{w,t}/\overline{\theta}) = \rho_{\theta w} \ln(\theta_{w,t-1}/\overline{\theta}) + u_{\theta w,t}, 0 \leqslant \rho_{\theta w} < 1$$

$$\ln(\theta_{L,t}/\overline{\theta}_L) = \rho_{\theta L} \ln(\theta_{L,t-1}/\overline{\theta}_L) + u_{\theta L,t}, 0 \leqslant \rho_{\theta L} < 1$$

$$\ln(\theta_{D,t}/\overline{\theta}_D) = \rho_{\theta D} \ln(\theta_{D,t-1}/\overline{\theta}_D) + u_{\theta D,t}, 0 \leqslant \rho_{\theta D} < 1$$

$$(\zeta_t - \overline{\zeta}) = \rho_\zeta (\zeta_{t-1} - \overline{\zeta}) + u_{\zeta,t}, 0 \leqslant \rho_\zeta \leqslant 1$$

内生变量：λ_t，c_t，$r_{b,t}$，w_t，l_t，$r_{k,t}$，m_t，k_t，y_t，i_t，τ_t，b_t，π_t，ll_t，d_t，$R_{b,t}$，R_t，$R_{L,t}$，$R_{L,t}^f$，$F_{1,t}$，$F_{2,t}$，$R_{L,t}(b)$，$R_{D,t}$，$R_{D,t}^f$，$G_{1,t}$，$G_{2,t}$，$R_{D,t}(b)$，$s_{L,t}$，$s_{D,t}$；

$$\lambda_t = V_t c_t^{-\gamma}$$

$$\lambda_t = E_t[\beta(1 + r_{b,t+1})\lambda_{t+1}]$$

$$w_t \lambda_t = \frac{\theta_{w,t}}{(\theta_{w,t} - 1)} \omega V_t X_t (l_t)^\varphi$$

$$r_{b,t} = r_{k,t} - \delta$$

$$(1 + f_1 R_{L,t}) r_{k,t} = \alpha m_t [y_t/k_t]$$

$$(1 + f_2 R_{L,t}) w_t = (1 - \alpha) m_t [y_t/l_t]$$

$$m_t = \frac{[(1 + f_1 R_{L,t}) r_{k,t}]^\alpha [(1 + f_2 R_{L,t}) w_t]^{1-\alpha}}{(a)^\alpha (1 - \alpha)^{1-\alpha} Z_t}$$

$$k_{t+1} = (1 - \delta) k_t + i_t$$

$$y_t = c_t + i_t + g_t$$

$$m_t = \frac{\theta_t - 1}{\theta_t}$$

$$b_{t+1} = (1 + r_{b,t}) b_t + g_t - \tau_t$$

$$\tau_t = \overline{\tau} + \phi(b_t - \overline{b})$$

$$ll_t = (f_1 r_{k,t} k_t + f_2 w_t l_t) s_{L,t}$$

$$d_t = [(f_1 r_{k,t} k_t + f_2 w_t l_t) s_{D,t}]/(1 - \zeta_t)$$

$$1 + R_{b,t} = (1 + r_{b,t})(1 + \pi_t)$$

续表

$$R_{b,t} = R_{D,t}$$

$$1 + R_{L,t}^f = \frac{\theta_{L,t}}{(\theta_{L,t} - 1)} \frac{(1 + R_t)}{(1 - \zeta_t)}$$

$$F_{1,t} = \frac{\lambda_t ll_t}{(1 + R_{L,t}^f)^2} + \beta q_L F_{1,t+1}$$

$$F_{2,t} = \frac{\lambda_t ll_t}{1 + R_{L,t}^f} + \beta q_L F_{2,t+1}$$

$$E_t\{[1 + R_{L,t}(b)]F_{1,t} - F_{2,t}\} = 0$$

$$(1 + R_{L,t})^{1-\theta_{L,t}} = (1 - q_L)[1 + R_{L,t}(b)]^{1-\theta_{L,t}} + q_L(1 + R_{L,t-1})^{1-\theta_{L,t}}$$

$$1 + R_{D,t}^f = \frac{\theta_{D,t}}{\theta_{D,t} + 1}(1 + R_t)$$

$$G_{1,t} = \frac{\lambda_t d_t}{(1 + R_{D,t}^f)^2} + \beta q_D G_{1,t+1}$$

$$G_{2,t} = \frac{\lambda_t d_t}{1 + R_{D,t}^f} + \beta q_D G_{2,t+1}$$

$$E_t\{[1 + R_{D,t}(b)]G_{1,t} - G_{2,t}\} = 0$$

$$(1 + R_{D,t})^{1+\theta_{D,t}} = (1 - q_D)[1 + R_{D,i}(b)]^{1+\theta_{D,t}} + q_D(1 + R_{D,t-1})^{1+\theta_{D,t}}$$

$$s_{L,t} = (1 - q_L)\left(\frac{1 + R_{L,t}(b)}{1 + R_{L,t}}\right)^{-\theta_{L,t}} + q_L\left(\frac{1 + R_{L,t-1}}{1 + R_{L,t}}\right)^{-\theta_{L,t}} s_{L,t-1}$$

$$s_{D,t} = (1 - q_D)\left(\frac{1 + R_{D,t}(b)}{1 + R_{D,t}}\right)^{\theta_{D,t}} + q_D\left(\frac{1 + R_{D,t-1}}{1 + R_{D,t}}\right)^{\theta_{D,t}} s_{D,t-1}$$

$$R_{t+1} = \rho_R R_t + (1 - \rho_R)[\bar{R} + \kappa_y \ln(y_t/\bar{y}) + \kappa_\pi(\pi_t - \bar{\pi})] + u_{R,t},$$

$$0 \leqslant \rho_R \leqslant 1, \kappa_y > 0, \kappa_\pi > 1$$

随机冲击：$u_{V,t}$，$u_{X,t}$，$u_{Z,t}$，$u_{g,t}$，$u_{R,t}$，$u_{\theta,t}$，$u_{\theta L,t}$，$u_{\theta D,t}$，$u_{\zeta,t}$；

$u_{V,t} \sim N(0, \sigma_V^2)$，$u_{X,t} \sim N(0, \sigma_X^2)$，$u_{Z,t} \sim N(0, \sigma_Z^2)$，$u_{g,t} \sim N(0, \sigma_g^2)$，

$u_{R,t} \sim N(0, \sigma_R^2)$，$u_{\theta,t} \sim N(0, \sigma_\theta^2)$，$u_{\theta w,t} \sim N(0, \sigma_{\theta w}^2)$，$u_{\theta L,t} \sim N(0, \sigma_{\theta L}^2)$，

$u_{\theta D,t} \sim N(0, \sigma_{\theta D}^2)$，$u_{\zeta,t} \sim N(0, \sigma_\zeta^2)$

稳态条件：

$\bar{\theta} = 6$，$\bar{\theta}_w = 6$，$\bar{\theta}_L = 6$，$\bar{\theta}_D = 5$，$\bar{\zeta} = 0.1$，$\bar{r}_b = 1/\beta - 1$，$\bar{\pi} = 0$，

$\bar{R}_b = (1 + \bar{\pi})(1 + \bar{r}_b) - 1$，$\bar{R}_D = \bar{R}_b$，$\bar{R}_D^f = \bar{R}_D$，$\bar{R}_D(b) = \bar{R}_D^f$，

$1 + \bar{R}_D^f = \frac{\bar{\theta}_D}{\bar{\theta}_D + 1}(1 + \bar{R})$，$1 + \bar{R}_L^f = \frac{\bar{\theta}_L}{(\bar{\theta}_L - 1)} \frac{(1 + \bar{R})}{(1 - \bar{\zeta})}$，

$\bar{R}_L(b) = \bar{R}_L^f$，$\bar{R}_L = \bar{R}_L^f$，$\bar{r}_k = \bar{r}_b + \delta$，$\bar{s}_L = 1$，$\bar{s}_D = 1$，

$\bar{m} = (\bar{\theta} - 1)/\bar{\theta}$，$1 = \frac{[(1 + f_1\bar{r}_L)\bar{r}_k]^\alpha [(1 + f_2\bar{r}_L)\bar{w}]^{1-\alpha}}{(a)^\alpha(1-\alpha)^{1-\alpha}\bar{Z}}$，

$$\bar{k}/\bar{y} = \alpha\bar{m}/[(1 + f_1\bar{r}_L)\bar{r}_k] , \quad \bar{l}/\bar{y} = (1 - \alpha)\bar{m}/[(1 + f_2\bar{r}_L)\bar{w}] ,$$

$$\bar{c}/\bar{y} = 1 - \delta\bar{k}/\bar{y} - \bar{g}/\bar{y} ,$$

$$(\bar{y})^{\varphi+\gamma} = [(1 - \alpha)\bar{m}/(1 + f_2\bar{R}_L)] (\bar{l}/\bar{y})^{-1} (\bar{c}/\bar{y})^{-\gamma} [(\bar{\theta}_w - 1)/\bar{\theta}_w]/[\omega\bar{X}(\bar{l}/\bar{y})^{\varphi}] ,$$

$$\bar{\lambda} = \bar{V}(\bar{c})^{-\gamma} , \quad \bar{\tau} = \bar{g} + \bar{r}_b\bar{b} ,$$

$$\bar{ll} = (1 + \bar{\pi})(f_1\bar{r}_k\bar{k} + f_2\bar{w}\bar{l}) , \quad \bar{d} = \bar{ll}/(1 - \bar{\zeta}) ,$$

$$\bar{F}_1 = \frac{\bar{\lambda}\,\bar{ll}}{(1 - \beta q_L)(1 + \bar{R}_L^f)^2} , \quad \bar{F}_1 = \frac{\bar{\lambda}\,\bar{ll}}{(1 - \beta q_L)(1 + \bar{R}_L^f)} ,$$

$$\bar{G}_1 = \frac{\bar{\lambda}\,\bar{d}}{(1 - \beta q_D)(1 + \bar{R}_D^f)^2} , \quad \bar{G}_2 = \frac{\bar{\lambda}\,\bar{d}}{(1 - \beta q_D)(1 + \bar{R}_D^f)}$$

上面模型中增加的参数有 $\{\rho_{\theta L}, \sigma_{\theta L}, \rho_{\theta D}, \sigma_{\theta D}, \rho_{\zeta}, \sigma_{\zeta}, f_1, f_2, q_L, q_D\}$，下面模拟中将这些参数设定为 $\rho_{\theta L} = 0.9, \sigma_{\theta L} = 0.01$，$\rho_{\theta D} = 0.9, \sigma_{\theta D} = 0.01, \rho_{\zeta} = 0.9, \sigma_{\zeta} = 0.01, f_1 = f_2 = 0.5, q_L = q_D = 0.75$，货币政策规则采用上一章中的数值，模型中的其他参数大部分采用上一章表 4.2 中的数值，有关变量的稳态值按照表 5.3 中的稳态条件来设定。特别地，银行调整贷款和存款利率的频率均设定为 4 个季度，描述贷款和存款利率分散程度的指标 $s_{L,t}$ 和 $s_{D,t}$ 的稳态值设定为 1，稳态时的通胀率和名义工资增长率均设定为零，准备金率的稳态值设为 10%，厂商预先支付的资本和劳动力租金比例均设定为 50%。下面以基准利率冲击为例进行分析，假设模型在稳态时受到基准利率冲击的影响，该冲击使基准利率相对于其稳态值上升 1%。图 5.3 是在四种情形下的冲击响应曲线，这四种情形分别是贷款和存款利率均为弹性、仅有存款利率存在粘性、仅有贷款利率存在粘性以及存款和贷款利率均存在粘性等情形。

虽然模型中没有价格和工资粘性，但由于生产中厂商需要预先支付租用资本和劳动力的成本，因此，只要参数 f_1 或 f_2 不为零，那么即使在利率完全弹性的情况下，货币的变化仍会影响模型中的稳态，从而货币在长期是非中性的，从图 5.3 中也可以看出这一点。厂商对流动资金贷款支付的利息影响了其边际生产成本，进而影响了其对产品的定价。同样，产品价格的变化也会影响居民关于名义工资的定价，这样即使价格、工资和利率是完全弹性的，仍然可以看出通胀率和名义工资增长率均出现上升趋势。模型中基准利率的变化会直接影响贷款和存款利率的变化，贷款利率的变化会直接影响厂商的边际生产成本和对生产要素的需求，存款利率的变化会直接影响居民的跨期消费替代和期内消费、劳动力和资产的替代选择决策。因此，模型中贷款和存款利率的变化对产出等实体经济变量的影响是直接的，贷款利率的变化对价格的影响也是直接

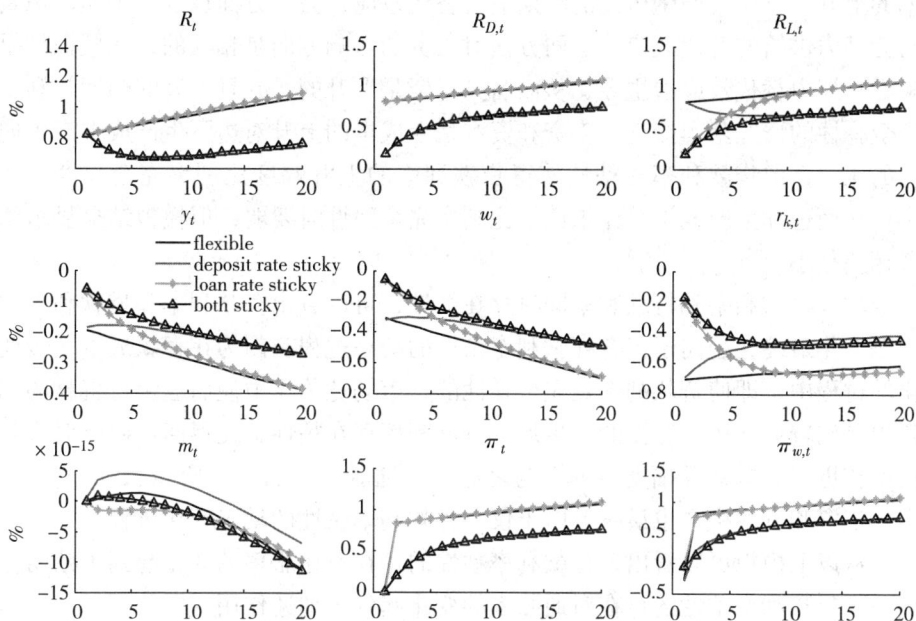

图 5.3　关于提高基准利率的冲击响应曲线

的，而存款利率的变化对价格的影响是间接的。基于此分析，当仅存在存款利率粘性时，基准利率的提高虽然从理论上会使贷款利率上升立刻体现出来，但由于存款利率是逐步上升的，如果商业银行的负债方成本逐步上升，显然在利差保持不变的情况下，市场竞争的压力会使商业银行对其贷款利率的调整幅度也逐步上升，从而在这种情况下，贷款的上升幅度会低于利率完全弹性的情况。相应于此变化，通胀率、名义工资增长率和产出等变量的变化幅度也弱于利率完全弹性的情况，尽管贷款利率的上升使边际生产成本上升的幅度弱于利率完全弹性的情况，但由于价格上升的幅度也弱于利率完全弹性的情况，从而实际边际生产成本的变化决定于这两方面影响谁占优，从模拟结果来看，后者是占优的，从而实际边际生产成本的上升幅度强于利率完全弹性的情况。由于产出和通胀率的变化程度均弱于利率完全弹性的情况，从而基准利率在冲击后的变化程度也弱于利率完全弹性的情况。

如果仅存在贷款利率粘性，那么在基准利率提高时，由于贷款利率的提高是逐步提高的，从而厂商对流动资金的需求强于利率完全弹性的情况。为了满足厂商的流动资金需求，商业银行需要吸收更多的存款，在存款利率完全弹性的情况下，商业银行显然会立刻根据基准利率的变化来调整存款利率。存款利率的上升一方面会产生居民的跨期消费替代效应，另一方面也会产生期内消费与劳动力供给的替代效应，这两方面对工资的影响方向是相反的，从模拟结果来看，期内替代效应占主导，从而名义工资是上升的，并且上升的幅度与利率完全弹性的情况基本接近。工资和资本租金成本的上升对边际生产成本产生向上的压力，但贷款利率的粘性使得贷款利率的上升幅度比利率完全弹性时要小，从而边际生产成本总体来说虽比利率完全弹性时要弱，但模拟结果显示两者相差很小。

如果存款利率和贷款利率同时存在粘性，可以看出存款利率和贷款利率的动态变化最终会趋向于仅有存款利率粘性的动态过程。因为在存款成本缓慢变化的过程中，即使贷款利率是完全弹性的，市场竞争压力使商业银行贷款的调整也是比较弱和比较缓慢的，再加上贷款利率存在粘性，使得商业银行对贷款的调整更加缓慢并且幅度较弱。与之相应，通胀率、名义工资增长率、产出、实际工资和资本租金也最终趋向于仅有存款利率粘性的动态变化过程。

从以上模拟可以看出，存款利率粘性的存在对通胀率的变化起到了减弱作用，而贷款利率粘性的存在对通胀率的变化起到了加速作用。

第五节　包含粘性的一个综合运用模型
——银行如何进行期限转换

上一章介绍的各种包含金融部门的模型虽然有关于银行的详细刻画，但针对银行如何将短期债务转换成长期资产的期限转换问题没有显性刻画。在基于状态识别成本（CSV）的 Carlstrom - Fuerst 和 Bernanke - Gertler - Gilchrist 等模型中，银行对厂商的贷款是与同等期限的无风险债务相匹配的，而实际中商业银行未必将债务期限与资产期限完全匹配，商业银行通常是借短期债务进行长期贷款。在基于执行成本的 Gertler - Kiyotaki 和 Gertler - Karadi 等模型中，银行持有的资产并不是真正的长期贷款，而是厂商的股权资产。尽管金融业的快速发展和业务创新使得混业经营下银行的投资范围和资产选择方式日益多样化，但传统的商业银行在法律上是不能进行股权投资的，混业经营下的银行股权投资也是有一定限制条件的，并且股权投资和贷款的运作方式也不完全相同。为此，我们仍然需要对银行如何进行期限转换问题进行研究。在部分均衡的框架下研究银行的期限转换问题有很多成果，而在 DSGE 框架下研究银行的期限转换问题的非常少，这里介绍 Andreasen - Ferman - Zabczyk（2013）的研究成果。

该模型包含的经济主体有家庭、厂商、商业银行、中央银行和财政部门，其中，模型中包含的厂商有三类：第一类厂商是处于完全竞争状态的资本品生产厂商，其对折旧的资本存量进行投资和加工并转换成具有新的生产能力的资本存量；第二类厂商是处于完全竞争状态的最终产品生产厂商，其将零售的中间产品加工成为最终产品；第三类厂商是生产中间产品的厂商，为处理方便，将其生产分成两个阶段，第一个阶段是处于完全竞争的批发生产阶段，这一阶段每个厂商利用劳动力和资本生产差异化的中间产品，厂商每期能够对劳动力进行调整，但调整资本存量是非经常性的，第二个阶段是处于垄断竞争状态的零售加工阶段，每个零售商将第一阶段批发生产的中间产品根据市场需求情况进行加工并转换成零售的中间产品，厂商对加工的产品具有定价权。

一、资本调整的非经常性与贷款期限的确定

银行对厂商进行贷款时首先需要考虑的问题是贷款期限的确定，这与厂商的生产是紧密相关的。假设厂商进行生产需要投入的生产要素为劳动力和资本，通常情况下，厂商生产时对劳动力调整可以比较灵活地进行（尽管有时存在较高的调整成本），但厂商对资本的调整是非常缓慢的，厂商一旦对资本进行较大调整，可能在很长时期保持原来的资本水平，因为资本调整是不可回撤的（Irreversible）。针对资本调整的一次性投入和非经常调整的独特性，显然厂商关于资本调整的资金需求对银行的贷款期限安排具有决定作用。

（一）批发生产阶段

假设生产第 j 类中间产品的厂商采用 Cobb – Douglas 生产函数形式：

$$y_t(j) = Z_t(k_t(j))^\alpha (l_t(j))^{1-\alpha}, 0 \leq \alpha \leq 1$$

其中，$y_t(j)$ 是第 j 类中间产品的产出，Z_t 是全要素生产率，$k_t(j)$ 和 $l_t(j)$ 分别是生产中间产品所使用的资本和劳动力。

根据上面假设，厂商并不是每期都调整资本存量，类似于 Calvo 定价策略方式，假设每期厂商调整资本存量所占的比例为 q_k，对于没有调整资本存量的厂商，其保持原有的资本存量水平但需要考虑资本的折旧情况，即若厂商在 t 期选择的最优资本存量为 $k_t(j)$，厂商直到 $t+s$ 期再进行资本调整，在此期间厂商保持的资本存量为 $(1-\delta)^i k_t(j), 0 \leq i \leq s$，$\delta$ 是资本的折旧率。针对选择的资本存量，厂商需要通过银行借款向生产资本品的厂商租用资本，待生产结束后厂商归还银行贷款。由于调整资本存量的非经常性，因此厂商与银行签订一项长期贷款合同：每期商业银行提供的贷款名义余额为 $(1-\delta)^i k_t(j) P_t^k$，

$0 \leqslant i \leqslant s$，这里 P_t^k 是资本品的价格，名义贷款利率为 $R_{L,t}$，该贷款一直持续到厂商再进行调整资本存量为止并重新与银行签订新的贷款合同。每期厂商调整资本存量所占的比例为 $(1 - q_k)$，从而厂商调整资本存量的平均期限为 $1/(1 - q_k)$，相应地可得到银行贷款的平均期限也为 $1/(1 - q_k)$。根据厂商选择的资本存量和签订的贷款合同，第 j 类厂商在 t 期到 $t+s$ 期之间每期的实际利润为

$$\prod_{j,t+i} = p_{j,t+i}^m Z_{t+i} \left[(1 - \delta)^i k_t(j) \right]^\alpha \left[l_{t+i}(j) \right]^{1-\alpha} - w_{t+i} l_{t+i}(j)$$

$$- (R_{L,t} + r_{pk}) \left[(1 - \delta)^i k_t(j) p_t^k / \prod_{m=1}^i (1 + \pi_{t+m}) \right]$$

$$0 \leqslant i \leqslant s$$

其中，$p_{j,t}^m = P_{j,t}^m / P_t$，$p_t^k = P_t^k / P_t$，$\pi_t = P_t / P_{t-1} - 1$，$P_{j,t}^m$ 是第 j 类中间产品的价格，P_t 是最终产品的价格，p_t^m 为第 j 类中间产品相对于最终产品的价格，p_t^k 是资本品的相对价格，π_t 是通胀率，r_{pk} 是厂商租赁资本的单位实际租金率。厂商每期能够调整劳动力，且按照上面方式调整资本存量，第 j 类厂商的优化问题可描述为

$$\max_{\{l_{t+s}(j), k_t(j)\}} E_t \sum_{s=0}^\infty (\beta q_k)^s (\lambda_{t+s} / \lambda_t) \prod_{j,t+s}$$

其中，λ_t 是居民的财富边际消费倾向，$(1 - q_k)$ 是厂商调整资本存量的概率。上面优化问题的一阶条件为

$$w_{t+s} = p_{j,t+s}^m (1 - \alpha) Z_{t+s} \left[(1 - \delta)^s k_t(j) \right]^\alpha \left[l_{t+s}(j) \right]^{-\alpha}$$

$$E_t \sum_{s=0}^\infty (\beta q_k)^s (\lambda_{t+s} / \lambda_t) \left(\begin{array}{c} \alpha p_{j,t+s}^m Z_{t+s} \left[(1 - \delta)^s k_t(j) \right]^{\alpha-1} \left[l_{t+s}(j) \right]^{1-\alpha} (1 - \delta)^s \\ - \dfrac{(R_{L,t} + r_{pk})}{\prod_{m=1}^s (1 + \pi_{t+m})} (1 - \delta)^s p_t^k \end{array} \right) = 0$$

经过变换可得到

$$l_{t+s}(j) = \left(\frac{w_{t+s}}{(1 - \alpha) p_{j,t+s}^m Z_{t+s}} \right)^{-\frac{1}{\alpha}} \left[(1 - \delta)^s k_t(j) \right]$$

$$E_t \sum_{s=0}^\infty \left[\beta q_k (1 - \delta) \right]^s (\lambda_{t+s} / \lambda_t) \left(\alpha \left[p_{j,t+s}^m Z_{t+s} \right]^{\frac{1}{\alpha}} \left(\frac{w_{t+s}}{(1 - \alpha)} \right)^{-\frac{1-a}{\alpha}} - \frac{(R_{L,t} + r_{pk}) p_t^k}{\prod_{m=1}^s (1 + \pi_{t+m})} \right) = 0$$

由于上面假设劳动力市场和资本市场是完全竞争的，从而根据上面的一阶条件可知中间产品的价格 $p_{j,t}^m$ 与指标 j 无关，即 $p_t^m = p_{j,t}^m$，$\forall j$。定义下面两个变量：

$$Z_{1,t} = \sum_{s=0}^{\infty} \left[\beta q_k (1-\delta)\right]^s (\lambda_{t+s}/\lambda_t) \left(\alpha \left[p_{t+s}^m Z_{t+s}\right]^{\frac{1}{\alpha}} \left(\frac{w_{t+s}}{(1-\alpha)}\right)^{-\frac{1-a}{\alpha}}\right)$$

$$Z_{2,t} = E_t \sum_{s=0}^{\infty} \left[\beta q_k (1-\delta)\right]^s (\lambda_{t+s}/\lambda_t) / \prod_{m=1}^{s} (1+\pi_{t+m})$$

上面第二个一阶条件可写成：

$$Z_{1,t} = (R_{L,t} + r_{pk}) p_t^k Z_{2,t}$$

$$Z_{1,t} = \alpha \left[p_t^m Z_t\right]^{\frac{1}{\alpha}} \left(\frac{w_t}{(1-\alpha)}\right)^{-\frac{1-a}{\alpha}} + \beta q_k (1-\delta)(\lambda_{t+1}/\lambda_t) Z_{1,t+1}$$

$$Z_{2,t} = 1 + \beta q_k (1-\delta) \left[(\lambda_{t+1}/\lambda_t) Z_{2,t+1}/(1+\pi_{t+1})\right]$$

定义加总变量：

$$k_t = \int_0^1 k_t(j)\,dj, l_t = \int_0^1 l_t(j)\,dj, y_t = \int_0^1 y_t(j)\,dj$$

由于每期厂商调整资本存量所占的比例为 $(1-q_k)$，加总后的资本存量的总量为

$$k_t = (1-q_k) k_t(j) + q_k (1-\delta) k_{t-1}$$

利用上面的一阶条件可得到

$$l_t = \left(\frac{w_t}{(1-\alpha) p_t^m Z_t}\right)^{-\frac{1}{\alpha}} k_t$$

$$y_t = Z_t \left[k_t\right]^\alpha \left[l_t\right]^{1-\alpha}$$

利用第二个式子，上面第一个式子可改写成：

$$w_t/p_t^m = (1-\alpha) Z_t (k_t/l_t)^\alpha = (1-\alpha) y_t/l_t$$

（二）加工零售阶段

对于加工中间产品的零售商来说，其以价格 P_t^m 购买批发生产的中间产品并进行加工，最后转换成零售产品。由于处于垄断竞争状态，从而零售商可将所购买的批发中间产品加工成同等数量的零售中间产品，但其设定的价格为 $P_{r,t}$，这样零售商的垄断利润为 $(P_{r,t} - P_t^m) y_{r,t}$。类似于前几节的处理方式，最终产品以中间产品作为投入，它们之间的关系为

$$y_t = \left[\int_0^1 y_{r,t}^{(\theta_t-1)/\theta_t} dr\right]^{\theta_t/(\theta_t-1)}, \theta_t > 1$$

其中，y_t 是最终产品的数量，$y_{r,t}$ 是生产最终产品所使用的第 r 类中间产品。在最终产品市场处于完全竞争状态下，生产最终产品对中间产品的需求以及最终产品的价格分别为

$$y_{r,t} = \left[P_{r,t}/P_t\right]^{-\theta_t} y_t$$

$$P_t = \left[\int_0^1 P_{r,t}^{(1-\theta_t)} \mathrm{d}r \right]^{1/(1-\theta_t)}$$

其中，$P_{r,t}$ 是第 r 类产品的价格，P_t 是最终产品的价格。

采用前几节价格粘性的引入方式，每期进行价格调整的厂商所占的比例为 $(1-q)$，没有进行价格调整的厂商采用盯住稳态时通胀率的做法，这样可得到下面的方程：

$$E_t(p_{r,t}F_{1,t} - F_{2,t}) = 0$$

$$p_t^f = \frac{\theta_t}{\theta_t - 1} p_t^m$$

$$F_{1,t} = \lambda_t y_t (p_t^f)^{-2} + \beta q \left(\frac{1 + \overline{\pi}}{1 + \pi_{t+1}} \right)^2 F_{1,t+1}$$

$$F_{2,t} = \lambda_t y_t (p_t^f)^{-1} + \beta q \left(\frac{1 + \overline{\pi}}{1 + \pi_{t+1}} \right) F_{2,t+1}$$

$$1 = (1 - q)p_{r,t}^{1-\theta_t} + q \left(\frac{1 + \overline{\pi}}{1 + \pi_t} \right)^{1-\theta_t}$$

其中，$p_{r,t} = P_{r,t}/P_t$ 为第 r 类中间产品的相对价格，p_t^f 是厂商在完全弹性的条件下确定的最优价格，π_t 是通胀率。

引入价格粘性后，描述价格分散程度的指标为

$$s_t = \int_0^1 \left[P_{r,t}/P_t \right]^{-\theta_t} \mathrm{d}r = (1 - q)(p_{r,t})^{-\theta_t} + q \left(\frac{1 + \overline{\pi}}{1 + \pi_t} \right)^{-\theta_t} s_{t-1}$$

二、资本品的生产

生产资本品的厂商从生产中间产品的厂商处收回折旧后的资本存量，再与投资品结合在一起生产出新的资本存量，最后再把资本存量出租给下一期生产中间产品的厂商，同时将得到的利润返还给居民。与前面章节不同的是，本节生产中间产品的厂商在调整资本存量时具有非经常性，这种资本变化的异质性使得厂商持有的资本存量的总价值为

$$v_t = (1 - q_k) \sum_{s=0}^{\infty} \left[q_k(1 - \delta) \right]^s \int_0^1 \left(\frac{p_{t-s}^k}{\prod_{m=1}^s (1 + \pi_{t-s+m})} \right) k_{t-s}(j) \mathrm{d}j$$

或者

$$v_t = (1 - q_k) p_t^k k_t(j) + q_k(1 - \delta) v_{t-1}/(1 + \pi_t)$$

按照前面的调整方式可得到资本存量的总量为

$$k_t = (1 - q_k) k_t(j) + q_k(1 - \delta) k_{t-1}$$

从以上两个式子消去 $k_t(j)$ 可得到

$$[k_t - q_k(1 - \delta)k_{t-1}]p_t^k = v_t - q_k(1 - \delta)v_{t-1}/(1 + \pi_t)$$

生产资本品的厂商增加投资后，资本存量的总供给为

$$k_{t+1} = (1 - \delta)k_t + [1 - \Psi(i_t/i_{t-1})]i_t$$

$$\Psi(i_t/i_{t-1}) = 0.5h(i_t/i_{t-1} - 1)^2 \quad h \geqslant 0,$$

其中，i_t 是实际总投资，$\Psi(.)$ 是投资的调整成本。

生产资本品的厂商求解下面的利润最大化问题：

$$\max_{\{i_{t+s}, k_{t+1+s}, v_{t+s}\}} E_t \sum_{s=0}^{\infty} (\beta^s \lambda_{t+s}/\lambda_t)[r_{pk}v_{t+s} - i_{t+s}]$$

$$s.t. \quad [k_{t+s} - q_k(1 - \delta)k_{t-1+s}]p_{t+s}^k = v_{t+s} - q_k(1 - \delta)v_{t-1+s}/(1 + \pi_{t+s})$$

$$k_{t+1+s} = (1 - \delta)k_{t+s} + [1 - \Psi(i_{t+s}/i_{t-1+s})]i_{t+s}$$

令 u_t 和 q_t^k 分别是上面两个约束条件对应的 Lagrange 乘子，上面优化问题的一阶条件为

$$u_t = r_{pk} + E_t[\beta(1 - \delta)q_k(\lambda_{t+1}/\lambda_t)u_{t+1}/(1 + \pi_{t+1})]$$

$$q_t^k + E_t[\beta^2(1 - \delta)q_k(\lambda_{t+2}/\lambda_t)u_{t+2}p_{t+2}^k]$$

$$= E_t[\beta(\lambda_{t+1}/\lambda_t)u_{t+1}p_{t+1}^k] + E_t[\beta(1 - \delta)(\lambda_{t+1}/\lambda_t)q_{t+1}^k]$$

$$\frac{1}{q_t^k} = 1 - 0.5h(i_t/i_{t-1} - 1)^2 - h(i_t/i_{t-1})(i_t/i_{t-1} - 1)$$

$$+ \beta hE_t(\lambda_{t+1}/\lambda_t)(q_{t+1}^k/q_t^k)(i_{t+1}/i_t)^2(i_{t+1}/i_t - 1)$$

生产资本品的厂商从生产中间产品的厂商处得到的资本租金总量为

$$rent_t = (1 - q_k)\sum_{s=0}^{\infty}[q_k(1 - \delta)]^s \int_0^1 \left(\frac{r_{pk}p_{t-s}^k}{\prod_{m=1}^s (1 + \pi_{t-s+m})}\right)k_{t-s}(j)\,\mathrm{d}j$$

$$= (1 - q_k)r_{pk}p_t^k k_t(j) + q_k(1 - \delta)rent_{t-1}/(1 + \pi_t)$$

三、银行与期限转换

商业银行的资产负债表为

$$A_t = D_t + N_t \text{ 或者 } a_t = d_t + n_t$$

其中，A_t、D_t 和 N_t 分别是商业银行 t 期期初贷款、存款和自有资金总量的名义余额，$a_t = A_t/P_{t-1}$，$d_t = D_t/P_{t-1}$ 和 $n_t = N_t/P_{t-1}$ 分别为贷款、存款和自有资金 t 期期初的实际余额。这里假设存款市场是完全竞争的，且存款期限为一期。

与前面章节模型不同的是，在 $t + 1$ 期期初商业银行对厂商不同期限的贷款总量为

$$a_{t+1} = (1 - q_k) \sum_{s=0}^{\infty} \left[q_k(1-\delta) \right]^s \int_0^1 \left(\frac{p_{t-s}^k}{\prod_{m=1}^s (1 + \pi_{t-s+m})} \right) k_{t-s}(j) \, \mathrm{d}j$$

$$= (1 - q_k) p_t^k k_t(j) + q_k(1-\delta) a_t / (1 + \pi_t)$$

贷款的本息总收入为

$$rev_t = (1 - q_k) \sum_{s=0}^{\infty} \left[q_k(1-\delta) \right]^s \int_0^1 \left(\frac{(1 + R_{L,t-s}) p_{t-s}^k}{\prod_{m=1}^s (1 + \pi_{t-s+m})} \right) k_{t-s}(j) \, \mathrm{d}j$$

$$= (1 - q_k)(1 + R_{L,t}) p_t^k k_t(j) + q_k(1-\delta) rev_{t-1} / (1 + \pi_t)$$

贷款后商业银行的自有资金变化规律为

$$n_{t+2} = (1 - \tau_b) \left[rev_t / (1 + \pi_{t+1}) - (1 + r_{t+1}) d_{t+1} \right]$$

$$= (1 - \tau_b) \left[rev_t / (1 + \pi_{t+1}) - (1 + r_{t+1})(a_{t+1} - n_{t+1}) \right]$$

$$= (1 - \tau_b) \left[rev_t / (1 + \pi_{t+1}) - (1 + r_{t+1}) a_{t+1} + (1 + r_{t+1}) n_{t+1} \right]$$

其中，R_t 是存款的名义利率，$r_t = (1 + R_t)/(1 + \pi_t) - 1$ 是存款的实际利率，τ_b 可以认为是一种保险费率。该模型与 Gertler – Karadi 模型不同的是，这里假设存在一个保险市场，每个商业银行支付保险。由于商业银行的生命期限是有限的，当商业银行退出时，将保险费支付给新进入的银行，使其具有启动资金，并继续履行退出银行与厂商签订的原有合同，这样做的好处是可以使每期的银行具有同质性。在每期期初继续存在的商业银行和退出经营的商业银行所占的比例分别为 q_b 和 $1 - q_b$，商业银行的目标是最大化预期的自有资金流的贴现和，即

$$V_t = E_t \sum_{m=0}^{\infty} (1 - q_b) q_b^m \beta^{m+1} (\lambda_{t+m+1} / \lambda_t) n_{t+m+2}$$

$$= E_t \sum_{m=0}^{\infty} (1 - q_b) q_b^m \beta^{m+1} (\lambda_{t+m+1} / \lambda_t)(1 - \tau_b) \begin{pmatrix} rev_{t+m} / (1 + \pi_{t+m+1}) \\ - (1 + r_{t+m+1}) a_{t+m+1} \\ + (1 + r_{t+m+1}) n_{t+m+1} \end{pmatrix}$$

$$= (1 - \tau_b) a_{t+1} E_t \left(\sum_{m=0}^{\infty} (1 - q_b) q_b^m \beta^{m+1} (\lambda_{t+m+1} / \lambda_t) \begin{pmatrix} (rev_{t+m} / a_{t+1}) / (1 + \pi_{t+m+1}) \\ - (1 + r_{t+m+1}) a_{t+m+1} / a_{t+1} \end{pmatrix} \right)$$

$$+ (1 - \tau_b) n_{t+1} E_t \left[\sum_{m=0}^{\infty} (1 - q_b) q_b^m \beta^{m+1} (\lambda_{t+m+1} / \lambda_t)((1 + r_{t+m+1}) n_{t+m+1} / n_{t+1}) \right]$$

定义以下变量：

$$H_{1,t} = E_t \left(\sum_{m=0}^{\infty} (1 - q_b) q_b^m \beta^{m+1} (\lambda_{t+m+1} / \lambda_t) \begin{pmatrix} rev_{t+m} / a_{t+1} / (1 + \pi_{t+m+1}) \\ - (1 + r_{t+m+1}) a_{t+m+1} / a_{t+1} \end{pmatrix} \right)$$

$$H_{2,t} = E_t \left[\sum_{m=0}^{\infty} (1 - q_b) q_b^m \beta^{m+1} (\lambda_{t+m+1}/\lambda_t) ((1 + r_{t+m+1}) n_{t+m+1}/n_{t+1}) \right]$$

上面自有资金的贴现和可写成：

$$V_t = (1 - \tau_b)(a_{t+1} H_{1,t} + n_{t+1} H_{2,t})$$

$$H_{1,t} = (1 - q_b) \beta E_t \left[(\lambda_{t+1}/\lambda_t)(rev_t/a_{t+1}/(1 + \pi_{t+1}) - (1 + r_{t+1})) \right]$$
$$+ q_b \beta E_t \left[(\lambda_{t+1}/\lambda_t)(a_{t+2}/a_{t+1}) H_{1,t+1} \right]$$

$$H_{2,t} = (1 - q_b) \beta E_t \left[(\lambda_{t+1}/\lambda_t)(1 + r_{t+1}) \right]$$
$$+ q_b \beta E_t \left[(\lambda_{t+1}/\lambda_t)(n_{t+2}/n_{t+1}) H_{2,t+1} \right]$$

采用前面介绍的执行成本模型的做法，储户与商业银行的债务合约安排对商业银行施加下面的激励约束条件：

$$V_t \geqslant \lambda a_{t+1}$$

其中，参数 λ 反映了商业银行偏离储户利益擅用资金的情况。将前面得到的自有资金贴现和 $V_t = (1 - \tau_b)(a_{t+1} H_{1,t} + n_{t+1} H_{2,t})$ 代入到上面的约束条件可得到

$$a_{t+1} = lev_t n_{t+1}$$

$$lev_t = \frac{H_{2,t}}{\lambda/(1 - \tau_b) - H_{1,t}}$$

其中，lev_t 是杠杆率，该式也确定了商业银行所能提供的最大信贷规模。

从上面模型可以看出，银行贷款的平均利率为

$$1 + R_{L,t}^{avg} = (1 - q_k) \sum_{s=0}^{\infty} \left[q_k (1 - \delta) \right]^s (1 + R_{L,t-s})$$
$$= (1 - q_k)(1 + R_{L,t}) + q_k (1 - \delta)(1 + R_{t-1}^{avg})$$

四、模型总结与校准

模型中的家庭与前几节的处理方式相同，唯一不同的是，居民持有的资产为期限为 1 期的银行存款。采用前面不包含货币的效用函数形式：

$$U(c_t, l_t) = V_t \left(\frac{c_t^{1-\gamma}}{1 - \gamma} - \omega X_t \frac{l_t^{1+\varphi}}{1 + \varphi} \right)$$

其中，V_t 是偏好冲击，X_t 是劳动力供给冲击。前面已经得到家庭的一阶条件为

$$\lambda_t = V_t c_t^{-\gamma}$$

$$\lambda_t = E_t \left[\beta (1 + r_{t+1}) \lambda_{t+1} \right]$$

$$w_t \lambda_t = \omega V_t X_t l_t^{\varphi}$$

模型中的中央银行和政府均采用本章第二节的，模型中的商品市场均衡条件为

225

$$y_t = s_t(c_t + i_t + g_t)$$

模型中不考虑工资粘性，整个模型介绍完毕。在校准模型之前，先来考察模型的稳态。假设稳态时的通胀率为零，即 $\overline{\pi} = 0$，从前面的方程可得到

$$\overline{q}^k = 1, \overline{u} = r_{pk} + \beta q_k(1-\delta)\overline{u}, 1 + \beta^2 q_k(1-\delta)\overline{up}^k = \beta\,\overline{up}^k + \beta(1-\delta)$$

或者

$$\overline{u} = r_{pk}/[1 - \beta q_k(1-\delta)], \overline{p}^k = [1 - \beta(1-\delta)]/[\beta(1 - \beta q_k(1-\delta))\overline{u}]$$

从批发生产阶段的稳态条件：

$$\overline{Z}_1 = \alpha\left[\overline{p}^m\overline{Z}\right]^{\frac{1}{\alpha}}\left(\frac{\overline{w}}{(1-\alpha)}\right)^{-\frac{1-a}{\alpha}}/[1 - \beta q_k(1-\delta)]$$

$$\overline{Z}_2 = 1/[1 - \beta q_k(1-\delta)]$$

可得到

$$(\overline{R}_L + r_{pk})\overline{p}^k = \overline{Z}_1/\overline{Z}_2 = \alpha\left[\overline{p}^m\overline{Z}\right]^{\frac{1}{\alpha}}\left(\frac{\overline{w}}{(1-\alpha)}\right)^{-\frac{1-a}{\alpha}}$$

进一步整理可得到

$$\overline{p}^m = \frac{\left[(\overline{R}_L + r_{pk})\overline{p}^k\right]^\alpha \overline{w}^{1-\alpha}}{\overline{Z}\alpha^\alpha(1-\alpha)^{1-\alpha}}$$

这实际上就是前面章节得到的实际边际生产成本，因为批发生产阶段是完全竞争的，从而商品的价格就等于边际生产成本。同时可得到

$$\overline{l}/\overline{k} = \frac{\alpha\left[(\overline{R}_L + r_{pk})\overline{p}^k\right]}{(1-\alpha)\overline{w}}$$

从商业银行的稳态条件：

$$\overline{rev} = (1 - q_k)(1 + \overline{R}_L)\overline{p}^k\overline{k}(j)/[1 - q_k(1-\delta)]$$

$$\overline{a} = (1 - q_k)\overline{p}^k\overline{k}(j)/[1 - q_k(1-\delta)]$$

$$\overline{n} = (1 - \tau_b)[\overline{rev} - (1 + \overline{r})\overline{a} + (1 + \overline{r})\overline{n}]$$

可得到

$$\overline{rev}/\overline{a} = 1 + \overline{R}_L$$

代入第三个式子可得到

$$\overline{n}/\overline{a} = (1 - \tau_b)[\overline{rev}/\overline{a} - (1 + \overline{r}) + (1 + \overline{r})\overline{n}/\overline{a}]$$
$$= (1 - \tau_b)(\overline{R}_L - \overline{r})/[1 - (1 - \tau_b)(1 + \overline{r})]$$

另外从稳态条件可得到

$$\overline{H}_1 = [(1 - q_b)\beta(\overline{rev}/\overline{a} - (1 + \overline{r})]/(1 - q_b\beta)$$
$$= [(1 - q_b)\beta(\overline{R}_L - \overline{r})]/(1 - q_b\beta)$$

结合 $\overline{H}_2 = (1 - q_b)\beta(1 + \overline{r})/(1 - q_b\beta)$，可得到

$$\overline{lev} = \frac{\overline{H}_2}{\lambda/(1-\tau_b) - \overline{H}_1} = \frac{(1-q_b)\beta(1+\bar{r})}{\lambda(1-q_b\beta)/(1-\tau_b) - [(1-q_b)\beta(\overline{R}_L - \bar{r})]}$$

经过变换可得到

$$\bar{n}/\bar{a} = 1/\overline{lev}$$

与前面得到的 $\bar{n}/\bar{a}$ 进行比较最终可得到

$$\overline{lev} = \frac{(1-q_b)\beta}{\lambda(1-q_b\beta)}$$

再代入前面的式子可得到利差为

$$\overline{R}_L - \bar{r} = \left(\frac{1}{1-\tau_b} - \frac{1}{\beta}\right)\frac{\lambda(1-q_b\beta)}{\beta(1-q_b)}$$

从资本积累方程来看，

$$(1-q_k)\overline{k}(j) = [1 - q_k(1-\delta)]\overline{k}$$

代入前面的贷款方程可得到

$$\bar{a} = (1-q_k)\bar{p}^k\overline{k}(j)/[1 - q_k(1-\delta)] = \bar{p}^k\overline{k}$$

若给定贷款与存款的利差，$\overline{R}_L - \overline{R} = \overline{R}_L - \bar{r} = \Gamma$，那么利用上面得到的条件并按照前面章节的做法可得到

$$(\bar{y})^{\varphi+\gamma} = (1-\alpha)\bar{p}^m(\bar{l}/\bar{y})^{-1}(\bar{c}/\bar{y})^{-\gamma}/[\omega\overline{X}(\bar{l}/\bar{y})^{\varphi}]$$

进一步可得到整个模型的稳态，整个模型的方程及其稳态总结于表5.4。

在进行模拟时，模型中的参数和有关变量的稳态值大部分采用上一章表4.2中的数值，货币政策规则也采用前面章节中的数值，其他参数和有关变量的稳态值按照表5.4中的稳态条件来设定。特别地，厂商调整价格和资本存量的频率均设定为四个季度，即 $q = 0.75$，$q_k = 0.75$。按照折年率100个基本点来选定稳态时的贷款与存款的利差 $\Gamma = \overline{R}_L - \overline{R}$，稳态时的杠杆率选为 $\overline{lev} = 5$。模型中商业银行继续存在的概率为10年，这样设定参数为 $q_b = 0.975$。另外，参数 $\tau_b = 0.015$。

表5.4　　　　　　　　　**模型 Cha5dn（非线性形式）**

外生变量：V_t，X_t，Z_t，g_t，θ_t；

$\ln(V_t/\overline{V}) = \rho_V\ln(V_{t-1}/\overline{V}) + u_{V,t}, 0 \leqslant \rho_V < 1$

$\ln(X_t/\overline{X}) = \rho_X\ln(X_{t-1}/\overline{X}) + u_{X,t}, 0 \leqslant \rho_X < 1$

$\ln(Z_t/\overline{Z}) = \rho_Z\ln(Z_{t-1}/\overline{Z}) + u_{Z,t}, 0 \leqslant \rho_Z < 1$

$\ln(g_t/\overline{g}) = \rho_g\ln(g_{t-1}/\overline{g}) + u_{g,t}, 0 \leqslant \rho_g < 1$

$\ln(\theta_t/\overline{\theta}) = \rho_\theta\ln(\theta_{t-1}/\overline{\theta}) + u_{\theta,t}, 0 \leqslant \rho_\theta < 1$

内生变量：λ_t，c_t，r_t，R_t，τ_t，b_t，w_t，l_t，p_t^m，k_t，i_t，q_t^k，u_t，y_t，π_t，$p_{r,t}$，p_t^f，$F_{1,t}$，$F_{2,t}$，s_t，p_t^k，$Z_{1,t}$，$Z_{2,t}$，$R_{L,t}$，rev_t，a_t，n_t，lev_t，$H_{1,t}$，$H_{2,t}$，k_t (j)，$R_{L,t}^{avg}$，$rent_t$，；

$$\lambda_t = V_t c_t^{-\gamma}$$

$$\lambda_t = E_t[\beta(1+r_{t+1})\lambda_{t+1}]$$

$$1 + R_t = (1+r_t)(1+\pi_t)$$

$$R_{t+1} = \rho_R R_t + (1-\rho_R)[\bar{R} + \kappa_y \ln(y_t/\bar{y}) + \kappa_\pi(\pi_t - \bar{\pi})] + u_{R,t},$$

$$0 \leqslant \rho_R \leqslant 1, \kappa_y > 0, \kappa_\pi > 1$$

$$b_{t+1} = (1+r_t)b_t + g_t - \tau_t$$

$$\tau_t = \bar{\tau} + \phi(b_t - \bar{b})$$

$$w_t \lambda_t = \omega V_t X_t (l_t)^\varphi$$

$$y_t = Z_t [k_t]^\alpha [l_t]^{1-\alpha}$$

$$w_t/p_t^m = (1-\alpha)y_t/l_t$$

$$k_{t+1} = (1-\delta)k_t + [1 - \Psi(i_t/i_{t-1})]i_t$$

$$\frac{1}{q_t^k} = 1 - 0.5h(i_t/i_{t-1} - 1)^2 - h(i_t/i_{t-1})(i_t/i_{t-1} - 1)$$
$$+ \beta h E_t(\lambda_{t+1}/\lambda_t)(q_{t+1}^k/q_t^k)(i_{t+1}/i_t)^2(i_{t+1}/i_t - 1)$$

$$q_t^k + E_t[\beta^2(1-\delta)q_k(\lambda_{t+2}/\lambda_t)u_{t+2}p_{t+2}^k]$$
$$= E_t[\beta(\lambda_{t+1}/\lambda_t)u_{t+1}p_{t+1}^k] + E_t[\beta(1-\delta)(\lambda_{t+1}/\lambda_t)q_{t+1}^k]$$

$$u_t = r_{pk} + E_t[\beta(1-\delta)q_k(\lambda_{t+1}/\lambda_t)u_{t+1}/(1+\pi_{t+1})]$$

$$y_t = s_t(c_t + i_t + g_t)$$

$$1 = (1-q)p_{r,t}^{1-\theta_t} + q\left(\frac{1+\bar{\pi}}{1+\pi_t}\right)^{1-\theta_t}$$

$$E_t\langle p_{r,t}F_{1,t} - F_{2,t}\rangle = 0$$

$$p_t^f = \frac{\theta_t}{\theta_t - 1}p_t^m$$

$$F_{1,t} = \lambda_t y_t (p_t^f)^{-2} + \beta q\left(\frac{1+\bar{\pi}}{1+\pi_{t+1}}\right)^2 F_{1,t+1}$$

$$F_{2,t} = \lambda_t y_t (p_t^f)^{-1} + \beta q\left(\frac{1+\bar{\pi}}{1+\pi_{t+1}}\right)F_{2,t+1}$$

$$s_t = (1-q)(p_{r,t})^{-\theta_t} + q\left(\frac{1+\bar{\pi}}{1+\pi_t}\right)^{-\theta_t}s_{t-1}$$

$$Z_{1,t} = (R_{L,t} + r_{pk})p_t^k Z_{2,t}$$

$$Z_{1,t} = \alpha[p_t^m Z_t]^{\frac{1}{\alpha}}\left(\frac{w_t}{(1-\alpha)}\right)^{-\frac{1-a}{\alpha}} + \beta q_k(1-\delta)(\lambda_{t+1}/\lambda_t)Z_{1,t+1}$$

$$Z_{2,t} = 1 + \beta q_k (1 - \delta) [(\lambda_{t+1}/\lambda_t) Z_{2,t+1}/(1 + \pi_{t+1})]$$

$$rev_t = (1 - q_k)(1 + R_{L,t}) p_t^k k_t(j) + q_k (1 - \delta) rev_{t-1}/(1 + \pi_t)$$

$$n_{t+1} = (1 - \tau_b) [rev_{t-1}/(1 + \pi_t) - (1 + r_t) a_t + (1 + r_t) n_t]$$

$$a_{t+1} = (1 - q_k) p_t^k k_t(j) + q_k (1 - \delta) a_t/(1 + \pi_{t+1})$$

$$n_{t+1} = a_{t+1}/lev_t$$

$$lev_t = \frac{H_{2,t}}{\lambda/(1 - \tau_b) - H_{1,t}}$$

$$H_{1,t} = (1 - q_b)\beta E_t [(\lambda_{t+1}/\lambda_t)(rev_t/a_{t+1}/(1 + \pi_{t+1}) - (1 + r_{t+1}))]$$
$$+ q_b \beta E_t [(\lambda_{t+1}/\lambda_t)(a_{t+2}/a_{t+1}) H_{1,t+1}]$$

$$H_{2,t} = (1 - q_b)\beta E_t [(\lambda_{t+1}/\lambda_t)(1 + r_{t+1})]$$
$$+ q_b \beta E_t [(\lambda_{t+1}/\lambda_t)(n_{t+2}/n_{t+1}) H_{2,t+1}]$$

$$k_t = (1 - q_k) k_t(j) + q_k (1 - \delta) k_{t-1}$$

$$1 + R_{L,t}^{avg} = (1 - q_k)(1 + R_{L,t}) + q_k (1 - \delta)(1 + R_{t-1}^{avg})$$

$$rent_t = (1 - q_k) r_{pk} p_t^k k_t(j) + q_k (1 - \delta) rent_{t-1}/(1 + \pi_t)$$

随机冲击：$u_{V,t}$，$u_{X,t}$，$u_{Z,t}$，$u_{g,t}$，$u_{R,t}$，$u_{\theta,t}$；

$$u_{V,t} \sim N(0, \sigma_V^2)，u_{X,t} \sim N(0, \sigma_X^2)，u_{Z,t} \sim N(0, \sigma_Z^2)，$$

$$u_{g,t} \sim N(0, \sigma_g^2)，u_{R,t} \sim N(0, \sigma_R^2)，u_{\theta,t} \sim N(0, \sigma_\theta^2)$$

稳态条件：

$$\bar{\theta} = 6，\bar{s} = 1，\bar{r} = 1/\beta - 1，\bar{\pi} = 0，\bar{q}^k = 1，\bar{R} = (1 + \bar{r})(1 + \bar{\pi}) - 1，$$

$$\bar{R}_L = \bar{R} + \Gamma，\bar{R}_L^{avg} = \bar{R}_L (1 - q_k)/[q_k(1 - \delta)]，\bar{p}^m = (\bar{\theta} - 1)/\bar{\theta}，$$

$$\bar{u} = r_{pk}/[1 - \beta q_k(1 - \delta)]，\bar{p}^k = [1 - \beta(1 - \delta)]/[\beta(1 - \beta q_k(1 - \delta))\bar{u}]，$$

$$\bar{p}^m = \frac{[(\bar{R}_L + r_{pk})\bar{p}^k]^\alpha \bar{w}^{1-\alpha}}{\bar{Z}\alpha^\alpha (1 - \alpha)^{1-\alpha}}，\overline{lev} = 5，\bar{p}^l = 1，\bar{p}_r = 1，$$

$$\bar{l}/\bar{y} = (1 - \alpha)\bar{p}^m/\bar{w}，\bar{k}/\bar{y} = \alpha \bar{p}^m/[(\bar{r}_L + \delta)\bar{p}^k]，$$

$$\bar{c}/\bar{y} = 1 - \delta \bar{k}/\bar{y} - \bar{g}/\bar{y}，$$

$$(\bar{y})^{\varphi+\gamma} = (1 - \alpha)\bar{p}^m (\bar{l}/\bar{y})^{-1} (\bar{c}/\bar{y})^{-\gamma}/[\omega \bar{X}(\bar{l}/\bar{y})^\varphi]，$$

$$\bar{a} = \bar{p}^k \bar{k}，\bar{n} = \bar{a}/\overline{lev}，\overline{rev}/\bar{a} = 1 + \bar{R}_L，$$

$$\bar{n}/\bar{a} = (1 - \tau_b)(\bar{R}_L - \bar{r})/[1 - (1 - \tau_b)(1 + \bar{r})]，$$

$$\bar{H}_1 = [(1 - q_b)\beta(\bar{R}_L - \bar{r})]/(1 - q_b \beta)，\bar{H}_2 = (1 - q_b)\beta(1 + \bar{r})/(1 - q_b \beta)，$$

$$\overline{lev} = \frac{\bar{H}_2}{\lambda/(1 - \tau_b) - \bar{H}_1}，\bar{Z}_1 = \alpha [\bar{p}^m \bar{Z}]^{\frac{1}{\alpha}} \left(\frac{\bar{w}}{(1 - \alpha)}\right)^{-\frac{1-a}{\alpha}}/[1 - \beta q_k(1 - \delta)]，$$

$$\bar{Z}_2 = 1/[1 - \beta q_k(1 - \delta)]，(1 - q_k)\bar{k}(j) = [1 - q_k(1 - \delta)]\bar{k}，$$

$$\bar{\lambda} = \bar{V}(\bar{c})^{-\gamma}，\bar{\tau} = \bar{g} + \bar{r}\bar{b}，\bar{F}_1 = \bar{F}_2 = \bar{\lambda}\bar{y}/(1 - \beta q)，$$

$$\overline{rent} = (1 - q_k) r_{pk} \bar{p}^k \bar{k}(j)/[1 - q_k(1 - \delta)]$$

五、模拟分析

基于上面校准的模型，下面以基准利率冲击为例进行分析，假设模型在稳态时受到基准利率冲击的影响，该冲击使基准利率相对于其稳态值上升1%。图5.4是在三种情形下的冲击响应曲线，这三种情形分别是资本能够完全调整、资本调整的平均频率为1年（4个季度）和资本调整的平均频率为3年（12个季度）。

可以看出，在资本能够完全调整的情况下，由于价格粘性的存在，名义基准利率的提高将导致实际利率的上升，从而对产出、投资以及资本收入（租金）产生紧缩效应。实体经济的紧缩将会导致边际生产成本的下降，这样使得通胀率下降，这体现出新凯恩斯模型的典型特征。与新凯恩斯模型不同的是，上面的模型含有金融部门，因此从模拟中可以看出，伴随着经济紧缩，商业银行对厂商的贷款和贷款收益在下降，贷款与存款的利差在缩小，这会导致商业银行自有资金进一步下降，若要维持原有的信贷规模，显然商业银行需要提高杠杆率，这一点从图5.4中可以清楚地看到。

随着资本调整频率放缓，面对基准利率提高，每期只有一定比例的厂商调整资本，相应地，商业银行的资产也只有一部分进行调整，从而商业银行的信贷收益和信贷规模不会像资本完全调整情形那样迅速下降而是逐步下降，商业银行的平均贷款利率也逐步下降，这样会使商业银行的自有资金免遭迅速枯竭的风险。另外，紧缩时期通胀率的下降实际上使得商业银行的贷款价值上升，在资本缓慢调整的情况下，这进一步使得商业银行的信贷收益和贷款利率下降的程度和步伐放缓，商业银行自有资金的缓慢下降也会使商业银行未来的放款能力受到的经济紧缩的影响比资本完全调整的情形弱，杠杆率也不会产生迅速上升的风险，厂商的资本收入也不会迅速下降。总的来看，资本调整的平均期限越长，商业银行对厂商的贷款平均期限越长，经济紧缩带来的负面影响越小。因此，贷款期限的拉长会减弱经济紧缩的负面影响，这是与前面Bernanke－Gertler－Gilchrist（1999）和 Gertler－Karadi（2011）模型产生的金融加速器效应不完全相同的地方。

从模拟中可以看出，资本的调整频率几乎对通胀率不产生影响，这一点不难理解，因为模型中资本品的生产处于完全竞争的状态，尽管资本的调整是非经常性的，但每期劳动力是可以灵活调整的，再加上模型中劳动力市场也是完全竞争的，从而生产中间产品的单位边际生产成本与资本的调整频率无关。实际上，从模型中的一阶条件：

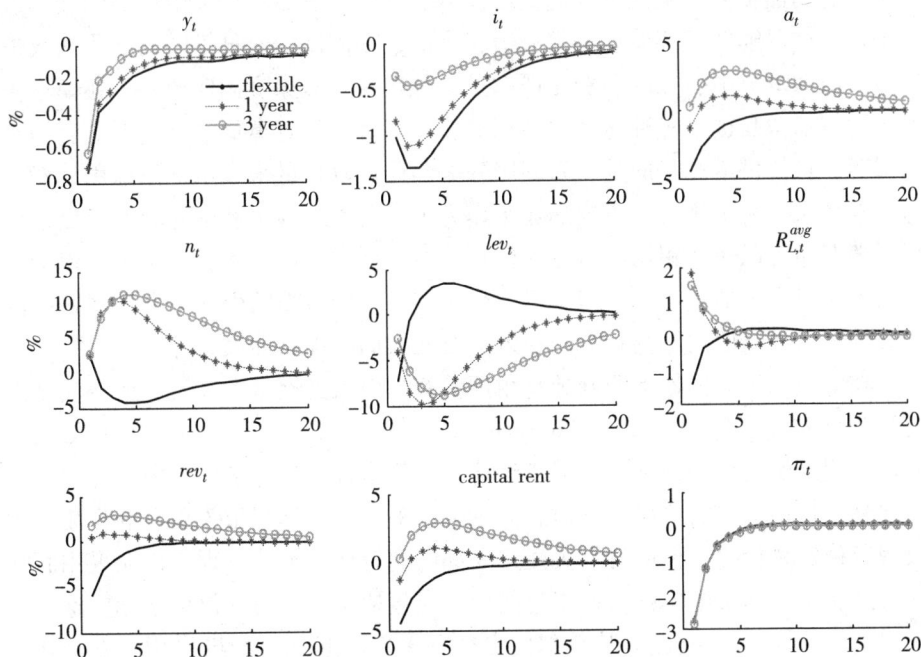

图 5.4 关于提高基准利率的冲击响应曲线

$$l_t = \left(\frac{w_t}{(1-\alpha)p_t^m Z_t} \right)^{-\frac{1}{\alpha}} k_t$$

可知，每期劳动力的灵活调整保证了资本与劳动力的比例是与资本的调整频率无关的（即与参数 q_k 无关），由此可得到中间产品的批发生产价格（或者边际生产成本）p_t^m 与资本的调整频率无关，从而 Phillips 曲线与资本的调整频率无关。

与上一节利率粘性模型不同的是，利率粘性会影响单位边际生产成本，从而会影响通胀率，而本节模型中的期限转换并不对单位边际生产成本产生影响，从而不会影响通胀率。从这一点来看，我们可以将期限转换与通胀率的确定分开来考虑，这对经济中的问题进行逐个解剖分析会带来很大方便。

第六节 耐用消费品的引入与价格粘性

从实际情况来看，消费品可分为两大类，一类是非耐用消费品，另一类是耐用消费品，两种消费品的用途和特性不完全相同。前面章节模型中的消费品全是非耐用消费品，实证中人们发现仅有非耐用消费品的模型中消费的波动过于平稳，这对解释经济波动不太完美，为此，人们试图通过不同的方式来改进模型。前面章节中引入的消费习惯就是一种途径，但除了此途径外，在模型中引入耐用消费品也是一种途径。耐用消费品与资本品有类似之处，即二者均具有折旧，且提供给经济的是一系列服务流，通常以存量来表示，但耐用消费品与资本品又不完全相同，资本品通常作为生产要素进入生产中并影响产出，而耐用消费品可以像非耐用消费品一样直接对人们的效用产生影响。耐用消费品的引入又有点像消费习惯，但也不完全相同。消费习惯的引入不会改变人们的预算约束条件，但耐用消费品的引入会改变人们的预算约束条件。

在一般均衡的框架下明确地将耐用消费品引入到模型中并研究经济波动的特征较早的成果有 Ohanian – Stockman – Killian（1995）。Aoki（2001）虽然没有直接明确耐用消费品部门，但将经济分为价格弹性和价格粘性两个部门，并指出粘性价格部门的价格变化对总体价格水平的变化具有至关重要的作用，中央银行稳定物价的目标应特别关注这一部门的价格稳定。特别地，在采用盯住核心通胀率的框架中，核心通胀率的构成应包括这一部门的价格指标，这一成果对新凯恩斯 Phillips 曲线从单部门推广到多部门起到了积极作用。直接在新凯恩斯模型的框架下且明确将经济分为耐用消费品和非耐用消费品两个部门的成果有 Barsky – House – Kimball（2003，2007）、Carlstrom – Fuerst（2006）和 Erceg – Levin（2006）。Barsky – House – Kimball（2003，2007）和 Carlstrom – Fuerst（2006）的研究均得到，耐用消费品部门的价格粘性对物价总水平的粘性具有决定性的影响，如果耐用消费品部门的价格表现出弹性或粘性的特征，那么物价总水平也表现出类似的特征，而与非耐用消费品部门的价格是否具有粘性关系不大。并且，耐用消费品和非耐用消费品两部门经济的变化表现出非同步特征，这种非同步甚至可能相反的变化会严重削弱经济政策的效果。一个极端例子是，在耐用消费品部门价格完全弹性的情况下，紧缩的货币政策使非耐用消费品部门的生产下降，却使耐用消费品部门的生产上升，从而整个经济的生产并没有太大的变化。Carlstrom – Fuerst（2006）对这种非同步变化之谜与实际数据观察到的差异提出了加入名义工资粘性和信贷约束两种解决方式。Erceg – Levin（2006）在包含耐用消费品和非耐用消费品两部门的经济中，研究了最优货币政策的选择问题，这一成果丰富了 Aoki（2001）和 Woodford（2003）的研究内容。下面在 DSGE 的框架下具体考察耐用消费品部门的引入对经济的影响。

经济中包含居民、厂商、政府和中央银行四类经济主体，政府和中央银行的行为决策与前面章节相同，这里不再重复。以下着重讨论居民和居民的行为决策。

对于典型居民来说，其总消费包括非耐用消费品和耐用消费品两部分。根据上面的分析，耐用消费品与非耐用消费品的区别之一在于，耐用消费品不是每期都消费掉，而是仅消费其中一部分，其类似资本存量，具有下面的动态方程：

$$c_t^d = (1 - \delta_d) c_{t-1}^d + e_t^d$$

其中，c_t^d 是耐用消费品的存量，e_t^d 是每期耐用消费品的消费量，δ_d 是耐用消费品的折旧率。考虑到耐用消费品后，居民的预算约束方程调整为

$$c_t^{nd}(P_t^{nd}/P_t) + e_t^d(P_t^d/P_t) + b_{t+1} + k_{t+1} = w_t l_t + (1 + r_{k,t} - \delta) k_t + d_t$$
$$+ (1 + r_t) b_t - \tau_t$$

或者

$$c_t^{nd} p_t^{nd} + e_t^d p_t^d + b_{t+1} + k_{t+1} = w_t l_t + (1 + r_{k,t} - \delta) k_t + d_t + (1 + r_t) b_t - \tau_t$$

这里，P_t^{nd} 和 P_t^d 分别是非耐用消费品和耐用消费品的价格，P_t 是总价格水平，$p_t^{nd} = P_t^{nd}/P_t$ 和 $p_t^d = P_t^d/P_t$ 分别是非耐用消费品和耐用消费品相对于总价格水平的价格，$c_t^{nd} p_t^{nd}$ 和 $e_t^d p_t^d$ 分别是每期非耐用消费品和耐用消费品支出的实际值，$w_t l_t$ 和 $r_{k,t} k_t$ 分别是居民的劳动收入和资本收入，w_t 是实际工资，l_t 是劳动力，$r_{k,t}$ 是资本的实际收益率，δ 是资本的折旧率，居民持有的资产包括政府债券 b_t 和实物资本 k_t（期初余额），$r_t = (1 + R_t)/(1 + \pi_t) - 1$ 是政府债券的实际利率，R_t 是政府债券的名义利率，$\pi_t = P_t/P_{t-1} - 1$ 是通胀率，d_t 是居民从生产中得到的垄断利润，τ_t 是居民上缴的实际税收。居民的预算约束可进一步可写成：

$$c_t^{nd} p_t^{nd} + c_t^d p_t^d + b_{t+1} + k_{t+1}$$
$$= p_t^d (1 - \delta_d) c_{t-1}^d + (1 + r_{k,t} - \delta) k_t + (1 + r_t) b_t + w_t l_t + d_t - \tau_t$$

为与前面尽量保持一致，且考虑到耐用消费品和非耐用消费品的引入，居民的效用函数采用下面的形式：

$$U(c_t, l_t) = V_t \left(\frac{c_t^{1-\gamma}}{1 - \gamma} - \omega X_t \frac{l_t^{1+\varphi}}{1 + \varphi} \right)$$

$$c_t = [v^{1/\rho} (c_t^{nd})^{1-1/\rho} + (1 - v)^{1/\rho} (c_t^d)^{1-1/\rho}]^{\frac{\rho}{\rho-1}}$$

其中，V_t 是偏好冲击，X_t 是劳动力供给冲击，参数 $\rho(\rho \geqslant 0)$ 是耐用消费品和非耐用消费品之间的替代弹性。

居民的优化问题可描述为

$$\max_{\{c_{t+i}^{nd}, c_{t+i}^{d}, l_{t+i}, , b_{t+1+i}, k_{t+1+i}\}} E_t \Big[\sum_{i=0}^{\infty} \beta^i U(c_{t+i}, l_{t+i}) \Big]$$

$$s.t. \quad \begin{aligned} & c_{t+i}^{nd} p_{t+i}^{nd} + c_{t+i}^{d} p_{t+1+i}^{d} + b_{t+1+i} + k_{t+1+i} \\ & = p_{t+i}^{d}(1 - \delta_d) c_{t-1+i}^{d} + (1 + r_{k,t+i} - \delta) k_{t+i} + (1 + r_{t+i}) b_{t+i} + w_{t+i} l_{t+i} \\ & \quad + d_{t+i} - \tau_{t+i} \end{aligned}$$

令上面约束条件对应的 Lagrange 乘子为 λ_t，上面优化问题的一阶条件为

$$\lambda_t p_t^{nd} = \frac{\partial U(c_t, l_t)}{\partial c_t^{nd}}$$

$$\lambda_t p_t^{d} = \frac{\partial U(c_t, l_t)}{\partial c_t^{d}} + (1 - \delta_d) \beta \lambda_{t+1} p_{t+1}^{d}$$

$$- w_t \lambda_t = \frac{\partial U(c_t, l_t)}{\partial l_t}$$

$$\lambda_t = E_t [\beta(1 + r_{t+1}) \lambda_{t+1}]$$

$$\lambda_t = E_t [\beta \lambda_{t+1}(r_{k,t+1} + 1 - \delta)]$$

对第二个方程进行整理可得到

$$\lambda_t p_t^{d} = \frac{\partial U(c_t, l_t)}{\partial c_t^{d}} + (1 - \delta_d) \beta \frac{\partial U(c_{t+1}, l_{t+1})}{\partial c_{t+1}^{d}} + \lambda_{t+2} [(1 - \delta_d) \beta]^2 p_{t+2}^{d}$$

$$= \cdots$$

$$= \sum_{i=0}^{\infty} [(1 - \delta_d) \beta]^i \frac{\partial U(c_{t+i}, l_{t+i})}{\partial c_{t+i}^{d}}$$

结合第一个方程可得到

$$\frac{\partial U(c_t, l_t)}{\partial c_t^{nd}} / p_t^{nd} = \sum_{i=0}^{\infty} [(1 - \delta_d) \beta]^i \frac{\partial U(c_{t+i}, l_{t+i})}{\partial c_{t+i}^{d}} / p_t^{d}$$

在耐用消费品的折旧率 δ_d 非常小的情况下，上式右边的分子变化很缓慢。由此可以看出，耐用消费品的跨期替代弹性将远远大于非耐用消费品的跨期替代弹性，这也意味着，耐用消费品关于利率的弹性将远远大于非耐用消费品关于利率的弹性，耐用消费品对利率的变化反应更强烈，这也是 Erceg - Levin (2006) 通过 VAR 模型得到的实证结果。

将上面的效用函数代入可得到

$$\lambda_t p_t^{nd} = V_t (c_t)^{-\gamma} \left(\frac{c_t^{nd}}{vc_t} \right)^{-1/\rho}$$

$$\lambda_t p_t^{d} = V_t (c_t)^{-\gamma} \left(\frac{c_t^{d}}{(1 - v) c_t} \right)^{-1/\rho} + (1 - \delta_d) \beta \lambda_{t+1} p_{t+1}^{d}$$

$$w_t \lambda_t = \omega V_t X_t l_t^\varphi$$

另外，类似于前面章节的处理方法，总消费的价格水平（即物价总水平）为

$$P_t = \left[v \left(P_t^{nd} \right)^{1-\rho} + (1-v) \left(P_t^d \right)^{1-\rho} \right]^{\frac{1}{1-\rho}}, 或, 1 = v \left(p_t^{nd} \right)^{1-\rho} + (1-v) \left(p_t^d \right)^{1-\rho}$$

以上讨论了耐用消费品和非耐用消费品的总量需求，为讨论这两个部门的价格确定，类似于前面可以进一步将耐用消费品和非耐用消费品分为最终产品和中间产品，中间产品的种类连续分布于区间 $[0,1]$，最终产品以中间产品作为投入，它们之间的关系为

$$c_t^{nd} = \left[\int_0^1 c_t^{nd}(j)^{(\theta^{nd}-1)/\theta^{nd}} dj \right]^{\theta^{nd}/(\theta^{nd}-1)}, \theta^{nd} > 1$$

$$c_t^d = \left[\int_0^1 c_t^d(j)^{(\theta^d-1)/\theta^d} dj \right]^{\theta^d/(\theta^d-1)}, \theta^d > 1$$

其中，c_t^{nd} 和 c_t^d 分别是最终非耐用消费品和耐用消费品的数量，$c_t^{nd}(j)$ 和 $c_t^d(j)$ 分别是生产最终非耐用消费品和耐用消费品所使用的第 j 类中间非耐用消费品和耐用消费品，θ^{nd} 和 θ^d 分别是中间非耐用消费品和耐用消费品之间的替代弹性，这里为下面讨论方便，将其设定为常数。在最终产品市场处于完全竞争状态下，生产最终产品对中间产品的需求以及最终产品的价格分别为

$$c_t^{nd}(j) = \left[P_t^{nd}(j)/P_t^{nd} \right]^{-\theta^{nd}} c_t^{nd} = \left[p_t^{nd}(j)/p_t^{nd} \right]^{-\theta^{nd}} c_t^{nd}$$

$$c_t^d(j) = \left[P_t^d(j)/P_t^d \right]^{-\theta^d} c_t^d = \left[p_t^d(j)/p_t^d \right]^{-\theta^d} c_t^d$$

$$P_t^{nd} = \left[\int_0^1 P_t^{nd}(j)^{(1-\theta^{nd})} dj \right]^{1/(1-\theta^{nd})}, 或 \quad p_t^{nd} = \left[\int_0^1 p_t^{nd}(j)^{(1-\theta^{nd})} dj \right]^{1/(1-\theta^{nd})}$$

$$P_t^d = \left[\int_0^1 P_t^d(j)^{(1-\theta^d)} dj \right]^{1/(1-\theta^d)}, \quad 或 \quad p_t^d = \left[\int_0^1 p_t^d(j)^{(1-\theta^d)} dj \right]^{1/(1-\theta^d)}$$

其中，$P_t^{nd}(j)$ 和 $P_t^d(j)$ 分别是第 j 类中间非耐用消费品和耐用消费品的价格，P_t^{nd} 和 P_t^d 分别是最终非耐用消费品和耐用消费品的价格，相应的小写字母变量表示相对价格。

生产第 j 类中间非耐用消费品和耐用消费品的厂商采用 Cobb – Douglas 生产函数形式：

$$y_t^{nd}(j) = Z_t^{nd} \left(k_t^{nd}(j) \right)^\alpha \left(l_t^{nd}(j) \right)^{1-\alpha}, 0 \leqslant \alpha \leqslant 1$$

$$y_t^d(j) = Z_t^d \left(k_t^d(j) \right)^\alpha \left(l_t^d(j) \right)^{1-\alpha}, 0 \leqslant \alpha \leqslant 1$$

其中，$y_t^{nd}(j)$ 和 $y_t^d(j)$ 分别是第 j 类中间非耐用消费品和耐用消费品的产出，Z_t^{nd} 和 Z_t^d 分别是非耐用消费品和耐用消费品部门的全要素生产率，$k_t^{nd}(j)$ 和

$k_t^d(j)$ 分别是生产中间非耐用消费品和耐用消费品使用的资本，$l_t^{nd}(j)$ 和 $l_t^d(j)$ 分别是生产中间非耐用消费品和耐用消费品使用的劳动力。

如果价格是完全弹性的，则在垄断竞争条件下，从前面章节的分析可得到下面的关系式：

$$m_t^{nd} = \frac{(r_{k,t})^\alpha w_t^{1-\alpha}}{(a)^\alpha (1-\alpha)^{1-\alpha} Z_t^{nd}}, \qquad m_t^d = \frac{(r_{k,t})^\alpha w_t^{1-\alpha}}{(a)^\alpha (1-\alpha)^{1-\alpha} Z_t^d}$$

$$r_{k,t} = \alpha m_t^{nd}[y_t^{nd}(j)/k_t^{nd}(j)], \qquad r_{k,t} = \alpha m_t^d[y_t^d(j)/k_t^d(j)]$$

$$w_t = (1-\alpha)m_t^{nd}[y_t^{nd}(j)/l_t^{nd}(j)], \quad w_t = (1-\alpha)m_t^d[y_t^d(j)/l_t^d(j)]$$

$$\frac{P_t^{nd}(j)}{P_t^{nd}} = \frac{p_t^{nd}(j)}{p_t^{nd}} = \frac{\theta^{nd}}{\theta^{nd}-1}m_t^{nd}, \quad \frac{P_t^d(j)}{P_t^d} = \frac{p_t^d(j)}{p_t^d} = \frac{\theta^d}{\theta^d-1}m_t^d$$

其中，m_t^{nd} 和 m_t^d 分别是生产中间非耐用消费品和耐用消费品的实际边际成本，$r_{k,t}$ 是资本的实际收益率，w_t 是实际工资，这里假设资本和劳动力在两部门之间是可以完全流动的，从而两部门的资本收益率和工资是相同的。

为下面讨论方便，假设这两个部门的生产率和产品中间的替代弹性也是一样的，即 $Z_t^{nd} = Z_t^d = Z_t$，$\theta^{nd} = \theta^d = \theta$，那么从上面的分析可得到，两部门的实际边际成本也是一样的，$m_t^{nd} = m_t^d = m_t$，完全弹性情况下的相对价格也是一样的，$\frac{P_t^{nd}(j)}{P_t^{nd}} = \frac{P_t^d(j)}{P_t^d} = \frac{\theta}{\theta-1}m_t$。此时两部门中第 j 类厂商对资本和劳动力的需求分别为

$$k_t^{nd}(j) = \alpha(m_t/r_{k,t})y_t^{nd}(j), \qquad k_t^d(j) = \alpha(m_t/r_{k,t})y_t^d(j)$$

$$l_t^{nd}(j) = (1-\alpha)(m_t/w_t)y_t^{nd}(j), \quad l_t^d(j) = (1-\alpha)(m_t/w_t)y_t^d(j)$$

两部门对资本和劳动力的总需求分别为

$$k_t^{nd} = \int_0^1 k_t^{nd}(j)\,dj = \alpha(m_t/r_{k,t})\tilde{y}_t^{nd}, \qquad k_t^d = \int_0^1 k_t^d(j)\,dj = \alpha(m_t/r_{k,t})\tilde{y}_t^d$$

$$l_t^{nd} = \int_0^1 l_t^{nd}(j)\,dj = (1-\alpha)(m_t/w_t)\tilde{y}_t^{nd}, \quad l_t^d = \int_0^1 l_t^d(j)\,dj = (1-\alpha)(m_t/w_t)\tilde{y}_t^d$$

其中，$\tilde{y}_t^{nd} = \int_0^1 y_t^{nd}(j)\,dj = y_t^{nd}s_t^{nd}$，$\tilde{y}_t^d = \int_0^1 y_t^d(j)\,dj = y_t^d s_t^d$，$s_t^{nd} = \int_0^1 [P_t^{nd}(j)/P_t^{nd}]^{-\theta}\,dj$，$s_t^d = \int_0^1 [P_t^d(j)/P_t^d]^{-\theta}\,dj$，$s_t^{nd}$ 和 s_t^d 分别是描述非耐用消费品和耐用消费品部门内价格分散程度的指标，y_t^{nd} 和 y_t^d 分别是非耐用消费品和耐用消费品的总需求，它们与总产出 y_t 之间的关系为

$$y_t^{nd} = v(p_t^{nd})^{-\rho}y_t, \qquad y_t^d = (1-v)(p_t^d)^{-\rho}y_t$$

整个生产部门对资本和劳动力的总需求为

$$k_t = k_t^{nd} + k_t^d = \alpha(m_t/r_{k,t})(\tilde{y}_t^{nd} + \tilde{y}_t^d) = \alpha(m_t/r_{k,t})(s_t^{nd}y_t^{nd} + s_t^d y_t^d)$$

$$l_t = l_t^{nd} + l_t^d = (1-\alpha)(m_t/w_t)(\tilde{y}_t^{nd} + \tilde{y}_t^d) = (1-\alpha)(m_t/w_t)(s_t^{nd}y_t^{nd} + s_t^d y_t^d)$$

这里假设资本和劳动力市场均是完全竞争的，资本的调整没有成本，从而我们着重考虑两部门的价格粘性对经济产生的影响。采用前面价格粘性的 Calvo 定价引入方式，非耐用消费品和耐用消费品部门中每期进行价格调整的厂商所占的比例分别为（$1-q_{nd}$）和（$1-q_d$），没有进行价格调整的厂商采用盯住稳态时部门价格增长率的做法，这样可得到下面的方程：

$$p_t^f = \frac{\theta}{\theta-1}m_t, E_t\left(\frac{P_t^{nd}(j)}{P_t^{nd}}F_{1,t}^{nd} - F_{2,t}^{nd}\right) = 0, E_t\left(\frac{P_t^d(j)}{P_t^d}F_{1,t}^d - F_{2,t}^d\right) = 0$$

$$F_{1,t}^{nd} = \lambda_t y_t^{nd}(p_t^f/p_t^{nd})^{-2} + \beta q_{nd}\left(\frac{1+\overline{\pi}^{nd}}{1+\pi_{t+1}^{nd}}\right)^2 F_{1,t+1}^{nd}$$

$$F_{1,t}^d = \lambda_t y_t^d(p_t^f/p_t^d)^{-2} + \beta q_d\left(\frac{1+\overline{\pi}^d}{1+\pi_{t+1}^d}\right)^2 F_{1,t+1}^d$$

$$F_{2,t}^{nd} = \lambda_t y_t^{nd}(p_t^f/p_t^{nd})^{-1} + \beta q_{nd}\left(\frac{1+\overline{\pi}^{nd}}{1+\pi_{t+1}^{nd}}\right)F_{2,t+1}^{nd}$$

$$F_{2,t}^d = \lambda_t y_t^d(p_t^f/p_t^d)^{-1} + \beta q_d\left(\frac{1+\overline{\pi}^d}{1+\pi_{t+1}^d}\right)F_{2,t+1}^d$$

$$(P_t^{nd})^{1-\theta} = (1-q_{nd})[P_t^{nd}(j)]^{1-\theta} + q_{nd}[P_{t-1}^{nd}(1+\overline{\pi}^{nd})]^{1-\theta}$$

$$(P_t^d)^{1-\theta} = (1-q_d)[P_t^d(j)]^{1-\theta} + q_d[P_{t-1}^d(1+\overline{\pi}^d)]^{1-\theta}$$

其中，p_t^f 是厂商在完全弹性条件下确定的价格（这里对于两部门是一样的），$\pi_t^{nd} = P_t^{nd}/P_{t-1}^{nd} - 1$ 和 $\pi_t^d = P_t^d/P_{t-1}^d - 1$ 分别是非耐用消费品和耐用消费品部门的价格增长率。引入价格粘性后，描述价格分散程度的指标为

$$s_t^{nd} = \int_0^1 [P_t^{nd}(j)/P_t^{nd}]^{-\theta}dj = (1-q_{nd})[P_t^{nd}(j)/P_t^{nd}]^{-\theta} + q_{nd}\left(\frac{1+\overline{\pi}^{nd}}{1+\pi_t^{nd}}\right)^{-\theta}s_{t-1}^{nd}$$

$$s_t^d = \int_0^1 [P_t^d(j)/P_t^d]^{-\theta}dj = (1-q_d)[P_t^d(j)/P_t^d]^{-\theta} + q_d\left(\frac{1+\overline{\pi}^d}{1+\pi_t^d}\right)^{-\theta}s_{t-1}^d$$

最后，商品市场的均衡条件为

$$y_t = p_t^{nd}c_t^{nd} + p_t^d[c_t^d - (1-\delta_d)c_{t-1}^d] + g_t + k_{t+1} - (1-\delta_d)k_t$$

整个模型介绍完毕，在进行模拟求解之前，先讨论模型的稳态。根据上面的假设和分析，模型中非耐用消费品和耐用消费品两个生产部门的生产率和边际生产成本是一样的，劳动力和资本在部门之间是可以流动的，从而稳态时可认为这两个部门之间的相对价格是一样的，即 $\bar{p}^{nd} = \bar{p}^d = 1$，这样代入资源约束方程可得到下面的关系式：

$$\bar{y} = \bar{c}^{nd} + \left[\bar{c}^d - (1 - \delta_d) \bar{c}^d \right] + \bar{g} + \bar{k} - (1 - \delta) \bar{k}$$

化简可得到

$$\bar{y} = \bar{c}^{nd} + \delta_d \bar{c}^d + \bar{g} + \delta \bar{k}$$

换成与产出的比例：

$$\bar{c}^{nd}/\bar{y} + \delta_d \bar{c}^d/\bar{y} = 1 - \delta \bar{k}/\bar{y} - \bar{g}/\bar{y}$$

尽管模型中分为两个部门，但这两个部门的生产技术是一样的，从而两部门以及整个经济中资本与产出的比例是一样的，因此上式右边的各项比例确定方式与前面章节的确定方式相同，这里不再重复。从一阶条件可得到

$$\bar{\lambda} = (\bar{c})^{-\gamma} \left(\frac{\bar{c}^{nd}}{v\bar{c}} \right)^{-1/\rho}, \bar{\lambda} = (\bar{c})^{-\gamma} \left(\frac{\bar{c}^d}{(1-v)\bar{c}} \right)^{-1/\rho} + (1 - \delta_d) \beta \bar{\lambda}$$

进行变换可得到

$$\left(\frac{v\bar{c}^d}{(1-v)\bar{c}^{nd}} \right)^{-1/\rho} = 1 - (1 - \delta_d) \beta, \text{或}, \bar{c}^d = \frac{(1-v)\bar{c}^{nd}}{v \left[1 - (1 - \delta_d) \beta \right]^\rho}$$

代入上面的预算约束等式可得到确定非耐用消费品与产出的比例为

$$\left(1 + \frac{(1-v)\delta_d}{v \left[1 - (1 - \delta_d) \beta \right]^\rho} \right) \bar{c}^{nd}/\bar{y} = 1 - \delta \bar{k}/\bar{y} - \bar{g}/\bar{y}$$

确定该比例后，耐用消费品与产出的比例通过下式也就能够确定：

$$\bar{c}^d/y = \frac{(1-v)\bar{c}^{nd}/y}{v \left[1 - (1 - \delta_d) \beta \right]^\rho}$$

由稳态条件：

$$\bar{c}^{1-1/\rho} = v^{1/\rho} (\bar{c}^{nd})^{1-1/\rho} + (1 - v)^{1/\rho} (\bar{c}^d)^{1-1/\rho}$$

可得到

$$(\bar{c}/y)^{1-1/\rho} = v^{1/\rho} (\bar{c}^{nd}/y)^{1-1/\rho} + (1 - v)^{1/\rho} (\bar{c}^d/y)^{1-1/\rho}$$

得到该比例后，类似前面章节的做法可得到

$$(\bar{y})^{\varphi+\gamma} = (1 - \alpha) \bar{m} (\bar{l}/\bar{y})^{-1} (\bar{c}/\bar{y})^{-\gamma} \left(\frac{\bar{c}^{nd}/y}{v\bar{c}/y} \right)^{-1/\rho} / \left[\omega \bar{X} (\bar{l}/\bar{y})^\varphi \right]$$

得到产出后，类似于前面其他变量也能够确定。整个模型总结于表5.5。

表5.5　　　　　　　　　　　模型 Cha5en（非线性形式）

外生变量：V_t, X_t, Z_t, g_t；

$\ln(V_t/\bar{V}) = \rho_V \ln(V_{t-1}/\bar{V}) + u_{V,t}, 0 \leqslant \rho_V < 1$

$\ln(X_t/\bar{X}) = \rho_X \ln(X_{t-1}/\bar{X}) + u_{X,t}, 0 \leqslant \rho_X < 1$

$\ln(Z_t/\bar{Z}) = \rho_Z \ln(Z_{t-1}/\bar{Z}) + u_{Z,t}, 0 \leqslant \rho_Z < 1$

$$\ln(g_t/\bar{g}) = \rho_g \ln(g_{t-1}/\bar{g}) + u_{g,t}, 0 \leq \rho_g < 1$$

内生变量：c_t, c_t^{nd}, c_t^d, λ_t, r_t, R_t, $r_{k,t}$, w_t, l_t, l_t^{nd}, l_t^d, m_t, y_t^{nd}, y_t^d, y_t, k_t, k_t^{nd}, k_t^d, p_t^f, p_t^{nd} (j), $F_{1,t}^{nd}$, $F_{2,t}^{nd}$, p_t^{nd}, P_t^{nd}, π_t^{nd}, p_t^d (j), $F_{1,t}^d$, $F_{2,t}^d$, p_t^d, P_t^d, π_t^d, P_t, π_t, s_t^{nd}, s_t^d, b_t, τ_t；

$$\lambda_t p_t^{nd} = V_t (c_t)^{-\gamma} \left(\frac{c_t^{nd}}{vc_t} \right)^{-1/\rho}$$

$$\lambda_t p_t^d = V_t (c_t)^{-\gamma} \left(\frac{c_t^d}{(1-v)c_t} \right)^{-1/\rho} + (1-\delta_d)\beta \lambda_{t+1} p_{t+1}^d$$

$$c_t = [v^{1/\rho} (c_t^{nd})^{1-1/\rho} + (1-v)^{1/\rho} (c_t^d)^{1-1/\rho}]^{\frac{\rho}{\rho-1}}$$

$$\lambda_t = E_t [\beta(1+r_{t+1})\lambda_{t+1}]$$

$$1 + R_t = (1+r_t)(1+\pi_t)$$

$$R_{t+1} = \rho_R R_t + (1-\rho_R)[\bar{R} + \kappa_y \ln(y_t/\bar{y}) + \kappa_\pi (\pi_t - \bar{\pi})] + u_{R,t},$$

$$0 \leq \rho_R \leq 1, \kappa_y > 0, \kappa_\pi > 1$$

$$r_{k,t} = r_t + \delta$$

$$w_t \lambda_t = \omega V_t X_t l_t^\varphi$$

$$l_t = l_t^{nd} + l_t^d$$

$$l_t^{nd} = (1-\alpha)(m_t/w_t) s_t^{nd} y_t^{nd}$$

$$l_t^d = (1-\alpha)(m_t/w_t) s_t^d y_t^d$$

$$m_t = \frac{(r_{k,t})^\alpha w_t^{1-\alpha}}{(a)^\alpha (1-\alpha)^{1-\alpha} Z_t}$$

$$y_t^{nd} = v (p_t^{nd})^{-\rho} y_t$$

$$y_t^d = (1-v)(p_t^d)^{-\rho} y_t$$

$$y_t = p_t^{nd} c_t^{nd} + p_t^d [c_t^d - (1-\delta_d) c_{t-1}^d] + g_t + k_{t+1} - (1-\delta)k_t$$

$$k_t = k_t^{nd} + k_t^d$$

$$k_t^{nd} = \alpha(m_t/r_{k,t}) s_t^{nd} y_t^{nd}$$

$$k_t^d = \alpha(m_t/r_{k,t}) s_t^d y_t^d$$

$$p_t^f = \frac{\theta_t}{\theta_t - 1} m_t$$

$$E_t \left(\frac{p_t^{nd}(j)}{p_t^{nd}} F_{1,t}^{nd} - F_{2,t}^{nd} \right) = 0$$

$$F_{1,t}^{nd} = \lambda_t y_t^{nd} (p_t^f/p_t^{nd})^{-2} + \beta q_{nd} \left(\frac{1+\bar{\pi}^{nd}}{1+\pi_{t+1}^{nd}} \right)^2 F_{1,t+1}^{nd}$$

$$F_{2,t}^{nd} = \lambda_t y_t^{nd} (p_t^f/p_t^{nd})^{-1} + \beta q_{nd} \left(\frac{1+\bar{\pi}^{nd}}{1+\pi_{t+1}^{nd}} \right) F_{2,t+1}^{nd}$$

$$p_t^{nd} = P_t^{nd}/P_t$$

$$(P_t^{nd})^{1-\theta} = (1 - q_{nd}) [p_t^{nd}(j) P_t]^{1-\theta} + q_{nd} [P_{t-1}^{nd} (1 + \overline{\pi}^{nd})]^{1-\theta}$$

$$\pi_t^{nd} = P_t^{nd} / P_{t-1}^{nd} - 1$$

$$E_t \left(\frac{p_t^d(j)}{p_t^d} F_{1,t}^d - F_{2,t}^d \right) = 0$$

$$F_{1,t}^d = \lambda_t y_t^d (p_t^f / p_t^d)^{-2} + \beta q_d \left(\frac{1 + \overline{\pi}^d}{1 + \pi_{t+1}^d} \right)^2 F_{1,t+1}^d$$

$$F_{2,t}^d = \lambda_t y_t^d (p_t^f / p_t^d)^{-1} + \beta q_d \left(\frac{1 + \overline{\pi}^d}{1 + \pi_{t+1}^d} \right) F_{2,t+1}^d$$

$$p_t^d = P_t^d / P_t$$

$$(P_t^d)^{1-\theta} = (1 - q_d) [p_t^d(j) P_t]^{1-\theta} + q_d [P_{t-1}^d (1 + \overline{\pi}^d)]^{1-\theta}$$

$$\pi_t^d = P_t^d / P_{t-1}^d - 1$$

$$P_t = [v (P_t^{nd})^{1-\rho} + (1 - v) (P_t^d)^{1-\rho}]^{\frac{1}{1-\rho}}$$

$$1 + \pi_t = P_t / P_{t-1}$$

$$s_t^{nd} = (1 - q_{nd}) [p_t^{nd}(j) / p_t^{nd}]^{-\theta} + q_{nd} \left(\frac{1 + \overline{\pi}^{nd}}{1 + \pi_t^{nd}} \right)^{-\theta} s_{t-1}^{nd}$$

$$s_t^d = (1 - q_d) [p_t^d(j) / p_t^d]^{-\theta} + q_d \left(\frac{1 + \overline{\pi}^d}{1 + \pi_t^d} \right)^{-\theta} s_{t-1}^d$$

$$b_{t+1} = (1 + r_t) b_t + g_t - \tau_t$$

$$\tau_t = \overline{\tau} + \phi(b_t - \overline{b})$$

随机冲击：$u_{V,t}$, $u_{X,t}$, $u_{Z,t}$, $u_{g,t}$, $u_{R,t}$；

$$u_{V,t} \sim N(0, \sigma_V^2) , u_{X,t} \sim N(0, \sigma_X^2) , u_{Z,t} \sim N(0, \sigma_Z^2) ,$$

$$u_{g,t} \sim N(0, \sigma_g^2) , u_{R,t} \sim N(0, \sigma_R^2)$$

稳态条件：

$$\theta = 6 , \overline{s}^{nd} = 1 , \overline{s}^d = 1 , \overline{r} = 1/\beta - 1 , \overline{\pi} = 0 , \overline{\pi}^{nd} = \overline{\pi} , \overline{\pi}^d = \overline{\pi} ,$$

$$\overline{R} = (1 + \overline{r})(1 + \overline{\pi}) - 1 , \overline{r}_k = \overline{r} + \delta , \overline{m} = (\theta - 1)/\theta ,$$

$$\overline{m} = (\overline{r}_k)^\alpha \overline{w}^{1-\alpha} / [\overline{Z} \alpha^\alpha (1 - \alpha)^{1-\alpha}] ,$$

$$\overline{p}^f = 1 , \overline{p}^{nd}(j) = 1 , \overline{p}^d(j) = 1 , \overline{p}^{nd} = 1 , \overline{p}^d = 1 ,$$

$$\overline{k}/\overline{y} = \overline{k}^{nd}/\overline{y}^{nd} = \overline{k}^d/\overline{y}^d = \alpha \overline{m}/\overline{r}_k ,$$

$$\overline{l}/\overline{y} = \overline{l}^{nd}/\overline{y}^{nd} = \overline{l}^d/\overline{y}^d = (1 - \alpha) \overline{m}/\overline{w} ,$$

$$\overline{y}^{nd}/\overline{y} = v , \overline{y}^d/\overline{y} = 1 - v ,$$

$$\left(1 + \frac{(1 - v) \delta_d}{v [1 - (1 - \delta_d)\beta]^\rho} \right) \overline{c}^{nd}/\overline{y} = 1 - \delta \overline{k}/\overline{y} - \overline{g}/\overline{y} ,$$

$$\overline{c}^d/\overline{y} = \frac{(1 - v) \overline{c}^{nd}/\overline{y}}{v [1 - (1 - \delta_d)\beta]^\rho} ,$$

$$(\bar{c}/\bar{y})^{1-1/\rho} = v^{1/\rho} (\bar{c}^{nd}/\bar{y})^{1-1/\rho} + (1-v)^{1/\rho} (\bar{c}^d/\bar{y})^{1-1/\rho},$$

$$(\bar{y})^{\varphi+\gamma} = (1-\alpha) \bar{m} (\bar{l}/\bar{y})^{-1} (\bar{c}/\bar{y})^{-\gamma} \left(\frac{\bar{c}^{nd}/\bar{y}}{v\bar{c}/\bar{y}} \right)^{-1/\rho} / [\omega \bar{X} (\bar{l}/\bar{y})^{\varphi}]$$

$$\bar{\lambda} = \bar{V} (\bar{c})^{-\gamma} \left(\frac{\bar{c}^{nd}}{v\bar{c}} \right)^{-1/\rho}$$

$$\bar{F}_1^{nd} = \bar{\lambda} \bar{y}^{nd} / (1 - \beta q_{nd}), \quad \bar{F}_2^{nd} = \bar{F}_1^{nd}, \quad \bar{F}_1^d = \bar{\lambda} \bar{y}^d / (1 - \beta q_d), \quad \bar{F}_2^d = \bar{F}_1^d$$

在进行模拟时，模型中的参数和有关变量的稳态值大部分采用上一章表4.2中的数值，货币政策规则也采用上一章中的数值，其他参数和有关变量的稳态值按照表5.5中的稳态条件来设定。特别地，参数 v 设定为 $v = 0.9$，这表明非耐用消费品部门占整个经济的比例为90%，耐用消费品部门占整个经济的比例为10%，描述价格分散程度指标的稳态值设定为1，非耐用消费品和耐用消费品部门调整价格的频率校准值均设定为5个季度，即 $q_{nd} = 0.75$，$q_d = 0.75$，稳态时的通胀率设定为零。

下面以政府支出冲击为例进行分析，假设模型在稳态时受到政府支出冲击的影响，该冲击使政府支出相对于其稳态值上升一个百分点。为比较起见，选择三种情形进行模拟，第一种情形是上面的基准情形，此时两个部门的价格粘性是一样的，价格调整的平均频率为5个季度；第二种情形是，耐用消费品部门的价格是弹性的，非耐用消费品部门的价格是粘性的，即 $q_{nd} = 0.75$，$q_d = 0$；第三种情形是，非耐用消费品部门的价格是弹性的，耐用消费品部门的价格是粘性的，即 $q_{nd} = 0$，$q_d = 0.75$。三种情形的模拟结果见图5.5。

从图5.5中可以看出，与第三章的模拟结果类似，政府支出的增加会对消费产生挤出效应，特别是在没有投资调整成本的情况下，这种效应体现得非常明显，但在价格粘性的模型中，挤出效应会减弱。分部门来看，在耐用消费品价格是弹性而非耐用消费品价格是粘性的情况下，政府支出的扩张对非耐用消费品消费的挤出效应很大，而对耐用消费品消费的挤出效应较小，耐用消费品和非耐用消费品部门对冲击反应的非共同运动特征使得政府支出冲击对总消费和总产出的影响减弱。这一点也可以从两部门的相对价格变化得到验证，从图5.6中可以看出，耐用消费品部门的价格对冲击的反应较灵敏。前面分析已经得到，耐用消费品的跨期替代弹性远远大于非耐用消费品的跨期替代弹性，因此，耐用消费品部门与非耐用消费品部门的数量变化特征并非完全一致，两部门的非共同运动特征使得总消费和产出表现出上面的特征。另外，从三种情况的变化规律来看，第一种和第三种情形的变化趋势是类似的，只是变化幅度有

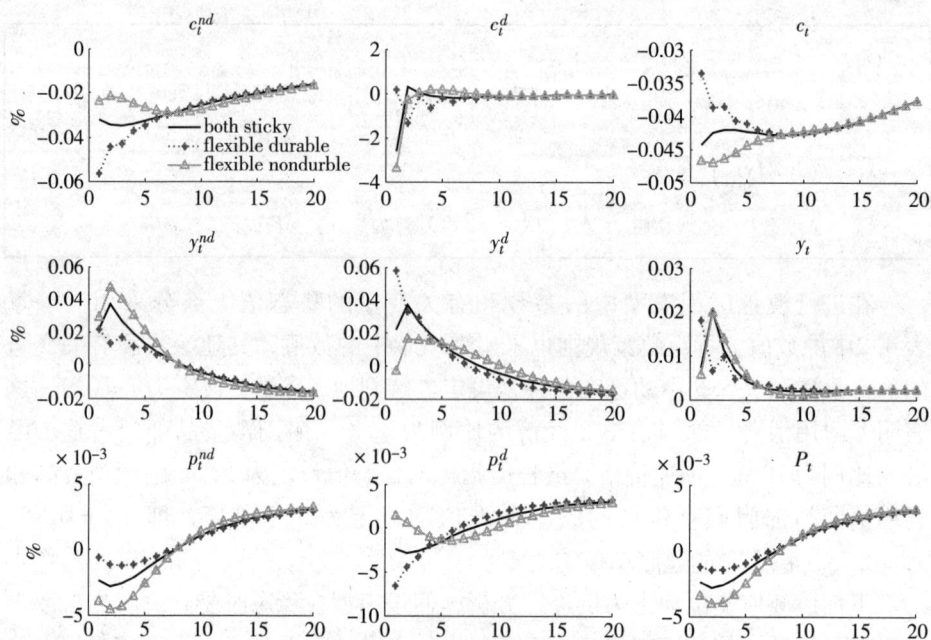

图 5.5　关于扩大政府支出的冲击响应曲线

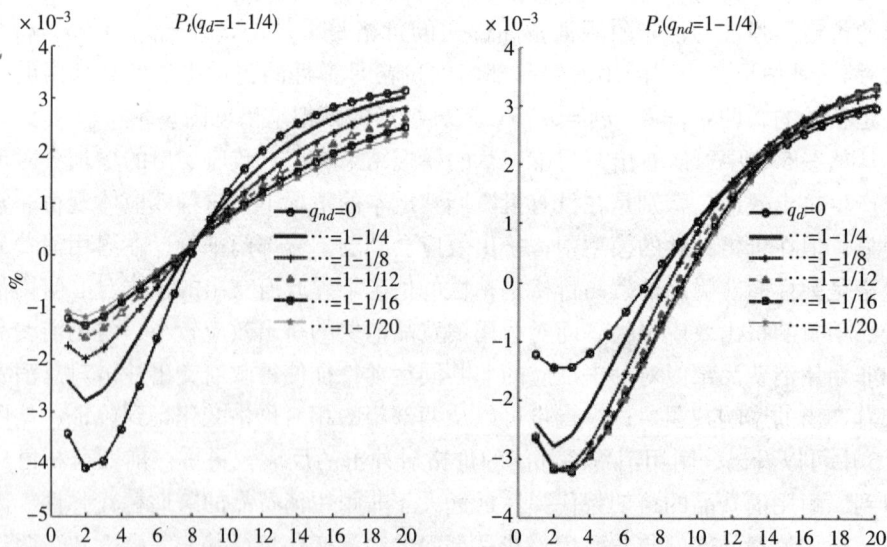

图 5.6　不同部门的价格粘性对总价格水平的影响

差异，这两种情形与第二种情形的变化特征是不同的，这说明耐用消费品部门价格是否呈现出粘性是影响变化规律的关键因素，而非耐用消费品部门价格是否呈现出粘性不会改变结果的方向，仅仅改变结果的大小。为了进一步验证这一点，图 5.6 以总价格为例，针对两部门的价格粘性对总价格水平的影响进行了模拟。

图 5.6 中的左半部分保持耐用消费品的价格调整频率为 4 个季度，而非耐用消费品的价格调整频率从 1 个季度变化到 20 个季度，图 5.6 中的右半部分保持非耐用消费品的价格调整频率为 4 个季度，而耐用消费品的价格调整频率从 1 个季度变化到 20 个季度。从模拟结果可以看出，耐用消费品部门的价格是否呈现出粘性对总价格水平的变化起到关键作用，而非耐用消费品部门的价格是否呈现出粘性对结果影响不大。这说明，如果中央银行要实现物价稳定的目标，那么其应更加关注耐用消费品部门的价格变化，这一点正是 Barsky – House – Kimball（2003，2007）、Carlstrom – Fuerst（2006）和 Erceg – Levin（2006）等的一个结论。

第六章　利用 DSGE 模型研究经济波动中相关问题

本章将继续基于 DSGE 模型框架针对经济波动的相关问题进行研究，这些问题是实际中经常出现和较为关注的，对这些问题进行探讨无疑会丰富 DSGE 模型的应用。

第一节　存货变化与经济波动

一、一般均衡框架下研究的基本情况

除了消费、投资、政府支出、进出口外，GDP 的构成中还包含存货。虽然存货投资在 GDP 中所占的比例很低，但存货投资的波动对经济波动的影响起到关键性作用。在部分均衡框架下存货行为及其波动与经济波动的关系研究成果非常丰富，其中，Blinder（1990）、Blinder - Maccini（1991）和 Ramey - West（1999）等对部分均衡框架下存货变化与经济波动的实证研究综述表明，存货投资的波动是经济波动的一个关键决定因素，其对产出波动的解释成分超过 50%，存货投资的变化具有很强的顺周期性。当然这些结果是在部分均衡框架下得到的，仍存在着争议，一个问题是，在一般均衡框架下是否还能得到这些结果呢？在一般均衡框架下对存货的引入及其变化对经济波动的影响等研究在近年来逐步开展起来。目前在一般均衡框架下引入存货的方式主要有下面几种。

第一种方式是将存货作为一种生产要素引入到生产中，对生产起到平滑作用，采用这种方式的代表有 Kydland - Prescott（1982）、Christiano（1988）、Christiano - Fitzgerald（1989）和 Iacoviello - Schiantarelli - Schuh（2011）等。存货投资与资本投资不同，资本投资具有收益，而存货投资没有收益，若没有收益，那么为什么厂商要进行存货投资而不进行资本投资呢？存货投资虽没有收益，但可以避免资本投资导致的生产和销售环节的滞后性，从这点来看存货

投资可以降低生产和销售成本，起到一种类似于流动性的作用，这种由降低成本带来的隐性收益就是将其视作一种生产要素所带来的要素收入。Christiano（1988）和 Christiano - Fitzgerald（1989）的实证研究表明，除非增加更复杂的信息或者对经济主体决策增加更多限制条件，在总量模型中加入存货对产出波动的解释力度与不加入存货并没有太大的差别，也并不能得到部分均衡模型中存货变动对产出波动起着重要决定作用的结论。

第二种方式是将存货视作一种耐用消费品直接引入效用函数中，采用该方法的有 McConnell - Perez - Quiros（2000）、Kahn - McConnell - Perez - Quiros（2002）和 Iacoviello - Schiantarelli - Schuh（2011）等。存货既然可以视作耐用消费品，那么就可以像上一章引入耐用消费品的方式那样将其引入到居民的效用函数中。这种引入方法与将货币直接置于效用函数中的方法类似，是一种间接方法，因为存货可以起到降低购买成本或者避免断货（Stockout Avoidance）等方面的作用，这种便利性带来的间接收益会对基于效用最大化的居民行为决策产生影响。并且，他们的研究表明，美国 20 世纪 80 年代以来产出波动减弱与存货变化比较平稳有较密切的关系，这一点与部分均衡框架下的结论一致。

第三种方式是从商品经营中避免断货或者有利于销售的角度将存货投资引入模型中，这种方式最为直接。面对需求的不确定性，由于厂商通过调整资本或劳动力等生产要素进行扩大再生产存在滞后，厂商通常会保持适当的存货水平，这样可以避免出现生产到销售中的断货现象。这种引入存货的方式实际上将产品的生产和销售建立起动态联系，进而对产品需求与供给缺口建立起缓冲和调整机制。Kahn（1987）和 Bils - Kahn（2000）等在部分均衡框架下研究了存货决策，并且 Bils - Kahn（2000）还讨论了存货变化对产品定价加成率的影响。Fisher - Hornstein（2000）是最早在一般均衡框架下采用投资调整中的（S, s）机制研究存货行为的学者。（S, s）调整机制意味着调整过程并不是连续地进行，Fisher - Hornstein（2000）最早将这种研究投资调整过程的机制用于存货调整的行为研究中，随后采用这一机制进行存货研究的有 Wen（2005, 2011）、Khan - Thomas（2007a, b）、Kryvtsov - Midrigan（2008）和 Wang - Wen（2009）等。其中，Khan - Thomas（2007a, b）的研究指出，在一般均衡框架下，存货决策与其他行为决策是相互联系的，部分均衡模型中存货变动对经济波动起着举足轻重的作用这一点未必成立，Wang - Wen（2009）关于存货波动如何对经济波动具有加速影响效果进行了进一步详细讨论。Humphreys - Maccini - Schuh（2001）指出，在多阶段生产环节中，存货投资会对生产成本、每阶段生产投入和产出联系以及每个部门产生的溢出效应产生重要影响，因此，需要针对不同阶段和用途的存货投资对经济波动产生的影响进行研究。基于此，Iacoviello – Schiantarelli – Schuh（2011）和 Wen（2011）对不同用途的存货投资进行了进一步研究，其着重针对生产投入的存货投资和最终产品的存货投资对经济波动的影响进行了深入讨论，而且，Iacoviello – Schiantarelli – Schuh（2011）利用美国的实际数据采用 Bayes 方法进行估计后得出，存货投资本身的波动幅度并不是经济波动的主要决定因素，但存货变动对经济波动的传播具有重要的作用。

在以上这些模型中，价格是完全弹性的，可是，采用（S，s）调整机制或者存货的实际调整成本建立的存货行为体现出一种实际刚性，这种实际刚性会对产出以及价格产生比名义粘性更为显著的影响，这正是 Ball – Romer（1990）所预想的结论。除了在弹性价格框架下研究存货行为外，一些学者在粘性价格框架下分析了存货投资行为以及存货变化对产出、价格波动和政策的影响。Boileau – Letendre（2003，2009）采用 Rotemberg 定价方式研究了不同的存货投资行为对产出和物价波动持续性的影响并得出，加入存货后模型对产出波动的持续性能够很好地进行解释，但对通胀率波动的持续性解释并无太大改进。Lubik – Massimiliano（2007）和 Lubik – Teo（2009，2012）也采用 Rotemberg（1982）定价方式就加入存货后对产出和物价的稳定以及简单货币政策规则和最优货币政策的选择进行了研究，其基于美国实际数据采用广义矩方法（Generalized Method of Moments，GMM）对引入存货得到的新凯恩斯 Phillips 曲线进行了实证分析并得出，边际生产成本与持有存货的最佳比例有着密切的联系，扩展后的新凯恩斯 Phillips 曲线与实际数据拟合得更好，尽管在解释通胀率的动态特征方面与没有加入存货的新凯恩斯 Phillips 曲线没有太大差异，但对就业波动的解释却有不同含义，这一点对货币政策的设计和最优选择有很大的启示意义。除了采用 Rotemberg 定价方式外，Jung – Yun（2006）采用 Calvo 定价策略对包含存货的新凯恩斯模型进行研究并得出，加入存货后，标准的新凯恩斯 Phillips 曲线不仅依赖于当期的边际生产成本，同时也依赖于未来的边际生产成本，而厂商持有存货的行为与边际生产成本存在着相互影响，这样扩展后的新凯恩斯 Phillips 曲线包含更加丰富的内容，模型对货币政策冲击的反应与观察到的现实情况更贴近。Chang – Hornstein – Sarte（2009）是采用 Taylor 定价方式研究包含存货的粘性模型的典型代表。在没有存货的粘性模型中，正向的生产率冲击通常会导致就业下降，而考虑存货后，厂商面对需求增加可以增加存货，从而在持有存货的成本不造成边际生产成本剧烈变化的情况下增加劳动力的投入。Chang – Hornstein – Sarte（2009）还基于美国的总量数据和 458 个制造业的行业数据对以上结论进行了验证，基本上肯定上面的结论。

本节将采用 Calvo 定价策略来研究粘性价格条件下存货变化与经济波动的关系。类似于上一章处理价格粘性的方法，我们先讨论在价格完全弹性的情况下，加入存货后对厂商定价的影响，然后再采用 Calvo 定价策略讨论价格粘性产生的效果。模型中包含居民、厂商、政府和中央银行四类主体，居民、政府和中央银行的行为决策与上一章中仅包含价格粘性的模型相同，这里不再重复，下面着重讨论厂商的行为决策。

二、弹性价格情况

产品分为最终产品和中间产品，相应地，厂商分为生产最终产品和生产中间产品两类厂商，中间产品的种类连续分布于区间 [0，1]。最终产品以中间产品作为投入，针对下面存货行为，这里以销售量来表示它们之间的关系：

$$S_t = \Big[\int_0^1 \Big(\frac{A_{t+1}(j)}{A_{t+1}} \Big)^{(\mu_t/\theta_t)} S_t(j)^{(\theta_t-1)/\theta_t} \mathrm{d}j \Big]^{\theta_t/(\theta_t-1)}, \theta_t > 1, 0 \le \mu_t \le 1$$

其中，S_t 是最终产品的销售量，$S_t(j)$ 是第 j 类中间产品的销售量，A_t 和 $A_t(j)$ 分别是最终产品和第 j 类中间产品的存货（期初存量），θ_t 是中间产品之间的相互替代弹性，μ_t 是销售量关于存货的需求弹性。在最终产品市场处于完全竞争状态下，中间产品需求以及最终产品的价格分别为

$$S_t(j) = [A_{t+1}(j)/A_{t+1}]^{\mu_t} [P_t(j)/P_t]^{-\theta_t} S_t$$

$$P_t = \Big[\int_0^1 \Big(\frac{A_{t+1}(j)}{A_{t+1}} \Big)^{\mu_t} P_t(j)^{(1-\theta_t)} \mathrm{d}j \Big]^{1/(1-\theta_t)}$$

其中，$P_t(j)$ 是第 j 种产品的价格，P_t 是最终产品的价格。

考虑存货后，存货、销售量和生产量之间的关系为

$$A_{t+1}(j) = (1 - \delta_A)[A_t(j) - S_{t-1}(j)] + y_t(j)$$

其中，$A_t(j)$ 是第 j 类中间产品的存货（期初存量），$S_t(j)$ 是第 j 类中间产品的销售量，$y_t(j)$ 是第 j 类中间产品的生产量，δ_A 是存货的折旧率或者存货的管理成本。

生产中间产品的厂商与前面章节相同，假设生产第 j 类中间产品的厂商采用 Cobb – Douglas 生产函数形式：

$$y_t(j) = Z_t(k_t(j))^\alpha (l_t(j))^{1-\alpha}, 0 \le \alpha \le 1$$

其中，$y_t(j)$ 是中间产品的产出，Z_t 是全要素生产率，$k_t(j)$ 和 $l_t(j)$ 分别是生产中间产品使用的资本和劳动力。为讨论方便，假设资本和劳动力市场处于完

竞争状态。

在垄断竞争状态下，对存货的考虑使得生产中间产品的厂商将会在需求约束下求解下面的优化问题：

$$\max_{\{k_{t+i}(j), l_{t+i}(j), A_{t+i+1}(j), P_{t+i}(j)\}} E_t \sum_{i=0}^{\infty} \beta^i (\lambda_{t+i}/\lambda_t) \begin{bmatrix} P_{t+i}(j) S_{t+i}(j)/P_{t+i} \\ -r_{k,t+i}k_{t+i}(j) - w_{t+i}l_{t+i}(j) \end{bmatrix}$$

s. t. $\quad A_{t+1+i}(j) = (1 - \delta_A)[A_{t+i}(j) - S_{t-1+i}(j)] + y_{t+i}(j)$

其中，w_t 是实际工资，$r_{k,t}$ 是资本的实际收益率，λ_t 是边际消费倾向。令约束条件对应的 Lagrange 乘子为 $m_t(j)$，上面优化问题的一阶条件为：

$$r_{k,t} = \alpha m_t(j)[y_t(j)/k_t(j)]$$

$$w_t = (1 - \alpha)m_t(j)[y_t(j)/l_t(j)]$$

$$m_t(j) = \mu_t[S_t(j)/A_{t+1}(j)][P_t(j)/P_t]$$
$$+ (1 - \delta_A)(1 - \mu_t[S_t(j)/A_{t+1}(j)])E_t[\beta(\lambda_{t+1}/\lambda_t)m_{t+1}(j)]$$

$$P_t(j)/P_t = [\theta_t/(\theta_t - 1)](1 - \delta_A)E_t[\beta(\lambda_{t+1}/\lambda_t)m_{t+1}(j)]$$

由于厂商是同质的，且资本和劳动力市场处于完全竞争状态，因此从前两个一阶条件解出 $l_t(j)$ 和 $k_t(j)$ 后代入生产函数可知，$m_t(j)$ 就是边际生产成本，且其对任何厂商都是一样的，即 $m_t(j) = m_t = \dfrac{(r_{k,t})^{\alpha}w_t^{1-\alpha}}{(a)^{\alpha}(1 - \alpha)^{1-\alpha}Z_t}$，$\forall j$，这一点与前面章节的结论相同。再通过这两个条件可得到 $l_t(j) = l_t, k_t(j) = k_t, y_t(j) = y_t$，$\forall j$，据此，从最后一个一阶条件可知，弹性价格条件下，对于任何厂商，最优定价为 $P_t(j) = P_t^f$，$\forall j$，

$$P_t^f/P_t = [\theta_t/(\theta_t - 1)](1 - \delta_A)E_t[\beta(\lambda_{t+1}/\lambda_t)m_{t+1}]$$

再代入第三个一阶条件可知，最优销售量 – 存货量比例对任何厂商均是相同的，$S_t(j)/A_{t+1}(j) = S_t/A_{t+1}$，$\forall j$，这样第三个一阶条件可写成：

$$m_t = \mu_t[S_t/A_{t+1}] + (1 - \delta_A)(1 - \mu_t[S_t/A_{t+1}])E_t[\beta(\lambda_{t+1}/\lambda_t)m_{t+1}]$$

前面章节已得到，在没有存货的模型中，弹性价格条件下厂商的最优定价为

$$P_t^f/P_t = [\theta_t/(\theta_t - 1)]m_t$$

即当期价格为当期边际生产成本与毛加成率的乘积，而在含有存货的模型中，当期价格为未来一期除去存货持有成本后的边际生产成本的贴现值与毛加成率的乘积。这反映了考虑存货后，厂商在当期扩大生产增加的边际成本与保持存

货而在下一期使用从而节约的边际成本有权衡关系，这种权衡关系决定于厂商的销售量与持有存货的比例。因此，含有存货的模型实际上将产品的生产和销售建立起动态联系，进而对产品需求与供给的缺口建立起缓冲和调整机制。

为清楚起见，将弹性价格条件下得到的一阶条件总结为下列各式：

$$r_{k,t} = \alpha m_t y_t / k_t$$

$$w_t = (1 - \alpha) m_t y_t / l_t$$

$$m_t = \frac{(r_{k,t})^\alpha w_t^{1-\alpha}}{(a)^\alpha (1 - \alpha)^{1-\alpha} Z_t}$$

$$m_t = \mu_t [S_t / A_{t+1}] + (1 - \delta_A)(1 - \mu_t [S_t / A_{t+1}]) E_t [\beta(\lambda_{t+1}/\lambda_t) m_{t+1}]$$

$$P_t^f / P_t = [\theta_t / (\theta_t - 1)](1 - \delta_A) E_t [\beta(\lambda_{t+1}/\lambda_t) m_{t+1}]$$

三、粘性价格情况

按照前一章价格粘性的引入方式，每期进行价格调整的厂商所占的比例为 $(1 - q)$，没有进行价格调整的厂商采用盯住稳态时通胀率的做法。这样在上面已经得到的方程基础上，增加下面的方程：

$$E_t \left(\frac{P_t(j)}{P_t} F_{1,t} - F_{2,t} \right) = 0$$

$$F_{1,t} = \lambda_t S_t (P_t^f / P_t)^{-2} + \beta q \left(\frac{1 + \overline{\pi}}{1 + \pi_{t+1}} \right)^2 F_{1,t+1}$$

$$F_{2,t} = \lambda_t S_t (P_t^f / P_t)^{-1} + \beta q \left(\frac{1 + \overline{\pi}}{1 + \pi_{t+1}} \right) F_{2,t+1}$$

$$P_t^{1-\theta_t} = (1 - q) [P_t(j)]^{1-\theta_t} + q [P_{t-1}(1 + \overline{\pi})]^{1-\theta_t}$$

其中，π_t 是通胀率。

引入价格粘性后，描述价格分散程度的指标为

$$s_t = \int_0^1 [P_t(j)/P_t]^{-\theta_t} dj = (1 - q)[P_t(j)/P_t]^{-\theta_t} + q \left(\frac{1 + \overline{\pi}}{1 + \pi_t} \right)^{-\theta_t} s_{t-1}$$

考虑存货后的商品市场均衡条件调整为

$$y_t = \tilde{y}_t s_t,$$

$$\tilde{y}_t = c_t + i_t + g_t + (A_{t+1} - S_t) - (1 - \delta_A)(A_t - S_{t-1})$$

四、包含和不包含存货模型的模拟分析

为完整起见，包含存货的整个模型详细列入表 6.1 中。在求解模型之前，先来看模型的稳态。从上面分析可以看出，稳态时的边际生产成本为

$$\bar{m} = \frac{(\bar{\theta} - 1)}{\theta\beta(1 - \delta_A)}$$

这要求满足以下条件：

$$\frac{(\bar{\theta} - 1)}{\theta\beta(1 - \delta_A)} \leq 1, \text{或} \delta_A \leq 1 - \frac{(\bar{\theta} - 1)}{\theta\beta}$$

这说明，垄断竞争越激烈（θ_t 越小），对存货的管理成本 δ_A 限制越小（其上界越大）。在完全竞争的情况下（θ_t 趋于无穷时），δ_A 趋于（$1 - 1/\beta$）。

考虑存货后，边际生产成本与销售量－存货量的比例间存在着密切关系，稳态时为

$$\bar{m} = \bar{\mu}[\bar{S}/\bar{A}] + (1 - \delta_A)(1 - \bar{\mu}[\bar{S}/\bar{A}])\beta\bar{m}$$

进行变换可得到

$$\bar{S}/\bar{A} = \frac{[1 - (1 - \delta_A)\beta]\bar{m}}{[1 - (1 - \delta_A)\beta\bar{m}]\bar{\mu}} = \frac{[1 - (1 - \delta_A)\beta](\bar{\theta} - 1)}{(1 - \delta_A)\beta\bar{\mu}}$$

另外，稳态时存货与销售量和产出的关系为

$$\bar{A} = (1 - \delta_A)[\bar{A} - \bar{S}] + \bar{y}$$

即

$$\delta_A = -(1 - \delta_A)\bar{S}/\bar{A} + \bar{y}/\bar{A}$$

这样可得到存货与产出的比例

$$\bar{A}/\bar{y} = \frac{1}{\delta_A + (1 - \delta_A)\bar{S}/\bar{A}}$$

从资源约束方程可得到

$$\bar{y} = \bar{c} + \bar{i} + \bar{g} + \delta_A(\bar{A} - \bar{S})$$

这样可得到消费与产出的比例为

$$\bar{c}/\bar{y} = 1 - \delta\bar{k}/\bar{y} - \bar{g}/\bar{y} - \delta_A(1 - \bar{S}/\bar{A})\bar{A}/\bar{y}$$

得到该比例后，稳态的确定就和前面章节的确定方式一样，这里不再重复。

表 6.1　　　　　　　　　　　　模型 **Cha6an**（非线性形式）

外生变量：V_t, X_t, Z_t, g_t, θ_t, μ_t;
$\ln(V_t/\bar{V}) = \rho_V\ln(V_{t-1}/\bar{V}) + u_{V,t}, 0 \leq \rho_V < 1$
$\ln(X_t/\bar{X}) = \rho_X\ln(X_{t-1}/\bar{X}) + u_{X,t}, 0 \leq \rho_X < 1$
$\ln(Z_t/\bar{Z}) = \rho_Z\ln(Z_{t-1}/\bar{Z}) + u_{Z,t}, 0 \leq \rho_Z < 1$
$\ln(g_t/\bar{g}) = \rho_g\ln(g_{t-1}/\bar{g}) + u_{g,t}, 0 \leq \rho_g < 1$
$\ln(\theta_t/\bar{\theta}) = \rho_\theta\ln(\theta_{t-1}/\bar{\theta}) + u_{\theta,t}, 0 \leq \rho_\theta < 1$

$$\ln(\mu_t/\overline{\mu}) = \rho_\mu \ln(\mu_{t-1}/\overline{\mu}) + u_{\mu,t}, 0 \leq \rho_\mu < 1$$

内生变量：c_t，λ_t，r_t，R_t，$r_{k,t}$，w_t，l_t，y_t，m_t，k_t，i_t，S_t，A_t，P_t^f，P_t，$P_t(j)$，$F_{1,t}$，$F_{2,t}$，π_t，s_t，b_t，τ_t；

$$\lambda_t = V_t (c_t)^{-\gamma}$$

$$\lambda_t = E_t[\beta(1 + r_{t+1})\lambda_{t+1}]$$

$$1 + R_t = (1 + r_t)(1 + \pi_t)$$

$$R_{t+1} = \rho_R R_t + (1 - \rho_R)[\overline{R} + \kappa_y \ln(y_t/\overline{y}) + \kappa_\pi (\pi_t - \overline{\pi})] + u_{R,t},$$

$$0 \leq \rho_R \leq 1, \kappa_y > 0, \kappa_\pi > 1$$

$$r_{k,t} = r_t + \delta$$

$$w_t \lambda_t = \omega V_t X_t l_t^\varphi$$

$$l_t = (1 - \alpha)(m_t/w_t)y_t$$

$$r_{k,t} = \alpha m_t y_t / k_t$$

$$m_t = \frac{(r_{k,t})^\alpha w_t^{1-\alpha}}{(a)^\alpha (1 - \alpha)^{1-\alpha} Z_t}$$

$$k_{t+1} = (1 - \delta)k_t + i_t$$

$$y_t = s_t[c_t + i_t + g_t + (A_{t+1} - S_t) - (1 - \delta_A)(A_t - S_{t-1})]$$

$$m_t = \mu_t[S_t/A_{t+1}] + (1 - \delta_A)(1 - \mu_t[S_t/A_{t+1}])E_t[\beta(\lambda_{t+1}/\lambda_t)m_{t+1}]$$

$$A_{t+1} = (1 - \delta_A)[A_t - S_{t-1}] + y_t$$

$$P_t^f/P_t = [\theta_t/(\theta_t - 1)](1 - \delta_A)E_t[\beta(\lambda_{t+1}/\lambda_t)m_{t+1}]$$

$$P_t^{1-\theta_t} = (1 - q)[P_t(j)]^{1-\theta_t} + q[P_{t-1}(1 + \overline{\pi})]^{1-\theta_t}$$

$$E_t\left(\frac{P_t(j)}{P_t}F_{1,t} - F_{2,t}\right) = 0$$

$$F_{1,t} = \lambda_t S_t (P_t^f/P_t)^{-2} + \beta q \left(\frac{1 + \overline{\pi}}{1 + \pi_{t+1}}\right)^2 F_{1,t+1}$$

$$F_{2,t} = \lambda_t S_t (P_t^f/P_t)^{-1} + \beta q \left(\frac{1 + \overline{\pi}}{1 + \pi_{t+1}}\right)F_{2,t+1}$$

$$1 + \pi_t = P_t/P_{t-1}$$

$$s_t = (1 - q)[P_t(j)/P_t]^{-\theta_t} + q \left(\frac{1 + \overline{\pi}}{1 + \pi_t}\right)^{-\theta_t} s_{t-1}$$

$$b_{t+1} = (1 + r_t)b_t + g_t - \tau_t$$

$$\tau_t = \overline{\tau} + \phi(b_t - \overline{b})$$

随机冲击：$u_{V,t}$，$u_{X,t}$，$u_{Z,t}$，$u_{g,t}$，$u_{R,t}$，$u_{\theta,t}$，$u_{\mu,t}$；

$$u_{V,t} \sim N(0, \sigma_V^2), \ u_{X,t} \sim N(0, \sigma_X^2), \ u_{Z,t} \sim N(0, \sigma_Z^2), \ u_{g,t} \sim N(0, \sigma_g^2),$$

$$u_{R,t} \sim N(0, \sigma_R^2), \ u_{\theta,t} \sim N(0, \sigma_\theta^2), \ u_{\mu,t} \sim N(0, \sigma_\mu^2)$$

续表

稳态条件:

$\bar{\theta} = 6$, $\bar{s} = 1$, $\bar{\pi} = 0$, $\bar{r} = 1/\beta - 1$, $\bar{R} = (1 + \bar{r})(1 + \bar{\pi}) - 1$, $\bar{r}_k = \bar{r} + \delta$,

$\delta_A(\bar{A} - \bar{S})/\bar{y} = 4\%$, $\bar{P^j}/\bar{P} = 1$, $\bar{P}(j)/\bar{P} = 1$,

$\bar{m} = \dfrac{(\bar{\theta} - 1)}{\theta\beta(1 - \delta_A)}$, $\bar{m} = (\bar{r}_k)^\alpha \bar{w}^{1-\alpha} / [\bar{Z}\alpha^\alpha(1 - \alpha)^{1-\alpha}]$,

$\bar{k}/\bar{y} = \alpha\bar{m}/\bar{r}_k$, $\bar{l}/\bar{y} = (1 - \alpha)\bar{m}/\bar{w}$, $\bar{S}/\bar{A} = \dfrac{[1 - (1 - \delta_A)\beta](\bar{\theta} - 1)}{(1 - \delta_A)\beta\bar{\mu}}$,

$\bar{A}/\bar{y} = \dfrac{1}{\delta_A + (1 - \delta_A)\bar{S}/\bar{A}}$, $\bar{c}/\bar{y} = 1 - \delta\bar{k}/\bar{y} - \bar{g}/\bar{y} - \delta_A(1 - \bar{S}/\bar{A})\bar{A}/\bar{y}$,

$(\bar{y})^{\varphi+\gamma} = (1 - \alpha)\bar{m}(\bar{l}/\bar{y})^{-1}(\bar{c}/\bar{y})^{-\gamma} / [\omega\bar{X}(\bar{l}/\bar{y})^\varphi]$,

$\bar{\lambda} = \bar{V}(\bar{c})^{-\gamma}$, $\bar{\tau} = \bar{g} + \bar{r}\bar{b}$, $\bar{F}_1 = \bar{\lambda}\bar{S}/(1 - \beta q)$, $\bar{F}_2 = \bar{F}_1$

模型中的参数和有关变量的稳态值大部分采用表 4.2 中的数值,货币政策规则也采用上一章中的数值,其他参数和有关变量的稳态值按照表 6.1 中的稳态条件来设定。具体来讲,稳态时的通胀率设为零,产品价格的加成率设为 20%,参数 ρ_θ、σ_θ、ρ_μ、σ_μ 分别设定为 $\rho_\theta = 0.9$,$\sigma_\theta = 0.01$,$\rho_\mu = 0.9$,$\sigma_\mu = 0.01$,描述价格分散程度的指标 s_t 的稳态值设定为 1,厂商调整价格的频率设定为 4 个季度,即 $q = 0.75$。下面着重讨论稳态时销售量 – 存货量的比例及销售量关于存货的需求弹性 μ_t 的确定。

根据国民收入账户的信息可以确定存货与产出的比例,即

$$\delta_A(\bar{A} - \bar{S})/\bar{y} = \delta_A(1 - \bar{S}/\bar{A})\bar{A}/\bar{y} = \frac{\delta_A(1 - \bar{S}/\bar{A})}{\delta_A + (1 - \delta_A)\bar{S}/\bar{A}}$$

一旦给出该比例后,通过上式可以确定销售量 – 存货量的比例 $\bar{S}/\bar{A}$,再通过前面得到的关系式 $\bar{S}/\bar{A} = \dfrac{[1 - (1 - \delta_A)\beta](\bar{\theta} - 1)}{(1 - \delta_A)\beta\bar{\mu}}$ 就可以确定出稳态时的 $\bar{\mu}$。在下面模拟中,我们将存货与产出的比例设为 4%,另外将存货的持有成本设为 $\delta_A = 0.04$。

为保持一致性及与前面章节模型进行对比,仍以全要素生产率冲击为例进行分析,假设模型在稳态时受到全要素生产率冲击的影响,该冲击使全要素生产率相对于其稳态值上升 1%。图 6.1 是在包含与不包含存货两种情形下的冲击响应曲线。

上面不包含存货的模型是典型的新凯恩斯模型,在此模型中,全要素生产率的提高将会使边际生产成本下降,相应地,厂商将会调低其产品价格,在 Calvo 粘性定价方式下,每期只有一部分厂商调低价格,对于没有调整价格的

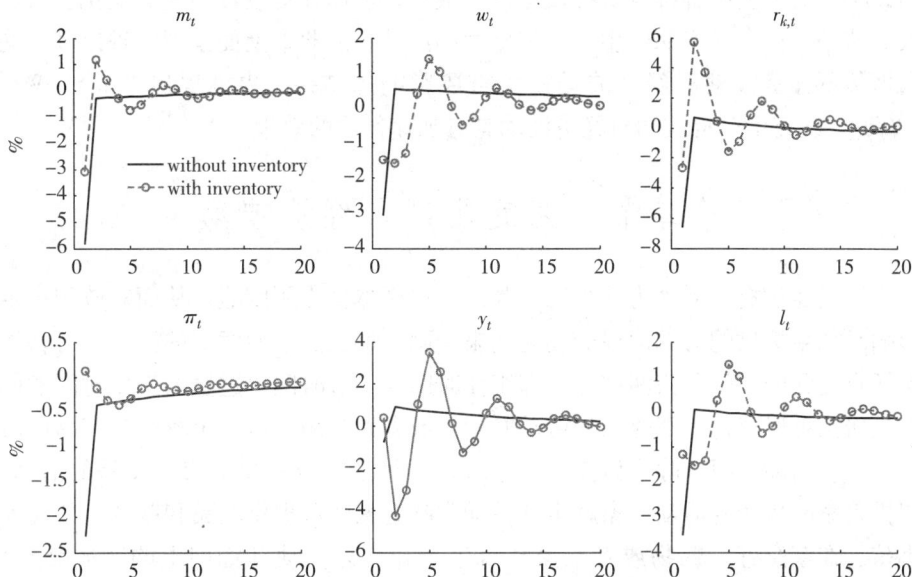

图 6.1　关于全要素生产率冲击的冲击响应曲线

厂商来说，其产品将失去价格竞争优势，总的来看，全要素生产率的提高将使通胀率下降。在第二章中我们看到，在弹性价格情况下，实际工资也将随着生产率的提高而增加，这将导致劳动力供给增加，但在新凯恩斯模型中，由于价格存在粘性，从而价格向下调整的幅度比弹性价格情况要小，这将会使实际工资出现下降趋势，从而劳动力供给将会下降，产出也有暂时的下降趋势。在模型中考虑存货投资后，上面模拟结果将会改变。从图 6.1 中可以看出，在生产率提高后，厂商可不通过调低产品的价格来消化由生产率提高导致的产品增加，而是充分利用生产率提高导致边际生产成本下降的优势，将生产增加的产品以存货的形式持有并在下一期销售。当然存货的增加不是无限制的，而是与销售量保持在一定的比例内，前面分析得到，存货的增加将会对当前和未来的实际生产成本产生影响，因此，模拟中边际生产成本并不会出现新凯恩斯模型中大幅下降的趋势，而是在一定的范围内波动，相应地，产品价格或通胀率也不会出现大幅下降趋势，而是较为平稳的波动状态。另外，由于厂商扩大生产中对劳动力的需求没有削弱，从而实际工资和劳动力的下降幅度也低于新凯恩斯模型中的下降幅度，但正如价格那样，其是波动变化而非单调变化的。值得注意的是，模拟中产出的波动幅度较大，这是因为模型中厂商在扩大生产时将增加的产品以存货投资形式持有，厂商将销售量与存货投资的存量保持在一定的比例，而模型中各种投资都没有调整成本，从而存货投资的流量变化会有较大的波动，这会对产品的生产带来较大的波动，因此，上面模拟体现出部分均衡框架下存货波动对经济波动产生重要影响的结果，也体现出 Wang – Wen（2009）研究中存货波动对经济波动具有加速作用的效果。

第二节　家庭生产与经济波动

居民通过提供劳动力获得工资收入，但必然会占用闲暇，从而对效用产生影响。如果提供的劳动力以劳动时间来刻画，那么在前面章节的模型中可将居民任意支配的时间分为两部分，即工作时间和闲暇时间。这里的工作时间实际上是居民可以获得工资收入的劳动时间，或者说是用于可在市场交易产品或服务的生产活动时间。除了该生产活动外，居民还可以从事非市场交易的活动，即投入家庭生产的活动。家庭生产活动意味着家庭可提供产品和服务，如抚养小孩、在家烹饪、购物或者在家从事生产和交易活动（如网上购物或交易）等，这些活动要占用居民的闲暇，从而也会影响居民的时间支配。考虑到这些因素，现在将居民可支配的时间进一步细分为三个部分，即用于从事市场产品生产活动的时间、用于从事家庭生产活动的时间和闲暇。在此情形下，居民必须进行另一项决策，即多少时间用于家庭生产。在家庭生产的产品和服务与市场上的产品和服务并不是完全替代的情况下，经济中包含了市场产品生产和家庭生产两个生产部门。

下面研究中将家庭生产定义为那些由家庭成员从事以及为家庭成员提供的没有报酬的活动。在收入、市场条件或者个人偏好等一定条件下，这些活动可以被家庭之外的其他人从事的有偿服务或者市场中的产品所替代。家庭生产活动并没有包含在市场产品经济活动中，因为这些活动没有在市场中交易，即它们没有市场价格。Eisner（1988）估计家庭生产的产出水平占到国民总产出的20% ~ 50%。Benhabib – Rogerson – Wright（1990）在其研究中指出，无论是以投入还是以产出衡量，家庭的可任意支配时间中平均33%用于得到薪酬的工作，28%用于家庭生产的工作。Ramey（2008）估计了20世纪花费在家庭生产上的时间，其发现花费在家庭生产上的时间在整个世纪中基本保持不变，占可支配时间的四分之一左右，但是从性别上来看有重大变化。Aguiar – Hurst（2007）、Rogerson（2008）和 Ramey – Neville（2009）也得出用于家庭生产的时间是可支配时间中的一个重要组成部分，并且随着现代技术的快速发展，用于家庭生产的时间并没有下降。Benhabib – Rogerson – Wright（1990）和 Ríos –

Rull（1993）的研究表明，在市场产品生产部门就业的个体花费在家庭生产的时间要远远少于失业的人，高工资的就业个体通常会用家庭生产的产品和服务替代市场生产的产品与服务，正如 Benhabib – Rogerson – Wright（1991）指出，从事市场可交易产品的生产活动和在家庭从事的活动有非常高的替代性，家庭生产可能是解释总体经济活动的一个重要因素。

在部分均衡框架下研究家庭生产的文献很多，Gronau（1997，2006）对此进行了较详细的综述，这里不再重复，本节着重探讨在一般均衡框架下引入家庭生产对经济的影响。利用包含家庭生产的一般均衡模型研究的经济问题很多，主要涉及以下各个方面。

在经济波动方面，最早在一般均衡框架下引入家庭生产部门的典型代表是 Benhabib – Rogerson – Wright（1990，1991）和 Greenwood – Hercowitz（1991）。在引入家庭生产部门后，模型对经济波动的解释能力较标准的实际经济周期模型（RBC 模型）有很大提高。Ríos – Rull（1993）通过引入家庭生产部门研究了家庭生产对劳动技能的获取以及不同层次的就业个体家庭生产与市场产品生产的相互替代性问题。Gomme – Kydland – Rupert（2001）、Li – Chang（2004）和 Fisher（2007）在包含家庭生产的框架下从家庭投资与企业投资方面深入探讨了经济波动问题，其中，Gomme – Kydland – Rupert（2001）将投资的在建时间（Time to build）机制与家庭生产同时引入到模型中，对家庭投资与企业投资的相关性问题及其对经济波动的影响进行了很好的解释。Canova – Uribe（1998）开发了包含家庭生产的两国模型并对国际经济周期波动与传导问题进行了研究。Gomme – Rupert – Rogerson – Wright（2004）利用包含家庭生产的模型研究了经济波动与生命周期的相关性问题。Perli（1998）在包含家庭生产部门的情形下讨论了规模收益递增对经济波动以及经济稳定性的影响等。Baxter – Jermann（1999）、Chang（2000）和 Baxter（2010）利用含有家庭生产的模型研究了消费相对于收入的过度波动性问题。

在经济增长和经济发展方面，Einarsson – Marquis（1997）在包含家庭生产部门的框架下研究了内生经济增长问题，Parente – Rogerson – Wright（2000）和 Gollin – Parente – Rogerson（2004）探讨了家庭生产对经济发展的影响问题。

在模型校准和估计方面，利用包含家庭生产的一般均衡模型研究经济波动及相关问题的一个关键是如何对家庭生产时间进行衡量并与实际数据对应。Greenwood – Rogerson – Wright（1995）、Ingram – Kocherlakota – Savin（1997）和 Gomme – Rupert（2007）对模型的校准问题进行了很好的探讨。除了校准外，Rupert – Rogerson – Wright（1995）针对家庭生产与市场产品的生产之间的替代弹性进行了估计，Kerkhofs – Kooreman（2003）对包含家庭生产的模型在参数识别与估计方面进行了详细讨论，Rupert – Rogerson – Wright（2000）研究了家庭生产模型中跨期替代弹性的估计问题，Rogerson – Wallenius（2009）针对生命周期中家庭生产和市场产品生产的替代弹性估计问题从微观与宏观两方面进行了讨论。

在财政政策方面，McGrattan – Rogerson – Wright（1997）开发了包含家庭生产和税收的 DSGE 模型，发现经济主体对税收变化的反应可以通过以非市场活动替代市场活动来进行，这极大地丰富了税收变化对经济影响的有关研究，他们进一步指出，含有显性家庭生产部门的实际经济周期模型比标准的实际经济周期模型性能要好的一个关键原因是，家庭产品生产和市场产品生产之间有足够大的替代弹性。Schmitt – Grohé – Uribe（1997）利用含有家庭生产的模型研究了税收规则及其对财政预算平衡的影响。Rogerson（2009）对包括家庭生产与税收的模型进行了拓展并就相关的财政税收问题进行了讨论。Marquis（2001）探讨了引入家庭生产后通货膨胀税对福利的影响问题。

在货币政策分析方面，Ngouana（2012）和 Lester（2014）在新凯恩斯模型框架下将家庭生产部门引入到模型中并得出，家庭生产与市场产品生产的替代以及与闲暇的替代性将对产出和通胀率产生重要影响。引入家庭生产部门后，模型中的粘性将会增强，新凯恩斯 Phillips 曲线将变得更加平缓，从而具有加速效应，Lester（2014）和 Aruoba – Davis – Wright（2016）还在新凯恩斯框架下进一步讨论了最优货币政策的选择问题。

下面将在新凯恩斯模型框架下探讨引入家庭生产部门后对经济波动的影响。经济中包含居民、厂商、政府和中央银行四类经济主体，政府和中央银行的行为决策与前面章节相同，这里不再重复。以下着重讨论居民和厂商的行为决策。

对于居民来说，其消费包括两部分，一部分消费是能够在市场上进行交易的产品和服务，另一部分消费是由家庭提供的产品和服务。若以时间来刻画劳动量，居民可任意支配的时间分为三部分，即闲暇、从事市场上交易产品和服务的生产所占用的工作时间以及从事家庭产品和服务的生产所占用的时间。居民负责进行投资决策，居民投资包括对市场产品生产和家庭生产两部门投资，这里不考虑投资的调整成本。另外，假设劳动力和资本在两个部门之间能够自由流动。根据以上假设并尽量与前几章保持一致，居民的当期效用函数选择下面的形式：

$$U(c_{m,t}, c_{h,t}, l_{m,t}, l_{h,t}) = \begin{cases} \dfrac{V_t \left[c_t^{\omega} \left(1 - l_{m,t} - l_{h,t} \right)^{1-\omega} \right]^{1-\gamma} - 1}{1 - \gamma}, \gamma \neq 1 \\[2mm] \omega V_t \ln c_t + (1 - \omega) V_t \ln(1 - l_{m,t} - l_{h,t}), \gamma = 1 \end{cases}$$

$$c_t = \begin{cases} \left[v^{1/\rho} \left(c_{m,t} \right)^{1-1/\rho} + (1 - v)^{1/\rho} \left(c_{h,t} \right)^{1-1/\rho} \right]^{\frac{\rho}{\rho-1}}, \rho \neq 1 \\[2mm] c_{m,t}^{v} c_{h,t}^{1-v}, \rho = 1 \end{cases}$$

其中，c_t 是总消费，$c_{m,t}$ 是市场可交易的产品与服务的消费，$c_{h,t}$ 是家庭提供的产品与服务的消费，$l_{m,t}$ 是用于从事市场可交易产品与服务生产的时间，$l_{h,t}$ 是用于从事家庭生产的时间，在总时间标准化为 1 的情况下，闲暇定义为 $1 - l_{m,t} - l_{h,t}$，参数 $\rho(\rho \geq 0)$ 是市场可交易产品和服务与家庭提供的产品和服务之间的替代弹性，参数 $\gamma(\gamma \geq 0)$ 是跨期替代弹性，参数 $v(0 \leq v \leq 1)$ 用于控制两种消费占总消费的比重，V_t 是偏好冲击。

假设家庭提供的产品与服务采用 Cobb – Douglas 生产函数：

$$c_{h,t} = Z_{h,t} \left(k_{h,t} \right)^{\alpha_h} \left(l_{h,t} \right)^{1-\alpha_h}, 0 \leq \alpha_h \leq 1$$

其中，$Z_{h,t}$ 是反映家庭生产的全要素生产率，$k_{h,t}$ 是家庭生产投入的资本，$l_{h,t}$ 是家庭生产投入的时间。

居民的预算约束为

$$c_{m,t} + b_{t+1} + k_{m,t+1} + k_{h,t+1}$$
$$= (1 + r_t) b_t + (1 - \delta_m) k_{m,t} + (1 - \delta_h) k_{h,t} + r_{k,t} k_{m,t} + w_t l_{m,t} + d_t - \tau_t$$

其中，$c_{m,t}$ 是市场可交易的产品与服务的消费，$k_{m,t}$ 和 $k_{h,t}$ 分别是居民在市场产品生产和家庭生产活动中投入的资本，$h_{m,t}$ 和 $l_{h,t}$ 分别是居民在市场产品生产和家庭生产投入的时间，$w_t l_{m,t}$ 和 $r_{k,t} k_{m,t}$ 分别是居民从事市场产品生产得到的劳动收入和资本收入，w_t 是实际工资，$r_{k,t}$ 是资本的实际收益率，δ_m 和 δ_h 分别是市场产品生产和家庭生产投入的资本的折旧率，居民持有的资产括政府债券 b_t 和两种实物资本 $k_{m,t}$、$k_{h,t}$（以期初余额表示），$r_t = (1 + R_t)/(1 + \pi_t) - 1$ 是政府债券的实际利率，R_t 是政府债券的名义利率，$\pi_t = P_t / P_{t-1} - 1$ 是通胀率，P_t 是总价格水平，d_t 是居民从生产中得到的垄断利润，τ_t 是居民上缴的实际税收。

居民的优化问题可描述为

$$\max_{\{c_{m,t+i}, c_{h,t+i}, l_{m,t+i}, l_{h,t+i}, k_{m,t+1+i}, k_{h,t+1+i}, b_{t+1+i}\}} E_t \left[\sum_{i=0}^{\infty} \beta^i U(c_{m,t+i}, c_{h,t+i}, l_{m,t+i}, l_{h,t+i}) \right]$$

$$s.\,t. \quad \begin{aligned} c_{m,t+i} + b_{t+1+i} + k_{m,t+1+i} + k_{h,t+1+i} \\ = (1 + r_{t+i})b_{t+i} + (1 - \delta_m)k_{m,t+i} + (1 - \delta_h)k_{h,,t+i} \\ + r_{k,t+i}k_{m,t+i} + w_{t+i}l_{m,t+i} + d_{t+i} - \tau_{t+i} \end{aligned}$$

$$c_{h,t+i} = Z_{h,t+i}(k_{h,t+i})^{\alpha_h}(l_{h,t+i})^{1-\alpha_h}, 0 \leqslant \alpha_h \leqslant 1$$

令上面两个约束条件对应的 Lagrange 乘子分别为 λ_t 和 μ_t，上面问题的一阶条件为

$$\lambda_t = \frac{\partial U}{\partial c_{m,t}}$$

$$\mu_t = \frac{\partial U}{\partial c_{h,t}}$$

$$- w_t\lambda_t = \frac{\partial U}{\partial l_{m,t}}$$

$$- (1 - \alpha_h)Z_{h,t}(k_{h,t}/l_{h,t})^{\alpha_h}\mu_t = \frac{\partial U}{\partial l_{h,t}}$$

$$\lambda_t = E_t[\beta\lambda_{t+1}(r_{k,t+1} + 1 - \delta_m)]$$

$$\lambda_t = \beta E_t[\lambda_{t+1}(1 - \delta_h) + \alpha_h Z_{h,t+1}(k_{h,t+1}/l_{h,t+1})^{\alpha_h-1}\mu_{t+1}]$$

$$\lambda_t = E_t[\beta(1 + r_{t+1})\lambda_{t+1}]$$

从后三个方程可得到下面的无套利条件：

$$r_t = r_{k,t} - \delta_m$$

$$r_t = \alpha_h Z_{h,t}(k_{h,t}/l_{h,t})^{\alpha_h-1}\mu_t/\lambda_t - \delta_h$$

将具体的函数形式代入上面前四个方程可得到：

$$\lambda_t = \omega \frac{U}{c_t}\left(\frac{c_{m,t}}{vc_t}\right)^{-1/\rho}$$

$$\mu_t = \omega \frac{U}{c_t}\left(\frac{c_{h,t}}{(1-v)c_t}\right)^{-1/\rho}$$

$$\lambda_t w_t = (1 - \omega)\frac{U}{1 - l_{m,t} - l_{h,t}}$$

$$(1 - \alpha_h)Z_{h,t}(k_{h,t}/l_{h,t})^{\alpha_h}\mu_t = (1 - \omega)\frac{U}{1 - l_{m,t} - l_{h,t}}$$

以上讨论了市场交易的产品和服务的总需求 $c_{m,t}$，为讨论此部门的价格确定，类似于前面章节可进一步将市场交易的产品和服务分为最终产品和中间产品，中间产品的种类连续分布于区间 $[0,1]$，最终产品以中间产品作为投入，它们之间的关系为：

$$c_{m,t} = \left[\int_0^1 c_{m,t}\,(j)^{\,(\theta-1)/\theta}\mathrm{d}j \right]^{\theta/(\theta-1)}, \theta > 1$$

其中，$c_{m,t}$ 是市场可交易的最终消费品，$c_{m,t}(j)$ 是生产最终消费品所使用的第 j 类中间消费品，θ 是中间消费品之间的替代弹性，这里为讨论方便，将其设定为常数。在最终产品市场处于完全竞争状态下，生产最终产品对中间产品的需求以及最终产品的价格分别为

$$c_{m,t}(j) = \left[P_t(j)/P_t \right]^{-\theta} c_{m,t}$$

$$P_t = \left[\int_0^1 P_t\,(j)^{\,(1-\theta)}\mathrm{d}j \right]^{1/(1-\theta)}$$

其中，P_t 是最终消费品的价格，$P_t(j)$ 是第 j 类中间消费品的价格。

生产第 j 类中间消费品的厂商采用 Cobb – Douglas 生产函数形式：

$$y_{m,t}(j) = Z_{m,t}\,(k_{m,t}(j))^{\alpha_m}\,(l_{m,t}(j))^{1-\alpha_m}, 0 \leqslant \alpha_m \leqslant 1$$

其中，$y_{m,t}(j)$ 是第 j 类中间消费品的产出，$Z_{m,t}$ 是市场生产部门的全要素生产率，$k_{m,t}(j)$ 和 $l_{m,t}(j)$ 分别是生产中间消费品使用的资本和时间。

如果价格是完全弹性的，则在垄断竞争条件下，从前面章节的分析可得到

$$m_t = \frac{(r_{k,t})^{\alpha_m} w_t^{1-\alpha_m}}{(a_m)^{\alpha_m}(1-\alpha_m)^{1-\alpha_m} Z_{m,t}}$$

$$r_{k,t} = \alpha_m m_t [y_{m,t}(j)/k_{m,t}(j)]$$

$$w_t = (1-\alpha_m) m_t [y_{m,t}(j)/l_{m,t}(j)]$$

$$\frac{P_t(j)}{P_t} = \frac{\theta}{\theta-1} m_t$$

其中，m_t、$r_{k,t}$ 和 w_t 分别是生产中间产品的实际边际成本、实际资本收益率和实际工资。第 j 类厂商对资本和劳动力的需求分别为

$$k_{m,t}(j) = \alpha_m(m_t/r_{k,t}) y_{m,t}(j)$$

$$l_{m,t}(j) = (1-\alpha_m)(m_t/w_t) y_{m,t}(j)$$

资本和劳动力的总需求分别为

$$k_{m,t} = \int_0^1 k_{m,t}(j)\mathrm{d}j = \alpha_m(m_t/r_{k,t}) \tilde{y}_{m,t}$$

$$l_{m,t} = \int_0^1 l_{m,t}(j)\mathrm{d}j = (1-\alpha_m)(m_t/w_t) \tilde{y}_{m,t}$$

其中，$\tilde{y}_{m,t} = \int_0^1 y_{m,t}(j)\mathrm{d}j = y_{m,t}s_t$，$s_t = \int_0^1 [P_t(j)/P_t]^{-\theta}\mathrm{d}j$，$s_t$ 是描述价格分散程度的指标，$y_{m,t}$ 是对市场交易的消费品的总需求。

采用价格粘性的 Calvo 引入方式，市场产品生产部门中每期进行价格调整

的厂商所占的比例为 $(1 - q_m)$，没有进行价格调整的厂商采用盯住稳态时通胀率的做法，这样可得到下面的方程：

$$p_t^f = \frac{\theta}{\theta - 1} m_t$$

$$E_t \left(\frac{P_t(j)}{P_t} F_{1,t} - F_{2,t} \right) = 0$$

$$F_{1,t} = \lambda_t y_{m,t} \left(p_t^f \right)^{-2} + \beta q_m \left(\frac{1 + \overline{\pi}}{1 + \pi_{t+1}} \right)^2 F_{1,t+1}$$

$$F_{2,t} = \lambda_t y_{m,t} \left(p_t^f \right)^{-1} + \beta q_m \left(\frac{1 + \overline{\pi}}{1 + \pi_{t+1}} \right) F_{2,t+1}$$

$$(P_t)^{1-\theta} = (1 - q_m) \left[P_t(j) \right]^{1-\theta} + q_m \left[P_{t-1}(1 + \overline{\pi}) \right]^{1-\theta}$$

其中，p_t^f 是厂商在完全弹性条件下确定的价格，$\pi_t = P_t / P_{t-1} - 1$ 是通胀率。引入价格粘性后，描述价格分散程度的指标为

$$s_t = \int_0^1 \left[P_t(j) / P_t \right]^{-\theta} \mathrm{d}j = (1 - q_m) \left[P_t(j) / P_t \right]^{-\theta} + q_m \left(\frac{1 + \overline{\pi}}{1 + \pi_t} \right)^{-\theta} s_{t-1}$$

最后，可交易产品的市场均衡条件为

$$y_{m,t} = c_{m,t} + \left[k_{m,t+1} - (1 - \delta_m) k_{m,t} \right] + \left[k_{h,t+1} - (1 - \delta_h) k_{h,,t} \right] + g_t$$

经济中的总产出为

$$y_t = c_{h,t} + y_{m,t}$$

在进行模拟求解之前，先讨论模型的稳态。参照前面章节的校准值，给定参数 β 和 δ_m 后，稳态时模型中的实际利率和资本实际收益率为

$$\overline{r} = 1/\beta - 1, \quad \overline{r}_k = \overline{r} + \delta_m$$

市场产品生产部门的边际生产成本稳态值为

$$\overline{m} = \frac{(\overline{r}_k)^{\alpha_m} \overline{w}^{1-\alpha_m}}{(a_m)^{\alpha_m} (1 - \alpha_m)^{1-\alpha_m} \overline{Z}_m} = \frac{\theta - 1}{\theta}$$

给定参数 θ，根据上式可确定稳态时边际生产成本 $\overline{m}$ 和实际工资 $\overline{w}$。在给定参数 α_m 后，可确定下面两个比例：

$$\overline{k}_m / \overline{y}_m = \alpha_m \overline{m} / \overline{r}_k, \quad \overline{l}_m / \overline{y}_m = (1 - \alpha_m) \overline{m} / \overline{w}$$

按照总消费函数的设定形式，稳态时两部门生产的消费品占总消费的比例为

$$\overline{c}_m = v\overline{c}, \quad \overline{c}_h = (1 - v)\overline{c}$$

代入前面的一阶条件可得到

$$\overline{\lambda} = \overline{\mu} = \omega \frac{\left[\overline{c}^\omega (1 - \overline{l}_m - \overline{l}_h)^{1-\omega} \right]^{1-\gamma}}{(1 - \gamma)\overline{c}}, \quad \overline{\lambda}\overline{w} = (1 - \omega) \frac{\left[\overline{c}^\omega (1 - \overline{l}_m - \overline{l}_h)^{1-\omega} \right]^{1-\gamma}}{(1 - \gamma)(1 - \overline{l}_m - \overline{l}_h)}$$

经过变换可得到

$$\bar{w} = \frac{(1-\omega)\bar{c}}{\omega(1-\bar{l}_m-\bar{l}_h)}$$

根据经济调查可得到市场产品生产和家庭生产占总时间的平均比例，这项数据比较稳定，可将其设定为稳态时市场产品生产和家庭生产的时间 $\bar{l}_m$ 和 $\bar{l}_h$。前面已经确定了稳态时的工资 $\bar{w}$，那么在给定参数 ω 后，从上式可确定总消费 $\bar{c}$。给定参数 v 后，进而可确定市场产品生产和家庭生产的产品与服务的消费 $\bar{c}_m$ 和 $\bar{c}_h$。另外，根据已经得到的比例 $\bar{k}_m/\bar{y}_m$ 和 $\bar{l}_m/\bar{y}_m$，可以确定市场产品生产部门的产出 $\bar{y}_m$ 和资本 $\bar{k}_m$。根据政府支出占产出比例 $\bar{g}/\bar{y}$，可以确定政府支出 $\bar{g}$，再由均衡条件：

$$\bar{y}_m = \bar{c}_m + \delta_m\bar{k}_m + \delta_h\bar{k}_h + \bar{g}$$

可确定 $\delta_h\bar{k}_h$。前面已经确定了 $\bar{c}_h$、$\bar{l}_h$ 和 $\bar{w}$，从关于家庭生产部门的一阶条件：

$$(1-\alpha_h)(\bar{c}_h/\bar{l}_h) = \bar{w}$$

可以确定参数 α_h。另外根据一阶条件：

$$\bar{r} + \delta_h = \alpha_h\bar{c}_h/\bar{k}_h，或者 \bar{r}/\delta_h + 1 = \alpha_h\bar{c}_h/(\delta_h\bar{k}_h)$$

可以确定家庭生产部门的资本折旧率 δ_h。

整个模型及其稳态的确定总结于表6.2。这里为着重讨论家庭生产部门的影响，模型中忽略了某些冲击。在模型校准时，将稳态时的通胀率设为零，市场生产的产品价格的加成率设为20%，即参数 $\theta=6$，市场产品生产部门的生产函数与前面章节选择的参数相同。家庭生产部门的生产函数参数按照上面的方式来确定，将描述这两个部门的全要素生产率变化规律的参数设为相同的数值，$\rho_{Z_m} = \rho_{Z_h} = 0.9$，$\sigma_{Z_m} = \sigma_{Z_h} = 0.01$，将描述价格分散程度的指标 s_t 的稳态值设定为1，将市场产品生产部门的厂商调整价格的频率设定为4个季度，$q_m = 0.75$。效用函数中跨期替代弹性参数 γ 与前面章节设定的相同，将效用函数中总消费所占的权重参数设定为 $\omega=0.4$，市场可交易产品与家庭生产的产品之间的替代弹性参数 ρ 基准值设为3，下面模拟中将对不同的替代弹性进行比较，家庭生产的产品所占的份额设定为 v=0.55。

表 6.2　　　　　　　　　　　模型 Cha6bn（非线性形式）

外生变量：V_t，$Z_{m,t}$，$Z_{h,t}$，g_t；
$\ln(V_t/\bar{V}) = \rho_V\ln(V_{t-1}/\bar{V}) + u_{V,t}, 0 \leq \rho_V < 1$
$\ln(Z_{m,t}/\bar{Z}_m) = \rho_{Z_m}\ln(Z_{m,t-1}/\bar{Z}_m) + u_{Z_m,t}, 0 \leq \rho_{Z_m} < 1$
$\ln(Z_{h,t}/\bar{Z}_h) = \rho_{Z_h}\ln(Z_{h,t-1}/\bar{Z}_h) + u_{Z_h,t}, 0 \leq \rho_{Z_h} < 1$

$$\ln(g_t/\overline{g}) = \rho_g \ln(g_{t-1}/\overline{g}) + u_{g,t}, 0 \leq \rho_g < 1$$

内生变量：U_t，c_t，$c_{m,t}$，$c_{h,t}$，λ_t，μ_t，$l_{m,t}$，$l_{h,t}$，r_t，R_t，$r_{k,t}$，$k_{h,t}$，$k_{m,t}$，w_t，m_t，$y_{m,t}$，y_t，p_t^f，$P_t(j)$，P_t，$F_{1,t}$，$F_{2,t}$，π_t，s_t，b_t，τ_t；

$$U_t = \begin{cases} V_t \dfrac{[c_t^\omega (1 - l_{m,t} - l_{h,t})^{1-\omega}]^{1-\gamma}}{1 - \gamma}, \gamma \neq 1 \\ \omega V_t \ln c_t + (1 - \omega) V_t \ln(1 - l_{m,t} - l_{h,t}), \gamma = 1 \end{cases}$$

$$c_t = \begin{cases} [v^{1/\rho} (c_{m,t})^{1-1/\rho} + (1-v)^{1/\rho} (c_{h,t})^{1-1/\rho}]^{\frac{\rho}{\rho-1}}, \rho \neq 1 \\ c_{m,t}^v c_{h,t}^{1-v}, \rho = 1 \end{cases}$$

$$\lambda_t = \omega \frac{U}{c_t} \left(\frac{c_{m,t}}{v c_t} \right)^{-1/\rho}$$

$$\mu_t = \omega \frac{U}{c_t} \left(\frac{c_{h,t}}{(1-v) c_t} \right)^{-1/\rho}$$

$$\lambda_t w_t = (1 - \omega) \frac{U}{1 - l_{m,t} - l_{h,t}}$$

$$(1 - \alpha_h) Z_{h,t} (k_{h,t}/l_{h,t})^{\alpha_h} \mu_t = (1 - \omega) \frac{U}{1 - l_{m,t} - l_{h,t}}$$

$$\lambda_t = E_t [\beta(1 + r_{t+1}) \lambda_{t+1}]$$

$$r_t = \alpha_h Z_{h,t} (k_{h,t}/l_{h,t})^{\alpha_h - 1} \mu_t / \lambda_t - \delta_h$$

$$r_t = r_{k,t} - \delta_m$$

$$1 + R_t = (1 + r_t)(1 + \pi_t)$$

$$R_{t+1} = \rho_R R_t + (1 - \rho_R)[\overline{R} + \kappa_y \ln(y_t/\overline{y}) + \kappa_\pi (\pi_t - \overline{\pi})] + u_{R,t},$$
$$0 \leq \rho_R \leq 1, \kappa_y > 0, \kappa_\pi > 1$$

$$c_{h,t} = Z_{h,t} (k_{h,t})^{\alpha_h} (l_{h,t})^{1-\alpha_h}, 0 \leq \alpha_h \leq 1$$

$$k_{m,t} = \alpha_m (m_t/r_{k,t}) y_{m,t} s_t$$

$$l_{m,t} = (1 - \alpha_m)(m_t/w_t) y_{m,t} s_t$$

$$m_t = \frac{(r_{k,t})^{\alpha_m} w_t^{1-\alpha_m}}{(a_m)^{\alpha_m} (1 - \alpha_m)^{1-\alpha_m} Z_{m,t}}$$

$$y_{m,t} = c_{m,t} + [k_{m,t+1} - (1 - \delta_m) k_{m,t}] + [k_{h,t+1} - (1 - \delta_h) k_{h,t}] + g_t$$

$$y_t = c_{h,t} + y_{m,t}$$

$$p_t^f = \frac{\theta}{\theta - 1} m_t$$

$$E_t \left(\frac{P_t(j)}{P_t} F_{1,t} - F_{2,t} \right) = 0$$

续表

$$F_{1,t} = \lambda_t y_{m,t} (p_t^f)^{-2} + \beta q_m \left(\frac{1+\overline{\pi}}{1+\pi_{t+1}}\right)^2 F_{1,t+1}$$

$$F_{2,t} = \lambda_t y_{m,t} (p_t^f)^{-1} + \beta q_m \left(\frac{1+\overline{\pi}}{1+\pi_{t+1}}\right) F_{2,t+1}$$

$$(P_t)^{1-\theta} = (1-q_m)[P_t(j)]^{1-\theta} + q_m [P_{t-1}(1+\overline{\pi})]^{1-\theta}$$

$$\pi_t = P_t/P_{t-1} - 1$$

$$s_t = (1-q_m)[P_t(j)/P_t]^{-\theta} + q_m \left(\frac{1+\overline{\pi}}{1+\pi_t}\right)^{-\theta} s_{t-1}$$

$$b_{t+1} = (1+r_t)b_t + g_t - \tau_t$$

$$\tau_t = \overline{\tau} + \phi(b_t - \overline{b})$$

随机冲击：$u_{V,t}$，$u_{Z_m,t}$，$u_{Z_h,t}$，$u_{g,t}$，$u_{R,t}$；

$u_{V,t} \sim N(0,\sigma_V^2)$，$u_{Z_m,t} \sim N(0,\sigma_{Z_m}^2)$，$u_{Z_h,t} \sim N(0,\sigma_{Z_h}^2)$，$u_{g,t} \sim N(0,\sigma_g^2)$，$u_{R,t} \sim N(0,\sigma_R^2)$

稳态条件：

$$\overline{Z}_m = 1，\overline{Z}_h = 1，\overline{s} = 1，\overline{r} = 1/\beta - 1，\overline{\pi} = 0，\overline{R} = (1+\overline{r})(1+\overline{\pi}) - 1，$$

$$\overline{r}_k = \overline{r} + \delta_m，\overline{m} = (\theta-1)/\theta，\overline{m} = \frac{(\overline{r}_k)^{\alpha_m} \overline{w}^{1-\alpha_m}}{(a_m)^{\alpha_m} (1-\alpha_m)^{1-\alpha_m} \overline{Z}_m}，$$

$$\overline{p}^f = 1，\overline{P}(j) = 1，\overline{P} = 1，\overline{l}_m = 0.31，\overline{l}_h = 0.23，$$

$$\overline{k}_m/\overline{y}_m = \alpha_m \overline{m}/\overline{r}_k，\overline{l}_m/\overline{y}_m = (1-\alpha_m)\overline{m}/\overline{w}，\overline{w} = \frac{(1-\omega)\overline{c}}{\omega(1-\overline{l}_m-\overline{l}_h)}，$$

$$\overline{c}_m = v\overline{c}，\overline{c}_h = (1-v)\overline{c}，\overline{\lambda} = \overline{\mu} = \omega \frac{[\overline{c}^\omega (1-\overline{l}_m-\overline{l}_h)^{1-\omega}]^{1-\gamma}}{(1-\gamma)\overline{c}}，$$

$$\overline{g}/\overline{y} = 0.2，\overline{y}_m = \overline{c}_m + \delta_m \overline{k}_m + \delta_h \overline{k}_h + \overline{g}，$$

$$(1-\alpha_h)(\overline{c}_h/\overline{l}_h) = \overline{w}，\overline{r} + \delta_h = \alpha_h \overline{c}_h/\overline{k}_h，\overline{\tau} = \overline{g} + \overline{r}\overline{b}，$$

$$\overline{F}_1 = \overline{\lambda}\overline{y}_m/(1-\beta q_m)，\overline{F}_2 = \overline{F}_1$$

为保持一致性并与前面章节模型进行对比，仍以市场生产部门的全要素生产率冲击为例进行分析，假设模型在稳态时市场生产部门受到全要素生产率冲击的影响，该冲击使该部门全要素生产率相对于其稳态值上升 1%。图 6.2 是包含与不包含家庭生产两种情形下的冲击响应曲线。

引入家庭生产部门后，随着市场产品生产部门的生产率提高，市场产品生产部门的产出增加的幅度比没有家庭生产部门的幅度要大，对市场产品生产部门的消费需求、资本投入和劳动力投入也呈现相应的特征。这是因为，除了消费的跨期替代效应以及闲暇与消费的期内替代效应外，在引入家庭生产部门后，又增加了两种替代效应，即市场可交易的产品与家庭生产的产品之间的替

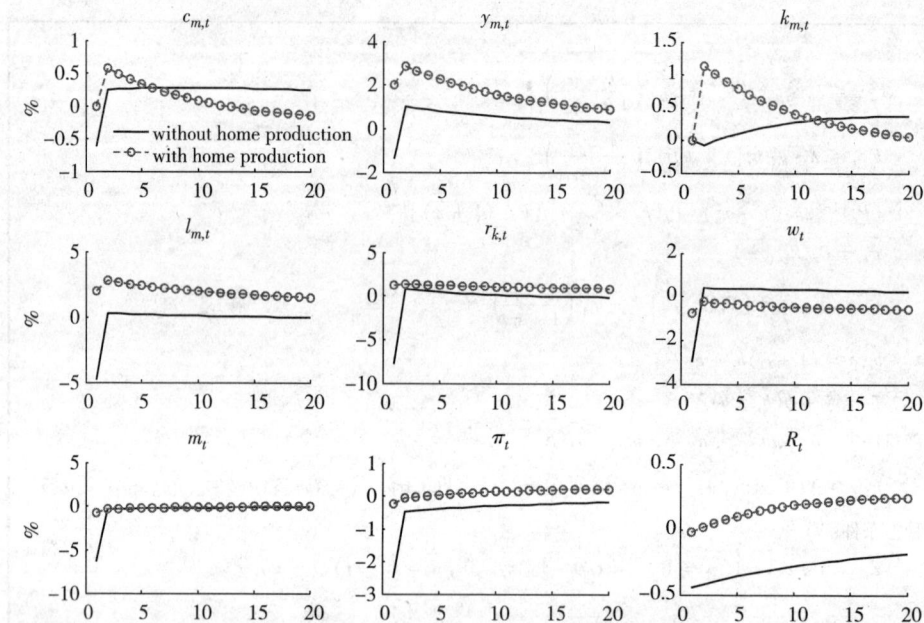

图 6.2　关于全要素生产率冲击的冲击响应曲线

代效应，以及总劳动时间中从事家庭生产的时间与从事市场产品生产的时间的替代效应。随着市场产品生产部门生产率的提高以及由此引起的该部门生产要素价格上升，即使在闲暇或者总劳动时间保持不变的情况下，居民也会把劳动时间从家庭生产部门转移到该部门，因此与没有家庭生产部门的情况相比，市场产品生产部门与家庭生产部门劳动时间的替代加强了市场产品生产部门的反应。家庭生产投入的时间减少势必会减少家庭生产部门的产品供应，加之市场产品生产部门生产率的提高会降低该部门的边际生产成本及产品价格，从而消费也将向市场可交易的产品转移。但在转移过程中，随着市场产品生产部门的需求上升，这又会对边际生产成本以及产品价格带来向上压力，进而会减弱向此部门的转移。因此，与不含家庭生产部门的模型相比，除了生产率提高对价格产生下降的影响外，市场产品生产部门与家庭生产部门之间生产要素间的替代性也会对价格产生上升的影响，从图 6.2 中可以看出，边际生产成本和价格下降的幅度相对较低。在前面章节的新凯恩斯模型中可以看到，在价格存在粘性的情况下，生产率的提高会使实际工资下降以及劳动时间减少，引入家庭生产部门后，两部门劳动时间的替代会使市场产品生产部门的劳动时间以及实际工资下降的幅度减弱。

McGrattan – Rogerson – Wright（1997）的研究表明，包含家庭生产部门的实际经济周期模型比标准的实际经济周期模型性能好的一个关键原因是，家庭产品生产和市场产品生产之间有足够的替代弹性，设定的替代弹性值为 5，这里的模型设定基准值为 3。下面模拟将对不同的替代弹性进行情景分析和比较，三个情景分别对应的替代弹性数值为 6、3 和 0.8，模拟结果见图 6.3。

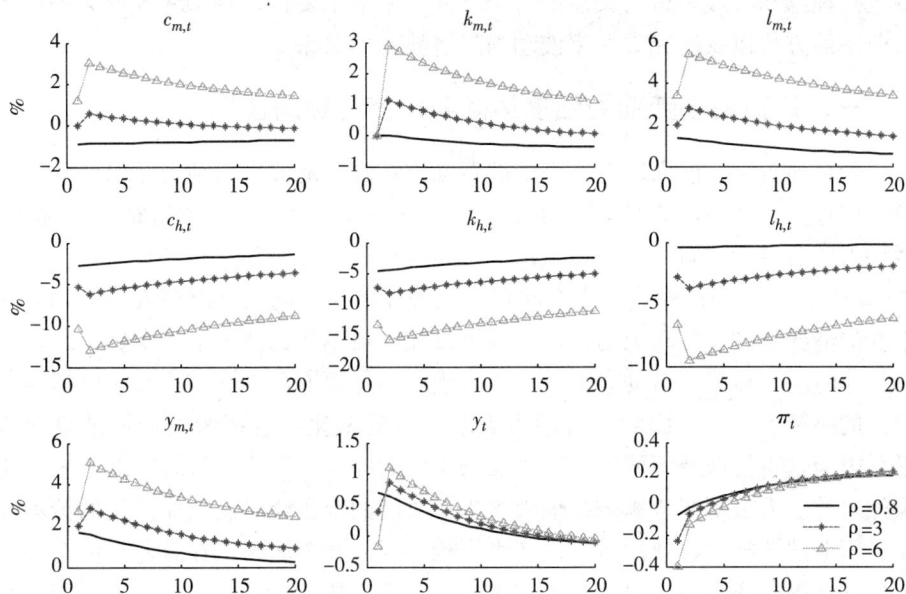

图6.3　不同替代弹性下关于生产率冲击的冲击响应曲线

从模拟结果来看，两部门之间的替代弹性值越大，经济波动的幅度越大。当两部门的替代弹性小于 1 时，此时两部门的生产实际上是互补的，此时，冲击对经济波动的影响较小。因此，家庭生产部门的引入印证了 Ngouana（2012）和 Lester（2014）得出的结论，即模型中的粘性将会进一步增强，新凯恩斯 Phillips 曲线将变得更加平缓，从而具有加速效应，替代弹性值越大，加速效应越强。总之，在标准的 DSGE 模型中引入家庭生产部门可增强生产率冲击对经济活动产生的影响，该增强效果依赖于投入到家庭生产与市场产品生产的时间之间的替代弹性，或者依赖于市场可交易产品与家庭生产产品间替代弹性，替代弹性越大，增强效果越明显。

第三节　失业率的引入

反映经济变化的一个重要指标是失业率，失业率的确定、失业率的变化与经济波动的关系、失业率对福利的影响、失业率的变化与政策选择关系等问题一直是理论和实践中最为关注的一个方面。本节主要探讨在 DSGE 框架中引入失业率的方法以及研究失业率波动与经济波动的关系。

一、厂商关于劳动力强度边际和广度边际的选择

到目前为止，前面所有模型中的劳动力均隐含地假设劳动力是以劳动时间形式体现的，即劳动力体现出强度边际（Intensive Margin）的特征。实际中，劳动力还会以劳动力人数的形式出现，此时劳动力体现出广度边际（Extensive Margin）的特征。厂商进行生产时根据经济环境的变化既可以在人均劳动时间不变的情况下改变劳动力的人数，也可以在人数不变的情况下改变每个劳动力的工作时间，显然，劳动力需求变化表现出的这两方面不同特征对居民提供劳动力的决策也会产生影响。劳动力需求人数的变化会直接影响居民的就业水平，因为这直接涉及不同居民是否参与工作的问题。人均工作时间的需求变化虽然对就业人数不产生影响，但人均工作时间的变化会对已就业居民的劳动强度、闲暇的选择以及效用等方面产生影响。即使某个居民仍在就业，但若经济不景气使得厂商要求该居民仅工作很短的时间，那么，该居民的收入、消费和福利等方面也会受到影响，居民实际上处于低就业或者隐性失业的状态。因此，为了进一步详细刻画劳动力的变化特点，需要从广度边际和强度边际两方面来考虑。

本部分先从劳动力需求的角度着手。为处理方便以及着重考虑劳动力需求情况，假设厂商进行生产时投入的资本存量不变，其投入的劳动力包含劳动力人数和人均工作时间，其生产函数采用下面的形式：

$$y_t = Z_t F(n_t, h_t), F_n, F_h > 0, F_{nn}, F_{hh} < 0, F_{nh} > 0$$

其中，y_t 是产出，Z_t 是全要素生产率，n_t 是雇佣劳动力的人数，h_t 是每个劳动力的工作时间，F_x 和 $F_{x,x}$ 分别表示生产函数关于变量 $x(x = n, h)$ 的一阶和二阶偏导数。如果在不增加劳动力人数的情况下，厂商试图以增加工作时间来扩大生产，显然厂商支付每个劳动力的工资 W_t 应随着工作时间的增加而增加且是工作时间的凸函数，即 $W_t = W(h_t)$，$W' > 0$，$W'' > 0$。类似前面章节关于资本存量存在调整成本的做法，假设厂商调整其所雇佣的劳动力人数时也存在调整

成本（如劳动力的寻找、培训等费用）$C(\Delta n_t)$，其是劳动力人数变化的函数，不妨设定为二次函数，$C(\Delta n_t) = 0.5d(\Delta n_t)^2$，此处 d 是常数。厂商的当期利润函数可表示为

$$\prod_t = Z_t F(n_t, h_t) - W(h_t)n_t - 0.5d(\Delta n_t)^2$$

厂商代表居民进行生产，居民具有企业的所有权，厂商的目标是对当期及所有未来各期利润的贴现和进行最大化，即求解下面的优化问题：

$$\max_{\{n_{t+i}, h_{t+i}\}} E_t \sum_{i=0}^{\infty} \beta^i (\lambda_{t+i}/\lambda_t)[Z_{t+i}F(n_{t+i}, h_{t+i}) - W(h_{t+i})n_{t+i} - 0.5d(\Delta n_{t+i})^2]$$

$$s.t. \quad y_{t+i} = Z_{t+i}F(n_{t+i}, h_{t+i})$$

这里，$\beta^i \lambda_{t+i}/\lambda_t$ 是跨期替代率，λ_t 是居民关于财富的边际消费倾向，β 是贴现率。该优化问题的一阶条件为

$$Z_t F_n(n_t, h_t) - W(h_t) - d\Delta n_t + \beta E_t[(\lambda_{t+1}/\lambda_t)d\Delta n_{t+1}] = 0$$
$$W'(h_t)n_t = Z_t F_h(n_t, h_t)$$

将第一个式子向前进行迭代可得到

$$\Delta n_t = \sum_{i=0}^{\infty} E_t[\beta^i \lambda_{t+i}/(\lambda_t d)][Z_{t+i}F_n(n_{t+i}, h_{t+i}) - W(h_{t+i})]$$

这表明，只要当期或者未来各期每个劳动力的边际产出的贴现值高于人均工资的贴现值，那么厂商对劳动力数量的需求将会增加。在稳态时，每个劳动力的边际产出将等于人均工资，即 $\bar{Z}F_n(\bar{n}, \bar{h}) = W(\bar{h})$。

假设生产函数采用凹函数形式，$y_t = Z_t F(n_t h_t)$，$F' > 0, F'' < 0$，上面一阶条件可改写为

$$\Delta n_t = [Z_t F'(n_t h_t)h_t - W(h_t)]/d + \beta(\lambda_{t+1}/\lambda_t)\Delta n_{t+1}$$
$$W'(h_t) = Z_t F'(n_t h_t)$$

将第二个式子代入第一个式子可得到

$$\Delta n_t = \sum_{i=0}^{\infty} E_t[\beta^i \lambda_{t+i}/(\lambda_t d)][W'(h_{t+i})h_{t+i} - W(h_{t+i})]$$

在稳态时可得到 $W'(\bar{h})\bar{h} = W(\bar{h})$，结合前面得到的 $\bar{Z}F_n(\bar{n}, \bar{h}) = W(\bar{h})$ 可知：

$$W'(\bar{h})\bar{h} = W(\bar{h}) = \bar{Z}F_n(\bar{n}, \bar{h})$$

由于人均工资函数是凸函数，从而可得到

$$W'(\bar{h})\bar{h} > W(\bar{h}) = \bar{Z}F_n(\bar{n}, \bar{h}), \text{或}, \bar{Z}F_h(\bar{n}, \bar{h})/\bar{n} > \bar{Z}F_n(\bar{n}, \bar{h})/\bar{h}$$

这说明，厂商在长期是不可能通过不改变用人数量而一味地提高人均工作时间来进行扩大生产的，因为此时成本显然高于通过增加劳动力人数扩大生产的成本，从而在长期，厂商将会采取改变劳动力人数而将人均时间保持一定的策

略。但在短期，由于劳动力人数调整是有成本的，从而厂商可以通过提高人均工作时间达到扩大生产的目的。若假设人均工资是关于工作时间的线性函数，$W(h_t) = w_t h_t$，w_t 是人均单位时间工资，则厂商选择劳动人数还是工作时间是没有差异的，这就回到了前面章节中假设劳动力以总工作时间为度量的情况。

总结以上分析，无论厂商是通过广度边际还是强度边际来调整对劳动力的需求，其需要考虑二者带来的成本变化。

二、劳动的不可分割性、劳动力供给弹性与经济波动

通过广度边际提供劳动力时需要注意劳动力的不可分割性（Indivisible Labor），即劳动力供给的最小单位是一个人。对于某个劳动者，其要么提供劳动力从而被雇佣，要么不提供劳动力从而失业。劳动力的不可分割性对经济波动的影响最早为 Hansen（1985）和 Rogerson（1988）所注意到。他们的研究指出，实际经济周期模型模拟出的就业变化相对比较平滑，与实际数据中就业的波动特征并不太匹配，影响该结果的一个重要原因是效用函数中劳动力的供给弹性，而影响该弹性的一个因素与劳动力按照广度边际还是强度边际引入相关，考虑到劳动力的不可分割性，他们提出了一个巧妙的改进方法。

他们从一个典型家庭为出发点，假设家庭中有很多成员，每期仅有一部分成员被雇佣，若家庭成员一旦被雇佣，则其提供的劳动力为固定值 L_0，若没有被雇佣，则其不提供劳动力。假设效用函数采用消费与闲暇可分离的形式，即 $U_t = U(c_t) + H(l_t)$，其中 c_t 是消费，l_t 是劳动力。对于被雇佣的成员和未被雇佣的成员，其效用函数分别为 $U_t = U(c_{e,t}) + H(L_0)$ 和 $U_t = U(c_{u,t}) + H(0)$，这里，$c_{e,t}$ 和 $c_{u,t}$ 分别是被雇佣者和未被雇佣者的消费。假设每期中被雇佣的概率为 π_t，典型家庭的行为决策可通过下面的优化问题描述：

$$\max_{\{c_{e,t+i}, c_{u,t+i}, l_{t+i}, b_{t+i}\}} E_t \sum_{i=0}^{\infty} \beta^i [\pi_{t+i} [U(c_{e,t+i}) + H(L_0)] + (1 - \pi_{t+i})[U(c_{u,t+i}) + H(0)]]$$

$$s.t. \quad \pi_{t+i} c_{e,t+i} + (1 - \pi_{t+i}) c_{u,t+i} + b_{t+1+i} = (1 + r_{t+i}) b_{t+i} + w_{t+i} l_{t+i} + d_{t+i}$$

$$l_{t+i} = \pi_{t+i} L_0$$

为着重考虑就业的选择问题，我们简单假设家庭持有的资产为 b_t，其收益率为 r_t，家庭的其他收入为 d_t。令 λ_t 为上面预算约束对应的 Lagrange 乘子，该优化问题的一阶条件为

$$\lambda_t = \frac{\partial U}{\partial c_{e,t}} = \frac{\partial U}{\partial c_{u,t}}$$

$$\frac{[U(c_{e,t}) - U(c_{u,t})] + \lambda_t(c_{e,t} - c_{u,t})}{L_0} + \frac{[H(L_0) - H(0)]}{L_0} = \lambda_t w_t$$

$$\lambda_t = E_t[\beta(1 + r_{t+1})\lambda_{t+1}]$$

在效用函数形式相同的情况下，从前两个式子可得到 $c_{e,t} = c_{u,t}$，从而家庭的总消费为 $c_t = \pi_t c_{e,t} + (1 - \pi_t)c_{u,t}$，与每个家庭成员是否被雇佣无关，这相当于对家庭是否被雇佣的不确定状态进行了完全保险。同时，倒数第二个式子左边的第一项也为零，这样家庭的效用函数可表示为

$$U(c_t, l_t) = U(c_t) + Al_t, A = \frac{H(L_0) - H(0)}{L_0}$$

上面的优化问题可转换为下面的优化问题：

$$\max_{\{c_{t+i}, l_{t+i}, b_{t+i}\}} E_t \sum_{i=0}^{\infty} \beta^i[U(c_{t+i}) + Al_t]$$

$$s.t. \quad c_{t+i} + b_{t+1+i} = (1 + r_{t+i})b_{t+i} + w_{t+i}l_{t+i} + d_{t+i}$$

这就与前面章节的典型经济人模型类似，但此时劳动力是以广度边际的形式出现的。不难验证，该优化问题的一阶条件与前面问题推导的结果相同，但含义不尽相同，上面问题中的劳动力供给弹性无穷大。因此，尽管劳动力数量在微观上是不可分割的，但经过加总后，劳动力的供给弹性可以变得很大。实证中发现，微观数据得到的劳动力供给弹性很小，但实际经济周期（RBC）模型对该弹性的估计值通常很大，上面介绍的 Hansen（1985）和 Rogerson（1988）处理方法实际上为这二者的不一致性提供了很好的解释。在第二章第一节资本固定的情况下，采用特殊的效用函数和生产函数后，我们得到了下面的解析解：

$$l_t = \left[\frac{1 - \alpha}{\omega}\right]^{\frac{1}{1 + \varphi - (1-\alpha)(1-\gamma)}} Z_t^{\frac{1 - \gamma}{1 + \varphi - (1-\alpha)(1-\gamma)}} X_t^{\frac{-1}{1 + \varphi - (1-\alpha)(1-\gamma)}}$$

可以看出，劳动力的供给弹性（$1/\varphi$）越大，即参数 φ 越小，劳动力的波动越大，相应地，产出、消费等变量的波动越大。当 φ 趋于零时（这正好对应于上面讨论的结果），劳动力的供给弹性趋于无穷大，此时劳动力的波动最大。因此，Hansen（1985）和 Rogerson（1988）的处理方法为改进实际经济周期模型的性能提供了一条路径。另外，从 Hansen（1985）和 Rogerson（1988）模型中可以看出，家庭成员并不是全部被雇佣的，仅有一定概率的成员被雇佣，每期被雇佣的成员概率（即就业率）变化是和经济波动相关的，这也就意味着模型有对失业的刻画，失业率也是和经济波动相关的。

三、关于失业率的典型观点

到目前为止，前面章节介绍的所有模型都没有关于失业的讨论，就是说，模型隐含地认为，劳动力一旦被雇佣，劳动力全部参与生产。尽管参与的劳动

力会随着经济中生产的变化而变化，但只要生产中对劳动力的调整没有成本，那么均衡时不存在非自愿失业，这一点与古典经济学派的观点类似。

古典经济学派认为，在完全竞争的条件下，就业的确定是通过劳动力市场供求关系确定的。从供给方面来看，居民的劳动力供给选择是通过消费和闲暇的替代率与实际工资相等这个关系式来确定的，即

$$w_t = msr_t = -\frac{\partial U(c_t, l_t)}{\partial l_t} \bigg/ \frac{\partial U(c_t, l_t)}{\partial c_t}$$

其中，msr_t 是消费与闲暇的替代率，w_t 是实际工资，c_t 是消费，l_t 是劳动力供给，$U(*)$ 是效用函数。从需求方面来看，厂商对劳动力的需求是通过劳动力的边际产出等于实际工资这个关系式来确定的，即

$$w_t = mpl_t = \frac{\partial y(k_t, l_t)}{\partial l_t}$$

其中，mpl_t 是劳动力的边际产出，$y(k_t, l_t)$ 是生产函数，k_t 是资本，l_t 是劳动力。在给定某个工资水平情况下，劳动力需求和供给分别通过上面两个关系式来确定。当劳动力需求大于（或小于）劳动力供给时，厂商会发现不能按照该工资水平雇佣到需要的劳动力（或不需要雇佣这么多的劳动力），此时工资将会进行向上（或向下）调整，直到劳动力市场达到均衡，即满足以下均衡条件：

$$w_t = msr_t = mpl_t$$

此时的工资和劳动力称为均衡工资和均衡劳动力。可以看出，非自愿失业在古典经济学中是不存在的。而且，确定的均衡就业和实际工资是针对实体经济而言的，这意味着当货币变化等名义冲击导致价格水平变化时，由于价格是完全弹性的，名义工资也会随着价格水平变化，从而名义冲击不会改变上面的均衡状态，这也体现出古典经济学的二分法（Dichotomy）结构。以上结论成立的重要前提是，劳动力市场是完全竞争的，工资能够灵活调整，劳动力市场进入或退出是没有成本的。如果劳动力市场的进入或退出存在成本，如劳动力进入壁垒、劳动力退出保护、劳动力的不可替代、劳动力寻找与匹配等，那么，即使工资是完全弹性的，劳动力市场仍然会存在失业，因此，经济中长期客观存在的实际刚性会导致失业的存在，这就是弗里德曼所说的自然失业率。除此之外，即使劳动力市场不存在实际刚性，但若工资不是弹性的，如工会与厂商讨价还价的力量增强、劳动力市场中垄断竞争等因素使得工资调整很困难，特别是实际中工资向下调整的难度更大，那么也会存在失业。

凯恩斯经济学关于失业的观点与上述不同。除了劳动力市场本身存在的刚性使得该市场处于非均衡状态外，在价格或工资处于粘性的情况下，商品市场中有效需求的不足也会对劳动力市场产生溢出效应从而加剧劳动力市场的失

衡，而失业的存在又会对商品价格和工资产生影响，因此，劳动力市场和商品市场是否处于均衡状态共同影响着失业、总需求以及工资和价格等变量，不存在古典经济学所说的二分法结构。这一点可通过 Phillips 曲线清楚地看到。Phillips（1958）根据实际数据得到关于名义工资、物价和失业率的实证关系式：

$$\ln(W_t/W_{t-1}) = \lambda_0 + (1 - \lambda_1)\ln(P_t/P_{t-1}) + \lambda_1\ln(P_{t-1}/P_{t-2}) - \lambda_2 u_t + \lambda_3\ln(Z_t/Z_{t-1})$$

其中，W_t 是名义工资，P_t 是物价水平，Z_t 是生产率，u_t 是失业率。名义工资将根据物价、生产率及反映劳动力市场目前就业状态的变化进行调整，参数 λ_1 用以测度名义工资的刚性，λ_1 越大，名义工资根据价格变化调整的速度越慢，这里实际上采用的自适应预期。定义实际工资为 $w_t = W_t/P_t$，上式可改写为

$$\ln(w_t/w_{t-1}) = \lambda_0 - \lambda_1[\ln(P_t/P_{t-1}) - \ln(P_{t-1}/P_{t-2})] - \lambda_2 u_t + \lambda_3\ln(Z_t/Z_{t-1})$$

可以看出，参数 λ_2 反映了失业率对实际工资变化率的影响。为讨论方便，假设资本是固定的，此时厂商根据生产产品的边际成本确定商品的价格为

$$\ln(P_t/P_{t-1}) = \ln(W_t/Z_t) - \ln(W_{t-1}/Z_{t-1})$$

代入上式可得到

$$\lambda_1[\ln(P_t/P_{t-1}) - \ln(P_{t-1}/P_{t-2})] = \lambda_0 - \lambda_2 u_t - (1 - \lambda_3)\ln(Z_t/Z_{t-1})$$

若通胀率为常数，即通胀率呈现非加速状态，那么，非加速通胀状态的失业率（Non accelerating Inflation Rate of Underemployment，NAIRU）为

$$\bar{u}_t = [\lambda_0 - (1 - \lambda_3)\ln(Z_t/Z_{t-1})]/\lambda_2$$

这表明，非加速通胀状态的失业率决定于生产率的变化以及反映工资刚性的参数。一般来讲，该变量不为零。即使在稳态，非加速通胀状态的失业率只有在非常特殊的参数设定情况下才为零。因此，失业率无论在短期还是在长期都不可能为零。将上式代入可得到下面的 Phillips 曲线：

$$u_t = \bar{u}_t - (\lambda_1/\lambda_2)[\ln(P_t/P_{t-1}) - \ln(P_{t-1}/P_{t-2})]$$

从这里可以看出，实际失业率相对于非加速通胀状态的失业率的变化是与通胀率的变化密切相关的，通胀率波动越大，失业率相对于非加速通胀状态的失业率的波动越大。因此，在短期，扩张性的货币政策导致的通胀率变化可以影响失业率，货币呈现非中性的特征，但在长期，随着名义工资的调整，通胀率与失业率之间没有权衡关系，货币呈现中性的特征。

　　凯恩斯经济学对失业进行了解释，非自愿失业是客观存在的，但该解释仍有一些没有得到彻底解决的问题，一个不完美的方面是关于预期的影响。从上面非加速通胀状态的失业率模型可以看出，似乎短期内扩张性的政策虽可导致通胀率上升，同时也可使失业率降低，这样政府为降低失业率会一味地采用扩

张性的政策。新古典（New Classical）经济学派对此进行了批判。以 Phelps 和 Lucas 为代表的理性预期学派认为，政策的变化同时会影响人们的预期，他们从微观经济学基础对 Phillips 曲线进行了深入探讨，提出了理性预期假设下的 Phillips 曲线，根据该理论，预期到的政策变化并不会对经济行为产生系统性的影响，只有预期不到的政策变化才会对经济行为产生影响，因此，即使在短期，通胀率和失业率也未必存在此消彼长的关系。无论短期还是长期，经济中是否存在失业主要决定于非预期的经济冲击（包括政策冲击）对经济行为的影响，只要非预期的经济冲击不是永久性的冲击，那么，在价格完全弹性的情况下，失业是暂时的，劳动力市场的非均衡状态也只是暂时现象，最终会回到均衡状态。

凯恩斯经济学关于失业解释的另一个不完美方面是有关行为方程的微观经济学基础。从上面非加速通胀状态的失业率模型可以看出，方程中参数的设定具有一定的任意性、宏观行为方程是根据实证总结的，其微观经济理论基础是什么等方面并没有给出从微观到宏观的系统性解释，从而模型是否是真正的结构性模型且避免了 Lucas 批判（1976）是值得商榷的。以 Kydland 和 Prescott（1980）为代表的新古典经济学中的实际经济周期（RBC）学派对此进行了改进。

最初的 RBC 模型是在市场连续出清、价格为弹性及信息完全的假设条件下得到的，对主要实体经济变量（如产出、消费、投资、资本、实际工资等变量）的波动进行了解释。模型也对劳动力的变化进行了刻画，但假设劳动力全部被雇佣，从而没有对失业的刻画。Hansen（1985）和 Rogerson（1988）在 RBC 框架下对劳动力供给的广度边际特征进行了刻画，通过抽签就业的形式引入了失业率得到，失业率的变化和经济波动是密切相关的，但对为什么要抽签、如何抽签以及抽签对现有劳动力构成是否有影响、抽签是否有成本等问题都没有给予解释。Bénassy（1995，1997）、Galí（1996）和 Maffezzoli（2001）在 RBC 框架下引入了垄断竞争，探讨了劳动力市场处于垄断竞争条件下工资的确定及其对就业和经济波动的影响，但模型中价格弹性的假设使得经济冲击对就业的影响没有实际数据中观察到的持续性，失业的波动规律与实际情况不符。

在 RBC 框架下研究失业的另一种方式是引入劳动力市场中的搜寻匹配（Search and Match）机制。利用搜寻匹配理论研究就业具有较长历史，既有部分均衡框架下的成果，也有一般均衡框架下的成果，相关研究可参见 Diamond（2011）、Mortensen（2011）和 Pissarides（2011）等三位诺贝尔经济学奖得主的综述。这里仅简介经济波动方面的成果，主要参考 Diamond – Mortensen – Pissarides（DMP）模型（参见 Pissarides（2000））。在一个经济中居民和厂商各自都在搜寻，居民搜寻是为了寻找工作并得到工资收入，厂商搜寻是为了生产需要雇佣新的劳动力来补齐空缺的岗位，空缺的岗位与寻找工作的劳动力之间进行合适的匹配才能真正使生产进行下去并对双方都有利。居民选择工作还是失业对其福利有影响，厂商是否增加岗位空缺数与其成本和利润有关，从而未找到工作的居民与空缺的岗位是否能够匹配是双方利益的一种博弈。并且，居民和厂商的匹配并不是一成不变的，居民会随着经济环境和自身技能水平等因素的变化放弃目前的工作并寻找新的工作，厂商也会随着经济环境、产品更新和生产扩张等因素的变化减少目前的岗位空缺数和增加新的岗位空缺数（参见 den Haan – Ramey – Watson（2000））。这样，居民和厂商的雇佣关系有一定的概率不复存在（称为分离率，Separation Rate），双方经过不断博弈最终确定了均衡工资和均衡就业水平与失业率。从 DMP 模型可以看出，失业率的存在是一种博弈均衡结果，搜寻与匹配产生的成本是造成均衡失业率存在的根本原因。因此，搜寻匹配理论为古典学派和凯恩斯学派所假设的工资刚性提供了一种解释，而且，这种刚性是劳动力市场中存在的实际刚性，同时，匹配概率也为 Hansen（1985）和 Rogerson（1988）模型的抽签概率提供了解释。虽然搜寻匹配理论得到了飞快发展，但 Hall（2005a）和 Shimer（2005a，2010）指出，带有搜寻匹配理论的 RBC 模型得到的失业率波动与实际数据差异较大，要使模型与实际数据得到较好的拟合，需要将某些参数或某些外部冲击的幅度设定为不切实际的数值，他们建议改变 RBC 模型关于价格是弹性的假设而将价格假设为粘性的。

20 世纪 80 年代以来，新凯恩斯经济学从价格或工资粘性的微观基础方面对粘性进行了深入探索，在垄断竞争的经济环境下依据交错定价、工资或价格存在调整成本等理论假设，对价格和工资粘性进行了进一步分析，从而对传统的 Phillips 曲线进行了重大改进，并以此对经济波动进行了细致分析和实证。近年来，新凯恩斯经济学又往前迈了一步，在原有的基础上增加了对失业的讨论。其中，在垄断竞争和价格粘性的假设下引入失业率的主要成果包括 Zanetti（2007）、Blanchard – Galí（2007）、Casares（2007a，b，2008，2009，2010）、Casares – Moreno – Vázquez（2009，2010）、Galí（2010a，2011，2015）和 Galí – Smets – Wouters（2011）等，这些成果探讨了名义粘性对失业和经济波动的影响；在新凯恩斯经济学框架下进一步利用搜寻匹配理论研究失业率和经济波动的成果也非常丰富，主要包括 Chéron –

Langot（2000）、Walsh（2003, 2005）、Christoffel - Linzert（2005）、Trigari（2006, 2009）、Thomas（2006, 2008）、Krause - Lubik（2007, 2009）、Gertler - Sala - Trigari（2008）、Blanchard - Galí（2010）、Galí（2010b）和 Christiano - Trabandt - Walentin（2010）等，这些研究详细探讨了经济波动中失业率与空职率的关系及其对新凯恩斯 Phillips 曲线的改进，以福利最大化为基础分析了最优经济政策的选择等问题。总的来看，新凯恩斯经济学对以前凯恩斯经济学中的 Phillips 曲线的微观经济基础进行了详细阐释，对凯恩斯经济学中有关失业分析的大部分问题进行了确定性的回答。当然，某些问题还在继续研究和探讨之中。

下面两部分着重在新凯恩斯框架下探讨均衡失业率及相关问题。

四、在新凯恩斯框架下引入失业率

劳动力市场或商品市场中的垄断竞争会使工资或商品定价过高，从而影响劳动力市场或商品市场的需求，加之劳动力市场和商品市场之间的溢出效应，会导致总需求和劳动力水平低于完全竞争情况下的水平。因此，垄断竞争产生的资源配置效率低下会导致失业，即使在稳态时，只要存在垄断竞争，那么失业仍然存在，从而失业在长期也是存在的，要达到充分就业，只有消除垄断竞争才能达到。但是，在工资或价格弹性的情况下，垄断竞争只会导致就业和失业的一次性水平变化，从而使就业和失业直接跳跃到低效率的状态并保持在该状态，这种变化规律不能解释实际中就业和失业的波动特征。为此，只有在工资或价格存在粘性的情况下，垄断竞争不仅会对长期的就业、失业和产出水平产生影响，而且也会对这些变量的短期动态变化产生影响。

在新凯恩斯框架下引入失业的典型成果有 Blanchard - Galí（2007）、Zanetti（2007）、Casares（2007a, b, 2008, 2009, 2010）、Casares - Moreno - Vázquez（2009, 2010）、Galí（2010a, 2011, 2015）和 Galí - Smets - Wouters（2011）等。其中，Zanetti（2007）仅考虑了价格粘性并采用 Rotemberg 定价方式，Blanchard - Galí（2007）、Galí（2010a, 2011, 2015）和 Galí - Smets - Wouters（2011）等采用 Calvo 定价方式同时考虑了工资和价格粘性。这些研究的一个共同点是工资的定价权掌握在居民或者代表居民的工会手里，商品的定价权掌握在厂商手里，这种处理方式使得模型求解比较方便。Casares（2007a, b, 2008, 2009, 2010）和 Casares - Moreno - Vázquez（2009, 2010）认为，工资的这种定价方式仅适用于工会力量比较强大的欧洲国家，对工会力量很弱的北美国家未必适用，因此他们在模型中假设工资和商品的定价权均掌握在厂商手里并采用 Calvo 定价方式。但是在这种假设下，由于工资的定价依赖于各个厂商，从而厂商的边际生产成本对所有厂商不再是相同的而是依赖于各个厂商。这样，工资和价格依赖于各个厂商的异质性使得价格和工资的总水平是相互影响和联立确定的，不再像工资定价权掌握在居民手里可以分开处理那样简单。Casares（2007a）开始针对工资和价格同步调整的情况得到了解析解并得出，工资和就业对生产率冲击的反应依据定价权掌握在谁手里是不同的，随后 Casares（2007b，2008，2009，2010）和 Casares - Moreno - Vázquez（2009，2010）将模型推广到工资和价格非同步调整的情况并探讨了经济波动的差异性。Bénassy（1995，1997）、Galí（1996）和 Maffezzoli（2001）指出，居民和厂商关于就业和工资的确定是一种非合作的纳什讨价还价过程，双方的讨价还价能力决定了最终合作贸易盈余的分配，由此可得到，若居民掌握定价权，则工资的确定有利于居民；若厂商掌握定价权，则工资的确定有利于厂商；若二者均不掌握绝对的定价权，则工资的确定介于上面两种情况之间（后面搜寻匹配理论将详细讨论该情况），因此，Galí 和 Casares 得到的结果是两种特殊情况。为讨论方便，下面主要讨论工资定价权掌握在居民手里的情况。

采用上一章第二节包含工资粘性和价格粘性的模型，暂不考虑经济中带有趋势的情况，名义工资和价格分别采用盯住稳态时工资增长率和通胀率的指数化盯住策略。这里着重考虑失业率的引入，从而下面模型中的经济主体及其行为方程大部分与上一章第二节模型相同，唯一不同的是需对劳动力市场进行进一步刻画，上一章已经得到下面的方程：

$$W_t^f / P_t = \frac{\theta_{w,t}}{(\theta_{w,t} - 1)} msr_t = \frac{\theta_{w,t}}{(\theta_{w,t} - 1)} \Big[- \frac{\partial U(c_t, l_t^d)}{\partial l_t^d} \Big/ \frac{\partial U(c_t, l_t^d)}{\partial c_t} \Big]$$

$$E_t \Big(\frac{W_t(h)}{W_t} W_{1,t} - W_{2,t} \Big) = 0$$

$$W_{1,t} = \lambda_t l_t^d (W_t^f / W_t)^{-2} + \beta q_w \Big(\frac{1 + \overline{\pi}_w}{1 + \pi_{w,t+1}} \Big)^2 W_{1,t+1}$$

$$W_{2,t} = \lambda_t l_t^d (W_t^f / W_t)^{-1} + \beta q_w \Big(\frac{1 + \overline{\pi}_w}{1 + \pi_{w,t+1}} \Big) W_{2,t+1}$$

$$(W_t)^{1-\theta_{w,t}} = (1 - q_w) [W_t(h)]^{1-\theta_{w,t}} + q_w [(1 + \overline{\pi}_w) W_{t-1}]^{1-\theta_{w,t}}$$

其中，W_t^f 是完全弹性条件下的最优名义工资，P_t 是物价水平，msr_t 是消费与闲暇的替代率，$\theta_{w,t}$ 是不同劳动力之间的相互替代弹性，$W_t(h)$ 是第 h 个居民在工资粘性条件下制定的最优名义工资，λ_t 是居民关于财富的边际消费倾向，W_t 是

系统性解剖与构建 DSGE 框架

名义工资，$\pi_{w,t} = W_t/W_{t-1} - 1$ 是名义工资增长率，$(1 - q_w)$ 是每期调整名义工资的居民所占的比例，$l_t^d = \int_0^1 l_t(j)\,dj$ 是所有厂商对劳动力的总需求，通过上面式子可以确定满足需求约束下的最优工资，也可以将其视为确定劳动力需求的方程。

对于连续分布于 $[0,1]$ 的某个居民 h，在上面确定的工资 $W_t(h)$ 下愿意提供的劳动力为

$$W_t(h)/P_t = msr_t = \left[-\frac{\partial U(c_t, l_t^s(h))}{\partial l_t^s(h)} \bigg/ \frac{\partial U(c_t, l_t^s(h))}{\partial c_t} \right]$$

其中，$l_t^s(h)$ 是第 h 个居民提供的劳动力。这个方程就是典型居民的劳动力供给方程，定义劳动力总供给为 $l_t^s = \int_0^1 l_t^s(h)\,dh$（亦称劳动力的参与率），考虑上面的对称性，可得到劳动力的总供给方程为

$$W_t/P_t = \left[-\frac{\partial U(c_t, l_t^s)}{\partial l_t^s} \bigg/ \frac{\partial U(c_t, l_t^s)}{\partial c_t} \right]$$

在刻画劳动力市场的供求关系后，可以定义失业率为

$$u_t = 1 - l_t^d/l_t^s$$

假设采用前面章节中具体的效用函数形式：

$$U(c_t, l_t) = V_t\left(\frac{c_t^{1-\gamma}}{1-\gamma} - \omega X_t \frac{l_t^{1+\varphi}}{1+\varphi} \right)$$

其中，V_t 是偏好冲击，X_t 是劳动力供给冲击，上面各式具体可表示为

$$\frac{W_t^f}{P_t} = \frac{\theta_{w,t}}{\lambda_t(\theta_{w,t}-1)} \omega V_t X_t \, (l_t^d)^\varphi$$

$$\frac{W_t}{P_t} = \frac{1}{\lambda_t} \omega V_t X_t \, (l_t^s)^\varphi$$

$$\lambda_t = V_t \, (c_t)^{-\gamma}$$

经过处理可得到

$$\frac{W_t^f}{W_t} = \frac{\theta_{w,t}}{(\theta_{w,t}-1)} \, (l_t^d/l_t^s)^\varphi = \frac{\theta_{w,t}}{(\theta_{w,t}-1)} \, (1-u_t)^\varphi$$

进一步代入前面的式子可得到关于工资和失业率的方程。

考虑工资完全弹性的情况（即 $q_w = 0$），此时，$W_t = W_t(h) = W_t^f$，代入上式可得到

$$(1-u_t)^\varphi = \frac{\theta_{w,t}-1}{\theta_{w,t}}$$

可以看出，即使没有名义工资粘性，失业率也不为零，而且稳态时的失业率为

$$\bar{u} = 1 - \left(\frac{\overline{\theta}_w - 1}{\overline{\theta}_w} \right)^{1/\varphi}$$

这表明，只要劳动力市场存在垄断竞争，那么不管名义工资的粘性如何，失业在短期和长期总是存在的。要消除失业，需要使 $\theta_{w,t} \to \infty$，即劳动力市场是完全竞争的。

如果名义工资是粘性的，那么失业率和工资存在着更复杂的关系。为较清楚地看到它们之间的关系，对上面各式进行对数线性化可得到

$$\hat{W}_t(h) - \hat{W}_t = \hat{W}_{2,t} - \hat{W}_{1,t}$$

$$\hat{W}_{2,t} - \hat{W}_{1,t} = (1 - \beta q_w)(\hat{W}_t^f - \hat{W}_t) + \beta q_w [(\hat{W}_{2,t+1} - \hat{W}_{1,t+1}) + \hat{\pi}_{w,t}]$$

$$\hat{W}_t(h) - \hat{W}_t = [q_w/(1 - q_w)]\hat{\pi}_{w,t}$$

$$\hat{W}_t^f - \hat{W}_t = - \frac{1}{(\overline{\theta}_w - 1)}\hat{\theta}_{w,t} - \varphi\hat{u}_t$$

经过化简可得到

$$\hat{\pi}_{w,t} = \beta\hat{\pi}_{w,t} + \frac{(1 - \beta q_w)(1 - q_w)}{q_w} \left[- \frac{1}{(\overline{\theta}_w - 1)}\hat{\theta}_{w,t} - \varphi\hat{u}_t \right]$$

这就是新凯恩斯经济学中关于工资增长率与失业率之间关系的 Phillips 曲线。显然失业率与工资增长率是负相关的，这与当年通过经验分析得到的 Phillips 曲线是一致的，而且，名义工资粘性的存在会使得失业率对工资的动态变化规律产生影响。上一章我们已经得到，劳动力的总需求为

$$l_t^d = s_{w,t}s_t[(1 - \alpha)m_t/w_t]y_t$$

其中，

$$s_t = (1 - q)[P_t(j)/P_t]^{-\theta_t} + q \left(\frac{1 + \overline{\pi}}{1 + \pi_t} \right)^{-\theta_t} s_{t-1}$$

$$s_{w,t} = (1 - q_w) \left(\frac{W_t(h)}{W_t} \right)^{-\theta_{w,t}} + q_w \left(\frac{1 + \overline{\pi}_w}{1 + \pi_{w,t}} \right)^{-\theta_{w,t}} s_{w,t-1}$$

可以看出，商品市场中的垄断竞争以及价格粘性将会导致商品市场中的有效需求不足，这会进一步对劳动力市场产生溢出效应，因此在价格和工资均存在粘性的情况下，工资、价格和失业率的关系更加复杂，这一点将在后面的模拟中显示。

在下面模拟中，大部分参数和变量稳态值的校准基本上与上一章第二节的

模型相同。唯一值得注意的是，需要根据稳态时的失业率对劳动力的替代弹性重新进行校准，即

$$\frac{\overline{\theta}_w - 1}{\overline{\theta}_w} = (1 - \overline{u})^{\varphi}$$

这一点与上一章不同，若要使劳动力的替代弹性仍然与上一章一致，则需对影响劳动力供给弹性的参数 φ 重新校准；若要使劳动力的替代弹性及参数 φ 均与上一章一致，则需对稳态时失业率进行校准。为完整起见，整个模型总结于表 6.3。

表 6.3　　　　　　　　　　模型 Cha6cn（非线性形式）

外生变量：V_t, X_t, Z_t, g_t, θ_t, $\theta_{w,t}$;

$\ln(V_t/\overline{V}) = \rho_V\ln(V_{t-1}/\overline{V}) + u_{V,t}, 0 \leqslant \rho_V < 1$

$\ln(X_t/\overline{X}) = \rho_X\ln(X_{t-1}/\overline{X}) + u_{X,t}, 0 \leqslant \rho_X < 1$

$\ln(Z_t/\overline{Z}) = \rho_Z\ln(Z_{t-1}/\overline{Z}) + u_{Z,t}, 0 \leqslant \rho_Z < 1$

$\ln(g_t/\overline{g}) = \rho_g\ln(g_{t-1}/\overline{g}) + u_{g,t}, 0 \leqslant \rho_g < 1$

$\ln(\theta_t/\overline{\theta}) = \rho_\theta\ln(\theta_{t-1}/\overline{\theta}) + u_{\theta,t}, 0 \leqslant \rho_\theta < 1$

$\ln(\theta_{w,t}/\overline{\theta}_w) = \rho_{\theta w}\ln(\theta_{w,t-1}/\overline{\theta}_w) + u_{\theta w,t}, 0 \leqslant \rho_{\theta w} < 1$

内生变量：c_t, λ_t, r_t, $r_{k,t}$, m_t, w_t, k_t, y_t, l_t^d, i_t, τ_t, b_t, $F_{1,t}$, $F_{2,t}$, P_t (j), P_t, p_t^f, π_t, $W_{1,t}$, $W_{2,t}$, W_t (h), W_t^f, W_t, $\pi_{w,t}$, R_t, s_t, $s_{w,t}$, l_t^s, u_t;

$\lambda_t = V_t c_t^{-\gamma}$

$\lambda_t = E_t[\beta(1 + r_{t+1})\lambda_{t+1}]$

$r_t = r_{k,t} - \delta$

$r_{k,t} = \alpha m_t y_t/k_t$

$m_t = \dfrac{(r_{k,t})^\alpha w_t^{1-\alpha}}{(a)^\alpha (1-\alpha)^{1-\alpha} Z_t}$

$l_t^d = s_{w,t}(1-\alpha)m_t y_t/w_t$

$k_{t+1} = (1-\delta)k_t + i_t$

$y_t = s_t(c_t + i_t + g_t)$

$F_{1,t} = \lambda_t y_t (p_t^f)^{-2} + \beta q \left(\dfrac{1+\overline{\pi}}{1+\pi_{t+1}}\right)^2 F_{1,t+1}$

$F_{2,t} = \lambda_t y_t (p_t^f)^{-1} + \beta q \left(\dfrac{1+\overline{\pi}}{1+\pi_{t+1}}\right) F_{2,t+1}$

278

续表

$$E_t\left((P_t(j)/P_t)F_{1,t} - F_{2,t}\right) = 0$$

$$(P_t)^{1-\theta_t} = (1-q)\left[P_t(j)\right]^{1-\theta_t} + q\left[P_{t-1}(1+\overline{\pi})\right]^{1-\theta_t}$$

$$p_t^f = \frac{\theta_t}{\theta_t - 1} m_t$$

$$\pi_t = P_t/P_{t-1} - 1$$

$$W_{1,t} = \lambda_t l_t^d \left(W_t^f/W_t\right)^{-2} + \beta q_w \left(\frac{1+\overline{\pi}_w}{1+\pi_{w,t+1}}\right)^2 W_{1,t+1}$$

$$W_{2,t} = \lambda_t l_t^d \left(W_t^f/W_t\right)^{-1} + \beta q_w \left(\frac{1+\overline{\pi}_w}{1+\pi_{w,t+1}}\right) W_{2,t+1}$$

$$E_t\left(\frac{W_t(h)}{W_t} W_{1,t} - W_{2,t}\right) = 0$$

$$(W_t)^{1-\theta_{w,t}} = (1-q_w)\left[W_t(h)\right]^{1-\theta_{w,t}} + q_w\left[(1+\overline{\pi}_w)W_{t-1}\right]^{1-\theta_{w,t}}$$

$$(W_t^f/P_t)\lambda_t = \frac{\theta_{w,t}}{(\theta_{w,t}-1)}\omega V_t X_t \left(l_t^d\right)^\varphi$$

$$\pi_{w,t} = W_t/W_{t-1} - 1$$

$$s_t = (1-q)\left[P_t(j)/P_t\right]^{-\theta_t} + q\left(\frac{1+\overline{\pi}}{1+\pi_t}\right)^{-\theta_t} s_{t-1}$$

$$s_{w,t} = (1-q_w)\left(\frac{W_t(h)}{W_t}\right)^{-\theta_{w,t}} + q_w\left(\frac{1+\overline{\pi}_w}{1+\pi_{w,t}}\right)^{-\theta_{w,t}} s_{w,t-1}$$

$$\frac{W_t}{P_t} = \frac{1}{\lambda_t}\omega V_t X_t \left(l_t^s\right)^\varphi$$

$$u_t = 1 - l_t^d/l_t^s$$

$$1 + R_t = (1+r_t)(1+\pi_t)$$

$$b_{t+1} = (1+r_t)b_t + g_t - \tau_t$$

$$\tau_t = \overline{\tau} + \phi(b_t - \overline{b})$$

$$R_{t+1} = \rho_R R_t + (1-\rho_R)\left[\overline{R} + \kappa_y \ln(y_t/\overline{y}) + \kappa_\pi(\pi_t - \overline{\pi})\right] + u_{R,t},$$

$$0 \leqslant \rho_R \leqslant 1, \kappa_y > 0, \kappa_\pi > 1$$

随机冲击：$u_{V,t}$，$u_{X,t}$，$u_{Z,t}$，$u_{g,t}$，$u_{R,t}$，$u_{\theta,t}$，$u_{\theta w,t}$；

$$u_{V,t} \sim N(0,\sigma_V^2)，u_{X,t} \sim N(0,\sigma_X^2)，u_{Z,t} \sim N(0,\sigma_Z^2)，u_{g,t} \sim N(0,\sigma_g^2)，$$

$$u_{R,t} \sim N(0,\sigma_R^2)，u_{\theta,t} \sim N(0,\sigma_\theta^2)，u_{\theta w,t} \sim N(0,\sigma_{\theta w}^2)$$

稳态条件：

$$\overline{\theta} = 6，\overline{s} = 1，\overline{s}_w = 1，\overline{r} = 1/\beta - 1，\overline{\pi} = 0，\overline{\pi}_w = \overline{\pi}，\overline{u} = 0.05，$$

$$\frac{\theta_w - 1}{\theta_w} = (1-\overline{u})^\varphi，\overline{R} = (1+\overline{r})(1+\overline{\pi}) - 1，\overline{r}_k = \overline{r} + \delta，$$

$$\overline{m} = (\overline{\theta} - 1)/\overline{\theta}，\overline{m} = (\overline{r}_k)^\alpha \overline{w}^{1-\alpha}/\left[\overline{Z}\alpha^\alpha(1-\alpha)^{1-\alpha}\right]，$$

$$\bar{p}^j = 1, \bar{P}(j) = 1, \bar{P} = 1, \bar{W}^d = \bar{W} = \bar{w}\bar{P}, \bar{W}(h) = \bar{W},$$

$$\bar{k}/\bar{y} = \alpha\bar{m}/\bar{r}_k, \bar{l}^d/\bar{y} = (1-\alpha)\bar{m}/\bar{w}, \bar{c}/\bar{y} = 1 - \delta\bar{k}/\bar{y} - \bar{g}/\bar{y},$$

$$(\bar{y})^{\varphi+\gamma} = (1-\alpha)\bar{m}(\bar{l}^d/\bar{y})^{-1}(\bar{c}/\bar{y})^{-\gamma}[(\bar{\theta}_w - 1)/\bar{\theta}_w]/[\omega\bar{X}(\bar{l}^d/\bar{y})^{\varphi}]$$

$$\bar{l}^s = \bar{l}^d/(1-\bar{u}), \bar{\lambda} = \bar{V}(\bar{c})^{-\gamma}, \bar{\tau} = \bar{g} + \bar{r}\bar{b}$$

$$\bar{F}_1 = \bar{F}_2 = \bar{\lambda}\bar{y}/(1-\beta q), \bar{W}_1 = \bar{W}_2 = \bar{\lambda}\bar{l}^d/(1-\beta q_w)$$

为与前面章节模型进行对比，仍以全要素生产率冲击为例进行分析。假设模型在稳态时受到全要素生产率冲击的影响，该冲击使全要素生产率相对于其稳态值上升 1%。图 6.4 是包含与不包含失业两种情形下的冲击响应曲线。

由于价格和工资均存在粘性，从而生产率的提高使得产出等实际变量的变化是逐步变化并趋于稳态水平的。生产率的提高将会导致边际生产成本的降低，这一方面会导致厂商进行扩大再生产从而增加对生产要素的需求，另一方面会导致产品价格下降，从而对生产要素的价格产生向下的压力。由于模型假设资本市场是完全竞争的，这样资本收益率的变化在有无失业两种情况下几乎没有差别，但工资的变化在两种情况下是有差异的。在没有失业率的情况下，模型强行通过工资使劳动力需求与劳动力供给相等，为应对劳动力需求增加带来的压力，显然工资水平要更高一些。而在存在失业率的情况下，面对边际生产成本下降对工资带来的向下压力，居民在仍想保持原来工资水平的情况下可以选择失业，但失业相加无疑会对整个劳动力市场的工资水平带来向下的压力，这样工资水平会低于没有失业的情况。另外，在存在失业的情况下，我们可以对劳动力的供给和需求分开分析。对劳动力需求的分析与没有失业情况类似，而对劳动力的供给分析会增加一些新的内容：边际生产成本的降低对工资带来的向下压力会对劳动力供给带来向下压力，这在一定程度上会减弱对失业率带来的向上压力，但不会改变由垄断竞争和工资粘性导致的失业率变化趋势。

失业的引入不仅使劳动力市场的分析更加细致，而且失业率与实际工资的相互作用对边际生产成本产生的影响使得通胀和名义工资的变化规律也与没有失业的情况不太相同，这实际上对 Phillips 曲线的解释增加了一条渠道，即劳动力市场的实际刚性或粘性对通胀率的影响，这一点与传统的凯恩斯学派分析是一致的。上面的新凯恩斯模型认为劳动力市场的垄断竞争是造成劳动力市场实际刚性的重要因素，若消除垄断竞争，这一实际刚性就不再存在，也就没有失业，但果真如此吗？这是下一部分要分析的问题。

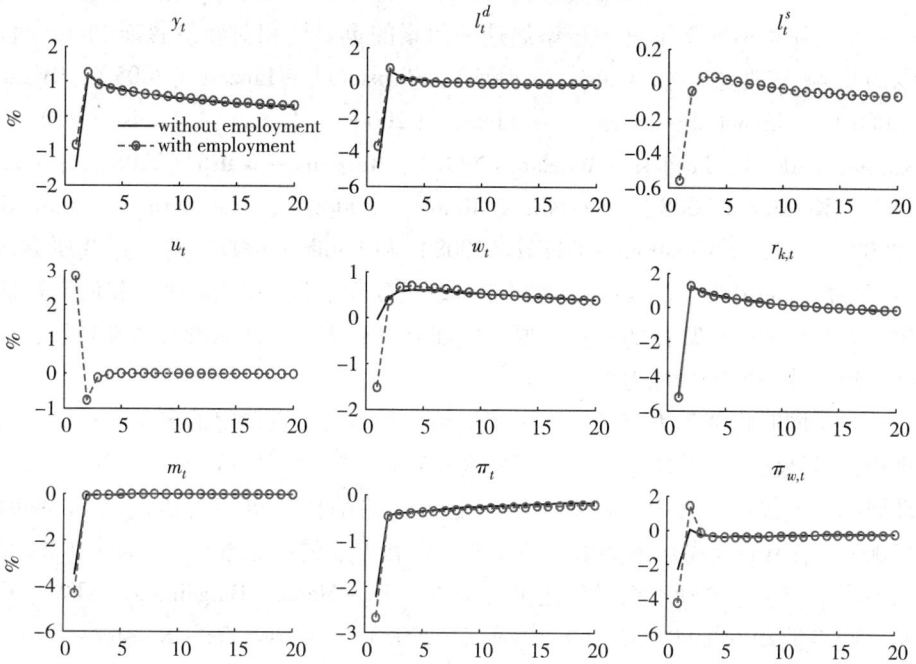

图 6.4　关于全要素生产率冲击的冲击响应曲线

五、在新凯恩斯框架下引入搜寻匹配理论及均衡失业率

上一部分引入了失业率，这样将参与的劳动力关于就业与失业进行了区分，但是，劳动力市场的流进与流出是如何刻画的没有详细介绍。显然，劳动力市场的存量变化与厂商的雇佣机制有关，这一部分将对此问题进行进一步探讨，我们将在新凯恩斯框架下引入搜寻匹配理论。

较早在新凯恩斯框架下引入搜寻匹配理论并将 Beveridge 曲线（1944，关于失业率与岗位空缺数之间成负相关关系的曲线）与 Phillips 曲线结合起来研究失业、岗位空缺数、通胀和产出等变量对生产率和货币冲击的反应规律的结果包括 Chéron – Langot（2000）和 Walsh（2003，2005）等，二者均假设价格是粘性的，而名义工资是弹性的。其中，Chéron – Langot（2000）模型中的价格粘性采用了 Rotemberg 定价方式，而 Walsh（2003）模型采用了 Calvo 定价方式。他们采用包含货币的模型对由搜寻匹配摩擦产生的实际工资粘性与商品价格的名义粘性共同对经济波动产生的影响进行了研究，随后在新凯恩斯框架下融入搜寻匹配理论的研究成果大量出现，主要表现在以下几个方面。

一是探讨劳动力市场摩擦造成的实际工资刚性或粘性对通胀和失业的影响以及在新凯恩斯框架下进一步添加这一因素的重要性和对新凯恩斯 Phillips 曲线的影响及改进，如 Walsh（2005）、Christoffel－Linzert（2005）、Trigari（2006）、Christoffel－Kuester－Linzert（2006）、Krause－Lubik（2007）、Kuester（2007）、Lawless－Whelan（2007）、Ravenna－Walsh（2008）、Christoffel－Kuester（2008）、Costain－Reiter（2008）、Hagedorn－Manovskii（2008）、Sala－Söderström－Trigari（2008）和 Lubik（2009）等。这些研究认为，添加劳动力市场的实际工资粘性对改进新凯恩斯 Phillips 曲线和研究通胀率和失业率的变化规律的确很重要，但如果仅有实际粘性而没有名义粘性，模型对经济波动的解释能力提高有限。

二是同时将劳动力市场的实际工资粘性与名义工资调整的名义粘性结合起来探讨经济波动中通胀率和失业率的动态特征，探讨工资的制定方式对经济波动影响的差异性。其中，针对工资制定常用的纳什讨价还价机制（如 Walsh（2003）采用的方式）不能很好地反映工资和失业的动态规律，Trigari（2006）探讨了工资制定的管理权讨价还价（Right－To－Manage Bargaining，RTW）机制对经济波动的影响，Gertler－Trigari（2006）和 Christoffel－Kuester－Linzert（2006）进一步在名义工资粘性的情况下讨论了该机制的作用。Christoffel－Linzert（2005）、Krause－Lubik（2007）和 Christoffel－Kuester（2008）等在工资制定方式中将名义工资粘性根据已有匹配和新匹配两个类型进行了区分并探讨了该机制的影响。Gertler－Trigari（2009）、Gertler－Sala－Trigari（2008）和 Trigari（2009）针对纳什讨价还价机制每期都进行的不足之处，采用随机调整的 Calvo 机制对其进行了拓展，提出了工资的交错纳什讨价还价机制（Staggered Nash Wage Bargaining），Thomas（2008b）和 Faccini－Millard－Zanetti（2011）等又进一步将此框架拓展到名义工资的情况。Christiano－Trabandt－Walentin（2010）探讨了轮流报价讨价还价（Alternating Offer Bargaining，AOB）机制对工资制定和就业动态规律的影响；Kuester（2007）、Sveen－Weinke（2008，2009）和 Thomas（2008a）等考虑了各个厂商的工资和价格定价方式的相互依赖性及由此产生的工资粘性依赖于个体的异质性对经济波动的影响。Ravenna－Walsh（2008）、Krause－Lopez－Salido－Lubik（2008）和 Blanchard－Galí（2010）等考虑了劳动力当期匹配并加入就业的机制同时与常用滞后一期加入就业的机制进行了比较。Yashiv（2006）、Trigari（2006）、Krause－Lopez－Salido－Lubik（2008）和 Galí（2010b）对职位空缺数的不同成本函数形式对经济波动的影响进行了讨论和比较。Krause－Lubik（2010a）

考虑了在岗劳动力重新搜寻的机制对经济波动解释的改进。Walsh（2003）、Krause – Lubik（2007）、Hobijn – Sahin（2007）和 Fujita – Ramey（2012）等将 den Haan – Ramey – Watson（2000）所提出的工作损失的内生分离率机制应用于实证研究并对内生和外生分离率两种机制的影响进行了比较。Christoffel – Costain – de Walque – Kuester – Linzert – Millard – Pierrard（2009）对以上工资制定的几种机制对通胀率动态特征产生的影响进行了比较且发现，对于实际数据来说，大多数机制产生的实体经济波动太小，而通胀率波动太大，这在引入名义工资粘性、管理权讨价还价机制或依赖于厂商等工资制定方式的模型中体现得比较突出。

三是基于实际数据进行了校准或估计，并对工资成本传导机制进行了实证检验。Costain – Reiter（2008）和 Hagedorn – Manovskii（2008）对搜寻匹配模型的校准问题进行了详细讨论，指出了实证中存在的关键问题；Krause – Lubik（2010b）和 Kurozumi – Zandweghe（2010）对含有搜寻匹配机制的新凯恩斯模型的不定性（Indeterminacy）进行了分析，对参数的选取范围进行了详细讨论；Trigari（2006）、Christoffel – Kuester – Linzert（2006）、Kuester（2007）、Christoffel – Kuester（2008）、Sala – Söderström – Trigari（2008，2013）、Gertler – Sala – Trigari（2008）、Lubik（2009）、Christiano – Trabandt – Walentin（2010）、Faccini – Millard – Zanetti（2011）和 Lubik（2013）等对带有搜寻匹配机制的新凯恩斯模型进行了估计，通过实证检验探讨了经济波动的工资成本传导机制。

四是针对经济政策的选择和实施效果进行了分析。Walsh（2005）、Thomas（2008b）、Faia（2008，2009）和 Ravenna – Walsh（2011）等对含有劳动力摩擦模型中的最优货币政策选择问题进行了分析；Yashiv（2006）对减弱或消除劳动力摩擦的宏观经济选择进行了讨论；Krause – Uhlig（2012）对德国有关劳动力市场改革措施及其在经济危机期间阻止失业率进一步上升的政策效果进行了分析；Krebs – Scheffel（2013）对德国劳动力市场改革的相关宏观经济政策实施效果进行了评价。

下面主要参考 Thomas（2008b）和 Faccini – Millard – Zanetti（2011）的模型，在名义工资的交错讨价还价机制下考察经济波动的特性。仍然采用上一章第二节包含工资粘性和价格粘性的模型，暂不考虑经济中带有趋势的情况，名义工资和价格分别采用盯住稳态时工资增长率和通胀率的指数化盯住策略。模型中经济主体及其行为方程大部分与上一章第二节的模型相同，唯一不同的是需对居民和厂商关于劳动力需求与供给的决策以及工资的确定进一步刻画。

系统性解剖与构建 DSGE 框架

（一）劳动力市场的变化

经济中总就业的变化由下面方程描述：

$$N_t = (1 - \rho)N_{t-1} + M_t$$

其中，N_t 是总就业人数，M_t 是就业增加数，ρ 用来刻画已有工作的损失比例，又称分离率（Seperation Rate），其是现有岗位与在岗工人未来不再存在雇佣关系的人数在总就业中所占的比例。新雇佣的人数由厂商设置的空缺岗位与失业者进行匹配得到，以 V_t 表示岗位总空缺数，以 U_t 表示总失业人数，就业总增加数由下面的匹配函数来刻画：

$$M_t = M(U_t, V_t) = mU_t^{\xi}V_t^{1-\xi}, 0 < \xi < 1, m > 0$$

$$U_t = 1 - (1 - \rho)N_{t-1}$$

这里，将劳动力总供给（又称劳动力参与率）标准化为 1，匹配函数采用 Cobb – Douglas 函数形式，m 和 ξ 是有关参数，更一般的匹配函数形式见 Petrongolo – Pissarides（2001）关于匹配函数选择的综述。上面与搜寻匹配理论表示方法不同的是，就业总增加数马上加入到就业队伍中，而不是像通常的做法那样滞后一期加入，这样做是为了后面的考虑。劳动力市场的紧张程度通过求人倍率来反映，求人倍率 θ_t 定义为岗位空缺数与求职人数的比例，即 $\theta_t = V_t/U_t$，空缺岗位填补的概率为 M_t/V_t，

$$M_t/V_t = q(\theta_t) = m\theta_t^{-\xi}$$

失业者找到工作的概率为 M_t/U_t，

$$M_t/U_t = \theta_t q(\theta_t) = m\theta_t^{1-\xi}$$

利用上面两个关系式，总就业的变化方程可进一步改写为

$$N_t = (1 - \rho)N_{t-1} + q(\theta_t)V_t \ 或 (1 - U_{t+1})/(1 - \rho) = 1 - U_t + q(\theta_t)V_t$$

稳态时上面最后一个式子可写成：

$$(1 - \overline{U})[\rho/(1 - \rho)] = q(\overline{\theta})\overline{V}$$

这就是 Beveridge 曲线（Beveridge（1944））。可以看出，长期岗位空缺数与失业率成负相关关系，有关 Beveridge 曲线的研究和综述见 Blanchard – Diamond（1989）。从上面还可以得到，每期新增的工作数量 JC_t 为就业总增加数减去填补损失岗位的数量，以比例表示可写成：

$$JC_t = M_t/N_{t-1} - \rho q(\theta_t)$$

每期新消失的工作数量 JD_t 为已有岗位损失数减去岗位重新填补的数量，以比例表示可写成：

$$JD_t = \rho - \rho q(\theta_t)$$

总就业增加率为

$$(N_t - N_{t-1})/N_{t-1} = JC_t - JD_t = M_t/N_{t-1} - \rho = \theta_t q(\theta_t) U_t/N_{t-1} - \rho$$
$$= \theta_t q(\theta_t)[1 - (1-\rho)N_{t-1}]/N_{t-1} - \rho$$

（二）居民的行为刻画

这里从强度边际和广度边际两方面引入劳动力。假设以一个典型家庭为出发点，家庭中有很多成员，每期仅有一部分成员被雇佣，家庭成员一旦被雇佣，其将提供一定数量的劳动时间，若没有被雇佣，其将失业并得到一定的失业救济金。像前面那样，在存在完全保险的情况下，家庭中每个成员的消费是一样的，居民的行为刻画可通过下面典型家庭的优化问题来描述：

$$\max_{\{c_{t+i}, k_{t+1+i}, b_{t+1+i}\}} E_t \Big[\sum_{i=0}^{\infty} \beta^i \Big(\frac{c_{t+i}^{1-\gamma}}{1-\gamma} - \omega X_{t+i} n_{t+i} \frac{h_{t+i}^{1+\varphi}}{1+\varphi} \Big) \Big]$$

$$s.t. \quad \begin{aligned} c_{t+i} + b_{t+1+i} + k_{t+1+i} &= (1 + r_{t+i})b_{t+i} + (1 + r_{k,t} - \delta)k_{t+i} \\ &\quad + w_{t+i}h_{t+i}n_{t+i} + e(1 - n_{t+i}) + d_{t+i} - \tau_{t+i} \end{aligned}$$

其中，c_t 是居民的总消费，k_t 是居民持有的资本，b_t 是居民持有的政府债券，n_t 是就业率，h_t 是就业居民提供的劳动时间，w_t 是实际工资，e 是失业居民得到的失业救济金（为简单起见假设为常数），$r_{k,t}$ 是资本的实际收益率，r_t 是债券的实际收益率，d_t 是居民从厂商那里得到的垄断利润，τ_t 是上缴的税收，X_t 是劳动力供给冲击。这里假设居民负责作出投资决策，投资没有调整成本，资本市场处于完全竞争的状态。居民关于消费、资本（或投资）以及债券的一阶条件与前面章节模型相同，即

$$\lambda_t = c_t^{-\gamma}$$
$$\lambda_t = E_t[\beta(1 + r_{t+1})\lambda_{t+1}]$$
$$r_t = r_{k,t} - \delta$$

其中，λ_t 是上面预算约束对应的 Lagrange 乘子，即居民关于财富的边际消费倾向。

类似于前面章节的处理，居民的总消费 c_t 为最终产品的消费，其由中间产品的消费构成，中间产品连续分布于区间 $[0, 1]$，最终产品以中间产品作为投入，它们之间的关系为

$$c_t = \Big[\int_0^1 c_{j,t}^{(\theta_p-1)/\theta_p} \mathrm{d}j \Big]^{\theta_p/(\theta_p-1)}, \theta_p > 1$$

其中，c_t 是最终消费品，$c_{j,t}$ 是生产最终消费品所使用的第 j 类中间消费品，θ_p 是中间消费品之间的替代弹性，这里为讨论方便，将其设定为常数。在最终产品市场处于完全竞争状态下，生产最终产品对中间产品的需求以及最终产品的价格分别为

$$c_{j,t} = \left[P_{j,t} / P_t \right]^{-\theta_p} c_t$$

$$P_t = \left[\int_0^1 P_{j,t}^{(1-\theta_p)} \mathrm{d}j \right]^{1/(1-\theta_p)}$$

其中，P_t是最终消费品的价格，$P_{j,t}$是第 j 类中间消费品的价格。

居民关于劳动力的决策与前面章节模型不同。此时居民存在搜寻的过程，其将与厂商关于就业进行博弈，这里首先考察居民的选择。当居民被第 j 个厂商雇佣时，居民得到的当期和未来各期边际效用的贴现和为

$$W_{j,t}^E = w_{j,t} h_{j,t} - \omega X_t \frac{h_{j,t}^{1+\varphi}}{(1+\varphi)\lambda_t} + \beta E_t (\lambda_{t+1} / \lambda_t) \left[\rho W_{t+1}^U + (1-\rho) W_{j,t+1}^E \right]$$

其中，$w_{j,t}$是居民与厂商协商确定的实际工资（下面将讨论），$h_{j,t}$是工作时间，$W_{j,t}^E$是居民被厂商雇佣时得到的边际效用的贴现和，W_t^U是居民失业时得到的边际效用的贴现和，即

$$W_t^U = e + \beta E_t (\lambda_{t+1} / \lambda_t) \left[(1 - (1-\rho)\theta_{t+1} q(\theta_{t+1})) W_{t+1}^U + (1-\rho)\theta_{t+1} q(\theta_{t+1}) \widetilde{W}_{t+1}^E \right]$$

这里，由于居民在下一期可能被不同的厂商雇佣，从而采用 $W_{j,t}^E$ 的平均值 $\widetilde{W}_t^E = \int_0^1 W_{j,t}^E \mathrm{d}j$ 作为就业时边际效用的贴现和。定义居民参与就业的边际效用贴现和的净值为 $W_{j,t}^S = W_{j,t}^E - W_t^U$，利用上面两式可得到

$$W_{j,t}^S = w_{j,t} h_{j,t} - e - \omega X_t \frac{h_{j,t}^{1+\varphi}}{(1+\varphi)\lambda_t}$$

$$+ \beta(1-\rho) E_t (\lambda_{t+1} / \lambda_t) \left[W_{j,t+1}^S - \theta_{t+1} q(\theta_{t+1}) \widetilde{W}_{t+1}^S \right]$$

其中，$\widetilde{W}_t^S = \int_0^1 W_{j,t}^S \mathrm{d}j$。定义变量

$$w_{j,t}^L = e + \omega X_t \frac{h_{j,t}^{1+\varphi}}{(1+\varphi)\lambda_t} + \beta(1-\rho) E_t (\lambda_{t+1} / \lambda_t) \theta_{t+1} q(\theta_{t+1}) \widetilde{W}_{t+1}^S$$

可以看出，只要 $w_{j,t} h_{j,t} \geq w_{j,t}^L$，那么就能保证 $W_{j,t}^S \geq 0$，即只要人均工资不小于最低水平 $w_{j,t}^L$，那么居民就愿意工作。假设居民是同质的，则上面各式对任意居民均成立，从而指标 j 可略去，此时上面各式对应典型居民的决策。

（三）厂商的行为刻画

为探讨实际粘性和名义粘性，将生产第 j 类中间产品的厂商生产分成两个阶段：第一个阶段处于完全竞争的批发生产阶段，这一阶段每个厂商租用资本，并在劳动力市场进行搜寻，当失业者和空缺的岗位匹配时，厂商利用匹配的劳动力和租用的资本生产差异化的中间产品；第二个阶段处于垄断竞争的零售加工阶段，每个零售商将第一阶段批发生产的产品根据市场需求情况进行加

工并转换成零售产品，厂商对加工好的产品具有定价权。

在生产的第一阶段，厂商采用以下生产函数：

$$y_{j,t} = Z_t (k_{j,t})^\alpha (h_{j,t} n_{j,t})^{1-\alpha}, 0 \leq \alpha \leq 1$$

其中，$y_{j,t}$ 是第 j 类产品的产出，Z_t 是全要素生产率，$k_{j,t}$ 是生产中间产品使用的资本，$n_{j,t}$ 和 $h_{j,t}$ 分别是所雇佣的劳动力人数和工作时间。厂商每期投放的岗位空缺数为 $v_{j,t}$，岗位空缺数的放置成本为 $C(v_{j,t}) = (a_c/\varepsilon)(v_{j,t})^\varepsilon, a_c > 0, \varepsilon > 1$。由于第一阶段的生产处于完全竞争状态，从而产品价格等于边际成本，不妨设为 m_t。第一阶段厂商的行为决策由下面优化问题刻画：

$$\max_{\{k_{j,t+1}, v_{j,t+i}, n_{j,t+i}\}} E_t \sum_{i=0}^{\infty} \beta^i (\lambda_{t+i}/\lambda_t)[m_{t+i} y_{j,t+i} - r_{k,t+i} k_{j,t+i} - w_{j,t+i} n_{j,t+i} h_{j,t+i} - C(v_{j,t+i})]$$

$$s.t. \quad n_{j,t+i} = (1-\rho)n_{j,t-1+i} + q(\theta_{t+i})v_{j,t+i}$$

该问题的一阶条件为

$$r_{k,t} = \alpha m_t (y_{j,t}/k_{j,t})$$

$$C'(v_{j,t})/q(\theta_t) = J_{j,t}$$

$$J_{j,t} = (1-\alpha)m_t(y_{j,t}/n_{j,t}) - w_{j,t} h_{j,t} + \beta(1-\rho)E_t[(\lambda_{t+1}/\lambda_t)J_{j,t+1}]$$

其中，$J_{j,t}$ 是上面约束对应的 Lagrange 乘子，代表厂商雇佣劳动力得到的边际增加值的贴现和。将后两个式子进一步变换可得到

$$\frac{C'(v_{j,t})}{q(\theta_t)} = (1-\alpha)m_t(y_{j,t}/n_{j,t}) - w_{j,t} h_{j,t} + \beta(1-\rho)E_t\left[(\lambda_{t+1}/\lambda_t)\frac{C'(v_{j,t+1})}{q(\theta_{t+1})}\right]$$

即填补空缺岗位的边际成本等于厂商雇佣劳动力得到的边际增加值的贴现和。如果填补空缺岗位没有成本，那么上式表明工资等于劳动力的边际产出，这就是完全竞争经济的结果。由此可见，搜寻匹配对劳动力市场产生的摩擦体现为一种实际粘性，这也为本节第一部分所谓的劳动力调整成本提供了一种鲜明的解释。注意在典型的搜寻匹配模型中，通常将匹配的就业人数滞后一期加入到就业队伍中，即 $n_{j,t} = (1-\rho)n_{j,t-1} + q(\theta_{t-1})v_{j,t-1}$，这样上面条件调整为

$$C'(v_{j,t})/q(\theta_t) = \beta(1-\rho)E_t[(\lambda_{t+1}/\lambda_t)J_{j,t+1}]$$

或

$$\frac{C'(v_{j,t-1})}{q(\theta_{t-1})} = (1-\alpha)m_t(y_{j,t}/n_{j,t}) - w_{j,t} h_{j,t} + \beta(1-\rho)E_t\left[(\lambda_{t+1}/\lambda_t)\frac{C'(v_{j,t})}{q(\theta_t)}\right]$$

即当期放置空缺岗位的成本仅对下一期厂商雇佣劳动力的边际增加值 $J_{j,t}$ 产生影响。

定义变量：

$$w_{j,t}^H = (1 - \alpha)m_t(y_{j,t}/n_{j,t})$$

可以看出，只要 $w_{j,t}h_{j,t} \leqslant w_{j,t}^H$，就能保证 $J_{j,t} \geqslant 0$，即只要人均工资不高于最高水平 $w_{j,t}^H$，那么厂商就愿意雇佣工人进行生产。假设厂商是同质的，则上面各式对任意厂商均成立，从而指标 j 可略去，此时上面各式对应典型厂商的决策。

在生产的第二阶段，厂商以价格 $m_t P_t$ 购买批发生产的中间产品并进行加工，最后转换成零售产品。由于处于垄断竞争状态，从而零售商可将购买的批发中间产品加工成同等数量的零售中间产品，但其设定的价格为 $P_{j,t}$，这样零售商的垄断利润为 $(P_{j,t}/P_t - m_t)y_{j,t}$，厂商对产品定价受到以下需求约束：

$$y_{j,t} = \left[P_{j,t}/P_t\right]^{-\theta_p}y_t$$

其中，$P_t = \left[\int_0^1 P_{j,t}^{(1-\theta_p)}\mathrm{d}j\right]^{1/(1-\theta_p)}$，$y_t$ 是产品的总需求。采用前面价格粘性的引入方式，每期进行价格调整的厂商所占的比例为 $(1 - q_p)$，没有进行价格调整的厂商采用盯住稳态时通胀率的做法，这样可得到下面的方程：

$$E_t((P_{j,t}/P_t)F_{1,t} - F_{2,t}) = 0$$

$$F_{1,t} = \lambda_t y_t \left(p_t^f\right)^{-2} + \beta q_p \left(\frac{1 + \overline{\pi}}{1 + \pi_{t+1}}\right)^2 F_{1,t+1}$$

$$F_{2,t} = \lambda_t y_t \left(p_t^f\right)^{-1} + \beta q_p \left(\frac{1 + \overline{\pi}}{1 + \pi_{t+1}}\right) F_{2,t+1}$$

$$p_t^f = \frac{\theta_p}{\theta_p - 1}m_t$$

$$(P_t)^{1-\theta_p} = (1 - q_p)(P_{jt})^{1-\theta_p} + q_p\left[P_{t-1}(1 + \overline{\pi})\right]^{1-\theta_p}$$

其中，p_t^f 是厂商在完全弹性条件下确定的价格，π_t 是通胀率。

（四）工资和工作时间的确定

从上面可以看出，当人均工资满足条件 $w_{j,t}^L \leqslant w_{j,t}h_{j,t} \leqslant w_{j,t}^H$ 时，居民愿意工作，厂商也愿意雇用居民进行生产。但问题是，人均工资到底选择上面区间的哪个值呢？显然这是居民与厂商进行博弈的过程。如果空缺岗位和寻找工作的居民不能匹配，那么居民得不到工作，厂商也不能进行生产，此时居民和厂商都不能取得上面分析得到的边际盈余。为了彼此有利，居民和厂商将进行讨价还价，若采用纳什讨价还价策略，那么博弈将求解下面的最大化问题：

$$\max_{\{w_{j,t}, h_{j,t}\}}\left[(W_{j,t}^S)^\eta (J_{j,t})^{1-\eta}\right]$$

其中，参数 η 反映了双方讨价还价所占的权重。该优化问题的一阶条件是

$$(1 - \eta)W_{j,t}^S = \eta J_{j,t}$$

$$(1 - \alpha)^2 m_t y_{j,t} / (n_{j,t} h_{j,t}) = \omega X_t \frac{h_{j,t}^{\varphi}}{\lambda_t}$$

利用上面关系式以及关于厂商的一阶条件，重新将最低人均工资写成：

$$\widetilde{W}_t^S = \int_0^1 W_{j,t}^S \mathrm{d}j = \int_0^1 [\eta / (1 - \eta)] J_{j,t} \mathrm{d}j = [\eta / (1 - \eta)] \int_0^1 C'(v_{j,t}) / q(\theta_t) \mathrm{d}j$$

$$w_{j,t}^L = e + \omega X_t \frac{h_{j,t}^{1+\varphi}}{(1 + \varphi)\lambda_t} + [\eta / (1 - \eta)] \beta (1 - \rho) E_t (\lambda_{t+1} / \lambda_t) \theta_{t+1} \int_0^1 C'(v_{j,t+1}) \mathrm{d}j$$

由于纳什讨价还价策略每期进行，这就相当于价格调整过程中完全弹性的情况。为克服这一不足之处，Gertler - Trigari（2009）、Gertler - Sala - Trigari（2008）和 Trigari（2009）等采用随机调整的 Calvo 机制，提出了工资的交错纳什讨价还价机制，而 Thomas（2008b）进一步拓展到名义工资的情形。下面采用 Thomas（2008b）的方式，假设 $W_{j,t}$ 是上面讨价还价得到的 t 期最优名义工资，每期居民和厂商需要重新讨价还价的概率为（$1 - q_w$），如果居民和厂商不重新讨价还价，那么其将按照盯住稳态时工资增长率的指数化策略对原来的名义合同工资进行调整，在这种机制下，上面居民和厂商的边际盈余调整为下式：

$$W_t^S(W_{j,t}) = (W_{j,t} / P_t) h_{j,t} - w_{j,t}^L + \beta(1 - \rho) E_t [(\lambda_{t+i} / \lambda_t)(q_w W_{t+1}^S(W_{j,t}(1 + \overline{\pi}_w))$$
$$+ (1 - q_w) W_{t+1}^S(W_{j,t+1}))]$$

$$J_t(W_{j,t}) = w_{j,t}^H - (W_{j,t} / P_t) h_{j,t} + \beta(1 - \rho) E_t [(\lambda_{t+i} / \lambda_t)(q_w J_{t+1}(W_{j,t}(1 + \overline{\pi}_w))$$
$$+ (1 - q_w) J_{t+1}(W_{j,t+1}))]$$

将上面两式向前进行迭代可得到

$$W_t^S(W_{j,t}) = E_t \sum_{i=0}^{\infty} [\beta(1 - \rho) q_w]^i (\lambda_{t+i} / \lambda_t) [(W_{j,t}(1 + \overline{\pi}_w)^i / P_{t+i}) h_{j,t+i} - w_{j,t+i}^L]$$

$$+ (1 - \rho)(1 - q_w) E_t \sum_{i=0}^{\infty} [(1 - \rho) q_w]^i \beta^{i+1} (\lambda_{t+i+1} / \lambda_t) W_{t+i+1}^S(W_{j,t+i+1})$$

$$J_t(W_{j,t}) = E_t \sum_{i=0}^{\infty} [\beta(1 - \rho) q_w]^i (\lambda_{t+i} / \lambda_t) [w_{j,t+i}^H - (W_{j,t}(1 + \overline{\pi}_w)^i / P_{t+i}) h_{j,t+i}]$$

$$+ (1 - \rho)(1 - q_w) E_t \sum_{i=0}^{\infty} [(1 - \rho) q_w]^i \beta^{i+1} (\lambda_{t+i+1} / \lambda_t) J_{t+i+1}(W_{j,t+i+1})$$

这里，$\pi_{w,t}$ 是名义工资的增长率。

利用 $(1 - \eta) W_t^S(W_{j,t}) = \eta J_t(W_{j,t})$，对上面两式进行处理可得到

$$E_t \sum_{i=0}^{\infty} [\beta(1 - \rho) q_w]^i (\lambda_{t+i} / \lambda_t) [(W_{j,t}(1 + \overline{\pi}_w)^i / P_{t+i}) h_{j,t+i} - w_{j,t+i}^{tar}] = 0$$

其中，

$$w_{j,t}^{tar} = \eta w_{j,t}^H + (1 - \eta) w_{j,t}^L$$

$$= \eta \left[(1 - \alpha) m_t (y_{j,t}/n_{j,t}) + \beta(1 - \rho) E_t (\lambda_{t+1}/\lambda_t) \theta_{t+1} \int_0^1 C'(v_{j,t+1}) \mathrm{d}j \right]$$

$$+ (1 - \eta) \left[e + \omega X_t \frac{h_{j,t}^{1+\varphi}}{(1 + \varphi)\lambda_t} \right]$$

这是目标人均实际工资，是在每期都进行纳什讨价还价情况下确定的实际工资。定义下面两个变量：

$$G_{1,t} = \sum_{i=0}^{\infty} \left[\beta(1 - \rho) q_w \right]^i (\lambda_{t+i}/\lambda_t) \left[(1 + \overline{\pi}_w)^i / (1 + \overline{\pi})^i \right] h_{j,t+i}$$

$$G_{2,t} = \sum_{i=0}^{\infty} \left[\beta(1 - \rho) q_w \right]^i (\lambda_{t+i}/\lambda_t) w_{j,t+i}^{tar}$$

上面的方程可写成下面递归的形式：

$$E_t \left(\frac{W_{j,t}}{P_t} G_{1,t} - G_{2,t} \right) = 0$$

$$G_{1,t} = h_{j,t} + \beta(1 - \rho) q_w (\lambda_{t+1}/\lambda_t) \left[(1 + \overline{\pi}_w)/(1 + \overline{\pi}) \right] G_{1,t+1}$$

$$G_{2,t} = w_{j,t}^{tar} + \beta(1 - \rho) q_w (\lambda_{t+1}/\lambda_t) G_{2,t+1}$$

其中，π_t 是通胀率。

由于每期居民和厂商需要重新讨价还价的概率为 $(1 - q_w)$，从而 t 期名义工资由下式确定：

$$W_t = (1 - q_w) W_{j,t} + q_w \left[(1 + \overline{\pi}_w) W_{t-1} \right]$$

可以看出，当 $q_w = 0$ 时，即每期居民和厂商都进行纳什讨价还价，则

$$W_t/P_t = W_{j,t}/P_t = w_{j,t}^{tar}/h_{j,t}$$

关于工作时间，由上面得到的一阶条件不变，即

$$(1 - \alpha)^2 m_t y_{j,t}/(n_{j,t} h_{j,t}) = \omega X_t \frac{h_{j,t}^{\varphi}}{\lambda_t}$$

（五）政府部门以及经济中的均衡条件

由于考虑了失业养老金，从而前面章节模型中政府的预算约束方程调整为

$$b_{t+1} = (1 + r_t) b_t + g_t + e U_t - \tau_t$$

其中，b_t 是政府债券的实际余额（期初余额），τ_t 和 g_t 分别是政府的实际税收和支出，r_t 是债券的实际利率，e 是失业居民得到的失业救济金，U_t 是总失业率。

劳动力市场均衡条件为

$$N_t = \int_0^1 n_{j,t} \mathrm{d}j, \quad V_t = \int_0^1 v_{j,t} \mathrm{d}j, \quad h_t = \int_0^1 h_{j,t} \mathrm{d}j, \quad U_t = 1 - (1 - \rho) N_{t-1}$$

资本市场的均衡条件为

$$k_t = \int_0^1 k_{j,t} \mathrm{d}j$$

商品市场的均衡条件为

$$y_t - C(V_t) = s_t [c_t + g_t + (k_{t+1} - k_t)]$$

其中，s_t 是反映价格分散程度的指标，即

$$s_t = (1 - q) [P_{j,t}/P_t]^{-\theta_p} + q \left(\frac{1 + \overline{\pi}}{1 + \pi_t}\right)^{-\theta_p} s_{t-1}$$

（六）模拟与比较

在模拟之前，先来看模型稳态及参数的校准。与以前稳态求解的思路一样，关键问题是求出稳态时的产出水平。假设稳态时放置空缺岗位的成本占总产出的比例为 d_1，以成本价格可表示为：

$$C(\overline{V}) = (a_c/\varepsilon)(\overline{V})^{\varepsilon} = d_1 \overline{m} \, \overline{y}$$

从此可得到

$$C'(\overline{V}) = \varepsilon C(\overline{V})/\overline{V}$$

空缺岗位填补的概率为

$$q(\overline{\theta}) = \overline{M}/\overline{V}$$

稳态时匹配的人数与就业人数的关系为 $\overline{M} = \rho \overline{N}$，代入上式可得到

$$q(\overline{\theta}) = \rho \overline{N}/\overline{V}$$

稳态时放置空缺岗位的成本由下面方程确定：

$$\frac{C'(\overline{V})}{q(\overline{\theta})}[1 - \beta(1 - \rho)] = (1 - \alpha)\overline{m}(\overline{y}/\overline{N}) - \overline{wh}$$

将前面的结果代入上式可得到

$$\frac{\varepsilon C(\overline{V})}{\rho \overline{N}}[1 - \beta(1 - \rho)] = (1 - \alpha)\overline{m}(\overline{y}/\overline{N})\overline{h} - \overline{wh}$$

或者

$$\frac{\varepsilon d_1 \overline{my}}{\rho}[1 - \beta(1 - \rho)] = (1 - \alpha)\overline{my} - \overline{whN}$$

经过整理可得到

$$\overline{whN} = d_2 \overline{my}, \quad d_2 = (1 - \alpha) - \varepsilon d_1 [(1 - \beta)/\rho + \beta]$$

结合 $\overline{k}/\overline{y} = \alpha \overline{m}/\overline{r}_k$，并代入生产函数 $\overline{y} = \overline{Z}(\overline{k})^{\alpha}(\overline{h}\,\overline{N})^{1-\alpha}$，可得到

$$\overline{m} = (\overline{r}_k)^{\alpha} \overline{w}^{1-\alpha}/[\overline{Z}\alpha^{\alpha}(d_2)^{1-\alpha}]$$

给定稳态时的成本 $\overline{m}$ 和实际收益率 $\overline{r}_k$ 后，通过上面方程可确定稳态时的实际工资 $\overline{w}$。在确定实际工资后，可得到总劳动力与产出的比例：

$$(\overline{hN})/\overline{y} = d_2\overline{m}/\overline{w}$$

给定稳态时的失业率 $\overline{U}$ ，可计算出就业率为

$$\overline{N} = (1 - \overline{U})/(1 - \rho)$$

代入上式可得到

$$\overline{h}/\overline{y} = d_2\overline{m}/(\overline{w}\,\overline{N})$$

利用 $(1 - \alpha)^2\overline{my}/(\overline{Nh}) = \omega\overline{X}\dfrac{\overline{h}^{\varphi}}{\overline{\lambda}}$ 和 $\overline{\lambda} = \overline{c}^{-\gamma}$ ，可得到

$$(1 - \alpha)^2\overline{my}/(\overline{Nh}) = \omega\,(\overline{h}/\overline{y})^{\varphi}\,(\overline{c}/\overline{y})^{\gamma}\overline{y}^{\gamma+\varphi}$$

将消费与产出的比例：

$$\overline{c}/\overline{y} = (1 - \delta\overline{k}/\overline{y} - \overline{g}/\overline{y})(1 - d_1\overline{m})$$

以及前面得到的 $\overline{h}/\overline{y}$ 代入上式最后可得到稳态时的产出 $\overline{y}$ 。一旦得到稳态时的产出 $\overline{y}$ ，其他变量就可以根据上面得到的比例确定，这一点和前面章节类似。

给定稳态时空缺岗位的填补概率 $q(\overline{\theta})$ ，利用 $q(\overline{\theta}) = \rho\overline{N}/\overline{V}$ 和上面得到的结果可计算出岗位空缺数 $\overline{V}$ ，进而可计算出求人倍率 $\overline{\theta} = \overline{V}/\overline{U}$ 。给定参数 ξ ，再利用 $q(\overline{\theta}) = m\overline{\theta}^{-\xi}$ ，可校准参数 m 。

稳态时人均目标工资与实际工资的关系为

$$\overline{w}\overline{h} = \overline{w}^{tar} = \eta\big[(1 - \alpha)\overline{m}(\overline{y}/\overline{N}) + \beta(1 - \rho)\overline{\theta}a_c\,(\overline{V})^{\varepsilon-1}\big]$$
$$+ (1 - \eta)\Big[e + \omega\frac{\overline{h}^{1+\varphi}}{(1 + \varphi)\overline{\lambda}}\Big]$$

给定纳什讨价还价中的权重利用该公式可计算出失业得到的失业救济金 e 。

模型中的参数和有关变量的稳态值大部分采用上一部分没有搜寻匹配理论的新凯恩斯模型的数值，其他参数和有关变量的稳态值按照表 6.4 中的稳态条件来设定。具体来讲，将稳态时产品价格的加成率设为 20% ，即参数 $\theta_p = 6$ ，通胀率设为零；失业率设为 5% ，空缺岗位填补的概率设定为 70% ，匹配函数的弹性参数设为 $\xi = 0.7$ ，根据表 6.4 中的公式可计算出匹配函数的常数项 m ；工作分离率设定为 $\rho = 0.03$ ，放置空缺岗位的成本函数的弹性参数设定为 $\varepsilon = 1.1$ ，稳态时放置空缺岗位的成本占总产出的比例设定为 $d_1 = 0.025$ ，由此可计算出成本函数的参数 a_c ；将描述价格分散程度的指标 s_t 的稳态值设定为 1 ，厂商调整价格的频率设定为 4 个季度，即 $q = 0.75$ ；厂商和居民关于工资进行纳什讨价还价的频率设定为 4 个季度，即 $q_w = 0.75$ ；厂商和居民讨价还价的权重设为相等的数值，即 $\eta = 0.5$ ；失业救济金参数 e 的确定按照表 6.4 中公式计算。模型总结于表 6.4 。

表 6.4 　　　　　　　　　　　**模型 Cha6dn（非线性形式）**

外生变量：X_t，Z_t，g_t；

$$\ln(X_t/\overline{X}) = \rho_X \ln(X_{t-1}/\overline{X}) + u_{X,t}, 0 \leq \rho_X < 1$$

$$\ln(Z_t/\overline{Z}) = \rho_Z \ln(Z_{t-1}/\overline{Z}) + u_{Z,t}, 0 \leq \rho_Z < 1$$

$$\ln(g_t/\overline{g}) = \rho_g \ln(g_{t-1}/\overline{g}) + u_{g,t}, 0 \leq \rho_g < 1$$

内生变量：c_t，λ_t，r_t，$r_{k,t}$，m_t，k_t，y_t，i_t，θ_t，U_t，V_t，N_t，h_t，w_t，W_t，$W_{j,t}$，$G_{1,t}$，$G_{2,t}$，w_t^{tar}，$\pi_{w,t}$，P_t，$P_{j,t}$，$F_{1,t}$，$F_{2,t}$，p_t^f，π_t，R_t，τ_t，b_t，s_t；

$$\lambda_t = c_t^{-\gamma}$$

$$\lambda_t = E_t[\beta(1 + r_{t+1})\lambda_{t+1}]$$

$$1 + r_t = (1 + R_t)/(1 + \pi_t)$$

$$r_t = r_{k,t} - \delta$$

$$r_{k,t} = \alpha m_t y_t/k_t$$

$$k_{t+1} = (1 - \delta)k_t + i_t$$

$$y_t = Z_t (k_t)^\alpha (h_t N_t)^{1-\alpha}$$

$$y_t - (a_c/\varepsilon)(V_t)^\varepsilon = s_t(c_t + g_t + i_t)$$

$$\theta_t = V_t/U_t$$

$$U_t = 1 - (1 - \rho)N_{t-1}$$

$$N_t = (1 - \rho)N_{t-1} + m\theta_t^{-\xi}V_t$$

$$\frac{a_c (V_t)^{\varepsilon-1}}{m\theta_t^{-\xi}} = (1 - \alpha)m_t(y_t/N_t) - w_t h_t + \beta(1 - \rho)E_t\left[(\lambda_{t+1}/\lambda_t)\frac{a_c (V_{t+1})^{\varepsilon-1}}{m\theta_{t+1}^{-\xi}}\right]$$

$$(1 - \alpha)^2 m_t y_t/(N_t h_t) = \omega X_t \frac{h_t^\varphi}{\lambda_t}$$

$$w_t = W_t/P_t$$

$$W_t = (1 - q_w)W_{j,t} + q_w[(1 + \overline{\pi}_w)W_{t-1}]$$

$$E_t\left(\frac{W_{j,t}}{P_t}G_{1,t} - G_{2,t}\right) = 0$$

$$G_{1,t} = h_t + \beta(1 - \rho)q_w(\lambda_{t+1}/\lambda_t)[(1 + \overline{\pi}_w)/(1 + \overline{\pi})]G_{1,t+1}$$

$$G_{2,t} = w_t^{tar} + \beta(1 - \rho)q_w(\lambda_{t+1}/\lambda_t)G_{2,t+1}$$

$$w_t^{tar} = \eta[(1 - \alpha)m_t(y_t/N_t) + \beta(1 - \rho)E_t(\lambda_{t+1}/\lambda_t)\theta_{t+1}a_c (V_{t+1})^{\varepsilon-1}]$$

$$+ (1 - \eta)\left[e + \omega X_t \frac{h_t^{1+\varphi}}{(1 + \varphi)\lambda_t}\right]$$

$$\pi_{w,t} = W_t/W_{t-1} - 1$$

$$(P_t)^{1-\theta_p} = (1 - q_p)(P_{jt})^{1-\theta_p} + q_p[P_{t-1}(1 + \overline{\pi})]^{1-\theta_p}$$

$$E_t((P_{j,t}/P_t)F_{1,t} - F_{2,t}) = 0$$

$$F_{1,t} = \lambda_t y_t (p_t^f)^{-2} + \beta q_p \left(\frac{1+\bar{\pi}}{1+\pi_{t+1}}\right)^2 F_{1,t+1}$$

$$F_{2,t} = \lambda_t y_t (p_t^f)^{-1} + \beta q_p \left(\frac{1+\bar{\pi}}{1+\pi_{t+1}}\right) F_{2,t+1}$$

$$p_t^f = \frac{\theta_p}{\theta_p - 1} m_t$$

$$\pi_t = P_t/P_{t-1} - 1$$

$$R_{t+1} = \rho_R R_t + (1 - \rho_R)[\bar{R} + \kappa_y \ln(y_t/\bar{y}) + \kappa_\pi (\pi_t - \bar{\pi})] + u_{R,t},$$

$$0 \leq \rho_R \leq 1, \kappa_y > 0, \kappa_\pi > 1$$

$$b_{t+1} = (1 + r_t)b_t + g_t + eU_t - \tau_t$$

$$\tau_t = \bar{\tau} + \phi(b_t - \bar{b})$$

$$s_t = (1 - q)[P_t(j)/P_t]^{-\theta} + q\left(\frac{1+\bar{\pi}}{1+\pi_t}\right)^{-\theta} s_{t-1}$$

随机冲击：$u_{X,t}, u_{Z,t}, u_{g,t}, u_{R,t}$;

$$u_{X,t} \sim N(0, \sigma_X^2), u_{Z,t} \sim N(0, \sigma_Z^2), u_{g,t} \sim N(0, \sigma_g^2), u_{R,t} \sim N(0, \sigma_R^2)$$

稳态条件：

$$\bar{s} = 1, \bar{r} = 1/\beta - 1, \bar{\pi} = 0, \bar{\pi}_w = \bar{\pi}, \bar{U} = 0.05, \bar{R} = (1 + \bar{r})(1 + \bar{\pi}) - 1,$$

$$\bar{r}_k = \bar{r} + \delta, \bar{N} = (1 - \bar{U})/(1 - \rho), q(\bar{\theta}) = m\bar{\theta}^{-\xi} = 0.7, \rho\bar{N} = q(\bar{\theta})\bar{V},$$

$$\bar{\theta} = \bar{V}/\bar{U}, \bar{m} = (\bar{\theta} - 1)/\bar{\theta}, \bar{p}^f = 1, \bar{P}_j = 1, \bar{P} = 1, \bar{k}/\bar{y} = \alpha\bar{m}/\bar{r}_k,$$

$$C(\bar{V}) = (a_c/\varepsilon)(\bar{V})^\varepsilon = d_1\overline{my}, \bar{m} = (\bar{r}_k)^\alpha \bar{w}^{1-\alpha}/[\bar{Z}\alpha^\alpha (d_2)^{1-\alpha}],$$

$$d_2 = (1 - \alpha) - \varepsilon d_1[(1 - \beta)/\rho + \beta], \overline{whN} = d_2\overline{my}, \bar{c}/\bar{y} = 1 - d_1\bar{m} - \delta\bar{k}/\bar{y} - \bar{g}/\bar{y},$$

$$(1 - \alpha)^2 \overline{my}/(\overline{Nh}) = \omega(\bar{h}/\bar{y})^\varphi (\bar{c}/\bar{y})^\gamma \bar{y}^{\gamma+\varphi},$$

$$\overline{wh} = \overline{w}^{tar} = \eta[(1 - \alpha)\bar{m}(\bar{y}/\bar{N}) + \beta(1 - \rho)\bar{\theta}a_c (\bar{V})^{\varepsilon-1}] + (1 - \eta)\left[e + \omega\frac{\bar{h}^{1+\varphi}}{(1+\varphi)\lambda_t}\right],$$

$$\bar{W}_j = \bar{W} = \bar{w}\bar{P}, \bar{\lambda} = \bar{c}^{-\gamma}, \bar{\tau} = \bar{g} + \bar{r}\bar{b}, \bar{F}_1 = \bar{F}_2 = \bar{\lambda}\bar{y}/(1 - \beta q),$$

$$\bar{G}_1 = \bar{h}/[1 - \beta(1 - \rho)q_w(1 + \bar{\pi}_w)/(1 + \bar{\pi})], \bar{G}_2 = \overline{w}^{tar}/[1 - \beta(1 - \rho)q_w]$$

为与前面章节模型进行对比，仍以全要素生产率冲击为例进行分析，假设模型在稳态时受到全要素生产率冲击的影响，该冲击使全要素生产率相对于其稳态值上升 1%。图 6.5 是每期进行纳什讨价还价和每期仅有一部分比例进行纳什讨价还价两种情形下的冲击响应曲线。

随着生产率的提高，厂商为扩大生产需要将会放置更多的空缺岗位，这样从现有劳动力市场雇佣新人填补空缺岗位更为紧张。对于失业者来说，空缺岗位的增加无疑给他们带来更多就业选择机会，从而求人倍率将提高，填补空缺岗位的概率将下降，失业者就业的概率将增加，失业率将下降，劳动力参与率将增加，空缺岗位与失业率之间的负相关关系是和 Beveridge 曲线一致的。岗位空缺数的增加将会导致空缺岗位的放置成本增加，加之生产率的提高将会导致劳动力边际产出增加，这些均使实际工资上升。

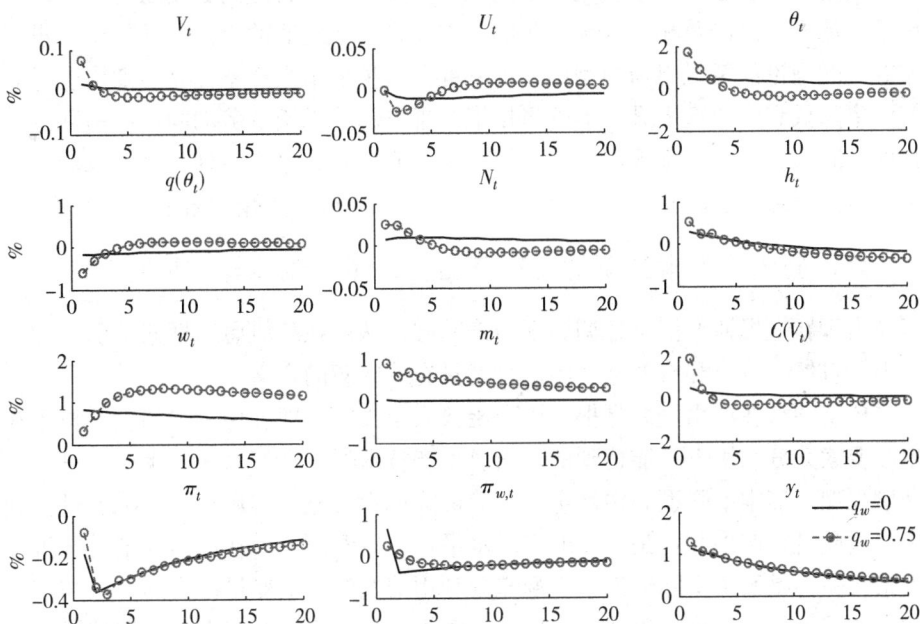

图 6.5　关于全要素生产率冲击的冲击响应曲线

在前一部分没有搜寻匹配理论的新凯恩斯模型中，生产率的提高将会导致边际生产成本下降进而导致产品价格下降。但在这里，尽管生产率提高会导致产品价格下降，但边际生产成本却不是下降的，这可以从下式清楚地看到

$$(1 - \alpha) m_t (y_t / n_t) = w_t h_t + \frac{C'(V_t)}{q(\theta_t)} - \beta(1 - \rho) E_t \left[(\lambda_{t+1}/\lambda_t) \frac{C'(V_{t+1})}{q(\theta_{t+1})} \right]$$

即边际生产成本除了决定于实际工资外，还决定于单位空缺岗位放置成本的边际变化。无论怎样，搜寻匹配产生的实际刚性对通胀和工资的影响与前面模型表现出不同的特征。

比较两种讨价还价策略可以看出，每期都进行讨价还价的概率越低，即

q_w 越大,那么,搜寻匹配产生的实际刚性越大,从而生产率变化产生的影响持续性越强,这不仅表现在就业率、失业率、岗位空缺数、工作时间、产出等数量变量的变化方面,而且也表现在实际工资、名义工资和通胀率等价格变量的变化方面。

在上面的模型中,虽然厂商生产的第一阶段是完全竞争的状态,但劳动力市场搜寻匹配产生的结果并没有使失业下降到零。因此,与前一部分没有搜寻匹配理论的新凯恩斯模型相比,垄断竞争并不是产生失业的必要条件,劳动力市场的流进流出以及相互匹配产生的摩擦才是造成失业的根源。并且,在没有搜寻匹配理论的新凯恩斯模型中,前一部分模拟显示生产率提高短期内会导致就业率降低和失业率上升。但这里模拟结果显示,无论从劳动的广度边际还是强度边际来看,生产率提高均会导致就业上升以及失业率下降,这一点和凯恩斯模型中非加速通胀状态的失业率模型以及 Beveridge 曲线的结论是一致的。

六、新凯恩斯框架下的潜在产出、自然失业率与自然利率

由于新凯恩斯经济学强调微观经济基础,从而在新凯恩斯框架下引入潜在产出、自然失业率和自然利率等概念就具有一些新的含义。

传统的潜在产出概念是根据生产函数来定义的,即利用一定的生产技术在生产要素充分利用下可能达到的产出。生产技术指生产率水平,生产率可以劳动增强型、资本增强型和中性生产率等形式体现,充分利用并不意味着过分利用,因此潜在产出并不是最大的产出水平。可以看出,潜在产出的定义与价格因素无关,是衡量实际经济中资源充分利用情况的一个变量。实际产出与潜在产出的差异,通常称产出缺口,反映了资源实际利用情况与充分利用情况的差距。这种差距将会对生产要素供求产生影响并进一步对生产要素的价格、生产成本以及最终的产品价格水平产生影响。新凯恩斯学派对潜在产出的定义更加细致并包含了很多新的内容:潜在产出是在一般均衡框架下定义的,是在价格完全弹性以及没有价格和工资加成率冲击情况下的均衡产出水平。按照该定义,下面针对前面包含和不包含搜寻匹配理论的新凯恩斯模型来考察潜在产出的特征。

(一) 不包含搜寻匹配理论的情况

在该模型中,包含的外生变量有:偏好变化冲击 V_t、劳动力供给冲击 X_t、全要素生产率冲击 Z_t、政府支出冲击 g_t、不同产品替代率冲击 θ_t 以及不同劳动力替代率冲击 $\theta_{w,t}$,这些外生变量是一阶自回归随机过程,包含的随机冲击项分别为 $u_{V,t} \sim N(0, \sigma_V^2)$、$u_{X,t} \sim N(0, \sigma_X^2)$、$u_{Z,t} \sim N(0, \sigma_Z^2)$、$u_{g,t} \sim N(0, \sigma_g^2)$、

$u_{\theta,t} \sim N(0,\sigma_\theta^2)$ 和 $u_{\theta w,t} \sim N(0,\sigma_{\theta w}^2)$，其中，产品替代率冲击和劳动力替代率冲击分别反映了价格和工资加成率的变化。在价格和工资完全弹性以及没有价格和工资加成率冲击的情况下（即 $q=0$，$q_w=0$，$\sigma=0$，$\sigma_w=0$），此时前面的模型变为

$$w_t^f = \frac{\overline{\theta}_w}{\lambda_t^f(\overline{\theta}_w - 1)}\omega V_t X_t (l_t^{f,d})^\varphi = \frac{1}{\lambda_t^f}\omega V_t X_t (l_t^{f,s})^\varphi$$

$$\lambda_t^f = V_t (c_t^f)^{-\gamma}$$

$$u_t^f = 1 - l_t^{f,d}/l_t^{f,s}$$

$$m_t^f = \frac{(r_{k,t}^f)^\alpha (w_t^f)^{1-\alpha}}{(a)^\alpha (1-\alpha)^{1-\alpha} Z_t} = \frac{\overline{\theta} - 1}{\overline{\theta}}$$

$$l_t^{f,d} = (1-\alpha)m_t^f y_t^f/w_t^f$$

$$r_{k,t}^f = \alpha m_t^f y_t^f/k_t^f$$

$$y_t^f = c_t^f + k_{t+1}^f - (1-\delta)k_t^f + g_t$$

$$\lambda_t^f = E_t[\beta(1 + r_{k,t+1}^f - \delta)\lambda_{t+1}^f]$$

$$r_t^f = r_{k,t}^f - \delta$$

$$1 + R_t^f = (1 + r_t^f)(1 + \pi_t^f)$$

$$b_{t+1}^f = (1 + r_t^f)b_t^f + g_t - \tau_t^f$$

$$\tau_t^f = \overline{\tau} + \phi(b_t^f - \overline{b})$$

这里，为区别起见，变量加上标 f 表示经济达到潜在产出水平时相应变量达到的水平。此时虽没有价格和工资加成率冲击，但由于经济中垄断竞争仍然存在，从而产品替代率 θ_t 和劳动力替代率 $\theta_{w,t}$ 均为常数（即保持原模型的稳态水平），这意味着在达到潜在产出水平时经济资源利用并没有达到最有效水平，这一点可从以下经过变换的两个方程看到

$$(1 - u_t^f)^\varphi = \frac{\overline{\theta}_w - 1}{\overline{\theta}_w}$$

$$(1-\alpha)y_t^f (c_t^f)^{-\gamma} = \frac{\overline{\theta}_w}{(\overline{\theta}_w - 1)}\frac{\overline{\theta}}{(\overline{\theta} - 1)}\omega X_t (l_t^{f,d})^{\varphi+1}$$

如果消除产品和劳动力市场中的垄断竞争，即 $\overline{\theta} \to \infty$，$\overline{\theta}_w \to \infty$，那么可得到

$$u_t^e = 0$$

$$(1-\alpha)y_t^e (c_t^e)^{-\gamma} = \omega X_t (l_t^{e,d})^{\varphi+1}$$

$$l_t^{e,d} = l_t^{e,s} = l_t$$

这里，变量加上标 e 表示经济实现最有效配置时该变量的水平。

在经济资源达到最优配置时，失业率为零，劳动力市场始终处于均衡状态，产出和其他变量也达到最优值，由于模型中不含扭曲性税收，从而福利第一定理和第二定理是成立的。尽管潜在产出状态并不是最优的状态，但该状态没有价格和工资粘性，经济中的扭曲只是水平方面的扭曲，经济的动态特征仍然保持了经济最优配置时的动态特征，因此定义经济达到潜在产出状态实际上为我们研究粘性对经济的扭曲提供了方便，我们可以就粘性对经济产生的扭曲在水平方面和动态方面分开进行研究，而且潜在产出状态与实际状态是密切联系的，仅仅是不考虑粘性以及使加成率保持常数。

通常将潜在产出对应的失业率称为自然失业率。可以看出，在新凯恩斯框架下自然失业率并不为零，劳动力市场的垄断竞争是造成自然失业率不为零的原因。达到潜在产出状态的模型跟第四章完全弹性条件下的模型类似，只不过引入了失业率，但模型仍呈现出古典经济学的二分法（Dichotomy）结构，即经济系统能够清楚地被划分为两个模块，一个模块是由实际变量组成的，另一个模块是由名义变量组成的，并且前一个模块均衡状态的确定不依赖于后一个模块。因此，潜在产出、自然失业率和其他实际变量均可以通过独立模块求解，与价格水平的确定无关。

（二）包含搜寻匹配理论的情况

在没有搜寻匹配理论的新凯恩斯模型中，只要消除劳动力市场的垄断竞争，就能使自然失业率为零。但是，这个结果未必在包含搜寻匹配理论的新凯恩斯模型中成立。在前面包含搜寻匹配理论的新凯恩斯模型中，劳动力市场是完全竞争的，仅有产品市场是垄断竞争的，劳动力包括强度边际和广度边际两方面，按照上面关于经济达到潜在产出状态的定义，相应的方程为

$$y_t^f = Z_t \, (k_t^f)^\alpha \, (N_t^f h_t^f)^{1-\alpha}$$

$$y_t^f - (a_c/\varepsilon) \, (V_t^f)^\varepsilon = c_t^f + g_t + k_{t+1}^f - (1-\delta)k_t^f$$

$$\theta_t^f = V_t^f / U_t^f$$

$$U_t^f = 1 - (1-\rho)N_{t-1}^f$$

$$N_t^f = (1-\rho)N_{t-1}^f + m \, (\theta_t^f)^{-\xi} V_t^f$$

$$\frac{a_c \, (V_t^f)^{\varepsilon-1}}{m \, (\theta_t^f)^{-\xi}} = (1-\alpha)m_t^f(y_t^f/N_t^f) - w_t^f h_t^f + \beta(1-\rho)E_t\Big[(\lambda_{t+1}^f/\lambda_t^f) \frac{a_c \, (V_{t+1}^f)^{\varepsilon-1}}{m \, (\theta_{t+1}^f)^{-\xi}} \Big]$$

$$(1-\alpha)^2 m_t^f y_t^f/(N_t^f h_t^f) = \omega X_t \frac{(h_t^f)^\varphi}{\lambda_t^f}$$

$$w_t^f h_t^f = \eta \left[(1 - \alpha) m_t^f (y_t^f / N_t^f) + \beta (1 - \rho) E_t (\lambda_{t+1}^f / \lambda_t^f) \theta_{t+1}^f a_c (V_{t+1}^f)^{\varepsilon-1} \right]$$

$$+ (1 - \eta) \left[e + \omega X_t \frac{(h_t^f)^{1+\varphi}}{(1 + \varphi) \lambda_t^f} \right]$$

$$r_{k,t}^f = \alpha m_t^f y_t^f / k_t^f$$

$$m_t^f = \frac{\theta_p - 1}{\theta_p}$$

$$\lambda_t^f = (c_t^f)^{-\gamma}$$

$$\lambda_t^f = E_t \left[\beta (1 + r_{k,t+1}^f - \delta) \lambda_{t+1}^f \right]$$

$$r_t^f = r_{k,t}^f - \delta$$

$$b_{t+1}^f = (1 + r_t^f) b_t^f + g_t - \tau_t^f$$

$$\tau_t^f = \bar{\tau} + \phi (b_t^f - \bar{b})$$

$$1 + R_t^f = (1 + r_t^f)(1 + \pi_t^f)$$

可以看出，即使劳动力市场处于完全竞争状态，搜寻匹配摩擦产生的实际刚性使得自然失业率也不为零，这与上面没有搜寻匹配理论的新凯恩斯模型不同。但模型仍呈现出古典经济学的二分法结构，因此像前面一样，潜在产出、自然失业率及其他实际变量均可以通过独立的模块求解，与价格水平的确定无关。

（三）自然利率

引入潜在产出后，实际产出等变量可进行如下的分解：

$$\ln y_t - \ln y_t^e = \ln (y_t / y_t^f) + \ln (y_t^f / y_t^e)$$

其中，y_t 是实际产出，y_t^f 是潜在产出，y_t^e 是有效产出。

上面分析得到，潜在产出与有效产出的动态变化规律是相同的，只不过是规模方面的差异，这样潜在产出与有效产出的缺口（y_t^f / y_t^e）反映了垄断竞争对经济扭曲状态的水平影响，而实际产出与潜在产出的缺口（y_t / y_t^f）反映了粘性对经济扭曲状态的动态影响。这表明，必须针对经济摩擦产生的不同扭曲性影响制定相应的经济政策，最理想的情况是通过税收补贴或其他经济政策消除垄断竞争，从而使潜在产出与有效产出的缺口消失并实现经济的最优配置，而通过调整货币政策只能影响实际产出与潜在产出的缺口，不能影响潜在产出与有效产出的缺口。

通常将潜在产出对应的实际利率称为自然利率，自然利率是一种撤除价格因素的实际利率，是一种中性利率。由于模型呈现出古典经济学的二分法结构，因此，在确定自然利率后，若给出货币当局关于名义利率的调整规律，就可以确定通胀率。Wicksell 早在 1898 年就提出，货币政策对名义利率的选择应使实际利率跟随自然利率来变化，即跟随自然利率调整物价水平的利率规则：

$$R_{t+1} = \rho_R R_t + (1 - \rho_R)\left[\overline{\pi} + r_t^f + \kappa_y \ln(y_t/y_t^f) + \kappa_\pi(\pi_t - \overline{\pi})\right] + u_{R,t},$$

$$0 \leqslant \rho_R \leqslant 1, \kappa_y > 0, \kappa_\pi > 1$$

这个利率规则实际上对货币政策的决策进行了很好的诠释，即名义利率的选择如果能够使实际利率尽可能达到自然利率，那么此时经济也就接近或达到了资源充分利用的状态，这也是货币政策能够做到的最好方面。

第四节　消息冲击与经济波动

到目前为止，前面章节的模型中经济冲击均以非预期到的随机冲击形式出现，实际中随机冲击还可以另外一种形式出现，即预期到的冲击形式出现，这种随机冲击也称消息冲击（News Shock），如经济主体可能预期到某项经济政策在未来某个时点或者时期发生变化。消息冲击可能实现，也可能没有实现，即使消息冲击没有实现，其也会对人们的未来行为决策产生影响，而实现的消息冲击对经济行为的影响也与非预期到的冲击产生的影响不完全相同。Pigou（1927）很早就指出，预期到的冲击可能对经济主体的消费、投资及就业等方面的决策产生影响，消费、投资、就业和产出可能产生协同变化（Comovement）的趋势，而消息冲击可能是造成这种变化的原因。由此，好的消息冲击使经济主体对未来经济的预期非常乐观，这种乐观的信念将有可能导致未来经济朝着繁荣的方向变化，而一旦经济主体观察到消息冲击并没有实现，那么经济有可能反转并朝着萧条的方向变化，这就是所谓的 Pigou 周期波动（Pigou Cycle）。

Lucas（1977）和 Barro–King（1984）等通过对单部门新古典经济模型的模拟发现，只有全要素生产率在当期受到冲击时才会使经济在总体上产生协同变化的趋势，而其他冲击并不会产生协同变化的趋势，特别是消费和劳动力会产生负相关变化。Christiano–Fitzgerald（1998）通过对两部门新古典经济模型的模拟发现，虽然全要素生产率在当期受到冲击时会使经济在总体上产生协同变化的趋势，但部门中的投资和劳动力的变化并不呈现协同变化的特征。针对新古典经济模型中不能产生协同变化的弱点，Beaudry–Portier（2004，2007）利用一个没有资本、耐用消费品和非耐用消费品呈现互补特征的两部门模型探讨了生产率消息冲击产生的影响。他们的结论表明，生产率在受到消息冲击时能够使经济在总体上表现出协同变化的特征，但部门间没有这种特征。在此理论基础上，Beaudry – Portier（2006）和 Beaudry – Lucke（2010）通过向量自回归（VAR）模型就生产率消息冲击的识别及其对经济波动的影响进行了实证检验并指出，生产率消息冲击是影响经济波动的一个重要方面。Gilchrist – Leahy（2002）分别在带有价格粘性和带有 BGG 金融加速器的新凯恩斯模型中讨论了生产率消息冲击对经济波动和资产价格的影响。Christiano – Ilut – Motto – Rostagno（2008）通过对带有消费习惯、投资调整成本、价格和工资粘性的新凯恩斯模型模拟发现，生产率消息冲击能够使经济产生协同变化的特征，并且能够产生从繁荣到萧条的周期特征。Jaimovich – Rebelo（2009）分别在单部门和两部门的新古典模型讨论和比较了生产率消息冲击能够使经济在总体和部门两方面产生协同变化的原因，分析了消费习惯的设定形式、投资调整成本和可变资本利用率等方面对总体和部门是否能表现出协同变化的特征。Fujiwara – Hirose – Shintani（2011）和 Khan – Tsoukalas（2012）基于实际数据并通过 Bayes 方法对带有生产率消息冲击的新凯恩斯模型进行了估计，从定量上证实了生产率消息冲击对经济波动具有重要影响。Kurmann – Otrok（2013）探讨了生产率消息冲击对经济波动尤其是利率期限结构的影响。Barsky – Basu – Lee（2015）就生产率消息冲击对经济波动的影响和有关研究成果进行了综述，将非结构性的 VAR 模型和新古典、新凯恩斯等结构性模型的模拟结果进行了比较，发现生产率消息冲击在中期不仅会对消费、投资、产出和就业等实际变量的波动产生重要影响，同时还会对物价的波动产生重要影响，并且生产率消息冲击对物价波动的影响是永久性的。

除了考虑生产率消息冲击外，人们也考虑了其他消息冲击对经济波动的影响。Ramey（2011）采用 VAR 模型讨论了政府支出消息冲击的识别并对该消息冲击对经济波动的影响进行了实证检验。Milani – Treadwell（2012）利用新凯恩斯模型就货币政策消息冲击对经济波动的影响进行了实证分析并得出，尽管货币政策冲击对经济波动的影响有限，但相比而言，货币政策消息冲击比非预料到的货币政策冲击对经济波动的影响要大。Christiano – Motto – Rostagno（2014）在带有 BGG 金融加速器的新凯恩斯模型中讨论了关于风险的消息冲击（即可预期到的风险冲击）对经济波动产生影响，特别是在存在关于风险的消息冲击情况下，其他冲击对经济波动的影响可能会减弱，关于风险的消息冲击可能是经济波动的最重要因素。Del Negro – Giannoni – Patterson（2015）探讨了中央银行在执行前向指导（Forward Guidance）的货币政策时，货币政策消息冲击对经济波动和货币政策执行效果会产生影响，特别是，在考虑零约束条件（Zero Lower Bound）下，货币政策的前向指导操作并没有预计得那么有效。

Schmitt – Grohe – Uribe（2012）在新古典模型框架下，通过极大似然方法和 Bayes 方法针对偏好、生产率（包括中性技术和投资专有技术两方面生产率）、政府支出和工资加成率等变化的消息冲击对经济波动的影响进行了实证分析并得出，消息冲击对经济波动的影响不容忽视，在产出、消费、投资和就业的波动中消息冲击产生的影响占主导作用。Lambertini – Mendicino – Punzi（2010）采用新凯恩斯模型研究了生产率、投资调整成本、房屋供给、边际生产成本、通胀目标、贷款价值比（Loan to Value）和基准利率等变化的消息冲击对房地产和宏观经济波动的影响并指出，只有未实现的货币政策和信贷市场变化的消息冲击能够产生由预期变化导致的房地产部门和宏观经济部门的繁荣 – 衰退周期变化，这对由次级债引发的 2008 年国际金融危机提供了一种很好的解释。

　　总的来看，研究消息冲击对经济波动的影响主要采用两类方法，一类是向量自回归（VAR）法，另一类是 DSGE 法。在一定的条件下，DSGE 模型可以转换成 VAR 模型，甚至是有限阶的 VAR 模型，当然，转换后的 VAR 模型是一种带有约束的 VAR 模型。由于消息冲击是一种预期到的冲击，因此，模型通常可表示成向量自回归移动平均（Vector Autoregressive Moving Average，VARMA）形式。VARMA 模型是否能转换成 VAR 模型甚至有限阶的 VAR 模型通常需要检验是否满足可逆（Invertible）条件。而对于消息冲击，除了要满足可逆条件外，还要看该冲击是否是基本面冲击（Fundamental Shock）。如果是非基本面冲击（Non – fundamental Shock），那么不可能通过 VAR 模型来识别该冲击，因为在同样的可观测数据情况下会遇到观测等价性（Observation Equivalence）问题。消息冲击是一种可预料的冲击，在状态空间表示形式中既是冲击变量，也是状态变量。由于该状态变量在预见期之前是不可观测的，因此，根据有限的观测变量通常不可能识别出非基本面冲击，即非基本面冲击通常不可能通过可观测到的数据来识别，关于这一点，Sims（2012）对 VAR 模型中的消息冲击识别与 VAR 模型可逆性条件的关系进行了深入剖析。如果消息冲击反映了人们对未来经济变化的一种信念，那么这种冲击完全有可能不是基本面冲击。Alessi – Barigozzi – Capasso（2011）对结构性经济模型中可能会出现的非基本面冲击及其识别方法进行了综述，并指出要想识别出非基本面冲击，那么可观测变量中需要包括能够反映非基本面冲击有关信息的变量，如 Beaudry – Portier（2006）选择了股票价格来反映生产率消息冲击的有关信息。Blanchard – L'Hullier – Lorenzoni（2013）在关于消息冲击的研究中针对结构性模型转换成 VAR 模型过程中的消息冲击、噪音冲击以及可观测到的信号问题进行了深入探讨，从可观测性角度分析了噪音冲击以及选择的可观测变量对消息冲击识别和估计的影响。Forni – Gambetti – Lippi – Sala（2014）进一步在不完全信息条件下探讨了噪音冲击和消息冲击的识别问题，并通过实证模拟得到，噪音冲击产生的影响在产出、消费和投资等变量的波动中约占三分之一。Barsky – Sims（2011，2016）将消息冲击对经济波动产生的影响分解成两部分，一部分是纯消息冲击（Pure News Shock）产生的影响，另一部分是已实现的消息冲击（Realized News Shock）产生的影响。随着误差分解区间的增大，已实现的消息冲击对经济波动产生的影响越来越大，因此实证中消息冲击对经济波动的影响是否很重要取决于误差分解区间。

下面我们将在新凯恩斯框架下讨论消息冲击对经济波动的影响。采用上一章第二节仅包含价格粘性的模型，这里暂不考虑经济带有趋势的情况，价格采用盯住稳态时通胀率的指数化盯住策略。除了名义粘性外，模型中增加前面章节已介绍的两种实际刚性，一是投资具有调整成本，二是消费具有消费习惯。在模型设计中，假设居民负责投资。下面扩展的模型中经济主体及其行为方程大部分与上一章第二节的模型相同，唯一需要调整的是有关居民的行为方程。典型居民的决策问题可表示为

$$\max_{\{c_{t+i},l_{t+i},i_{t+i},b_{t+1+i},k_{t+1+i}\}} E_t\Big[\sum_{i=0}^{\infty}\beta^i U(c_{t+i},l_{t+i})\Big]$$

$s.t.\quad b_{t+1+i} = (1+r_{t+i})b_{t+i} + r_{k,t+i}k_{t+i} + w_{t+i}l_{t+i} + o_{t+i} - c_{t+i} - i_{t+i} - \tau_{t+i}$

$$k_{t+1+i} = (1-\delta)k_{t+i} + \big[1 - \Psi(i_{t+i}/i_{t-1+i})\big]i_{t+i}$$

其中，b_t 是居民持有的政府债券的实际余额，r_t 是债券的实际利率，k_t 是居民持有的资本，δ 是资本折旧率，$w_t l_t$ 和 $r_{k,t}k_t$ 分别是居民的实际劳动收入和资本收入，w_t 是实际工资，l_t 是居民提供的劳动力，$r_{k,t}$ 是资本实际收益率，c_t 是实际消费，i_t 是实际投资，τ_t 是居民上缴的实际税收，o_t 是居民作为股东从厂商生产得到的红利，$\Psi(i_t/i_{t-1}) = 0.5h(i_t/i_{t-1} - 1)^2$，$h \geqslant 0$ 是投资的调整成本，这里采用二次函数形式。当期效用函数采用下面的形式：

$$U(c_t,l_t) = \frac{V_t\Big[c_t - \dfrac{\omega}{1+\varphi}H_t l_t^{1+\varphi}\Big]^{1-\gamma}}{1-\gamma}$$

这里，V_t 是偏好冲击，H_t 反映了消费习惯的影响，此处采用内在消费习惯的设定形式，即 $H_t = c_t^{\xi}H_{t-1}^{1-\xi}$，$0 \leqslant \xi \leqslant 1$。可以看出，效用函数呈现出不可分离的特征，下面的分析可看出采用这种形式的优势。令上面两个约束条件对应的 Lagrange 乘子分别为 λ_t 和 $\lambda_t q_t$，上面问题的一阶条件为

$$\lambda_t = V_t\Big[c_t - \frac{\omega}{1+\varphi}H_t l_t^{1+\varphi}\Big]^{-\gamma}\Big[1 - \frac{\omega\xi}{1+\varphi}l_t^{1+\varphi}c_t^{\xi-1}H_{t-1}^{1-\xi}\Big]$$

$$\lambda_t w_t = V_t \left[c_t - \frac{\omega}{1+\varphi} H_t l_t^{1+\varphi} \right]^{-\gamma} \omega l_t^{\varphi} H_t$$

$$\lambda_t = E_t [\beta(1 + r_{t+1}) \lambda_{t+1}]$$

$$\lambda_t q_t [1 - \Psi(i_t/i_{t-1})] - \lambda_t - \lambda_t q_t (i_t/i_{t-1}) \Psi'(i_t/i_{t-1})$$
$$+ \beta E_t \lambda_{t+1} q_{t+1} (i_{t+1}/i_t)^2 \Psi'(i_{t+1}/i_t) = 0$$

$$\lambda_t q_t = E_t \{\beta \lambda_{t+1} [r_{k,t+1} + (1 - \delta) q_{t+1}]\}$$

上面最后三个式子与前面章节推导的结论相同，这里主要来看前面两个式子。利用这两个式子可得到

$$\left[1 - \frac{\omega \xi}{1+\varphi} l_t^{1+\varphi} c_t^{\xi-1} H_{t-1}^{1-\xi} \right] w_t = \omega l_t^{\varphi} H_t$$

或者，

$$\left[c_t - \frac{\omega \xi}{1+\varphi} l_t^{1+\varphi} H_t \right] w_t = \omega l_t^{\varphi} H_t c_t$$

由此可看出，采用上面形式的效用函数后可使当期实际工资 w_t 与边际消费倾向 λ_t 没有直接联系，从而可以像经典宏观经济模型那样纯粹讨论工资与劳动力供给的部分均衡关系，而不受边际消费倾向变化的影响。前面章节的模拟已经表明，当生产率发生变化时，通常会产生消费的跨期替代效应和消费与闲暇的期内替代效应。跨期替代效应使产出与消费呈现出负相关关系，期内替代效应使产出与消费呈现出正相关关系，生产率变化到底使产出与消费呈现出什么样的相关关系取决于这两种替代效应的大小。通常采用可分离效用函数形式不能将这两种效应分离，而采用上面形式的效用函数后，实际上在某种程度上（至少在当期）将这两种效应进行了适当的分离（当然不能完全分离），也为下面分析消息冲击提供了一种可行的方式。

前面章节通常假设生产率的变化由下式描述：

$$\ln(Z_t/\overline{Z}) = \rho_Z \ln(Z_{t-1}/\overline{Z}) + u_{Z,t}, 0 \leqslant \rho_Z < 1$$

其中，随机冲击 $u_{Z,t}$ 是非预料到的冲击。下面除了这个冲击外，还考虑消息冲击 $u_{ZN,t-S}$。该消息冲击已提前 S 期被预料到，此时生产率变化采用下面的形式：

$$\ln(Z_t/\overline{Z}) = \rho_Z \ln(Z_{t-1}/\overline{Z}) + u_{Z,t} + u_{ZN,t-S}, 0 \leqslant \rho_Z < 1$$

可以看出，加入消息冲击后，如果将上面的方程写成状态空间的形式，那么需要增加状态变量 $u_{ZN,t-S}$, $u_{ZN,t-S+1}$, $u_{ZN,t-S+2}$, …, $u_{ZN,t-1}$，并且这些状态变量是不可观测的，由此仅仅通过能够反映生产率变化的某个可观测变量通常未必能识别出消息冲击，这就是通常遇到的观测等价性问题。这里我们不考虑识别

和估计问题，因此仍然可通过上式来进行随机模拟。

除了上面这些方程外，模型中的其他方程与前面章节的方程相同。在确定稳态时，首先利用前面的方程可得到

$$\overline{H} = \overline{c}$$

代入一阶条件可得到

$$\left[1 - \frac{\omega \xi}{1+\varphi} \overline{l}^{1+\varphi} \right] \overline{w} = \omega \overline{l}^{\varphi} \overline{c}$$

经过变换得到

$$\overline{w} \left[1 - \frac{\omega \xi}{1+\varphi} (\overline{l}/\overline{y})^{1+\varphi} \overline{y}^{1+\varphi} \right] = \omega (\overline{l}/\overline{y})^{\varphi} (\overline{c}/\overline{y}) \overline{y}^{1+\varphi}$$

最后通过下面的方程可确定产出：

$$\overline{y}^{1+\varphi} = \frac{\overline{w}}{\frac{\omega \xi}{1+\varphi} \overline{w} (\overline{l}/\overline{y})^{1+\varphi} + \omega (\overline{l}/\overline{y})^{\varphi} (\overline{c}/\overline{y})}$$

一旦确定产出，通过比例可确定其他变量，这一点与前面章节的方式相同。

模型中的参数和有关变量的稳态值大部分采用前面章节模型的数值，其他参数和有关变量的稳态值按照表 6.5 中的稳态条件来设定。由于模型中效用函数采用了不可分离的形式，从而效用函数中有关参数的校准值得关注。其中，参数 φ 和 ω 取值仍为前面模型的数值，即 $\varphi = 1$，$\omega = 1$，但含义与前面模型不完全相同。参数 ξ 的选择对消费习惯采用的形式有影响，Jaimovich – Rebelo（2009）对该参数的校准值和 Schmitt – Grohe – Uribe（2012，其选择的函数形式不完全相同）的估计值比较小，而 Khan – Tsoukalas（2012）的估计值非常大，这里将该值选择为 $\xi = 0.6$。投资调整成本函数中的参数采用第二章模型的参数，即参数 $h = 5$。模型稳态时产品价格的加成率设为 20%，即参数 $\theta = 6$，稳态时通胀率设为零，描述价格分散程度的指标 s_t 的稳态值设定为 1，厂商调整价格的频率设定为 4 个季度，即 $q = 0.75$。另外，假定消息冲击能够在 4 期之前预料到，即预见期选择为 $S = 4$。为完整起见，整个模型总结于表 6.5。

表 6.5　　　　　　　　　　　　模型 Cha6en（非线性形式）

外生变量： V_t, Z_t, g_t, θ_t;
$\ln(V_t/\overline{V}) = \rho_V \ln(V_{t-1}/\overline{V}) + u_{V,t}, 0 \leq \rho_V < 1$
$\ln(Z_t/\overline{Z}) = \rho_Z \ln(Z_{t-1}/\overline{Z}) + u_{Z,t} + u_{ZN,t-S}, 0 \leq \rho_Z < 1$
$\ln(g_t/\overline{g}) = \rho_g \ln(g_{t-1}/\overline{g}) + u_{g,t}, 0 \leq \rho_g < 1$
$\ln(\theta_t/\overline{\theta}) = \rho_\theta \ln(\theta_{t-1}/\overline{\theta}) + u_{\theta,t}, 0 \leq \rho_\theta < 1$

内生变量：c_t，H_t，l_t，λ_t，r_t，w_t，m_t，$r_{k,t}$，k_t，y_t，i_t，q_t，$P_{j,t}$，P_t，$F_{1,t}$，$F_{2,t}$，p_t^f，π_t，R_t，τ_t，b_t，s_t；

$$\lambda_t = V_t \left[c_t - \frac{\omega}{1+\varphi} H_t l_t^{1+\varphi} \right]^{-\gamma} \left[1 - \frac{\omega\xi}{1+\varphi} l_t^{1+\varphi} c_t^{\xi-1} H_{t-1}^{1-\xi} \right]$$

$$H_t = c_t^\xi H_{t-1}^{1-\xi}, 0 \leq \xi \leq 1$$

$$\lambda_t w_t = V_t \left[c_t - \frac{\omega}{1+\varphi} H_t l_t^{1+\varphi} \right]^{-\gamma} \omega l_t^\varphi H_t$$

$$\lambda_t = E_t [\beta(1 + r_{t+1}) \lambda_{t+1}]$$

$$1 + R_t = (1 + r_t)(1 + \pi_t)$$

$$l_t = (1 - \alpha) m_t y_t / w_t$$

$$m_t = \frac{(r_{k,t})^\alpha w_t^{1-\alpha}}{(a)^\alpha (1-\alpha)^{1-\alpha} Z_t}$$

$$r_{k,t} = \alpha m_t y_t / k_t$$

$$k_{t+1} = (1 - \delta) k_t + [1 - 0.5h (i_t/i_{t-1} - 1)^2] i_t$$

$$y_t = s_t (c_t + i_t + g_t)$$

$$\frac{1}{q_t} = 1 - 0.5h(i_t/i_{t-1} - 1)^2 - h(i_t/i_{t-1})(i_t/i_{t-1} - 1)$$
$$+ \beta h E_t (\lambda_{t+1}/\lambda_t)(q_{t+1}/q_t)(i_{t+1}/i_t)^2 (i_{t+1}/i_t - 1)$$

$$\lambda_t q_t = E_t \{\beta \lambda_{t+1} [r_{k,t+1} + (1 - \delta) q_{t+1}]\}$$

$$E_t ((P_{j,t}/P_t) F_{1,t} - F_{2,t}) = 0$$

$$(P_t)^{1-\theta_t} = (1 - q)(P_{j,t})^{1-\theta_t} + q [P_{t-1}(1 + \overline{\pi})]^{1-\theta_t}$$

$$F_{1,t} = \lambda_t y_t (p_t^f)^{-2} + \beta q \left(\frac{1+\overline{\pi}}{1+\pi_{t+1}} \right)^2 F_{1,t+1}$$

$$F_{2,t} = \lambda_t y_t (p_t^f)^{-1} + \beta q \left(\frac{1+\overline{\pi}}{1+\pi_{t+1}} \right) F_{2,t+1}$$

$$p_t^f = \frac{\theta_t}{\theta_t - 1} m_t$$

$$\pi_t = P_t/P_{t-1} - 1$$

$$R_{t+1} = \rho_R R_t + (1 - \rho_R)[\overline{R} + \kappa_y \ln(y_t/\overline{y}) + \kappa_\pi (\pi_t - \overline{\pi})] + u_{R,t},$$
$$0 \leq \rho_R \leq 1, \kappa_y > 0, \kappa_\pi > 1$$

$$b_{t+1} = (1 + r_t) b_t + g_t - \tau_t$$

$$\tau_t = \overline{\tau} + \phi(b_t - \overline{b})$$

$$s_t = (1 - q)[P_{j,t}/P_t]^{-\theta_t} + q \left(\frac{1+\overline{\pi}}{1+\pi_t} \right)^{-\theta_t} s_{t-1}$$

随机冲击：$u_{V,t}$，$u_{Z,t}$，$u_{ZN,t}$，$u_{g,t}$，$u_{R,t}$，$u_{\theta,t}$；

续表

$u_{V,t} \sim N(0, \sigma_V^2)$，$u_{Z,t} \sim N(0, \sigma_Z^2)$，$u_{ZN,t} \sim N(0, \sigma_{NZ}^2)$，

$u_{g,t} \sim N(0, \sigma_g^2)$，$u_{R,t} \sim N(0, \sigma_R^2)$，$u_{\theta,t} \sim N(0, \sigma_\theta^2)$

稳态条件：

$\bar{\theta} = 6$，$\bar{s} = 1$，$\bar{r} = 1/\beta - 1$，$\bar{\pi} = 0$，$\bar{R} = (1 + \bar{r})(1 + \bar{\pi}) - 1$，

$\bar{r}_k = \bar{r} + \delta$，$\bar{m} = (\bar{\theta} - 1)/\bar{\theta}$，$\bar{m} = (\bar{r}_k)^\alpha \bar{w}^{1-\alpha} / [\bar{Z} \alpha^\alpha (1 - \alpha)^{1-\alpha}]$，

$\bar{p}^f = 1$，$\bar{P}_j = \bar{P} = 1$，$\bar{q} = 1$，$\bar{k}/\bar{y} = \alpha \bar{m}/\bar{r}_k$，$\bar{l}/\bar{y} = (1 - \alpha) \bar{m}/\bar{w}$，

$\bar{c}/\bar{y} = 1 - \delta \bar{k}/\bar{y} - \bar{g}/\bar{y}$，

$\bar{y}^{1+\varphi} = \dfrac{\bar{w}}{\dfrac{\omega \xi}{1 + \varphi} \bar{w} (\bar{l}/\bar{y})^{1+\varphi} + \omega (\bar{l}/\bar{y})^\varphi (\bar{c}/\bar{y})}$，$\bar{H} = \bar{c}$，

$\bar{\lambda} = \bar{V} [\bar{c} - \dfrac{\omega}{1 + \varphi} \bar{H} \bar{l}^{1+\varphi}]^{-\gamma} [1 - \dfrac{\xi \omega}{1 + \varphi} \bar{l}^{1+\varphi} \bar{c}^{\xi-1} \bar{H}^{1-\xi}]$，

$\bar{\tau} = \bar{g} + \bar{r} \bar{b}$，$\bar{F}_1 = \bar{\lambda} \bar{y}/(1 - \beta q)$，$\bar{F}_2 = \bar{\lambda} \bar{y}/(1 - \beta q)$

　　为与前面章节模型进行对比，仍以全要素生产率冲击为例进行分析，假设模型在稳态时受到全要素生产率冲击的影响，该冲击使全要素生产率相对于其稳态值上升 1%，但该冲击以消息冲击的形式体现，即预计该冲击在 4 期后实现。图 6.6 是价格完全弹性和价格粘性两种情形下的冲击响应曲线。

　　在价格完全弹性的情况下，模型就是实际经济周期模型的扩展形式，生产率消息冲击虽然在 4 期以后发生，但在当前已经开始对经济主体的行为决策产生影响。由于预计生产率会提高，从而厂商将逐渐增加投资和雇佣更多的劳动力，一旦消息冲击真正实现，其对投资需求、劳动力需求和产出的影响将会立刻显现出来。但对于居民，生产率消息冲击对其消费需求和劳动力供给的选择产生的影响取决于生产率消息冲击产生的跨期替代效应和期内财富效应，跨期替代效应将会使居民减少消费和增加劳动力供给，而财富效应将会使居民增加消费和减少劳动力供给。采用模型中设定的效用函数形式后虽可以提高财富效应，但还不能完全使财富效应占主导作用，可是从整个周期来看，消费、投资、产出、劳动力基本上呈现协同变化的特征，特别是在消息冲击实现后该特征体现得更为明显。生产率消息冲击使产出增加的同时也会对实际边际生产成本产生向下压力。从图 6.6 中来看，实际边际生产成本并没有下降，基本上保持不变，这主要是实际工资和资本租金增加的原因，这二者增加的原因也导致劳动力、投资和产出产生了协同变化的结果。实际边际生产成本基本不变也意味着名义边际生产成本与价格水平保持同比例变化，从而生产率消息冲击使产出增加的同时，也使物价水平产生下降压力，这从图 6.6 中可以清楚地看到，

相应地，名义利率也出现下降趋势。

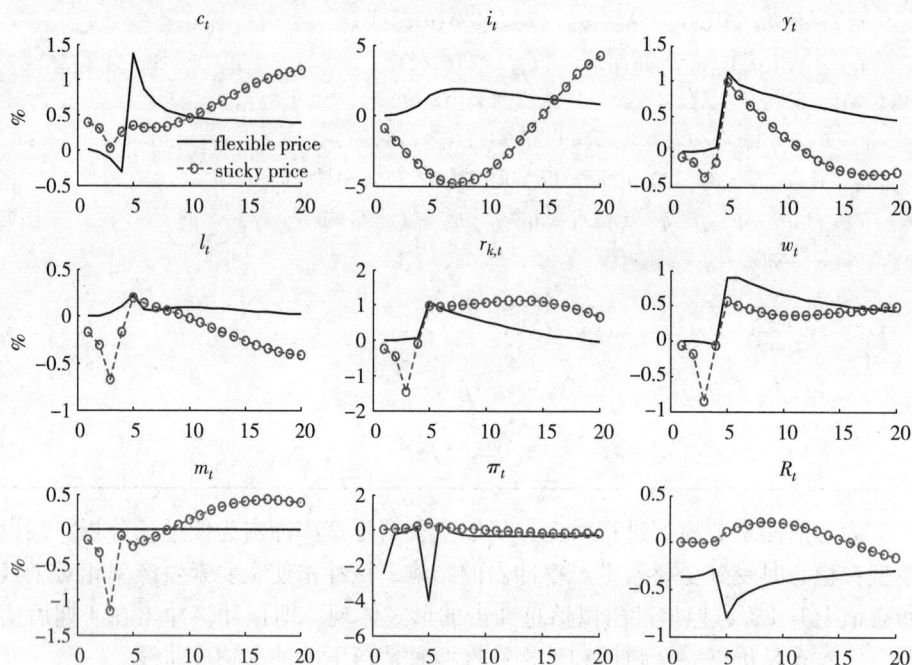

图 6.6　关于全要素生产率消息冲击的冲击响应曲线

在价格粘性的情况下，生产率消息冲击使得消费、投资、产出和劳动力在短期内均呈现先降后升的趋势。但与弹性价格情况不同的是，在初期消费迅速跳跃到正值，而产出、劳动力和投资呈现出下降状态，特别是投资在初始很长时期内一直处于下降状态，这一点正是加入价格粘性造成的结果。由于厂商对产品具有垄断定价权，从而在预计生产率提高的情况下，厂商不是像上面那样使得产品价格下降到应有的程度，这样实际边际生产成本在短期内呈现下降状态，厂商由此可得到垄断利润带来的好处。在价格水平下降不到位的情况下，厂商对劳动力和资本的需求不会上升到应有的幅度，从图 6.6 中可看出，劳动力和投资短期内均比弹性价格情况下下降的幅度大，与之相应，工资和资本租金短期内也呈现出下降趋势。由于不是所有的厂商在每期都降低价格，从而即使短期内实际边际生产成本下降，总体物价水平也未必下降。况且，在预计将来生产扩张会导致边际生产成本上升的情况下，总体物价水平基本上呈现略有上升趋势，相应地，名义利率也呈现小幅上升趋势。模型中资本调整存在成本，这种实际刚性和价格粘性的同时存在使得投资的变化呈现出更长的周期性，这也使产出的变化呈现出类似的特征。总的来看，增加价格粘性进一步显现了产出、投资、产出和劳动力等变量协同变化的特征。

第五节 部门经济波动与总体经济波动

经济中各部门是相互联系的，每个部门经济的变化将会涉及总体经济的变化，因此，对部门经济与总体经济的关系进行详细探讨将进一步了解总体经济的变化规律。上一节谈到，消息冲击有可能使宏观经济各变量产生协同变化的特点，本节将从部门经济的相互联系来研究这一问题。

Long – Plosser（1983，1987）开辟了将投入产出分析（Input – Output）方法引入 RBC 模型的先河。投入产出分析方法具有较长的历史，国民经济统计核算已经建立统计制度和相应的投入产出表，后者详细刻画了各行业部门之间经济活动的联系。每个行业部门的生产不是单独进行的，除了投入劳动力和资本两个生产要素外，还要利用其他行业部门的生产产品作为投入，同时，其生产的产品也作为其他部门的生产投入。因此，利用投入产出表可以为研究部门经济与总体经济的联系提供很好的切入点。Long – Plosser（1983，1987）在多部门模型中假设每个部门的生产除了利用劳动力生产要素外，还要使用其他部门的产品作为生产投入，同时自己生产的产品也有一部分作为其他部门的生产投入，另外，假设资本是完全折旧的。在这种所有部门均使用中间投入的循环生产机制下，Long – Plosser 基于美国的投入产出表对部门经济和总体经济的波动进行了实证分析并得出，中间投入的使用加强了各部门之间的联动性以及冲击在各部门之间传导的差异性，各部门经济波动特征与总体经济的波动特征并不完全一致。Basu（1995）在此模型的基础上对每个部门考虑了垄断竞争因素并通过实证分析得出，中间投入是解释部门经济变化与总体经济变化的一个重要因素。Hornstein – Praschnik（1997）指出，如果在多部门经济模型中加入中间投入，那么某个部门经济生产率的变化可以使其他部门的产出和就业产生正向的协同变化，其基于投入产出表在实证分析中着重探讨了耐用消费品和非耐用消费品两部门间产出和就业协同变化的规律。Dupor（1999）在其研究中指出，如果每个部门生产中使用的中间投入总份额和资本份额是一样的，那么通过对冲击项进行适当的校准，多部门模型得到的总体经济波动特征与单部门模型得到的经济波动特征是一致的，增加部门并不会对冲击的传导放大机制产生影响。Dupor 还讨论了多部门模型加总后的总体经济波动与单部门模型经济波动规律在二阶情况下等价的条件。Horvath（2000）对 Dupor（1999）的结论进行了进一步探讨，在考虑各部门之间的劳动力差异性和资本调整存在成本后，基于复杂程度不同的投入产出表，通过模拟发现，实际中投入产出表的稀疏结构虽然会减弱各部门联系的强度但不会消除该联系，由此冲击会导致各部门的协同变化，从而各部门经济的波动均对总体经济的波动产生影响。

Ngai – Pissarides（2007, 2009）讨论了在多部门经济增长模型中引入中间投入对经济增长和经济结构的影响，他们详细讨论了部门生产率变化对中间投入的价格所产生的影响，以及采用生产总值和增加值两个指标衡量投资专有技术进步的差异性。他们指出，在考虑中间投入后，投资专有技术进步对经济增长的贡献率要比 Greenwood – Hercowitz – Huffman（1988）测算的结果高很多，因为投资专有技术进步对中间产品价格的影响会进一步对部门的生产效率产生影响，这种迂回的影响使得投资专有技术进步产生的效应更明显。

以上研究均是在价格完全弹性的情况下得到的结论，如果放松该条件，即在价格粘性的情况下，那么结论将更加丰富。采用 Rotemberg 定价方式，Bouakez – Cardia – Ruge – Murcia（2009, 2011, 2014）在新凯恩斯模型框架下研究了各部门经济价格粘性对总体经济价格粘性的影响以及货币政策在多部门经济中的传导机制。他们得出，在同时引入投入产出分析和价格粘性后，部门经济的协同变化特征更显著，货币政策在各部门经济中传导的差异性和不对称性使得货币政策对总体经济的影响与单部门新凯恩斯模型得到的结论是有差异的。Bouakez – Cardia – Ruge – Murcia（2011）指出，在考虑中间投入后，耐用消费品和非耐用消费品两部门经济的变化表现出的协同变化特征会加强货币政策的效果，不会得出前一章 Barsky – House – Kimball（2003, 2007）和 Carlstrom – Fuerst（2006）两部门经济中物价总水平的粘性主要由耐用消费品部门的粘性决定以及增加耐用消费品部门会严重削弱经济政策效果的结论。

下面结合 Horvath（2000）和 Bouakez – Cardia – Ruge – Murcia（2009）的分析在新凯恩斯模型框架下讨论多部门经济波动与总体经济波动问题。

一、居民的偏好与决策

居民的当期效用函数选择下面的形式：

$$U(c_t, l_t) = V_t \frac{[c_t(1-l_t)^\varphi]^{1-\gamma}}{1-\gamma}, \gamma, \varphi \geq 0$$

其中，V_t 是偏好冲击，c_t 是总消费，l_t 是总劳动力供给，γ 和 φ 是相关参数，γ 反映跨期替代弹性，φ 反映消费和劳动力的替代弹性。总消费是 M 个部门消

费品的加总，即

$$c_t = \Big[\sum_{s=1}^{M} (v_s)^{1/\rho} (c_t^s)^{1-1/\rho} \Big]^{\frac{\rho}{\rho-1}}$$

其中，c_t 是总消费，$c_t^s, s = 1, \cdots, M$ 是对第 s 个部门产品的消费，v_s 反映第 s 个部门产品消费的份额，$\sum_{s=1}^{M} v_s = 1$，ρ 是不同部门间产品的替代弹性。在完全竞争的情况下，部门消费与总消费的关系通过下式来刻画：

$$c_t^s = v_s [P_t^s/P_t]^{-\rho} c_t, s = 1, \cdots, M, P_t = \Big[\sum_{s=1}^{M} v_s (P_t^s)^{1-\rho} \Big]^{\frac{1}{1-\rho}}$$

这里，P_t 是总价格水平，$P_t^s, s = 1, \cdots, M$ 是第 s 个部门消费品的价格。为后面引入价格粘性方便，类似于前面章节的做法，第 s 个部门产品的消费由连续分布于区间 $[0,1]$ 的不同类产品加工构成，即

$$c_t^s = \Big[\int_0^1 (c_t^{js})^{(\theta_s-1)/\theta_s} dj \Big]^{\theta_s/(\theta_s-1)}, \theta_s > 1$$

其中，$c_t^{js}, j \in [0,1]$ 是对第 s 个部门第 j 类产品的消费，θ_s 是第 s 个部门不同类产品之间的替代弹性，在完全竞争状态下，某个部门不同类产品的消费与本部门消费的关系为

$$c_t^{js} = [P_t^{js}/P_t^s]^{-\theta_s} c_t^s, P_t^s = \Big[\int_0^1 (P_t^{js})^{(1-\theta_s)} dj \Big]^{1/(1-\theta_s)}$$

其中，$P_t^{js}, j \in [0,1]$ 是第 s 个部门第 j 类产品的价格。

　　类似于消费的处理方式，居民提供的劳动力并不局限于一个部门，也包括 M 个部门，即采用下面的加总方式：

$$l_t = \Big[\sum_{s=1}^{M} (f_s)^{-1/\omega} (l_t^s)^{1+1/\omega} \Big]^{\frac{\omega}{1+\omega}}$$

其中，l_t 是劳动力总供给，$l_t^s, s = 1, \cdots, M$ 是对第 s 个部门提供的劳动力，ω 是不同部门间劳动力的替代弹性，f_s 反映第 s 个部门劳动力的份额，$\sum_{s=1}^{M} f_s = 1$。某个部门劳动力与总劳动力的关系为

$$l_t^s = f_s [W_t^s/W_t]^{\omega} l_t, s = 1, \cdots, M, W_t = \Big[\sum_{s=1}^{M} f_s (W_t^s)^{1+\omega} \Big]^{\frac{1}{1+\omega}}$$

这里，W_t 是名义总工资水平，$W_t^s, s = 1, \cdots, M$ 是第 s 个部门的名义工资。虽然

我们假设不同部门的劳动力是不完全替代的，但对于同一部门的劳动力假设是完全替代的，即采用下面的加总形式：

$$l_t^s = \int_0^1 l_t^{ms} \, dm$$

其中，l_t^{ms}，$m \in [0,1]$ 是对第 s 个部门生产第 m 类产品提供的劳动力。在同一部门劳动力完全替代的假设下，部门内的工资水平是一样的，即 $W_t^{ms} = W^s$，$\forall m \in [0,1]$。

考虑到多部门产品的消费和投资，居民的预算约束和资本的积累方程为：

$$\sum_{s=1}^{M} \int_0^1 ((c_t^{js} + i_t^{js})(P_t^{js}/P_t)) \, dj + b_{t+1}$$

$$= (1 + r_t)b_t + \sum_{s=1}^{M} \int_0^1 r_{k,t}^{js} k_t^{js} \, dj + \sum_{s=1}^{M} \int_0^1 ((W_t^{js}/P_t) l_t^{js}) \, dj + \sum_{s=1}^{M} \int_0^1 o_t^{js} \, dj - \tau_t$$

$$k_{t+1}^{js} = (1 - \delta_s) k_t^{js} + [1 - \Psi(i_t^{js}/i_{t-1}^{js})] i_t^{js}$$

其中，b_t 是居民持有的政府债券的实际余额，r_t 是债券的实际利率，类似于消费品的处理，居民的投资也包括对 M 个部门的投资。对于 $s \in \{1, \cdots, M\}$，$j \in [0,1]$，c_t^{js}、i_t^{js}、k_{t+1}^{js}、$r_{k,t}^{js}$、l_t^{js}、W_t^{js}/P_t 和 o_t^{js} 分别是居民对第 s 个部门第 j 类产品的消费、投资、生产中的实物资本存量、资本实际收益率、居民提供的劳动力、得到的实际工资和居民作为股东从厂商生产得到的红利，δ_s 是资本折旧率，τ_t 是居民上缴的实际税收。$\Psi(i_t^{js}/i_{t-1}^{js}) = 0.5 h_s (i_t^{js}/i_{t-1}^{js} - 1)^2$，$h_s \geq 0$ 是投资的调整成本，这里采用二次函数形式。

在上面两个约束条件下，居民通过最大化效用函数的累计贴现和 $E_t \sum_{i=0}^{\infty} \beta^i U(c_{t+i}, l_{t+i})$ 得到关于 $\{c_t^{js}, l_t^{js}, b_{t+1}, i_t^{js}, k_{t+1}^{js}\}_{t=0}^{\infty}$，$s \in \{1, \cdots, M\}$，$j \in [0,1]$ 的选择。令上面两个约束条件对应的 Lagrange 乘子分别为 λ_t 和 $\lambda_t q_t^{js}$，上面问题的一阶条件为

$$\lambda_t = (1 - \gamma) U(c_t, l_t)/c_t$$

$$c_t^s = v_s [P_t^s/P_t]^{-\rho} c_t$$

$$c_t^{js} = [P_t^{js}/P_t^s]^{-\theta_s} c_t^s$$

$$(W_t/P_t) \lambda_t = \varphi(1 - \gamma) U(c_t, l_t)/(1 - l_t)$$

$$l_t^s = f_s [W_t^s/W_t]^{\omega} l_t$$

$$W_t^{js} = W^s$$

$$\lambda_t = E_t[\beta(1 + r_{t+1}) \lambda_{t+1}]$$

$$\left\{ \begin{array}{l} \lambda_t q_t^{js} [1 - \Psi(i_t^{js}/i_{t-1}^{js})] - \lambda_t - \lambda_t q_t^{js} (i_t^{js}/i_{t-1}^{js}) \Psi'(i_t^{js}/i_{t-1}^{js}) \\ + \beta E_t \lambda_{t+1} q_{t+1}^{js} (i_{t+1}^{js}/i_t^{js})^2 \Psi'(i_{t+1}^{js}/i_t^{js}) \end{array} \right\} = 0$$

$$\lambda_t q_t^{js} = E_t \{ \beta \lambda_{t+1} [r_{k,t+1}^{js} + (1 - \delta_s) q_{t+1}^{js}] \}$$

由于同一部门存在竞争的资本市场，从而资本收益率在该部门内的收益率是相同的，$r_{k,t}^{js} = r_{k,t}^s$，$\forall j \in [0,1]$。这样从上面最后两个式子可得到 $q_{k,t}^{js} = q_{k,t}^s$，$i_t^{js}/i_{t-1}^{js} = i_t^s/i_{t-1}^s$，$\forall j \in [0,1]$，即投资、投资品的价格和投资收益率仅与部门有关，而与部门内的产品类别无关。如果进一步假定资本在不同部门间也是完全替代的，那么，投资、投资品的价格和投资收益率与部门类别也无关，此时可用典型厂商的投资代表总投资。鉴于我们着重讨论部门经济的波动，因此下面仍假定资本在不同部门之间是不完全替代的。基于以上分析，可将上面最后两个方程改写为

$$\left\{ \begin{array}{l} \lambda_t q_t^s [1 - \Psi(i_t^s/i_{t-1}^s)] - \lambda_t - \lambda_t q_t^s (i_t^s/i_{t-1}^s) \Psi'(i_t^s/i_{t-1}^s) \\ + \beta E_t \lambda_{t+1} q_{t+1}^s (i_{t+1}^s/i_t^s)^2 \Psi'(i_{t+1}^s/i_t^s) \end{array} \right\} = 0$$

$$\lambda_t q_t^s = E_t \{ \beta \lambda_{t+1} [r_{k,t+1}^s + (1 - \delta_s) q_{t+1}^s] \}$$

在通过上面的方程确定部门的总投资后，再按照类似于消费的处理方式确定部门内对某个类型产品的投资，即

$$i_t^{js} = [P_t^{js}/P_t^s]^{-\theta_s} i_t^s$$

总投资为

$$P_t i_t = \sum_{s=1}^M P_t^s i_t^s$$

二、部门经济的刻画

总产出是 M 个部门产出的加总，即

$$y_t = \Big[\sum_{s=1}^M (v_s)^{1/\rho} (y_t^s)^{1-1/\rho} \Big]^{\frac{\rho}{\rho-1}}$$

其中，y_t 是总产出，y_t^s，$s = 1,\cdots,M$ 是第 s 个部门的产出。在完全竞争的情况下，部门产出与总产出的关系为

$$y_t^s = v_s [P_t^s/P_t]^{-\rho} y_t, s = 1,\cdots,M$$

对于第 s 个部门第 j 类产品（$s \in \{1,\cdots,M\}$，$j \in [0,1]$）的生产，典型厂商采用下面的 Cobb - Douglas 生产函数形式：

$$y_t^{js} = (k_t^{js})^{\alpha_s} (Z_t^s l_t^{js})^{\beta_s} (H_t^{js})^{1-\alpha_s-\beta_s}, 0 \leq \alpha_s, \beta_s \leq 1$$

其中，y_t^{js} 是第 s 个部门第 j 类产品的总产出，k_t^{js}、l_t^{js} 和 H_t^{js} 分别是生产中使用的资本存量、劳动力和中间投入，Z_t^s 是第 s 个部门的生产率，中间投入是生产中所使用的其他部门生产的产品，其采用下面的生产函数形式：

$$H_t^{js} = \Big[\sum_{i=1}^{M} (a_{is})^{1/\rho} (H_{i,t}^{js})^{1-1/\rho} \Big]^{\frac{\rho}{\rho-1}}, \sum_{i=1}^{M} a_{is} = 1, a_{is} \geq 0$$

$$H_{i,t}^{js} = \Big[\int_0^1 (H_{mi,t}^{js})^{(\theta_i-1)/\theta_i} \mathrm{d}m \Big]^{\theta_i/(\theta_i-1)}, \theta_i > 1$$

其中，H_t^{js} 是生产第 s 个部门第 j 类产品使用的中间产品总投入，$H_{i,t}^{js}$ 是生产第 s 个部门第 j 类产品使用的第 i 个部门的产品总和，$H_{mi,t}^{js}$ 是生产第 s 个部门第 j 类产品使用的第 i 个部门第 m 类产品。类似于消费品的处理，可得到第 s 个部门中间产品的价格以及下面的需求关系式：

$$P_t^{H_s} = \Big[\sum_{i=1}^{M} a_{is} (P_t^i)^{1-\rho} \Big]^{\frac{1}{1-\rho}}$$

$$H_{i,t}^{js} = a_{is} \big[P_t^i / P_t^{H_s} \big]^{-\rho} H_t^{js}$$

$$H_{mi,t}^{js} = \big[P_t^{mi} / P_t^i \big]^{-\theta_i} H_{i,t}^{js}$$

$$s, i \in \{1, \cdots, M\}, j, m \in [0,1]$$

以及

$$\int_0^1 P_t^{mi} H_{mi,t}^{js} \mathrm{d}m = P_t^i H_{i,t}^{js}$$

$$\sum_{i=1}^{M} P_t^i H_{i,t}^{js} = P_t^{H_s} H_t^{js}$$

考虑到前面已经得到工资和资本收益率仅与部门有关，从而可得到单位实际边际生产成本 m_t^{js} 也仅与部门有关，即

$$m_t^s = m_t^{js} = \frac{(r_{k,t}^s)^{\alpha_s} \big[(W_t^s/(P_t^s Z_t^s))\big]^{\beta_s} \big[P_t^{H_s}/P_t^s \big]^{1-\alpha_s-\beta_s}}{(a_s)^{\alpha_s} (\beta_s)^{\beta_s} (1-\alpha_s-\beta_s)^{1-\alpha_s-\beta_s}}, \forall j \in [0,1]$$

对生产要素的需求为

$$r_{k,t}^s k_t^{js} = \alpha_s m_t^s y_t^{js}$$

$$(W_t^s/P_t^s) l_t^{js} = \beta_s m_t^s y_t^{js}$$

$$(P_t^{H_s}/P_t^s) H_t^{js} = (1-\alpha_s-\beta_s) m_t^s y_t^{js}$$

在需求 $y_t^{js} = \big[P_t^{js}/P_t^s \big]^{-\theta_s} y_t^s$ 的约束下，如果价格是完全弹性的，则在垄断竞争条件下可得到该部门内所有厂商均按下面关系式来定价：

$$\frac{P_t^{f,s}}{P_t} = \frac{\theta_s}{\theta_s-1} m_t^s$$

其中，$P_t^{f,s}$ 是完全弹性条件下确定的价格。采用前面章节价格粘性的 Calvo 引入

方式，假设第 s 个部门生产中每期进行价格调整的厂商所占的比例为 $(1-q_s)$，没有进行价格调整的厂商采用盯住稳态时通胀率的做法，这样可得到下式：

$$E_t\left(\frac{P_t^{js}}{P_t^s}F_{1,t}^s - F_{2,t}^s\right) = 0$$

$$F_{1,t}^s = \lambda_t y_t^s (P_t^{f,s}/P_t^s)^{-2} + \beta q_s \left(\frac{1+\overline{\pi}^s}{1+\pi_{t+1}^s}\right)^2 F_{1,t+1}^s$$

$$F_{2,t}^s = \lambda_t y_t^s (P_t^{f,s}/P_t^s)^{-1} + \beta q_s \left(\frac{1+\overline{\pi}^s}{1+\pi_{t+1}^s}\right) F_{2,t+1}^s$$

$$(P_t^s)^{1-\theta} = (1-q_s)\left[P_t^{js}\right]^{1-\theta_s} + q_s\left[P_{t-1}^s(1+\overline{\pi}^s)\right]^{1-\theta_s}$$

其中，$\pi_t^s = P_t^s/P_{t-1}^s - 1$ 是第 s 个部门的价格增长率。

第 s 个部门对生产要素的总需求为

$$r_{k,t}^s k_t^s = \alpha_s m_t^s \widetilde{y}_t^s$$

$$(W_t^s/P_t^s)l_t^s = \beta_s m_t^s \widetilde{y}_t^s$$

$$(P_t^{H_s}/P_t^s)H_t^s = (1-\alpha_s-\beta_s)m_t^s \widetilde{y}_t^s$$

其中，$k_t^s = \int_0^1 k_t^{js}\mathrm{d}j$，$l_t^s = \int_0^1 l_t^{js}\mathrm{d}j$ 和 $H_t^s = \int_0^1 H_t^{js}\mathrm{d}j$ 分别为第 s 个部门对资本、劳动力和中间投入的总需求，$\widetilde{y}_t^s = \int_0^1 y_t^{js}\mathrm{d}j = d_t^s y_t^s$ 是对第 s 个部门产品的总需求，价格粘性的引入使得该部门描述价格分散程度的指标变为

$$d_t^s = \int_0^1 \left[P_t^{js}/P_t^s\right]^{-\theta_s}\mathrm{d}j = (1-q_s)\left[P_t^{js}/P_t^s\right]^{-\theta_s} + q_s\left(\frac{1+\overline{\pi}^s}{1+\pi_t^s}\right)^{-\theta_s}d_{t-1}^s$$

第 s 个部门的增加值为

$$VA_t^s = (P_t^s/P_t)\left[y_t^s - (P_t^{H_s}/P_t^s)H_t^s\right]$$

第 s 个部门的垄断利润为

$$\int_0^1 o_t^{js}\mathrm{d}j = (1-m_t^s)(P_t^s/P_t)y_t^s = (1-m_t^s)(VA_t^s + (P_t^{H_s}/P_t)H_t^s]$$

居民从不同部门的厂商得到的红利为

$$\sum_{s=1}^M \int_0^1 o_t^{js}\mathrm{d}j = \sum_{s=1}^M (1-m_t^s)(VA_t^s + (P_t^{H_s}/P_t)H_t^s]$$

若资本在部门间能够完全流动，那么，对资本的总需求以及整个经济的资本实际收益率为

$$k_t = \sum_{s=1}^M k_t^s$$

$$r_{k,t} = \sum_{s=1}^{M} r_{k,t}^s k_t^s / k_t$$

三、均衡条件

模型中政府和中央银行的行为决策与上一章仅包含价格粘性的模型相同，这里不再重复。唯一不同的是，货币政策和财政政策中的产出用增加值来衡量，例如，货币政策规则采用下面的形式：

$$R_{t+1} = \rho_R R_t + (1 - \rho_R)[\bar{R} + \kappa_y \ln(VA_t / \overline{VA}) + \kappa_\pi (\pi_t - \bar{\pi})] + u_{R,t},$$

$$0 \leq \rho_R \leq 1, \kappa_y > 0, \kappa_\pi > 1$$

由于生产中包括中间投入，因而产出是总产值的概念而不是增加值的概念，对产品的需求包括消费、投资以及中间投入，对第 s 个部门第 j 类产品（$s \in \{1, \cdots, M\}, j \in [0,1]$），需要满足下面的均衡条件：

$$y_t^{js} = c_t^{js} + i_t^{js} + g_t^{js} + \sum_{i=1}^{M} (P_t^{H_i}/P_t^s) \int_0^1 H_{js,t}^{mi} \mathrm{d}m$$

$$= [P_t^{js}/P_t^s]^{-\theta_s} [c_t^s + i_t^s + g_t^s + \sum_{i=1}^{M} (P_t^{H_i}/P_t^s)(P_t^s/P_t^{H_i}) \int_0^1 H_{s,t}^{mi} \mathrm{d}m]$$

$$= [P_t^{js}/P_t^s]^{-\theta_s} [c_t^s + i_t^s + g_t^s + \sum_{i=1}^{M} \int_0^1 [a_{si} (P_t^s/P_t^{H_i})^{-\rho} H_t^{mi}] \mathrm{d}m]$$

$$= [P_t^{js}/P_t^s]^{-\theta_s} [c_t^s + i_t^s + g_t^s + \sum_{i=1}^{M} a_{si} (P_t^s/P_t^{H_i})^{-\rho} H_t^i]$$

定义变量 $\hat{H}_t^s = \sum_{i=1}^{M} a_{si} (P_t^s/P_t^{H_i})^{-\rho} H_t^i$，则上式可写为

$$y_t^{js} = [P_t^{js}/P_t^s]^{-\theta_s} [c_t^s + i_t^s + g_t^s + \hat{H}_t^s]$$

对第 s 个部门（$s \in \{1, \cdots, M\}$），需要满足下面的均衡条件：

$$y_t^s = \tilde{y}_t^s = \int_0^1 y_t^{js} \mathrm{d}j = d_t^s [c_t^s + i_t^s + g_t^s + \hat{H}_t^s]$$

将每个部门经济加总可得到整个经济满足下面的均衡条件：

$$y_t = \sum_{s=1}^{M} P_t^s y_t^s / P_t = \sum_{s=1}^{M} (P_t^s/P_t) d_t^s [c_t^s + i_t^s + g_t^s + \hat{H}_t^s]$$

$$= (c_t + i_t + g_t) \sum_{s=1}^{M} v_s (P_t^s/P_t)^{1-\rho} d_t^s + \sum_{s=1}^{M} (P_t^s/P_t) d_t^s \hat{H}_t^s$$

以增加值衡量的产出为

$$VA_t = \sum_{s=1}^{M} VA_t^s = \sum_{s=1}^{M} \left[P_t^s y_t^s / P_t - (P_t^s / P_t)(P_t^{H_s} / P_t^s) H_t^s \right]$$

$$= y_t - \sum_{s=1}^{M} \left[(P_t^{H_s} / P_t) H_t^s \right]$$

从而上面的整个经济的均衡条件也可写成：

$$VA_t + \sum_{s=1}^{M} \left[(P_t^{H_s} / P_t) H_t^s \right] = (c_t + i_t + g_t) \sum_{s=1}^{M} v_s \, (P_t^s / P_t)^{1-\rho} d_t^s + \sum_{s=1}^{M} (P_t^s / P_t) d_t^s \widehat{H}_t^s$$

如果价格是完全弹性的，那么可得到 $d_t^s = 1$，利用价格水平的定义可得

到：$\sum_{s=1}^{M} v_s \, (P_t^s / P_t)^{1-\rho} = 1$，$\sum_{s=1}^{M} a_{si} \, (P_t^s / P_t^{H_i})^{1-\rho} = 1$，将这三者代入上式可得到

$$VA_t + \sum_{s=1}^{M} \left[(P_t^{H_s} / P_t) H_t^s \right] = (c_t + i_t + g_t) + \sum_{s=1}^{M} (P_t^s / P_t) \widehat{H}_t^s$$

$$= (c_t + i_t + g_t) + \sum_{s=1}^{M} \sum_{i=1}^{M} a_{si} \, (P_t^s / P_t^{H_i})^{-\rho} H_t^i (P_t^s / P_t)$$

$$= (c_t + i_t + g_t) + \sum_{i=1}^{M} \sum_{s=1}^{M} a_{si} \, (P_t^s / P_t^{H_i})^{-\rho} H_t^i (P_t^s / P_t^{H_i})(P_t^{H_i} / P_t)$$

$$= (c_t + i_t + g_t) + \sum_{i=1}^{M} \left[(P_t^{H_i} / P_t) H_t^i \right]$$

即

$$VA_t = (c_t + i_t + g_t)$$

这就和没有中间投入的模型结果一样。在价格粘性存在的情况下，由于价格分散程度的影响，中间投入的价格也随之改变，这将使不同部门的价格粘性具有相互传递的影响，从而也影响了资源的配置效率，因此，以总产值和增加值衡量的产出均衡关系不完全对等。

四、部门经济波动与总体经济波动

考虑到每个部门中经济主体的对称性，从而对每个部门进行加总后可得到每个部门的总体行为方程，这样整个模型从以前的一个部门扩展到 M 个部门。为完整起见，整个模型的行为方程总结于表 6.6。

在求解模型之前，先确定模型的稳态。假设稳态时所有部门的价格水平与总价格水平相同、所有部门名义工资与总名义工资相同、所有部门资本品的相对价格为 1、部门和总体通胀率均为零、每个部门均没有价格扭曲，即

$$\overline{P}^s = \overline{P}^{H_s} = \overline{P} = 1, \overline{W}^s = \overline{W} = 1, \overline{q}^s = 1, \overline{\pi}^s = \overline{\pi} = 0, \overline{d}^s = 1, s = 1, \cdots, M$$

从资本市场的无套利条件可得到

$$\bar{r} = 1/\beta - 1 , \bar{r}_k^s = \bar{r} + \delta_s$$

稳态时每个部门的实际边际生产成本为 $\overline{m}^s = (\theta^s - 1)/\theta^s$，代入方程得

$$\overline{m}^s = \frac{(\bar{r}_k^s)^{\alpha_s} [(\overline{W}/\overline{Z}^s)]^{\beta_s}}{(a_s)^{\alpha_s} (\beta_s)^{\beta_s} (1 - \alpha_s - \beta_s)^{1 - \alpha_s - \beta_s}}$$

可确定生产率 $\overline{Z}^s$。

利用 $\bar{y}^s = v_s \bar{y}$，可得到每个部门资本收入、劳动收入、中间投入和增加值：

$$\bar{r}_k^s \bar{k}^s = \alpha_s v_s \overline{m}^s \bar{y} , \overline{W}^s \bar{l}^s = \beta_s v_s \overline{m}^s \bar{y} , \overline{H}^s = (1 - \alpha_s - \beta_s) v_s \overline{m}^s \bar{y} ,$$

$$\overline{VA^s} = \bar{y}^s - \overline{H}^s = [1 - (1 - \alpha_s - \beta_s) \overline{m}^s] v_s \bar{y}$$

整个经济的增加值为

$$\overline{VA} = \sum_{s=1}^{M} [1 - (1 - \alpha_s - \beta_s) \overline{m}^s] v_s \bar{y}$$

每个部门的投资为

$$\bar{i}^s = \delta_s \bar{k}^s = \delta_s \alpha_s v_s \overline{m}^s \bar{y} / \bar{r}_k^s$$

总投资为

$$\bar{i} = \sum_{s=1}^{M} \overline{P}^s \bar{i}^s / \overline{P} = \sum_{s=1}^{M} v_s \delta_s \alpha_s \overline{m}^s \bar{y} / \bar{r}_k^s$$

总劳动力和部门劳动力为

$$\bar{l} = \sum_{s=1}^{M} \overline{W}^s \bar{l}^s / \overline{W} = \sum_{s=1}^{M} v_s \beta_s \overline{m}^s \bar{y} , \bar{l}^s = f_s \bar{l}$$

另外，稳态时总体经济的增加值满足：

$$\overline{VA} = \bar{c} + \bar{i} + \bar{g}$$

仍然假定政府支出占产出增加值的比例为 $\bar{g}/\overline{VA}$，根据上式可得到

$$\bar{c}/\bar{y} = (1 - \bar{g}/\overline{VA}) \sum_{s=1}^{M} [1 - (1 - \alpha_s - \beta_s) \overline{m}^s] v_s - \delta_s \alpha_s \overline{m}^s / \bar{r}_k^s$$

再根据 $\lambda_t = (1 - \gamma) U(c_t, l_t)/c_t$ 和 $(W_t/P_t)\lambda_t = \varphi(1 - \gamma) U(c_t, l_t)/(1 - l_t)$ 可得到

$$\overline{W}/\bar{c} = \varphi/(1 - \bar{l}) , \text{或} \overline{W}[1 - (\bar{l}/\bar{y})\bar{y}] = \varphi(\bar{c}/\bar{y})\bar{y}$$

利用前面可得到的 $\bar{l}/\bar{y} = \sum_{s=1}^{M} v_s \beta_s \overline{m}^s$ 和 $\bar{c}/\bar{y}$，代入上式可解出 $\bar{y}$。一旦解出 $\bar{y}$，类似于前面章节可得到其他变量的稳态值。但与前面不同的是，在给定投入产出系数矩阵后，每个部门需要的中间投入和向其他部门投入的中间投入需要联立确定。为清楚地看到这一点，将各部门的变量写成向量，即

$$\bar{y} = \begin{bmatrix} \bar{y}^1 \\ \vdots \\ \bar{y}^M \end{bmatrix}, \overline{VV} = \begin{bmatrix} \overline{VA}^1 \\ \vdots \\ \overline{VA}^M \end{bmatrix}, \overline{H} = \begin{bmatrix} \overline{H}^1 \\ \vdots \\ \overline{H}^M \end{bmatrix}, \overline{C} = \begin{bmatrix} \bar{c}^1 \\ \vdots \\ \bar{c}^M \end{bmatrix}, \overline{I} = \begin{bmatrix} \bar{i}^1 \\ \vdots \\ \bar{i}^M \end{bmatrix}, \overline{G} = \begin{bmatrix} \bar{g}^1 \\ \vdots \\ \bar{g}^M \end{bmatrix}$$

稳态时各部门产出关系满足下面等式：

$$\bar{y} = \overline{VV} + \overline{H} = \overline{C} + \overline{G} + \overline{I} + A'\overline{H}$$

其中，A 是投入产出矩阵，即

$$A = \begin{bmatrix} a_{11} & \cdots & a_{M1} \\ \vdots & \vdots & \vdots \\ a_{1M} & \cdots & a_{MM} \end{bmatrix}$$

如果矩阵 A 可逆，显然可直接求出中间投入向量 $\overline{H}$，但这个条件未必满足。例如，在各个部门中间投入结构完全一样的情况下，该矩阵显然不可逆。在不满足该条件时，可通过增加值与中间投入的关系式来确定，此时部门的中间投入向量可表示为

$$\overline{H} = (I - A')^{-1}(\overline{VV} - \overline{C} - \overline{G} - \overline{I})$$

其中，I 是单位矩阵。在得到各部门的增加值后，通过上式可计算出各部门的中间投入。稳态的关系式总结于表 6.6。

表 6.6　　　　　　　　　　模型 Cha6fn（非线性形式）

外生变量：V_t，g_t，Z_t^s $(s = 1, \cdots, M)$；

$\ln(V_t/\overline{V}) = \rho_V \ln(V_{t-1}/\overline{V}) + u_{V,t}, 0 \leqslant \rho_V < 1$

$\ln(g_t/\bar{g}) = \rho_g \ln(g_{t-1}/\bar{g}) + u_{g,t}, 0 \leqslant \rho_g < 1$

$\ln(Z_t^s/\overline{Z}^s) = \rho_z^s \ln(Z_{t-1}^s/\overline{Z}^s) + u_{Zs,t}, 0 \leqslant \rho_z^s < 1, (s = 1, \cdots, M)$

内生变量：U_t、c_t、λ_t、r_t、R_t、l_t、c_t^s、g_t^s、l_t^s、k_t^s、i_t^s、q_t^s、$r_{k,t}^s$、W_t^s、H_t^s、m_t^s、y_t^s、$\tilde{H}_t^s$、$P_t^{f,s}$、P_t^{js}、$F_{1,t}^s$、$F_{2,t}^s$、P_t^s、P_t^{Hs}、π_t^s、d_t^s、VA_t^s $(s = 1, \cdots, M)$，W_t、P_t、y_t、i_t、k_t、$r_{k,t}$、π_t、VA_t、b_t、τ_t；

$U_t = V_t \dfrac{[c_t(1-l_t)^\varphi]^{1-\gamma}}{1-\gamma}, \gamma, \varphi \geqslant 0$

$\lambda_t = (1-\gamma)U_t/c_t$

$\lambda_t = E_t[\beta(1+r_{t+1})\lambda_{t+1}]$

$1 + R_t = (1+r_t)(1+\pi_t)$

$R_{t+1} = \rho_R R_t + (1-\rho_R)[\overline{R} + \kappa_y \ln(VA_t/\overline{VA}) + \kappa_\pi(\pi_t - \overline{\pi})] + u_{R,t}$,

$$0 \leqslant \rho_R \leqslant 1, \kappa_y > 0, \kappa_\pi > 1$$

$(W_t/P_t)\lambda_t = \varphi(1-\gamma)U(c_t, l_t)/(1-l_t)$

对于 $s = 1, \cdots, M$,

$c_t^s = v_s [P_t^s/P_t]^{-\rho} c_t$

$g_t^s = v_s [P_t^s/P_t]^{-\rho} g_t$

$l_t^s = f_s [W_t^s/W_t]^{\omega} l_t$

$k_{t+1}^s = (1 - \delta_s) k_t^s + [1 - 0.5 h_s (i_t^s/i_{t-1}^s - 1)^2] i_t^s$

$\dfrac{1}{q_t^s} = 1 - 0.5 h_s (i_t^s/i_{t-1}^s - 1)^2 - h_s (i_t^s/i_{t-1}^s)(i_t^s/i_{t-1}^s - 1)$
$\qquad + \beta h_s E_t (\lambda_{t+1}/\lambda_t)(q_{t+1}^s/q_t^s)(i_{t+1}^s/i_t^s)^2 (i_{t+1}^s/i_t^s - 1)$

$\lambda_t q_t^s = E_t \{ \beta \lambda_{t+1} [r_{k,t+1}^s + (1 - \delta_s) q_{t+1}^s] \}$

$r_{k,t}^s k_t^s = \alpha_s m_t^s y_t^s$

$(W_t^s/P_t^s) l_t^s = \beta_s m_t^s y_t^s$

$(P_t^{H_s}/P_t^s) H_t^s = (1 - \alpha_s - \beta_s) m_t^s y_t^s$

$m_t^s = \dfrac{(r_{k,t}^s)^{\alpha_s} [(W_t^s/(P_t^s Z_t^s)]^{\beta_s} [P_t^{H_s}/P_t^s]^{1-\alpha_s-\beta_s}}{(a_s)^{\alpha_s} (\beta_s)^{\beta_s} (1 - \alpha_s - \beta_s)^{1-\alpha_s-\beta_s}}$

$y_t^s = d_t^s [c_t^s + i_t^s + g_t^s + \widetilde{H}_t^s]$

$\widetilde{H}_t^s = \sum_{i=1}^{M} a_{si} (P_t^s/P_t^{H_i})^{-\rho} H_t^i$

$\dfrac{P_t^{f,s}}{P_t} = \dfrac{\theta_s}{\theta_s - 1} m_t^s$

$E_t \left(\dfrac{P_t^{js}}{P_t^s} F_{1,t}^s - F_{2,t}^s \right) = 0$

$F_{1,t}^s = \lambda_t y_t^s (P_t^{f,s}/P_t^s)^{-2} + \beta q_s \left(\dfrac{1 + \overline{\pi}^s}{1 + \pi_{t+1}^s} \right)^2 F_{1,t+1}^s$

$F_{2,t}^s = \lambda_t y_t^s (P_t^{f,s}/P_{t}^s)^{-1} + \beta q_s \left(\dfrac{1 + \overline{\pi}^s}{1 + \pi_{t+1}^s} \right) F_{2,t+1}^s$

$(P_t^s)^{1-\theta_s} = (1 - q_s) [P_t^{js}]^{1-\theta_s} + q_s [P_{t-1}^s (1 + \overline{\pi}^s)]^{1-\theta_s}$

$P_t^{H_s} = \left[\sum_{i=1}^{M} a_{is} (P_t^i)^{1-\rho} \right]^{\frac{1}{1-\rho}}$

$\pi_t^s = P_t^s/P_{t-1}^s - 1$

$d_t^s = (1 - q_s) [P_t^{js}/P_t^s]^{-\theta_s} + q_s \left(\dfrac{1 + \overline{\pi}^s}{1 + \pi_t^s} \right)^{-\theta_s} d_{t-1}^s$

$VA_t^s = (P_t^s/P_t) [y_t^s - (P_t^{H_s}/P_t^s) H_t^s]$

$W_t = \left[\sum_{s=1}^{M} f_s (W_t^s)^{1+\omega} \right]^{\frac{1}{1+\omega}}$

续表

$$P_t = \big[\sum_{s=1}^{M} v_s \, (P_t^s)^{1-\rho} \big]^{\frac{1}{1-\rho}}$$

$$y_t = \sum_{s=1}^{M} P_t^s y_t^s / P_t$$

$$i_t = \sum_{s=1}^{M} P_t^s i_t^s / P_t$$

$$k_t = \sum_{s=1}^{M} k_t^s$$

$$r_{k,t} = \sum_{s=1}^{M} r_{k,t}^s k_t^s / k_t$$

$$1 + \pi_t = P_t / P_{t-1}$$

$$VA_t = \sum_{s=1}^{M} VA_t^s$$

$$b_{t+1} = (1 + r_t) b_t + g_t - \tau_t$$

$$\tau_t = \overline{\tau} + \phi(b_t - \overline{b})$$

随机冲击：$u_{V,t}$, $u_{g,t}$, $u_{R,t}$, $u_{Zs,t}$ $(s = 1, \cdots, M)$；

$u_{V,t} \sim N(0, \sigma_V^2)$, $u_{g,t} \sim N(0, \sigma_g^2)$, $u_{Zs,t} \sim N(0, \sigma_{Zs}^2)$ $(s = 1, \cdots, M)$,

$u_{R,t} \sim N(0, \sigma_R^2)$

稳态条件：

对于 $s = 1, \cdots, M$,

$\overline{P}^s = \overline{P}^{H_s} = \overline{P} = 1$, $\overline{W}^s = \overline{W} = 1$, $\overline{\pi}^s = \overline{\pi} = 0$, $\overline{q}^s = 1$, $\overline{d}^s = 1$,

$\overline{r} = 1/\beta - 1$, $\overline{R} = (1 + \overline{r})(1 + \overline{\pi}) - 1$, $\overline{r}_k^s = \overline{r} + \delta_s$, $\overline{m}^s = (\theta^s - 1)/\theta^s$,

$$\overline{m}^s = \frac{(\overline{r}_k^s)^{\alpha_s} \big[(\overline{W}^s / \overline{Z}^s) \big]^{\beta_s}}{(a_s)^{\alpha_s} (\beta_s)^{\beta_s} (1 - \alpha_s - \beta_s)^{1 - \alpha_s - \beta_s}},$$

$\overline{k}^s = \alpha_s v_s \overline{m}^s \overline{y} / \overline{r}_k^s$, $\overline{l}^s = \beta_s v_s \overline{m}^s \overline{y} / \overline{W}^s$, $\overline{H}^s = (1 - \alpha_s - \beta_s) v_s \overline{m}^s \overline{y}$,

$\overline{VA}^s = \big[1 - (1 - \alpha_s - \beta_s) \overline{m}^s \big] v_s \overline{y}$, $\overline{VA} = \sum_{s=1}^{M} \big[1 - (1 - \alpha_s - \beta_s) \overline{m}^s \big] v_s \overline{y}$,

$\overline{i}^s = \delta_s \overline{k}^s = \delta_s \alpha_s v_s \overline{m}^s \overline{y} / \overline{r}_k^s$, $\overline{i} = \sum_{s=1}^{M} v_s \delta_s \alpha_s \overline{m}^s \overline{y} / \overline{r}_k^s$, $\overline{l} = \sum_{s=1}^{M} v_s \beta_s \overline{m}^s \overline{y}$,

$\overline{l}^s = f_s \overline{l}$, $\overline{g} / \overline{VA} = 0.2$,

$\overline{c} / \overline{y} = (1 - \overline{g} / \overline{VA}) \sum_{s=1}^{M} \big\{ \big[1 - (1 - \alpha_s - \beta_s) \overline{m}^s \big] v_s - \delta_s \alpha_s \overline{m}^s / \overline{r}_k^s \big\}$,

$\overline{l} / \overline{y} = \sum_{s=1}^{M} v_s \beta_s \overline{m}^s$, $\overline{W} \big[1 - (\overline{l} / \overline{y}) \overline{y} \big] = \varphi(\overline{c} / \overline{y}) \overline{y}$,

$$\tilde{\bar{H}}^s = \sum_{i=1}^{M} a_{si}\bar{H}^i, \quad \bar{P}^{sf} = \bar{P}^{js} = \bar{P}, \quad \bar{y}^s = v_s\bar{y},$$

$$\bar{U} = \bar{V}\frac{[\bar{c}(1-\bar{l})^\varphi]^{1-\gamma}}{1-\gamma}, \quad \bar{\lambda} = (1-\lambda)\bar{U}/\bar{c}, \quad \bar{\tau} = \bar{g} + \bar{r}\bar{b},$$

$$\bar{F}_1^s = \bar{\lambda}\bar{y}^s/(1-\beta q_s), \quad \bar{F}_2^s = \bar{F}_1^s, \quad \bar{c}^s = v_s\bar{c}, \quad \bar{g}^s = v_s\bar{g}$$

这里以三个部门的模型为例。在模型校准时，稳态时部门和总体的通胀率设为零；每个部门产品价格的加成率设为 20%，即参数 $\theta^s = 6$，每个部门厂商调整价格的频率设定为 4 个季度，即 $q_s = 0.75$；每个部门的生产率变化规律的参数设为 $\rho_z^s = 0.9$，$\sigma_{Zs} = 0.01$；三个部门产品之间的替代弹性参数 ρ 设为 2，效用函数中跨期替代特性参数 γ 像前面章节那样设为 2，效用函数中劳动力权重参数 $\varphi = 2$，两个部门劳动力之间的替代弹性参数 $\omega = 1$；每个部门的资本折旧率折年率设为 10%，投资调整成本函数中的参数设为 $h_1 = h_2 = h_3 = 0.05$；三个部门产出所占的比例设为 $v_1 = v_2 = v_3 = 1/3$，三个部门的生产函数参数设定为 $\alpha_1 = 0.6$，$\beta_1 = 0.2$，$\alpha_2 = 0.2$，$\beta_2 = 0.6$，$\alpha_3 = 0.2$，$\beta_3 = 0.2$，这意味着第一个部门资本投入占主导地位，第二个部门劳动力投入占主导地位，第三个部门中间投入占主导地位。为简单起见，将三个部门中间投入系数设定为对称的，即 $a_{11} = a_{12} = a_{13}$，$a_{21} = a_{22} = a_{23}$，$a_{31} = a_{32} = a_{33}$，这种对称假设与上面稳态时各个部门中间投入品价格设为相同是一致的，由此这些参数可根据稳态条件反解出来（当然，我们可根据实际中投入产出表来确定这些参数，并求解出相应的中间投入品价格）；参数 f_s 通过关系式 $\bar{l}^s = f_s\bar{l}$ 来校准；货币政策和财政政策中的参数和前面章节相同，为保证前后一致，这里产出用增加值来衡量。

下面以第一个部门的生产率冲击为例进行分析，假设模型在稳态时仅受到第一个部门生产率冲击的影响，该冲击使第一个部门生产率相对于其稳态值上升 1%。图 6.7 是关于该部门生产率冲击的响应曲线。

从图 6.7 可以看出，随着第一个部门生产率的提高，该部门中的产出、消费、投资、资本存量、劳动力均出现上升趋势，物价水平呈现缓慢下降趋势，这与上一章单部门新凯恩斯框架下得到的结论类似，但与之不完全相同，这主要体现在以下几个方面。首先，第一个部门生产率的提高会导致该部门资本收益率和实际工资上升（在价格呈现粘性的情况下也导致名义工资上升），尽管存在投资调整成本带来的实际刚性和厂商调整价格带来的名义粘性，但资本收

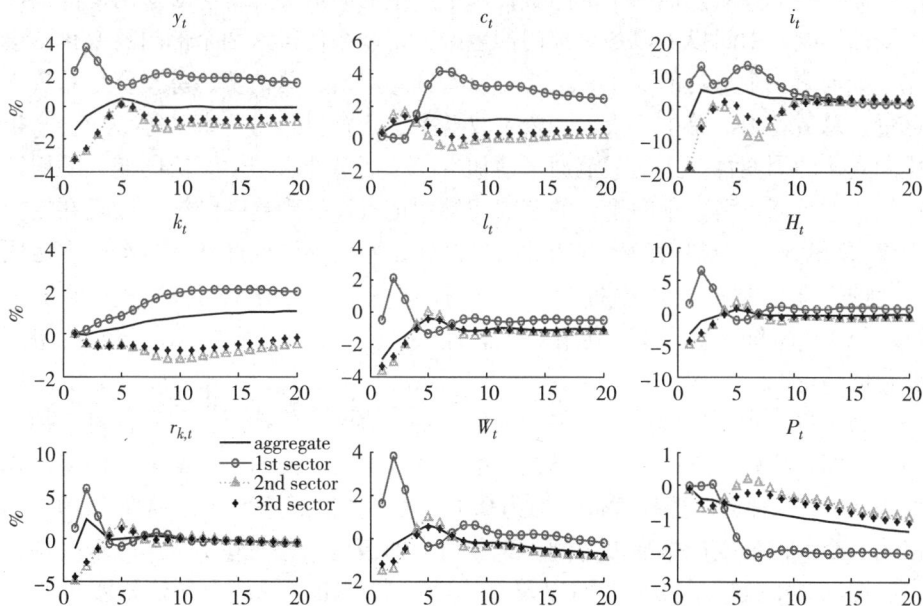

图 6.7 关于部门生产率消息冲击的冲击响应曲线

益率和工资的相对上升仍会导致另外两个部门的资本和劳动力向第一个部门流入，从而使该部门的产出、投资、资本存量和劳动力增加得更多。其次，第一个部门产品价格下降会使该部门的产品更具竞争优势，从而与别的部门产品相比，对该部门产品的需求会相对增加。对各部门的需求不仅包括消费和投资等最终需求，还包括两个部门生产中的中间投入需求，无疑，第一个部门产品价格的下降均会导致这些需求的相对增加，这将进一步对第一个部门的生产产生向上的需求压力。再次，第一个部门产品价格的下降和其他两个部门产品需求的相对减弱会对另外两个部门的产品价格造成向下的压力，所有部门产品价格的下降会使中间投入品的价格下降，这样第一个部门生产中的中间投入产品也相对增加。最后，第一个部门的各个经济变量变化会呈现协同变化的周期特征，这只有在前面加入生产率消息冲击的单部门模型中才能得到。

　　第一个部门生产率的提高不仅会对第一个部门产生直接影响，还会对其他两个部门产生溢出效应。从图 6.7 中可以看出，其他两个部门的产出、消费、投资、资本存量、劳动力和中间投入等均会产生较第一个部门相对减弱的趋势，这也可以从这两个部门的资本收益率和工资的变化中得到证实。尽管资本和劳动力向第一个部门流动会对其他两个部门产生负面影响，但第一个部门生产增加对中间投入的需求增加会对其他两个部门产生正面影响，并且第一个部门产品价格下降对其他两个部门价格水平产生的向下压力也会对这两个部门产生正面影响。中间投入对各个部门产生的紧密联系使得这两个部门的变化不会完全抵消第一个部门的变化，最终可以看到总产出、总消费、总投资、总资本存量、总劳动力、总中间投入、资本收益率、工资以及物价水平等变量会产生协同变化的周期特征。上一节通过增加生产率消息冲击产生了协同变化的周期特征，本节通过引入中间投入的多部门模型也可以得到这一结论，而且在模拟中仅仅增加了一个部门的生产率冲击。因此，不仅总体生产率冲击会产生协同变化的特征，部门生产率冲击也会产生这一特征，这一点进一步丰富了Jaimovich - Rebelo（2009）利用生产率消息冲击产生部门经济和总体经济协同变化的结论。

为了进一步探讨部门生产率的变化产生的协同变化特征，下面针对三种产品的不同替代弹性进行进一步模拟，第一种情形为上面的基准情形，即替代弹性为 2，第二种情形选择替代弹性为 0.1，第三种情形选择替代弹性为 10。仍以第一个部门的生产率冲击为例，三种情形的模拟结果见图 6.8。由于变量较多，图 6.8 中仅显示三个部门以及总体经济的产出、劳动力和价格水平三个变量。

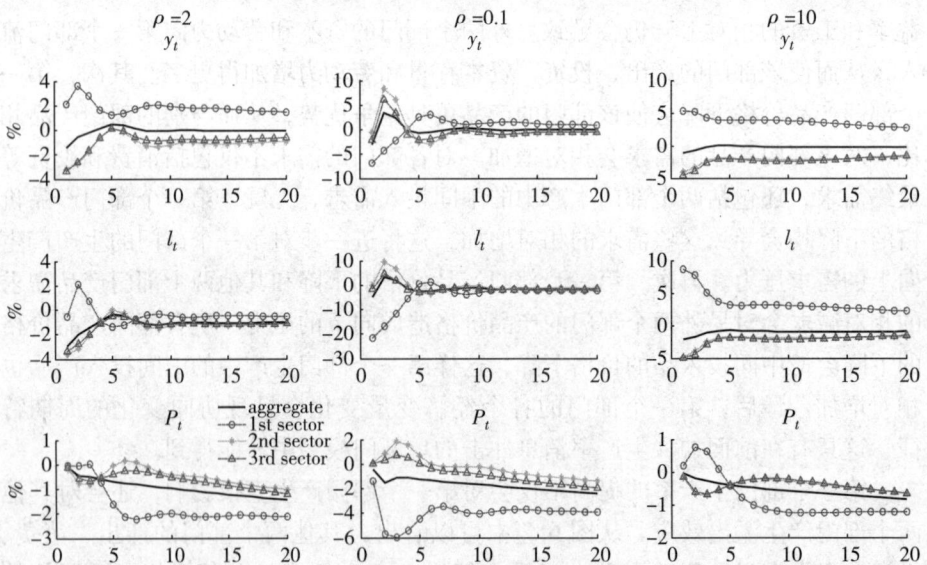

图 6.8　不同替代弹性下关于部门生产率冲击的冲击响应曲线

从图 6.8 中可以看出，当替代弹性大于 1 时，对第一个部门的影响在短期内是扩张的，对其他两个部门的影响在短期内是收缩的；而当替代弹性小于 1 时，对两个部门的影响在短期内与之相反。从两个部门的长期变化来看，当替代弹性小于 1 时，三个部门的协同变化特征更为突出，因为此时三个部门的产品生产是互补的，从而某个部门的产出增加会一同带动另外两个部门的产出增加。从这一点来看，在投入产出框架下再加入部门产品的互补特征更能解释部门以及总体经济的协同变化特征。在前面的家庭生产模型中，我们得到了 McGrattan - Rogerson - Wright（1997）的结论，即包含家庭生产部门的实际经济周期模型比标准的实际经济周期模型性能要好的一个关键原因是，家庭生产和市场生产之间要有足够的替代弹性。从这里的模拟结果来看，随着替代弹性的增加，部门生产率冲击对各个部门的经济波动影响差异增大，但对总体经济波动影响却趋于减弱，这一点与 McGrattan - Rogerson - Wright（1997）的结论不矛盾，因为其增加家庭生产部门后主要用来解释市场产品生产部门的波动，如果这里把第一个部门视为市场产品生产部门的话，那么可以看出，随着替代弹性的增加，第一个部门的变化也是非常大的。另外，与他们模型另一个不同的地方是，这里模型中引入了价格粘性，而且价格粘性体现在每个部门。在存在中间投入的多部门模型中，部门间的价格粘性会对生产要素的配置及其在部门间的流动产生更广泛的影响，而且这种影响会在部门间产生溢出效应，因此，部门经济和总体经济的波动会体现出更丰富的特征。

第六节　房地产部门变化与经济波动

自 20 世纪 80 年代末以来，日本长达二十年的经济衰退和 2008 年的国际金融危机均与房地产部门的剧烈波动有关。房地产部门的波动不仅对该部门产生影响，而且会对经济中的其他部门以及整个经济波动产生重要影响，特别地，基于房地产部门开发的各种金融产品将房地产部门与金融部门牢固地捆绑在一起，这两个部门的相互作用和影响对整个经济的变化产生加速和放大的影响。本节将在 DSGE 框架下探讨房地产部门变化与经济波动问题。

较早在一般均衡框架下研究房地产部门波动与宏观经济波动的一个思路是将房屋作为耐用消费品或者家庭部门生产的一个产品，典型代表有 Benhabib - Rogerson - Wright（1990，1991）和 Greenwood - Hercowitz（1991）。这种方法是一种隐性的思路，将房屋看成是所有耐用消费品或者家庭生产中的一部分，没有显性地将房屋分离出来研究其与经济波动的关系，其主要研究居民住房消费与经济波动的关系。

在一般均衡框架下研究房地产部门波动与宏观经济波动的另外一个思路是将房地产投资看成一种固定资产投资来研究。例如，在各国中央银行以前开发的传统宏观经济计量模型中均有房地产投资模块，尽管将投资区分为房地产投资和其他固定资产投资，但二者的理论基础是一样的，唯一不同的是有关参数不同。这种方法很难解释房地产投资和其他投资在经济波动中的差异性，很难解释房地产投资与宏观经济波动的关系到底与其他投资有什么独特的特征，其中最难解释的一个问题是为什么房地产投资的变化会先行于宏观经济波动［见 Leamer（2007）和 Ghent - Owyang（2010）］。Fisher（2007）在包含家庭生产的模型中，将家庭生产部门中的资本存量作为市场产品生产部门中的一个互补性的投入要素，其利用该模型很好地解释了房地产投资领先于一般固定资产投资的现象，也很好地解释了地区级的投资与全国投资的关系，但是该模型与国民经济账户中的投入产出核算统计资料并不一致。

以上两种思路均没有显性地区分房地产部门，几乎没有房屋生产部门，即使存在房屋生产，也主要由家庭部门进行，这与近年来房地产市场的迅速发展以及房地产投资在国民经济中占据越来越重要的位置是不一致的。在国民经济核算中房地产核算统计涉及消费、投资及多个部门生产活动的投入产出方面的统计。在消费中，涉及居民的住房租赁支出、自有住宅投资以及企业和其他部门的办公和生产用房的租赁支出；在投资中，涉及住宅投资、办公和生产用房投资；在生产活动中，涉及建筑业、制造业、原材料以及服务业等部门的活动。另外，房屋不仅可以为居民提供服务，也可以作为一种资产被居民持有，且居民持有的所有资产中房屋占的比例非常大。但房屋与其他资产最显著的一个差异是房屋是一种不动产，流动性非常差，即使交易，交易的频率也非常低、交易间隔也不固定，并且交易额占居民的支出份额非常大，交易成本也非常高。此外，房屋作为财富，其变化的主要决定因素是房价的变化。这些特征显然会对居民关于其他资产的决策以及居民的消费决策产生影响，以房地产为基础的各项金融服务产品使得房地产部门与金融部门存在着密切的关系，2008年席卷全球的国际金融危机正是由房地产过热以及以按揭贷款为基础的次级债出现严重问题引发的一个实例。由于房地产部门与其他部门的相互联系，因此房地产部门的波动是整个经济波动的一个关键环节，从而需要对传统思路进一步拓展。

一、房地产部门的引入方式

房地产部门的典型特性突出表现在两方面。一是房地产部门时刻存在着摩擦，这些摩擦会对房屋的定价、交易以及经济冲击在部门间的传导产生影响。二是房地产部门中的异质性非常突出，每个或者每类房屋的独特性使得对房地产的刻画必须考虑异质性问题，这样才能更好地研究财富效应、分配效应等问题。

房地产普遍存在的异质性使得房屋的成交是一个较为复杂的过程，因此，类似于劳动力市场最先使用的搜寻匹配模型，一部分学者采用该方法研究了房地产市场房价的确定问题，典型成果有 Albrecht - Anderson - Smith - Vroman（2007）、Wong - Wright（2011）和 Head - Lloyd - Ellis（2012）等。另外，异质性的普遍存在使得人们对房价的预期存在异质性，从而一些学者从房价预期异质性角度讨论了房价的动态变化过程，如 Piazzesi - Schneider（2009）和 Burnside - Eichenbaum - Rebelo（2011）等。

针对房地产中交易成本大、交易频率低、流动性差等摩擦，金融部门开发了很多以房屋为标的资产的产品，住房抵押按揭贷款就是一个典型产品。这些金融创新一方面促进了房地产的快速发展，另一方面将这两个市场牢牢地捆绑在一起，房地产部门与金融部门的风险将会迅速传染和扩大并将影响到实体经济部门。Aoki - Proudman - Vlieghe（2004）在 BGG 框架下研究了货币政策变化对房价与居民消费影响的金融加速器效应；Keys - Mukherjee - Seru - Vig（2009，2010）、Piskorski - Seru - Vig（2010）和 Keys - Seru - Vig（2012）等探讨了按揭贷款融资中资产证券化（特别是以抵押贷款为基础的次级债）在房地产繁荣与衰退中的扩大效应；Ivashina - Scharfstein（2010）详细分析了2008 年国际金融危机时期房价变化对银行部门按揭贷款和总贷款以及实体经济的影响；Mian - Rao - Sufi（2013）、Mian - Sufi（2009，2011，2012，2014）和 Mian - Sufi - Trebbi（2010，2014）基于微观金融数据实证研究了居民部门的资产负债结构和杠杆率变化，探讨了按揭贷款违约对房价、居民消费、就业以及实体经济的影响，从居民部门角度对 2008 年国际金融危机的成因进行了分析。

真正明确地将房地产生产部门引入 DSGE 模型框架中的首篇文献是Davis - Heathcote（2005）。这篇文献认为房屋并不是一个简单的产品，房屋生产是一个涉及诸如建筑、设备制造和服务等多部门经济活动的过程。文中仔细刻画了房屋生产与一般产品生产的差异，清晰地描述了房屋生产与房地产投资、消费和利用其他部门产品之间的关系以及房价与地价的关系，并基于美国的资金流量表和投入产出表，利用产品的相对价格对房地产部门的生产率进行了校准。他们指出，房地产部门生产率的相对低下是造成房价上升的一个重要原因。文中关于房地产生产的建模框架后来被普遍采用,如 Kahn（2008）、Iacoviello – Neri（2010）、Kiyotaki – Michaelides – Nikolov（2011）、Dorofeenko – Lee – Salyer（2014）和 Davis – Fisher – Whited（2014）等。其中,Kahn（2008）利用多部门模型研究了房地产部门与其他经济部门的非均衡增长对经济增长以及房价的影响;Iacoviello – Neri（2010）分析了房地产部门的变化对其他部门产生的溢出效应;Kiyotaki – Michaelides – Nikolov（2011）深入分析了房价、总生产和居民生命周期行为决策的相互影响问题,就什么情况下地价会对房价产生较大影响以及在此情况下不同居民间房屋买卖产生的分配效应和对居民福利的影响进行了定量研究。Davis – Fisher – Whited（2014）研究了房地产部门增长与城市化集中和经济的长期增长关系问题。

尽管 Davis – Heathcote（2005）的研究取得了很大成功,但仍有两方面问题未得到解决。一是实际数据通常显示房地产投资领先于产出、非房地产投资滞后于产出的现象,模型不能模拟出该结果。二是模型对房价波动估计小于实际数据得到的结果。针对这两个方面的问题,一些改进成果不断出现。关于房地产投资与产出的领先关系问题,一种解决方式参照上面介绍的 Fisher（2007）的方式。Kydland – Rupert – Sustek（2012）和 Garriga – Kydland – Sustek（2013）采用了另一种方式并指出,如果在模型中考虑到住房按揭贷款的固定利率定价机制,那么房地产投资领先于产出的现象能够得到解释。关于房价的波动性问题,Dorofeenko – Lee – Salyer（2014）在 Davis – Heathcote（2005）模型的基础上将房地产投资的融资以状态识别成本（CSV）方式进行构建,并通过模拟得到,风险变化可以解决对房价波动性低估的问题;Iacoviello – Neri（2005,2010）和 Favilukis – Ludvigson – Van Nieuwerburgh（2011）等采用受抵押约束的异质性经济主体模型也解决了房价波动性低估的问题。

房地产部门的变化也时刻受到各种经济政策的影响。在财政政策方面,Gervais（2002）分析了房地产征税对资本积累的影响;Glaeser – Shapiro（2003）和 Poterba – Sinai（2008）就住房抵押贷款利息支出在财产税进行税收减免导致的福利变化进行了研究;Chambers – Garriga – Schlagenhauf（2009）就房地产政策与所得税累进机制进行了讨论;Cho – Francis（2011）对房屋拥有者征税与财富的不平等问题进行了探索;Floetottom – Kirker – Stroebel（2016）采用异质性交迭时代（Overlapping Generations,OLG）模型对政府干预房地产的各种税收优惠措施进行了福利比较,指出税收政策调整对房价、房屋数量、房屋的配置以及不同代际居民福利影响具有非对称效应。在货币政策和信贷政策方面,Aoki – Proudman – Vlieghe（2004）在 BGG 框架下研究了在什么情况下货币政策变化对房价、住宅投资和居民消费产生影响的金融加速器效应；Iacoviello（2005）分析了抵押贷款约束和名义贷款指数化对需求和供给冲击的加速和扩大效应，在福利分析的基础上得出货币政策规则对房价反应并不会带来明显的福利改进。Iacoviello - Neri（2010）的研究成果表明，房地产部门生产率水平低下是造成房价长期上升趋势的主要原因。在短期内，房屋需求冲击和房地产部门生产率冲击对房地产投资和房价波动的解释力均占四分之一左右，而货币政策冲击仅占 20% 左右。但自本世纪开始，货币政策冲击占的比重逐渐加大，并且，房地产部门的波动对其他部门产生的溢出效应不可忽视。Garriga - Kydland - Sustek（2013）对 Kydland - Rupert - Sustek（2012）所建立的按揭贷款固定利率机制模型进行了推广，详细分析了货币政策如何影响住宅投资的变化规律，对固定利率和可调整利率两种机制下货币政策传导效应进行了比较并指出，最优的货币政策和信贷政策应考虑按揭贷款的利率定价机制。Lambertini - Mendicino - Punzi（2010）采用新凯恩斯模型研究了生产率、投资调整成本、房屋供给、边际生产成本、通胀目标、贷款价值比（Loan to Value）和基准利率等变化的消息冲击对房地产和宏观经济波动的影响，并指出，只有未实现的货币政策和信贷市场变化的消息冲击能够产生由预期变化所导致的房地产部门和宏观经济部门的繁荣—衰退周期变化。

二、分析框架

下面将在 Davis - Heathcote（2005）的多部门模型框架下引入房地产生产部门并在此基础上考察房地产部门与金融部门的关系，最后以此分析房地产波动与经济波动的相关性问题。

（一）居民的行为决策

按照 Gertler - Karadi（2011）的处理方式，模型中的居民由连续分布于某个区间且具有无限生命期限和相同偏好的典型家庭构成。每个典型家庭中一部分成员是工人，另一部分成员是银行家，其中，工人向厂商提供劳动力，银行家来经营商业银行。家庭成员中工人和银行家的身份可以随机互换，但工人和银行家在每个家庭中所占的比例分别为 $1-\zeta$ 和 ζ。典型家庭将储蓄以存款的形式存入其没有所有权的商业银行，商业银行的生命期限是有限的，在每期的期初继续存在的商业银行和退出经营的商业银行所占的比例分别为 q_b 和 $1-q_b$，商业银行将所有的利润不分红且都用作资本积累。如果某家商业银行退出经营，那么经营该银行的银行家将转变为工人，并将所拥有的剩余资本存量转移给拥有该银行的家庭，这样每期共有 $(1-q_b)\zeta$ 比例的银行家转变成工人，为保证工人和银行家的比例不变，相应的每期也有 $(1-q_b)\zeta$ 比例的工人转变成银行家，新转变的银行家从其所属的家庭中得到转移支付并作为经营银行的启动资金。银行家代表居民管理各种资产配置以及解决融资问题。

为了分别刻画房屋租金和房价的变化，这里假设家庭仅租用房屋并付租金，家庭可以作为房地产和资本品生厂商的股东得到分红，从而生产房地产和资本品的厂商决定房地产投资和一般资本品的投资，家庭仅作为股东得到分红。房屋具有耐用消费品的性质，能够提供效用，这样家庭的效用函数选择下面的形式：

$$U(c_t, h_{t+1}, l_t) = V_t \frac{\left[c_t^{\mu_c} h_{t+1}^{\mu_h} (1-l_t)^{1-\mu_c-\mu_h} \right]^{1-\gamma}}{1-\gamma}, \gamma \geq 0, 0 \leq \mu_c, \mu_h \leq 1$$

其中，V_t 是偏好冲击，c_t 是总消费，h_{t+1} 是租用的房屋（期初存量），l_t 是总劳动力供给，γ、μ_c 和 μ_h 是相关参数，用来反映跨期和期内的替代弹性。家庭的决策行为由下面的优化问题描述：

$$\max_{\{c_{t+i}, l_{t+i}, h_{t+1+i}, d_{t+1+i}\}} E_t \left[\sum_{i=0}^{\infty} \beta^i U(c_{t+i}, h_{t+1+i}, l_{t+i}) \right]$$

$s.t.\quad p_{c,t+i}c_{t+i} + r_{h,t+i}h_{t+1+i} + d_{t+1+i} + \tau_{t+i} = w_{t+i}l_{t+i} + (1+r_{t+i})d_{t+i} + \sum_{t+i}$

式中，c_t 表示消费，h_{t+1} 表示租用的房屋（期初存量），l_t 表示劳动力，$p_{c,t} = P_{c,t}/P_t$ 是消费品价格 $P_{c,t}$ 相对于总价格水平 P_t 的相对价格，$r_{h,t}$ 是房屋的实际租金，w_t 是实际工资，d_t 是存款的期初实际余额，r_t 是存款的实际利率，τ_t 是实际税收，$\sum_t$ 是由家庭持有的非金融企业和金融企业得到的利润减去为其家庭成员中新银行家提供的启动资金，β 是贴现率。为讨论方便，以下以小写字母表示相应价格变量的相对价格，令 λ_t 是预算约束对应的 Lagrange 乘子，上面优化问题的一阶条件为

$$p_{c,t}\lambda_t = \mu_c(1-\gamma)U(c_t, h_{t+1}, l_t)/c_t$$
$$w_t\lambda_t = (1-\mu_c-\mu_h)(1-\gamma)U(c_t, h_{t+1}, l_t)/(1-l_t)$$
$$r_{h,t}\lambda_t = \mu_h(1-\gamma)U(c_t, h_{t+1}, l_t)/h_{t+1}$$
$$\lambda_t = E_t[\beta(1+r_{t+1})\lambda_{t+1}]$$

（二）两类最终产品的加工生产过程

房屋生产涉及多个部门的生产，按照 Davis – Heathcote（2005）的思路并充分利用国民经济账户的统计资料，假设最终产品包括两部分，一是通常意义上的一般商品和服务，这部分商品包括最终消费和投资，二是房屋基础设施。参照上一节的做法，假设加工最终产品需要用到三个部门的产品作为生产投入，这三个部门是建筑业、制造业和服务业，分别以 $x_{i,t}$ $(i = b, m, s)$ 来表

示这三个行业的产出，三个部门采用 Cobb – Douglas 生产函数形式：

$$x_{i,t} = (\xi_t k_{i,t})^{\alpha_i} (Z_{i,t} l_{i,t})^{1-\alpha_i}, 0 \leqslant \alpha_i \leqslant 1, i = b,m,s$$

其中，$k_{i,t}$、$l_{i,t}$ 和 $Z_{i,t}$ 分别是第 i（$i = b, m, s$）个部门在 t 期使用的资本质量、劳动力和生产率，ξ_t 是反映资本质量变化的随机冲击。这些随机冲击由下面的方程刻画：

$$\ln(Z_{i,t}/\overline{Z_i}) = \rho_{Zi}\ln(Z_{i,t-1}/\overline{Z_i}) + u_{Zi,t}, 0 \leqslant \rho_{Zi} < 1, u_{Zi,t} \sim N(0,\sigma_{Zi}^2), i = \{b,m,s\}$$

$$\ln(\xi_t/\overline{\xi}) = \rho_{\xi}\ln(\xi_{t-1}/\overline{\xi}) + u_{\xi,t}, 0 \leqslant \rho_{\xi} < 1, u_{\xi,t} \sim N(0,\sigma_{\xi}^2)$$

若资本、劳动力和产品的价格分别为 $r_{k,t}$、w_t 和 $p_{i,t}$，在完全竞争的条件下，利用前面章节的分析可得到关系式：

$$r_{k,t}k_{i,t} = \alpha_i p_{i,t} x_{i,t}$$

$$w_t l_{i,t} = (1 - \alpha_i) p_{i,t} x_{i,t}$$

$$p_{i,t} = \frac{(r_{k,t}/\xi_t)^{\alpha_i} (w_t/Z_{i,t})^{1-\alpha_i}}{(a_i)^{\alpha_i} (1 - \alpha_i)^{1-\alpha_i}}, \quad i = \{b,m,s\}$$

这里假设制造业部门相对于建筑业来说是资本密集型行业，即 $\alpha_b < \alpha_m$。

三个行业的产出用于生产两类最终产品，以 $y_{c,t}$ 表示最终消费和投资，以 $y_{d,t}$ 表示房屋基础设施。最终产品的生产采用下面的 Cobb – Douglas 生产函数形式：

$$y_{j,t} = \prod_{i=\{b,m,s\}} x_{ji,t}^{\beta_{ji}}, \sum_{i=\{b,m,s\}} \beta_{ji} = 1, j = \{c,d\}$$

其中，$x_{ji,t}$ 表示第 j 类最终产品使用第 i 类行业的产品作为生产投入。若以 $p_{c,t}$ 表示最终消费和投资的价格，以 $p_{d,t}$ 表示房屋基础设施的价格，则最终产品的生产可通过下面的优化问题来刻画：

$$\max_{\{x_{ji,t}\}} \{ \sum_j p_{j,t} y_{j,t} - \sum_j \sum_i p_{i,t} x_{ji,t} \}$$

在完全竞争的条件下可得到下面的关系式：

$$p_{i,t} x_{ji,t} = \beta_{ji} p_{j,t} y_{j,t}, i = \{b,m,s\}, j = \{c,d\}$$

$$p_{j,t} = \prod_{i=\{b,m,s\}} (p_{i,t}/\beta_{ji})^{\beta_{ji}}, \quad j = \{c,d\}$$

（三）房屋的生产、管理与融资决策

房屋的加工包括两个方面，一个是房屋的生产，另一个是房屋的管理，主要是对整个房屋存量的经营和融资。

首先来看房屋的生产过程。房屋基础设施 $y_{d,t}$ 并不是居民使用的房屋，其必须和土地结合起来才能生产居民需要的房屋，仍然采用 Cobb – Douglas 生产函数：

$$y_{h,t} = Z_{h,t} (y_{d,t})^{\omega} (f_t)^{1-\omega}, 0 \leqslant \omega \leqslant 1$$

其中，$y_{h,t}$ 是新生产出的房屋，$y_{d,t}$ 是房屋基础设施，f_t 是生产房屋使用的土地，$Z_{h,t}$ 是生产率冲击，其满足下面的方程：

$$\ln(Z_{h,t}/\overline{Z}_h) = \rho_{Zh}\ln(Z_{h,t-1}/\overline{Z}_i) + u_{Zh,t}, 0 \leqslant \rho_{Zh} < 1, u_{Zh,t} \sim N(0, \sigma^2_{Zh})$$

假设土地相对价格为 $p_{f,t}$，房屋相对价格为 $p_{h,t}$，在完全竞争条件下可得到下面的一阶条件：

$$p_{d,t}y_{d,t} = \omega p_{h,t}y_{h,t}$$

$$p_{f,t}f_t = (1 - \omega)p_{h,t}y_{h,t}$$

$$p_{h,t} = \frac{(p_{d,t})^{\omega} (p_{f,t})^{1-\omega}}{Z_{h,t} (\omega)^{\omega} (1 - \omega)^{1-\omega}}$$

由于房屋是存量，从而最终的房屋供给由下面方程来刻画：

$$h_{t+1} = (1 - \delta_h)\xi_{h,t}h_t + y_{h,t}$$

此处，h_{t+1} 是房屋总量，$y_{h,t}$ 是新生产出的房屋，δ_h 是房屋的折旧率，$\xi_{h,t}$ 是反映房屋质量变化的随机冲击，其由下面的方程刻画：

$$\ln(\xi_{h,t}/\overline{\xi}_h) = \rho_{\xi}\ln(\xi_{h,t-1}/\overline{\xi}_h) + u_{\xi h,t}, 0 \leqslant \rho_{\xi h} < 1, u_{\xi h,t} \sim N(0, \sigma^2_{\xi h})$$

其次来看房屋的管理。房屋是不动产，流动性较低，价值会随着房价变化而变化。这里假设存在一个代表居民的房屋管理者，其从房屋生产者那里购买房屋并对房屋进行维护，租给居民并获得租金，最后将得到的利润返还给居民。但是，管理者在购买房屋时仅靠自有资金是不够的，需要进行外部融资，从而会带来外部融资风险溢价，从这个角度来看，房屋管理者就像金融加速器模型中的企业家或者融资顾问。房屋管理者作决策由下面的优化问题来刻画：

$$\max_{\{h_{t+1+s}\}} E_t \sum_{s=0}^{\infty} \beta^s (\lambda_{t+s}/\lambda_t)[h_{t+s}r_{h,t+s} + (1 - \delta_h)\xi_{h,t+s}h_{t+s}p_{h,t+s} - (1 + r_{M,t+s})h_{t+s}p_{h,t-1+s}]$$

其中，$p_{h,t}$ 是房屋价格，$r_{h,t}$ 是房屋的租金，房屋管理者在购买房屋时通过发行 $s^M = h_t$ 股股权来进行融资，每股价格为 $p_{h,t-1}$，每股股权的随机性实际收益率为 $r_{M,t}$。该优化问题的一阶条件为

$$(1 + r_{M,t+1}) = E_t[r_{h,t+1} + (1 - \delta_h)\xi_{h,t+1}p_{h,t+1}]/p_{h,t}$$

（四）资本品的生产与投资决策

三个行业的生产需要租用资本，资本由专门从事资本品生产的厂商提供。

资本存量的变化由下式给出：

$$k_{t+1} = (1 - \delta)\xi_t k_t + [1 - \Psi(i_t/i_{t-1})]i_t, 0 \leqslant \delta \leqslant 1$$

$$\Psi(i_t/i_{t-1}) = 0.5h(i_t/i_{t-1} - 1)^2 \, h \geqslant 0,$$

式中，i_t 是实际总投资，$\Psi(\cdot)$ 是投资的调整成本，ξ_t 是反映资本质量变化的随机冲击。生产资本品的厂商将新增加的投资品与已有的资本存量结合在一起生产出新的资本存量，然后再出租给三个行业的厂商，同时将得到的利润返还给居民。在生产中厂商在 t 期向银行发行 $s_t^k = k_t$ 股股权，每股股权相对于资本存量的相对价格为 q_{t-1}^k、随机性实际收益率为 $r_{L,t}$。生产资本品的厂商求解下面的优化问题：

$$\max_{\{i_{t+s}, k_{t+1+s}\}} E_t \sum_{s=0}^{\infty} \beta^s (\lambda_{t+s}/\lambda_t) [r_{k,t+s}k_{t+s} - i_{t+s} + q_{t+s}^k k_{t+1+s} - (1 + r_{L,t+s})q_{t+s}^k k_{t+s}]$$

$$s.t. \quad k_{t+1} = (1 - \delta)\xi_t k_t + [1 - \Psi(i_t/i_{t-1})]i_t, 0 \leqslant \delta \leqslant 1$$

上面问题的一阶条件为

$$\frac{1}{q_t^k} = 1 - 0.5h(i_t/i_{t-1} - 1)^2 - h(i_t/i_{t-1})(i_t/i_{t-1} - 1)$$

$$+ \beta h E_t(\lambda_{t+1}/\lambda_t)(q_{t+1}^k/q_t^k)(i_{t+1}/i_t)^2(i_{t+1}/i_t - 1)(1 + r_{L,t+1})$$

$$= E_t\{[r_{k,t+1} + q_{t+1}^k(1 - \delta)\xi_{t+1}]/q_t^k$$

（五）商业银行的行为决策

商业银行的资产负债表为

$$A_t = D_t + N_t \quad \text{或} \quad a_t = d_t + n_t$$

其中，A_t、D_t 和 N_t 分别是商业银行 t 期期初资产、存款和自有资金的名义余额，$a_t = A_t/P_{t-1}$，$d_t = D_t/P_{t-1}$ 和 $n_t = N_t/P_{t-1}$ 分别为资产、存款和自有资金期初的实际余额，这里假设存款市场是完全竞争的，且存款的期限为一期。

在 $t+1$ 期期初商业银行持有的资产包括对资本品和房屋的股权投资以及政府债券，即

$$a_{t+1} = s_{t+1}^k q_t^k + s_{t+1}^M p_{h,t} + b_{t+1}$$

其中，$q_t^k s_{t+1}^k$、$p_{h,t} s_{t+1}^M$ 和 b_{t+1} 分别是商业银行对资本品和房屋投资的股权总值以及持有的政府债券。

在 $t+1$ 期期末商业银行的自有资金为

$$n_{t+2} = (1 - \tau_b)[(1 + r_{L,t+1})q_t^k s_{t+1}^k + (1 + r_{M,t+1})p_{h,t}s_{t+1}^M$$

$$+ (1 + r_{b,t+1})b_{t+1} - (1 + r_{t+1})d_{t+1}]$$

$$= (1 - \tau_b)\big[\,(r_{L,t+1} - r_{t+1})q_t^k s_{t+1}^k + (r_{M,t+1} - r_{t+1})p_{h,t}s_{t+1}^M$$
$$+ (r_{b,t+1} - r_{t+1})b_{t+1} + (1 + r_{t+1})n_{t+1}\,\big]$$

这里，$r_{L,t}$ 是对资本品投资贷款的实际利率，$r_{M,t}$ 是对房屋抵押贷款的实际利率，$r_{b,t}$ 是政府债券的实际利率，r_t 是存款的实际利率，τ_b 可以认为是一种保险的费率。这里假设存在一个保险市场，每个商业银行支付保险。由于商业银行的生命期限是有限的，当商业银行退出时，将保险费支付给新进入的银行，使其具有启动资金，并继续履行退出银行与厂商签订的原有合同，这样做的好处是可以使每期的银行具有同质性。在每期期初继续存在的商业银行和退出经营的商业银行所占的比例分别为 q_b 和 $1 - q_b$。商业银行的目标是最大化预期自有资金流的贴现和，即

$$V_t = E_t \sum_{m=0}^{\infty} (1 - q_b)q_b^m \beta^{m+1}(\lambda_{t+m+1}/\lambda_t)n_{t+m+2}$$

$$= E_t \sum_{m=0}^{\infty} (1 - q_b)q_b^m \beta^{m+1}(\lambda_{t+m+1}/\lambda_t)(1 - \tau_b)\begin{pmatrix}(r_{L,t+m+1} - r_{t+m+1})q_{t+m}^k s_{t+m+1}^k \\ + (r_{M,t+m+1} - r_{t+m+1})p_{h,t+m}s_{t+m+1}^M \\ + (r_{b,t+m+1} - r_{t+m+1})b_{t+m+1} \\ + (1 + r_{t+m+1})n_{t+m+1}\end{pmatrix}$$

定义以下变量：

$$H_{1,t} = E_t\left(\sum_{m=0}^{\infty} (1 - q_b)q_b^m \beta^{m+1}(\lambda_{t+m+1}/\lambda_t)(r_{L,t+m+1} - r_{t+m+1})\big[\,(q_{t+m}^k s_{t+m+1}^k)/(q_t^k s_{t+1}^k)\,\big]\right)$$

$$H_{2,t} = E_t\left(\sum_{m=0}^{\infty} (1 - q_b)q_b^m \beta^{m+1}(\lambda_{t+m+1}/\lambda_t)(r_{M,t+m+1}\right.$$
$$\left. - r_{t+m+1})\big[\,(p_{h,t+m}s_{t+m+1}^M)/(p_{h,t}s_{t+1}^M)\,\big]\right)$$

$$H_{3,t} = E_t\left(\sum_{m=0}^{\infty} (1 - q_b)q_b^m \beta^{m+1}(\lambda_{t+m+1}/\lambda_t)(r_{b,t+m+1} - r_{t+m+1})(b_{t+m+1}/b_{t+1})\right)$$

$$H_{4,t} = E_t\left(\sum_{m=0}^{\infty} (1 - q_b)q_b^m \beta^{m+1}(\lambda_{t+m+1}/\lambda_t)\big[\,(1 + r_{t+m+1})n_{t+m+1}/n_{t+1}\,\big]\right)$$

上面自有资金的贴现和可写成：

$$V_t = (1 - \tau_b)(q_t^k s_{t+1}^k H_{1,t} + p_{h,t+1}s_{t+1}^M H_{2,t} + b_{t+1}H_{3,t} + n_{t+1}H_{4,t})$$
$$H_{1,t} = (1 - q_b)\beta E_t\big[\,(\lambda_{t+1}/\lambda_t)(r_{L,t+1} - r_{t+1})\,\big]$$
$$+ q_b\beta E_t\big\{(\lambda_{t+1}/\lambda_t)\big[\,(q_{t+1}^k s_{t+2}^k)/(q_t^k s_{t+1}^k)\,\big]H_{1,t+1}\big\}$$
$$H_{2,t} = (1 - q_b)\beta E_t\big[\,(\lambda_{t+1}/\lambda_t)(r_{M,t+1} - r_{t+1})\,\big]$$

$$+ q_b\beta E_t\{(\lambda_{t+1}/\lambda_t)[(p_{h,t+1}s_{t+2}^M)/(p_{h,t}s_{t+1}^M)]H_{2,t+1}\}$$

$$H_{3,t} = (1 - q_b)\beta E_t[(\lambda_{t+1}/\lambda_t)(r_{b,t+1} - r_{t+1})]$$

$$+ q_b\beta E_t[(\lambda_{t+1}/\lambda_t)(b_{t+2}/b_{t+1})H_{3,t+1}]$$

$$H_{4,t} = (1 - q_b)\beta E_t[(\lambda_{t+1}/\lambda_t)(1 + r_{t+1})]$$

$$+ q_b\beta E_t[(\lambda_{t+1}/\lambda_t)(n_{t+2}/n_{t+1})H_{4,t+1}]$$

采用前面介绍的执行成本模型的做法，储户与商业银行的债务合约安排对商业银行施加下面的激励约束条件：

$$V_t \geqslant \lambda^k q_t^k s_{t+1}^k + \lambda^M p_{h,t}s_{t+1}^M + \lambda^b b_{t+1}$$

其中，参数 λ^k、λ^M 和 λ^b 是针对商业银行不同资产偏离储户利益擅用资金施加的限制。令激励约束条件对应的拉格朗日乘子为 μ_t，商业银行的优化问题为：

$$\max_{\{s_{t+1}^k, s_{t+1}^M, b_{t+1}\}} [V_t + \mu_t(V_t - \lambda^k q_t^k s_{t+1}^k - \lambda^M p_{h,t}s_{t+1}^M - \lambda^b b_{t+1})]$$

该优化问题的一阶条件为

$$(1 + \mu_t)(1 - q_b)\beta E_t[(\lambda_{t+1}/\lambda_t)(r_{L,t+1} - r_{t+1})] - \lambda^k \mu_t = 0$$

$$(1 + \mu_t)(1 - q_b)\beta E_t[(\lambda_{t+1}/\lambda_t)(r_{M,t+1} - r_{t+1})] - \lambda^M \mu_t = 0$$

$$(1 + \mu_t)(1 - q_b)\beta E_t[(\lambda_{t+1}/\lambda_t)(r_{b,t+1} - r_{t+1})] - \lambda^b \mu_t = 0$$

经过变换可得到：

$$E_t[(\lambda_{t+1}/\lambda_t)(r_{L,t+1} - r_{t+1})] = (\lambda^k/\lambda^M)E_t[(\lambda_{t+1}/\lambda_t)(r_{M,t+1} - r_{t+1})]$$

$$E_t[(\lambda_{t+1}/\lambda_t)(r_{b,t+1} - r_{t+1})] = (\lambda^b/\lambda^M)E_t[(\lambda_{t+1}/\lambda_t)(r_{M,t+1} - r_{t+1})]$$

将前面得到的自有资金贴现和代入上面的约束条件可得到：

$$n_{t+1}H_{4,t} \geqslant [\lambda^k/(1 - \tau_b) - H_{1,t}]q_t^k s_{t+1}^k$$

$$+ [\lambda^M/(1 - \tau_b) - H_{2,t}]p_{h,t}s_{t+1}^M + [\lambda^b/(1 - \tau_b) - H_{3,t}]b_{t+1}$$

定义各种资产占总资产的权重为

$$w_t^k = s_{t+1}^k q_t^k/a_{t+1}, \qquad w_t^M = s_{t+1}^M p_{h,t}/a_{t+1}$$

$$w_t^b = b_{t+1}/a_{t+1}, \qquad w_t^k + w_t^M + w_t^b = 1$$

则上面式子可写成：

$$lev_t = \frac{H_{4,t}}{[\lambda^k/(1 - \tau_b) - H_{1,t}]w_t^k + [\lambda^M/(1 - \tau_b) - H_{2,t}]w_t^M + [\lambda^b/(1 - \tau_b) - H_{3,t}]w_t^b}$$

其中，lev_t 是杠杆率，该式也确定了商业银行所能提供的最大信贷规模。

（六）价格粘性的引入

居民的消费不仅包括一般商品的消费和服务，而且还包括房屋的租住消费。按照前面的效用函数设定可构造包括房屋消费的总消费和总消费价格水平为

$$C_t = (c_t)^{\frac{\mu_c}{\mu_c+\mu_h}} (h_{t+1})^{\frac{\mu_h}{\mu_c+\mu_h}}$$

$$P_t^m = (p_{c,t})^{\frac{\mu_c}{\mu_c+\mu_h}} (r_{h,t})^{\frac{\mu_h}{\mu_c+\mu_h}} P_t$$

此处，$r_{h,t}$ 是房屋的实际租金。

类似于前面章节的处理方法，假设存在一类零售商，其以价格 P_t^m 批发购买产品并进行加工，然后转换成零售产品卖给居民。由于处于垄断竞争状态，从而零售商可将批发购买的产品加工成同等数量的零售产品，但其设定的价格为 $P_{r,t}$，这样零售商的垄断利润为 $(P_{r,t} - P_t^m)C_{r,t}$，产品之间的关系为

$$C_t = \Big[\int_0^1 C_{r,t}^{(\theta-1)/\theta}\mathrm{d}r\Big]^{\theta/(\theta-1)}, \theta > 1$$

其中，C_t 是最终产品的数量，$C_{r,t}$ 是生产最终产品所使用的第 r 类中间产品。在最终产品市场处于完全竞争状态下，生产最终产品对中间产品的需求以及最终产品的价格分别为

$$C_{r,t} = [P_{r,t}/P_t]^{-\theta} C_t, P_t = \Big[\int_0^1 P_{r,t}^{(1-\theta)}\mathrm{d}r\Big]^{1/(1-\theta)}$$

其中，$P_{r,t}$ 是第 r 类产品的价格，P_t 是最终产品的价格。采用前面几节价格粘性的引入方式，每期进行价格调整的厂商所占的比例为 $(1-q_c)$，没有进行价格调整的厂商采用盯住稳态时通胀率的做法，这样可得到下面的方程：

$$E_t((P_{r,t}/P_t)F_{1,t} - F_{2,t}) = 0$$

$$F_{1,t} = \lambda_t C_t (p_t^{fC})^{-2} + \beta q_c \Big(\frac{1+\overline{\pi}}{1+\pi_{t+1}}\Big)^2 F_{1,t+1}$$

$$F_{2,t} = \lambda_t C_t (p_t^{fC})^{-1} + \beta q_c \Big(\frac{1+\overline{\pi}}{1+\pi_{t+1}}\Big) F_{2,t+1}$$

$$p_t^{fC} = \frac{\theta}{\theta-1} P_t^m/P_t$$

$$P_t = (1-q_c)(P_{r,t})^{1-\theta} + q_c\big[(1+\overline{\pi})P_{t-1}\big]^{1-\theta}$$

其中，π_t 是包括租金在内的总通胀率，且 $1+\pi_t = P_t/P_{t-1}$。

（七）政府和中央银行的行为决策

与前面章节不同的是，这里假设政府拥有土地，政府通过卖地、征税和发债来维持跨期预算平衡：

$$b_{t+1} = (1+r_{b,t})b_t + g_t - \tau_t - p_{f,t}f_t$$

其中，f_t 是政府拍卖的土地，土地价格为 $p_{f,t}$，政府支出和税收仍然采用前面模型的变化规律，这里重复写在下面：

$$\ln(g_t/\overline{g}) = \rho_g\ln(g_{t-1}/\overline{g}) + u_{g,t}, 0 \leq \rho_g < 1, u_{g,t} \sim N(0,\sigma_g^2)$$

$$\tau_t = \bar{\tau} + \phi(b_t - \bar{b}), \phi \geqslant 0$$

假设政府卖地具有土地平整加工成本，政府最优卖地收入由下面优化问题描述：

$$\max_{\{f_{t+s}\}} E_t \sum_{s=0}^{\infty} \beta^s (\lambda_{t+s}/\lambda_t) \{p_{f,t+s}[1 - \Psi(f_{t+s}/f_{t+s-1})]f_{t+s} - f_{t+s}\}$$

$$\Psi(f_t/f_{t-1}) = 0.5h_f (f_t/f_{t-1} - 1)^2 \, h_f \geqslant 0,$$

上面问题的一阶条件为

$$\frac{1}{p_{f,t}} = 1 - 0.5h_f(f_t/f_{t-1} - 1)^2 - h_f(f_t/f_{t-1})(f_t/f_{t-1} - 1)$$

$$+ \beta h_f E_t (\lambda_{t+1}/\lambda_t)(p_{f,t+1}/p_{f,t})(f_{t+1}/f_t)^2 (f_{t+1}/f_t - 1)$$

忽略从中央银行到商业银行的传导细节，假设中央银行直接调控的是名义存款利率，中央银行采用下面的 Taylor 规则形式：

$$R_{t+1} = \rho_R R_t + (1 - \rho_R)[\bar{R} + \kappa_y \ln(y_t/\bar{y}) + \kappa_\pi (\pi_t - \bar{\pi})] + u_{R,t},$$

$$0 \leqslant \rho_R \leqslant 1, \kappa_y > 0, \kappa_\pi > 1, u_{R,t} \sim N(0, \sigma_R^2)$$

其中，R_t 是名义存款利率，y_t 是产出，π_t 是通胀率，$u_{R,t}$ 是对利率的随机冲击，参数 κ_y 和 κ_π 分别是利率关于产出和通胀的反应系数。各种名义利率和实际利率之间的关系式为

$$r_t = (1 + R_t)/(1 + \pi_t) - 1, \quad r_{L,t} = (1 + R_{L,t})/(1 + \pi_t) - 1,$$

$$r_{M,t} = (1 + R_{M,t})/(1 + \pi_t) - 1, r_{b,t} = (1 + R_{b,t})/(1 + \pi_t) - 1$$

（八）市场出清条件

三个行业的市场出清条件为

$$\sum_{j=\{c,d\}} x_{ji,t} = x_{i,t}, i = \{b,m,s\}$$

两类最终产品的市场出清条件为

$$y_{c,t} = c_t + i_t + g_t, \qquad y_{d,t} = \omega p_{h,t} y_{h,t}/p_{d,t}$$

房地产市场出清条件为

$$h_{t+1} = (1 - \delta_h)\xi_{h,t} h_t + y_{h,t}$$

生产要素市场出清条件为

$$k_t = \sum_{i=\{b,m,s\}} k_{i,t}, \quad l_t = \sum_{i=\{b,m,s\}} l_{i,t}$$

土地市场出清条件为

$$f_t = (1 - \omega)p_{h,t} y_{h,t}/p_{f,t}$$

信贷市场出清条件为

$$k_t = s_t^k,\ h_t = s_t^M$$

GDP 统计中不含有关土地带来的收入，从而总产出可定义为

$$y_t = p_{c,t} y_{c,t} + p_{d,t} y_{d,t}$$

三、模型稳态与校准

三个行业的生产率是以劳动增强型技术的形式体现的，为能够得到较一般的情况，假设三个行业生产率的增长率变化为

$$g_{Zi,t} = Z_{i,t}/Z_{i,t-1},\ i = \{b,m,s\}$$

这里，以变量 $g_{x,t} = x_t/x_{t-1}$ 表示变量 x_t 的总增长率。由于资本是完全流动的，从而各行业的资本增长率与总体是相同的，不妨设为 $g_{k,t}$，根据前面的生产函数设定形式可得到

$$g_{xi,t} = (g_{k,t})^{\alpha_i} (g_{Zi,t})^{1-\alpha_i},\ i = \{b,m,s\}$$

两类最终产品的增长率为

$$g_{yj,t} = \prod_{i=\{b,m,s\}} (g_{xi,t})^{\beta_{ji}} = \prod_{i=\{b,m,s\}} \left[(g_{k,t})^{\alpha_i} (g_{Zi,t})^{1-\alpha_i} \right]^{\beta_{ji}},\ \sum_{i=\{b,m,s\}} \beta_{ji} = 1, j = \{c,d\}$$

根据最终消费和投资的市场均衡条件可知，消费和投资的增长率与第一类最终产品的增长率相同，从资本积累方程可知，资本的增长率与投资的增长率相同，即 $g_{yc,t} = g_{c,t} = g_{i,t} = g_{k,t}$，代入上面的方程可得到

$$g_{k,t} = \left(\prod_{i=\{b,m,s\}} \left[(g_{Zi,t})^{(1-\alpha_i)\beta_{ci}} \right] \right)^{1/(1-\alpha_b\beta_{cb}-\alpha_m\beta_{cm}-\alpha_s\beta_{cs})}$$

一旦确定了资本的增长率，那么上面的关系式可确定三个行业以及两类最终产品的增长率。

从房屋的积累方程和房屋的生产来看，房屋存量的增长率为

$$g_{h,t} = g_{yh,t} = g_{Zh,t} (g_{yd,t})^{\omega} (g_{f,t})^{1-\omega} = g_{Zh,t} \left(\prod_{i=\{b,m,s\}} (g_{xi,t})^{\beta_{di}} \right)^{\omega} (g_{f,t})^{1-\omega}$$

包含房屋租金收入在内的总消费的增长率为

$$g_{C,t} = (g_{c,t})^{\frac{\mu_c}{\mu_c+\mu_h}} (g_{h,t})^{\frac{\mu_h}{\mu_c+\mu_h}}$$

在以消费品价格为基准的情况下，从市场出清条件可知，$r_{h,t}h_t$、$p_{h,t}h_t$、$p_{d,t}y_{d,t}$、$p_f f_t$、$p_{d,t}y_{d,t}$、$p_{i,t}x_{ji,t}$（$i = b, m, s, j = c, d$）和 $P_t C_t$ 等变量的增长率均为 $g_{k,t}$。

考虑增长率后，模型将带有趋势项。此时模型稳态意味着经济长期达到的状态将是一条增长路径，模型中变量的水平值将呈现出非平稳特征，针对这种

情况，通常在求解模型时先去掉趋势项将模型变成平稳的形式然后再求解。为讨论方便，这里不考虑趋势项，即 $g_{Zi,t} = 1, i = \{b, m, s\}$，$g_{Zh,t} = 1$，此时模型的稳态趋于一个点，但各种随机冲击依然会影响变量的水平值，整个模型总结于表 6.7。

在进行模型模拟之前先来看模型稳态的确定及有关参数的校准。在通胀率为零的情况下，所有名义收益率与实际收益率相等，中央银行的基准利率为

$$\bar{R} = \bar{r} = 1/\beta - 1$$

给定住房按揭贷款利率与基准利率的利差 $\Gamma = \bar{r}_M - \bar{r}$，在给出银行对三种资产的相对风险权衡参数 λ^k/λ^M 和 λ^b/λ^M 后，可通过下面的关系式确定资本品投资贷款和政府债券利率与基准利率的利差：

$$\bar{r}_L - \bar{r} = (\lambda^k/\lambda^M)(\bar{r}_M - \bar{r}), \bar{r}_b - \bar{r} = (\lambda^b/\lambda^M)(\bar{r}_M - \bar{r})$$

这样能确定相应的利率水平。稳态时 $\bar{q}^k = \bar{\xi} = 1$，从而资本的实际收益率为

$$\bar{r}_k = \bar{r}_L + \delta$$

稳态时 $\bar{\xi}_h = 1$，由下式：

$$(1 + \bar{r}_M) = [\bar{r}_h + (1 - \delta_h)\bar{p}_h]/\bar{p}_h$$

可确定房价 $\bar{p}_h$。

稳态时通胀率为零，以消费物价为基准，即 $\bar{p}_c = 1$，由下面两个方程

$$\bar{p}^{fC} = 1, \ \bar{P}^m/\bar{P} = (\bar{p}_c)^{\frac{\mu_c}{\mu_c + \mu_h}} (\bar{r}_h)^{\frac{\mu_h}{\mu_c + \mu_h}}$$

可确定房屋的租金 $\bar{r}_h$。假设稳态时三个行业的价格水平相等，即 $\bar{p}_b = \bar{p}_m = \bar{p}_s$，由下面的方程：

$$1 = \bar{p}_c = \prod_{i=\{b,m,s\}} (\bar{p}_i/\beta_{ci})^{\beta_{ci}} = \bar{p}_i \prod_{i=\{b,m,s\}} (1/\beta_{ci})^{\beta_{ci}}, \bar{p}_d = \prod_{i=\{b,m,s\}} (\bar{p}_i/\beta_{di})^{\beta_{di}}$$

可确定 $\bar{p}_d$。假设稳态时 $\bar{w} = 1$，由下面方程：

$$\bar{p}_i = \frac{(\bar{r}_k)^{\alpha_i} (\bar{w}/\bar{Z}_i)^{1-\alpha_i}}{(a_i)^{\alpha_i} (1 - \alpha_i)^{1-\alpha_i}}, \quad i = \{b, m, s\},$$

可确定各行业的生产率 $\bar{Z}_i, i = \{b, m, s\}$。

给定 $\bar{y}_c/\bar{y}$，由下式：

$$1 = \bar{y}_c/\bar{y} + \bar{p}_d(\bar{y}_d/\bar{y})$$

可确定 $\bar{y}_d/\bar{y}$。在确定这两个比例后，通过下面各式：

$$\bar{x}_{ji}/\bar{y} = \beta_{ji}(\bar{p}_j/\bar{p}_i) y_j/y, i = \{b, m, s\}, j = \{c, d\}$$

$$\bar{x}_i/\bar{y} = \sum_{j=\{c,d\}} (\bar{x}_{ji}/\bar{y}), i = \{b,m,s\}$$

$$\bar{k}_i/\bar{y} = (\alpha_i \bar{p}_i/\bar{r}_k)(\bar{x}_i/\bar{y}), \quad i = \{b,m,s\}$$

$$\bar{l}_i/\bar{y} = [(1-\alpha_i)\bar{p}_i/\bar{w}](\bar{x}_i/\bar{y}), \quad i = \{b,m,s\}$$

$$\bar{k}/\bar{y} = \sum_{i=\{b,m,s\}} (\bar{k}_i/\bar{y}), \bar{l}/\bar{y} = \sum_{i=\{b,m,s\}} (\bar{l}_i/\bar{y}), \bar{i}/\bar{y} = \delta(\bar{k}/\bar{y})$$

$$\bar{c}/\bar{y} = \bar{y}_c/\bar{y} - \bar{i}/\bar{y} - \bar{g}/\bar{y}$$

可确定相应的比例，再由下式：

$$\mu_c \bar{w}\bar{U}/\bar{c} = (1-\mu_c-\mu_h)\bar{U}/(1-\bar{l}) \text{ 或 } \mu_c\bar{w}[1-(\bar{l}/\bar{y})\bar{y}] = (1-\mu_c-\mu_h)(\bar{c}/\bar{y})\bar{y}$$

可确定 $\bar{y}$。一旦确定产出，那么利用上面所有的比例可确定相应的变量。

从下面两式：

$$\bar{\lambda} = (1-\gamma)\mu_c\bar{U}/\bar{c}, \bar{r}_h\bar{\lambda} = (1-\gamma)\mu_h\bar{U}/\bar{h}$$

可得到

$$\bar{h} = (\mu_h/\mu_c)\bar{c}/\bar{r}_h$$

进而得到

$$\bar{p}_d\bar{y}_d = \omega\bar{p}_h\bar{y}_h = \omega\bar{p}_h\bar{h}\delta_h = (\omega\delta_h)(\mu_h/\mu_c)(\bar{p}_h/\bar{r}_h)\bar{c}$$

利用前面得到的 $\bar{y}_d/\bar{y}$ 和 $\bar{c}/\bar{y}$ 可校准参数 ω。稳态时 $\bar{p}_f = 1$，根据下式：

$$\bar{p}_h = \frac{(\bar{p}_d)^\omega (\bar{p}_f)^{1-\omega}}{Z_h(\omega)^\omega (1-\omega)^{1-\omega}}$$

可确定 $\bar{Z}_h$。再通过下面式子：

$$\bar{y}_d = (\omega\bar{p}_h/\bar{p}_d)\bar{y}_h, \bar{y}_h = \delta_h\bar{h}/\bar{y}, \bar{f} = (1-\omega)\bar{p}_h\bar{y}_h/\bar{p}_f$$

可确定 $\bar{y}_h$、$\bar{h}$ 和 $\bar{f}$。由此可计算出下面的变量：

$$\bar{a} = \bar{q}^k\bar{k} + \bar{p}_h\bar{h} + \bar{b}$$

$$\bar{n} = (1-\tau_b)[(\bar{r}_L-\bar{r})\bar{q}\bar{k} + (\bar{r}_M-\bar{r})\bar{p}_h\bar{h} + (\bar{r}_b-\bar{r})\bar{b}]/[1-(1-\tau_b)(1+r_t)]$$

$$\bar{w}^k = \bar{k}\bar{q}^k/\bar{a}, \bar{w}^M = \bar{h}\bar{p}_h/\bar{a}, \bar{w}^b = \bar{b}/\bar{a}$$

$$\bar{H}_1 = (1-q_b)\beta(\bar{r}_L-\bar{r})/(1-q_b\beta), \bar{H}_2 = (1-q_b)\beta(\bar{r}_M-\bar{r})/(1-q_b\beta)$$

$$\bar{H}_3 = (1-q_b)\beta(\bar{r}_M-\bar{r})/(1-q_b\beta), \bar{H}_4 = (1-q_b)\beta(1+\bar{r})/(1-q_b\beta)$$

最后根据下式：

$$\overline{lev} = \frac{(1-\tau_b)\bar{H}_4}{[(\lambda^k/\lambda^M)\lambda^M - (1-\tau_b)\bar{H}_1]\bar{w}^k + [\lambda^M - (1-\tau_b)\bar{H}_2]\bar{w}^M + [(\lambda^b/\lambda^M)\lambda^M - (1-\tau_b)\bar{H}_3]\bar{w}^b}$$

可校准参数：

$$\lambda^M = \frac{(1-\tau_b)\overline{H_4}/\overline{lev} + (1-\tau_b)\overline{H_1}\overline{w}^k + (1-\tau_b)\overline{H_2}\overline{w}^M + (1-\tau_b)\overline{H_3}\overline{w}^b}{[(\lambda^k/\lambda^M)\overline{w}^k + \overline{w}^M + (\lambda^b/\lambda^M)\overline{w}^b]}$$

有关稳态的详细方程参见表 6.7。

在模型校准时，稳态时通胀率设为零，价格的加成率设为 20%，$\theta = 6$，价格调整的频率设定为四个季度，$q_c = 0.75$。除了货币政策冲击设定为白噪声外，其他随机冲击变化规律的参数均设为 $\rho_{Zi} = 0.9, \sigma_{Zi} = 0.01, i = \{b, m, s, \xi, \xi_h, g, V\}$。效用函数中跨期替代特性参数 γ 像前面章节那样设为 2，效用函数中消费和房屋的权重参数选为 $\mu_c = 0.3$，$\mu_h = 0.1$。资本折旧率折年率设为 10%，房屋折旧率设为 6%，投资和土地投资调整成本函数的参数设为 $h = h_f = 1$。根据 Davis – Heathcote（2005）的数据，三个行业生产函数的参数设为 $\alpha_b = 0.106$，$\alpha_m = 0.33$，$\alpha_s = 0.248$，两类最终产品生产函数的参数设为 $\beta_{cb} = 0.03$，$\beta_{cm} = 0.27$，$\beta_{cs} = 0.7$，$\beta_{db} = 0.47$，$\beta_{dm} = 0.238$，$\beta_{ds} = 0.292$，GDP 统计中用于生产房屋的第二类最终产品所占的比例设为 8%。商业银行继续存在的概率为 10 年，这样设定参数为 $q_b = 0.975$，商业银行上缴的保费税率为 $\tau_b = 0.02$，住房按揭贷款、资本品投资贷款以及政府债券与基准利率的利差分别选为 50、25 和 5 个基本点，这意味着，$\lambda^k/\lambda^M = 0.5$，$\lambda^b/\lambda^M = 0.1$，其他参数可在上面介绍的稳态计算步骤中来校准。

表 6.7　　　　　　　　模型 Cha6gn（非线性形式）

外生变量：V_t, g_t, $Z_{i,t}$ $(i = b, m, s)$, ξ_t, $\xi_{h,t}$；

$\ln(V_t/\overline{V}) = \rho_V \ln(V_{t-1}/\overline{V}) + u_{V,t}, 0 \le \rho_V < 1$

$\ln(g_t/\overline{g}) = \rho_g \ln(g_{t-1}/\overline{g}) + u_{g,t}, 0 \le \rho_g < 1$

$\ln(Z_{i,t}/\overline{Z_i}) = \rho_{Zi} \ln(Z_{i,t-1}/\overline{Z_i}) + u_{Zi,t}, 0 \le \rho_{Zi} < 1, i = \{b, m, s\}$

$\ln(\xi_t/\overline{\xi}) = \rho_\xi \ln(\xi_{t-1}/\overline{\xi}) + u_{\xi,t}, 0 \le \rho_\xi < 1$

$\ln(\xi_{h,t}/\overline{\xi_h}) = \rho_\xi \ln(\xi_{h,t-1}/\overline{\xi_h}) + u_{\xi h,t}, 0 \le \rho_{\xi h} < 1$

$\ln(Z_{h,t}/\overline{Z_h}) = \rho_{Zh} \ln(Z_{h,t-1}/\overline{Z_i}) + u_{Zh,t}, 0 \le \rho_{Zh} < 1$

内生变量：U_t, c_t, λ_t, r_t, R_t, w_t, $r_{h,t}$, l_t, k_t, i_t, q_t^k, $r_{k,t}$, $r_{L,t}$, $r_{M,t}$, $r_{b,t}$, s_t^k, s_t^M, h_t, a_t, n_t, lev_t, $H_{1,t}$, $H_{2,t}$, $H_{3,t}$, $H_{4,t}$, w_t^k, w_t^M, w_t^b, b_t, τ_t, $p_{f,t}$, f_t, $p_{h,t}$, $y_{h,t}$, $y_{d,t}$, $y_{c,t}$, $p_{j,t}$ $(j = c, d)$, $x_{ji,t}$ $(i = b, m, s, j = c, d)$, $p_{i,t}$, $x_{i,t}$, $k_{i,t}$, $l_{i,t}$ $(i = b, m, s)$, P_t^m, C_t, $P_{r,t}$, P_t, p_t^{fC}, $F_{1,t}$, $F_{2,t}$, π_t, y_t, $R_{L,t}$, $R_{M,t}$, $R_{b,t}$；

$$U_t = V_t \frac{\left[c_t^{\mu_c} h_{t+1}^{\mu_h} (1 - l_t)^{1-\mu_c-\mu_h} \right]^{1-\gamma}}{1 - \gamma}, \gamma \geq 0, 0 \leq \mu_c, \mu_h \leq 1$$

$$\lambda_t p_{c,t} = (1 - \gamma) \mu_c U_t / c_t$$

$$\lambda_t = E_t \left[\beta (1 + r_{t+1}) \lambda_{t+1} \right]$$

$$r_t = (1 + R_t) / (1 + \pi_t) - 1$$

$$R_{t+1} = \rho_R R_t + (1 - \rho_R) \left[\bar{R} + \kappa_y \ln(y_t / \bar{y}) + \kappa_\pi (\pi_t - \bar{\pi}) \right] + u_{R,t},$$
$$0 \leq \rho_R \leq 1, \kappa_y > 0, \kappa_\pi > 1$$

$$w_t \lambda_t = (1 - \mu_c - \mu_h)(1 - \gamma) U_t / (1 - l_t)$$

$$r_{h,t} \lambda_t = (1 - \gamma) \mu_h U_t / h_{t+1}$$

$$l_t = \sum_{i = \{b,m,s\}} l_{i,t}$$

$$k_t = \sum_{i = \{b,m,s\}} k_{i,t}$$

$$k_{t+1} = (1 - \delta) \xi_t k_t + \left[1 - \Psi(i_t / i_{t-1}) \right] i_t, 0 \leq \delta \leq 1$$

$$\frac{1}{q_t^k} = 1 - 0.5 h(i_t / i_{t-1} - 1)^2 - h(i_t / i_{t-1})(i_t / i_{t-1} - 1)$$
$$+ \beta h E_t (\lambda_{t+1} / \lambda_t)(q_{t+1}^k / q_t^k)(i_{t+1} / i_t)^2 (i_{t+1} / i_t - 1)$$

$$(1 + r_{L,t+1}) = E_t \{ \left[r_{k,t+1} + q_{t+1}^k (1 - \delta) \xi_t \right] \} / q_t^k$$

$$(1 + r_{M,t+1}) = E_t \left[r_{h,t+1} + (1 - \delta_h) \xi_{h,t+1} p_{h,t+1} \right] / p_{h,t}$$

$$E_t \left[(\lambda_{t+1} / \lambda_t)(r_{L,t+1} - r_{t+1}) \right] = (\lambda^k / \lambda^M) E_t \left[(\lambda_{t+1} / \lambda_t)(r_{M,t+1} - r_{t+1}) \right]$$

$$E_t \left[(\lambda_{t+1} / \lambda_t)(r_{b,t+1} - r_{t+1}) \right] = (\lambda^b / \lambda^M) E_t \left[(\lambda_{t+1} / \lambda_t)(r_{M,t+1} - r_{t+1}) \right]$$

$$s_t^k = k_t$$

$$s_t^M = h_t$$

$$a_{t+1} = s_{t+1}^k q_t^k + s_{t+1}^M p_{h,t} + b_{t+1}$$

$$a_{t+1} = lev_t n_{t+1}$$

$$n_{t+1} = (1 - \tau_b) \left[(r_{L,t} - r_t) q_{t-1}^k s_t^k + (r_{M,t} - r_t) p_{h,t-1} s_t^M + (r_{b,t} - r_t) b_t + (1 + r_t) n_t \right]$$

$$lev_t = \frac{H_{4,t}}{\left[\lambda^k / (1 - \tau_b) - H_{1,t} \right] w_t^k + \left[\lambda^M / (1 - \tau_b) - H_{2,t} \right] w_t^M + \left[\lambda^b / (1 - \tau_b) - H_{3,t} \right] w_t^b}$$

$$H_{1,t} = (1 - q_b) \beta E_t \left[(\lambda_{t+1} / \lambda_t)(r_{L,t+1} - r_{t+1}) \right]$$
$$+ q_b \beta E_t \{ \left[(\lambda_{t+1} / \lambda_t) \left[(q_{t+1}^k s_{t+2}^k) / (q_t^k s_{t+1}^k) \right] \right] H_{1,t+1} \}$$

$$H_{2,t} = (1 - q_b) \beta E_t \left[(\lambda_{t+1} / \lambda_t)(r_{M,t+1} - r_{t+1}) \right]$$
$$+ q_b \beta E_t \{ (\lambda_{t+1} / \lambda_t) \left[(p_{h,t+1} s_{t+2}^M) / (p_{h,t} s_{t+1}^M) \right] H_{2,t+1} \}$$

$$H_{3,t} = (1 - q_b) \beta E_t \left[(\lambda_{t+1} / \lambda_t)(r_{b,t+1} - r_{t+1}) \right] + q_b \beta E_t \left[(\lambda_{t+1} / \lambda_t)(b_{t+2} / b_{t+1}) H_{3,t+1} \right]$$

$$H_{4,t} = (1 - q_b)\beta E_t[(\lambda_{t+1}/\lambda_t)(1 + r_{t+1})] + q_b\beta E_t[(\lambda_{t+1}/\lambda_t)(n_{t+2}/n_{t+1})H_{4,t+1}]$$

$$w_t^k = s_{t+1}^k q_t^k / a_{t+1}$$

$$w_t^M = s_{t+1}^M p_{h,t} / a_{t+1}$$

$$w_t^b = b_{t+1} / a_{t+1}$$

$$b_{t+1} = (1 + r_{b,t})b_t + g_t - \tau_t - p_{f,t}f_t$$

$$\tau_t = \bar{\tau} + \phi(b_t - \bar{b})$$

$$\frac{1}{p_{f,t}} = 1 - 0.5h_f(f_t/f_{t-1} - 1)^2 - h_f(f_t/f_{t-1})(f_t/f_{t-1} - 1)$$
$$\qquad + \beta h_f E_t(\lambda_{t+1}/\lambda_t)(p_{f,t+1}/p_{f,t})(f_{t+1}/f_t)^2(f_{t+1}/f_t - 1)$$

$$f_t = (1 - \omega)p_{h,t}y_{h,t}/p_{f,t}$$

$$p_{h,t} = \frac{(p_{d,t})^\omega (p_{f,t})^{1-\omega}}{Z_{h,t}(\omega)^\omega (1 - \omega)^{1-\omega}}$$

$$h_{t+1} = (1 - \delta_h)\xi_{h,t}h_t + y_{h,t}$$

$$y_{d,t} = \omega p_{h,t}y_{h,t}/p_{d,t}$$

$$y_{c,t} = c_t + i_t + g_t$$

$$p_{j,t} = \prod_{i=\{b,m,s\}} (p_{i,t}/\beta_{ji})^{\beta_{ji}}, \quad j = \{c,d\}$$

$$p_{i,t}x_{ji,t} = \beta_{ji}p_{j,t}y_{j,t}, i = \{b,m,s\}, j = \{c,d\}$$

$$p_{i,t} = \frac{(r_{k,t}/\xi_t)^{\alpha_i}(w_t/Z_{i,t})^{1-\alpha_i}}{(a_i)^{\alpha_i}(1 - \alpha_i)^{1-\alpha_i}}, \quad i = \{b,m,s\}$$

$$x_{i,t} = \sum_{j=\{c,d\}} x_{ji,t}, i = \{b,m,s\}$$

$$r_{k,t}k_{i,t} = \alpha_i p_{i,t}x_{i,t}, \quad i = \{b,m,s\}$$

$$w_t l_{i,t} = (1 - \alpha_i)p_{i,t}x_{i,t}, \quad i = \{b,m,s\}$$

$$P_t^m = (p_{c,t})^{\frac{\mu_c}{\mu_c+\mu_h}}(r_{h,t})^{\frac{\mu_h}{\mu_c+\mu_h}}P_t$$

$$C_t = (c_t)^{\frac{\mu_c}{\mu_c+\mu_h}}(h_{t+1})^{\frac{\mu_h}{\mu_c+\mu_h}}$$

$$E_t((P_{r,t}/P_t)F_{1,t} - F_{2,t}) = 0$$

$$p_t^{fC} = \frac{\theta}{\theta - 1}P_t^m/P_t$$

$$F_{1,t} = \lambda_t C_t (p_t^{fC})^{-2} + \beta q_c \left(\frac{1 + \bar{\pi}}{1 + \pi_{t+1}}\right)^2 F_{1,t+1}$$

$$F_{2,t} = \lambda_t C_t (p_t^{fC})^{-1} + \beta q_c \left(\frac{1 + \bar{\pi}}{1 + \pi_{t+1}}\right)F_{2,t+1}$$

续表

$$P_t = (1 - q_c) (P_{r,t})^{1-\theta} + q_c [(1 + \overline{\pi}) P_{t-1}]^{1-\theta}$$

$$1 + \pi_t = P_t/P_{t-1}$$

$$y_t = p_{c,t} y_{c,t} + p_{d,t} y_{d,t}$$

$$r_{L,t} = (1 + R_{L,t})/(1 + \pi_t) - 1$$

$$r_{M,t} = (1 + R_{M,t})/(1 + \pi_t) - 1$$

$$r_{b,t} = (1 + R_{b,t})/(1 + \pi_t) - 1$$

随机冲击: $u_{V,t}$, $u_{g,t}$, $u_{R,t}$, $u_{Zi,t}$ $(i = b, m, s)$, $u_{\xi,t}$, $u_{\xi h,t}$, $u_{Zh,t}$;

$$u_{V,t} \sim N(0, \sigma_V^2), u_{g,t} \sim N(0, \sigma_g^2), u_{Zi,t} \sim N(0, \sigma_{Zi}^2), i = \{b, m, s\},$$

$$u_{\xi,t} \sim N(0, \sigma_\xi^2), u_{\xi h,t} \sim N(0, \sigma_{\xi h}^2), u_{R,t} \sim N(0, \sigma_R^2), u_{Zh,t} \sim N(0, \sigma_{Zh}^2)$$

稳态条件:

$$\overline{\pi} = 0, \overline{\xi} = \overline{\xi}_h = \overline{q}^k = \overline{p}_f = \overline{p}^{fC} = \overline{p}_c = \overline{P} = \overline{P}_r = \overline{w} = 1, \overline{r} = 1/\beta - 1,$$

$$\overline{R} = (1 + \overline{\pi})(1 + \overline{r}) - 1, \overline{r}_M - \overline{r} = \Gamma, \overline{r}_L - \overline{r} = (\lambda^k/\lambda^M)(\overline{r}_M - \overline{r}),$$

$$\overline{r}_b - \overline{r} = (\lambda^b/\lambda^M)(\overline{r}_M - \overline{r}), \overline{r}_k = \overline{r}_L + \delta, \overline{P}^m = \frac{\theta - 1}{\theta}, \overline{P}^m/\overline{p}_c = (\overline{r}_h)^{\frac{\mu_h}{\mu_c + \mu_h}},$$

$$\overline{p}_b = \overline{p}_m = \overline{p}_s = 1/\prod_{i = \{b,m,s\}} (1/\beta_{ci})^{\beta_{ci}}, \overline{p}_d = \prod_{i = \{b,m,s\}} (\beta_{ci})^{\beta_{ci}}/\prod_{i = \{b,m,s\}} (\beta_{di})^{\beta_{di}},$$

$$(1 + \overline{r}_M) = [\overline{r}_h + (1 - \delta_h)\overline{p}_h]/\overline{p}_h,$$

$$\overline{p}_i = \frac{(\overline{r}_k)^{\alpha_i} (\overline{w}/\overline{Z}_i)^{1-\alpha_i}}{(a_i)^{\alpha_i} (1 - \alpha_i)^{1-\alpha_i}}, \quad i = \{b,m,s\}, 1 = \overline{y}_c/\overline{y} + \overline{p}_d(\overline{y}_d/\overline{y}),$$

$$\overline{x}_{ji}/\overline{y} = \beta_{ji}(\overline{p}_j/\overline{p}_i)y_j/y, i = \{b,m,s\}, j = \{c,d\},$$

$$\overline{x}_i/\overline{y} = \sum_{j=\{c,d\}} (\overline{x}_{ji}/\overline{y}), i = \{b,m,s\},$$

$$\overline{k}_i/\overline{y} = (\alpha_i \overline{p}_i/\overline{r}_k)(\overline{x}_i/\overline{y}), \quad i = \{b,m,s\},$$

$$\overline{l}_i/\overline{y} = [(1 - \alpha_i)\overline{p}_i/\overline{w}](\overline{x}_i/\overline{y}), \quad i = \{b,m,s\},$$

$$\overline{k}/\overline{y} = \sum_{i=\{b,m,s\}} (\overline{k}_i/\overline{y}), \overline{l}/\overline{y} = \sum_{i=\{b,m,s\}} (\overline{l}_i/\overline{y}), \overline{i}/\overline{y} = \delta(\overline{k}/\overline{y}),$$

$$\overline{c}/\overline{y} = \overline{y}_c/\overline{y} - \overline{i}/\overline{y} - \overline{g}/\overline{y}, \mu_c \overline{w}[1 - (\overline{l}/\overline{y})\overline{y}] = (1 - \mu_c - \mu_h)(\overline{c}/\overline{y})\overline{y},$$

$$\overline{p}_d \overline{y}_d/\overline{y} = (\omega \delta_h)(\mu_h/\mu_c)(\overline{p}_h/\overline{r}_h)\overline{c}/\overline{y}, \overline{p}_h = \frac{(\overline{p}_d)^\omega (\overline{p}_f)^{1-\omega}}{Z_h (\omega)^\omega (1 - \omega)^{1-\omega}},$$

$$\overline{y}_d = (\omega \overline{p}_h/\overline{p}_d)\overline{y}_h, \overline{y}_h = \delta_h \overline{h}/\overline{y}, \overline{f} = (1 - \omega)\overline{p}_h \overline{y}_h/\overline{p}_f,$$

$$\overline{a} = \overline{q}^k \overline{k} + \overline{p}_h \overline{h} + \overline{b},$$

$$\overline{n} = (1 - \tau_b)[(\overline{r}_L - \overline{r})\overline{qk} + (\overline{r}_M - \overline{r})\overline{p}_h \overline{h} + (\overline{r}_b - \overline{r})\overline{b}]/[1 - (1 - \tau_b)(1 + r_t)],$$

$$\overline{lev} = \overline{a}/\overline{n}, \overline{w}^k = \overline{kq^k}/\overline{a}, \overline{w}^M = \overline{h}\overline{p}_h/\overline{a}, \overline{w}^b = \overline{b}/\overline{a},$$

$$\overline{H}_1 = (1 - q_b)\beta(\overline{r}_L - \overline{r})/(1 - q_b\beta), \overline{H}_2 = (1 - q_b)\beta(\overline{r}_M - \overline{r})/(1 - q_b\beta),$$

$$\overline{H}_3 = (1 - q_b)\beta(\bar{r}_b - \bar{r})/(1 - q_b\beta) , \ \overline{H}_4 = (1 - q_b)\beta(1 + \bar{r})/(1 - q_b\beta) ,$$

$$\lambda^M = \frac{(1 - \tau_b)\overline{H}_4/\overline{lev} + (1 - \tau_b)\overline{H}_1\overline{w}^k + (1 - \tau_b)\overline{H}_2\overline{w}^M + (1 - \tau_b)\overline{H}_3\overline{w}^b}{[(\lambda^k/\lambda^M)\overline{w}^k + \overline{w}^M + (\lambda^b/\lambda^M)\overline{w}^b]} ,$$

$$\bar{g}/\bar{y} = 0.2 , \ \overline{U} = \overline{V}\frac{[\bar{c}^{\mu_c}\bar{h}^{\mu_h}(1 - \bar{l})^{1-\mu_c-\mu_h}]^{1-\gamma}}{1 - \gamma} , \ \bar{\lambda} = (1 - \gamma)\mu_c\overline{U}/\bar{c} ,$$

$$\bar{\tau} = \bar{g} + \bar{r}\bar{b} - \bar{p}_f\bar{f} , \ \overline{F}_1 = \overline{\lambda C}/(1 - \beta q_c) , \ \overline{F}_2 = \overline{F}_1 ,$$

$$\bar{r}_L = \bar{r}_L , \ \bar{r}_M = \bar{r}_M , \ \bar{r}_b = \bar{r}_b$$

四、房地产部门波动的溢出效应与政策选择

根据上面校准的模型，下面针对不同的经济冲击进行冲击响应分析。先来看不同行业的生产率冲击对经济波动产生的影响。假设建筑业、制造业和服务业三个行业在稳态时分别受到各自行业生产率冲击的影响，该冲击使每个行业生产率相对于其稳态值上升 1%。图 6.9（a，b）是关于各行业生产率冲击的冲击响应曲线。

与单部门模型类似，生产率的提高将会导致生产成本降低并进而导致价格水平降低，而且，由于这三个行业均是生产最终产品的中间投入，从而每个行业生产率提高不仅对本行业价格水平产生向下的影响，也会对别的行业和总体价格水平产生向下的影响，从图 6.9（a，b）中可以清楚地看到，每个行业的

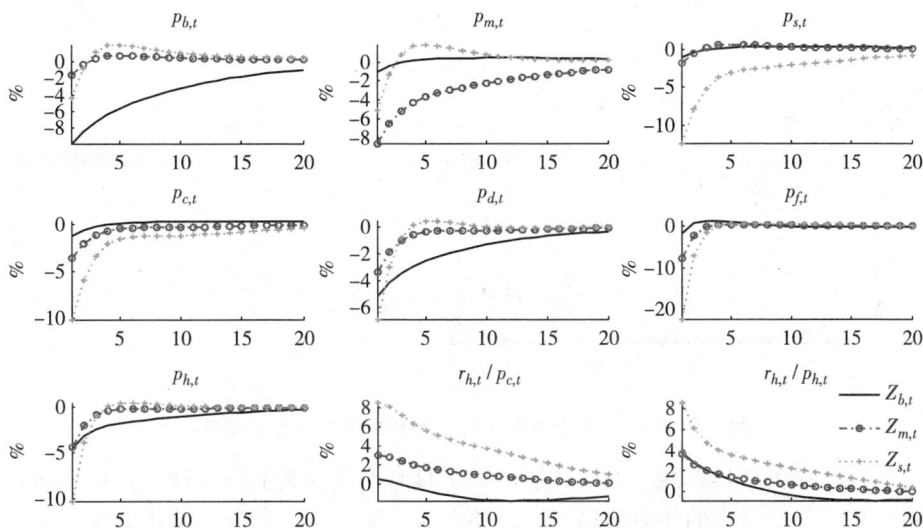

图 6.9（a） 关于不同行业生产率冲击的冲击响应曲线

价格水平、两类最终产品的价格水平、房价、地价以及总体通胀率均会下降。

虽然两类最终产品的绝对价格水平在下降，但关于两类最终产品数量的变化关键要看它们的相对价格变化。从前面模型中关于价格的方程，

$$p_{j,t} = \prod_{i=\{b,m,s\}} (p_{i,t}/\beta_{ji})^{\beta_{ji}}, \quad j = \{c,d\}, p_{i,t} = \frac{(r_{k,t}/\xi_t)^{\alpha_i} (w_t/Z_{i,t})^{1-\alpha_i}}{(a_i)^{\alpha_i} (1-\alpha_i)^{1-\alpha_i}},$$
$$i = \{b,m,s\}$$

可推导出：

$$\ln(p_{d,t}/p_{c,t}) = (1-\alpha_b)(\beta_{cb} - \beta_{db})\ln Z_{b,t}$$
$$+ (1-\alpha_m)(\beta_{cm} - \beta_{dm})\ln Z_{m,t} + (1-\alpha_s)(\beta_{cs} - \beta_{ds})\ln Z_{s,t} + \cdots$$

可以看出，三个行业的生产率变化对两类最终产品的相对价格影响是不同的。从校准的参数来看，只有建筑业的生产率冲击会使房屋基础设施相对于一般消费品或投资品的相对价格下降，其他行业的生产率冲击则会使相对价格上升，由此，只有建筑业的生产率冲击会使房屋基础设施的需求上升，而其他行业的生产率冲击会使一般消费品或投资品的需求上升，这一点从图 6.9 中可以清楚地看到。

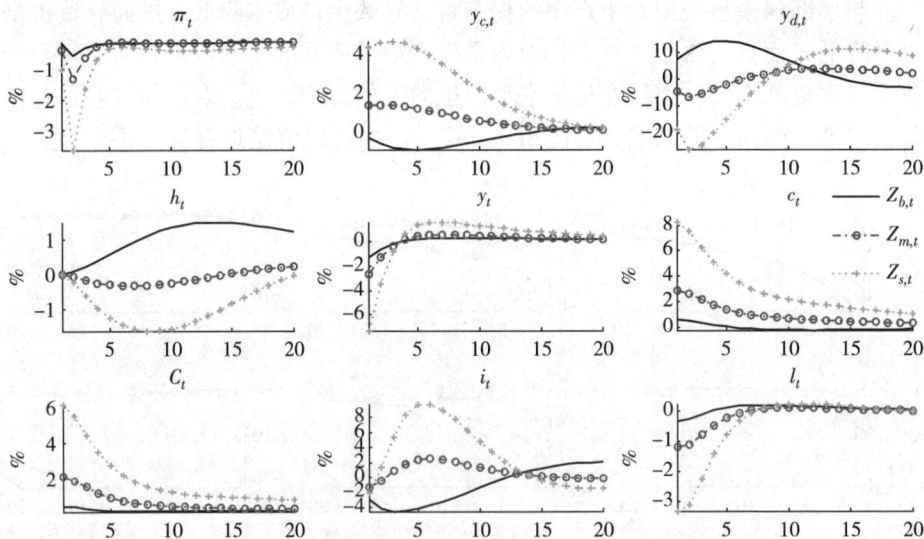

图 6.9（b）　关于不同行业生产率冲击的冲击响应曲线

模型中房屋具有两方面的性质。一是具有耐用消费品的性质，这样从房屋租金相对于消费品的相对价格可以反映出对房屋的需求状况。从图 6.9 中可以看出，只有建筑业的生产率冲击会造成房屋租金相对于消费品的相对价格下

降，从而从房屋相对租金来看，只有建筑业的生产率冲击会造成对房屋和第二类最终产品的需求上升，而其他部门的生产率冲击会造成相反的影响。二是具有实物资产的性质，持有房屋的收益率决定于租金与房价的比例以及未来房价的增长率。从图 6.9 中可以看出，租金与房价的比例趋势是下降的，而房价增长率的趋势是上升的，这两项表明，建筑业的生产率冲击会造成对房屋和第二类最终产品的需求下降，其他部门的生产率冲击产生的影响相反。综合这两方面来看，只有建筑业的生产率冲击会对房屋需求产生向上的影响，而其他行业的生产率冲击却对房屋需求产生向下的影响。房屋需求的变化也可以从房屋基础设施的变化、新建房屋的变化中体现出来。从图 6.9 中可以看出，这些变量的变化与房屋存量的变化方向一致。由于模型中两类最终产品是可替代的，资本和劳动力在三个行业间是完全流动的，从而一个部门的增长会伴随着另一个部门的下降，总产出的变化是这两个部门的加权结果。从图 6.9 中可以看出，只有建筑业的生产率冲击会导致房地产部门的增长，而其他行业的生产率冲击会导致一般消费品或投资品部门的增长，同时，相比较其他两个行业的生产率冲击，建筑业冲击对总产出、总消费、包括房屋租金在内的总消费、资本品的投资和劳动力等变量的影响幅度很小。

下面来看货币政策是否要对房价变化进行反应。上面模型中，货币政策采用的规则是

$$R_{t+1} = \rho_R R_t + (1 - \rho_R)[\bar{R} + \kappa_y \ln(y_t/\bar{y}) + \kappa_\pi (\pi_t - \bar{\pi})] + u_{R,t},$$

$$0 \leqslant \rho_R \leqslant 1, \kappa_y > 0, \kappa_\pi > 1$$

为进行比较，假设货币政策也关注房价的变化，此时采用下面的规则：

$$R_{t+1} = \rho_R R_t + (1 - \rho_R)[\bar{R} + \kappa_y \ln(y_t/\bar{y}) + \kappa_\pi (\pi_t - \bar{\pi}) + \kappa_h (p_{h,t} - \bar{p}_h)] + u_{R,t},$$

$$0 \leqslant \rho_R \leqslant 1, \kappa_y > 0, \kappa_\pi > 1, \kappa_h > 0$$

在模拟中假设在新建房屋的生产中受到一个负向生产率冲击，该冲击使其相对稳态值下降1%。图 6.10 是采用三种货币政策规则的模拟结果，这三种货币政策规则对应货币政策对房价变化的反应程度。

对新建房屋生产的负向冲击将会导致生产成本上升以及新建房屋数量和房屋总供给量减少，从而导致房价上升，与此同时，对第二类最终产品的需求量均会产生下降趋势，而对第一类最终产品的需求会产生上升的影响。虽然房屋租金与房价的比例在下降，但房价的上升会使得持有房屋的总收益率上升，同时，房价上升导致的房屋总价值上升会使得房屋按揭贷款与基准利率的利差下降，这样房屋按揭贷款数量并不会下降，且将会进一步刺激房屋的需求，从而

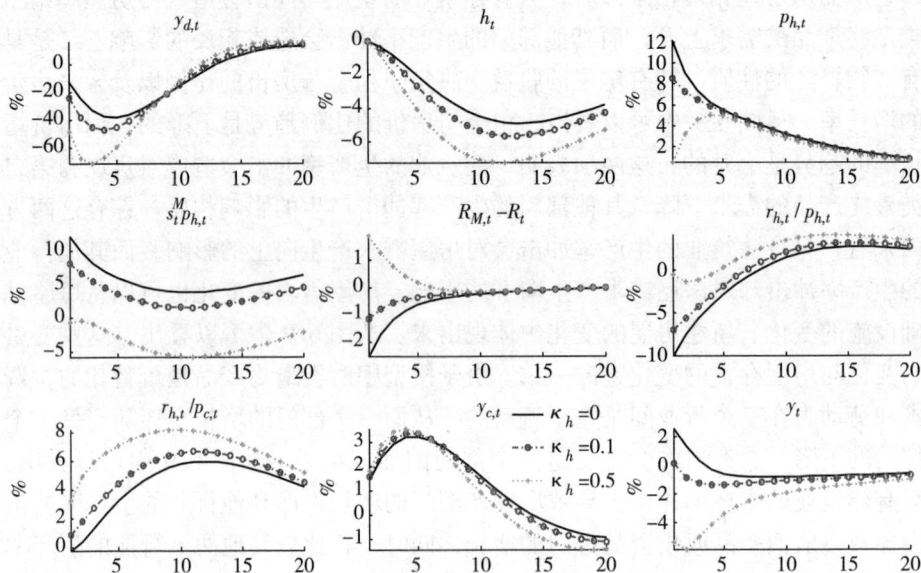

图 6.10　货币政策对房价反应程度的比较

扩大房屋供需的缺口，这就是所谓的金融加速效应。若货币政策对房价进行反应，尽管房价的变化得到了一定的控制，但从图 6.10 中可以看出，房价的上升并不能使得房屋总收益率上升，这样房屋按揭贷款与基准利率的利差将会越来越小，甚至会反向增大，从而商业银行的房屋按揭贷款数量将会逐步减少，这将对房屋的需求产生抑制作用。虽然房屋需求得到了抑制，但对房价的控制会使新建房屋的生产和房屋的总供给减少，从而房屋供需缺口问题并没有得到彻底解决，并且，房屋供给的减少将对第二类最终产品的需求产生向下的影响。尽管第一类和第二类最终产品的生产存在着替代性，但第二类最终产品的大幅下降对总产出的影响可能由正转为负。总的来看，若货币政策对房价反应太强烈，那么可能会导致房屋按揭贷款与基准利率利差扩大，而信贷利差的扩大产生的加速效应可能进一步对房地产产生恶化效应。为此，应从源头上解决房屋供需失衡的问题。从货币政策角度来看，在不希望扩大信贷利差和遏制金融加速效应的情况下，可考虑类似于第四章介绍的非常规货币政策，限于篇幅这里不再介绍。

第七节 经济增长与经济波动

到目前为止，前面章节介绍的模型虽然有些涉及趋势项并介绍了对趋势项的处理方法，但大部分均是不含有趋势项或者已经剔除了趋势项的模型，这些模型主要是针对经济的波动进行分析，并不对趋势进行分析，波动分析与趋势分析是分别独立地进行的。Cogley - Nason（1995）在研究实际经济周期（RBC）模型时指出，RBC 模型中关于冲击的传导机制并没有完全刻画清楚，特别是，对经济的长期变化和短期变化之间的关系没有细致的分析，从而经济的短期分析和长期分析仍然处于相对隔离的状态。针对 RBC 模型的传导机制方面，一些研究成果不断出现，如在前面章节介绍的模型中考虑消费习惯的形成，加入投资调整成本，考虑资本利用率，引入垄断竞争，引入价格、工资和信息粘性，考虑存货的变化，引入失业率，从单部门拓展到多部门经济等方面，这些模型对经济波动的分析更加丰富，但仍然偏重于短期分析，一个关键问题并没有解决，即经济波动与经济增长存在什么关系，增长与波动的内在联系是什么，针对波动和增长的经济政策选择有什么不同。以经济主体行为分析为基础的一般均衡框架在经济的长期分析和短期分析方面应该是有机联系的。Hansen - Ohanian（2016）在关于利用新古典经济模型进行经济分析的综述中指出，经济冲击对经济的影响不仅表现在高频区域，也表现在低频区域，短期波动和长期增长是紧密联系的，将这二者分开来进行分析是不完善的。那么，如何在一个统一框架下刻画经济波动与经济增长的关系呢？

一、经济增长与波动的关系

Stadler（1990）指出 RBC 模型中技术进步是外生的假设是导致波动分析与增长分析处于相对隔离状态的一个原因，其采用学习（Learning）机制将内生技术引入 Lucas 早期的理性预期模型中，并在 1 期名义刚性的条件下讨论了实际冲击和名义冲击对经济的影响。他得到的一个结论是，即使实际冲击或名义冲击是短暂的，引入内生技术产生的外部性也可能使短暂的冲击产生永久性的影响，从而货币政策不仅会对经济波动产生影响，而且也会对经济增长产生影响，同时，包含货币和不包含货币的模型在动态特征方面差别不大。

新古典模型假设所有变量长期均保持均衡增长，学者们通过对实际数据进行统计检验发现产出等变量是一个具有单位根的随机过程（Nelson - Plosser，1982），因此，若按照新古典经济学假设技术进步是外生的，那么技术进步也是一个具有单位根的随机过程。正是基于这一点，Hansen – Ohanian（2016）指出后来大部分 RBC 模型通常假设技术进步是一个带有单位根的外生过程。但是，根据 Stadler（1990）的结论，即使技术进步或者货币政策冲击是平稳的随机过程，产出等变量也可能是一个具有单位根的随机过程，从这一点来看，内生技术进步为实际中产出具有的非平稳性提供了解释。Pelloni（1997）的研究表明，只有内生技术进步产生的外部性足够强，使得总体生产函数表现出一定的规模递增效应，才能得到 Stadler（1990）的结论，否则，新古典经济学得到的结论仍然成立，即短暂的冲击只会产生短暂的影响，特别是货币政策产生的名义冲击对产出的影响是短暂的，货币在长期仍保持中性。

Fatás（2000）在探讨经济增长和经济波动关系时发现，在技术进步是外生的假设下，经济增长和经济波动几乎没有相关性，这与大多数国家观察到的实际情况并不一致。内生技术进步建立了经济增长与经济波动的联系，但要使产出等变量具有单位根的特性，内生技术进步假设既非充分条件也非必要条件。只有内生技术进步产生的规模效应足够大，才可能使产出等变量表现出单位根的特性。并且，内生技术进步不仅仅为实际中观测到的产出具有单位根特性提供了一种解释，更重要的是，其针对冲击在经济波动与增长中对资源配置的动态影响机制以及从短期变化到长期变化的内在传导机制提供了一种解释。同时其也指出，在有限的样本情况下，要从实际数据中对冲击持续性很强但技术进步是外生的模型与冲击持续性很弱但内生技术进步使得冲击的传导持续性很强的模型进行识别，将是非常困难的事情，但这两个模型资源配置的动态机制是不同的，而这正是了解经济波动与增长关系的关键。

引入内生技术进步的方式大致分为两类。一类是在单部门模型中引入研发对生产率以及技术扩散的影响机制，如 Romer（1990）、Aghion – Howitt（1992）、Aghion – Saint – Paul（1998）等的做法，该做法不考虑人力资本的积累过程。另一类是引入人力资本的加工生产部门，从而资本分为一般用于生产的物质资本和用于改善技术水平的人力资本，该做法最早由 Uzawa（1965）采用，Lucas（1988）后来进一步拓展并引入了外部性。

在内生技术进步假设下研究经济增长与波动的关系，得到的结论不完全一致。在 Gaggl – Steindl（2007）和 Steindl – Tichy（2009）关于该问题的综述中，若学习体现为内部学习（Internal Learning，如企业和工人对知识和技能的自我培训和自我学习等过程）的话，增长和波动通常呈现出正相关的关系，如 Aghion – Howitt（1992）、Aghion – Saint – Paul（1998）等的研究结论。由于人们不断在创造和生产新产品或者对原有的产品进行质量上的改进，从而经济在不断变化中螺旋式地增长，这与熊彼特的创造性毁坏（Creative Destruction）假设是一致的。若学习体现为外部学习（External Learning，如通过上学或外部培训进一步提高知识水平等过程）的话，增长和波动通常呈现出负相关关系，如 Stadler（1990）、Blackburn - Pelloni（2004，2005）、Comin - Gertler（2006）等的研究结论。虽然波动给增长带来了契机，但学习是要付出成本的，当学习成本大于创新带来的好处时，波动可能会影响增长。Galindev（2009）对两种学习机制何时占主导作用进行了研究并对两种学习机制产生的结果进行了比较，指出增长与波动的关系决定于两种学习机制所占的主导性以及人们对风险的厌恶程度。

经济波动与增长的密切关系意味着由各种经济冲击造成的短期经济波动会对经济的长期增长产生影响。经济波动包括实际变量和名义变量的波动两方面，上面研究除了 Stadler（1990）区分和分析比较了包含货币与不包含货币的模型外，大部分模型是实体经济模型，或者是价格完全弹性的模型，那么，在包含货币的内生技术进步模型中，名义冲击对价格产生的波动是否会对经济增长产生影响，或者对上面得到的结论是否有进一步拓展呢？

Dotsey - Sarte（2000）在内生技术进步模型中通过现金先行（Cash - in - Advance）方式引入货币并探讨了通胀率变化与经济增长的关系，他们指出，通胀率与经济增长在短期内呈现出正相关关系，但通胀率的不稳定在长期会对经济增长产生负面影响。Annicchiarico - Pelloni - Rossi（2011）指出经济波动与增长的关系和价格粘性假设是相关的，其将新凯恩斯经济学中的价格粘性引入内生经济增长模型中研究了货币冲击和价格粘性与经济增长的关系，并得到以下结论：一是货币政策的波动性将对经济增长产生负面影响；二是名义冲击的持续性将对经济波动与增长的关系产生影响；三是若采用带有平滑的 Taylor 规则，那么名义冲击产生的波动性对经济增长产生的负面影响将会得到进一步加强。Annicchiarico - Pelloni（2014）采用 1 期的价格和工资刚性假设进一步探讨和比较了两种刚性对经济波动和增长关系所产生的影响，指出在两种刚性情况下，由名义冲击和实际冲击造成的经济波动均会对经济增长产生负面影响，但影响和传导的机制不完全相同。Annicchiarico - Rossi（2013）在含有内生经济增长的新凯恩斯模型中研究了最优货币政策选择并得到以下结论：在最优货币政策（Ramsey 政策）选择下，长期通胀率为零，从而稳定的货币政策将对经济增长产生正面影响，这与弗里德曼的结论不同。

在研究增长与波动的关系问题上，除了采用含有技术扩散的单部门内生经济增长模型外，另一些学者则采用了包含人力资本的多部门内生经济增长模型。其中，DeJong – Ingram（2001）研究了技能获得与人力资本积累对经济波动与增长的影响，并且根据实际数据采用 Bayes 技术进行了估计，这是最早采用 Bayes 技术对内生经济增长模型进行估计的文献。他们发现，正向的技术冲击可导致工资增加，但也增加了闲暇和教育的机会成本，这会对技能获取活动产生负面影响，因此，技能获取活动有很清晰的宏观经济含义并且与经济周期有着非常密切的关系。Gillman – Kejak（2005a，b）、Varvarigos（2008）和 Basu – Gillman – Pearlman（2012）等在包含货币的模型中研究了名义冲击对人力资本积累及波动与增长关系的影响，其得到的结论是通胀率的波动与经济增长呈现负相关关系。Malley – Woitek（2009，2011）研究了内生经济增长模型中生产率冲击对经济波动和经济增长的影响，其基于实际数据采用 Bayes 技术对模型进行了估计，并对内生和外生经济增长模型进行了统计检验。其指出，从宏观经济变量的实证拟合结果来看，包含人力资本的内生经济增长模型与外生经济增长模型并不能相互替代和完全占优，两类模型各有所长，但对技术冲击的传导机制有差异。

除了研究经济波动与经济增长的关系外，利用内生技术模型研究其他问题的成果也非常多。如 Comin – Gertler – Santacreu（2009）研究了技术创新与扩散对产出和资产价格波动的影响，Aghion – Angeletos – Banerjee – Manova（2010）研究了信贷约束对投资的构成以及对波动和增长所产生的影响，Basu – Gillman – Pearlman（2012）研究了内生经济增长模型中通胀率、人力资本与 Tobin′q 之间的关系，Kung – Schmid（2015）研究了技术创新对资产价格与经济增长的影响，这些研究无疑为更加深入和细致地了解经济增长与波动的关系提供了新的视角和渠道。

二、引入人力资本的多部门模型

在下面的模型中，我们着重利用包含人力资本的内生经济增长模型探讨经济增长与经济波动的关系。正如第二章引入投资专有技术进步那样，可以将人力资本看作是体现在劳动中的某类技术，该技术用于生产时将会提高生产水平或者改善产品质量，因此人力资本是关于生产中知识与技能积累的测度。与第二章投资专有技术进步是外生的假设不同，在人力资本的投资和积累过程中，经济主体需要对投入多少物质或劳动来获取技能进行决策，这显然会影响经济主体关于生产或劳动供给的决策，因此人力资本的积累是一个内生过程。

（一）人力资本的生产与积累

类似于物质资本的积累过程，人力资本按照下式变化：

$$H_{t+1} = (1 - \delta_H)H_t + I_{H,t}$$

其中，H_t 是人力资本存量，$I_{H,t}$ 是人力资本的投资。人力资本的折旧率 $0 < \delta_H <$ 1 反映了人口的老龄化与替代性，可以理解为新出生的居民要保持原有的技能水平必须接受连续的培训，或者新技能需要设计、引入或利用更有效的新资本设备，而随着旧资本设备过时，一些技能也变得过时。人力资本投资需要投入人力和物力来生产，即

$$I_{H,t} = Z_{H,t} (K_{H,t})^{\alpha_H} (e_t H_t)^{1-\alpha_H}, 0 \leqslant \alpha_H \leqslant 1$$

这里，$K_{H,t}$ 是人力资本投资中使用的物质资本存量，H_t 是现有人力资本总量，现有人力资本需要与投入教育或学习的时间 e_t 结合起来作为生产要素进入生产函数中。人力资本生产的生产率为 $Z_{H,t}$，由下面的随机过程刻画，

$$\ln(Z_{H,t}/\bar{Z}_H) = \rho_{ZH}\ln(Z_{H,t-1}/\bar{Z}_H) + u_{ZH,t}, 0 \leqslant \rho_{ZH} < 1, u_{ZH,t} \sim N(0, \sigma_{ZH}^2)$$

（二）居民的决策

　　假定劳动由劳动总时间来刻画，居民将劳动总时间分为闲暇、生产和教育三部分，经济生产最终物质产品以及人力资本两种产品：最终物质产品可用于消费、实物资本投资或人力资本投资。居民采用下面消费和劳动力不可分离的形式：

$$U(C_t, l_t, e_t) = \frac{V_t [C_t^{\omega} (1 - l_t - e_t)^{1-\omega}]^{1-\gamma}}{1 - \gamma}$$

其中，l_t 和 e_t 分别是投入物质生产和人力资本生产的时间，V_t 是偏好冲击，C_t 是最终产品的消费。假设居民负责物质生产中的投资和人力资本的投资，居民持有的非人力财富包括实物资本和政府债券，物质资本和人力资本在物质生产部门和人力资本生产部门之间是自由流动的。居民受到下面的约束：

$$B_{t+1} = (1 + r_t)B_t + r_{k,t}(K_t - K_{H,t}) + w_t l_t H_t + O_t - C_t - I_t - T_t$$
$$K_{t+1} = (1 - \delta)K_t + [1 - \Psi(I_t/I_{t-1})]I_t$$
$$H_{t+1} = (1 - \delta_H)H_t + I_{H,t}$$

其中，B_t 是居民持有的政府债券的实际余额，r_t 是债券的实际利率，K_t 和 H_t 分别是居民持有的物质资本和人力资本存量，$K_{H,t}$ 是人力资本生产中使用的物质资本存量，I_t 和 $I_{H,t}$ 分别是物质生产和人力资本生产的投资，δ 和 δ_H 分别是物质资本和人力资源的折旧率，$w_t l_t H_t$ 和 $r_{k,t} (K_t - K_{H,t})$ 分别是居民得到的实际劳动收入和实际资本收入，w_t 是实际工资，l_t 是居民在物质生产部门提供的劳动时间，$r_{k,t}$ 是资本的实际收益率，C_t 是实际消费，T_t 是居民上缴的实际税收，O_t

是居民作为股东从厂商生产得到的红利，$\Psi(I_t/I_{t-1}) = 0.5h(I_t/I_{t-1} - \bar{g}_I)^2, h \geqslant 0$ 是物质生产中投资的调整成本，这里采用二次函数形式，$\bar{g}_I$ 是稳态时投资的增长率。居民优化问题是

$$\max_{\{B_{t+1+i},C_{t+i},I_{t+i},K_{t+i},K_{H,t+i},H_{t+1+i},l_{t+i},e_{t+i}\}} E_t\left[\sum_{i=0}^{\infty}\beta^i U(C_{t+i}, l_{t+i}, e_{t+i})\right]$$

$$s.t. \quad B_{t+1+i} = (1+r_{t+i})B_{t+i} + r_{k,t+i}(K_{t+i} - K_{H,t+i})$$
$$+ w_{t+i}l_{t+i}H_{t+i} + O_{t+i} - C_{t+i} - I_{t+i} - T_{t+i}$$

$$K_{t+1+i} = (1-\delta)K_{t+i} + [1 - \Psi(I_{t+i}/I_{t-1+i})]I_{t+i}$$

$$H_{t+1+i} = (1-\delta_H)H_{t+i} + Z_{H,t+i}(K_{H,t+i})^{\alpha_H}(e_{t+i}H_{t+i})^{1-\alpha_H}$$

令上面三个约束条件对应的 Lagrange 乘子分别为 Λ_t、$\Lambda_t q_t$ 和 $\Lambda_t\mu_t$，上面问题的一阶条件为

$$\Lambda_t = E_t[\beta(1+r_{t+1})\Lambda_{t+1}]$$

$$\Lambda_t = \omega(1-\gamma)U(C_t, l_t, e_t)/C_t$$

$$\frac{1}{q_t} = 1 - 0.5h(I_t/I_{t-1} - \bar{g}_I)^2 - h(I_t/I_{t-1})(I_t/I_{t-1} - \bar{g}_I)$$
$$+ \beta h E_t(\Lambda_{t+1}/\Lambda_t)(q_{t+1}/q_t)(I_{t+1}/I_t)^2(I_{t+1}/I_t - \bar{g}_I)$$

$$q_t = E_t\{\beta(\Lambda_{t+1}/\Lambda_t)[r_{k,t+1} + (1-\delta)q_{t+1}]\}$$

$$r_{k,t} = \mu_t\alpha_H Z_{H,t}(K_{H,t})^{\alpha_H-1}(e_t H_t)^{1-\alpha_H}$$

$$\mu_t = \beta E_t(\Lambda_{t+1}/\Lambda_t)\left\{\begin{matrix}w_{t+1}l_{t+1}\\+\mu_{t+1}[1-\delta_H+(1-\alpha_H)e_{t+1}Z_{H,t+1}(K_{H,t+1})^{\alpha_H}(e_{t+1}H_{t+1})^{-\alpha_H}]\end{matrix}\right\}$$

$$(1-\omega)(1-\gamma)U(C_t, l_t, e_t)/(1-l_t-e_t) = \Lambda_t w_t H_t$$

$$= \Lambda_t\mu_t[(1-\alpha_H)H_t Z_{H,t}(K_{H,t})^{\alpha_H}(e_t H_t)^{-\alpha_H}]$$

从最后两个方程可得到

$$w_t = \mu_t[(1-\alpha_H)Z_{H,t}(K_{H,t})^{\alpha_H}(e_t H_t)^{-\alpha_H}]$$

另外，结合上面得到

$$r_{k,t} = \mu_t\alpha_H Z_{H,t}(K_{H,t})^{\alpha_H-1}(e_t H_t)^{1-\alpha_H}$$

可知，μ_t 就是人力资本生产部门相对于物质生产部门的影子价格，这两个公式实际上建立了两个部门资本收益率和工资的联系。

（三）厂商的决策

类似于前面章节，将物质产品分为最终产品和中间产品，中间产品的种类连续分布于区间 $[0,1]$，最终产品以中间产品作为投入，它们之间的关系为

$$Y_t = \left[\int_0^1 Y_t(j)^{(\theta-1)/\theta}\mathrm{d}j\right]^{\theta/(\theta-1)}, \theta > 1$$

其中，Y_t 是最终产品，$Y_t(j)$ 是生产最终产品所使用的第 j 类中间产品，θ 是中间产品之间的替代弹性。在最终产品市场处于完全竞争状态下，生产最终产品对中间产品的需求以及最终产品的价格分别为

$$Y_t(j) = [P_t(j)/P_t]^{-\theta} Y_t, P_t = \left[\int_0^1 P_t(j)^{(1-\theta)} \mathrm{d}j \right]^{1/(1-\theta)}$$

其中，P_t 是最终产品的价格，$P_t(j)$ 是第 j 类中间产品的价格。

生产第 j 类中间产品的厂商采用 Cobb – Douglas 生产函数形式：

$$Y_t(j) = Z_t [K_t(j) - K_{H,t}(j)]^{\alpha} [l_t(j) H_t(j)]^{1-\alpha}, 0 \leqslant \alpha \leqslant 1$$

其中，$Y_t(j)$ 是第 j 类中间产品的产出，Z_t 是全要素生产率，$[K_t(j) - K_{H,t}(j)]$ 和 $[l_t(j) H_t(j)]$ 分别是生产中间产品使用的物质资本和人力资本，生产率为 Z_t 且由下面的随机过程刻画：

$$\ln(Z_t/\overline{Z}) = \rho_Z \ln(Z_{t-1}/\overline{Z}) + u_{Z,t}, 0 \leqslant \rho_Z < 1, u_{Z,t} \sim N(0, \sigma_Z^2)。$$

如果价格是完全弹性的，则在垄断竞争条件下，从前面章节的分析可得到

$$m_t = \frac{(r_{k,t})^{\alpha} w_t^{1-\alpha}}{(a)^{\alpha} (1-\alpha)^{1-\alpha} Z_t} \quad, \frac{P_t(j)}{P_t} = \frac{\theta}{\theta-1} m_t$$

$$K_t(j) - K_{H,t}(j) = \alpha m_t Y_t(j)/r_{k,t}, l_t(j) = (1-\alpha) m_t Y_t(j)/[w_t H_t(j)]$$

其中，m_t 是实际边际成本，$r_{k,t}$ 是资本实际收益率，w_t 是实际工资。

厂商对资本和劳动力的总需求分别为

$$K_t - K_{H,t} = \int_0^1 [K_t(j) - K_{H,t}(j)] \mathrm{d}j = \alpha(m_t/r_{k,t}) \hat{Y}_t$$

$$l_t = \int_0^1 l_t(j) \mathrm{d}j = (1-\alpha) m_t \hat{Y}_t/(w_t H_t)$$

其中，$\hat{Y}_t = \int_0^1 Y_t(j) \mathrm{d}j = Y_{d,t} s_t$，$s_t = \int_0^1 [P_t(j)/P_t]^{-\theta} \mathrm{d}j$，$s_t$ 是描述价格分散程度的指标，$Y_{d,t}$ 是对最终产品的总需求。

采用前面价格粘性的 Calvo 定价引入方式，中间产品生产中每期进行价格调整的厂商所占的比例为 $(1-q)$，没有进行价格调整的厂商采用盯住稳态时通胀率的做法，这样可得到下面的方程：

$$E_t \left(\frac{P_t(j)}{P_t} F_{1,t} - F_{2,t} \right) = 0$$

$$F_{1,t} = \Lambda_t Y_t (p_t^f)^{-2} + \beta q \left(\frac{1+\overline{\pi}}{1+\pi_{t+1}} \right)^2 F_{1,t+1}, F_{2,t} = \Lambda_t Y_t (p_t^f)^{-1} + \beta q \left(\frac{1+\overline{\pi}}{1+\pi_{t+1}} \right) F_{2,t+1}$$

$$p_t^f = \frac{\theta}{\theta-1} m_t$$

$$1 = (1 - q)\left[P_t(j)/P_t\right]^{1-\theta} + q\left[(1 + \overline{\pi})/(1 + \pi_t)\right]^{1-\theta}$$

其中，p_t^f 是厂商在完全弹性的条件下确定的价格，$\pi_t = P_t/P_{t-1} - 1$ 是通胀率。引入价格粘性后，描述价格分散程度的指标为

$$s_t = \int_0^1 \left[P_t(j)/P_t\right]^{-\theta}\mathrm{d}j = (1 - q)\left[P_t(j)/P_t\right]^{-\theta} + q\left(\frac{1 + \overline{\pi}}{1 + \pi_t}\right)^{-\theta}s_{t-1}$$

（四）其他经济主体的行为决策及均衡条件

模型中政府和中央银行的行为决策与上一章仅包含价格粘性的模型相同，这里不再重复。物质生产部门的均衡条件为

$$Y_t = s_t(C_t + I_t + G_t)$$

其中，G_t 是政府支出，C_t 是总消费，I_t 是总投资，Y_t 是总产出。包括人力资本的总产出可定义为

$$Q_t = Y_t + \mu_t I_{H,t}$$

其中，$I_{H,t}$ 是人力资本投资，μ_t 是人力资本生产部门相对于物质生产部门的影子价格。

三、均衡增长路径的确定

在内生经济增长模型中，人力资本的增长是经济增长的源泉，因此，经济中的趋势项由人力资本的增长率来确定。若存在均衡增长路径，则意味着所有实际变量均按此趋势进行变化。定义下面的变量：

$$g_{H,t} = H_t/H_{t-1}$$

$$x_t = X_t/H_t,\ X_t = \{Y_t, C_t, I_t, I_{H,t}, G_t, K_t, K_{H,t}\}$$

$$\lambda_t = \Lambda_t/(H_t)^{-\gamma},\ f_{1,t} = F_{1,t}/(H_t)^{1-\gamma},\ f_{2,t} = F_{2,t}/(H_t)^{1-\gamma}$$

这里，以变量 $g_{H,t}$ 表示人力资本的总增长率，代表经济长期增长的趋势。以小写字母 x_t 表示模型中相应变量 X_t 经过去掉该趋势后的变量。经过上面变换，模型变成平稳的形式，相关方程调整为

$$g_{H,t+1} = 1 - \delta_H + i_{H,t}$$

$$i_{H,t} = Z_{H,t}(k_{H,t})^{\alpha_H}(e_t)^{1-\alpha_H}$$

$$g_{H,t+1}k_{t+1} = (1 - \delta)k_t + \left[1 - 0.5h(g_{H,t}i_t/i_{t-1} - \overline{g}_H)^2\right]i_t$$

$$y_t = s_t(c_t + i_t + g_t)$$

$$\lambda_t = E_t\left[\beta(1 + r_{t+1})(g_{H,t+1})^{-\gamma}\lambda_{t+1}\right]$$

$$\lambda_t = \omega(1 - \gamma)U(c_t, l_t, e_t)/c_t$$

$$\frac{1}{q_t} = 1 - 0.5h\,(g_{H,t}i_t/i_{t-1} - \bar{g}_H)^2 - h\,(g_{H,t}i_t/i_{t-1})(g_{H,t}i_t/i_{t-1} - \bar{g}_H)$$

$$+ \beta h E_t [\,(g_{H,t+1})^{-\gamma}\lambda_{t+1}/\lambda_t\,](q_{t+1}/q_t)(g_{H,t+1}i_{t+1}/i_t)^2(g_{H,t+1}i_{t+1}/i_t - \bar{g}_H)$$

$$q_t = E_t\{\beta\,(g_{H,t+1})^{-\gamma}(\lambda_{t+1}/\lambda_t)[\,r_{k,t+1} + (1-\delta)q_{t+1}\,]\}$$

$$r_{k,t} = \mu_t\alpha_H Z_{H,t}\,(k_{H,t})^{\alpha_H - 1}\,(e_t)^{1-\alpha_H}$$

$$(1-\omega)(1-\gamma)U(c_t,l_t,e_t)/(1-l_t-e_t) = \lambda_t w_t$$

$$(1-\omega)(1-\gamma)U(c_t,l_t,e_t)/(1-l_t-e_t) = \lambda_t\mu_t[\,(1-\alpha_H)Z_{H,t}\,(k_{H,t})^{\alpha_H}\,(e_t)^{-\alpha_H}\,]$$

$$\mu_t = \beta E_t[\,(g_{H,t+1})^{-\gamma}\lambda_{t+1}/\lambda_t\,]\left\{\begin{array}{l} w_{t+1}l_{t+1} \\ + \mu_{t+1}[\,1-\delta_H + (1-\alpha_H)e_{t+1}Z_{H,t+1}(k_{H,t+1})^{\alpha_H}(e_{t+1})^{-\alpha_H}\,] \end{array}\right\}$$

$$k_t - k_{H,t} = \alpha(m_t/r_{k,t})y_t$$

$$l_t = (1-\alpha)(m_t/w_t)y_t$$

$$E_t\left(\frac{P_t(j)}{P_t}f_{1,t} - f_{2,t}\right) = 0$$

$$f_{1,t} = \lambda_t y_t\,(p_t^f)^{-2} + \beta q\,(g_{H,t+1})^{1-\gamma}\left(\frac{1+\bar{\pi}}{1+\pi_{t+1}}\right)^2 f_{1,t+1}$$

$$f_{2,t} = \lambda_t y_t\,(p_t^f)^{-1} + \beta q\,(g_{H,t+1})^{1-\gamma}\left(\frac{1+\bar{\pi}}{1+\pi_{t+1}}\right)f_{2,t+1}$$

可以看出，模型中的趋势项 $g_{H,t}$ 是内生确定的，这与前面章节假设趋势是外生的截然不同。生产率不仅对经济波动产生影响，也对经济增长产生影响。

在模拟计算之前，先来看模型的稳态确定。给定参数 β，方程

$$1 + \bar{r} = (\bar{g}_H)^\gamma/\beta$$

建立了稳态时的实际利率与增长率之间的关系，若给定稳态时的增长率（或实际利率），可通过该方程确定稳态时的实际利率（或增长率）。稳态时资本的相对价格 $\bar{q} = 1$，从而资本收益率由下式确定：

$$\bar{r}_k = \bar{r} + \delta$$

给定稳态时的生产率 $\bar{Z} = 1$ 及参数 θ，由下式

$$\bar{m} = \frac{(\bar{r}_k)^\alpha \bar{w}^{1-\alpha}}{(a)^\alpha\,(1-\alpha)^{1-\alpha}\bar{Z}} = \frac{\theta-1}{\theta}$$

可确定稳态时的工资 $\bar{w}$。

由方程

$$\bar{g}_H = 1 - \delta_H + \bar{i}_H$$

可确定 $\bar{i}_H$，代入以下方程：

$$\bar{\mu} = \beta\,(\bar{g}_H)^{-\gamma}\left\{ \begin{matrix} \overline{wl} \\ +\bar{\mu}[\,1 - \delta_H + (1 - \alpha_H)\bar{e}\,\bar{Z}_H(\bar{k}_H)^{\alpha_H}(\bar{e})^{-\alpha_H}\,] \end{matrix} \right\},\ \bar{l} = (1 - \alpha)(\overline{m/w})\bar{y}$$

可得到

$$[\,\bar{r} + \delta_H - (1 - \alpha_H)\bar{i}_H\,]\bar{\mu} = (1 - \alpha)\overline{my},\ \text{或}\ \bar{\mu}/\bar{y} = (1 - \alpha)\overline{m}/[\,\bar{r} + \delta_H - (1 - \alpha_H)\bar{i}_H\,]$$

进一步由

$$\bar{k}_H = \bar{\mu}\alpha_H\bar{i}_H/\bar{r}_k,\ \bar{e} = \bar{\mu}(1 - \alpha_H)\bar{i}_H/\overline{w}$$

可得到

$$\bar{k}_H/\bar{y} = (\bar{\mu}/\bar{y})\alpha_H(\bar{i}_H/\bar{r}_k),\ \bar{e}/\bar{y} = (\bar{\mu}/\bar{y})(1 - \alpha_H)\bar{i}_H/\overline{w}$$

代入方程:

$$\bar{k} - \bar{k}_H = \alpha(\overline{m}/\bar{r}_k)\bar{y}$$

可得到

$$\bar{k}/\bar{y} = \bar{k}_H/\bar{y} + \alpha(\overline{m}/\bar{r}_k)$$

从而可得到

$$\bar{i}/\bar{y} = (\bar{g}_H + \delta - 1)\bar{k}/\bar{y}$$

给定政府支出占产出的比例 $\bar{g}/\bar{y}$，由方程 $\bar{y} = \bar{c} + \bar{i} + \bar{g}$，可得到

$$\bar{c}/\bar{y} = 1 - \bar{i}/\bar{y} - \bar{g}/\bar{y}$$

由下式

$$\bar{\lambda} = \omega(1 - \gamma)U(\bar{c},\bar{l},\bar{e})/\bar{c},\ (1 - \omega)(1 - \gamma)U(\bar{c},\bar{l},\bar{e})/(1 - \bar{l} - \bar{e}) = \bar{\lambda}\overline{w}$$

可得到

$$(1 - \omega)(\bar{c}/\bar{y})\bar{y} = \omega[\,1 - (\bar{l}/\bar{y})\bar{y} - (\bar{e}/\bar{y})\bar{y}\,]\overline{w}$$

将前面得到的 $\bar{c}/\bar{y}$、$\bar{e}/\bar{y}$ 以及 $\bar{l}/\bar{y} = (1 - \alpha)\overline{m}/\overline{w}$ 代入上式可解出:

$$\bar{y} = \omega\overline{w}/[\,(1 - \omega)(\bar{c}/\bar{y}) + \omega\overline{w}(\bar{l}/\bar{y}) + \omega\overline{w}(\bar{e}/\bar{y})\,]$$

一旦确定出 $\bar{y}$，利用上面得到的各个比例可确定相应的变量，特别是

$$\bar{\mu} = (\bar{\mu}/\bar{y})\bar{y}$$

由以下方程:

$$\bar{i}_H = \bar{Z}_H(\bar{k}_H)^{\alpha_H}(\bar{e})^{1-\alpha_H}$$

$$\bar{r}_k = \bar{\mu}\alpha_H\bar{Z}_H(\bar{k}_H)^{\alpha_H-1}(\bar{e})^{1-\alpha_H} = \bar{\mu}\alpha_H\bar{i}_H/\bar{k}_H$$

$$\overline{w} = \bar{\mu}[\,(1 - \alpha_H)\bar{Z}_H(\bar{k}_H)^{\alpha_H}(\bar{e})^{-\alpha_H}\,] = \bar{\mu}(1 - \alpha_H)\bar{i}_H/\bar{e}$$

可得到

$$\bar{\mu} = \frac{(\bar{r}_k)^{\alpha_H}\overline{w}^{1-\alpha_H}}{(a_H)^{\alpha}(1 - \alpha_H)^{1-\alpha_H}\bar{Z}_H}$$

从而可确定稳态时人力资本部门的生产率 $\bar{Z}_H$。为完整起见，模型总结于表 6.8。

表 6.8　　　　　　　　　　　模型 Cha6hn（非线性形式）

外生变量：V_t，g_t，Z_t，$Z_{H,t}$；

$$\ln(V_t/\overline{V}) = \rho_V \ln(V_{t-1}/\overline{V}) + u_{V,t}, 0 \leq \rho_V < 1$$

$$\ln(g_t/\overline{g}) = \rho_g \ln(g_{t-1}/\overline{g}) + u_{g,t}, 0 \leq \rho_g < 1$$

$$\ln(Z_t/\overline{Z}) = \rho_Z \ln(Z_{t-1}/\overline{Z}) + u_{Z,t}, 0 \leq \rho_Z < 1$$

$$\ln(Z_{H,t}/\overline{Z_H}) = \rho_{ZH} \ln(Z_{H,t-1}/\overline{Z_H}) + u_{ZH,t}, 0 \leq \rho_{ZH} < 1$$

内生变量：U_t，c_t，λ_t，r_t，R_t，$g_{H,t}$，$i_{H,t}$，$k_{H,t}$，e_t，l_t，μ_t，w_t，$r_{k,t}$，m_t，k_t，i_t，q_t，y_t，p_t^f，$P_t(j)$，P_t，$f_{1,t}$，$f_{2,t}$，π_t，s_t，b_t，τ_t；

$$U_t = V_t \frac{\left[c_t^\omega (1-l_t-e_t)^{1-\omega}\right]^{1-\gamma}}{1-\gamma}, \gamma \geq 0, 0 \leq \omega \leq 1$$

$$\lambda_t = \omega(1-\gamma)U_t/c_t$$

$$\lambda_t = E_t[\beta(1+r_{t+1})(g_{H,t+1})^{-\gamma}\lambda_{t+1}]$$

$$r_t = (1+R_t)/(1+\pi_t) - 1$$

$$R_{t+1} = \rho_R R_t + (1-\rho_R)[\overline{R} + \kappa_y \ln(g_{Y,t}/\overline{g_Y}) + \kappa_\pi(\pi_t - \overline{\pi})] + u_{R,t},$$

$$0 \leq \rho_R \leq 1, \kappa_y > 0, \kappa_\pi > 1$$

$$g_{H,t+1} = 1 - \delta_H + i_{H,t}$$

$$i_{H,t} = Z_{H,t}(k_{H,t})^{\alpha_H}(e_t)^{1-\alpha_H}$$

$$r_{k,t} = \mu_t \alpha_H Z_{H,t}(k_{H,t})^{\alpha_H-1}(e_t)^{1-\alpha_H}$$

$$(1-\omega)(1-\gamma)U_t/(1-l_t-e_t) = \lambda_t \mu_t[(1-\alpha_H)Z_{H,t}(k_{H,t})^{\alpha_H}(e_t)^{-\alpha_H}]$$

$$(1-\omega)(1-\gamma)U_t/(1-l_t-e_t) = \lambda_t w_t$$

$$\beta E_t[(g_{H,t+1})^{-\gamma}\lambda_{t+1}/\lambda_t]\left\{\begin{matrix} \mu_{t+1}[1-\delta_H+(1-\alpha_H)e_{t+1}Z_{H,t+1}(k_{H,t+1})^{\alpha_H}(e_{t+1})^{-\alpha_H}] \\ + w_{t+1}l_{t+1} \end{matrix}\right\}$$

$$= \mu_t$$

$$w_t = (1-\alpha)m_t y_t/l_t$$

$$k_t - k_{H,t} = \alpha(m_t/r_{k,t})y_t$$

$$m_t = \frac{(r_{k,t})^\alpha w_t^{1-\alpha}}{(a)^\alpha(1-\alpha)^{1-\alpha}Z_t}$$

$$g_{H,t+1}k_{t+1} = (1-\delta)k_t + [1 - 0.5h(g_{H,t}i_t/i_{t-1} - \overline{g_H})^2]i_t$$

$$\frac{1}{q_t} = 1 - 0.5h(g_{H,t}i_t/i_{t-1} - \overline{g_H})^2 - h(g_{H,t}i_t/i_{t-1})(g_{H,t}i_t/i_{t-1} - \overline{g_H})$$

$$+ \beta h E_t[(g_{H,t+1})^{-\gamma}\lambda_{t+1}/\lambda_t](q_{t+1}/q_t)(g_{H,t+1}i_{t+1}/i_t)^2(g_{H,t+1}i_{t+1}/i_t - \overline{g_H})$$

$$q_t = E_t\{\beta(g_{H,t+1})^{-\gamma}(\lambda_{t+1}/\lambda_t)[r_{k,t+1} + (1-\delta)q_{t+1}]\}$$

$$y_t = s_t(c_t + i_t + g_t)$$

$$p_t^f = \frac{\theta}{\theta - 1} m_t$$

$$E_t\left(\frac{P_t(j)}{P_t} f_{1,t} - f_{2,t}\right) = 0$$

$$f_{1,t} = \lambda_t y_t (p_t^f)^{-2} + \beta q (g_{H,t+1})^{1-\gamma} \left(\frac{1+\bar{\pi}}{1+\pi_{t+1}}\right)^2 f_{1,t+1}$$

$$f_{2,t} = \lambda_t y_t (p_t^f)^{-1} + \beta q (g_{H,t+1})^{1-\gamma} \left(\frac{1+\bar{\pi}}{1+\pi_{t+1}}\right) f_{2,t+1}$$

$$1 = (1-q)\left[P_t(j)/P_t\right]^{1-\theta} + q\left[(1+\bar{\pi})/(1+\pi_t)\right]^{1-\theta}$$

$$s_t = (1-q)\left[P_t(j)/P_t\right]^{-\theta} + q\left(\frac{1+\bar{\pi}}{1+\pi_t}\right)^{-\theta} s_{t-1}$$

$$b_{t+1} = (1+r_t)b_t + g_t - \tau_t$$

$$\tau_t = \bar{\tau} + \phi(b_t - \bar{b})$$

随机冲击：$u_{V,t}, u_{g,t}, u_{R,t}, u_{Z,t}, u_{ZH,t}$；

$$u_{V,t} \sim N(0,\sigma_V^2), \ u_{g,t} \sim N(0,\sigma_g^2), \ u_{Z,t} \sim N(0,\sigma_Z^2),$$

$$u_{R,t} \sim N(0,\sigma_R^2), \ u_{ZH,t} \sim N(0,\sigma_{ZH}^2)$$

稳态条件：

$$\bar{\pi} = 0, \ \bar{q} = 1, \ \bar{V} = 1, \ \bar{Z} = 1, \ \bar{r} = 1/\beta - 1, \ \bar{g}_H = 1,$$

$$\bar{R} = (1+\bar{\pi})(1+\bar{r}) - 1, \ \bar{r}_k = \bar{r} + \delta, \ \bar{m} = \frac{(\bar{r}_k)^\alpha \bar{w}^{1-\alpha}}{(a)^\alpha (1-\alpha)^{1-\alpha} \bar{Z}} = \frac{\theta-1}{\theta},$$

$$\bar{P}(j)/\bar{P} = 1, \ \bar{g}/\bar{y} = 0.2, \ \bar{g}_H = 1 - \delta_H + \bar{i}_H,$$

$$\bar{\mu}/\bar{y} = (1-\alpha)\bar{m}/\left[\bar{r} + \delta_H - (1-\alpha_H)\bar{i}_H\right],$$

$$\bar{k}_H/\bar{y} = (\bar{\mu}/\bar{y})\alpha_H(\bar{i}_H/\bar{r}_k), \ \bar{e}/\bar{y} = (\bar{\mu}/\bar{y})(1-\alpha_H)\bar{i}_H/\bar{w},$$

$$\bar{k}/\bar{y} = \bar{k}_H/\bar{y} + \alpha(\bar{m}/\bar{r}_k), \ \bar{i}/\bar{y} = (\bar{g}_H + \delta - 1)\bar{k}/\bar{y},$$

$$\bar{c}/\bar{y} = 1 - \bar{i}/\bar{y} - \bar{g}/\bar{y}, \ \bar{l}/\bar{y} = (1-\alpha)\bar{m}/\bar{w},$$

$$\bar{y} = \omega\bar{w}/\left[(1-\omega)(\bar{c}/\bar{y}) + \omega\bar{w}(\bar{l}/\bar{y}) + \omega\bar{w}(\bar{e}/\bar{y})\right],$$

$$\bar{\mu} = \frac{(\bar{r}_k)^{\alpha_H}\bar{w}^{1-\alpha_H}}{(a_H)^\alpha (1-\alpha_H)^{1-\alpha_H}\bar{Z}_H}, \ \bar{U} = \bar{V}\frac{\left[\bar{c}^\omega (1 - \bar{l} - \bar{e})^{1-\omega}\right]^{1-\gamma}}{1-\gamma},$$

$$\bar{\lambda} = (1-\gamma)\omega\bar{U}/\bar{c}, \ \bar{f}_1 = \bar{f}_2 = \bar{\lambda}\bar{y}/\left[1 - \beta q (\bar{g}_H)^{1-\gamma}\right], \ \bar{\tau} = \bar{g} + \bar{r}\bar{b}$$

四、模拟分析

在模型校准时，将稳态时通胀率设为零，价格的加成率设为 20%，即 $\theta = 6$。除了将货币政策冲击设定为白噪声外，其他随机冲击变化规律的参数均设为 $\rho_i = 0.9, \sigma_i = 0.01, i = \{Z, Z_H, V, g\}$。效用函数中跨期替代弹性参数 γ

像前面章节那样设为 2，效用函数中消费和闲暇的权重参数选为 $\omega = 0.5$。物质资本折旧率折年率设为 10%，人力资本折旧率设为 6%，投资调整成本函数中的参数设为 $h = 5$。物质部门生产函数的参数与前面章节设定相同，$\alpha = 0.5$，人力资本生产函数的参数设定为 $\alpha_H = 0.1$，即该部门投入的物质资本份额远远小于劳动投入。在基准情形中，价格调整的频率设定为四个季度，$q = 0.75$，其他参数与前面章节设定相同。

在求解时我们将含有单位根趋势的模型化为平稳形式后再进行求解，冲击响应分析是相对于均衡增长路径进行的。由于在内生技术模型中，冲击可能同时影响趋势项和周期项，从而仅仅看相对于均衡增长路径的冲击响应分析是不够的。而对于含有单位根的随机趋势来说，变量的水平值是不能确定的，为此，下面针对模型中含有随机趋势变量的增长率来进行，具体做法是：

$$g_{X,t} = X_t/X_{t-1} = x_t H_t/(x_{t-1}H_{t-1}) = g_{H,t}(x_t/x_{t-1})$$
$$X_t = \{Y_t, C_t, I_t, I_{H,t}, G_t, K_t, K_{H,t}\}$$

这里，$g_{H,t}$ 是人力资本的总增长率，也是模型中所有变量的趋势项，$g_{X,t}$ 是变量 X_t 的增长率，小写字母 x_t 是变量 X_t 去掉趋势后的变量。从以上可以看出，变量 X_t 的变化包括趋势变化和水平变化两部分。考虑到这个因素，在随机模拟时，货币政策规则采用下面的形式：

$$R_{t+1} = \rho_R R_t + (1 - \rho_R)\left[\overline{R} + \kappa_y \ln(g_{Y,t}/\overline{g}_Y) + \kappa_\pi(\pi_t - \overline{\pi})\right] + u_{R,t},$$

$$0 \leqslant \rho_R \leqslant 1, \kappa_y > 0, \kappa_\pi > 1$$

为了与前面比较，仍以物质生产部门的生产率冲击为例。假设物质生产部门在均衡增长路径受到该冲击的影响，该冲击使物质生产部门的生产率相对于稳态增长路径上升 1%。图 6.11（a，b）是冲击响应曲线。

物质生产部门生产率的提高意味着关于物质资本的边际产出提高，由于物质资本是流动的，从而在相同的资本收益率条件下，物质资本会向物质生产部门转移，从图 6.11 中可以清楚地看到这一点。并且，随着物质生产部门生产率提高，产出增加也会导致对物质资本需求的增加，从而投资和物质资本总量也将增加。由于人力资本的生产也需要物质资本，因此，尽管存在转移，但在人力资本生产部门中物质资本的增长率仍然是提高的，只不过增长率低于物质生产部门。同样，物质生产部门生产率的提高也意味着关于劳动力的边际产出提高，在相同的工资条件下，对劳动时间的分配也会偏向于物质生产部门。但是从图 6.11 中可以看出，反而人力资本生产部门分配的劳动时间会增加，这

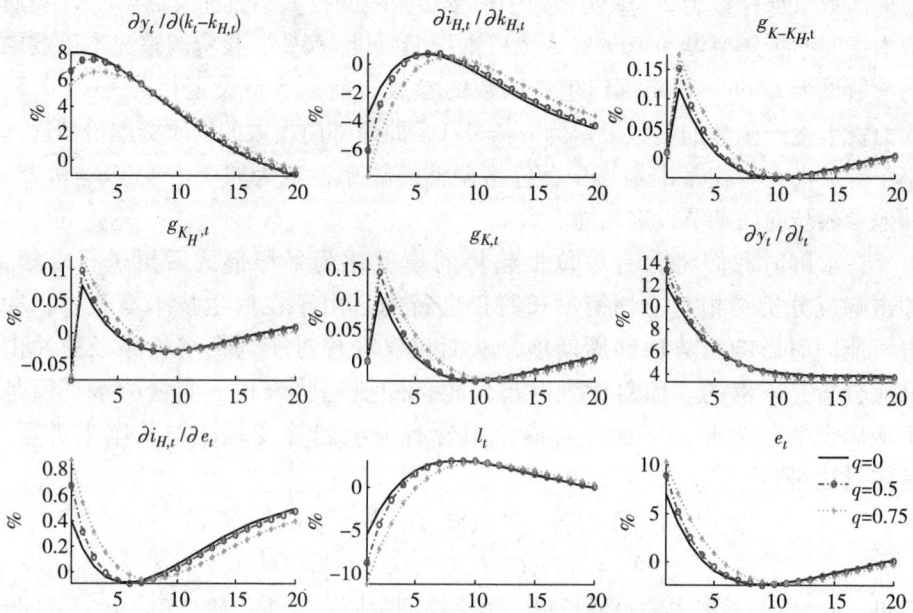

图 6.11（a） 关于物质生产部门生产率冲击的冲击响应曲线

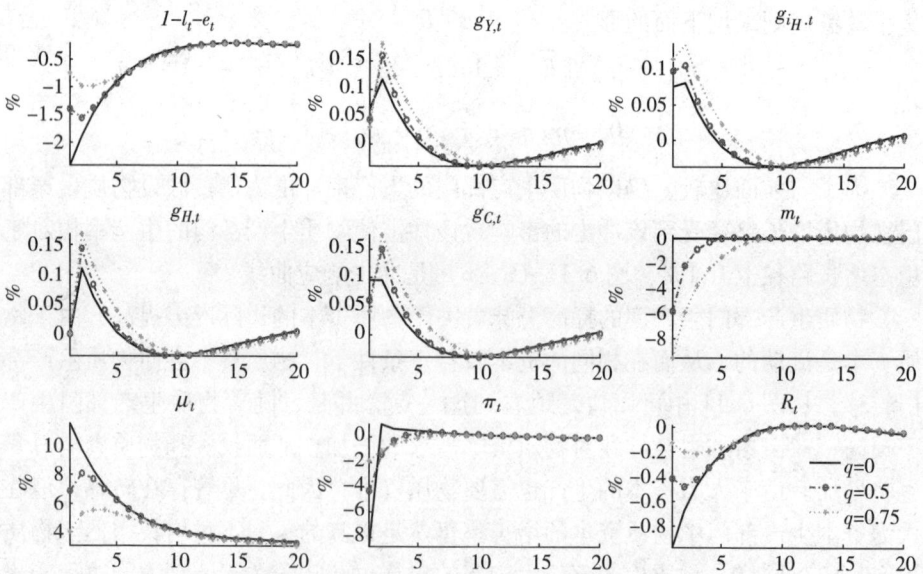

图 6.11（b） 关于物质生产部门生产率冲击的冲击响应曲线

是因为劳动时间投入两个部门产生的效应不完全相同。增加劳动时间均会使产出增加，但在物质生产部门中增加劳动时间只会使产出的水平值增加，而在人力资本生产部门增加劳动时间会使产出的趋势项增加，因此，在劳动时间的分配上，居民需要在这二者之间进行权衡。另外，随着生产率的提高，消费与闲暇的替代效应使得投入两个部门中的劳动时间之和并不是固定不变的，图 6.11 中显示出是增加的，这也意味着劳动时间在这两个部门的分配不是恒定的，居民更倾向于将增加的劳动时间用于人力资本的生产，从而使收入在趋势上得到增长。

物质生产部门生产率的提高也意味着该部门的边际生产成本将会下降，从图 6.11 中可以清楚地看到这一点。人力资本生产部门的边际生产成本是通过该部门的影子价格来反映的，比较这二者可以看出人力资本的边际生产成本高于物质生产部门的边际生产成本。尽管人力资本的边际生产成本很高，但生产出来的人力资本并没有直接用于消费或投资，而是间接用于改善劳动力的技能或质量，这将会使产出的增加具有更长的持续性，从而使产品价格的下降幅度更明显，相应地，名义利率的下降调整幅度也更加明显。

为讨论名义粘性对上述结果的影响，图 6.11（a，b）针对三种情形进行了比较：一是价格完全弹性的情况（$q=0$），二是厂商调整价格的平均频率为两个季度（$q=0.5$），三是上面的基准情形，即厂商调整价格的平均频率为四个季度（$q=0.75$）。由于价格粘性体现在物质生产部门，从而在价格缓慢调整的情况下，人力资本的调整相对更容易，人力资本的较快调整使得产出的变化更多地体现在趋势方面。而且，价格调整越缓慢，趋势增长率越明显，在价格保持不变这种极端情况下（即 $q \to 1$），趋势增长率最大。

在上面两部门模型中，我们没有考虑人力资本的外部性。如果进一步将人力资本的外部性加入模型中，结果会更加丰富，但均衡增长路径的存在性、唯一性以及稳定性等方面的考虑将更加复杂，限于篇幅，这里就不再详细讨论了。

第八节　资产价格变化与经济波动

一般均衡要求边际转换率与边际替代率相等。由于边际转换率与生产密切相关，边际替代率与消费和资产的选择密切相关，因此，经济变化中资源的配置调整影响着资产的价格，而资产价格的变化又影响着资源的配置调整，经济波动与资产价格的变化是相互联系和相互影响的。前面第一章和第四章简略谈到了有关资产定价问题，其中，第一章在纯交换的禀赋经济中介绍了资产收益率与定价核的关系，这也称为基于消费的资产定价模型，第四章在带有生产的一般均衡经济中介绍了利率期限结构和股票收益率等资产定价问题，这是基于生产的资产定价模型。本节将进一步在一般均衡框架下研究资产定价与经济波动的相关问题。

一、定价核与偏好的选择

（一）不确定性的刻画、两种随机收益证券及完全资本市场下的定价核

前面章节已经得到下面关系式：

$$E_t\left[SDF_{t,t+1}\, r^s_{t,t+1}\right] = 1$$

其中，$r^s_{t,t+1}$ 是任何资产从 t 期到 $t+1$ 期的收益率，$SDF_{t,t+1}$ 是从 t 期到 $t+1$ 期的随机贴现因子，也是资产的定价核，若以消费为计量单位，随机贴现因子由下面的方程确定：

$$SDF_{t,t+1} = \frac{\partial U_t}{\partial c_{t+1}} \bigg/ \frac{\partial U_t}{\partial c_t}$$

这里，U_t 是效用函数自 t 期到未来所有各期的累计贴现和，c_t 是消费。有了该定价核，那么任何资产都可以定价。虽然上面定价公式是在前面章节一定条件下得到的，实际上其对更一般的情形也适用，这是下面的讨论内容。

为了详细刻画动态环境下不确定性对定价核的影响，有必要对相关概念进行适当的介绍。为方便起见，下面以向量随机变量 z_t 表示 t 期当期经济所处的状态，该变量描述了 t 期经济所处的不确定性，包含前面章节模型中引入的各种随机冲击，当然还可能包括其他不确定性因素。随机变量 z_t 所在的范围以事件空间 Z 来表示，即 $z_t \in Z$，空间 Z 可以是离散的，也可以是连续的。截至 t 期，描述经济所处的状态可以历史路径 $z^t = (z_0, z_1, \cdots, z_t) \in Z^t = \underbrace{Z \otimes \cdots \otimes Z}_{t+1}$ 来表示，并且，$z^t = (z^{t-1}, z_t)$，$z^0 = z_0$。每一路径代表不同的经济状态，以 $\pi(z^t \mid z^{t-1})$ 表示从状态 z^{t-1} 到状态 z^t 的条件概率。给定初始概率 $\pi(z_0)$，每一路径发生的概率 $\pi(z^t)$ 可由下式来递归确定，

$$\pi(z^t) = \pi(z^t \mid z^{t-1})\pi(z^{t-1}) = \pi(z^0)\prod_{i=1}^{t}\pi(z^i \mid z^{i-1}), \sum_{z^t \in Z^t}\pi(z^t) = 1$$

在此不确定性环境下，t 期的某个经济变量由可测函数 $X_t(z^t)$ 表示，这意味着变量不仅依赖于时间 t，而且还依赖于经济状态 z^t。在不发生混淆的情况下有时也以简写形式 X_t 表示该变量，前面章节中的全部随机变量均以简写形式来表示。

根据 Kreps – Porteus（1978）和 Epstein – Zin（1989）的研究并采用其表示方法（见 Backus – Routledge – Zin（2004）关于偏好的综述），自 t 期到未来所有各期效用的累计贴现和 $\widehat{U}_t$ 可表示为

$$\widehat{U}_t = V[m(X_t), E_t\widehat{U}_{t+1}]$$

这里，$V(*)$ 是加总函数，$m(X_t)$ 是关于当期某些经济变量 X_t 的函数，X_t 通常包括当期消费 c_t、闲暇 l_t 等变量。常用的一种函数形式是：

$$\widehat{U}_t = \left\{[m(X_t)]^{1-\rho} + \beta(E_t\widehat{U}_{t+1}^{1-\alpha})^{\frac{1-\rho}{1-\alpha}}\right\}^{\frac{1}{1-\rho}}$$

其中，参数 β 是贴现率，若 $m(X_t) = c_t$，则 $(1/\rho)$ 是消费的跨期替代弹性，a 是风险厌恶系数。可以看出，效用函数在时间和状态方面都不能呈现出简单的线性相加关系，采用这种形式可以将风险厌恶与跨期替代变化两种特性分别来控制，从而可以更加细致地讨论资产定价问题。为拓展到一般的函数形式 $m(X_t)$，采用 Swanson（2012）的方法，令 $U_t = \widehat{U}_t^{1-\rho}$，$u_t(X_t) = [m(X_t)]^{1-\rho}$，$v = 1 - (1-\alpha)/(1-\rho)$，则上式可写成：

$$U_t = u(X_t) + \beta(E_t U_{t+1}^{1-v})^{\frac{1}{1-v}}$$

Epstein – Zin（1989）证明，若 $u(X_t) > 0$，则存在唯一的 $U_t > 0$，写成上式是可行的；若 $u(X_t) < 0$，则存在唯一的 $U_t < 0$，此时上式须调整为

$$U_t = u(X_t) - \beta[E_t(-U_{t+1})^{1-v}]^{\frac{1}{1-v}}$$

若 $v = 0$，则 $U_t = u(X_t) + \beta E_t U_{t+1}$，这就是前面章节使用的效用函数。此时效用函数在时间和状态方面都呈现出线性可加性的特征，该效应函数称为预期型效用（Expected Utility）函数形式。若 $v \neq 0$，此时效用函数形式上在时间方面呈现出可加性的特征，但仔细来看在时间和状态方面都不能呈现出简单的线性相加关系，该效应函数称为非预期型效用（Non – expected Utility）函数形式。Swanson（2012）指出，采用上面形式效用函数的跨期替代弹性完全可通过效用函数 $u(X_t)$ 中的参数来反映，这样就能够对风险厌恶系数与跨期替代弹性分别考虑。

假设针对每个状态存在 Arrow – Debru 形式的随机收益证券，即在 t 期当状态 z^t 发生时，该证券支付一个单位的消费，否则支付为零。虽然该证券涉及多期，但须在第 0 期交易，以 $q_t^0(z^t)$ 表示该证券的价格。采用此表示方式，居民的跨期预算约束可写成：

$$\sum_{t=0}^{\infty}\sum_{z^t\in Z^t}q_t^0(z^t)c_t(z^t) = \sum_{t=0}^{\infty}\sum_{z^t\in Z^t}q_t^0(z^t)y_t(z^t) + A_0$$

其中，$c_t(z^t)$ 是当期消费，$y_t(z^t)$ 是当期收入，A_0 是初始财富，该式意味着消费的贴现和等于收入的贴现和加上初始财富。

为讨论简便，不妨假设 $u(X_t) = u(c_t)$，居民在预算约束下考虑最优消费问题：

$$\max_{\{c_t(z^t)\}} U_0$$

$$\text{s. t.} \quad U_t = u[c_t(z^t)] + \beta\,(E_t U_{t+1}^{1-v})^{\frac{1}{1-v}}$$

$$\sum_{t=0}^{\infty} \sum_{z^t \in Z^t} q_t^0(z^t)c_t(z^t) = \sum_{t=0}^{\infty} \sum_{z^t \in Z^t} q_t^0(z^t)y_t(z^t) + A_0\,,\ A_0 \text{ 和 } \pi(z_0) \text{ 给定。}$$

记上面约束对应的 Lagrange 乘子分别为 $\tilde{\mu}_t(z^t)$ 和 λ，上面问题的一阶条件为

$$\tilde{\mu}_t(z^t)u'[c_t(z^t)] = \lambda q_t^0(z^t)$$

$$\tilde{\mu}_t(z^t) = \beta\tilde{\mu}_{t-1}(z^{t-1})\pi(z^t \mid z^{t-1})\left\{\sum_{z^{t-1} \subseteq z^t} \pi(z^t \mid z^{t-1})\,[U_t(z^t)]^{1-v}\right\}^{\frac{v}{1-v}}[U_t(z^t)]^{-v}$$

$$\tilde{\mu}_0(z_0) = 1$$

定义变量：$\mu_t(z^t)\beta^t\pi(z^t \mid z^0) = \tilde{\mu}_t(z^t)$，上式可写成：

$$\beta^t\pi(z^t \mid z^0)\mu_t(z^t)u'[c_t(z^t)] = \lambda q_t^0(z^t)$$

$$\mu_t(z^t) = \mu_{t-1}(z^{t-1})\,(E_{t-1}\,[U_t(z^t)]^{1-v})^{\frac{v}{1-v}}\,[U_t(z^t)]^{-v}$$

$$\mu_0(z_0) = 1$$

为清楚起见，消去 Lagrange 乘子可得到下面的递归关系：

$$q_{t+1}^0(z^{t+1})$$

$$= q_t^0(z^t)\beta\pi(z^{t+1} \mid z^t)\{u'[c_{t+1}(z^{t+1})]/u'[c_t(z^t)]\}\{E_t[U_{t+1}(z^{1-v})]\}^{\frac{v}{1-v}}[U_{t+1}(z^{t+1})]^{-v}$$

上面是将所有 Arrow – Debreu 证券的价格以初期消费来表示，实际上可选择任意期。假设以 $q_t^s(z^t)(s \leqslant t)$ 表示 Arrow – Debreu 证券在第 s 期的价格，由上面可得到：

$$q_t^s(z^t) = q_t^0(z^t)/q_s^0(z^s)$$

$$= \beta^{t-s}\pi(z^t \mid z^s)\{u'[c_t(z^t)]/u'[c_s(z^s)]\}\{E_s\,[U_t(z^t)]^{1-v}\}^{\frac{v}{1-v}}[U_t(z^t)]^{-v}$$

$$q_t^t(z^t) = 1$$

特别是，

$$q_{t+1}^t(z^{t+1}) = \beta\pi(z^{t+1} \mid z^t)\{u'[c_{t+1}(z^{t+1})]/u'[c_t(z^t)]\}$$

$$\{(E_t\,[U_{t+1}(z^{t+1})]^{1-v}\}^{\frac{v}{1-v}}\,[U_{t+1}(z^{t+1})]^{-v}$$

基于以上结果，在每期可设计一个单期的随机收益债券，即在第 t 期发行的

一期随机收益证券，该证券承诺第 $t+1$ 期当状态 z^{t+1} 发生时支付一个单位的消费，否则支付为零，该证券在 t 期（即当期）的价格为 $q_{t,t+1}(z^{t+1})$，这就是 Arrow 随机收益证券，那么该证券与 Arrow – Debreu 随机收益证券有什么关系呢？

假设财富以 Arrow 证券形式持有，那么上面的跨期预算约束可写成：

$$c_t(z^t) + \sum_{(z^{t+1}|z^t) \in Z} q_{t,t+1}(z^{t+1}|z^t) A_{t+1}(z^{t+1}|z^t) = y_t(z^t) + A_t(z^t)$$

如果向前迭代上式，那么可得到与前面一样的预算约束等式。采用这种方式，原来的优化问题变成：

$$\max_{\{c_t(z^t), A_{t+1}(z^{t+1}|z^t)\}} U_0$$

s. t. $U_t = u[c_t(z^t)] + \beta (E_t U_{t+1}^{1-v})^{\frac{1}{1-v}}$

$c_t(z^t) + \sum_{(z^{t+1}|z^t) \in Z} q_{t,t+1}(z^{t+1}|z^t) A_{t+1}(z^{t+1}|z^t) = y_t(z^t) + A_t(z^t)$，给定 A_0 和 $\pi(z_0)$

将原来预算约束对应的 Lagrange 乘子 λ 调整为 $\widetilde{\lambda}_t(z^t)$，该优化问题的一阶条件为

$$\widetilde{\mu}_t(z^t) u'[c_t(z^t)] = \widetilde{\lambda}_t(z^t)$$

$$\widetilde{\lambda}_t(z^t) q_{t,t+1}(z^{t+1}|z^t) = \widetilde{\lambda}_{t+1}(z^{t+1})$$

$$\widetilde{\mu}_t(z^t) = \beta \widetilde{\mu}_{t-1}(z^{t-1}) \pi(z^t|z^{t-1}) \left\{ \sum_{z^{t-1} \subseteq z^t} \pi(z^t|z^{t-1}) [U_t(z^t)]^{1-v} \right\}^{\frac{v}{1-v}} [U_t(z^t)]^{-v}$$

$$\widetilde{\mu}_0(z_0) = 1$$

定义变量 $\lambda_t(z^t) \beta^t \pi(z^t|z^0) = \widetilde{\lambda}_t(z^t)$，$\mu_t(z^t) \beta^t \pi(z^t|z^0) = \widetilde{\mu}_t(z^t)$，上式可写成：

$$\mu_t(z^t) u'[c_t(z^t)] = \lambda_t(z^t)$$

$$\lambda_t(z^t) q_{t,t+1}(z^{t+1}|z^t) = \beta \pi(z^{t+1}|z^t) \lambda_{t+1}(z^{t+1})$$

$$\mu_t(z^t) = \mu_{t-1}(z^{t-1}) (E_{t-1}[U_t(z^t)]^{1-v})^{\frac{v}{1-v}} [U_t(z^t)]^{-v}$$

$$\mu_0(z_0) = 1$$

与原问题比较，可看出结果是一样的，且 $q_{t,t+1}(z^{t+1}) = q_{t+1}^t(z^{t+1}) = q_{t+1}^0(z^{t+1})/q_t^0(z^t)$，由此可得到两种随机收益证券价格的关系：

$$q_t^0(z^t) = q_{t-1,t}(z^t) q_{t-2,t-1}(z^{t-1}) \cdots q_{0,1}(z^1)$$

即，多期的 Arrow – Debreu 证券可用一系列单期的 Arrow 证券来替代。我们知道，Arrow – Debreu 证券所属的空间是 Z^t，Arrow 证券所属的空间是 Z，因此，由多期单期 Arrow 证券所张的空间若与 Arrow – Debreu 证券所张的空间等价，那么这两种证券是可替代的。

定义变量 $SDF_{t,t+s} = q_{t+s}^t(z^{t+s})/[\pi(z^{t+s} \mid z^t)]$，该变量实际上是未来 s 期状态 z^{t+s} 的价格，也称为从 t 期到 $t+s$ 期的随机贴现因子或者定价核，上面关系式可写成：

$$q_{t+s}^t(z^{t+s}) = E_t SDF_{t,t+s}$$

$$SDF_{t,t+s} = \beta^s \left(\frac{u'[c_{t+s}(z^{t+s})]}{u'[c_t(z^t)]}\right)\left(\frac{U_{t+s}(z^{t+s})}{\{E_t[U_{t+s}(z^{t+s})]^{1-v}\}^{1/(1-v)}}\right)^{-v}$$

利用 $\partial U_t(z^t)/\partial c_t(z^t) = u'[c_t(z^t)]$，随机贴现因子也可写成：

$$SDF_{t,t+s} = \beta^s \left(\frac{\partial U_t(z^t)/\partial c_{t+s}(z^{t+s})}{\partial U_t(z^t)/\partial c_t(z^t)}\right)\left(\frac{U_{t+s}(z^{t+s})}{\{E_t[U_{t+s}(z^{t+s})]^{1-v}\}^{1/(1-v)}}\right)^{-v}$$

一旦得到 Arrow – Debreu 或 Arrow 随机收益证券的价格或者确定了定价核，那么在此不确定环境下任何资产的价格也就能够确定。不妨考虑 1 期的情况，假设某个资产在未来一期的支付为 $F_{t+1}(z^{t+1})$，那么，该证券的价格为

$$Q_t = \sum_{(z^{t+1} \mid z^t) \in Z} q_{t,t+1}(z^{t+1} \mid z^t)F_{t+1}(z^{t+1} \mid z^t) = E_t[SDF_{t,t+1}F_{t+1}(z^{t+1})]$$

若定义该证券的收益率为 $r_{t,t+1}^F = F_{t+1}(z^{t+1})/Q_t$，上式可写成：

$$E_t[SDF_{t,t+1}r_{t,t+1}^F] = 1$$

显然这就是前面章节得到的关系式。

以上为讨论方便假设 $u(X_t) = u(c_t)$，对于一般形式 $u(X_t)$，随机贴现因子调整为

$$SDF_{t,t+s} = \beta^s \left(\frac{\partial u[X_{t+s}(z^{t+s})]/\partial c_{t+s}(z^{t+s})}{\partial u[X_t(z^t)]/\partial c_t(z^t)}\right)\left(\frac{U_{t+s}(z^{t+s})}{\{E_t[U_{t+s}(z^{t+s})]^{1-v}\}^{1/(1-v)}}\right)^{-v}$$

以上假设针对每一个经济状态都存在 Arrow – Debreu 或 Arrow 形式的随机收益证券，实际中存在的证券不完全是这两种形式的证券，但只要这些证券所张的空间与 Arrow – Debreu 或 Arrow 证券所张的空间等价，那么该证券所在的空间定价核是存在且是唯一的，此证券市场也称完全资本市场。若这些证券所张的空间与 Arrow – Debreu 或 Arrow 证券所张的空间不等价，那么该证券所在的空间定价核未必存在，或者即使存在也未必唯一，此证券市场也称不完全资本市场，我们以上讨论的定价核都是完全资本市场情况下的定价核。

（二）预期型效用情况下的定价核

对于预期型效用函数，即，$v = 0$，$U_t = u(X_t) + \beta E_t U_{t+1}$，向前迭代可得到

$$U_t = E_t \sum_{i=0}^{\infty} \beta^{t+i} u_{t+i}$$

可以看出，该效用函数在时间和状态方面都呈现出线性可加性的特征。

除了消费习惯或耐用消费品的引入外，前面各章节效用函数均采用了预期型效用函数形式，此时 1 期的随机贴现因子进一步可表示成：

$$SDF_{t,t+1} = \beta \frac{\partial u_{t+1}}{\partial c_{t+1}} / \frac{\partial u_t}{\partial c_t}$$

当期效用函数一般来说可写成：

$$u_t(X_t) = u(c_t, l_t, h_t)$$

其中，c_t 是消费，l_t 是闲暇，h_t 是能够提供效用的资产（如前面章节采用的货币或者房屋等）。该函数相对于消费来说，通常呈现出不可分离的形式，若呈现出可分离的形式，即

$$u(c_t, l_t, h_t) = v(c_t) + w(l_t, h_t)$$

则随机贴现因子进一步又可表示成：

$$SDF_{t,t+1} = \beta \frac{\partial v(c_{t+1})}{\partial c_{t+1}} / \frac{\partial v(c_t)}{\partial c_t}$$

在前面章节中，可分离的当期效用函数基本上采用了下面的函数形式：

$$v(c_t) = \begin{cases} \dfrac{c_t^{1-\gamma} - 1}{1 - \gamma}, \gamma \neq 1 \\ \ln(c_t), \gamma = 1 \end{cases}$$

在这种情况下，随机贴现因子为

$$SDF_{t,t+1} = \beta \left(\frac{c_t}{c_{t+1}}\right)^\gamma$$

t 期到 $t+1$ 期的无风险利率为

$$\frac{1}{r_{t,t+1}^f} = E_t[SDF_{t,t+1}] = E_t\beta \left(\frac{c_t}{c_{t+1}}\right)^\gamma$$

t 期到 $t+1$ 期的风险资产收益率为

$$E_t\left[\frac{r_{t,t+1}^s - r_{t,t+1}^f}{r_{t,t+1}^f}\right] = -\text{cov}\left[\beta \left(\frac{c_t}{c_{t+1}}\right)^\gamma, r_{t,t+1}^s\right]$$

在这种定价核下，资产的风险溢价决定于资产收益率与消费增长率的协方差，当资产收益率与消费增长率成正相关关系时，风险溢价为正；而当资产收益率与消费增长率成负相关关系时，则风险溢价为负。Mehra - Prescott（1985）发现，采用上面公式对股票定价时，无法对实际中过高的股票风险溢价（股票收益率相对于无风险利率的超额收益率）进行解释，此称为股票风险溢价之谜（Equity Premium Puzzle）。Weil（1989）指出，上面的公式也无法对实际中无风险利率的变化进行解释，与其说是股票风险溢价过高，不如说是

无风险利率过低，其称此为无风险利率之谜（Risk – free Rate Puzzle）。另外，从动态变化来看，风险溢价呈现出顺周期性，即风险溢价在经济上升期（下降期）为正值（负值），这一点与实际数据正好相反。先不考虑风险溢价的周期性，由于实际数据中消费的变化非常平滑，因此要使上面的定价公式与实际股票的超额收益率或者与无风险债券利率相匹配，通常需要使参数 γ 达到非常大的数值（至少大于 30）。参数 γ 体现为人们对风险的厌恶程度，该数值越大，人们对风险越厌恶，对风险的定价也越高。在采用上面可分离的效用函数形式时，参数的倒数（$1/\gamma$）是消费的跨期替代弹性，从而过高的风险厌恶系数也意味着消费的跨期替代弹性非常低，消费越平滑，从而无风险利率越低，由此采用一个参数不能同时兼顾这两方面。

在纯交换的禀赋经济中（即假定产出是外生的），消费和储蓄能够顺利地转换，从而消费增长率实际上就是产出增长率。这样要解决上面的难题，以往可供选择的方案有：改变产出的变化规律、改变红利的支付规律或者改变消费偏好，如增加消费习惯等。Weil（1989）提出了另外一个方案，即如果能采用不同的参数来分别刻画风险厌恶与跨期替代变化，那么会对上面问题的解决有好处，这也就意味着放弃采用预期型效用函数形式。如果仅仅考虑纯交换的禀赋经济，那么这些方法为解决风险溢价问题提供了很好的途径，但风险厌恶系数选择得太高（意味着跨期替代弹性太低）将对经济的动态特性产生影响，从而风险溢价和无风险利率与经济的关系未必与实际观测到的现象一致。另外，这些方法不能解决风险溢价的周期性问题。

虽然上面的随机贴现因子仅仅决定于消费增长率，但消费增长率绝不仅仅决定于居民的行为，在具有生产的经济中，厂商的投资决策与产出和消费的变化密切相关。因此，Cochrane（1991）、Rouwenhorst（1995）和 Jermann（1998）指出，在带有生产的经济中，资本的积累对资本收益率以及其他资产的定价具有纯交换经济所没有的影响机制，即使效用函数仍采用上面可分离的形式，但若投资具有调整成本，那么，投资决策将对资本价格和收益率以及随机贴现因子产生与纯交换经济不同的效果，这或许对解决上面的风险溢价之谜有帮助。Jermann（1998）也指出，在没有资本调整成本和消费习惯的情况下，消费可能变得更加平稳，从而使风险溢价问题变得更加严重，但在一般均衡框架下解决该问题无疑有更多的选择方案。另外，Abel（1999）指出，在一般均衡框架下，居民的消费决策与闲暇决策也是相互联系的，既有替代效应，也有财富效应，为此，上面的资产定价关系式在一般均衡框架下会赋有更深刻的含义。

除了采用可分离的当期效用函数形式外，前面章节也采用了下面不可分离的效用函数形式：

$$u(c_t, l_t, h_t) = \begin{cases} \dfrac{\left\{ c_t^a \left[w(l_t, h_t) \right]^b \right\}^{1-\gamma} - 1}{1-\gamma}, \gamma \neq 1 \\ a\ln(c_t) + b\ln w(l_t, h_t), \gamma = 1 \end{cases}$$

此时，可将消费与闲暇或者其他提供效用的资产构成一个复合消费品，即 $\tilde{c}_t = c_t^a \left[w(l_t, h_t) \right]^b$，此时参数 γ 在形式上与可分离的效用函数相同，但含义不完全相同，其是针对复合消费品而言的风险厌恶系数。这种情况下随机贴现因子为

$$SDF_{t,t+1} = \beta \left(\frac{\tilde{c}_{t+1}}{\tilde{c}_t} \right)^{-\gamma} \left(\frac{\tilde{c}_{t+1} c_t}{\tilde{c}_t c_{t+1}} \right) = \beta \left(\frac{\tilde{c}_t}{\tilde{c}_{t+1}} \right)^{\gamma} \left(\frac{(c_t / \tilde{c}_t)}{(c_{t+1} / \tilde{c}_{t+1})} \right)$$

可以看出，上式是在以复合消费品得到的随机贴现因子基础上，再考虑复合消费品中消费所占的比例变化。消费占复合消费品的比例显然与消费、闲暇以及资产组合的决策有关，从而将这些因素结合在一起可能对解决风险溢价之谜以及风险溢价的周期性问题有帮助。

（三）非预期型效用情况下的定价核

对于非预期型效用函数，即 $v \neq 0$，

$$U_t = u(X_t) + \beta \left(E_t U_{t+1}^{1-v} \right)^{\frac{1}{1-v}}$$

此时效用函数形式上在时间方面呈现出可加性的特征，但仔细来看在时间和状态方面都不能呈现出简单的线性相加关系。在此效用函数形式下，不确定性的显现是和时间有关的，即不确定性在 t 期还是在 $t+1$ 期显现将对人们的决策是有影响的。当 $v > 0$ 时，人们更偏好于不确定性的提早显现，而当 $v < 0$ 时，人们更偏好于不确定性的推后显现，这与 Von Neumann 效用函数中的独立性原理是不一致的，因此非预期型效用函数关于经济状态具有非线性的特性。Kreps – Porteus（1978）、Epstein – Zin（1989, 1991）和 Weil（1989）指出，采用这种效用函数形式可以将风险厌恶与跨期替代变化两种特性分别控制，从而能够更加细致地研究资产定价问题。

采用不可分离的效用函数形式：

$$u(c_t, l_t, h_t) = \begin{cases} \dfrac{\left\{ c_t^a \left[w(l_t, h_t) \right]^b \right\}^{1-\gamma} - 1}{1-\gamma}, \gamma \neq 1 \\ a\ln(c_t) + b\ln w(l_t, h_t), \gamma = 1 \end{cases}$$

非预期型效用情况下的随机贴现因子为

$$SDF_{t,t+1} = \beta \left(\frac{\tilde{c_t}}{\tilde{c}_{t+1}} \right)^{\gamma} \left(\frac{(c_t/\tilde{c_t})}{(c_{t+1}/\tilde{c}_{t+1})} \right) \left(\frac{U_{t+1}}{[E_t(U_{t+1})^{1-v}]^{1/(1-v)}} \right)^{-v}$$

可以看出，针对不确定性显现时间的偏好，非预期型效用函数下的随机贴现因子在预期型效用函数的基础上也进行了相应调整，从而使随机贴现因子的变化同时反映了两方面的内容：一是跨期替代特性，这部分由跨期替代弹性$(1/\gamma)$控制；二是风险偏好性质，这部分由风险偏好系数v控制，随机贴现因子对这两方面性质的反映可使资产定价更加细致和全面。但 Swanson（2012）指出，对于复合产品，风险系数不仅决定于参数v，还与其他参数有关，这里就不详细讨论了，有兴趣的话可参见其研究成果。

一个问题是，效用函数是不可观测的，而随机贴现因子依赖于效用函数，那么该随机贴现因子的显性经济意义是什么呢？

定义初始总财富为 $W_0 = \sum_{t=0}^{\infty} \sum_{z^t \in Z^t} q_t^0(z^t) y_t(z^t) + A_0$，前面居民的预算约束

$\sum_{t=0}^{\infty} \sum_{z^t \in Z^t} q_t^0(z^t) c_t(z^t) = W_0$，可写成下面的形式：

$$W_t = E_t \sum_{j=0}^{\infty} SDF_{t+j} c_{t+j} \text{ 或 } W_t = c_t + E_t(SDF_{t,t+1} W_{t+1})$$

这里，可以将总财富看成是每期支付为c_t的证券，该证券未来 1 期的收益率为

$$r_{t,t+1}^W = W_{t+1}/(W_t - c_t)$$

假设$u_t(X_t) = u(c_t, l_t, h_t)$，代入效用函数 $U_t = u(X_t) + \beta(E_t U_{t+1}^{1-v})^{\frac{1}{1-v}}$，经过迭代可表示成：

$$U_t = U_t(c_t, c_{t+1}, \cdots)$$

若函数$u(X_t)$是关于消费c_t的n次齐次函数，即$u(bc_t, l_t, h_t) = b^n u(c_t, l_t, h_t)$，考虑效用函数的特征，则$U_t$也是关于$(c_t, c_{t+1}, \cdots)$的$n$次齐次函数。对于$n$次齐次函数，有下面的性质：

$$nU_t = E_t \sum_{j=0}^{\infty} \frac{\partial U_t}{\partial c_{t+j}} c_{t+j}$$

进一步变换可得到

$$\frac{nU_t}{\partial U_t/\partial c_t} = E_t \sum_{j=0}^{\infty} \frac{\partial U_t/\partial c_{t+j}}{\partial U_t/\partial c_t} c_{t+j} = E_t \sum_{j=0}^{\infty} SDF_{t+j} c_{t+j} = W_t$$

由于$u(X_t)$是关于消费c_t的n次齐次函数，从而有 $nu(X_t) = [\partial u(X_t)/\partial c_t] c_t$。另外，$\partial U_t/\partial c_t = \partial u(X_t)/\partial c_t$，这样，$\partial U_t/\partial c_t = nu(X_t)/c_t$，代入上式可得到

$$W_t = \frac{nU_t}{nu(X_t)/c_t} = \frac{c_t U_t}{u(X_t)} \text{ 或 } U_t = u(X_t)W_t/c_t$$

从 $U_t = \frac{\partial U_t}{n\partial c_t}c_t + \beta\,(E_t U_{t+1}^{1-v})^{\frac{1}{1-v}}$ 可得到

$$(E_t U_{t+1}^{1-v})^{\frac{1}{1-v}} = (1/\beta)\big[1 - \frac{\partial U_t/\partial c_t}{nU_t}c_t\big]U_t = (1/\beta)\big[1 - c_t/W_t\big]U_t$$

利用上面结果，随机贴现因子可写成：

$$
\begin{aligned}
SDF_{t,t+1} &= \beta\Big(\frac{\partial u(X_{t+1})/\partial c_{t+1}}{\partial u(X_t)/\partial c_t}\Big)\Big(\frac{U_{t+1}}{[E_t\,(U_{t+1})^{1-v}]^{1/(1-v)}}\Big)^{-v}\\
&= \beta\Big(\frac{u(X_{t+1})/c_{t+1}}{u(X_t)/c_t}\Big)\Big(\frac{u(X_{t+1})W_{t+1}/c_{t+1}}{(1/\beta)[1 - c_t/W_t]u(X_t)W_t/c_t}\Big)^{-v}\\
&= \Big(\beta\frac{u(X_{t+1})/c_{t+1}}{u(X_t)/c_t}\Big)^{1-v}\Big(\frac{W_{t+1}}{(W_t - c_t)}\Big)^{-v}
\end{aligned}
$$

利用 $r_{t,t+1}^W = W_{t+1}/(W_t - c_t)$ ，上式可写成：

$$SDF_{t,t+1} = \Big(\beta\frac{u(X_{t+1})/c_{t+1}}{u(X_t)/c_t}\Big)^{1-v}\Big(\frac{1}{r_{t,t+1}^W}\Big)^{-v}$$

采用函数形式，$u(c_t, l_t, h_t) = \begin{cases} \dfrac{\{c_t^a\,[w(l_t,h_t)]^b\}^{1-\gamma}}{1-\gamma}, \gamma \neq 1 \\ a\ln(c_t) + b\ln w(l_t,h_t), \gamma = 1 \end{cases}$ ，从而可得到

随机贴现因子：

$$SDF_{t,t+1} = \Big[\beta\Big(\frac{\tilde{c}_t}{\tilde{c}_{t+1}}\Big)^\gamma\Big(\frac{c_t/\tilde{c}_t}{c_{t+1}/\tilde{c}_{t+1}}\Big)\Big]^{1-v}\Big(\frac{1}{r_{t,t+1}^W}\Big)^{-v}$$

其中，$\tilde{c}_t = c_t^a\,[w(l_t, h_t)]^b$ 。因此，随机贴现因子可通过总财富的收益率来反映，可以将此收益率看成是传统资产定价模型中的市场收益率。注意这里的财富是所有财富，不仅包括物质财富，也包括人力财富，因此其收益率如何衡量也是一个不好解决的问题，限于篇幅这里不再详细讨论了。

（四）消费习惯或耐用消费品的引入对定价核的影响

前面章节中引入消费习惯或耐用消费品着重从刻画和改善宏观经济变量的动态特性而言，其实这些因素的引入不仅如此，还会对资产定价产生影响，这里主要讨论对定价核的影响。

为简单起见，假设采用预期型效用函数，且当期效用函数仅依赖于消费，但消费是耐用消费品，即

$$U_t = E_t \sum_{i=0}^{\infty} \beta^{t+i} u(c_{t+i}^d)$$

$$c_t^d = (1 - \delta_d) c_{t-1}^d + e_t^d$$

这里，c_t^d 是耐用消费品的存量，e_t^d 是每期耐用消费品的消费量，δ_d 是耐用消费品的折旧率。经过迭代，效用函数可写成：

$$U_t = E_t \sum_{i=0}^{\infty} \beta^{t+i} u \Big[\sum_{j=0}^{\infty} (1 - \delta_d)^j e_{t+i-j}^d \Big]$$

这种情况下的随机贴现因子可表示成：

$$SDF_{t,t+1} = \frac{\partial U_t / \partial c_{t+1}^d}{\partial U_t / \partial c_t^d} = \frac{E_t \sum_{i=0}^{\infty} \big[\beta(1 - \delta_d) \big]^{i+1} u'(c_{t+1+i}^d)}{E_t \sum_{i=0}^{\infty} \big[\beta(1 - \delta_d) \big]^i u'(c_{t+i}^d)}$$

可以看出，引入耐用消费品后，时间上不可相加性的特点使得随机贴现因子的动态特性更加丰富，这对资产定价将有很大帮助。

除了引入耐用消费品方式外，另一种导致不可相加性的方式是引入消费习惯，前面章节主要讨论了消费习惯对经济动态的影响，这里着重讨论对定价核的影响。引入消费习惯将会使消费者的效用函数在时间上不再是相加可分离的，因为过去的消费决策会影响当期效用，当期消费的增加在当期会减少消费的边际效用，但却会增加未来消费的边际效用，从而消费的边际效用将有更复杂的性质，这将会对定价核产生影响。消费习惯包括内在和外在两种形式的消费习惯。在预期型效用函数情况下，对于内在消费习惯，一种常用的效用函数形式是：

$$U_t = E_t \sum_{i=0}^{\infty} \beta^{t+i} u(c_{t+i} - h x_{t-1+i})$$

$$x_t = \rho x_{t-1} + c_t$$

其中，x_t 是内在的消费习惯，经过迭代效用函数可写成：

$$U_t = E_t \sum_{i=0}^{\infty} \beta^{t+i} u \Big[c_{t+i} - h \sum_{j=0}^{\infty} \rho^j c_{t+i-1-j} \Big]$$

这种情况下随机贴现因子可表示成：

$$SDF_{t,t+1} = \frac{\partial U_t / \partial c_{t+1}^d}{\partial U_t / \partial c_t^d} = \frac{u'(c_{t+1} - h x_t) - h E_t \sum_{i=1}^{\infty} (\beta \rho)^i u'(c_{t+i+1} - h x_{t+i})}{u'(c_t - h x_{t-1}) - h E_t \sum_{i=1}^{\infty} (\beta \rho)^i u'(c_{t+i} - h x_{t+i-1})}$$

对于外在消费习惯，一种常用的效用函数形式是：

$$U_t = E_t \sum_{i=0}^{\infty} \beta^{t+i} u(c_{t+i} - hX_{t+i-1})$$

其中，X_t 是外在的消费习惯，这种情况下随机贴现因子形式上很简单，即

$$SDF_{t,t+1} = \frac{\partial U_t / \partial c_{t+1}^d}{\partial U_t / \partial c_t^d} = \frac{u'(c_{t+1} - hX_t)}{u'(c_t - hX_{t-1})}$$

在均衡条件下，对于典型经济人，有 $X_t = c_t$，从而可得到

$$SDF_{t,t+1} = \frac{u'(c_{t+1} - hc_t)}{u'(c_t - hc_{t-1})}$$

讨论消费习惯对资产定价的影响，研究成果很多。其中，Constantinides（1990）、Abel（1990）和 Campbell - Cochrane（1999）等主要在禀赋经济中讨论了消费习惯对资产定价的影响；Jermann（1998）、Lettau - Uhlig（1998，1999）、Abel（1999）、Lettau（2003）、Uhlig（2007）和 Jaccard（2009）等在一般均衡框架下研究了消费习惯对资产定价的影响；Boldrin - Christiano - Fisher（2001）在两部门生产经济中研究了消费习惯对资产定价的影响；Heaton（1993）同时考虑了消费习惯与耐用消费品的引入对可加性以及资产定价的影响。

（五）增长率的变化、长期风险与资产定价

有了定价核，可得到资产的定价公式：

$$E_t[SDF_{t,t+1} r_{t,t+1}^s] = 1$$

其中，$r_{t,t+1}^s$ 是任何资产从 t 期到 $t+1$ 期的收益率，$SDF_{t,t+1}$ 是从 t 期到 $t+1$ 期的随机贴现因子。

无风险利率满足：

$$r_{t+1}^f = \frac{1}{E_t[SDF_{t,t+1}]}$$

风险资产的收益率可表示为

$$E_t\left[\frac{r_{t+1}^s - r_{t+1}^f}{r_{t+1}^f}\right] = -\text{cov}(SDF_{t,t+1}, r_{t+1}^f)$$

由此可见，资产收益率包括两部分，一是无风险利率，二是该资产收益率与随机贴现因子的协方差。仍然考虑上面不可分离的效用函数形式，非预期型效用情况下的随机贴现因子为

$$SDF_{t,t+1} = \beta\left(\frac{\tilde{c}_t}{\tilde{c}_{t+1}}\right)^{\gamma}\left(\frac{(c_t/\tilde{c}_t)}{(c_{t+1}/\tilde{c}_{t+1})}\right)\left(\frac{U_{t+1}}{[E_t(U_{t+1})^{1-v}]^{1/(1-v)}}\right)^{-v}$$

其中，$\tilde{c}_t = c_t^a[w(l_t, h_t)]^b$ 是复合消费品。可以看出，随机贴现因子不仅决定于

消费的水平变化，而且还决定于消费的增长率变化。在一般均衡框架下，均衡增长路径意味着所有经济变量沿着一个共同的趋势变化，假设共同趋势由变量 Z_t 来表示，若趋势是确定性趋势，通常可表示为

$$\ln Z_t = gt + z_t, z_t = \rho z_{t-1} + \varepsilon_t, \varepsilon_t \sim N(0, \sigma_\varepsilon^2)$$

若趋势是随机性趋势，通常可表示为

$$\ln Z_t = \ln Z_{t-1} + g + z_t, z_t = \rho z_{t-1} + \varepsilon_t, \varepsilon_t \sim N(0, \sigma_\varepsilon^2)$$

其中，z_t 是影响趋势项的随机冲击。

这两种趋势对随机贴现因子的影响是不同的，在确定性趋势下，冲击 z_t 产生的影响是短暂的，而在随机性趋势下，冲击 z_t 产生的影响是永久的。除了对随机贴现因子的水平产生影响外，冲击还对随机贴现因子的波动、随机贴现因子与资产收益率的协方差产生影响，并且协方差可能呈现出条件异方差的特性，这些都会对资产收益率产生影响。

Tallarini（2000）采用非预期型效用函数对经济波动、资产价格以及福利的影响进行模拟，指出在保持跨期替代弹性为 1 的情况下，改变风险厌恶系数对产出、消费等宏观经济变量的影响不大，但对资产价格和福利会产生重要的影响。因此通过控制风险厌恶系数可以解决股票超额收益之谜，并且，其针对两种趋势的影响进行了比较，发现随机性趋势更能解释资产价格的变化情况。

Bansal – Yaron（2004）也在非预期型效用函数情况下对长期风险与资产价格的关系进行了研究，指出随机性趋势带来的长期风险对资产价格的确定会产生重要的影响，同时，趋势变化带来的波动性变化对解释风险溢价很重要。在假设随机性趋势且冲击的波动率是时变的情况下，经过模拟发现，通过分别控制跨期替代弹性和风险厌恶系数可以解决股票收益率之谜、无风险利率之谜等问题，而且，跨期替代弹性大于 1 对解释随机贴现因子的逆周期变化及其对资产价格的影响非常重要，以前模型不能解释风险收益之谜的一个重要原因是模型中跨期替代弹性太低（通常小于 1）。

Bansal – Yaron（2004）的工作给后来的研究提供了两点提示：一是随机性趋势对解释资产价格的长期变化很重要，二是对趋势产生影响的随机波动项对刻画资产的风险溢价以及风险溢价的动态变化特征很重要。Barro（2006）研究发现，稀有事件对资产定价具有重要的影响，稀有事件（如灾难）对趋势的影响具有独特性。稀有事件发生的概率非常小，可一旦发生，其对趋势的影响非常大，经济很可能跨越到另一种趋势路径，如一旦经济危机爆发，经济

将会迅速到达一条低增长的路径上。Barro（2006）、Gourio（2008a，b，2012）、Gabaix（2011）和 Backus - Chernov - Martin（2011）等学者在非预期型效用函数情况下将稀有事件发生机制引入模型中并对资产等价进行了研究，结果显示，稀有事件的引入对刻画趋势项及其趋势的突变，对解释各种资产收益率之谜很有帮助，特别是对刻画资产价格的长期特征有很大帮助。

二、新凯恩斯模型中的资产定价

在一般均衡框架下研究资产定价的意义不仅在于研究经济变化对资产价格的影响，而且要研究资产价格变化是否也对经济产生影响，这是与在纯禀赋经济等部分均衡框架下研究资产定价的最重要区别。

在 RBC 模型下采用预期型效用函数研究资产定价的成果很多。其中，Jermann（1998）考察了在单部门 RBC 模型中引入内在消费习惯与资本调整成本对资产定价的影响，指出资本调整成本的存在使得消费平滑更加困难，从而会增加跨期消费替代率的波动性，这为解释资产风险溢价提供了一种途径。若再考虑引入消费习惯的作用，将会使该问题能够得到更好的解决。Boldrin - Christiano - Fisher（2001）在两部门 RBC 模型中引入消费习惯并考虑了劳动力在两部门间不能完全流动的情况，指出劳动力的不完全流动也会使消费平滑更困难，这也可以解决股票收益率之谜。Lettau（2003）在可分离的效用函数中同时考虑了闲暇决策，并且指出标准 RBC 模型中的资本收益率只是一种短期股权收益率，等于资本的边际产出减去资本的折旧率，在完全资本市场条件下，从该短期收益率可以推导出长期股权和长期债券的收益率。利用此框架，Lettau 逐步考察了加入消费习惯、加入资本调整成本、考虑杠杆率以及劳动力供给内生性对长期股权收益率和长期债券收益率的影响。虽然要使模型的风险溢价与实际数据相匹配，需要设定很高的资本调整成本并依然需要设定很强的风险厌恶系数，但生产中资本调整与积累、劳动力和闲暇的选择对消费平滑和跨期替代进而对资产价格影响产生了一种内在机制和传导途径，这无疑为进一步分析经济波动与资产价格的关系提供了很好的借鉴。Uhlig（2007）和 Rudebusch - Swanson（2008）进一步讨论了消费习惯与工资刚性对资产定价的影响以及对解决债券收益率之谜所具有的可借鉴意义。Jaccard（2009）将消费与闲暇看成是一个复合消费品，并讨论了对此复合消费品引入消费习惯或者引入耐用消费品属性对资产定价产生的影响。

在 RBC 框架下采用非预期型效用函数研究资产定价的成果在近年也不断出现。Tallarini（2000）采用非预期型效用函数对经济波动、资产价格以及福利的影响进行了模拟并得到，在保持跨期替代弹性为 1 的情况下，改变风险厌恶系数对产出、消费等宏观经济变量的影响不大，但对资产价格和福利会产生重要的影响。Bansal – Yaron（2004）的研究表明，随机性趋势带来的长期风险对资产价格的确定会产生重要的影响，同时，趋势变化带来的波动性变化对解释风险溢价很重要。Barro（2006）、Gourio（2008a，b，2012）、Gabaix（2011）和 Backus – Chernov – Martin（2011）等研究表明，稀有事件的引入对刻画趋势项及其趋势的突变对刻画资产价格的长期特征均有很大帮助。Backus – Ferriere – Zin（2015）的研究表明，如果风险的波动性不随时间变化，那么在跨期替代弹性为任意值的情况下，尽管改变风险厌恶系数对刻画资产价格的影响很大，但对产出、消费等宏观经济变量的影响不大，从而采用预期型还是非预期型效用函数对刻画宏观经济变量的变化没有太大差异，这是对 Tallarini（2000）结论的一个推广。这一点也在 Binsbergen 等（2008，2012）和 Caldara 等（2009）的研究中得到体现，他们在 RBC 框架下计算和估计债券的期限结构时发现，在以一阶近似方法求解模型的情况下（对福利函数来说是二阶近似），所有变量的变化与不确定性的刻画无关，即确定性等价定理成立，加入不确定性仅改变福利的水平值（即改变风险厌恶系数仅仅影响福利的常数项）。在以二阶近似方法求解模型的情况下（对福利函数来说是三阶近似），与确定性情况相比，加入不确定性仅改变所有变量的水平值（即改变风险厌恶系数仅仅影响所有变量的常数项），而不会对其动态特征产生影响，经济的动态特征会受到跨期替代弹性的影响，这意味着在跨期替代弹性影响风险溢价动态路径的同时，改变风险厌恶系数每期将对风险溢价的变化路径产生平移影响，但风险溢价是不随时间变化的。在以三阶近似方法求解模型的情况下（对福利函数来说是四阶近似），加入不确定性会进一步对变量波动性的变化产生影响，波动性的时变特征将导致风险溢价也是随着时间变化的，这也是 Bansal – Yaron（2004）研究中为什么要考虑波动性是条件异方差的一个原因。另外，加入不确定性将会导致经济变量的波动性加大，这将对福利以及人们的预防性储蓄行为产生影响，从而在采用非预期型效用函数的情况下，经济波动产生的福利损失要比采用预期型效用函数的情形大，这一点进一步推广和丰富了 Lucas 的结论。Backus – Chernov – Zin（2014）采用最小熵方法对资产定价中风险溢价的长短期特征进行了研究，并与其他方法进行了比较。

以上是在价格完全弹性的情况下得到的结果，因此模型中的资产收益率是以实际收益率体现的，这些研究结果对实际中以名义收益率来标示的资产定价并不够用，因为名义收益率还要考虑通胀率的变化情况。这就提出一个问题，即名义风险溢价变化到底是由实体经济变化导致的还是价格变化导致的？基于此，我们需要将实体经济、通胀率和资产价格三者放在一起来考虑，特别是研究名义定价核的确定和变化以及对资产定价的影响。新凯恩斯模型中对实体经济和通胀率的变化有清晰的刻画，这为研究以名义收益率标示的资产定价提供了很好的契机，而且价格粘性对经济波动、资产定价和福利的影响机制比价格弹性的影响机制有更丰富的内容，因此在新凯恩斯框架下研究资产定价的成果不断出现。

关于在新凯恩斯框架下利率的期限结构的研究出现了不少成果，其中，采用预期型效用函数的典型代表有 Ravenna – Seppala（2006）、Rudebusch – Sack – Swanson（2007）和 De – Paoli – Scott – Weeken（2010）等。他们得到的基本结论是，对于不同的随机冲击，期限溢价的变化呈现出不同的特征：对于生产率冲击，增加实际刚性将会使期限溢价扩大，增加名义粘性则会使期限溢价减小；对于货币冲击，增加实际刚性和名义粘性均会使期限溢价扩大。Rudebusch – Sack – Swanson（2007）同时对期限结构的结构式方法和简化式方法进行了比较，发现简化式方法刻画的期限结构在拟合实际数据方面很好，但缺少从期限结构到经济方面的反馈机制，从而期限结构与经济的联系是单方面的，不能了解期限结构变化对经济的影响；结构式方法能够在一般均衡框架下刻画期限结构与经济的相互联系，但由此刻画的期限结构在拟合数据方面很差，这说明结构式方法刻画的不确定性有限，与期限结构实际数据中反映的不确定性还有较大差距，但这一点也为进一步改进以结构式方法刻画期限结构提供了方向。Heer – Klarl – Maussner（2012）指出，若在 De – Paoli – Scott – Weeken（2010）的基础上再考虑工资粘性，那将对结果有进一步的改进。针对预期型效用函数的局限性，Rudebusch – Swanson（2009）又采用非预期型效用函数对原有的结果进行进一步拓展，从而使模型中的期限结构在程度以及动态特征等方面能够更好地反映实际数据情况。Pariès – Loublier（2010）则在采用非预期效用函数的基础上又加入了工资粘性，并且在粘性价格和工资的设定中考虑了指数化，从而能够更好地刻画利率的期限结构。

除了研究利率的期限结构外，在新凯恩斯框架下研究股票风险溢价的成果也不断出现。Wei（2009）和 De Paoli – Scott – Weeken（2010）发现，在生产率冲击下，增加名义粘性导致边际生产成本调整会减弱由生产率造成的产出波动，加之劳动与闲暇的替代效应，最终会使生产率变化导致的跨期替代率变化减弱，从而使股票的风险溢价减小；而在货币冲击下，虽然增加名义粘性会使股票的风险溢价扩大，但由于货币政策对经济影响程度较弱，因此，要使新凯恩斯模型中的股票风险溢价与实际数据相匹配，货币冲击的幅度不能太小并且要有足够的持续性。另外，增加投资的调整成本能够对解释股票的风险溢价有帮助，但这是充分条件而不是必要条件。Challe – Giannitsarou（2011）在价格粘性的基础上，又增加了工资粘性，从而对股票的风险溢价进行了进一步刻画。除了采用典型经济人模型外，Castelnuovo – Nístico（2010）和 Nisticò（2011，2012）在交迭时代框架下（Overlappig Genrations，OLG）考虑了股票的风险溢价问题，在这类模型中由于李嘉图等价定理不成立，从而每期异质性经济主体的行为差异对刻画资产价格的变化以及风险溢价会带来更丰富的内容。

经济波动和资产价格的相互联系和相互影响，也对货币政策的决策提出一个问题，即货币政策在稳定经济的过程中，是否也要考虑资产价格的变化呢？对于这个问题存在两种不同观点。

在新凯恩斯框架下，Bernanke – Gertler（1999，2001）的分析表明，资产价格的变化迟早会在经济的基本面中体现出来，除非资产价格的变化所反映的内容远远偏离基本面，一般来说货币政策不需要对资产价格的变化做出反应。Carlstrom – Fuerst（2007）进一步指出，如果在货币政策规则中考虑资产价格的变化，那么有可能导致实体经济均衡的不定性（Indeterminacy）以及太阳黑子均衡（Sunpot Equibria）的出现，这种不定性将会导致实体经济和资产价格偏离基本面，故此货币政策规则不需要对资产价格的变化进行反应。Machado（2012）在 Carlstrom – Fuerst（2007）的模型中讨论了学习机制，发现在货币政策规则中盯住资产价格将会阻碍理性预期均衡（Rational Expectation Equilibria）的收敛性，因此建议货币政策不必对资产价格作出反应。

Cecchetti – Genberg – Wadwhani（2002）依据福利分析对最优货币政策选择进行了研究并指出，由于资产价格的变化还包含了经济基本面意外的信息，从而货币政策应该对资产价格的变化进行反应，这样可以降低资产泡沫形成的可能性以及经济周期中投资的风险。Dupor（2005）的分析表明，在信息有限以及货币政策采用相机抉择的决策方式下，货币政策应对偏离基本面的资产价格变化采取稳定性措施。Faia – Monacelli（2007）和 Christiano – Ilut – Motto – Rostagno（2008）的研究表明，货币政策应对经济周期中信贷利差和股价的变化进行反应，这将有助于稳定经济。Disyatat（2010）、Gerdesmeier – Reimers – Roffia（2010）、Nisticò（2011，2012）和 Heer – Maussner – Ruf（2016）等学者的研究结论也支持货币政策对资产价格变化进行反应。其中，Nisticò（2011，2012）采用了非李嘉图等价的 OLG 模型并基于美国的实际数据进行估计检验；Heer – Maussner – Ruf（2016）分别采用了预期型效用函数和非预期型效用函数并对二者进行了比较。但是，Faia - Monacelli（2007）和 Heer - Maussner - Ruf（2016）的结果表明，考虑资产价格变化的货币政策在福利上并没有太大的改进，因此，只有在资产价格远远偏离基本面的情况下，货币政策才能进行调整，这一点与 Bernanke - Gertler（2001）得到的结论类似。

下面着重考虑在新凯恩斯框架下分析资产价格变化与经济波动之间的关系。第四章第三节在价格完全弹性及存在投资调整成本的情况下讨论了利率的期限结构和股权的定价，这里将在此基础上增加以下内容，一是加入消费习惯，二是加入价格和工资粘性，三是考虑非预期型效用函数，四是考虑货币政策规则对资产价格的反应。

（一）居民

假设典型居民持有的资产包括没有风险的政府短期债券和厂商发行的股权，居民在提供劳动力获得劳动收入的同时，也得到分得的股权红利及债券利息。假设居民是同质的且连续分布于区间 $[0,1]$，对于某个居民 $h \in [0,1]$，其预算约束为

$$c_{h,t} + \frac{B_{h,t+1}}{P_t} + \frac{Q_t^e S_{h,t+1}}{P_t} = \frac{B_{h,t}(1+R_{b,t})}{P_t} + \frac{(Q_t^e + D_t)S_{h,t}}{P_t} + \frac{W_{h,t}}{P_t}l_{h,t} - \tau_{h,t}$$

其中，$c_{h,t}$ 是实际消费，$B_{h,t+1}$ 是居民持有的政府债券名义余额（期初余额），$S_{h,t+1}$ 是居民持有的股权数量（期初存量），Q_t^e 是股权的名义价格，$R_{b,t}$ 是政府债券的名义利率，D_t 是每股股权得到的名义红利，P_t 是价格水平，$W_{h,t}$ 是名义工资，$l_{h,t}$ 是劳动力，$\tau_{h,t}$ 是居民上缴的税收。可以像第四章那样引入债券的期限结构，但这里为着重讨论股权价格，忽略了债券的期限结构，从而模型中仅存在一期国债。定义 $b_{h,t+1} = B_{h,t+1}/P_t$ 是居民持有的政府债券的实际余额（期初余额），$q_t^e = Q_t^e/P_t$ 是股权的实际价格，$d_t = D_t/P_t$ 是股权红利的实际值，$r_{b,t} = (1+R_{b,t})/(1+\pi_t)-1$ 是政府债券的实际利率，$\pi_t = P_t/P_{t-1}-1$ 是通胀率，$w_{h,t} = W_{h,t}/P_t$ 是实际工资。居民的预算约束可以实际变量的形式写出：

$$c_{h,t} + b_{h,t+1} + q_t^e S_{h,t+1} = (1+r_{b,t})b_{h,t} + (q_t^e + d_t)S_{h,t} + w_{h,t}l_{h,t} - \tau_{h,t}$$

劳动力市场处于垄断竞争状态，对第 h 个居民的劳动力总需求为

$$l_{h,t} = (W_{h,t}/W_t)^{-\theta_w} l_t^d = (w_{h,t}/w_t)^{-\theta_w} l_t^d$$

其中，$W_t = \left[\int_0^1 W_{h,t}^{1-\theta_w} dh \right]^{1/(1-\theta_w)}$，$w_t = W_t/P_t$，$l_t^d$ 是对劳动力的总需求，θ_w 是不同劳动力之间的相互替代弹性。

在工资为弹性的情况下，居民的决策问题可表示为

$$\max_{\{c_{h,t}, l_{h,t}, b_{h,t+1}, S_{h,t+1}\}} U_{h,0}$$

$$s.\,t.\quad c_{h,t} + b_{h,t+1} + q_t^e S_{h,t+1} = (1 + r_{b,t}) b_{h,t} + (q_t^e + d_t) S_{h,t} + w_{h,t} l_{h,t} - \tau_{h,t}$$

$$U_{h,t} = u(c_{h,t}, l_{h,t}) + \beta \left(E_t U_{h,t+1}^{1-v} \right)^{\frac{1}{1-v}}$$

$$l_{h,t} = (w_{h,t}/w_t)^{-\theta_w} l_t^d$$

假设当期效用函数采用下面带有外在消费习惯的形式：

$$u(c_{h,t}, l_{h,t}) = (1 - \beta)(\tilde{c}_{h,t})^{1-\gamma}$$

其中，$\tilde{c}_{h,t} = (c_{h,t} - bc_{t-1})^a (1 - l_{h,t})^{1-a}$ 可以看成是一种复合消费品，$c_t = \int_0^1 c_{h,t} \mathrm{d}h$ 是总消费。令上面前两个约束对应的 Lagrange 乘子分别为 $\beta^t \lambda_t \mu_t$ 和 $\beta^t \mu_t$，考虑居民的同质性，忽略指标 h，则上面问题的一阶条件为

$$u_{c,t} = \lambda_t$$

$$\frac{\theta_w}{(\theta_w - 1)} u_{l,t} = - w_t \lambda_t$$

$$\lambda_t \mu_t = \beta E_t \left[(1 + r_{b,t+1}) \lambda_{t+1} \mu_{t+1} \right]$$

$$\lambda_t \mu_t q_t^e = \beta E_t \left[(d_{t+1} + q_{t+1}^e) \lambda_{t+1} \mu_{t+1} \right]$$

$$\mu_t = \mu_{t-1} \left(E_{t-1}(U_t)^{1-v} \right)^{\frac{v}{1-v}} (U_t)^{-v}$$

$$\mu_0 = 1$$

令 $X_t = \mu_t/\mu_{t-1} = \left(\dfrac{U_t}{[E_{t-1}(U_t)^{1-v}]^{1/(1-v)}} \right)^{-v}$，则可得到

$$\lambda_t = \beta E_t \left[(1 + r_{b,t+1}) \lambda_{t+1} X_{t+1} \right]$$

$$\lambda_t q_t^e = \beta E_t \left[(d_{t+1} + q_{t+1}^e) \lambda_{t+1} X_{t+1} \right]$$

由此可得到从 t 期到 $t+1$ 期的随机贴现因子：

$$SDF_{t,t+1} = \beta X_{t+1} \lambda_{t+1}/\lambda_t = \beta \frac{u_{c,t+1}}{u_{c,t}} \left(\frac{U_{t+1}}{[E_t(U_{t+1})^{1-v}]^{1/(1-v)}} \right)^{-v}$$

利用上面给定的函数形式可得到

$$u_{c,t} = (1 - \beta)(1 - \gamma) a (\tilde{c}_t)^{-\gamma} [\tilde{c}_t/(c_t - bc_{t-1})]$$

$$u_{l,t} = -(1 - \beta)(1 - \gamma)(1 - a)(\tilde{c}_t)^{-\gamma} [\tilde{c}_t/(1 - l_t)]$$

$$SDF_{t,t+1} = \beta \left(\frac{\tilde{c}_t}{\tilde{c}_{t+1}} \right)^{\gamma} \left(\frac{[(c_t - bc_{t-1})/\tilde{c}_t]}{[(c_{t+1} - bc_t)/\tilde{c}_{t+1}]} \right) \left(\frac{U_{t+1}}{[E_t(U_{t+1})^{1-v}]^{1/(1-v)}} \right)^{-v}$$

上面是在工资为弹性的情况下得到的最优条件，参照第五章的做法引入工资粘性，可得到下面关系式：

$$W_t^f/P_t = - \frac{\theta_w}{(\theta_w - 1)} \frac{u_{l,t}}{u_{c,t}} = \frac{\theta_w}{(\theta_w - 1)} \frac{(1 - a)}{a} \frac{(c_t - bc_{t-1})}{(1 - l_t)}$$

$$E_t \left(\frac{W_{h,t}}{W_t} W_{1,t} - W_{2,t} \right) = 0$$

$$W_{1,t} = l_t \left(W_t^f / W_t \right)^{-2} + q_w SDF_{t,t+1} \left(\frac{1 + \overline{\pi}_w}{1 + \pi_{w,t+1}} \right)^2 W_{1,t+1}$$

$$W_{2,t} = l_t \left(W_t^f / W_t \right)^{-1} + q_w SDF_{t,t+1} \left(\frac{1 + \overline{\pi}_w}{1 + \pi_{w,t+1}} \right) W_{2,t+1}$$

$$\left(W_t \right)^{1-\theta_w} = (1 - q_w) \left(W_{h,t} \right)^{1-\theta_w} + q_w \left[(1 + \overline{\pi}_w) W_{t-1} \right]^{1-\theta_w}$$

其中，W_t^f 是完全弹性条件下的最优名义工资，P_t 是物价水平，θ_w 是不同劳动力之间的相互替代弹性，$W_{h,t}$ 是第 h 个居民在粘性条件下制定的最优名义工资，W_t 是名义工资，$\pi_{w,t} = W_t / W_{t-1} - 1$ 是名义工资增长率，$(1 - q_w)$ 是每期调整名义工资的居民所占的比例，未调整工资的居民盯住稳态时的工资增长率，$SDF_{t,t+1}$ 是从 t 期到 $t+1$ 期的随机贴现因子。同时劳动力供需满足下面的关系式：

$$l_t = s_{w,t} l_t^d$$

$$s_{w,t} = (1 - q_w) \left(\frac{W_{h,t}}{W_t} \right)^{-\theta_w} + q_w \left(\frac{1 + \overline{\pi}_w}{1 + W_t} \right)^{-\theta_w} s_{w,t-1}$$

这里，$s_{w,t}$ 是描述名义工资分散程度的指标。

（二）厂商

这里厂商包括三个层次：一是生产最终产品的厂商，其处于完全竞争状态；二是生产中间产品的厂商，其处于垄断竞争状态；三是生产资本品的厂商。

生产最终产品和中间产品的厂商行为与前面章节相同，这里不再重复，仅列出下面的关系式，但须注意的是要将前面的随机贴现因子进行调整：

$$m_t = \frac{(r_{k,t})^\alpha w_t^{1-\alpha}}{(a)^\alpha (1-\alpha)^{1-\alpha} Z_t}$$

$$k_t = \alpha m_t y_t / r_{k,t}$$

$$l_t^d = (1-\alpha) m_t y_t / w_t$$

$$p_t^f = \frac{\theta}{\theta - 1} m_t$$

$$E_t \left([P_t(j)/P_t] F_{1,t} - F_{2,t} \right) = 0$$

$$F_{1,t} = y_t (p_t^f)^{-2} + q SDF_{t,t+1} \left(\frac{1 + \overline{\pi}}{1 + \pi_{t+1}} \right)^2 F_{1,t+1}$$

$$F_{2,t} = y_t (p_t^f)^{-1} + q SDF_{t,t+1} \left(\frac{1 + \overline{\pi}}{1 + \pi_{t+1}} \right) F_{2,t+1}$$

$$P_t^{1-\theta} = (1-q)(P_t(j))^{1-\theta} + q((1+\overline{\pi})P_{t-1})^{1-\theta}$$

$$y_t = s_t(c_t + g_t + i_t)$$

$$s_t = (1-q)[P_t(j)]^{-\theta} + q\left(\frac{1+\overline{\pi}}{1+\pi_t}\right)^{-\theta} s_{t-1}$$

其中，m_t 是生产中间产品的实际边际成本，$r_{k,t}$ 是资本的实际收益率，w_t 是实际工资，Z_t 是生产率，k_t 是对资本的总需求（期初存量），l_t^d 是对劳动力的总需求，y_t 是产出，p_t^f 是厂商在完全弹性的条件下确定的价格，π_t 是通胀率，$P_t(j)$ 是第 j 类厂商在粘性条件下确定的最优价格，P_t 是最终产品的价格，θ 是不同产品之间的相互替代弹性，$(1-q)$ 是每期调整价格的厂商所占的比例，未调整价格的厂商盯住稳态时的通胀率，$SDF_{t,t+1}$ 是从 t 期到 $t+1$ 期的随机贴现因子，g_t 是政府支出，c_t 是总消费，s_t 是描述价格分散程度的指标。

前面章节假设生产中间产品的厂商将垄断利润直接转移支付给居民，这里与前面不同，假设将垄断利润转移支付给生产资本品的厂商，生产资本品的厂商将新增加的投资品与已有的资本存量结合在一起生产出新的资本存量。在资本价值增值的同时，生产资本品的厂商将红利支付给居民，而红利将对股权的定价产生影响。每期生产资本品的厂商现金流满足下面的关系式：

$$d_t \int_0^1 S_{h,t} dt = y_t - w_t l_t^d - i_t$$

其中，$S_{h,t}$ 是居民持有的股权数量（期初存量），$d_t = D_t/P_t$ 是股权红利的实际值，y_t 是产出，w_t 是实际工资，l_t^d 是对劳动力的总需求，i_t 是实际总投资。不妨进行标准化，$\int_0^1 S_{h,t} dh = 1$，这样得到

$$d_t = y_t - w_t l_t^d - i_t$$

生产资本品的厂商求解下面的优化问题：

$$\max_{\{i_{t+s}, k_{t+1+s}\}} E_t \sum_{s=0}^{\infty} SDF_{t,t+s} d_{t+s}$$

$$s.t. \quad k_{t+s} = (1-\delta)k_{t-1+s} + [1 - \Psi(i_{t+s}/i_{t-1+s})]i_{t+s}$$

式中，k_t 是资本存量，δ 是资本的折旧率，$\Psi(i_t/i_{t-1}) = 0.5h(i_t/i_{t-1} - 1)^2$，$h \geq 0$ 是投资的调整成本。令约束对应的 Lagrange 乘子分别为 q_t^k，上面问题的一阶条件为

$$q_t^k[1 - \Psi(i_t/i_{t-1})] - 1 - q_t^k(i_t/i_{t-1})\Psi'(i_t/i_{t-1})$$
$$+ E_t SDF_{t,t+1} q_{t+1}^k (i_{t+1}/i_t)\Psi'(i_{t+1}/i_t) = 0$$

$$q_t^k = E_t[SDF_{t,t+1}[\alpha y_{t+1}/k_{t+1} + (1-\delta)q_{t+1}^k]]$$

由前面得到的关系式：

$$q_t^e = E_t[SDF_{t,t+1}(d_{t+1} + q_{t+1}^e)]$$

可计算出股权价格，另外可计算出股权的预期收益率为

$$(1 + r_{t+1}^e) = (d_{t+1} + q_{t+1}^e)/q_t^e$$

无风险债券的实际收益率分别为

$$1 + r_{b,t+1} = 1/(E_t SDF_{t,t+1})$$

上面计算的是股权的实际价格，如果要计算股权的名义价格，上面的公式调整为

$$Q_t^e = E_t[SDF_{t,t+1}(D_{t+1} + Q_{t+1}^e)/(1 + \pi_{t+1})]$$

持有一期的股权名义收益率和无风险债券收益率调整为

$$(1 + R_{t+1}^e) = (1 + r_{t+1}^e)(1 + \pi_{t+1})$$
$$(1 + R_{b,t+1}) = (1 + r_{b,t+1})(1 + \pi_{t+1})$$

股权的风险溢价为

$$R_t^p = R_t^e - R_{b,t}$$

（三）政府、中央银行和均衡条件

政府的行为决策与前面章节相同，这里不再重复，中央银行采用的货币政策规则增加了对资产价格的考虑，即

$$R_{b,t+1} = \rho_R R_{b,t} + (1 - \rho_R)[\overline{R}_b + \kappa_y \ln(y_t/\overline{y}) + \kappa_\pi(\pi_t - \overline{\pi}) + \kappa_e(q_{t+1}^e/q_t^e)] + u_{R,t},$$

$$0 \leqslant \rho_R \leqslant 1, \kappa_y > 0, \kappa_\pi > 1, \kappa_e > 0$$

商品市场和劳动力市场满足以下均衡条件：

$$y_t = s_t(c_t + g_t + i_t)$$
$$l_t = s_{w,t} s_t(1 - \alpha)(m_t/w_t)(c_t + g_t + i_t)$$

（四）模型稳态与校准

在不考虑经济增长率以及稳态时通胀率和名义工资增长率为零的情况下，所有名义收益率与实际收益率相等。随机贴现因子、实际利率和股权收益率为

$$\overline{SDF} = \beta$$
$$\overline{r}_b = \overline{r}^e = \overline{R}_b = \overline{R}^e = 1/\beta - 1$$

资本价格为

$$\overline{q}^k = 1$$

描述价格和工资分散程度的指标

$$\overline{s} = \overline{s}_w = 1$$

资本收益率为

$$\overline{r}_k = (\overline{r}_b + \delta)\overline{m}$$

各个变量与产出的比例确定方法与第五章带有价格粘性和工资粘性模型的方法一样，唯一不同的是通过下面的关系式：

$$\bar{w} = \frac{\theta_w}{(\theta_w - 1)} \frac{(1 - a)}{a} \frac{(1 - b)\bar{c}}{(1 - \bar{l})}$$

或者

$$1/\bar{y} = \frac{\theta_w}{(\theta_w - 1)} \frac{(1 - a)(1 - b)(\bar{c}/\bar{y})}{a\bar{w}} + (\bar{l}/\bar{y})$$

来确定产出 $\bar{y}$。一旦确定出该变量，根据已经得到的各个比例就能确定各个经济变量，这一点与前面模型相同，这里不再重复。根据以上计算结果，稳态时的红利为

$$\bar{d} = \bar{y} - \bar{w}\bar{l} - \bar{i}$$

这样可计算出稳态时的股权价格：

$$q = \overline{SDF}\,\bar{d}/(1 - \overline{SDF}) = \beta\bar{d}/(1 - \beta)$$

模型中的大部分参数与第五章带有价格粘性和工资粘性模型的参数相同，不同的参数包括 $\{b, a, \gamma, v\}$。这里反映消费习惯的参数选择为 $b = 0.85$。复合消费品中消费和闲暇所占的比重相同，即选择参数 $a = 0.5$。参数 γ 反映了当期效用函数关于复合消费品的曲率，这里选择为 $\gamma = 4$，考虑到效用函数中消费与闲暇的不可分离性，从而跨期替代弹性与前面章节不完全相同，这个不同之处将对经济的动态产生影响。选择参数 $v = 5$，对于复合消费品，风险系数不仅仅决定于参数 v，还与其他参数有关（Swanson，2012），但通过该参数能够反映居民对风险的厌恶偏好。为完整起见，现将模型总结于表 6.9 中。

表 6.9   模型 Cha6in（非线性形式）

外生变量：Z_t, g_t；

$$\ln(Z_t/\bar{Z}) = \rho_Z \ln(Z_{t-1}/\bar{Z}) + u_{Z,t}, 0 \leq \rho_Z < 1$$

$$\ln(g_t/\bar{g}) = \rho_g \ln(g_{t-1}/\bar{g}) + u_{g,t}, 0 \leq \rho_g < 1$$

内生变量：$SDF_{t,t+1}$, $r_{b,t}$, $R_{b,t}$, c_t, $\tilde{c}_t$, EU_t, U_t, W_t^f, l_t, w_t, m_t, $r_{k,t}$, k_t, y_t, i_t, q_t^k, q_t^e, d_t, r_t^e, R_t^e, Q_t^e, R_t^p, $s_{w,t}$, s_t, π_t, P_t, $P_t(j)$, p_t^f, $F_{1,t}$, $F_{2,t}$, $\pi_{w,t}$, W_t, $W_{h,t}$, $W_{1,t}$, $W_{2,t}$, τ_t, b_t；

$$1 + r_{b,t+1} = 1/(E_t SDF_{t,t+1})$$

$$1 + R_{b,t} = (1 + r_{b,t})(1 + \pi_t)$$

$$R_{b,t+1} = \rho_R R_{b,t} + (1 - \rho_R)[\bar{R}_b + \kappa_y \ln(y_t/\bar{y}) + \kappa_\pi(\pi_t - \bar{\pi}) + \kappa_e(q_{t+1}^e/q_t^e)] + u_{R,t},$$

$$0 \leq \rho_R \leq 1, \kappa_y > 0, \kappa_\pi > 1, \kappa_e > 0$$

$$SDF_{t,t+1} = \beta \left(\frac{\tilde{c}_t}{\tilde{c}_{t+1}} \right)^{\gamma} \left(\frac{[(c_t - bc_{t-1})/\tilde{c}_t]}{[(c_{t+1} - bc_t)/\tilde{c}_{t+1}]} \right) \left(\frac{U_{t+1}}{(EU_t)^{1/(1-v)}} \right)^{-v}$$

$$\tilde{c}_t = (c_t - bc_{t-1})^a (1 - l_t)^{1-a}$$

$$EU_t = (U_{t+1})^{1-v}$$

$$U_t = (1 - \beta)\tilde{c}^{1-\gamma} + \beta (EU_t)^{\frac{1}{1-v}}$$

$$W_t^f/P_t = \frac{\theta_w}{(\theta_w - 1)} \frac{(1 - a)}{a} \frac{(c_t - bc_{t-1})}{(1 - l_t)}$$

$$l_t = s_{w,t}(1 - \alpha)m_t y_t/w_t$$

$$w_t = W_t/P_t$$

$$m_t = \frac{(r_{k,t})^{\alpha} w_t^{1-\alpha}}{(a)^{\alpha} (1 - \alpha)^{1-\alpha} Z_t}$$

$$r_{k,t} = \alpha m_t y_t/k_t$$

$$k_{t+1} = (1 - \delta)k_t + [1 - \Psi(i_t/i_{t-1})]i_t$$

$$y_t = s_t(c_t + i_t + g_t)$$

$$q_t^k[1 - \Psi(i_t/i_{t-1})] - 1 - q_t^k(i_t/i_{t-1})\Psi'(i_t/i_{t-1})$$
$$+ E_t SDF_{t,t+1} q_{t+1}^k(i_{t+1}/i_t)\Psi'(i_{t+1}/i_t) = 0$$

$$q_t^k = E_t[SDF_{t,t+1}[\alpha y_{t+1}/k_{t+1} + (1 - \delta)q_{t+1}^k]]$$

$$q_t^e = E_t[SDF_{t,t+1}(d_{t+1} + q_{t+1}^e)]$$

$$d_t = y_t - w_t l_t/s_{w,t} - i_t$$

$$(1 + r_{t+1}^e) = (d_{t+1} + q_{t+1}^e)/q_t^e$$

$$(1 + R_{t+1}^e) = (1 + r_{t+1}^e)(1 + \pi_{t+1})$$

$$Q_t^e = q_t^e P_t$$

$$R_t^p = R_t^e - R_{b,t}$$

$$s_{w,t} = (1 - q_w)\left(\frac{W_{h,t}}{W_t}\right)^{-\theta_w} + q_w\left(\frac{1 + \overline{\pi}_w}{1 + \pi_{w,t}}\right)^{-\theta_w} s_{w,t-1}$$

$$s_t = (1 - q)[P_t(j)]^{-\theta} + q\left(\frac{1 + \overline{\pi}}{1 + \pi_t}\right)^{-\theta} s_{t-1}$$

$$\pi_t = P_t/P_{t-1} - 1$$

$$P_t^{1-\theta} = (1 - q)(P_t(j))^{1-\theta} + q((1 + \overline{\pi})P_{t-1})^{1-\theta}$$

$$E_t([P_t(j)/P_t]F_{1,t} - F_{2,t}) = 0$$

$$F_{1,t} = y_t (p_t^f)^{-2} + qSDF_{t,t+1}\left(\frac{1 + \overline{\pi}}{1 + \pi_{t+1}}\right)^2 F_{1,t+1}$$

$$F_{2,t} = y_t (p_t^f)^{-1} + qSDF_{t,t+1}\left(\frac{1 + \overline{\pi}}{1 + \pi_{t+1}}\right)F_{2,t+1}$$

$$p_t^f = \frac{\theta}{\theta - 1} m_t$$

$$\pi_{w,t} = W_t / W_{t-1} - 1$$

$$(W_t)^{1-\theta_w} = (1 - q_w)(W_{h,t})^{1-\theta_w} + q_w \left[(1 + \overline{\pi}_w) W_{t-1} \right]^{1-\theta_w}$$

$$E_t \left(\frac{W_{h,t}}{W_t} W_{1,t} - W_{2,t} \right) = 0$$

$$W_{1,t} = l_t (W_t^f / W_t)^{-2} + q_w SDF_{t,t+1} \left(\frac{1 + \overline{\pi}_w}{1 + \pi_{w,t+1}} \right)^2 W_{1,t+1}$$

$$W_{2,t} = l_t (W_t^f / W_t)^{-1} + q_w SDF_{t,t+1} \left(\frac{1 + \overline{\pi}_w}{1 + \pi_{w,t+1}} \right) W_{2,t+1}$$

$$b_{t+1} = (1 + r_{b,t}) b_t + g_t - \tau_t$$

$$\tau_t = \overline{\tau} + \phi(b_t - \overline{b})$$

随机冲击：$u_{Z,t}$, $u_{g,t}$, $u_{R,t}$；

$$u_{Z,t} \sim N(0, \sigma_Z^2) , u_{g,t} \sim N(0, \sigma_g^2) , u_{R,t} \sim N(0, \sigma_R^2)$$

稳态条件：

$$\overline{Z} = 1$$

$$\overline{s} = \overline{s_w} = 1$$

$$\overline{SDF} = \beta$$

$$1 + \overline{r}_b = 1 / \overline{SDF}$$

$$\overline{\pi}_w = \overline{\pi} = 0$$

$$\overline{P} = 1$$

$$\overline{R}_b = (1 + \overline{\pi})(1 + \overline{r}_b) - 1$$

$$\overline{R}^e = \overline{r}^e = \overline{r}_b$$

$$\overline{R}^p = 0$$

$$\overline{g} / \overline{y} = 0.2$$

$$\overline{B} / \overline{y} = 5$$

$$\overline{m} = (\overline{\theta} - 1) / \overline{\theta}$$

$$\overline{r}_k = (\overline{r}_b + \delta) \overline{m}$$

$$\overline{m} = (\overline{r}_k)^\alpha \overline{w}^{1-\alpha} / \left[\overline{Z} \alpha^\alpha (1 - \alpha)^{1-\alpha} \right]$$

$$\overline{p}^f = \overline{P}(j) = 1$$

$$\overline{W^f} = \overline{W} = \overline{W}_h = \overline{w}$$

$$\overline{k} / \overline{y} = \alpha \overline{m} / \overline{r}_k$$

$$\overline{l} / \overline{y} = (1 - \alpha) \overline{m} / \overline{w}$$

$$\overline{c} / \overline{y} = 1 - \delta \overline{k} / \overline{y} - \overline{g} / \overline{y}$$

$$1/\bar{y} = \frac{\theta_w}{(\theta_w - 1)} \frac{(1 - a)(1 - b)(\bar{c}/\bar{y})}{a\bar{w}} + (\bar{l}/\bar{y})$$

$$\bar{d} = \bar{y} - \overline{wl} - \bar{i}$$

$$\overline{Q}^e = \beta\bar{d}/(1 - \beta)$$

$$\bar{\tilde{c}} = [(1 - b)\bar{c}]^a (1 - \bar{l})^{1-a}$$

$$\overline{U} = \bar{\tilde{c}}^{1-\gamma}$$

$$\overline{EU} = \overline{U}^{1-v}$$

$$\bar{\tau} = \bar{g} + \bar{r}\bar{b}$$

$$\overline{F}_1 = \overline{F}_2 = \bar{y}/(1 - \beta q)$$

$$\overline{W}_1 = \overline{W}_2 = \bar{l}/(1 - \beta q_w)$$

三、经济波动与风险溢价的模拟分析

利用上面经过校准的模型，下面对经济波动与风险溢价进行模拟分析。为与前面章节模型进行对比，仍以全要素生产率冲击为例进行分析，假设模型在稳态时受到全要素生产率冲击的影响，该冲击使全要素生产率相对于其稳态值上升 1% 。

首先在价格和工资完全弹性的情况下考察生产率变化对经济的影响。考虑三种情形：第一种情形没有引入消费习惯和投资调整成本，但与前面 RBC 模型不同的是引入了垄断竞争，并且采用了非预期型效用函数形式；第二种情形引入了消费习惯；第三种情形在第二种情形下再引入投资调整成本。图 6.12 是三种情形下的冲击响应曲线。

在价格和工资完全弹性的情况下，如果不引入消费习惯和投资调整成本等实际刚性，即使采用非预期型效用函数，消费、投资、劳动力等经济变量的动态特征也与标准的 RBC 模型相同，这些变量呈现出单调变化的特性。垄断竞争的引入只是将原来总产出的一部分变成了垄断利润，经济资源的相对价格和配置格局并没有改变。引入非预期型效用函数会增加随机贴现因子对复合消费品变化的反应，但消费和闲暇的替代效应产生的消费平滑效果可能完全抵销消费的跨期替代效应，同时在没有投资调整成本的情况下，资本的相对价格保持不变，由此，红利以及股权价格的波动非常小，从而股权的风险溢价基本没有变化。

引入消费习惯后使得消费的变化不再是单调的，这种变化会加大消费的波动，但消费的波动将会引起总需求以及劳动力需求的波动。为避免这种不确定性,居民会通过改变劳动力供给来减弱这种影响,居民将在经济繁荣期尽可能多工作从而避免未来经济衰退期收入下降,但是劳动力的变化趋势仍呈现单调的特性,这一点与上一种情形相同,从而随机贴现因子和无风险利率的变化并没有那么显著。在没有投资调整成本的情况下,尽管资本品价格保持不变,从而投资变化与上面相同,但不确定性造成的劳动力和总需求的波动会对红利产生影响,这将对股权的风险溢价产生影响,可以看出,股权的风险溢价会增加。

如果在上面的基础上再引入投资调整成本,那么消费、投资、产出、劳动力和红利的变化也呈现出非单调的特征。消费习惯和投资调整成本两种因素造成的经济波动将会使随机贴现因子的变化更明显,预防性储蓄动机对无风险利率造成的向下压力更大,同时,劳动力和总需求的波动导致的红利波动使股权的风险溢价进一步扩大。总的来看,在生产率冲击产生的不确定性情况下,利用非预期型效用函数并引入消费习惯和投资调整成本两种实际刚性会使风险溢价增大,同时,正向生产率冲击使产出、消费、投资和劳动力产生了协同变化的特点,收益率是顺周期变化的,但风险溢价是逆周期变化的。

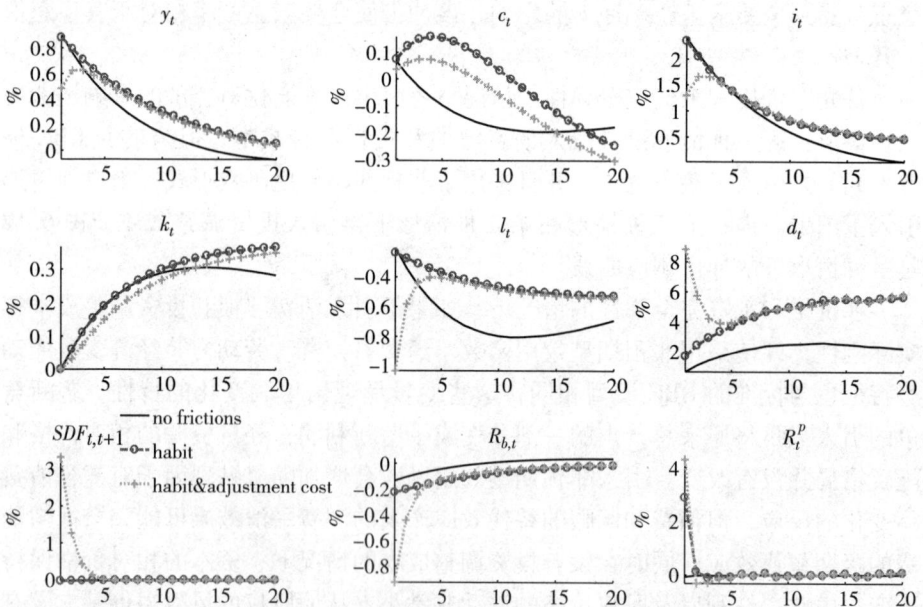

图 6.12　没有名义粘性情况下关于生产率冲击的冲击响应曲线

其次,在存在实际刚性的基础上,下面进一步考察名义粘性对以上结果的影响。考虑四种情况：价格和工资均是弹性的、价格是粘性的而工资是弹性的、价格是弹性的而工资是粘性的以及价格和工资均是粘性的。图 6.13 是四种情形下的冲击响应曲线。

在价格完全弹性的情况下，生产率的提高将会使边际生产成本降低，但价格粘性的存在使得边际生产成本、价格以及名义工资下降的幅度减弱，这也意味着劳动力的需求将会相对下降，并且价格粘性与消费习惯的共同存在也使得冲击对消费的影响持续性更强，消费虽在增长但增长速度逐渐减慢。劳动力和消费的波动特征使得随机贴现因子的变化表现出顺周期的特征，这会导致资本品价格变化也呈现出顺周期的特征，从而投资也呈现出顺周期的特征。每期厂商投资前的总现金流等于产出减去劳动力成本总支出，即

$$d_t + i_t = y_t - w_t l_t^d = [1 - (1 - \alpha)m_t]y_t$$

边际生产成本 m_t 的下降意味着总现金流占产出的比例会上升。在投资上升的情况下，红利是否增加取决于总现金流和投资增加的幅度。从图 6.13 中可以看出，红利呈现下降的趋势，这将会对股权价格产生下降的压力，但投资的增加将迟早体现在股权价格上。总的来看，股权的风险溢价与价格完全弹性的情况基本相似。

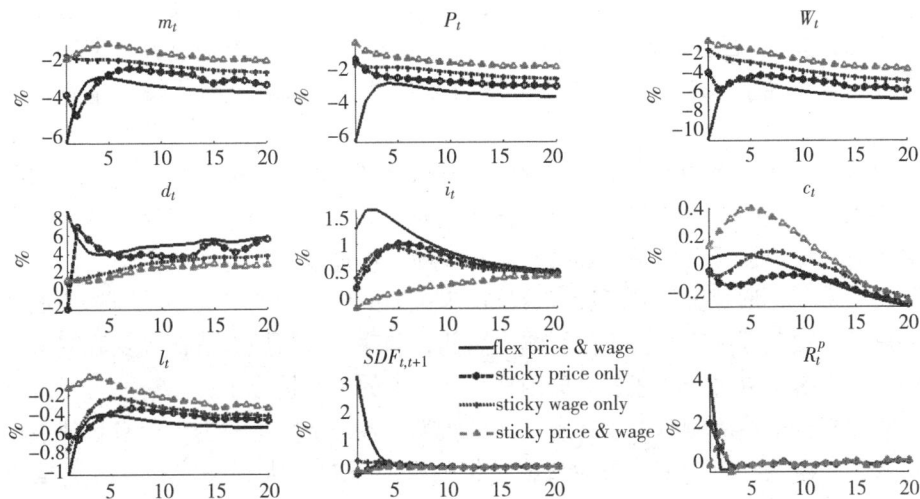

图 6.13　在存在名义粘性情况下关于生产率冲击的冲击响应曲线

如果价格是弹性的而名义工资是粘性的，那么与上一种情形不同的是，工资、边际生产成本、价格变化比较平稳，但仍然高于二者均是完全弹性的情况，并且，工资水平的长期过高会使平滑效应增强，从而与上一种情形相

比，投资呈现出逆周期的特征。由于价格是完全弹性的，这样边际生产成本m_t是不随时间变化的，从而总现金流占产出的比例将保持不变，虽然在当期投资下降的情况下红利是上升的，但投资的下降会对资本的长期变化趋势产生影响，这将对股权的价值变化产生长期影响，从而股权的风险溢价将会降低。

从上面的三种模拟可以看出，加入价格粘性会增强消费的跨期替代效应，加入名义工资粘性会增强消费的平滑效应，这两种情形下的随机贴现因子动态特征不同。如果价格和名义工资都是粘性的，那么可以看出，除了消费和红利外，宏观经济变量的变化与仅有名义工资粘性的情况类似，这也说明，名义工资粘性与价格粘性比较，其对经济变量的影响占相对主导作用。另外从总体来看，在加入实际刚性的基础上，无论是加入价格粘性还是名义工资粘性，均会使股权的风险溢价降低。

最后对中央银行是否要对资产价格做出反应进行比较分析，图 6.14 是三种不同关注程度的冲击响应曲线。在上面的新凯恩斯模型中，资源配置存在两种扭曲：一是商品市场的扭曲，这可以通过产品价格的加成率来反映（产品价格的毛加成率等于边际生产成本的倒数）；二是劳动力市场的扭曲，这可以通过名义工资的加成率来反映（名义工资的毛加成率等于闲暇与消费边际替代率的倒数）。若货币政策采用利率规则，那么，货币政策通过调整利率可以直接影响边际生产成本或者产品价格的加成率，从而对产品价格产生直接影响，但货币政策对工资的影响是间接的，主要通过影响劳动力需求来影响工资。因此，在上面的模型中，利率的上升将使产品的加成率降低，进而使垄断利润以及红利降低，这将使股权价格产生向下的压力。但是，厂商在进行投资决策时，对追加投资还是增加分红存在权衡：增加投资将对股权价格产生长期的向上影响，增加分红将对股权价格产生短期的向上影响。另外，利率的上升将对随机贴现因子产生向下的影响。因此，利率上升对股权价格以及股权风险溢价的影响将取决于上述各方面因素。在模拟的三种情形中，逐渐加大货币政策对股权价格的反应时可以看出，货币政策对各经济变量和资产价格起到了稳定效果。但是，当货币政策对股权价格的反应系数增大到一定程度时（根据模型校准的参数，当反应系数高于 2 时），我们发现模型存在着不定性（Indeterminacy），这与 Carlstrom－Fuerst（2007）得到的结论类似，因此，货币政策对资产价格的反应应适度。

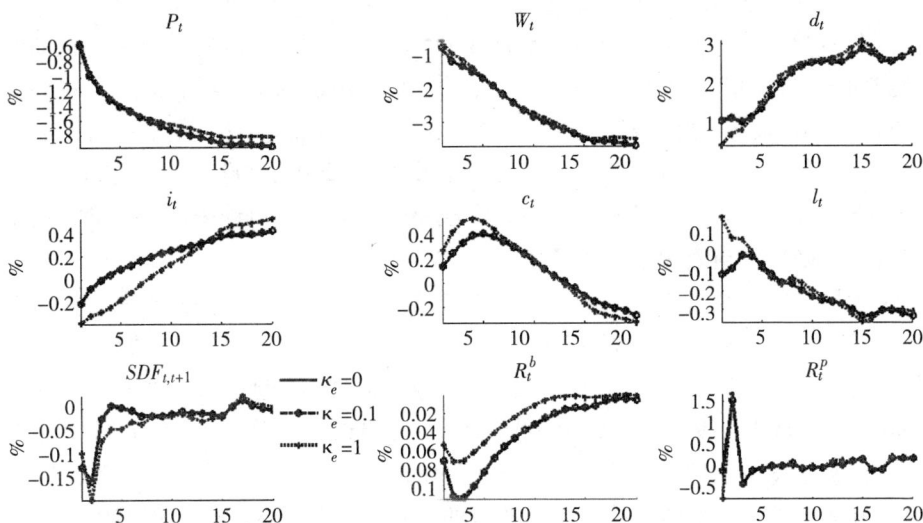

图 6.14　货币政策对资产价格的关注比较

第九节　石油价格变化与经济波动

石油价格的变化与宏观经济的关系一直是理论和实践关注的一个重要方面。虽然石油价格的变化不完全是一个经济问题（受到国际政治的影响非常大），但每次石油价格的异常变化无疑对经济造成了非常严重的影响。Hamilton（1983，1985）指出，20 世纪七八十年代的两次危机均和危机前石油价格的大幅上涨有关。可是，20 世纪 90 年代至 21 世纪初同样也经历过两次石油价格的大幅上涨，却没有出现前两次的经济危机。并且，若反过来考虑，近年来石油价格的持续下降是否意味着经济会持续高涨呢？这些现象说明，作为不可再生的能源之一，石油价格的变化与经济波动的关系非常密切，因此，探讨石油价格变化与经济波动的关系以及其对经济的影响机制非常必要。

一、石油价格与经济波动关系的研究方法与成果

研究石油价格变化与宏观经济关系的一类主要方法是非结构型方法，典型代表有 Hamilton（1983，1985，1996，2003）、Bernanke - Gertler - Watson（1997，2004）、Barsky - Kilian（2002，2004）、Kilian（2008，2009a，b）、Herrera - Pesavento（2009）、Alquist - Kilian（2010）和 Baumeister - Peersman

（2013a，2013b）等。这类方法通常基于简化式的时间序列模型，较常用的是向量自回归（VAR）模型或者结构向量自回归（SVAR）模型，在通过施加各种识别条件将影响石油价格和数量变化的随机冲击识别出来后，研究这些冲击对石油价格以及其他经济变量所产生的影响和传导机制。这不是下面讨论的重点，读者若需了解这方面的内容，可参见 Kilian（2008，2009a，b）和 Baumeister – Peersman（2013a，2013b）等研究成果。下面着重讨论采用结构型方法研究石油价格变化与宏观经济的关系。

较早在实际经济周期（RBC）模型框架下研究能源（包括石油）部门变化对经济波动影响的文献是 Kim – Loungani（1992），其关于引入能源部门后是否能够减轻生产率冲击对经济波动的影响幅度等问题进行了探讨。Rotemberg – Woodford（1996）在此基础上加入了垄断竞争因素，并且通过比较发现，在垄断竞争条件下石油价格变化对经济的影响要比完全竞争条件下的影响大。Finn（2000）虽然保持了完全竞争的假设，但假设资本的利用率依赖于每单位资本使用的能源强度，并且资本的折旧率将受资本利用率的影响。这种机制实际上引入了由能源变化导致的实际刚性。Finn（2000）通过模拟分析，即使在完全竞争情况下，石油价格的变化对经济的影响还是不可忽视的，也能得到 Rotemberg – Woodford（1996）得到的结论。Atkeson – Kehoe（1999）在 RBC 框架下将产业部门分析中的双弹性模型（Putty – Putty Model）和粘弹性模型（Putty – Clay Model）与宏观经济分析结合起来分析石油价格变化对经济的影响。在双弹性模型中，生产过程中的资本与石油这两种生产要素无论在短期还是长期体现出互补的特性（替代弹性小于 1）。石油的使用将与资本协同变化，短期内在存在调整成本的情况下，资本的逐步变化也会导致石油使用的逐步变化；长期内在资本调整到位并得到充分利用的情况下，石油也将得到充分的利用。在粘弹性模型中，每个厂商使用的资本和石油在短期内是完全不可替代的（替代弹性为 0），但石油使用效率较低的厂商将逐步被使用效率较高的新进入厂商所取代，从而在长期从总体上来看石油将会得到充分的利用。Atkeson – Kehoe（1999）通过比较发现，双弹性模型中石油价格的变化对经济的影响幅度要远远高于粘弹性模型中的影响幅度。Wei（2003）在粘弹性模型中同时引入了 Finn（2000）模型中的资本利用率机制，并对石油价格变化对经济的影响（特别是股价以及工资）等方面进行了研究。

以上研究是在价格完全弹性的情况下探讨引入石油或能源部门导致的实际刚性对经济波动的影响，除此之外，在新凯恩斯框架下探讨石油价格变化对经济波动的影响成果不断出现。Leduc – Sill（2004，2007）在 Finn（2000）模型的基础上采用 Rotemberg 定价方式引入了价格粘性，对石油价格变化对经济的影响以及货币政策的系统性调整进行了研究，指出，在石油价格上升的情况下，若中央银行采用盯住价格水平的货币政策，则会对石油价格上升对价格水平所造成的不稳定影响起到明显的减轻作用，但对产出的稳定作用不是很大。Blanchard – Gali（2007b）基于新凯恩斯模型的研究表明，20 世纪 90 年代至 21 世纪初的两次石油价格上涨之所以没有产生像前两次那样的严重后果，主要归结于以下四点：一是随着技术进步和不可再生资源利用效率和替代率的提高，消费和生产中对石油依赖的份额在下降，石油价格变化对生产成本以及价格的影响在减弱。二是与前两次石油价格上涨不同，石油价格上涨并没有导致大宗商品价格的上涨。三是劳动力市场的效率在提高，实际工资刚性和名义工资粘性在降低，从而石油价格上涨对要素价格以及资源配置的影响在减弱。四是货币政策的操作水平在提高，可信度逐步增强，系统和有效地对石油价格变化对经济产生的不稳定影响起到了抑制作用。Blanchard – Riggi（2013）根据更新的数据重新对上述结论进行了验证，并给出了肯定的结论。Unalmis – Unalmis – Unsal（2012）在新凯恩斯模型框架下对总需求冲击、生产率冲击以及石油储存技术冲击等随机冲击对经济的影响机制进行了探讨。

石油价格的变化是由影响石油供需双方的因素引起的，因此，探讨石油价格变化对经济影响的有效方式是对石油价格的确定进行研究，即石油价格是内生确定的，这一点与以前研究假设石油价格是外生变化有所不同。要对石油价格的确定进行研究，无疑假设在开放经济条件下是较好的选择，因为石油价格上涨不仅会对本国经济产生影响，而且还会对世界其他经济体产生影响。Backus – Crucini（1998）在价格完全弹性的情况下构造了一个三国模型并讨论了石油价格变化对贸易条件以及经济的影响。在含有价格粘性的小国开放经济环境下，Medina – Soto（2005）和 Unalmis – Unalmis – Unsal（2009）对石油价格的波动根源进行了分析，并探讨了各种随机冲击对石油价格以及经济的影响机制和程度。

Bodenstein – Erceg – Guerrieri（2011）采用含有名义粘性的两国模型，研究了石油价格冲击对经济以及资本账户外部调整的影响。Bodenstein – Guerrieri（2011）在此两国模型基础上，进一步探讨了石油供给效率冲击和需求冲击等冲击对石油价格和经济的影响。Nakov – Pescatori（2010）在 Backus – Crucini（1998）的基础上将石油供给方分为一个石油供应主导者和一群紧跟石油供应主导者的石油供应者，同时在模型中引入了价格粘性，发现在石油价格内生确定的情况下，生产率冲击、货币政策冲击、石油生产冲击和石油加工技术冲击等随机冲击对经济的影响及影响机制比石油价格外生的情况更复杂，并且对货币政策的选择也提出了更高要求。

Elekdag 等（2008）和 Benes 等（2015）在新凯恩斯多国经济模型的框架下，探讨了石油价格变化对全球经济增长、就业、大宗商品价格、资本流动以及贸易平衡等方面的影响。

石油价格的变化也对货币政策的选择提出了挑战。Bernanke - Gertler - Watson（1997，2004）通过向量自回归模型发现，面对 20 世纪七八十年代石油价格的大幅上涨，美联储采取的过紧货币政策加重了石油价格变化对经济产生的影响，若美联储保持货币政策不变，则会减弱该影响。Carlstrom - Fuerst（2006b）认为 Bernanke - Gertler - Watson（1997，2004）基于非结构型的分析会受到 Lucas（1976）批判，在新凯恩斯模型框架下他们重新对石油价格冲击进行模拟并发现，若保持货币政策不变，则将会进一步加大石油价格冲击对经济的影响，从而提出可尝试盯住自然利率的货币政策。Kormilitsina（2011）认为，石油价格冲击并不能简单地视为一个供给冲击，该冲击对经济的影响远非供给冲击那么简单。他们在封闭的新凯恩斯模型框架下首先基于美国的实际数据对模型进行了估计，然后探讨了最优的货币政策选择，通过对最优货币政策模拟，对于 Bernanke - Gertler - Watson（1997，2004）得到的结论给予了肯定的回答。Bodenstein - Guerrieri - Kilian（2012）指出，面对石油价格的变化如何选择货币政策是一个较难回答的问题，应首先对影响石油价格波动的各种冲击及其影响机制进行分析，了解石油价格波动的根源，他们在多国新凯恩斯模型的基础上以福利最大化为准则对最优货币政策的选择进行了详细分析。

二、引入石油存储技术的一个封闭经济模型

下面将在新凯恩斯模型的框架下引入石油部门，并探讨加入该部门后对经济的影响。模型中的实际刚性包括消费习惯的引入以及投资具有调整成本，名义粘性包括价格和名义工资的粘性，总消费包括石油的消费，生产中将石油作为一种生产要素，并且石油、资本以及劳动力具有不完全替代性。另外，引入石油的存储技术。

（一）居民的行为决策

假设居民是同质的且连续分布于区间 $[0,1]$，对于某个居民 $h \in [0,1]$，其总消费包括石油消费和非石油消费，总消费通过下面的关系式来描述：

$$c_{h,t}^A = \left[(1 - v_{oc})^{1/\rho_c} (c_{h,t})^{1-1/\rho_c} + (v_{oc})^{1/\rho_c} (o_{h,t}^c)^{1-1/\rho_c} \right]^{\frac{\rho_c}{\rho_c - 1}}$$

其中，$c_{h,t}^A$ 是居民的总消费，$c_{h,t}$ 是非石油消费，$o_{h,t}^c$ 是石油消费，参数 $\rho_c (\rho_c \geq$

0) 是非石油消费和石油消费之间的替代弹性, $v_{oc}(1 \geq v_{oc} \geq 0)$ 反映了石油消费所占的比例。在支出一定的情况下, 非石油消费和石油消费的最优分配按照下式确定:

$$c_{h,t} = (1 - v_{oc}) (P_t/P_t^A)^{-\rho_c} c_{h,t}^A$$

$$o_{h,t}^c = v_{oc} (P_{o,t}/P_t^A)^{-\rho_c} c_{h,t}^A$$

$$P_t^A = [(1 - v_{oc}) (P_t)^{1-\rho_c} + (v_{oc}) (P_{o,t})^{1-\rho_c}]^{\frac{1}{1-\rho_c}}$$

其中, P_t 是非石油消费的价格水平, $P_{o,t}$ 是石油价格, P_t^A 是总消费的价格水平, 以非石油消费的价格 P_t 为基准, 可定义石油的实际价格以及总消费的实际价格分别为 $p_{o,t} = P_{o,t}/P_t$ 和 $p_t^A = P_t^A/P_t$。这样上面各式可改写成实际价格的形式:

$$c_{h,t} = (1 - v_{oc}) (1/p_t^A)^{-\rho_c} c_{h,t}^A$$

$$o_{h,t}^c = v_{oc} (p_{o,t}/p_t^A)^{-\rho_c} c_{h,t}^A$$

$$p_t^A = [(1 - v_{oc}) + (v_{oc}) (p_{o,t})^{1-\rho_c}]^{\frac{1}{1-\rho_c}}$$

劳动力市场处于垄断竞争状态, 居民对劳动力的供给具有垄断定价权, 对第 h 个居民的劳动力总需求为

$$l_{h,t} = (W_{h,t}/W_t)^{-\theta_w} l_t^d = (w_{h,t}/w_t)^{-\theta_w} l_t^d$$

其中, $W_t = \left[\int_0^1 W_{h,t}^{1-\theta_w} dh\right]^{1/(1-\theta_w)}$ 是名义总工资, $W_{h,t}$ 是名义工资, $w_{h,t} = W_{h,t}/P_t$ 是实际工资, $w_t = W_t/P_t$, l_t^d 是对劳动力的总需求, θ_w 是不同劳动力之间的替代弹性。

居民的当期效用函数选择下面的形式:

$$U(c_{h,t}^A, l_{h,t}) = \left(\frac{(c_{h,t}^A - bc_{t-1}^A)^{1-\gamma}}{1-\gamma} - \omega \frac{l_{h,t}^{1+\varphi}}{1+\varphi} \right)$$

其中, $c_t^A = \int_0^1 c_{h,t}^A dh$ 是整个经济的消费, 这里采用外在消费习惯。居民的优化问题可描述为

$$\max_{\{c_{h,t+i}^A, b_{h,t+1+i}, i_{h,t+i}, k_{h,t+1+i}, l_{h,t+i}\}} E_t \left[\sum_{i=0}^{\infty} \beta^i U(c_{h,t+i}^A, l_{h,t+i}) \right]$$

$$s.t. \quad b_{h,t+1+i} = (1 + r_{t+i}) b_{h,t+i} + r_{k,t+i} k_{h,t+i} + w_{t+i} l_{h,t+i} + o_{t+i} - p_{t+i}^A c_{h,t+i}^A - i_{h,t+i} - \tau_{h,t+i}$$

$$k_{h,t+1+i} = (1 - \delta) k_{h,t+i} + [1 - \Psi(i_{h,t+i}/i_{h,t-1+i})] i_{h,t+i}$$

$$l_{h,t} = (w_{h,t}/w_t)^{-\theta_w} l_t^d$$

其中, 居民持有的资产包括政府债券和实际资本, $b_{h,t+1}$ 是居民持有的政府债券的实际余额, $k_{h,t+1}$ 是居民持有的资本存量, δ 是资本的折旧率, $r_t = (1 + R_t)/(1 + \pi_t) - 1$ 是债券的实际利率, R_t 是债券的名义利率, $\pi_t = P_t/P_{t-1} - 1$

是通胀率，P_t 是非石油消费的价格水平，$w_t l_{h,t}$ 和 $r_{k,t} k_{h,t}$ 分别是居民得到的实际劳动收入和实际资本收入，$w_{h,t} = W_{h,t}/P_t$ 是实际工资，$W_{h,t}$ 是名义工资，w_t 是实际总工资，$l_{h,t}$ 是居民提供的劳动力，$r_{k,t}$ 是资本的实际收益率，c_t^A 是包括石油消费的实际总消费，p_t^A 是包括总消费的实际价格，$i_{h,t}$ 是实际投资，$\tau_{h,t}$ 是居民上缴的实际税收，$o_{h,t}$ 是居民作为股东从厂商生产中得到的红利，$\Psi(i_{h,t}/i_{h,t-1}) = 0.5h\,(i_{h,t}/i_{h,t-1} - 1)^2, h \geq 0$ 是投资的调整成本，这里采用二次函数形式，l_t^d 是对劳动力的总需求。令上面前两个约束条件对应的 Lagrange 乘子分别为 λ_t 和 $\lambda_t q_t^k$，考虑居民的同质性，忽略指标 h，则上面问题的一阶条件为

$$U_{c,t} = \lambda_t p_{c,t}^A$$

$$\lambda_t = \beta E_t\big[\,(1 + r_{t+1})\lambda_{t+1}\,\big]$$

$$\frac{1}{q_t^k} = 1 - 0.5h(i_t/i_{t-1} - 1)^2 - h(i_t/i_{t-1})(i_t/i_{t-1} - 1)$$

$$+ \beta h E_t(\lambda_{t+1}/\lambda_t)(q_{t+1}^k/q_t^k)(i_{t+1}/i_t)^2(i_{t+1}/i_t - 1)$$

$$\lambda_t q_t^k = E_t\{\beta\lambda_{t+1}[\,r_{k,t+1} + (1-\delta)q_{t+1}^k\,]\}$$

$$\frac{\theta_w}{(\theta_w - 1)}U_{l,t} = -w_t\lambda_t$$

上面是在工资为弹性的情况下得到的最优条件。参照第五章的做法引入工资粘性，可将最后一个方程替换为下面关系式：

$$W_t^f/P_t = -\frac{\theta_w}{(\theta_w - 1)}\frac{U_{l,t}}{(U_{c,t}/p_{c,t}^A)} = \frac{\theta_w}{(\theta_w - 1)}\omega\,(c_t^A - bc_{t-1}^A)^\gamma l_t^\varphi p_t^A$$

$$E_t\left(\frac{W_{h,t}}{W_t}W_{1,t} - W_{2,t}\right) = 0$$

$$W_{1,t} = l_t\,(W_t^f/W_t)^{-2} + q_w\beta(\lambda_{t+1}/\lambda_t)\left(\frac{1 + \overline{\pi}_w}{1 + \pi_{w,t+1}}\right)^2 W_{1,t+1}$$

$$W_{2,t} = l_t\,(W_t^f/W_t)^{-1} + q_w\beta(\lambda_{t+1}/\lambda_t)\left(\frac{1 + \overline{\pi}_w}{1 + \pi_{w,t+1}}\right)W_{2,t+1}$$

$$(W_t)^{1-\theta_w} = (1 - q_w)(W_{h,t})^{1-\theta_w} + q_w\big[\,(1 + \overline{\pi}_w)W_{t-1}\,\big]^{1-\theta_w}$$

其中，W_t^f 是完全弹性条件下的最优名义工资，P_t 是非石油消费的价格水平，$W_{h,t}$ 是第 h 个居民在粘性条件下制定的最优名义工资，W_t 是名义总工资，$\pi_{w,t} = W_t/W_{t-1} - 1$ 是名义工资增长率，$(1 - q_w)$ 是每期调整名义工资的居民所占的比例，未调整工资的居民盯住稳态时的工资增长率。劳动力供需满足下面的关系式：

$$l_t = s_{w,t}l_t^d$$

$$s_{w,t} = (1 - q_w) \left(\frac{W_{h,t}}{W_t} \right)^{-\theta_w} + q_w \left(\frac{1 + \overline{\pi}_w}{1 + W_t} \right)^{-\theta_w} s_{w,t-1}$$

这里，$s_{w,t}$ 是描述名义工资分散程度的指标。

（二）厂商的行为决策

类似于前面章节，将非石油产品分为最终产品和中间产品，中间产品的种类连续分布于区间 $[0,1]$，最终产品与中间产品的关系通过下面关系式描述：

$$y_t = \left[\int_0^1 y_t(j)^{(\theta-1)/\theta} \mathrm{d}j \right]^{\theta/(\theta-1)}, \theta > 1$$

$$y_t(j) = \left[P_t(j)/P_t \right]^{-\theta} y_t$$

$$P_t = \left[\int_0^1 P_t(j)^{(1-\theta)} \mathrm{d}j \right]^{1/(1-\theta)}$$

其中，y_t 是最终产品，$y_t(j)$ 是生产最终产品所使用的第 j 类中间产品，θ 是中间产品之间的替代弹性，P_t 是最终产品的价格，$P_t(j)$ 是第 j 类中间产品的价格。

生产第 j 类中间产品 $y_t(j)$ 的厂商采用下面嵌套的 CES 生产函数形式：

$$y_t(j) = Z_t \left\{ (1 - v_{oy})^{1/\rho_y} \left[V_t(j) \right]^{1-1/\rho_y} + (v_{oy})^{1/\rho_y} \left[o_t^y(j) \right]^{1-1/\rho_y} \right\}^{\frac{\rho_y}{\rho_y-1}}$$

$$V_t(j) = \left\{ \alpha^{1/\rho_v} \left[k_t(j) \right]^{1-1/\rho_v} + (1 - \alpha)^{1/\rho_v} \left[Z_{l,t} l_t(j) \right]^{1-1/\rho_v} \right\}^{\frac{\rho_v}{\rho_v-1}}$$

其中，$o_t^y(j)$ 是生产中所使用的石油，$V_t(j)$ 是由资本 $k_t(j)$ 是和劳动力 $l_t(j)$ 加工得到的复合产品，或者称为除去石油后的增加值产品，参数 $\rho_y(\rho_y \geqslant 0)$ 是增加值产品与石油之间的替代弹性，参数 $\rho_v(\rho_v \geqslant 0)$ 是资本与劳动力之间的替代弹性，Z_t 是全要素生产率，$Z_{l,t}$ 是生产增加值产品的劳动生产率，$v_{oy}(1 \geqslant v_{oy} \geqslant 0)$ 反映了生产中消耗石油所占的比例。通过成本最小化可得到下面的一阶条件：

$$m_t = (1/Z_t) \left\{ (1 - v_{oy}) (p_{V,t})^{1-\rho_y} + (v_{oy}) (p_{o,t})^{1-\rho_y} \right\}^{\frac{1}{1-\rho_y}}$$

$$p_{V,t} = \left\{ \alpha (r_{k,t})^{1-\rho_v} + (1 - \alpha) (w_t/Z_{l,t})^{1-\rho_v} \right\}^{\frac{1}{1-\rho_v}}$$

$$V_t(j) = (1 - v_{oy}) \left[p_{V,t}/(Z_t m_t) \right]^{-\rho_y} y_t(j)/Z_t$$

$$o_t^y(j) = v_{oy} \left[p_{o,t}/(Z_t m_t) \right]^{-\rho_y} y_t(j)/Z_t$$

$$k_t(j) = \alpha (r_{k,t}/p_{V,t})^{-\rho_v} V_t(j)$$

$$l_t(j) = (1 - \alpha) \left[w_t/(Z_{l,t} p_{V,t}) \right]^{-\rho_v} V_t(j)$$

这里，m_t 是生产中间产品的实际边际成本，$p_{V,t}$ 是增加值产品的实际价格，$r_{k,t}$ 是资本的实际收益率，w_t 是实际工资。

参照前面引入价格粘性的方式，假设中间产品生产中每期进行价格调整的厂商所占的比例为 $(1-q)$，没有进行价格调整的厂商采用盯住稳态时通胀率的做法，这样可得到下面的方程：

$$p_t^f = \frac{\theta}{\theta - 1} m_t$$

$$E_t \left[(P_t(j)/P_t) F_{1,t} - F_{2,t} \right] = 0$$

$$F_{1,t} = y_t (p_t^f)^{-2} + q\beta(\lambda_{t+1}/\lambda_t) \left(\frac{1 + \overline{\pi}}{1 + \pi_{t+1}} \right)^2 F_{1,t+1}$$

$$F_{2,t} = y_t (p_t^f)^{-1} + q\beta(\lambda_{t+1}/\lambda_t) \left(\frac{1 + \overline{\pi}}{1 + \pi_{t+1}} \right) F_{2,t+1}$$

$$P_t^{1-\theta} = (1 - q) (P_t(j))^{1-\theta} + q ((1 + \overline{\pi}) P_{t-1})^{1-\theta}$$

其中，p_t^f 是厂商在完全弹性的条件下确定的价格，π_t 是通胀率，$P_t(j)$ 是第 j 类厂商在粘性条件下确定的最优价格，P_t 是最终产品的价格。同时，可得到下面关于生产要素的总需求关系式：

$$l_t^d = (1 - \alpha) \left[w_t/(Z_{l,t} p_{V,t}) \right]^{-\rho_v} V_t$$

$$k_t = \alpha (r_{k,t}/p_{V,t})^{-\rho_v} V_t$$

$$V_t = (1 - v_{oy}) \left[p_{V,t}/(Z_t m_t) \right]^{-\rho_y} \tilde{y}_t/Z_t$$

$$o_t^y = v_{oy} \left[p_{o,t}/(Z_t m_t) \right]^{-\rho_y} \tilde{y}_t/Z_t$$

其中，l_t^d 是对劳动力的总需求，k_t 是对资本的总需求（期初存量），V_t 是增加值产品的总需求，$\tilde{y}_t = \int_0^1 y_t(j) \mathrm{d}j = s_t(c_t + i_t + g_t)$，$s_t$ 是描述价格分散程度的指标，由下式来描述：

$$s_t = (1 - q) \left[P_t(j) \right]^{-\theta} + q \left(\frac{1 + \overline{\pi}}{1 + \pi_t} \right)^{-\theta} s_{t-1}$$

（三）对石油存储技术的刻画以及石油市场的均衡

由于这里是在封闭经济下讨论石油价格的变化对经济波动的影响，为了避免直接假设石油价格是外生的做法，这里参照 Alquist - Kilian（2010）的方法引入石油的存储技术。假设石油存储者是同质的且连续分布于区间 [0, 1]，对于某个石油储存者 $f \in [0,1]$，其在石油现货市场进行买卖并存储石油。石油存储者是风险中性的且是完全竞争的。石油存储者的优化问题可描述为

$$\max_{\{S_{t+i}(f)\}} \left[\sum_{i=0}^{\infty} a E_t (\beta^i \lambda_{t+1+i}/\lambda_{t+i}) \left[(P_{o,t+1+i}/P_{o,t+i}) S_{t+i}(f) \right] - S_{t+i}(f) \left[1 + \Gamma(S_{t+i}(f)) \right] \right]$$

其中，$S_t(f)$ 是石油的存储量，$P_{o,t}$ 是石油价格，$(\beta^i \lambda_{t+i}/\lambda_t)$ 是从 t 期到 $t+i$ 期的随机贴现因子，石油的单位存储成本为 $\Gamma \left[S_{t+i}(f) \right] = 0.5 \times d_1 S_{t+i}(f) - d_0$，$d_0, d_1 > 0$，每期石油存储中会有 $(1 - a)(0 < a < 1)$ 的比例得不到使用。考

虑到对称性，上面问题的一阶条件为

$$aE_t\left[(\beta\lambda_{t+1}/\lambda_t)(P_{o,t+1}/P_{o,t})\right] = 1 - d_0 + d_1 S_t$$

不考虑石油的生产，假设石油的总供给 o_t^s 是外生给定的，在考虑存储技术的情况下，每期石油的总供给为 $(o_t^s + aS_{t-1} - S_t)$。前面已经得到石油的总需求包括消费和生产两部分，即 $(o_t^c + o_t^y)$，由此通过下面的均衡条件可确定石油的价格：

$$o_t^c + o_t^y = o_t^s + aS_{t-1} - S_t$$

（四）政府、中央银行和均衡条件

政府的行为决策与前面章节相同，这里不再重复，中央银行采用的货币政策规则中考虑总消费价格的增长率以及增加值产品的缺口，即

$$R_{t+1} = \rho_R R_t + (1 - \rho_R)\left[\bar{R} + \kappa_y \ln(V_t/\bar{V}) + \kappa_\pi(\pi_t^A - \bar{\pi}^A)\right] + u_{R,t},$$

$$0 \leqslant \rho_R \leqslant 1, \kappa_y > 0, \kappa_\pi > 1$$

这里，π_t^A 是包括石油消费在内的总消费价格增长率，即

$$\pi_t^A = P_t^A/P_{t-1}^A - 1$$

商品市场和劳动力市场满足以下均衡条件：

$$y_t = s_t(c_t + g_t + i_t)$$

$$l_t = s_{w,t} l_t^d$$

（五）模型稳态与校准

在不考虑经济增长率以及稳态时通胀率和名义工资增长率为零的情况下，所有名义收益率与实际收益率相等，资本相对价格、石油相对价格、总消费相对价格、全要素生产率和劳动力生产率均设定为 1，即

$$\bar{q}^k = \bar{p}_o = \bar{p}^A = \bar{Z} = \bar{Z}_l = 1$$

描述价格和工资分散程度的指标为

$$\bar{s} = \bar{s}_w = 1$$

债券实际利率与实际资本收益率分别为

$$\bar{r} = 1/\beta - 1$$

$$\bar{r}_k = \bar{r} + \delta$$

实际边际生产成本为

$$\bar{m} = (\bar{\theta} - 1)/\bar{\theta}$$

增加值产品的实际价格为

$$\bar{p}_V = \left[(\bar{m}^{1-\rho_y} - v_{oy})/(1 - v_{oy})\right]^{\frac{1}{1-\rho_y}}$$

从下面关系式：

$$(\bar{p}_V)^{1-\rho_v} = \alpha\,(\bar{r}_k)^{1-\rho_v} + (1-\alpha)\,(\bar{w})^{1-\rho_v}$$

可计算出实际工资 $\bar{w}$，根据以上计算结果可得到下面的比例：

$$\bar{V}/\bar{y} = (1-v_{oy})\,(\bar{p}_V/\bar{m})^{-\rho_y}$$

$$\bar{l}/\bar{y} = (1-\alpha)\,(\bar{w}/\bar{p}_V)^{-\rho_v}\bar{V}/\bar{y}$$

$$\bar{k}/\bar{y} = \alpha\,(\bar{r}_k/\bar{p}_V)^{-\rho_v}\bar{V}/\bar{y}$$

$$\bar{c}/\bar{y} = 1 - \delta\bar{k}/\bar{y} - \bar{g}/\bar{y}$$

再根据关系式：

$$\bar{c}^A/\bar{y} = \bar{c}/\bar{y}/(1-v_{oc})$$

$$\bar{w} = \frac{\theta_w}{(\theta_w-1)}\omega\left[(1-b)(\bar{c}^A/\bar{y})\right]^{\gamma}(\bar{l}/\bar{y})^{\varphi}\bar{y}^{\gamma+\varphi}$$

可计算出稳态时的产出 $\bar{y}$。一旦计算出稳态时的产出，根据以上得到的各个比例可计算出相应的变量值，这与前面章节相同。从下式：

$$\bar{o}^y = v_{oy}\,(\bar{p}_o/\bar{m})^{-\rho_y}\bar{y}$$

可得到生产中消耗的石油 $\bar{o}^y$，从下面两式：

$$\bar{c}^A = \bar{c}/(1-v_{oc})$$

$$\bar{o}^c = v_{oc}\bar{c}^A$$

可得到居民的石油消费量 $\bar{o}^c$。给定石油存储与石油供给的比例 $\bar{S}/\bar{o}^s$，根据

$$\bar{o}^c + \bar{o}^y = \bar{o}^s - (1-a)\bar{S} = \bar{o}^s[1-(1-a)(\bar{S}/\bar{o}^s)]$$

可计算出石油的供给 $\bar{o}^s$ 以及相应的石油存储 $\bar{S}$。由方程：

$$aE_t\left[(\beta\lambda_{t+1}/\lambda_t)(P_{o,t+1}/P_{o,t})\right] = 1 - d_0 + d_1 S_t$$

可得到

$$a + d_0 - 1 = d_1\bar{S}$$

给定参数 a 和 d_0，利用上面得到的 $\bar{S}$，可计算出参数 d_1。

模型中大部分参数与第五章含有价格粘性和工资粘性模型的参数相同，不同的参数包括 $\{b, \rho_c, \rho_y, \rho_v, v_{oc}, v_{oy}, a, d_0, d_1, \rho_{Zl}, \sigma_{Zl}, \rho_{os}, \sigma_{os}\}$。这里反映消费习惯的参数选择为 $b=0.8$；总消费中石油消费与非石油消费的替代弹性选为 $\rho_c=0.5$，生产中石油与增加值产品的替代弹性选为 $\rho_y=0.5$，增加值产品中劳动力与资本的替代弹性选为 $\rho_v=0.95$，这与前面章节使用替代弹性为 1 的 Cobb – Douglas 生产函数不同；稳态时总消费中石油消费所占的比例设定为 $v_{oc}=0.05$，生产中石油消耗所占的比例设定为 $v_{oy}=0.05$；参数 $a=0.99$，这样每期石油存储中有 0.01 的比例会得不到使用或者浪费掉，反映石油单位存储成本的参数设定为 $d_0=0.05$，稳态时石油存储与石油供给的比例设定为 $\bar{S}/\bar{o}^s=0.6$，d_1 根据上面给出的关系式校准；劳动生产率的参数值与全要素生

产率的参数值设定相同, 即 $\rho_{Zl} = 0.9$, $\sigma_{Zl} = 0.01$, 反映石油供给的参数设定为 $\rho_{os} = 0.9$, $\sigma_{os} = 0.01$。为完整起见, 将模型总结于表 6.10 中。

表 6.10　　　　　　　　　模型 Cha6jn 〔非线性形式〕

外生变量: Z_t, $Z_{l,t}$, o_t^s, g_t;

$$\ln(Z_t/\overline{Z}) = \rho_Z \ln(Z_{t-1}/\overline{Z}) + u_{Z,t}, 0 \leq \rho_Z < 1$$

$$\ln(Z_{l,t}/\overline{Z}_l) = \rho_{Zl} \ln(Z_{l,t-1}/\overline{Z}_l) + u_{Zl,t}, 0 \leq \rho_{Zl} < 1$$

$$\ln(o_t^s/\overline{o^s}) = \rho_{os} \ln(o_{t-1}^s/\overline{o^s}) + u_{os,t}, 0 \leq \rho_{os} < 1$$

$$\ln(g_t/\overline{g}) = \rho_g \ln(g_{t-1}/\overline{g}) + u_{g,t}, 0 \leq \rho_g < 1$$

内生变量: λ_t, r_t, R_t, c_t^A, c_t, o_t^c, P_t^A, i_t, q_t^k, W_t^f, l_t, w_t, V_t, $p_{V,t}$, m_t, $r_{k,t}$, k_t, y_t, o_t^y, S_t, $P_{o,t}$, P_t, $P_t(j)$, $F_{1,t}$, $F_{2,t}$, p_t^f, π_t, W_t, $W_{h,t}$, $W_{1,t}$, $W_{2,t}$, $\pi_{w,t}$, $s_{w,t}$, s_t, τ_t, b_t;

$$\lambda_t = \beta E_t[(1 + r_{t+1})\lambda_{t+1}]$$

$$1 + R_t = (1 + r_t)(1 + \pi_t)$$

$$R_{t+1} = \rho_R R_t + (1 - \rho_R)[\overline{R} + \kappa_y \ln(V_t/\overline{V}) + \kappa_\pi(\pi_t^A - \overline{\pi}^A)] + u_{R,t},$$
$$0 \leq \rho_R \leq 1, \kappa_y > 0, \kappa_\pi > 1$$

$$\lambda_t(P_{c,t}^A/P_t) = U_{c,t} = (c_t^A - bc_{t-1}^A)^{-\gamma}$$

$$c_t = (1 - v_{oc})(P_t/P_t^A)^{-\rho_c}c_t^A$$

$$o_t^c = v_{oc}(P_{o,t}/P_t^A)^{-\rho_c}c_t^A$$

$$P_t^A = [(1 - v_{oc})(P_t)^{1-\rho_c} + (v_{oc})(P_{o,t})^{1-\rho_c}]^{\frac{1}{1-\rho_c}}$$

$$\frac{1}{q_t^k} = 1 - 0.5h(i_t/i_{t-1} - 1)^2 - h(i_t/i_{t-1})(i_t/i_{t-1} - 1)$$
$$+ \beta h E_t(\lambda_{t+1}/\lambda_t)(q_{t+1}^k/q_t^k)(i_{t+1}/i_t)^2(i_{t+1}/i_t - 1)$$

$$\lambda_t q_t^k = E_t\{\beta\lambda_{t+1}[r_{k,t+1} + (1 - \delta)q_{t+1}^k]\}$$

$$W_t^f = \frac{\theta_w}{(\theta_w - 1)}\omega(c_t^A - bc_{t-1}^A)^\gamma l_t^\varphi P_t^A$$

$$l_t = s_{w,t}(1 - \alpha)[w_t/(Z_{l,t}p_{V,t})]^{-\rho_v}V_t$$

$$w_t = W_t/P_t$$

$$V_t = (1 - v_{oy})[p_{V,t}/(Z_t m_t)]^{-\rho_y}y_t/Z_t$$

$$p_{V,t} = [\alpha(r_{k,t})^{1-\rho_v} + (1 - \alpha)(w_t/Z_{l,t})^{1-\rho_v}]^{\frac{1}{1-\rho_v}}$$

$$m_t = (1/Z_t)[(1 - v_{oy})(p_{V,t})^{1-\rho_y} + (v_{oy})(P_{o,t}/P_t)^{1-\rho_y}]^{\frac{1}{1-\rho_y}}$$

$$k_t = \alpha(r_{k,t}/p_{V,t})^{-\rho_v}V_t$$

$$k_{t+1} = (1 - \delta)k_t + [1 - \Psi(i_t/i_{t-1})]i_t$$

$$y_t = s_t(c_t + i_t + g_t)$$

$$o_t^y = v_{oy} \left[(P_{o,t}/P_t)/(Z_t m_t) \right]^{-\rho_y} y_t/Z_t$$

$$o_t^c + o_t^y = o_t^s + aS_{t-1} - S_t$$

$$aE_t \left[(\beta\lambda_{t+1}/\lambda_t)(P_{o,t+1}/P_{o,t}) \right] = 1 - d_0 + d_1 S_t$$

$$P_t^{1-\theta} = (1-q)(P_t(j))^{1-\theta} + q \left[(1+\overline{\pi})P_{t-1} \right]^{1-\theta}$$

$$E_t([P_t(j)/P_t]F_{1,t} - F_{2,t}) = 0$$

$$p_t^f = \frac{\theta}{\theta - 1} m_t$$

$$F_{1,t} = y_t (p_t^f)^{-2} + q\beta(\lambda_{t+1}/\lambda_t) \left(\frac{1+\overline{\pi}}{1+\pi_{t+1}} \right)^2 F_{1,t+1}$$

$$F_{2,t} = y_t (p_t^f)^{-1} + q\beta(\lambda_{t+1}/\lambda_t) \left(\frac{1+\overline{\pi}}{1+\pi_{t+1}} \right) F_{2,t+1}$$

$$\pi_t = P_t/P_{t-1} - 1$$

$$(W_t)^{1-\theta_w} = (1-q_w)(W_{h,t})^{1-\theta_w} + q_w \left[(1+\overline{\pi}_w)W_{t-1} \right]^{1-\theta_w}$$

$$E_t \left(\frac{W_{h,t}}{W_t} W_{1,t} - W_{2,t} \right) = 0$$

$$W_{1,t} = l_t (W_t^f/W_t)^{-2} + q_w\beta(\lambda_{t+1}/\lambda_t) \left(\frac{1+\overline{\pi}_w}{1+\pi_{w,t+1}} \right)^2 W_{1,t+1}$$

$$W_{2,t} = l_t (W_t^f/W_t)^{-1} + q_w\beta(\lambda_{t+1}/\lambda_t) \left(\frac{1+\overline{\pi}_w}{1+\pi_{w,t+1}} \right) W_{2,t+1}$$

$$\pi_{w,t} = W_t/W_{t-1} - 1$$

$$s_{w,t} = (1-q_w) \left(\frac{W_{h,t}}{W_t} \right)^{-\theta_w} + q_w \left(\frac{1+\overline{\pi}_w}{1+\pi_{w,t}} \right)^{-\theta_w} s_{w,t-1}$$

$$s_t = (1-q) \left[P_t(j) \right]^{-\theta} + q \left(\frac{1+\overline{\pi}}{1+\pi_t} \right)^{-\theta} s_{t-1}$$

$$b_{t+1} = (1+r_t)b_t + g_t - \tau_t, \ \tau_t = \overline{\tau} + \phi(b_t - \overline{b})$$

随机冲击：$u_{Z,t}, \ u_{Zl,t}, \ u_{os,t}, \ u_{g,t}, \ u_{R,t}$；

$$u_{Z,t} \sim N(0, \sigma_Z^2), \ u_{Zl,t} \sim N(0, \sigma_{Zl}^2), \ u_{os,t} \sim N(0, \sigma_{os}^2),$$

$$u_{g,t} \sim N(0, \sigma_g^2), \ u_{R,t} \sim N(0, \sigma_R^2),$$

稳态条件：

$$\overline{Z} = \overline{Z}_l = 1$$

$$\overline{s} = \overline{s}_w = 1$$

$$\overline{\pi}_w = \overline{\pi} = 0$$

$$\overline{P} = \overline{P}^A = \overline{P}_o = 1$$

$$\overline{r} = 1/\beta - 1, \ \overline{r}_k = \overline{r} + \delta$$

续表

$$\overline{R} = (1 + \overline{\pi})(1 + \overline{r}) - 1$$

$$\overline{g}/\overline{y} = 0.2$$

$$\overline{B}/\overline{y} = 5$$

$$\overline{m} = (\overline{\theta} - 1)/\overline{\theta}$$

$$\overline{p}_V = \left[(\overline{m}^{1-\rho_y} - v_{oy})/(1 - v_{oy}) \right]^{\frac{1}{1-\rho_y}}$$

$$(\overline{p}_V)^{1-\rho_v} = \alpha (\overline{r}_k)^{1-\rho_v} + (1 - \alpha)(\overline{w})^{1-\rho_v}$$

$$\overline{p}^f = \overline{P}(j) = 1$$

$$\overline{W}^f = \overline{W} = \overline{W}_h = \overline{w}$$

$$\overline{V}/\overline{y} = (1 - v_{oy})(\overline{p}_V/\overline{m})^{-\rho_y}$$

$$\overline{l}/\overline{y} = (1 - \alpha)(\overline{w}/\overline{p}_V)^{-\rho_v}\overline{V}/\overline{y}$$

$$\overline{k}/\overline{y} = \alpha (\overline{r}_k/\overline{p}_V)^{-\rho_v}\overline{V}/\overline{y}$$

$$\overline{c}/\overline{y} = 1 - \delta\overline{k}/\overline{y} - \overline{g}/\overline{y}$$

$$\overline{c}^A/\overline{y} = \overline{c}/\overline{y}/(1 - v_{oc})$$

$$\overline{w} = \frac{\theta_w}{(\theta_w - 1)}\omega \left[(1 - b)(\overline{c}^A/\overline{y}) \right]^\gamma (\overline{l}/\overline{y})^\varphi \overline{y}^{\gamma+\varphi}$$

$$\overline{S}/\overline{o}^s = 0.6$$

$$\overline{o}^y = v_{oy} (\overline{P}_o/\overline{m})^{-\rho_y}\overline{y}$$

$$\overline{c}^A = \overline{c}/(1 - v_{oc})$$

$$\overline{o}^c = v_{oc}\overline{c}^A$$

$$\overline{\tau} = \overline{g} + \overline{r}\overline{b}$$

$$\overline{F}_1 = \overline{F}_2 = \overline{y}/(1 - \beta q)$$

$$\overline{W}_1 = \overline{W}_2 = \overline{l}/(1 - \beta q_w)$$

三、石油价格变化与经济波动的模拟分析

分析石油价格变化对经济影响的关键是分析石油价格变化的缘由，需要了解不同经济冲击对石油价格的影响机制与效果，为此，下面针对不同的经济冲击进行模拟分析。

为与前面章节模型进行对比，首先仍以全要素生产率冲击为例进行分析，假设模型在稳态时受到全要素生产率冲击的影响，该冲击使全要素生产率相对于其稳态值上升1%，该冲击对经济的影响见图6.15。

尽管消费习惯和投资调整成本等实际刚性会使动态调整路径呈现出逐渐变化的特征，垄断竞争也会对资源配置的效率产生影响，但在价格和工资均为完

全弹性的情况下，全要素生产率的提高将会使产出、消费、投资以及非石油增加值产品增加，同时也会使边际生产成本降低，从而非石油增加值产品的价格将会下降。消费和生产的增加将会使消费和生产中的石油需求增加，在石油总供给一定的情况下，这将会使石油价格上升。另外，石油存储者在石油价格上升的时候也将增加石油的存储量，这进一步对石油需求以及石油价格产生上升压力。但是，石油价格上升将会使人们在消费和生产中采用非石油增加值产品来替代，从而将会对消费和生产中的石油需求产生抑制作用。由于石油和非石油增加值产品在消费和生产中均呈现互补的特性，这又会对总消费和总生产产生抑制作用。总的来看，在价格和工资完全弹性的情况下，全要素生产率提高所导致的总需求上升将会使消费和生产中的石油需求以及存储者的石油需求呈现出逐渐增加的趋势，这也对石油价格产生了上升压力，由于非石油增加值产品价格在下降，从而包括石油消费的总消费价格水平在下降。

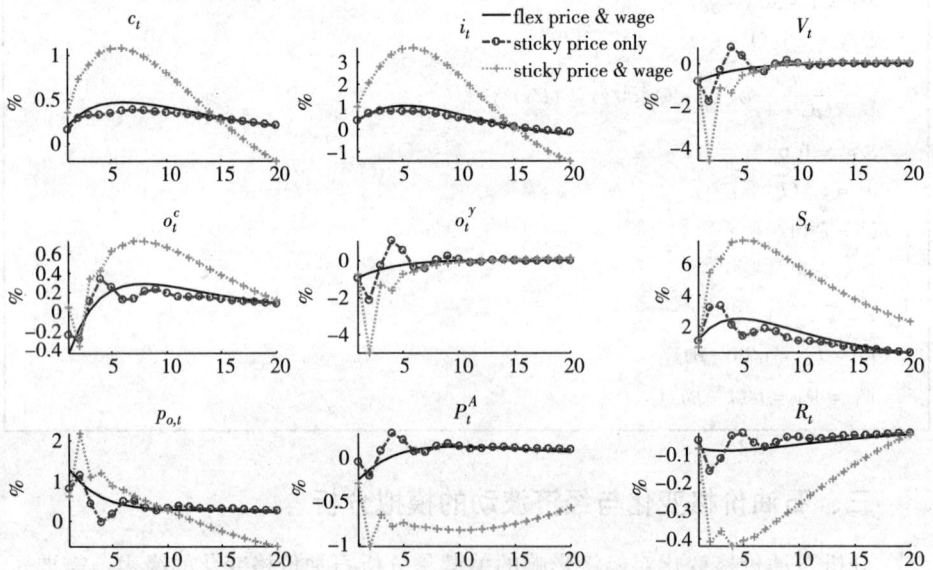

图 6.15 全要素生产率冲击对油价及经济的影响

如果在模型中增加价格粘性，那么与上面完全弹性的情况相比，最明显的特征是非石油增加值产品的价格下降不到位，在生产要素呈现出互补性的环境下，这将对劳动力、资本以及石油等生产要素的需求均产生下降压力，这也对总需求产生下降压力。非石油增加值产品需求的相对减弱要求货币当局降低名义利率，但价格水平下降不到位却要求货币当局提高名义利率，从而名义利率的变化取决于这两方面的考虑。从变化趋势来看，名义利率水平比上面完全弹性的情况要高，利率水平的提高显然对生产和消费以及存储的石油需求具有抑制作用，因此在存在价格粘性的情况下，全要素生产率的提高在导致需求增加的同时并不会导致石油价格大幅上升。

如果再增加工资粘性，那么模拟结果将与上面情况产生明显的差异。在同时存在价格粘性和工资粘性的情况下，名义工资和非石油增加值产品的价格下降均不到位，这使得生产要素的需求以及总需求更加疲软。为了降低产出缺口，此时名义利率下降的幅度远远超过前两种情况，由名义利率的大幅下降导致的实际利率大幅下降会导致消费和投资上升的幅度远远高于前两种情况，这样才能保证产出恢复到有效水平。同时，名义利率的低水平也会导致石油存储者对石油的需求上升，从而石油价格的上升幅度高于前两种情况。可以看出，在同时存在价格粘性和工资粘性的情况下，全要素生产率的提高在短期会导致产出下降和石油价格上升，产生此现象的根本原因是由工资粘性所导致的资源低效率配置，这一点正好与 Blanchard – Gali（2007b）的结论一致，并且石油存储者对石油价格的波动起到推波助澜的作用。

在生产要素呈现互补特性的情况下，为了进一步分析生产率变化对石油价格和经济的影响，下面针对全要素生产率和劳动生产率两种冲击对石油价格和经济的影响进行模拟，仍然保持价格粘性和工资粘性的假设。图 6.16 是两种情况的比较图。

全要素生产率的提高将会导致所有生产要素使用效率的提高，这样在原来生产要素价格保持不变的情况下对生产要素的投入将减少，或者在保持原来生产要素投入量不变的情况下生产要素的价格将降低。全要素生产率的提高对所有生产要素的影响是对称的，从而使所有生产要素的需求或者价格同时发生变化，但生产要素的相对价格不会改变，从而全要素生产率的提高对生产要素的配置结构不会改变。与全要素生产率不同的是，劳动生产率的提高仅仅提高了劳动投入的使用效率，而生产中其他生产要素的使用效率依然保持原先的水平，这样会导致工资相对于其他生产要素的价格下降。与其他生产要素相比，对劳动力的相对需求增强。从图 6.16 中可以看出，劳动生产率的提高对总产出以及消费、投资及总需求的影响比全要素生产率情况减弱，生产和消费对石油的需求也相对减弱，从而石油价格以及石油存储的上升幅度也减弱。因此，与全要素生产率相比，劳动生产率的提高在短期内产生的负面影响相对较小。

上面的结论是在封闭经济模型下得到的，其中，石油的总供给是外生给定的。若要进一步刻画石油部门的行为，显然需要在开放经济模型下考虑。当

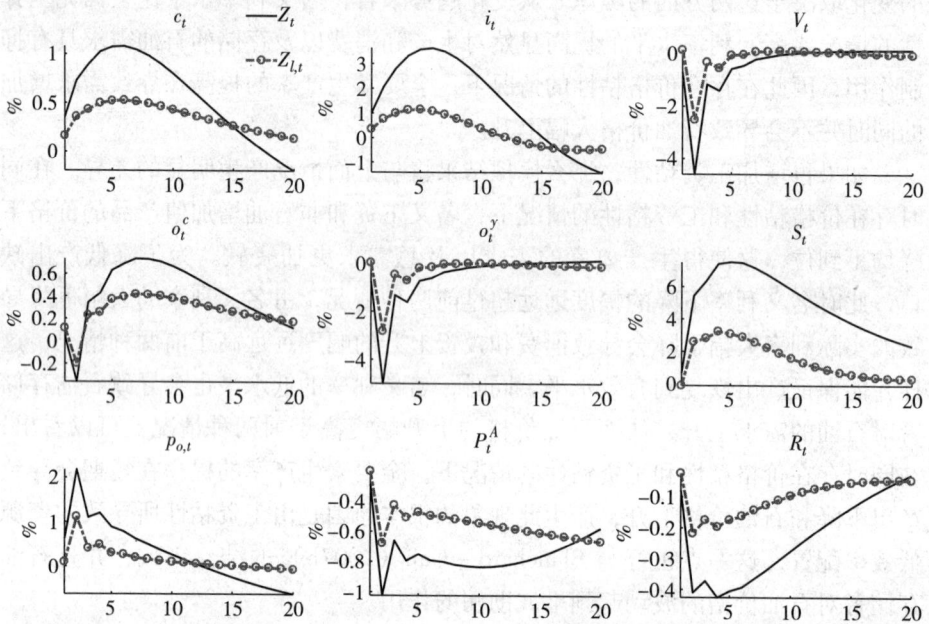

图 6.16　全要素生产率和劳动生产率冲击的影响比较

然，此时石油部门的行为将会与更多部门以及其他国家和经济体的行为产生更复杂的联系，石油价格的变化也将会与贸易条件、汇率以及各种资产价格的变化相联系，这些问题将在开放经济模型中来讨论。

参 考 文 献

[1] Abel, A., 1985, "Dynamic Behavior of Capital Accumulation in a Cash – in – Advance Model", *Journal of Monetary Economics*, 16, 55 – 71.

[2] Abel, A., 1990, "Asset Prices under Habit Formation and Catching – up with the Joneses", *American Economic Review*, 80 (2), 38 – 42.

[3] Abel, A., 1999, "Risk Premia and Term Premia in General Equilibrium", *Journal of Monetary Economics*, 43, 3 – 33.

[4] Aghion, P., G. Angeletos, A. Banerjee and K. Manova, 2010, "Volatility and Growth: Credit Constraints and the Composition of Investment", *Journal of Monetary Economics*, 57 (3), 246 – 265.

[5] Aghion, P. and P. Howitt, 1992, "A Model of Growth Through Creative Destruction", *Econometrica*, 60, 323 – 351.

[6] Aghion, P. and P. Howitt, 1998, Endogenous Growth Theory, MIT Press, Cambridge.

[7] Aghion, P. and G. Saint – Paul, 1998, "Virtues of Bad Times Interaction between Productivity Growth and Economic Fluctuations", *Macroeconomic Dynamics*, 2 (3), 322 – 344.

[8] Aguiar, M. and E. Hurst, 2007, "Measuring Leisure: Evidence from Five Decades of Time use Surveys", *Quarterly Journal of Economics*, Vol. 122 (3), 969 – 1006.

[9] Albrecht, J., A. Anderson, E. Smith, and S. Vroman, 2007, "Opportunistic Matching in the Housing Market", *International Economic Review*, 48 (2), 641 – 664.

[10] Alessi, L., M. Barigozzi and M. Capasso, 2011, "Non – fundamentalness in Structural Econometric Models: A review", *International Statistical Review*, 79, 16 – 47.

[11] Alquist, R. and L. Kilian, 2010, "What Do We Learn From the Price of Crude Oil Futures?", *Journal of Applied Econometrics*, 25 (4), 539 – 573.

[12] Altig, D., L. Christiano, M. Eichenbaum and J. Linde, 2004, "Firm – specific Capital, Nominal Rigidities and the Business Cycle", *Working Paper Series* WP – 05 – 01, Federal Reserve Bank of Chicago.

[13] Alvarez, F. and U. Jermann, 2005, "Using Asset Prices to Measure the Persistence of the Marginal Utility of Wealth", *Econometrica*, 73, 1977 – 2016.

[14] Andreasen, M., M. Ferman and P. Zabczyk, 2013, "The Business Cycle Implications of Banks´ Maturity Transformation", *Review of Economic Dynamics*, 16 (4), 581 – 600.

[15] Andolfatto, D. , 1996, "Business Cycles and Labor – Market Search", American Economic Review, 86 (1), 112 – 132.

[16] Adrian, T. , P. Colla and H. Shin, 2012, "Which Financial Frictions? Parsing the Evidence from the Financial Crisis of 2007 to 2009", NBER Macroeconomics Annual 2012, Vol. 27, 159 – 214.

[17] Annicchiarico, B. and A. Pelloni, 2014, "Productivity Growth and Volatility: how Important are Wage and Price Rigidities?", Oxford Economic Papers, 66 (1), 306 – 324.

[18] Annicchiarico, B. , A. Pelloni and L. Rossi, 2011, "Endogenous Growth, Monetary Shocks and Nominal Rigidities", Economics Letters, 113 (2), 103 – 107.

[19] Annicchiarico, B. and L. Rossi, 2013, "Optimal Monetary Policy in a New Keynesian Model with Endogenous Growth", Journal of Macroeconomics, 38, 274 – 285.

[20] Aoki, K. , 2001, "Optimal Monetary Policy Responses to Relative – price changes", Journal of Monetary Economics, 48 (1), 55 – 80.

[21] Aoki, K. , J. Proudman and G. Vlieghe, 2004, "House prices, Consumption and Monetary policy: a Financial Accelerator Approach", Journal of Financial Intermediation, 13, 414 – 435.

[22] Arias, A. , G. Hansen and L. Ohanian, 2007, "Why Have Business Cycle Fluctuations Become Less Volatile?", Economic Theory, 32 (1), 43 – 58.

[23] Aruoba, B. , M. Davis and R. Wright, 2016, "Homework in Monetary Economics: Inflation, Home Production, and the Production of Homes", Review of Economic Dynamics, 21, 105 – 124.

[24] Ascari, G. , 2000, "Optimizing Agents, Staggered Wages and Persistence in the Real Effects of Monetary Shocks", The Economic Journal, 110, 664 – 686.

[25] Ascari, G. , 2004, "Staggered Prices and Trend Inflation: Some Nuisances", Review of Economic Dynamics, 7 (3), 642 – 667.

[26] Ascari, G. and T. Ropele, 2009, "Trend Inflation, Taylor Principle, and Indeterminacy", Journal of Money, Credit and Banking, 41 (8), 1557 – 1584.

[27] Aschauer, D. , 1985, "Fiscal Policy and Aggregate Demand", American Economic Review, 75 (1), 117 – 127.

[28] Aschauer, D. , 1989, "Is Public Expenditure Productive?", Journal of Monetary Economics, 23, 177 – 200.

[29] Aslam, A. and E. Santoro, 2008, "Bank Lending, Housing and Spreads", University of Copenhagen, Department of Economics Discussion Paper No. 08 – 27.

[30] Atkeson, A. and P. Kehoe, 1999, "Models of Energy Use: Putty – Putty versus Putty – Clay", American Economic Review, 89 (4), 1028 – 1043.

[31] Atkeson, A. and M. Ogaki, 1996, "Wealth – varying Intertemporal Elasticities of Substitution: Evidence from Panel and Aggregate data", Journal of Monetary Economics, 38,

507 – 535.

[32] Backus, D. and M. Crucini, 1998, "Oil Prices and the Terms of Trade", Journal of International Economics, 50, 185 – 213.

[33] Backus, D. , M. Chernov and I. Martin, 2011, "Disasters Implied by Equity Index Options", Journal of Finance, 66, 1969 – 2012.

[34] Backus, D. , M. Chernov and S. Zin, 2014, "Sources of Entropy in Representative Agent Models", Journal of Finance, 69, 51 – 99.

[35] Backus, D. , A. Ferriere and S. Zin, 2015, "Risk and Ambiguity in Models of Business Cycles", Journal of Monetary Economics, 69 (C), 42 – 63.

[36] Backus, D. , B. Routledge and S. Zin, 2007, "Asset Pricing in Business Cycle Aanalysis", Mimeo, New York University.

[37] Backus, D. , B. Routledge and S. Zin, 2004, "Exotic Preferences for Macroeconomists", NBER Macroeconomics Annual 2004, 319 – 390.

[38] Bakhshi, H. and J. Larsen, 2005, "ICT – specific Technological Progress in the United Kingdom", Journal of Macroeconomics, 27, 648 – 669.

[39] Ball, L. , G. Mankiw and D. Romer, 1988, "The New Keynesian Economics and the Output – Inflation Tradeoff", Brookings Papers on Economic Activity, 1, 1 – 82.

[40] Ball, L. and D. Romer, 1990, "Real Rigidities and the Non – neutrality of Money", Review of Economic Studies, 57, 183 – 203.

[41] Bansal, R. and A. Yaron, 2004, "Risks for the Long Run: A Potential Resolution of Asset Pricing Puzzles", Journal of Finance, 59, 1481 – 1509.

[42] Barro, R. , 1974, "Are Government Bonds Net Wealth?", Journal of Political Economy, 82 (6), 1095 – 1117.

[43] Barro, R. , 1979, "On the Determination of the Public Debt", Journal of Political Economy , 87, 940 – 971.

[44] Barro, R. , 1981, "Output Effects of Government Purchases", Journal of Political Economy, 89, 1086 – 1121.

[45] Barro, R. , 1989, "The Neoclassical Approach to Fiscal Policy", in R. Barro (ed.), Modern Business Cycle Theory, Cambridge: Harvard University Press.

[46] Barro, R. and R. King, 1984, "Time – Separable Preferences and Intertemporal – Substitution Models of Business Cycles", The Quarterly Journal of Economics, 99 (4), 817 – 839.

[47] Barro, R. , 2006, "Rare Disasters and Asset Markets in the Twentieth Century", Quarterly Journal of Economics, 121, 823 – 866.

[48] Barsky, R. , C. House and M. Kimball, 2003, "Do Flexible Durable Goods Prices Undermine Sticky Price Models?", NBER Working Papers No. 9832.

[49] Barsky, R. , C. House and M. Kimball, 2007, "Sticky – Price Models and Durable Goods", American Economic Review, American Economic Association, 97 (3), 984 – 998.

[50] Barsky, R. and L. Kilian, 2002, "Do We Really Know that Oil Caused the Great Stagflation? a Monetary Alternative", NBER Macroeconomics Annual 2001, Bernanke and Rogoff (eds.), Mit Press, Cambridge, 137 – 183.

[51] Barsky, R. and L. Kilian, 2004, "Oil and the Macroeconomy since the 1970s", Journal of Economic Perspectives, 18 (4), 115 – 134.

[52] Barsky, R., E. Sims, 2011, "News Shocks and Business cycles", Journal of Monetary Economics, 58 (3), 273 – 289.

[53] Barsky, R., S. Basu and K. Lee, 2015, "Whither News Shocks?", in Parker, J. and M. Woodford (Eds.), NBER Macroeconomics Annual 2014, 225 – 264.

[54] Basu, S., 1995, "Intermediate Goods and Business Cycles: Implications for Productivity and Welfare", American Economic Review, 85, 512 – 531.

[55] Basu, P., M. Gillman and J. Pearlman, 2012, "Inflation, Human Capital and Tobin's q", Journal of Economic Dynamics and Control, 36 (7), 1057 – 1074.

[56] Batina, R., 1998, "On the Long Run Effects of Public Capital and Disaggregated Public Capital on Aggregate Output", International Tax and Public Finance, 5 (3), 263 – 281.

[57] Batina, R., 1999, "On the Long Run Effects of Public Capital on Aggregate Output: Estimation and Sensitivity Analysis", Empirical Economics, 24 (4), 711 – 717.

[58] Baumeister, C. and G. Peersman, 2013a, "The Role Of Time – Varying Price Elasticities In Accounting For Volatility Changes In The Crude Oil Market", Journal of Applied Econometrics, 28 (7), 1087 – 1109.

[59] Baumeister, C. and G. Peersman, 2013b, "Time – Varying Effects of Oil Supply Shocks on the US Economy", American Economic Journal: Macroeconomics, 5 (4), 1 – 28.

[60] Baxter, M., 2010, "Detecting Household Production", manuscript, BU.

[61] Baxter, M. and Jermann, U., 1999, "Household Production and the Excess Sensitivity of Consumption to Current Income", American Economic Review, 89 (4), 902 – 920.

[62] Baxter, M. and R. King, 1993, "Fiscal Policy in General Equilibrium", American Economic Review, 83 (3), 315 – 334.

[63] Beaubrun – Diant, K. and F. Tripier, 2005, "Asset Returns and Business Cycles in Models with Investment Adjustment Costs", Economics Letters, 86, 141 – 146.

[64] Beaudry, P. and B. Lucke, 2010, "Letting Different Views about Business Cycles Compete", in Acemoglu, D., D. Rogo and M. Woodford (Eds.), NBER Macroeconomics Annual 2009, 413 – 455.

[65] Beaudry, P. and F. Portier, 2004, "An Exploration into Pigou's Theory of Cycles", Journal of Monetary Economics, 51 (6), 1183 – 1216.

[66] Beaudry, P. and F. Portier, 2006, "Stock Prices, News, and Economic Fluctuations", American Economic Review, 96 (4), 1293 – 1307.

[67] Beaudry, P. and F. Portier, 2007, "When Can Changes in Expectations Cause

Business Cycle Fluctuations in NeoClassical Settings?", Journal of Economic Theory, 135 (1), 458 – 77.

[68] Bekaert, G. , S. Cho and A. Moreno, 2010, "New Keynesian Macroeconomics and the Term Structure", Journal of Money, Credit and Banking, 42 (1), 33 – 62.

[69] Bekaert, G. , E. Engstrom, and A. Ermolov, 2016, "Macro Risks and the Term Structure of Interest Rates", NBER Working Paper No. 22839.

[70] Belo, F. , P. Collin – Dufresne and R. Goldstein, 2015, "Dividend Dynamics and the Term Structure of Dividend Strips", The Journal of Finance, 70, 1115 – 1160.

[71] Benassy, J. , 1995, "Money and Wage Contracts in an Optimizing Model of the Business Cycle", Journal of Monetary Economics, 35, 303 – 315.

[72] Bénassy, J. , 2002a, "Optimal Monetary and Fiscal Policies under Wage and Price Rigidities", Macroeconomic Dynamics, 6, 429 – 441.

[73] Bénassy, J. , 2002b, "Rigidités Nominales dans les Modèles d'équilibre Général Intertemporel Stochastique", L'Actualité Economique, 78, 423 – 457.

[74] Bénassy, J. , 2003a, "Staggered Contracts and Persistence: Microeconomic Foundations and Macroeconomic Dynamics", Louvain Economic Review, 69, 125 – 144.

[75] Bénassy, J. , 2003b, "Output and Inflation Persistence under Price and Wage Staggering: Analytical Results", Annales d'Economie et de Statistique, 69, 1 – 30.

[76] Benes, J. , M. Chauvet, O. Kamenik, M. Kumhof, D. Laxton, S. Mursula, and J. Selody, 2015, "The Future of Oil: Geology Versus Technology", International Journal of Forecasting, 31 (1), 207 – 221.

[77] Benhabib, J. , R. Rogerson and R. Wright, 1990a, "Homework in Macroeconomics I: Basic Theory", NBER Working Paper No. 3344.

[78] Benhabib, J. , R. Rogerson and R. Wright, 1990b, "Homework in Macroeconomics II: Aggregate Fluctuations", NBER Working Paper No. 3344, .

[79] Benhabib, J. , R. Rogerson and R. Wright, 1991, "Homework in Macroeconomics: Household Production and Aggregate Fluctuations", Journal of Political Economy, 99 (6), 1166 – 1187.

[80] Bernanke, B. and M. Gertler, 1989, "Agency Costs, Net Worth, and Business Fluctuations", American Economic Review, 79, 14 – 31.

[81] Bernanke, B. and M. Gertler, 1995, "Inside the Black Box: The Credit Channel of Monetary Policy Transmission", Journal of Economic Perspectives, 9 (4), 27 – 48.

[82] Bernanke, B. and M. Gertler, 1999, "Monetary Policy and Asset Price Volatility", Economic Review, Federal Reserve Bank of Kansas City, IV, 17 – 51.

[83] Bernanke, B. and M. Gertler, 2000, "Monetary Policy and Asset Price Volatility", NBER Working Paper No. 7559.

[84] Bernanke, B. and M. Gertler, 2001, "Should Central Banks Respond to Movements in

Asset Prices?", American Economic Review, 91 (2), 253 – 257.

[85] Bernanke, B., M. Gertler and S. Gilchrist, 1998, "The Financial Accelerator in a Quantitative Business Cycle Framework", NBER Working Paper No. 6455.

[86] Bernanke, B., M. Gertler and M. Watson, 1997, "Systematic Monetary Policy and the Effects of Oil Price Shocks", Brokings Papers on Economic Activity, 28 (1), 91 – 157.

[87] Bernanke, B., M. Gertler and M. Watson, 2004, "Oil Shocks and Aggregate Macroeconomic Behavior: the Role of Monetary Policy", Journal of Money, Credit and Banking, 36 (2), 287 – 291.

[88] Beveridge, W., 1944, Full Employment in a Free Society, Allen and Unwin, London.

[89] Bils, M. and J. Kahn, 2000, "What Inventory Behavior Tells Us about Business Cycles?", American Economic Review, 90 (3), 458 – 481.

[90] Bils, M. and P. Klenow, 2004, "Some Evidence on the Importance of Sticky Price", Journal of Politic Economy, 112 (5), 947 – 985.

[91] Bils, M., P. Klenow and B. Malin, 2009, "Reset Price Inflation and the Impact of Monetary Policy Shocks", NBER Working Papers No. 14787,

[92] Binsbergen, J. van, M. Brandt, and R. Koijen, 2012, "On the Timing and Pricing of Dividends", American Economic Review, 102 (4), 1596 – 1618.

[93] Binsbergen, J. van, J. Fernandez – Villaverde, R. Koijen and J. Rubio – Ramirez, 2008, "Working with Epstein – Zin Preferences: Computation and Likelihood Estimation of DSGE Models with Recursive Preferences", Manuscript.

[94] Binsbergen, J. van, J. Fernandez – Villaverde, R. Koijen and J. Rubio – Ramirez, 2012, "The Term Structure of Interest Rates in a DSGE model with Recursive Preferences", Journal of Monetary Economics, 59, 634 – 648.

[95] Binsbergen, J. van and R. Koijen, 2015, "The Term Structure of Returns: Facts and Theory", NBER Working Paper No. 21234.

[96] Bjørnland, H. and K. Leitemo, 2009, "Identifying the Interdependence between US Monetary Policy and the Stock Market", Journal of Monetary Economics, 56 (2), 275 – 282.

[97] Blackburn, K. and A. Pelloni, 2004, "On the Relationship between Growth and Volatility", Economics Letters, 83 (1), 123 – 127.

[98] Blackburn, K. and A. Pelloni, 2005, "Growth, Cycles, and Stabilization Policy", Oxford Economic Papers, 57 (2), 262 – 282.

[99] Blanchard, O. and P. Diamond, 1989, "The Beveridge Curve", Brooking Papers on Economic Activity 1, 1 – 76.

[100] Blanchard, O. and J. Galí, 2007a, "Real Wage Rigidities and the New Keynesian Model", Journal of Money, Credit, and Banking, 39 (s1), 35 – 65.

[101] Blanchard, O. and J. Gali, 2007b, "The Macroeconomic Effects of Oil Shocks: Why are the 2000s so Different from the 1970s", NBER Working Paper No. 13368.

［102］ Blanchard, O. and J. Galí, 2010, "Labor Markets and Monetary Policy: A New Keynesian Model with Unemployment", American Economic Journal: Macroeconomics, 2 (2), 1 – 33.

［103］ Blanchard, O. , J. L´Hullier and G. Lorenzoni, 2013, "News, Noise, and Fluctuations: an Empirical Exploration", American Economic Review, 103 (7), 3045 – 3070.

［104］ Blanchard, O. and R. Perotti, 2002, "An Empirical Characterization of the Dynamic Effects of Change in Government Spending and Taxes on Output", Quarterly Journal of Economics, 117 (4), 1329 – 1368.

［105］ Blanchard, O. and M. Riggi, 2013, "Why are the 2000s so Different from the 1970s? A Structural Interpretation of Changes in the Macroeconomic Effects of Oil Prices", Journal of the European Economic Association, 11 (5), 1032 – 1052.

［106］ Blinder, A. , 1990, Inventory Theory and Consumer Behavior, University of Michigan Press.

［107］ Blinder, A. and L. Maccini, 1991, "Taking Stock: A Critical Assessment of Recent Research on Inventories", Journal of Economic Perspectives, 5 (1), 73 – 96.

［108］ Bodenstein, M. , C. Erceg and L. Guerrieri, 2011, "Oil Shocks and External Adjustment", Journal of International Economics, 83 (2), 168 – 184.

［109］ Bodenstein, M. and L. Guerrieri, 2011, "Oil Efficiency, Demand, and Prices: a Tale of Ups and Downs", International Finance Discussion Papers No. 1031, Board of Governors of the Federal Reserve System.

［110］ Bodenstein, M. , L. Guerrieri and L. Kilian, 2012, "Monetary Policy Responses to Oil Price Fluctuations", IMF Economic Review, 60 (4), 470 – 504.

［111］ Bohn, H. , 1998, "The Behavior of U. S. Public Debt and Deficits", Quarterly Journal of Economics, 113, 949 – 964.

［112］ Bohn, H. , 2005, "The Sustainability of Fiscal Policy in the United States", CESifo Working Paper No. 1446.

［113］ Boianovsky, M. , 2002, "Simonsen and the Early History of the Cash – in – Advance Approach", European Journal of the History of Economic Thought , 9, 57 – 71.

［114］ Boileau, M. and M. Letendre, 2003, "How Much Persistence Should Sticky – price Models Generate to Match US Data?", Economics Letters, 78, 335 – 342.

［115］ Boileau, M. and M. Letendre, 2009, "Inventories, Sticky Prices, and the Persistence of Output and Inflation", Applied Economics, 1 – 14.

［116］ Boldrin, R. , L. Christiano and J. Fisher, 2001, "Habit Persistence, Asset Returns, and the Business Cycle", American Economic Review, 91 (1), 149 – 166.

［117］ Bouakez, H. , E. Cardia and F. Ruge – Murcia, 2009, "The Transmission Of Monetary Policy In a Multisector Economy", International Economic Review, 50 (4), 1243 – 1266.

[118] Bouakez, H. , E. Cardia and F. Ruge – Murcia, 2011, "Durable Goods, Inter – sectoral Linkages and Monetary Policy", Journal of Economic Dynamics and Control, 35 (5), 730 – 745.

[119] Bouakez, H. , E. Cardia and F. Ruge – Murcia, 2014, "Sectoral Price Rigidity and Aggregate Dynamics", European Economic Review, 65 (C), 1 – 22.

[120] Brock, A. , 1975, "A Simple Perfect Foresight Monetary Model", Journal of Monetary Economics, 1, 133 – 150.

[121] Brock, A. , 1990, "Overlapping Generations Models with Money and Transactions Costs", Handbook of Monetary Economics, vol. 1, ed. by B. Friedman and F. Hahn, North – Holland, 263 – 295.

[122] Buiter, W. and I. Jewitt, 1981, "Staggered Wage Setting with Real Wage Relativities: Variations on a Theme of Taylor", Manchester School, 211 – 228.

[123] Burnside, C. , M. Eichenbaum and S. Rebelo, 2011, "Understanding Booms and Busts in Housing Markets", NBER Working Paper No. 16734.

[124] Caballero, R. and E. Engel, 1999, "Explaining Investment Dynamics in U. S. Manufacturing: A Generalized (S, s) Approach", Econometrica, 67 (4), 741 – 782.

[125] Caldara, D. , J. Fernandez – Villaverde, J. F. Rubio – Ramirez and W. Yao, 2009, "Computing DSGE Models with Recursive Preferences", NBER Working Paper No. 15026.

[126] Calvo, G. , 1983, "Staggered Prices in Utility Maximizing Framework," Journal of Monetary Economics, 12, 383 – 398.

[127] Calza, A. , T. Monacelli and L. Stracca, 2009, "Housing Finance and Monetary Policy", ECB Working Paper No. 1069.

[128] Campbell, J. and J. Cochrane, 1999, "By Force of Habit: a Consumption – based Explanation of Aggregate Stock Market Behavior", Journal of Political Economy, 107, 205 – 251.

[129] Campbell, J. and N. Mankiw, 1989, "Consumption, Income and Interest Rates: Reinterpreting the Time Series Evidence", NBER Macroeconomics Annuals, 11, 155 – 201.

[130] Campbell, J. , and L. Sydney, 2001, "Elasticities of Substitution in Real Business Cycle Models with Home Production", Journal of Money, Credit and Banking, 33 (4), 847 – 875.

[131] Canova, F. and A. Uribe, 1998, "International Business Cycle", Financial Markets and Household Production. Journal of Economic Dynamics and Control, 22 (4), 545 – 572.

[132] Carlaw, K. and S. Kosempel, 2004, "The Sources of Total Factor Productivity Growth: Evidence from Canadian Data", Economic Innovation and New Technology, 13, 299 – 309.

[133] Carlstrom, C. and T. Fuerst, 1997, "Agency Costs, Net Worth, and Business Fluctuations: A Computable General Equilibrium Approach", American Economic Review, 87, 893 – 910.

[134] Carlstrom, C. and T. Fuerst, 2006a, "Co – movement in Sticky Price Models with

Durable Goods", Working Paper 0614, Federal Reserve Bank of Cleveland.

[135] Carlstrom, C. and T. Fuerst, 2006b, "Oil Price, Monetary Policy, and Counterfactual Experiments", Journal of Money, Credit and Banking", 38 (7), 1945 – 1958.

[136] Carlstrom, C. and T. Fuerst, 2007, "Asset Prices, Nominal Rigidities and Monetary policy", Review of Economic Dynamics, 10, 256 – 275.

[137] Casares, M. , 2007a, "Firm – Specific or Household – Specific Sticky Wages in the New – Keynesian Model", International Journal of Central Banking, 3, 181 – 240.

[138] Casares, M. , 2007b, "Wage Setting Actors, Sticky Wages, and Optimal Monetary Policy", Universidad Pública de Navarra, D. T. 0701.

[139] Casares, M. , 2008, "Sticky Prices, Sticky Wages and also Unemployment", Universidad Pública de Navarra, D. T. 0801.

[140] Casares, M. , 2009, "A New Keynesian Analysis of Industrial Employment Fluctuations", Universidad Pública de Navarra, D. T. 0903.

[141] Casares, M. , 2010, "Unemployment as Excess Supply of Labor", Journal of Monetary Economics, 57, 233 – 243.

[142] Casares, M. , A. Moreno and J. Vázquez, 2009, "Wage Stickiness and Unemployment Fluctuations: An Alternative Approach", Universidad Pública de Navarra, D. T. 0902.

[143] Casares, M. , A. Moreno and J. Vázquez, 2010, "An Estimated New – Keynesian Model with Unemployment as Excess Supply of Labor", Universidad Pública de Navarra, D. T. 1003.

[144] Cassou, S. and K. Lansing, 1998, "Optimal Fiscal Policy, Public Capital and the Productivity Slowdown", Journal of Economic Dynamics and Control, 22 (6), 911 – 935.

[145] Castelnuovo, E. and S. Nístico, 2010, "Stock Market Conditions and Monetary Policy in a DSGE Model for the U. S", Journal of Economic Dynamics and Control, 34 (9), 1700 – 1731.

[146] Cavalcanti, R. and N. Wallace, 1999, "Inside and Outside Money as Alternative Media of Exchange", Journal of Money, Credit, and Banking, 31, 443 – 57

[147] Cecchetti, S. , H. Genberg and S. Wadwhani, 2002, "Asset Prices in a Flexible Inflation Targeting Framework", NBER Working Paper No. 8970.

[148] Challe, E. and C. Giannitsarou, 2011, "Stock Prices and Monetary Policy Shocks: A General Equilibrium Approach", DOCUMENT DE TRAVAIL N° 330, Banque de France.

[149] Chambers, M. , C. , Garriga, and D. Schlagenhauf, 2009, "Housing Policy and the Progressivity of Income taxation", Journal of Monetary Economics, 56 (8), 1116 – 1134.

[150] Chang, Y. , 2000, "Comovement, Excess Volatility, and Home Production", Journal of . Monetary Economics, 46, 385 – 396.

[151] Chang, Y. , A. Hornstein, and P. Sarte, 2009, "On the Employment Effects of

Productivity Shocks: The Role of Inventories, Demand Elasticity and Sticky Prices", Journal of Monetary Economics, 56 (3), 328 – 343.

[152] Chari, V. , P. Kehoe and E. McGrattan, 2000, "Sticky Price Models of the Business Cycle: Can the Contract Multiplier Solve the Persistence Problem?", Econometrica, 68, 1151 – 1179.

[153] Chen, H. , V. Curdia, and A. Ferrero, 2011, "The Macroeconomic Effects of Large – Scale Asset Purchase Programs", The Economic Journal, 122 (Nov.), 1 – 34.

[154] Chiappori, P. , 1992, "Collective Labor Supply and Welfare", Journal of Political Economy, 100, 437 – 467.

[155] Cho, S. and J. Francis, 2011, "Tax Treatment of Owner occupied Housing and Wealth Inequality", Journal of Macroeconomics, 33 (1), 42 – 60.

[156] Chowdhury, I. , M. Hoffmann, and A. Schabert, 2006, "Inflation Dynamics and the Cost Channel of Monetary Transmission", European Economic Review 50 (4), 995 – 1016.

[157] Christiano, L. , 1988, "Why does Inventory Investment Fluctuate so much?", Journal of Monetary Economics, 21 (2 – 3), 247 – 280.

[158] Christiano, L. and M. Eichenbaum, 1992, "Current Real Business Cycle Theories and Aggregate Labor Market Fluctuations", American Economic Review, 82 (3), 430 – 450.

[159] Christiano, J. and M. Eichenbaum, 1995, "Liquidity Effects, Monetary Policy and the Business Cycle", Journal of Money, Credit and Banking, 1113 – 1136.

[160] Christiano, J. , M. Eichenbaum, and C. Evans, 1997, "Sticky Price and Limited Participation Models: A Comparison", European Economic Review, 1201 – 1249.

[161] Christiano, J. , M. Eichenbaum, and C. Evans, 1998, "Modeling Money", NBER Working Paper No. 6371.

[162] Christiano, J. , M. Eichenbaum, and C. Evans, 2001, "Nominal Rigidities and the Dynamic Effects of a shock to Monetary Policy", NBER Working Paper No. 8403.

[163] Christiano, L. , M. Eichenbaum and C. Evans, 2005, "Nominal Rigidities and the Dynamic Effects of a Shock to Monetary Policy", Journal of Political Economy, 113 (1), 1 – 45.

[164] Christiano, L. , and T. Fitzgerald, 1989, "The Magnitude of the Speculative Motive for Holding Inventories in a Real Business Cycle Model", Federal Reserve Bank of Minneapolis Discussion Paper No. 10, 1989.

[165] Christiano, L. and T. Fitzgerald, 1998, "The Business Cycle: It's Still a Puzzle", Federal Reserve Bank of Chicago Economic Perspectives, 22 (4), 56 – 83.

[166] Christiano, L. , C. Ilut, R. Motto, M. Rostagno, 2008, "Monetary Policy and Stock Market Boom – bust Cycles", ECB Working paper 955.

[167] Christiano, L. , R. Motto and M. Rostagno, 2002, "Banking and Financial Frictions in a Dynamic General Equilibrium Model", Manuscript, Northwestern University.

[168] Christiano, L. , R. Motto and M. Rostagno, 2007, "Shocks, Structures or Policies?

The Euro Area and the US After 2001", Journal of Economic Dynamics and Control, 32 (8), 2476 – 2506.

[169] Christiano, L., R. Motto and M. Rostagno, 2010, "Financial Factors in Business Cycles", ECB WorkingPaper1192.

[170] Christiano, L., R. Motto, and M. Rostagno, 2014, "Risk Shocks", American Economic Review, 104 (1), 27 – 65.

[171] Christiano, J., M. Trabandt, and K. Walentin, 2010, "Involuntary Unemployment and the Business Cycle", NBER Working Paper No. 15801.

[172] Christiano, L., M. Trabant and K. Walentin, 2011, "DSGE Models for Monetary Policy Analysis", in B. Friedman and M. Woodford (eds), Handbook of Monetary Economics, Vol. 3A, The Netherlands, North – Holland.

[173] Christoffel, K., J. Costain, G. de Walque, K. Kuester, T. Linzert, S. Millard, and O. Pierrard, 2009, "Inflation Dynamics with Labour Market Matching: Assessing Alternative Specifications", Bank of England working papers 375, Bank of England.

[174] Christoffel, K. and K. Kuester, 2008, "Resuscitating the Wage Channel in Models with Unemployment Fluctuations", Journal of Monetary Economics, 55, 865 – 887.

[175] Christoffel, K., K. Kuester and T. Linzert, 2006, "Identifying the Role of Labor Markets for Monetary Policy in an Estimated DSGE Model", European Central Bank Working Paper 635.

[176] Christoffel, K. and T. Linzert, 2005, "The Role of Real Wage Rigidity and Labor Market Frictions for Unemployment and Inflation Dynamics", ECB Working Paper 556.

[177] Clarida, R., 1993, "International Capital Mobility, Public Investment and Economic growth", NBER Working Paper No. 4506.

[178] Clarida, R., J. Gali and M. Gertler, 1998a, "Monetary Policy Rules and Macroeconomic Stability: Evidence and Some Theory", NBER Working Paper No. 6442.

[179] Clarida, R., J. Gali and M. Gertler, 1998b, "Monetary Policy Rules in Practice: Some International Evidence", European Economic Review, 42, 1033 – 1067.

[180] Clarida, R., J. Gali and M. Gertler, 1999, "The Science of Monetary Policy", NBER Working Paper No. 7147.

[181] Clarida, R., J. Gali and M. Gertler, 2001, "Optimal Monetary Policy in Open vs. Closed Economies: An Integrated Approach", American Economic Review, 91, 248 – 252.

[182] Clarida, R., J. Gali and M. Gertler, 2002, "A Simple Framework for International Monetary Policy Analysis", Journal of Monetary Economics, 49, 879 – 904.

[183] Cochrane, J., 1991, "Production – Based Asset Pricing and the Link between Stock Returns and Economic Fluctuation", Journal of Finance, 46, 207 – 234.

[184] Cogley, T. and J. Nason, 1995, "Output Dynamics in Real – Business – Cycle Models", American Economic Review, 85 (3), 492 – 511.

[185] Cogley, T. and A. Sbordone, 2008, "Trend Inflation, Indexation and Inflation Persistence in the New Keynesian Phillips Curve", American Economic Review, 98 (5), 2101 – 2126.

[186] Comin, D. and M. Gertler, 2006, "Medium – term Business Cycles", American Economic Review, 96 (3), 523 – 551.

[187] Comin, D. , M. Gertler and A. Santacreu, 2009, "Technology Innovation and Diffusion as Sources of Output and Asset Price Fluctuations", NBER Working Papers No. 15029.

[188] Constantinides, G. , 1990, "Habit Formation: A Resolution of the Equity Premium Puzzle", Journal of Political Economy, 98 (3), 519 – 43.

[189] Cooley, T. , 1995, Frontiers of Business Cycle Research, Princeton University Press.

[190] Cooley, T. and G.. Hansen, 1989, "The Inflation Tax in a Real Business Cycle Model", American Economic Review, 79, 733 – 748.

[191] Cooley, T. and G.. Hansen, 1991, "The Welfare Costs of Moderate Inflation", Journal of Money, Credit and Banking, 23, 483 – 503.

[192] Cooper, R. and J. Haltiwanger, 2006, "On the Nature of Capital Adjustment Costs", The Review of Economic Studies, 73 (3), 611 – 633.

[193] Costain, J. and M. Reiter, 2008, "Business Cycles, Unemployment Insurance, and the Calibration of Matching Models", Journal of Economic Dynamics and Control, 32 (4), 1120 – 1155.

[194] Croushore, D. , 1993, "Money in the Utility Function: Functional Equivalence to a Shopping – Time Model", Journal of Macroeconomics, 15, 175 – 82.

[195] Cummins, J. and G. Violante, 2002, "Investment – specific Technical Change in the U. S. (1947 – 2000): Measurement and Macroeconomic Consequences", Review of Economic Dynamics, 5 (2), 243 – 284.

[196] Curdia, V. and M. Woodford, 2011, "The Central – Bank Balance Sheet as an Instrument of Monetary Policy", Journal of Monetary Economics, 58 (1), 54 – 79.

[197] Davis, M. and J. Heathcote, 2005, "Housing and the Business Cycle", International Economic Review, 46 (3), p. 751 – 784.

[198] Davis, M. and J. Heathcote, 2007, "The Price and Quantity of Residential Land in the United States", Journal of Monetary Economics, 54 (8), 2595 – 2620.

[199] Davis, M. , A. Lehnert and R. Martin, 2008, "The Rent – Price Ratio for the Aggregate Stock of Owner – Occupied Housing", The Review of Income and Wealth, 54 (2), 279 – 284.

[200] Davis, M. and R. Martin, 2009, "Housing, Home Production and the Equity and Value Premium Puzzles", Journal of Housing Economics, 18 (2), 81 – 91.

[201] Davis, M. and F. Ortalo – Magné, 2011, "Household Expenditures, Wages, Rents", Review of Economic Dynamics, 14 (2), 248 – 261.

[202] Davis, M. and S. Van Nieuwerburgh, 2014, "Housing, Finance and the Macroeconomy", NBER Working Paper No. 20287.

[203] de Bondt, G., 2002, "Retail Bank Interest Rate Pass – Through: New Evidence at the Euro Area Level", ECB Working Paper Series136.

[204] de Bondt, G., B. Mojon, and N. Valla, 2005, "Term Structure and the Sluggishness of Retail Bank Interest Rates in Euro Area Countries", ECB Working Paper Series518.

[205] De Graeve, F., 2007, "The External Finance Premium and the Macroeconomy: US post – WWII Evidence", manuscript, Ghent University.

[206] Degryse, H. and S. Ongena, 2008, "Competition and Regulation in the Banking Sector: A Review of the Empirical Evidence on the Sources of Bank Rents", in Boot, A. and A. Thakor (eds.), Handbook of Financial Intermediation and Banking, Elsevier.

[207] DeJong, D. and B. Ingram, 2001, "The Cyclical Behavior of Skill Acquisition", Review of Economic Dynamics, 4 (3), 536 – 561.

[208] Del Negro, M., G. Eggertsson, A. Ferrero and N. Kiyotaki, 2010, "The Great Escape? A Quantitative Evaluation of the Fed's Non – Standard Policies", manuscript, Federal Reserve Bank of New York.

[209] Del Negro, M., M. Giannoni and C. Patterson, 2012, "The Forward Guidance Puzzle", Federal Reserve Bank of New York Staff Report 574.

[210] Den Haan, W., G. Ramey and J. Watson, 2000, "Job Destruction and Propagation of Shocks", American Economic Review, 90, 482 – 498.

[211] Den Haan, W. and J. De Wind, 2012, "Nonlinear and Stable Perturbation – based Approximations", Journal of Economic Dynamics and Control, 36 (10), 1477 – 1497.

[212] De Paoli, B., A. Scott and O. Weeken, 2010, "Asset Pricing Implications of a New Keynesian Model", Journal of Economic Dynamics and Control, 34, 2056 – 2073.

[213] Devereux, M. and J. Yetman, 2003, "Predetermined Prices and the Persistent Effects of Money on Output", Journal of Money, Credit and Banking, 35 (5), 729 – 741.

[214] de Walque, G., O. Pierrard and A. Rouabah, 2008, "Financial (In) stability, Supervision and Liquidity Injections: a Dynamic General Equilibrium Approach", National Bank of Belgium Research No. 10 – 23.

[215] Dhar, S. and S. Millard, 2000a, "A Limited Participation Model of the Monetary Transmission Mechanism in the United Kingdom", Bank of England Working Papers, 117.

[216] Dhar, S. and S. Millard, 2000b, "How Well Does a Limited Participation Model of the Monetary Transmission Mechanism Match UK Data?", Bank of England Working Papers, 118.

[217] Diamond, P., 2011, "Unemployment, Vacancies, Wages", American Economic Review, 101 (3), 1045 – 1072.

[218] Dib, A., 2010, "Capital Requirement and Financial Frictions in Banking: Macroeconomic Implication", manuscript, Bank of Canada.

[219] Disyatat, P., 2010, "Inflation Targeting, Asset Prices and Financial Imbalances: Contextualizing the Debate", Journal of Financial Stability, 6, 145 – 155.

[220] Domeij, D. and M. Floden, 2006, "The Labor – Supply Elasticity and Borrowing Constraints: Why Estimates are Biased", Review of Economic Dynamics, 9 (4), 242 – 262.

[221] Dorofeenko, V., G. Lee and K. Salyer, 2014, "Risk Shocks and Housing Supply: A Quantitative Analysis", Journal of Economic Dynamics and Control, 45, 194 – 219.

[222] Dotsey, M., R. King and A. Wolman, 1999, "State – Dependent Pricing and the General Equilibrium Dynamics of Money and Output", The Quarterly Journal of Economics, 114 (2), 655 – 690.

[223] Dotsey, M. and P. Sarte, 2000, "Inflation Uncertainty and Growth in a Cash – in – Advance Economy", Journal of Monetary Economics, 45 (3), 631 – 655.

[224] Dupor, W., 1999, "Aggregation and Irrelevance in Multi – Sector Models", Journal of Monetary Economics, 43, 391 – 409.

[225] Dupor, B., 2005, "Stabilizing Non – Fundamental Asset Price Movements Under Discretion and Limited Information", Journal of Monetary Economics, 52, 727 – 747.

[226] Einarsson, T., and M. Marquis, 1997, "Home Production with Endogenous Growth", Journal of Monetary Economics, 39 (8), 551 – 69.

[227] Eisner, R., 1988, "Extended Accounts for National Income and Product", Journal of Economic Literature, 26, 1611 – 1684.

[228] Elekdag, S., R. Lalonde, D. Laxton, D. Muir and P. Pesenti, 2008, "Oil Price Movements and the Global Economy: A Model – Based Assessment", NBER Working Paper No. 13792.

[229] Epstein, L. and S. Zin, 1989, "Substitution, Risk Aversion and the Temporal Behavior of Consumption and Asset Returns: A Theoretical Framework", Econometrica, 57, 937 – 969.

[230] Epstein, L. and S. Zin, 1991, "Substitution, Risk Aversion, and the Temporal Behavior of Consumption and Asset Returns: An Empirical Analysis", Journal of Political Economy 99, 263 – 286.

[231] Erceg, C., D. Henderson and A. Levin, 2000, "Optimal Monetary Policy with Staggered Wage and Price Contracts", Journal of Monetary Economics, 46 (2), 281 – 313.

[232] Erceg, C., and A. Levin, 2006, "Optimal Monetary Policy with Durable Consumption Goods", Journal of Monetary Economics 53, 1341 – 1359.

[233] Faia, E., 2008, "Optimal Monetary Policy Rules in a Model with Labor Market Frictions", Journal of Economic Dynamics and Control 32 (5), 1600 – 1621.

[234] Faia, E., 2009, "Ramsey Monetary Policy with Labor Market Frictions", Journal of Monetary Economics 56, 570 – 581.

[235] Faia, E. and T. Monacelli, 2007, "Optimal Interest Rate Rules, Asset Prices, and

Credit frictions", Journal of Economic Dynamics and Control, 31, 3228 – 3254.

[236] Faccini, R., S. Millard, and F. Zanetti, 2011, "Wage Rigidities in an Estimated DSGE Model of the UK Labour Market", Bank of England working papers 408, Bank of England.

[237] Fatás, A., 2000, "Do Business Cycles Cast Long Shadows? Short – run Persistence and Economic Growth", Journal of Economic Growth, 5 (2), 147 – 162.

[238] Fatás, A. and I. Mihov, 2001, "The Effects of Fiscal Policy on Consumption and Employment: Theory and Evidence", CEPR Discussion Paper2760.

[239] Favilukis, J., 2013, "Inequality, Stock Market Participation and the Equity Premium", Journal of Financial Economics, 107 (3), 740 – 759.

[240] Favilukis, J., S. Ludvigson and S. Van Nieuwerburgh, 2011, "The Macroeconomic Effects of Housing Wealth, Housing Finance and Limited Risk Sharing in General Equilibrium", Unpublished paper, New York University.

[241] Feehan, J. and R. Batina, 2007, "Labor and Capital Taxation with Public Inputs as Common Property", Public Finance Review, 35, 626 – 642.

[242] Finn, M., 1993, "Is all Government Capital Productive?", Federal Reserve Bank of Richmond Economic Quarterly, 79 (4), 53 – 80.

[243] Finn, M., 2000, "Perfect Competition and the Effects of Energy Price Increases on Economic Activity", Journal of Money, Credit and Banking, 400 – 416.

[244] Fischer, S., 1977, "Long – term Contracts, Rational Expectations, and the Optimal Money Supply Rule", Journal of Political Economy, 85, 191 – 205.

[245] Fisher, J., 1997, "Relative Prices, Complementarities and Comovement among Components of Aggregate Expenditures", Journal of Monetary Economics, 39 (3), 449 – 474.

[246] Fisher, J., 2006, "The Dynamic Effects of Neutral and Investment – specific Technology Shocks", Journal of Political Economy, 114 (3), 413 – 451.

[247] Fisher, J., 2007, "Why Does Household Investment Lead Business Investment over the Business Cycle", Journal of Political Economy, 115 (1), 141 – 168.

[248] Fisher, J. and M. Gervais, 2011, "Why Has Home Ownership Fallen Among the Young", International Economic Review, 52 (3), 883 – 912.

[249] Fisher, J. and A. Hornstein, 2000, "(S, s) Inventory Policies in General Equilibrium", Review of Economic Studies, 67 (1), 117 – 145.

[250] Floetottom, M., M. Kirker and J. Stroebel, 2016, "Government Intervention in the Housing Market: Who wins, who loses?", Journal of MonetaryEconomics, 80 (1), 106 – 123.

[251] Forni, M., L. Gambetti, M. Lippi and L. Sala, 2014, "No News in Business Cycles", Economic Journal, 124 (581), 1168 – 1191.

[252] Fuhrer, J. and G. Moore, 1995, "Inflation Persistence", Quarterly Journal of Economics, 110, 127 – 159.

[253] Fuerst, T., 1992, "Liquidity, Loanable Funds and Real Activity", Journal of

Monetary Economics, 3 – 24.

[254] Fujita, S., and G. Ramey, 2012, "Exogenous vs. Endogenous Separation", American Economic Journal Macroeconomics 4, 68 – 93.

[255] Fujiwara, I., Y. Hirose, and M. Shintani, 2011, "Can News be a Major Source of Aggregate Fluctuations? A Bayesian DSGE Approach", Journal of Money, Credit and Banking. 43 (1), 1 – 29.

[256] Gabaix, X., 2011, "Disasterization: A Tractable Way to Fix the Asset Pricing Properties of Macroeconomic Models", American Economic Review, 101 (3), 406 – 409.

[257] Gaggl, P. and S. Steindl, 2007, "Business Cycles and Growth: A Survey", WIFO Working Papers No. 308.

[258] Galí, J., 2011, Unemployment Fluctuations and Stabilization Policies: A New Keynesian Perspective, MIT Press.

[259] Galí, J., 2015, Monetary Policy, Inflation and the Business Cycle: An Introduction to the New Keynesian Framework (2ed edition), Princeton University Press, Princeton, NJ.

[260] Galí, J., 1996, "Unemployment in Dynamic General Equilibrium Economies", European Economic Review, 839 – 845.

[261] Galí, J., 2002, "New Perspective on Monetary Policy, Inflation and the Business Cycle", NBER Working Paper No. 8767.

[262] Galí, J., 2008, "The New Keynesian Approach to Monetary Policy Analysis: Lessons and New Directions", Economics Working Papers 1075, Department of Economics and Business, Universitat Pompeu Fabra.

[263] Galí, J., 2010a, "The Return of the Wage Phillips Curve", NBER Working Paper No. 15758.

[264] Galí, J., 2010b, "Monetary Policy and Unemployment", NBER Working Papers No. 15871.

[265] Galí, J., and M. Gertler, 1999, "Inflation Dynamics: A Structural Econometric Analysis", Journal of Monetary Economics, 44, 195 – 222.

[266] Galí, J., J. López – Salido and J. Vallés, 2007, "Understanding the Effects of Government Spending on Consumption", Journal of the European Economic Association, 5 (3), 227 – 270.

[267] Galí, J. and T. Monacelli, 2016, "Understanding the Gains from Wage Flexibility: The Exchange Rate Connection", NBER Working Paper No. 22489.

[268] Galí, J., F. Smets and R. Wouters, 2011, "Unemployment in an Estimated New Keynesian Model", NBER Working Papers No. 17084.

[269] Galindev, R., 2009, "Note on 'Growth, Cycles, and Stabilization Policy'", Oxford Economic Papers, 61, 201 – 206.

[270] Garriga, C., F. Kydland and R. Sustek, 2013, "Mortgages and Monetary Policy",

NBER Working Paper No. 19744.

[271] Garriga, C. , R. Manuelli and A. Peralta – Alva, 2012, "A Model of Price Swings in the Housing Market", Federal Reserve Bank of St. Louis Working Paper 2012 – 022A.

[272] Gerali, A. , S. Neri, L. Sessa and F. Signoretti, 2010, "Credit and Banking in a DSGE Model of the Euro Area", Journal of Money, Credit and Banking, Supplement to 42 (6), 107 – 141.

[273] Gerdesmeier, D. , H. Reimers and B. Roffia, 2010, "Asset Price Misalignments and the Role of Money and Credit", International Finance, 13, 377 – 407.

[274] Gertler M. and P. Karadi, 2011, "A Model of Unconventional Monetary Policy", Journal of Monetary Economics, 58 (1), 17 – 34.

[275] Gertler M. and P. Karadi, 2013, "QE1 vs. 2 vs. 3: A Framework to Analyze Large Scale Asset Purchases as a Monetary Policy Tool", International Journal of Central Banking, 9 (1), 5 – 53.

[276] Gertler M. and N. Kiyotaki, 2010, "Financial Intermediation and Credit Policy in Business Cycle Analysis", in B. Friedman and M. Woodford (ed.), Handbook of Monetary Economics, vol. 3, ch11, 547 – 599.

[277] Gertler, M. and N. Kiyotaki, 2015, "Banking, Liquidity, and Bank Runs in an Infinite Horizon Economy", The American Economic Review, 105 (7), 2011 – 2043.

[278] Gertler, M. , N. Kiyotaki and A. Queralto, 2012, "Financial Crises, Bank Risk Exposure and Government Financial Policy", Journal of Monetary Economics, 59 (S), 17 – 34.

[279] Gertler, M. , L. Sala, and A. Trigari, 2008, "An Estimated Monetary DSGE Model with Unemployment and Staggered Nominal Wage Bargaining", Journal of Money, Credit and Banking, 40, 1713 – 1764.

[280] Gertler, M. and A. Trigari, 2009, "Unemployment Fluctuations with Staggered Nash Wage Bargaining", Journal of Political Economy 117 (1), 38 – 86.

[281] Gervais, M. , 2002 , "Housing Taxation and Capital Accumulation", Journal of Monetary Economocs, 49 (7), 1461 – 1489.

[282] Ghent, A. and M. Owyang, 2010, "Is Housing the Business Cycle? Evidence from U. S. Cities", Journal of Urban Economics, 67 (3), 336 – 351.

[283] Gilchrist, S. and J. Leahy, 2002, "Monetary Policy and Asset Prices", Journal of Monetary Economics, 49 (1), 75 – 97.

[284] Gilchrist, S. and E. Zakrajsek, 2012, "Credit spreads and business cycle fluctuations", The American Economic Review, 102 (4), 1692 – 1720.

[285] Gillman M. and M. Kejak, 2005a, "Contrasting Models of the Effect of Inflation on Growth", Journal of Economic Surveys, 19 (1), 113 – 136.

[286] Gillman M. and M. Kejak, 2005b, "Inflation and Balanced – Path Growth with Alternative Payment Mechanisms", Economic Journal, 115 (500), 247 – 270.

［287］Glaeser, E. and J. Shapiro, 2003, "The Benefits of the Home Mortgage Interest Deduction", Tax Policy Economics, 17, 37 – 82.

［288］Golosov, M. and R. Lucas, 2007, "Menu Costs and Phillips Curves", Journal of Political Economy, 115, 171 – 199.

［289］Gollin, D., S. Parente and R. Rogerson, 2004, "Farm Work, Home Work and International Productivity Differences", Review of Economic Dynamics, 7 (4), 827 – 50.

［290］Gomme, P., F. Kydland, and P. Rupert, 2001, "Home Production Meets Time to Build", Journal of Political Economy, 109, 1115 – 1131.

［291］Gomme, P. and P., Rupert, 2007, "Theory, Measurement and Calibration of Macroeconomic models", Journal of Monetary Economics, 54, 460 – 497.

［292］Gomme, P., P. Rupert, R. Rogerson and R. Wright, 2004, "The Business Cycle and the Life Cycle," NBER Macroeconomics Annual 19.

［293］Goodfriend, M. and B. McCallum, 2007, "Banking and Interest Rates in Monetary Policy Analysis: a Quantitative Exploration", Journal of Monetary Economics, 54 (5), 1480 – 1507.

［294］Gourio, F., 2008a, "Disasters and Recoveries", American Economic Review, 98 (2), 68 – 73.

［295］Gourio, F., 2008b, "Time Series Predictability in the Disaster Model", Finance Research Letters, 5 (4), 191 – 203.

［296］Gourio, F., 2012, "Disaster Risk and Business Cycles", American Economic Review, 102 (6), 2734 – 2766.

［297］Grandmont, J. and Y. Younes, 1972, "On the Role of Money and the Existence of a Monetary Equilibrium", Review of Economic Studies, 39, 355 – 372.

［298］Greenwood, J., and Hercowitz, Z., 1991, "The Allocation of Capital and Time over the Business Cycle", Journal of Political Economy, 99 (6), 1188 – 1214.

［299］Greenwood, J., Z. Hercowitz and G. Huffman, 1988, "Investment, Capacity Utilisation and the Real Business Cycle", American Economic Review, 78 (3), 402 – 417.

［300］Greenwood, J., Z. Hercowitz and P. Krusell, 1997, "Long – run Implication of Investment – Specific Technological change", American Economic Review, 87 (3), 342 – 362.

［301］Greenwood, J., Z. Hercowitz and P. Krusell, 2000, "The Role of Investment – specific Technological Change in the Business Cycle", European Economic Review, 44 (1), 91 – 115.

［302］Greenwood, J., R. Rogerson and R. Wright, 1995, "Household Production in Real Business Cycle Theory", in Thomas Cooley, ed., Frontiers of Business Cycle Research, Princeton University Press, Princeton, NJ, 1995.

［303］Gronau, R., 1997, "The Theory of Home Production: The Past Ten Years", Journal of Labor Economics, 15 (2), 197 – 205.

［304］Gronau, 2006, Home Production and the Macro Economy – Some Lessons from Pollak and Wachter and from Transition Russia, NBER Working Paper No. 12287.

[305] Gropp, R. , C. Kok and J. Lichtenberger, 2007, "The Dynamics of Bank Spreads and Financial Structure", ECB Working Paper Series714.

[306] Guvenen, F. , 2009, "A Parsimonious Macroeconomic Model for Asset Pricing", Econometrica, 77 (11), 1711 – 1750.

[307] Guo, J. and K. Lansing, 1997, "Tax Structure and Welfare in a Model of Optimal Fiscal Policy", Economic Review, Federal Reserve Bank of Cleveland, 1, 11 – 23.

[308] Hagedorn, M. and I. Manovskii, 2008, "The Cyclical Behavior of Equilibrium Unemployment and Vacancies Revisited", American Economic Review, 98 (4), 1692 – 1706.

[309] Hairault, J. and F. Portier, 1993, "Money, New – Keynesian Macroeconomics and the Business Cycle", European Economic Review, 37 (8), 1533 – 1568,

[310] Hall, R. , 1978, "Stochastic Implications of the Life Cycle – Permanent Income Hypothesis: Theory and evidence", Journal of Political Economy, 86, 971 – 987.

[311] Hall, R. , 2005a, "Employment Fluctuations with Equilibrium Wage Stickiness", American Economic Review, 95, 50 – 65.

[312] Hall, R. , 2005b, "Employment Efficiency and Sticky Wages: Evidence from Flows in the Labor Market", Review of Economics and Statistics, 87, 397 – 407.

[313] Hall, R. , 2009, "Reconciling Cyclical Movements in the Marginal Value of Time and the Marginal Product of Labor", Journal of Political Economy, 117 (2), 281 – 321.

[314] Hall, S. , 2001, "Financial Accelerator Effects in UK Business Cycles", Bank of England Working Paper No. 150.

[315] Hamilton, J. , 1983, "Oil and the Macroeconomy since World War II", The Journal of Political Economy, 228 – 248.

[316] Hamilton, J. , 1985, "Historical Causes of Postwar Oil Shocks and Recessions", The Energy Journal, 97 – 116.

[317] Hamilton, J. , 1996, "This is What Happened to Oil Price – Macroeconomy Relationship", Journal of Monetary Economy, 38 (1), 215 – 220.

[318] Hamilton, J. , 1997, "Measuring the Liquidity Effect", American Economic Review, 87, 80 – 97.

[319] Hamilton, J. , 2003, "What is an Oil Shock?", Journal of econometrics, 113 (2), 363 – 398.

[320] Hansen, G. , 1985, "Indivisible Labor and the Business Cycle", Journal of Monetary Economics, 16, 309 – 337.

[321] Hansen, G. and L. Ohanian, 2016, "Neoclassical Models in Macroeconomics" in J. Taylor and H. Uhlig (eds), "Handbook of Macroeconomics", Elsevier , North – Holland, 2043 – 2130.

[322] Hartley, P. , 1988, "The Liquidity Services of Money", International Economic

Review, 29, 1 – 24.

［323］Head, A. and H. Lloyd – Ellis, 2012, "Housing Liquidity, Mobility, and the Labor Market", The Review of Economic Studies, 79 (4), 1559 – 1589.

［324］Heaton, J. , 1993, "The Interaction between Time – nonseparable Preferences and Time Aggregation", Econometrica, 61 (2), 353 – 385.

［325］Heer, B. and A. Maussner, 2009, Dynamic General Equilibrium Modeling: Computational Methods and Applications, 2nd edition, Springer – Verlag, Berlin.

［326］Heer, B. , T. Klarl and A. Maussner, 2012, "Asset Pricing Implications of a New Keynesian Model: A Note", CESifo Working Paper 4041.

［327］Heer, B. , A. Maussner, and H. Ruf, 2016, "Q – Targeting in New Keynesian Models", CESifo Working Paper 5854.

［328］Helbling, T. , J. Kang, M. Kumhof, D. Muir, A. Pescatori and S. Roache, 2011, "Oil Scarcity, Growth, and Global Imbalances", In World Economic Outlook – Tensions from the Two – Speed Recovery: Unemployment, Commodities, and Capital Flows, World Economic Outlook, Chapter 3, International Monetary Fund, 89 – 124.

［329］Herrera, A. and E. Pesavento, 2009, "Oil Price Shocks, Systematic Monetary Policy and the Great Moderation", Macroeconomic Dynamics, 13, 107 – 137.

［330］Hobijn, B. and A. Sahin, 2007, "Job – Finding and Separation Rates in the OECD," Staff Report 298, Federal Reserve Bank of New York.

［331］Holmstrom, B. and J. Tirole, 1997, "Financial Intermediation, Loanable Funds, and The Real Sector", The Quarterly Journal of Economics, 112 (3), 663 – 691.

［332］Hornstein, A. And J. Praschnik, 1997, "Intermediate Inputs and Sectoral Comovements in the Business Cycle", Journal of Monetary Economics, 40, 573 – 598.

［333］Horvath, M. , 2000, "Sectoral Shocks and Aggregate Fluctuations", Journal of Monetary Economics, 45, 69 – 106.

［334］House, C. , 2006, "Adverse Selection and the Fanancial Accelerator", Journal of Monetary Economics, 53 (6), 1117 – 1134.

［335］Huang, K. and Z. Liu, 2002, "Staggered Price – Setting, Staggered Wage – Setting, and Business Cyles Persistence", Journal of Monetary Economics, 49, 405 – 433.

［336］Humphreys, B. , L. Maccini, and S. Schuh, 2001, "Input and Output Inventories", Journal of Monetary Economics, 47 (2), 347 – 375.

［337］Iacoviello, M. , 2005, "House Prices, Borrowing Constraints, and Monetary Policy in the Business Cycle", American Economic Review, 95 (3), 739 – 764.

［338］Iacoviello, M. and S. Neri, 2010, "Housing Market Spillovers: Evidence from an Estimated DSGE Model", American Economic Journal: Macroeconomics, 2 (2), 125 – 164.

［339］Iacoviello, M. and M. Pavan, 2013, "Housing and Debt over the Life Cycle and Over the Business Cycle", Journal of Monetary Economics, 60 (2), 221 – 238.

［340］Iacoviello, M. , F. Schiantarelli, and S. Schuh, 2011, "Input and Output Inventories in General Equilibrium", International Economic Review, 52 (4), 1179 – 1213.

［341］Ichiro, F. , 2002, "Financial Accelerator Effects in Japan's Business Cycles", Bank of Japan Working Paper02 – 6.

［342］Ikeda, D. , 2011a, "Adverse Selection, Uncertainty Shocks and Business Cycles", manuscript, Northwestern University.

［343］Ikeda, D. , 2011b, "Adverse Selection, Uncertainty Shocks and Monetary Policy", manuscript, Northwestern University.

［344］Ingram, B. , N. Kocherlakota and N. Savin, 1997, "Using Theory for Measurement: An Analysis of the Cyclical Behavior of Home Production", Journal of Monetary Economics, 40 (3), 435 – 456.

［345］Ireland, P. , 2001a, "Sticky – Price Models of the Business Cycle: Specification and Stability", Journal of Monetary Economics, 47, 3 – 18.

［346］Ireland, P. , 2001b, "Money's Role in the Monetary Business Cycle", NBER Working Paper 8115.

［347］Ivashina, V. And D. Scharfstein, 2010, "Bank Lending during the Financial Crisis of 2008", Journal of Financial Economics, 97 (3), 319 – 338.

［348］Jaccard, I. , 2009, "Asset Pricing, Habit Memory and the Labor Market", European Central Bank Working Paper1163.

［349］Jaimovich, N. and S. Rebelo, 2009, "Can News about the Future Drive the Business Cycle?", American Economic Review, 99 (4), 1097 – 1118.

［350］Jermann, U. , 1998, "Asset Pricing in Production Economies", Journal of Monetary Economics, 41 (2), 257 – 275.

［351］Jones, L. , R. Manuelli, H. Siu and E. Stacchetti, 2005, "Fluctuations in Convex Models of Endogenous Growth, I: Growth effects", Review of Economic Dynamics, 8 (4), 780 – 804.

［352］Judd, K. , 1998, Numerical Methods in Economics, The MIT Press, Cambridge, Massachusetts.

［353］Jung, Y. and T. Yun, 2006, "Monetary Policy Shocks, Inventory Dynamics and Price – setting Behavior", Working Paper, Federal Reserve Bank of San Francisco.

［354］Justiniano, A. and G. Primiceri, 2008, "The Time Varying Volatility of Macroeconomic Fluctuations", American Economic Review, 98 (3), 604 – 641.

［355］Justiniano, A. , G. Primiceri and A. Tambalotti, 2011, "Investment Shocks and the Relative Price of Investment", Review of Economic Dynamics, 14 (1), 101 – 121.

［356］Kahn, J. , 1987, "Inventories and the Volatility of Production", American Economic Review, 77, 667 – 79.

［357］Kahn, J. , 2008, "What Drives Housing Prices", Federal Reserve Bank of New York

Staff Report 345.

[358] Kahn, J., M. McConnell and G. Perez – Quiros, 2002, "On the Causes of the Increased Stability of the U. S. Economy", Economic Policy Review (8), 183 – 202.

[359] Kerkhofs, M. and P. Kooreman, 2003, "Identification and Estimation of a Class of Household Production Models", Journal of Applied Econometrics, 18 (3), 337 – 369.

[360] Keys, B., T. Mukherjee, A. Seru and V. Vig, 2009, "Financial Regulation and Securitization: Evidence from Subprime Loans", Journal of Monetary Economics, 56 (5), 700 – 720.

[361] Keys, B., T. Mukherjee, A. Seru and V. Vig, 2010, "Did Securitization Lead to Lax Screening Evidence From Subprime Loans", Quarterly Journal of Economics, 125 (1), 307 – 362.

[362] Keys, B. J., A. Seru and V. Vig, 2012, "Lender Screening and the Role of Securitization: Evidence from Prime and Subprime Mortgage Markets", Review of Financial Studies, 25 (7), 2071 – 2108.

[363] Khan, A. and J. Thomas, 2003, "Nonconvex Factor Adjustments in Equilibrium Business Cycle Models: Do Nonlinearities Matter?", Journal of Monetary Economics, 50 (2), 331 – 360.

[364] Khan, A. and J. Thomas, 2007a, "Inventories and the Business Cycle: An Equilibrium analysis of (S, s) Policies", American Economic Review, 97 (4), 1165 – 1188.

[365] Khan, A. and J. Thomas, 2007b, "Explaining Inventories: A Business Cycle Assessment of the Stockout Avoidance and (S, s) Motives", Macroeconomic Dynamics, 11 (5), 638 – 664.

[366] Khan, A. and J. Thomas, 2008, "Idiosyncratic Shocks and the Role of Nonconvexities in Plant and Aggregate Investment Dynamics", Econometrica, 76 (2), 395 – 436.

[367] Khan, H. and J. Tsoukalas, 2012, "The Quantitative Importance of News Shocks in Estimated DSGE Models", Journal of Money, Credit and Banking, 44 (8), 1535 – 1561.

[368] Kiley, M., 2001, "Computers and Growth with Frictions: Aggregate and Disaggregate Evidence", Carnegie – Rochester Conference Series on Public Policy, 55, 171 – 215.

[369] Kiley, M., 2002, "Partial Adjustment and Staggered Price Setting", Journal of Money, Credit, and Banking, 34, 283 – 298.

[370] Kilian, L., 2008, "The Economic Effects of Energy Price Shocks", Journal of Economic Literature, 46 (4), 871 – 909.

[371] Kilian, L., 2009a, "Not All Price Shocks are Alike: Disentangling Demand and Supply Shocks in the Crude Oil Market", American Economic Review, 99 (3), 1053 – 1069.

[372] Kilian, L., 2009b, "Comment on Causes and Consequences of the Oil Shock of 2007 – 08", J. Hamilton (eds.), Brookings Papers on Economic Activity, 1, 267 – 278.

[373] Kim, I. and P. Loungani, 1992, "The Role of Energy in Real Business Cycle

Models", Journal of Monetary Economics, 29 (2), 173 – 189.

[374] Kim, S. , R. Kollmann and J. Kim, 2010, "Solving the Incomplete Market Model with Aggregate Uncertainty Using a Perturbation Method", Journal of Economic Dynamics and Control, 34 (1), 50 – 58.

[375] King, R. , 2000, "The New IS – LM Model: Language, Logic, and Limits", Federal Reserve Bank of Richmond Economic Quarterly, 86/3, 46 – 103.

[376] King, R. and C. Plosser, 1984, "Money, Credit, and Prices in a Real Business Cycle", The American Economic Review, 74, 363 – 380.

[377] King, R. and M. Watson, 1996, "Money, Interest Rates, Prices and the Business Cycle", Review of Economics and Statistics, 78, 35 – 53.

[378] Kiyotaki, N. , A. Michaelides, and K. Nikolov, 2011, "Winners and Losers in Housing Markets", Journal of Money, Credit and Banking, 43 (2 – 3), 255 – 296.

[379] Kiyotaki, N. and J. Moore, 1997, "Credit Cycles", Journal of Political Economy, 105, 221 – 248.

[380] Kiyotaki, N. and J. Moore, 2001, "Liquidity, Business Cycles, and Monetary Policy", mimeo, London School of Economics.

[381] Kiyotaki, N. , and R. Wright, 1989, "On Money as a Medium of Exchange", Journal of Political Economics, 97, 927 – 954.

[382] Kiyotaki, N. , and R. Wright, 1993, "A Search – Theoretic Approach to Monetary Economics", American Economic Review, 83, 63 – 77.

[383] Kleimeier, S. , and H. Sander, 2006, "Expected versus Unexpected Monetary Policy Impulses and Interest Rate Pass – Through in Euro – Zone Retail Banking Markets", Journal of Banking and Finance, 30 (7), 1839 – 1870.

[384] Klenow, P. and O. Kryvtsov, 2008, "State – Dependent or Time – Dependent Pricing: Does it Matter for Recent U. S. Inflation?", The Quarterly Journal of Economics, 123 (3), 863 – 904.

[385] Kok, C. , and T. Werner, 2006, "Bank Interest Rate Pass – Through in the Euro Area: A Cross Country Comparison", ECB Working Paper580.

[386] Kormilitsina, A. , 2011, "Oil Price Shocks and the Optimality of Monetary Policy", Review of Economic Dynamics, 14 (1), 199 – 223.

[387] Krause, M. and T. Lubik, 2007, "The (Ir) Relevance of Real Wage Rigidity in the New Keynesian Model with Search Frictions", Journal of Monetary Economics, 54 (3), 706 – 727.

[388] Krause, M. and T. Lubik, 2010a, "On – the – Job Search and the Cyclical Dynamics of the Labor Market", Federal Reserve Bank of Richmond Working Paper 10 – 12.

[389] Krause, M. and T. Lubik, 2010b, "Instability and Indeterminacy in a Simple search and Matching model", Economic Quarterly, Federal Reserve Bank of Richmond, issue 3Q,

259 – 272.

[390] Krause, M., D. Lopez – Salido and T. Lubik, 2008, "Inflation Dynamics with Search Frictions: A Structural Econometric Analysis", Journal of Monetary Economics, 55, 892 – 916.

[391] Krause, M. and H. Uhlig, 2012, "Transitions in the Labor Market: Structure and Crisis", Journal of Monetary Economics 59, 64 – 79.

[392] Krebs, T., 2003, "Growth and Welfare Effects of Business Cycles in Economies with Idiosyncratic Human Capital Risk", Review of Economic Dynamics, 6 (4), 846 – 868.

[393] Krebs, T. and M. Scheffel, 2013, "Macroeconomic Evaluation of Labor Market Reform in Germany", IMF Economic Review 61, 664 – 701.

[394] Kreps, D. and E. Porteus, 1978, "Temporal Resolution of Uncertainty and Dynamic Choice Theory", Econometrica, 46, 185 – 200.

[395] Kryvtsov, O. and V. Midrigany, 2008, Inventories, Markups, and Real Rigidities in Menu Cost Models, Working Paper, New York University.

[396] Kuester, K., 2007, "Real Price and Wage Rigidities in a Model with Matching Frictions", ECB Working Paper720.

[397] Kung, H. and L. Schmid, 2015, "Innovation, Growth, and Asset Prices", The Journal of Finance, 70 (3), 1001 – 1037.

[398] Kurmann, A. and C. Otrok, 2013, "News Shocks and the Slope of the Term Structure of Interest Rates", American Economic Review, 103 (6), 2612 – 2632.

[399] Kurozumi, T. and W. Van Zandweghe, 2010, "Labour Market Search, the Taylor principle and Indeterminacy", Journal of Monetary Economics, 57, 851 – 858.

[400] Kydland, E. and E. Prescott, 1982, "Time to Build and Aggregate Fluctuations", Econometrica, 50 (11), 1345 – 1370.

[401] Kydland, F., P. Rupert and R. Sustek, 2012, "Housing Dynamics over the Business Cycle", NBER Working Paper No. 18432.

[402] Lagos, R. and R. Wright, 2005, "A Unified Framework for Monetary Theory and Policy Analysis", Journal of Political Economy, 113 (3), 463 – 484.

[403] Lambertini, L., C. Mendicino and M. Punzi, 2010, "Expectations – Driven Cycles in the Housing Market", Working Papers 201001, Center for Fiscal Policy, Swiss Federal Institute of Technology Lausanne.

[404] Lambertini, L., C. Mendicino and M. Punzi, 2013, "Expectations – Driven Cycles in the Housing Market: Evidence from Survey Data", Journal of Financial Stability, 9 (3), 518 – 529.

[405] Lansing, K., 2015, "Asset Pricing with Concentrated Ownership of Capital and Distribution Shocks", American Economic Journal: Macroeconomics, 7 (4), 67 – 103.

[406] Lawless, M. and K. Whelan, 2007, "Understanding the Dynamics of Labor Shares and Inflation", ECB Working Paper784.

[407] Leamer, E., 2007, "Housing is the Business Cycle", NBER Working Paper No. 13428.

[408] Leduc, S. and K. Sill, 2004, "A Quantitative Analysis of Oil – price Shocks, Systematic Monetary Policy, and Economic Downturns", Journal of Monetary Economics, 51 (4), 781 – 808.

[409] Leduc, S. And K. Sill, 2007, Monetary Policy, Oil Shocks and TFP: Accounting for the Decline in US Volatility", Review of Economic Dynamics, 10 (4), 595 – 614.

[410] Leeper, E., 1991, "Equilibria under Active and Passive Monetary Policies", Journal of Monetary Economics, 27, 129 – 147.

[411] Leeper, E., 1993, "The Policy Tango: Toward a Holistic View of Monetary and Fiscal Effects", Federal Reserve Bank of Atlanta Economic Review, 78 (4), 1 – 27.

[412] Leeper, E., 2003, "Fiscal Policy and Inflation: Pondering the Imponderables", Journal of Investment Management, 1 (2), 44 – 59.

[413] Leeper, E. and J. Roush, 2003, "Putting ' M' Back in Monetary Policy", Journal of Money, Credit, and Banking, 35 (6), 1217 – 1256.

[414] Leeper, E. and C. Sims, 1994, "Toward a Modern Macroeconomic Model Usable for Policy Analysis", NBER Macroeconomics Annual.

[415] Leeper, E. and T. Yun, 2005, "Monetary – fiscal Policy Interactions and the Price Level: Background and Beyond, Manuscript, Indiana University.

[416] Leeper, E. and T. Zha, 2003, "Modest Policy Interventions", Journal of Monetary Economics, 50 (8), 1673 – 1700.

[417] Leith, C. and S. Wren – Lewis, 2006, "Fiscal Sustainability in a New Keynesian Model", World Economy & Finance Research Program Working Paper Series, WEF 0006.

[418] Leith, C. and L. Thadden, 2008, "Monetary and Fiscal Policy Interactions in a New – Keynesian Model with Capital Accumulation and Non – Ricardian Consumers", Journal of Economic Theory, 140, 279 – 313.

[419] Lester, R., 2014, "Home Production and Sticky Price Model: Implications for Monetary Policy", Journal of Macroeconomics, 41, 107 – 121.

[420] Lettau, M., 2003, "Inspecting the Mechanism: Closed – form Solutions for Asset Prices in Real Business Cycle Models", Economic Journal, 113, 550 – 575.

[421] Lettau, M., and S. Ludvigson, 2000, "Consumption, Aggregate Wealth and Expected Stock Returns", Journal of Finance, 56 (3), 815 – 49.

[422] Lettau, M. and H. Uhlig, 1998, "Sharpe – ratio and Preferences: an Analytical approach", Macroeconomic Dynamics, 6 (2), 242 – 265.

[423] Lettau, M. and H. Uhlig, 1999, "Can Habit Formation Be Reconciled with Business Cycle Facts?", Review of Economic Dynamics, 3, 79 – 99.

[424] Li, V. and C. Chang, 2004, "The Cyclical Behavior of Household and Business

Investment in a Cash – in – Advance Economy", Journal of Economic Dynamics and Control, 28, 691 – 706.

[425] Lim, G. and P. McNelis, 2011, "Alternative Government Spending Rules: Effects on Income Inequality and Welfare", Macroeconomic Dynamics, 5, 1 – 23.

[426] Ljungqvist, L. and T. Sargent, 2012, Recursive Macroeconomic Theory, MIT Press, third edition.

[427] Long, J. and C. Plosser, 1983, "Real Business Cycles", Journal of Political Economy, 91, 39 – 69.

[428] Long, J. and C. Plosser, 1987, "Sectoral vs. Aggregate Shocks in the Business Cycle", American Economic Review, 77, 333 – 336.

[429] Lubik, T., 2009, "Estimating a Search and Matching Model of the Aggregate Labor Market", Federal Reserve Bank of Richmond Economic Quarterly, 95 (2), 101 – 120.

[430] Lubik, T., 2013, "The Shifting and Twisting Beveridge Curve: An Aggregate Perspective", Federal Reserve Bank of Richmond Working Paper 13 – 16.

[431] Lubik, T. and M., Massimiliano, 2007, "An Inventory of Simple Monetary Policy Rules in a New Keynesian Macroeconomic Model", International Review of Economics & Finance, 16 (1), 15 – 36.

[432] Lubik, T. and W. L., Teo, 2009, "Inventories and Optimal Monetary Policy", Economic Quarterly, Federal Reserve Bank of Richmond, issue Fall, 357 – 382.

[433] Lubik, T. and W. L., Teo, 2012, "Inventories, Inflation Dynamics and the New Keynesian Phillips curve", European Economic Review, 56 (3), 327 – 346.

[434] Lucas, R., 1976, "Econometric Policy Evaluation: a Critique", Carnegie – Rochester Conference Series, 1, 19 – 46.

[435] Lucas, R., 1977, "Understanding Business Cycles", Carnegie – Rochester Conference Series on Public Policy, 5, 7 – 29.

[436] Lucas, R., 1980, "Equilibrium in a Pure Currency Economy", Models of Monetary Economies, ed. by J. Kareken and N. Wallace, Federal Reserve Bank of Minneapolis.

[437] Lucas, R., 1988, "On the Mechanics of Economic Development", Journal of Monetary Economics, 22 (1), 3 – 42.

[438] Lucas, R., 1990, "Liquidity and Interest Rates", Journal of Economic Theory, 50, 237 – 264.

[439] Lucas, R., 1994, "The Welfare Costs of Inflation", CEPR Publication No. 394, Stanford University.

[440] Lucas, R., 2000, "Inflation and Welfare", Econometrica, 68, 247 – 274.

[441] Lucas, R. and N. Stokey, 1983, "Optimal Fiscal and Monetary Policy in an Economy Without Capital", Journal of Monetary Economics, 12, 55 – 93.

[442] Lucas, R. and N. Stokey, 1987, "Money and Interest in a Cash – in – Advance

Economy", Econometica, 55, 491 – 514.

[443] Machado, V., 2012, "Monetary Policy and Asset Price Volatility", Working Paper Series, Banco Central do Brasil No. 274.

[444] Maffezzoli, M., 2001, "Non – Walrasian Labor Markets and Real Business Cycle", Review of Economics Dynamics, 4, 860 – 892.

[445] Malley J. and U. Woitek, 2009, "Productivity Shocks and Aggregate Cycles in an Estimated Endogenous Growth Model", CESifo Working Paper Series2672.

[446] Malley J. and U. Woitek, 2011, "Productivity Shocks and Aggregate Fluctuations in an Estimated Endogenous Growth Model with Human Capital", CESifo Working Paper Series3567.

[447] Mandelman, S., 2006, "Business Cycles: A Role for Imperfect Competition in the Banking System", Federal Reserve Bank of Atlanta Working Paper No. 2006 – 21

[448] Mankiw, N., 1988, "Comment on De Long and Summers", Brookings Papers on Economic Activity, 2, 481 – 485.

[449] Mankiw, N., 2000, "The Savers – spenders Theory of Fiscal policy", American Economic Review, 90 (2), 120 – 125.

[450] Mankiw, N. and R. Reis, 2002, "Sticky Information versus Sticky Prices: A Proposal to Replace the New Keynesian Phillips Curve", Quarterly Journal of Economics, 117, 1295 – 1328.

[451] Mankiw, N. and R. Reis, 2006, "Sticky Information in General Equilibrium", NBER Working Papers No. 12605.

[452] Mankiw, N., and D. Romer, 1991, New Keynesian Economics, MIT Press.

[453] Markovic, B., 2006, "Bank Capital Channels in the Monetary Transmission Mechanism", Bank of England Working Paper 313.

[454] Marquis, H., 2001, "Inflation Taxes, Financial Intermediation, and Home Production", Federal Reserve Bank of San Francisco, Working Papers in Applied Economic Theory: 2001 – 04.

[455] Martínez, D., J. Rodríguez and J. Torres, 2008, "The Productivity Paradox and the New Economy: The Spanish Case", Journal of Macroeconomics, 30 (4), 1169 – 1186.

[456] Martínez, D., J. Rodríguez and J. Torres, 2010, "ICT – specific Technological Change and Productivity Growth in the US: 1980 – 2004", Information Economics and Policy, 22 (2), 121 – 129.

[457] McCallum, B., 1983, "The Role of Overlapping Generations Models in Monetary Economics", Carnegie – Rochester Conference Series, 18, 9 – 44.

[458] McCallum, B., 1990, "Inflation: Theory and Evidence", Handbook of Monetary Economics, ed. by B. Friedman and F. Hahn, Vol. II, North – Holland, 963 – 1012.

[459] McCallum, B. and M. Goodfriend, 1987, "Demand for Money: Theoretical Studies," New Palgrave Dictionary of Economics, ed. by J. Eatwell, M. Milgate, and P. Newman, Macmillan Press.

[460] McCallum, B. and E. Nelson, 1999, "An Optimizing IS – LM Specification for Monetary Policy and Business Cycle Analysis", Journal of Money, Credit, and Banking, 31, 296 – 316.

[461] McConnell, M. and G. Perez – Quiros, 2000, "Output Fluctuations in the United States: What Has Changed Since the Early 1980s?", American Economic Review, 90, 1464 – 1476.

[462] McGrattan, E., 1994, "The Macroeconomic Effects of Distortionary Taxation", Journal of Monetary Economics, 33 (3), 573 – 601.

[463] McGrattan, E., Rogerson, R. and Wright, R., 1997, "An Equilibrium Model of the Business cycle with Household Production and Fiscal policy", International Economic Review, 38 (2), 267 – 290.

[464] McKay, A., E. Nakamura and J. Steinsson, 2015, "The Power of Forward Guidance Revisited", NBER Working Papers No. 20882.

[465] McKay, A. and R. Reis, 2013, "The Role of Automatic Stabilizers in the U. S. Business Cycle", NBER Working Papers No. 19000.

[466] McMillin, W. and D. Smith, 1994," A Multivariate Time Series Analysis of the United States Aggregate Production Function", Empirical Economics, 19 (4), p659 – 674.

[467] Medina, J. and C. Soto, 2005, "Oil Shocks and Monetary Policy in an Estimated DSGE Model for a Small Open Economy", Central Bank of Chile, WP353.

[468] Meh, C. and K. Moran, 2010, "The Role of Bank Capital in the Propagation of Shocks", Journal of Economic Dynamics and Control, 34, 555 – 576.

[469] Mehra, R. and E. Prescott, 1985, "The Equity Premium: A puzzle", Journal of Monetary Economics, 15, 145 – 161.

[470] Merz, M., 1995, "Search in the Labor Market and the Real Business Cycle", Journal of Monetary Economics, 36, 269 – 300.

[471] Mian, A., K. Rao and A. Sufi, 2013, "Household Balance Sheets, Consumption, and the Economic Slump", The Quarterly Journal of Economics, 128 (4), 1687 – 1726.

[472] Mian, A., and A. Sufi, 2009, "The Consequences of Mortgage Expansion: Evidence from the U. S. Mortgage Default Crisis", Quarterly Journal of Economics, 124 (4), 1449 – 1496.

[473] Mian, A., and A. Sufi, 2011, "House Prices, Home Equity – Based Borrowing, and the U. S. Household Leverage Crisis", American Economic Review, 101 (5), 2132 – 2156.

[474] Mian, A., and A. Sufi, 2012, "The Effects of Fiscal Stimulus: Evidence from the 2009 Cash for Clunkers Program", The Quarterly Journal of Economics, 127 (3), 1107 – 1142.

[475] Mian, A., and A. Sufi, 2014, "What Explains the 2007 – 2009 Drop in Employment?", Working Paper, University of Chicago.

[476] Mian, A., A. Sufi, and F. Trebbi, 2010, "The Political Economy of the US Mortgage Default Crisis", American Economic Review, 100 (5), 1967 – 1998.

[477] Mian, A., A. Sufi, and F. Trebbi, 2014, "Foreclosures, House Prices, and the Real Economy", Working Paper, University of Chicago.

[478] Midrigan, V., 2011, "Comment on 'In Search of Real Rigidities'", NBER Macroeconomics Annual 2010, 25, 319 – 325.

[479] Milani, F. and J. Treadwell, 2012, "The Effects of Monetary Policy News and Surprises", Journal of Money, Credit, and Banking, 44 (8), 1667 – 1692.

[480] Modigliani, F. and M. Miller, 1958, "The Cost of Capital, Corporation Finance, and the Theory of Investment", American Economic Review, 48, 261 – 297.

[481] Mortensen, D., 2003, "Wage Dispersion: Why are Similar Workers Paid Differently?", Zeuthen Lecture Book Series, MIT Press.

[482] Mortensen, D., 2011, "Markets with Search Frictions and the DMP Model", American Economic Review, 101 (3), 1073 – 1091.

[483] Mortensen, T. and C. Pissarides, 1994, "Job Creation and Job Destruction in the Theory of Unemployment", Review of Economic Studies, 61, 397 – 415.

[484] Nakajima, J. and Y. Teranishi, 2009, "The Evolution of Loan Rate Stickiness across the Euro Area", IMES Discussion Paper No. 2009 – E – 10.

[485] Nakamura, E. and J. Steinsson, 2008, "Five Facts about Prices: A Reevaluation of Menu Cost Models", The Quarterly Journal of Economics, 123 (4), 1415 – 1464.

[486] Nakov, A. and A. Pescatori, 2010, "Monetary Policy Trade – Offs with a Dominant Oil Supplier", Journal of Money, Credit, and Banking, 42 (1), 1 – 32.

[487] Nam, K. and T. Cooley, 1998, "Asymmetric Information, Financial Intermediation, and Business Cycles", Economic Theory, 12 (3), 599 – 620.

[488] Nelson, C. and C. Plosser, 1982, "Trends and Random Walks in Macroeconomic Time Series: Some Evidence and Implications", Journal of Monetary Economics, 10, 139 – 162.

[489] Ngai, L. and C. Pissarides, 2007, "Structural Change in a Multi – Sector Model of Growth", American Economic Review, 97, 429 – 443.

[490] Ngai, L. and R. Samaniego, 2009, "Mapping Prices into Productivity in Multisector Growth Models", Journal of Economic Growth, 14, 183 – 204.

[491] Ngouana, C., 2012, Household Production, Services and Monetary Policy, IMF Working Paper Wp/12/206.

[492] Nisticò, S., 2011, "Optimal Monetary Policy and Stock Price Dynamics in a Non – Ricardian DSGE Model", CASMEF Working Paper No. 7.

[493] Nisticò, S., 2012, "Monetary Policy and Stock Price Dynamics in a DSGE Framework", Journal of Macroeconomics, 34, 126 – 146.

[494] Ohanian, L., A. Stockman, and L. Killian, 1995, "The Effects of Real and Monetary Shocks in a Business Cycle Model with Some Sticky Prices", Journal of Money, Credit and Banking, 27 (4), 1029 – 1034.

[495] Otto, G. and G. Voss, 1996, "Public Capital and Private Sector Productivity", The Economic Record, 70, 121 – 132.

[496] Parente, S., R. Rogerson and R. Wright, 2000, "Homework in Development Economics: Household Production and the Wealth of Nations", Journal of Political Economy, 108 (4), 680 – 87.

[497] Pariès, M. and A. Loublier, 2010, "Epstein – Zin Preferences and their Use in Macro – Finance Models: Implications for Optimal Monetary Policy", ECB Working Paper1209.

[498] Pelloni, A., 1997, "Nominal Shocks, Endogenous Growth and the Business Cycle", Economic Journal, 107, 467 – 474.

[499] Perli, R., 1998, "Indeterminacy, Home Production, and the Business Cycle: A Calibrated Analysis", Journal of Monetary Economics, 41 (1), 105 – 125.

[500] Perotti, R., 2007, " In search of the Transmission Mechanism of Fiscal Policy", Mimeo.

[501] Petrongolo, B. and C. Pissarides, 2001, "Looking into the Black Box: A Survey of the Matching Function", Journal of Economic Literature, 39, 390 – 431.

[502] Piazzesi, M. and M. Schneider, 2007, "Equilibrium Yield Curves", NBER Working Paper No. 12609.

[503] Piazzesi, M. and M. Schneider, 2009, "Momentum Traders in the Housing Market: Survey Evidence and a Search Model", American Economic Review, 99 (2), 406 – 411.

[504] Pigou, A., 1927, Industrial Fluctuations, MacMillan, London.

[505] Piskorski, T., A. Seru and V. Vig, 2010, "Securitization and Distressed Loan Renegotiation: Evidence from the Subprime Mortgage Crisis", Journal of Financial Economics, 97 (3), 369 – 397.

[506] Pissarides, C., 2000, Equilibrium Unemployment Theory, MIT Press.

[507] Pissarides, C., 2011, "Equilibrium in the Labor Market with Search Frictions", American Economic Review, 101 (3), 1092 – 1105.

[508] Poterba, J. and T. Sinai, 2008, "Tax Expenditures for Owner – occupied Housing: Deductions for Property Taxes and Mortgage Interest and the Exclusion of Imputed Rental Income", American Economic Review, 98 (2), 84 – 89.

[509] Ramey, V., 2008, "Time Spent in Home Production in the 20th century: New Estimates from Old data", NBER Working Paper No. 13985.

[510] Ramey, V., 2011, Identifying Government Spending Shocks: it's all in the Timing", Quarterly Journal of Economics, 126 (1), 1 – 50.

[511] Ramey, V. and F. Neville, 2009, "A Century of Work and Leisure", American Economic Journal: Macroeconomics, 1 (2), 189 – 224.

[512] Ramey, V. and K. West, 1999, "Inventories", in J. Taylor and M. Woodford (eds.) Handbook of Macroeconomics: Vol I, Elsevier Science, 863 – 923.

[513] Ravenna, F. and J. Seppala, 2006, "Monetary Policy and the Term Structure of Interest Rates", Computing in Economics and Finance 197, Society for Computational Economics.

[514] Ravenna, F. and C. Walsh, 2008, "Vacancies, Unemployment, and the Phillips Curve", European Economic Review, 52, 1494 – 1521.

[515] Ravenna, F. and C. Walsh, 2011, "Welfare – based Optimal Monetary Policy with Unemployment and Sticky Prices: a Linear Quadratic Framework", American Economic Journal: Macroeconomics, 3, 130 – 162.

[516] Reis, R., 2006a, "Inattentive Producers", Review of Economic Studies, 73 (3), 793 – 821.

[517] Reis, R., 2006b, "Inattentive Consumers", Journal of Monetary Economics, 53 (8), 1761 – 1800.

[518] Reis, R., 2009, "A Sticky – Information General – Equilibrium Model for Policy Analysis", NBER Working Papers No. 14732.

[519] Roberts, J., 1995, "New Keynesian Economics and the Phillips Curve", Journal of Money, Credit and Banking, 27, 975 – 984.

[520] Roberts, J., 1997, "Is Inflation Sticky?", Journal of Monetary Economics, 39, 173 – 196.

[521] Rodríguez, J. and J. Torres, 2012, "Technological Sources of Productivity Growth in Germany, Japan, and the U. S. ", Macroeconomic Dynamics, 16 (1), 133 – 156.

[522] Rogerson, R., 1988, "Indivisible Labor, Lotteries and Equilibrium", Journal of Monetary Economics 21, 3 – 16.

[523] Rogerson, R., 2008, "Structural Transformation and the Deterioration of European Labor Market Outcomes", Journal of Political Economy, 116 (2), 235 – 259.

[524] Rogerson, R., 2009, "Market Work, Home Work, and Taxes: A Cross – Country Analysis", Review of International Economics, 17, 588 – 601.

[525] Rogerson, R. and J. Wallenius, 2009, "Micro and Macro Elasticities in a Life Cycle Model with Taxes", Journal of Economic Theory, 144, 2277 – 2292.

[526] Romer, P., 1990, "Endogenous Technological Change", Journal of Political Economy, 98 (5), 71 – 102.

[527] Rotemberg, J., 1982, "Monopolistic Price Adjustment and Aggregate Output," Review of Economic Studies, 44, 517 – 531.

[528] Rotemberg, J. and M. Woodford, 1992, "Oligopolistic Pricing and the Effects of Aggregate Demand on Economic Activity", Journal of Political Economy, 100, 1153 – 1207.

[529] Rotemberg, J. And M. Woodford, 1996, "Imperfect Competition and the Effects of Energy Price Increases on Economic Activity", Journal of Money, Credit and Banking, 549 – 577.

[530] Rotemberg, J., and M. Woodford, 1997, "An Optimization Based Econometric Framework for the Evaluation of Monetary Policy", NBER Macroeconomics Annual 1997,

297 - 345.

[531] Rouwenhorst, G. , 1995, "Asset Pricing Implications of Equilibrium Business Cycle Models", in (T. Cooley, ed.), Frontiers of Business Cycle Research, Princeton University Press, 294 - 330.

[532] Rudebusch, G. , B. Sack and E. Swanson, 2007, "Macroeconomic Implications of Changes in the Term Premium", Federal Reserve Bank of St. Louis Economic Review 89, 241 - 269.

[533] Rudebusch, G. and E. Swanson, 2008, "Examining the Bond Premium Puzzle with a DSGE Model", Journal of Monetary Economics, 55, 111 - 126.

[534] Rudebusch, G. and E. Swanson, 2009, "The Bond Premium in a DSGE Model with Long Run Real and Nominal Risks", Federal Reserve Bank of San Francisco Working Paper 2008 - 31.

[535] Rudebusch, G. and T. Wu, 2008, "A Macro - Finance Model of the Term Structure, Monetary Policy and the Economy", The Economic Journal, 118, 906 - 926.

[536] Rupert, P. , R. Rogerson and R. Wright, 1995, "Estimating Substitution Elasticities in Household Production Models", Economic Theory, 6 (1), 179 - 193.

[537] Rupert, P. , R. Rogerson and R. Wright, 2000, "Homework in Labor Economics: Household Production and Intertemporal Substitution", Journal of Monetary Economics 46, 557 - 579.

[538] Rupert, P. , M. Schindler and R. Wright, 2001, "Generalized Bargaining Models of Monetary Exchange", Journal of Monetary Economics, 48 , 605 - 622.

[539] Sahin, A. J. Song, G. Topa, G. Violante, 2014, "Mismatch Unemployment", American Economic Review 104, 3529 - 3564.

[540] Sala, L. , U. Söderström and A. Trigari, 2008, "Monetary Policy under Uncertainty in an Estimated Model with Labor Market Frictions", Journal of Monetary Economics 55, 983 - 1006.

[541] Sala, L. , U. Söderström, and A. Trigari, 2013, "Structural and Cyclical Forces in the Great Recession: Cross - country Evidence", NBER - International Seminar on Macroeconomics 2012, The University of Chicago Press.

[542] Salyer, K. , 1991, "The Timing of Markets and Monetary Transfers in Cash - in - Advance Economics", Economic Inquiry, 29, 762 - 773.

[543] Schmitt - Grohé, S. , and Uribe, M. , 1997, "Balanced - budget Rules, Distortionary Taxes, and Aggregate Instability", Journal of Political Economy, 105 (5), 976 - 1000.

[544] Schmitt - Grohe, S. and M. Uribe, 2012, "What's News in Business Cycles?", Econometrica, 80 (6), 2733 - 2764.

[545] Schwarzbauer, W. 2006, "Financial Structure and Its Impact on the Convergence of Interest Rate Pass - Through in Europe: A Time - Varying Interest Rate Pass - Through Model",

Economics Series 191, Institute for Advanced Studies.

[546] Shi, S., 1997, "A Divisible Search Model of Fiat Money", Econometrica, 64, 75 – 102.

[547] Shi, S., 1999, "Search, Money, and Capital", Journal of Monetary Economics, 66, 81 – 103.

[548] Shimer, R., 2010, Labor Markets and Business Cycles, Princeton University Press, Princeton, NJ.

[549] Shimer, R., 2005a, "The Cyclical Behavior of Equilibrium Unemployment and Vacancies", American Economic Review, 95, 25 – 49.

[550] Shimer, R., 2005b, "The Cyclicality of Hires, Separations, and Job – to – Job Transitions", Federal Reserve Bank of St. Louis Review, 87, 493 – 507.

[551] Sidrauski, M., 1967, "Rational Choice and Patterns of Growth in a Monetary Economy", American Economic Review, 57, 534 – 544.

[552] Sims, E., 2012, "News, Non – Invertibility, and Structural VARs", Advances in Econometrics, 28, 81 – 136.

[553] Sims, E., 2016, "What's News in News A Cautionary Note on Using a Variance Decomposition to Assess the Quantitative Importance of News Shocks", University of Notre Dame & NBER, Manuscript.

[554] Stadler, G., 1990, "Business Cycle Models with Endogenous Technology", The American Economic Review 80 (4), 763 – 778.

[555] Steindl, S. And G. Tichy, 2009, "Cycles and Growth: an Introduction", Empirica, 36, 159 – 164.

[556] Sterk, V. and S. Tenreyro, 2016, "The Transmission of Monetary Policy through Redistributions and Durable Purchases", Working Papers 1601, Council on Economic Policies.

[557] Sveen, T. and L. Weinke, 2008, "New Keynesian Perspectives on Labour Market Dynamics", Journal of Monetary Economics, 55, 921 – 930.

[558] Sveen, T. And L. Weinke, 2009, "Inflation and Labour Market Dynamics Revisited", Journal of Monetary Economics, 56, 1096 – 1100.

[559] Svensson, L., 1985, "Money and Asset Prices in a Cash – in – Advance Economy", Journal of Political Economy, 93, 919 – 944.

[560] Swanson, E., 2012, "Risk Aversion and the Labor Margin in Dynamic Equilibrium Models", American Economic Review, 102 (4), 1663 – 1691.

[561] Tallarini, T., 2000, "Risk – Sensitive Real Business Cycles", Journal of Monetary Economics, 45, 507 – 532.

[562] Taylor, J., 1980, "Aggregate Dynamics and Staggered Contracts", Journal of Political Economy, 88, 1 – 23.

[563] Taylor, J., 1993, "Discretion versus Policy Rules in Practice", Carnegie – Rochester

Conference Series on Public Policy, 39, 195 – 214.

[564] Taylor, J., 1999, Monetary Policy Rules, Chicago University Press.

[565] Teranishi, Y., 2008, "Optimal Monetary Policy under Staggered Loan Contracts", BIMES Discussion Paper Series No. 2008 – E – 8, Bank of Japan.

[566] Teruyoshi, K., 2008, "Incomplete Interest Rate Pass – Through and Optimal Monetary Policy", International Journal of Central Banking, 4 (3), 77 – 118.

[567] Thomas, C., 2008a, "Search Frictions, Real Rigidities and Inflation Dynamics", Documento de Trabajo0806, Banco de Espa a.

[568] Thomas, C., 2008b, "Search and Matching Frictions and Optimal Monetary Policy", Journal of Monetary Economics, 55 (5), 936 – 956.

[569] Thomas, J., 2002, "Is Lumpy Investment Relevant for the Business Cycle?", Journal of Political Economy, 110 (3), 508 – 534.

[570] Townsend, R., 1979, "Optimal Contracts and Competitive Markets with Costly State Verifications", Journal of Economic Theory, 21, 417 – 425.

[571] Trigari, A., 2006, "The Role of Search Frictions and Bargaining for Inflation Dynamics", IGIER Working Paper304.

[572] Trigari, A., 2009, "Equilibrium Unemployment, Job Flows, and Inflation Dynamics", Journal of Money, Credit, and Banking, 41, 1 – 33.

[573] Uhlig, H., 2007, "Explaining Asset Prices with External Habits and Wage Rigidities in a DSGE Model", American Economic Review, Papers & Proceedings, 97, 239 – 243.

[574] Unalmis, D., I. Unalmis and D. Unsal, 2009, "On the Sources of Oil Price Fluctuations", IMF Working Paper9285.

[575] Unalmis, D., I. Unalmis and D. Unsal, 2012, "On the Sources and Consequences of Oil Price Shocks: the Role of Storage", IMF Working Paper Wp/12/270.

[576] Uzawa, H., 1965, "Optimum Technical Change in an Aggregate Model of Economic Growth", International Economic Review, 6, 18 – 31.

[577] Varvarigos, D., 2008, "Inflation, Variability and the Evolution of Human Capital in a Model with Transactions Costs", Economics Letters, 98 (3), 320 – 326.

[578] Vissing – Jorgensen, A., 2002, "Limited Asset Market Participation and the Elasticity of Intertemporal Substitution", Journal of Political Economy, 110 (4), 825 – 853.

[579] Voss, G., 2002, "Public and Private Investment in the United States and Canada", Economic Modelling, 19 (4), 641 – 664.

[580] Wachter, J., 2006, "A Consumption – based Model of the Term Structure", Journal of Financial Economics, 79, 365 – 399.

[581] Wallace, N., 2001, "Whither monetary economics?", International Economic Review, 42, 847 – 870.

[582] Walsh, C., 2003, "Labor Market Search and Monetary Shocks", In S. Altug, J.

Chadha, and C. Nolan (eds.), Elements of Dynamic Macroeconomic Analysis, Cambridge University Press, 451 – 486.

[583] Walsh, C. , 2005, "Labor Market Search, Sticky Prices, and Interest Rate Policies", Review of Economic Dynamics, 8, 829 – 849.

[584] Wang, P. and Y. Wen, 2009, "Inventory Accelerator in General Equilibrium", Federal Reserve Bank of St. Louis Working Paper 2009 – 010A.

[585] Wei, C. , 2003, "Energy, the Stock Market, and the Putty – Clay Investment Model", American Economic Review, 93 (1), 311 – 324.

[586] Wei, C. , 2009, "A Quartet of Asset Pricing Models in Nominal and Real Economies", Journal of Economic Dynamics and Control, 33 (1), 154 – 165.

[587] Weil, P. , 1987, "Permanent Budget Deficits and Inflation", Journal of Monetary Economics, 20, 393 – 410.

[588] Weil, P. 1989a, "Overlapping Families of Infinitely – Lived Agents", Journal of Public Economics, 38, 183 – 198.

[589] Weil, P. , 1989b, "The Equity Premium Puzzle and the Risk – free Rate Puzzle", Journal of Monetary Economics, 24 (3), 401 – 421.

[590] Weil, P. , 1991, "Is Money Net Wealth?", International Economic Review, 32, 37 – 53.

[591] Weil, P. , 2003, "Reflections on the Fiscal Theory of the Price Level", Manuscript, ECARES.

[592] Wen, Y. , 2005, "Understanding the Inventory Cycle", Journal of Monetary Economics, 52, 1533 – 1555.

[593] Wen, Y. , 2011, "Input and Output Inventory Dynamics", American Economic Journal: Macroeconomics, 3, 181 – 212.

[594] Wicksell, K. , 1898, Geldzins und Guterpreise, Jena. English translation: Interest and Prices, 1936, Reprinted 1965, Kelley, New York.

[595] Williamson, S. , 2012, "Liquidity, Monetary Policy, and the Financial Crisis: A New Monetarist Approach", The American Economic Review, 102 (6), 2570 – 2605.

[596] Wong, Y. – Y. and R. Wright, 2011, "Buyers, Sellers and Middlemen: Variations on Search – theoretic Themes", NBER Working Paper No. 17511.

[597] Woodford, M. , 2003, Interest and Prices: Foundations of a Theory of Monetary Policy, Princeton University Press.

[598] Woodford, M. , 1994, "Monetary Policy and Price – Level Determinacy in a Cash – in – Advance Economy", Economic Theory, 4, 345 – 380.

[599] Woodford, M. , 1995, "Price – Level Determinacy Without Control of a Monetary Aggregate", Carnegie – Rochester Conference Series on Public Policy 43, 1 – 46.

[600] Woodford, M. , 1996, "Control of the Public Debt: a Requirement for Price

Stability?", NBER Working Paper No. 5684.

[601] Woodford, M., 1998a, "Doing Without Money: Controlling Inflation in a Post – Monetary World", NBER Working Paper No. 6168.

[602] Woodford, M., 1998b, "Comment on John Cochrane, A Frictionless View of U. S. Inflation", NBER Macroeconomics Annual 13, 400 – 428.

[603] Woodford, M., 1999, "Inflation Stabilization and Welfare", NBER Working Paper, No. 8071.

[604] Woodford, M., 2001, "Fiscal Requirements for Price Stability", Journal of Money, Credit and Banking, 33, 669 – 728.

[605] Woodford, M., 2003 "Comment on 'Multiple – Solution Indeterminacies in Monetary Policy Analysis'", Journal of Monetary Economics, 50 (6), 1177 – 1188.

[606] Yashiv, E., 2006, "Evaluating the Performance of the Search and Matching Model", IZA discussion paper No. 1931.

[607] Yun, T., 1996, "Nominal Price Rigidity, Money Supply Endogeneity, and Business Cycles," Journal of Monetary Economics, 37, 345 – 370.

[608] Zanetti, F., 2007, "A Non – Walrasian Labor Market in a Monetary Model of the Business Cycle", Journal of Economic Dynamics and Control, 31, 2413 – 2437.

[609] 刘斌, 2014, 《物价水平的确定及经济政策协调—基于 DSGE 模型的分析与实证》, 中国金融出版社。

[610] 刘斌, 2016, 《动态随机一般均衡模型及其应用》(第三版), 中国金融出版社。